HEYNE GESCHICHTE

In der Reihe »Heyne Geschichte« sind bereits erschienen:

1	Paul Sethe	Deutsche Geschichte im letzten Jahrhundert
2	Alistaire Cooke	Amerika
3	Peter Norden	Prag 21. August
4	Friedrich Heer	Das Heilige Römische Reich
5	Karl Buchheim	Die Weimarer Republik
6	Herbert Rosinski	Die deutsche Armee
7	Werner Scheck	Geschichte Rußlands
8	Alfred Mühr	Herrscher in Purpur
9	Germán Arciniegas	Geschichte und Kultur Lateinamerikas
10	Marlis G. Steinert	Die 23 Tage der Regierung Dönitz
11	Fritz Schachermeyr	Griechische Geschichte
12	William L. Shirer	Der Zusammenbruch Frankreichs
13	Wilhelm v. Schramm	Aufstand der Generale
14	Paul Sethe	Morgenröte der Gegenwart
15	Dick Wilson	Mao Tse-tungs langer Marsch
16	Matthias Pusch	Der Dreißigjährige Krieg
17	Maurice Ashley	Das Zeitalter des Absolutismus

Alfred Mühr
DIE DEUTSCHEN KAISER
Von Karl dem Großen bis Wilhelm II.

Wilhelm Heyne Verlag
München

Genehmigte, ungekürzte Taschenbuchausgabe
Copyright © 1971 by Akademische Verlagsgesellschaft
Athenaion, Frankfurt/Main
Printed in Germany 1978
Umschlagbild: Archiv für Kunst und Geschichte, Berlin
Umschlaggestaltung: Atelier Heinrichs, München
Gesamtherstellung: Presse-Druck, Augsburg

ISBN 3-453-48046-5

Das Vergangene liegt nicht da als toter Rest...

Die deutschen Kaiser leben bis heute, auch wenn man im allgemeinen nur einzelne Namen kennt. Sie sind ein ungewisser Mythos für die Deutschen, aber ihr stärkster.

Die Kaiser und die Deutschen ihrer Zeit enthüllen unsere Art und unsere Schwäche, wir erkennen die Zwietracht, die Größe einzelner Herrscher, ihren Ruhm, ihre Irrtümer, Fehler und Niederlagen und das blutige Schicksal des Abendlandes. Auf unserem Kontinent gab das Christentum *eine* Grundierung, wobei die Kirche des Mittelalters selten weder Frieden gestiftet noch gegen seine Verletzung mit allen Mitteln protestiert hat – obwohl Anfang des 13. Jahrhunderts der Begriff der Todsünde ausdrücklich den Friedensbruch einschloß.

Wenn der Schriftsteller dazu da ist, auszusprechen, was den andern im Kopf herumgeht oder auf der Zunge schwebt, weil auch sie nach dem Vermächtnis der Vorfahren suchen, dann bei diesem zeitlosen und zeitgemäßen Thema. Es ist Gleichnis und Spiegel der Gegenwart.

Einen unheimlich wirkungsvollen und tragisch konsequenten Verlauf nimmt die Geschichte der deutschen Kaiser, erbarmungslos bei Krieg, Fehde und Unruhen wie in unseren Tagen. Der Dämon mancher Kaiser – die zumeist als Herzöge von deutschen Herzögen zum König gewählt, nach israelitischem Ritus gesalbt, christlich geweiht, römisch zum Kaiser gekrönt wurden und im Anfang eine universale Stellung einnahmen – führte nicht nur das Schwert, sondern erfüllte den ganzen Menschen, von den Fußspitzen bis zum Schädel, auch wenn sich die Kaiser selbst gottgesandte Männer nannten. Sie waren stark im Guten wie im Bösen – befinden wir uns heutzutage zwischen Atombombe und Mondflug jenseits von Gut und Böse?

Damals riefen politische und militärische Führer, was meistens dasselbe war, nach Menschen. Sie riefen mit Parolen und Waffen wie in unseren Tagen, mit Terror, Geld und Handelsgütern, durch Neugründung von Städten oder Besiedlung von erobertem Land, aber auch durch den religiösen Glauben und durch philosophische Thesen, durch Bauwerke, Musik und Verse. Bewahren diese Kultur- und Kunstwerte die eigentliche Hinterlassenschaft der Kaiser?

Wofür leben wir? Wonach strebt der Mensch? Weshalb herrschen einzelne über andere, viele? Was befriedigt dabei die Mächtigen und was erreichen sie? Treibt sie der Ehrgeiz, oder geht es um Ehre, persönlichen Ruhm für Walhalla oder ein besseres Leben für die Allgemeinheit?

Schließlich kommt es darauf an, ob die Untertanen gut oder schlecht leben, mit oder ohne Ideale. Was empfingen die Zeitgenossen, die einfachen Leute, durch die Kaiser? Pracht, Feuerwerk und augenblickliches Alltagsglück oder Armseligkeit? Sie opferten sich für die Schöpfungen, Einbildungen und Entscheidungen der Großen, deren Reich so weit galt, wie ihr Schwert zuschlug. Deshalb stumme Ergebenheit des Volkes, kurzer Aufblick zu den Recken und Majestäten und Hoffnung für das Diesseits – oder Angst und Schrecken, dieser Welt der Umstürze und Katastrophen ausgeliefert zu sein, so daß man die Hände faltet und zu einem Stück Himmel emporschaut? „Wir sind *alle* Volk und die Regierung *mit*", hat Bismarck im Deutschen Reichstag gesagt.

Die Aufzählung von Regenten und Kriegsschauplätzen oder Zahlen in der Art herkömmlicher, heute noch üblicher Geschichtsstunden beeindruckt uns nicht mehr. Generationen haben erfahren, was Kriege für ein Land bedeuten. Generationen auf der Schulbank lernen die Namen der Kriegsschauplätze, als seien es nur Umsteigeplätze für die zeitgeschichtliche Entwicklung. Unsere Geschichte enthält die großen Kriegszüge der Kaiser und dokumentiert somit den Schwertglauben, meistens mit getarnten Begriffen wie Sehnsucht nach dem Süden oder Sicherheit des Reiches, Ostkolonisation. Mögen die Namen und politischen Ziele sich von Epoche zu Epoche wandeln, – in Wirklichkeit gab es damals noch Sieger und Besiegte, heute nur Kämpfe auf Leben und Tod. Und das, was von der Geschichte übrigbleibt, fassen wir als Zeugnisse der Kulturgeschichte auf: Pfalzen, Dome, Burgen, Kunst in Farbe, Schrift und Ton.

Man muß immer wieder fragen: Haben Kriege als „Akte des menschlichen Verkehrs" zu gelten? Ist die Erde der Kampfplatz der olympischen Götter und Menschen wie bei den Griechen, ein Kampfplatz, auf dem sich plötzlich ein Kriegsgott erhebt, mag er Alexander, Wallenstein oder Napoleon heißen? Ihre Soldaten siegten mit und ohne Heiligenbild und tranken gegenseitig ihr Blut, wie die Priester der römischen Kriegsgöttin Bellona.

Und die Kriege im Namen des christlichen Gottes? Die sieben Kreuzzüge, die Papst-, Kardinals- und Bischofskriege gegen Kaiser und Volk, die Kriege gegen die Ketzer – haben sie nicht – um ein Wort von Gottfried

Benn zu gebrauchen – „mehr Menschen als Opfer gefordert als die beiden letzten Weltkriege zusammen?"

Herrscht Gewalt und Terror als natürlicher Zustand, wie im Altertum, immer weiter? Die zahlreichen Zeugnisse und Untersuchungen aus der „Geschichte der Kriegswissenschaften" und „Geschichte der Kriegskunst" scheinen es zu bestätigen, wobei der Begriff „Kriegskunst" oder „kunstfertiges Handeln" untragbar ist. Alle Kunst braucht außer dem Schöpfer keinen anderen Menschen. Wen sie anspricht, den bereichert und erhöht sie. Der Krieg dagegen bedarf der Hunderttausende und Millionen, die in die Schlacht ziehen und selbst unter einem „kriegerischen Genius", das blutigste Handwerk vollführen, das es gibt. Wo ein Krieg beginnt, besiegelt er den Bankrott der Politik. Es wird nicht mehr verhandelt, sondern geschossen, gemordet und zerstört, hüben und drüben, bis zur letzten Patrone.

In jedem Jahrhundert der deutschen Kaiser lassen sich für Europa höchstens zwanzig bis fünfundzwanzig Friedensjahre zählen! Im Jahrhundert nach Karls I. Kaiserkrönung sind nur zwölf Jahre ohne Krieg. Bei dieser Zahl bleibt es vom 10. bis zum 13. Jahrhundert. Die Durchschnittszahlen steigen dann für das Abendland von einundzwanzig auf fünfundzwanzig Friedensjahre. Mitten im 16. Jahrhundert beginnt für das Deutsche Reich von 1555 bis 1618 eine Höchstzahl von dreiundsechzig Friedensjahren! Zur gleichen Zeit dauern im übrigen Europa nur fünfundzwanzig Friedensjahre an. Eine zweite Höchstzahl mit dreiundvierzig Friedensjahren erbringt das kaiserliche Deutschland unter den Hohenzollern.

Der Schuld der historischen Urheber all dieser Kriege stehen die namenlosen Opfer gegenüber, das duldende, ahnungslose, erpreßte, schweigende, tapfere Volk mit den persönlichen Kriegslasten, dem Elend und der Not. Entspricht die Natur der Kriege mit ihrer absoluten Gewalt der Kampfnatur des Menschen? Er liefert sich aus, obwohl er stets alles zu bezahlen hat, die Kriegsfinanzierung wie die Reparationszahlungen, die Toten, Verwundeten wie die verwüsteten Landstriche und verbrannten Städte.

Trotzdem stoßen wir zu jeder Zeit auf Protest gegen die „Helden im Bösen", Warnungen vor dem Krieg und Friedensbotschaften an die Kaiser: von Franziskus und Meister Ekkehart über Erasmus von Rotterdam zu Leibniz. Ihrem Geist entsprach der universale und reformerische Denker, der erste neuzeitliche deutsche Philosoph im Kardinalsgewand Nikolaus von Kues, wenn er 1433 prophetisch ausrief: „Eine tödliche Krankheit hat das Deutsche Reich befallen. Wird ihr nicht schleunigst ein Gegengift gegeben, so wird der Tod unausweichlich eintreten. Man wird das Reich in Deutschland suchen und nicht mehr finden. Und in der

Folge werden die Fremden unsere Wohnsitze nehmen und sie unter sich teilen, und so werden wir einer anderen Nation unterworfen werden."

Viele der bisherigen Denksysteme der Historiker liegen wie unabräumbare Patina auf den blutigen Ereignissen. Wir sind nicht mehr für bloße Gedächtnisübungen. Es geht nicht mehr darum, Schlachten und Siege wie ein Kalendarium auswendig zu wissen, ohne an das Blut zu denken, das dabei vergossen worden ist, an die verwundeten, verkrüppelten Heimkehrer und das verwüstete Hab und Gut. Oder ist das Auf und Ab, sind Zerstörung und Aufbau der Welt nur Beispiele für den Wandel der Natur und den Wechsel menschlicher Generationen, von Jugend, Dasein und Vergehen bis zur neuen Jugend?

Aber Geschichte ist keine Ruinenschau, — sie kann es jedoch werden. Geschichte ist kein Abstraktum von in Akten und Wälzern erloschenem Leben, „von Wiederkäuen, ... bei dem das Lebendige zu Schaden kommt und zuletzt zugrundegeht, sei es nun ein Mensch oder ein Volk oder eine Kultur". (Nietzsche)

Geschichte, im elementaren Sinne aufgenommen, bewahrt die große unberechenbare Empfindung und Leidenschaft, die einem Volk von Natur aus eigen sind und je nach dem Be-Herrscher sich wandeln können. Zurecht hat man uns das schwierigste und komplexeste Volk des Abendlandes genannt. Waren wir Deutsche nicht schon immer ein gefährliches Volk, weil wir uns – nach Nietzsche – auf das Berauschen verstehen?

Menschenkunde und Lebenskunde soll uns die Geschichte vermitteln, von den Menschen an der Spitze wie von den Menschen im Grund und Abgrund. Sie sind in ihren Anlagen wenig anders als wir, auch wenn sich die Seelen- und Geistesgeschichte durch die Jahrhunderte verändert. Treue und Verrat, Lust und Lüge, Größe und Verworfenheit, Opfer, Leid und Seligkeit bleiben dieselben, auch wenn Gedanken, Lebensformen, Trachten und Gebräuche wechseln. Wie auf einem Röntgenschirm erscheinen die Personen der Geschichte, denn selten ist etwas so bekannt, so erwiesen und deutlich – zwar behindert durch die unerschöpfliche Fülle –, wie die tatsächlichen Vorgänge und die sie bewegenden menschlichen Kräfte. Wenn es richtig ist, daß der Mensch drei verschiedene Sprachen verstehen sollte, um hinter den Sinn seines Daseins zu kommen, nämlich die Sprache der Natur, die der Geschichte und die des Wortes, dann muß sich die Geschichte der deutschen Kaiser in allen dreien ausdrücken und vergegenwärtigen lassen.

Deshalb suchen wir in den folgenden Abschnitten nach der menschlichen Dynamik, dem Atem einer großen Stunde, den Vorder- und Hintergründen einer Entscheidung, ausgedacht und ausgeführt von Menschen, die die

Macht haben. Wir wollen der politischen Passion im doppelten Sinne, als Begeisterung und als Leiden, und dem Geist vom Adam bis zum staatsmännischen Genius nachspüren.

Diese beiden Pole bestimmen die Welt der Kaiser. Sie waren zuerst Menschen, dann Imperatoren, Legenden- und Mythengestalten. Von den Denkmälern mit Heroen-Tünche werden wir die Kaiser herunterholen, um sie von Verfälschungen und Lügen zu befreien, die man uns über sie beigebracht hat. Wir werden dabei entdecken, daß ihre Probleme immer noch unsere Probleme sind. Sie tragen nur andere Namen.

Traum und Wirklichkeit der deutschen Kaiser, – sind sie dahin oder nur unterbrochen? Keine tolldreiste Frage, sondern nur Bedenken nach dem letzten Terror über Dreiviertel Europas, wo sich zeitweise nur ein Thron, der englische, erhielt. Völker und Menschen ändern sich nicht oder nur, wenn sie keine Geschichte mehr machen. Über ihren Sinn sagt Karl Jaspers: „Was war, ist noch neuer Deutung fähig. Was entschieden schien, wird von neuem Frage. Was war, wird noch erweisen, was es ist. Es liegt nicht da als toter Rest. Im Vergangenen steckt mehr als das, was objektiv und rational bisher herausgeholt wurde."

Weshalb traf die Deutschen die Aufgabe, durch Jahrhunderte die Führung in Europa zu übernehmen und ein Imperium, eine Ordnungsmacht als wichtigste Kraft im Abendland zu schaffen? Als Kaiser des „Heiligen Römischen Reiches Deutscher Nation" wurden sie weltliches Oberhaupt der gesamten Christenheit. Eine grandiose Vision, ein unaufhörlicher Drang, diesem unserem Kontinent immer wieder die Einheit zu bringen und einzuprägen. Als Rest davon verbleibt in unseren Tagen die Formel vom Abendland, dessen Mysterium langsam entschwindet.

Hat nun nach einer mehr als tausendjährigen Rückschau jener Kaiser recht, der in seiner allerletzten Stunde förmlich aufjauchzte mit den Worten: „Ich brauche nicht mehr zu lügen"?

Wir werden sie in einer Auswahl kennenlernen, ihre Taten und Hinterlassenschaft überprüfen. Ob wir uns nun an ihnen begeistern, sie verstehen oder als Schatten abtun, – sie bleiben deutsche Geschichte und unsere Vergangenheit. Sie sollen uns möglichst so bewußt werden, daß sich unsere Urteilsfähigkeit an ihnen entwickelt. Es gibt kein Leben ohne Erbteil und keines ohne Erneuerung.

I.
Der Vater Europas: Karl der Große

Vorspiel zur ersten Kaiserkrönung im Abendland: Huldigung des Ostens an den Westen

Die denkwürdigen Tage in Rom, die zur ersten Kaiserkrönung im Abendland führten, begannen mit einem Vorspiel.

Der achtundfünfzigjährige Karl I., König der Franken und Langobarden, empfing drei Tage vor dem Weihnachtsfest des Jahres 800 eine Gesandtschaft aus Palästina. Für die Dauer dieser Audienz vergaß der germanische Großkönig beinahe, warum er sich in der ehemaligen Hauptstadt des römischen Imperiums aufhielt. Seit drei Wochen lief der Prozeß um Papst Leo III., der der Simonie, der Unzucht und des Meineids angeklagt war. Ein peinliches Verfahren, in dem Karl das Amt des Schiedsrichters zu übernehmen hatte.

König Karl I. war das Urbild eines Bauern. Eine hoch gewachsene Gestalt mit einem mächtigen Rundschädel und steiler Stirn, stiernackig, mit mächtigen Schultern, breitbrüstig, massig, korpulent wirkend durch einen vordrängenden Leib. Sehr große lebhafte Augen, eine große Nase, das Haupt mit herrlichem weißem Haar bedeckt, wie Zeitgenossen berichten. Imponierend anzusehen in der altfränkischen Tracht, von der es hieß, er habe auf sie in seinem Leben nur zweimal verzichtet: ein Leinenrock über einer am Knie gebundenen scharlachroten Hose, hochgeschnürte Schuhe, ein viereckiger blauer, weißer oder meergrün schimmernder Königsmantel, ein edelsteingeschmücktes Schwert.

Karl wohnte in der Ewigen Stadt nahe Sankt Peter und hörte sich die Rede der Beauftragten des Patriarchen von Jerusalem gelassen an. Dieser Patriarch befand sich unter der Herrschaft des sagenhaft reichen und umworbenen Harun-al-Raschid, des größten aller Kalifen.

Die Gesandten des Patriarchen erklärten: „Wir Völker des Orients fürchten Euch noch viel mehr als unseren Herrn, den Harun."

Karl blickte auf die Gegenstände, die man vor ihm ausbreitete. Das Schutzrecht über das Heilige Grab trug man ihm an, übergab die Schlüssel der Heiligen Stadt und das Banner Jerusalems: überraschende Huldigung des Ostens an den Westen in einer Schicksalsstunde. Ein Meisterstück karolingischer Diplomatie bei den verbündeten Muselmanen. Die Spaltung der vorwärtsdrängenden, rivalisierenden Kalifen der Araber war geglückt. Ihre Invasion über Nordafrika nach Spanien hatte bereits die Pyrenäen und Frankreich erreicht, als sie durch Karls Großvater, den Majordomus des Frankenreiches Karl Martell (den „Hammer"), in Poitiers 732 entscheidend geschlagen wurden. Europa unter die Herrschaft der Moslems zu bringen, war vorerst mißlungen.

Die Erteilung des Schutzrechtes für die heiligen Stätten in Palästina an den hohen Gast in Rom war im tiefsten eine Folge der inzwischen gewachsenen gegenseitigen Wertschätzung der beiden Regenten in Arabien und in Franken, in Bagdad und in Aachen. Sie waren die Hauptvertreter des Islams und des Christentums als „Regnum Europa", wie es schon um 780 hieß. Was später, während der nächsten Jahrhunderte, durch Kriegszüge, sogar durch einen Kinderkreuzzug, durch Terror, Brand, Plünderung und Vergewaltigung unter dem Kreuzeszeichen angestrebt wurde: Befreiung der heiligen Stätten –, das erreichten diese beiden Herrscher des Morgen- und Abendlandes mit königlicher Friedensgeste.

Schon einmal hatte sich der fränkische Großkönig als entscheidende Macht einer solchen feierlichen Handlung gegenübergesehen. Vor fünf Jahren war es gewesen, ebenfalls um die Weihnachtszeit, als der jetzige Papst Leo III. konsekriert worden war. Legaten des neuen Pontifex teilten seine Erwählung mit, legten Karl I. die Wahlprotokolle vor, übergaben die Schlüssel des Petrusgrabes und das Banner Roms. Ein ungewöhnlicher Akt, denn in der späteren Geschichte der deutschen Kaiser sollte oftmals umgekehrt verfahren werden: Nicht der Papst stellte sich nach seiner Wahl vor, sondern vom Kaiser wurde erwartet, daß er sich beim römischen Regenten auf Petri Stuhl anmeldete und dessen Einverständnis zur Krönung in Rom einholte.

Der Umfang des fränkischen Staates hatte sich innerhalb von 26 Jahren, zwischen 773 und 799, verdoppelt: Er hatte das lombardische Königreich, Sachsen und Bayern erobert, das awarische Königreich vernichtet und das Becken der mittleren Donau eingeschlossen. Wo gab es ein zweites Reich mit ähnlicher Macht? Wem sonst als dem Sieger in hundert Schlachten, die er persönlich leitete, wem anders als diesem mit dem Schwerte christianisierenden König Karl gebührte die Huldigung des römischen Papstes?

Fränkische Stiftung für den Kirchenstaat

Es war Karls zweite Anerkennung als Schirmherr der römischen Republik und als christliches Oberhaupt. Die erste Anerkennung hatte bereits vor 26 Jahren der 32jährige Karl – damals schon vier Jahre Alleinregent – durch Papst Stephan III., dem zweiten Vorgänger Leos III., erfahren, als der Frankenkönig die Langobarden endgültig besiegte und damit Landschaften mit angeblichen kirchlichen Besitzrechten freibekam.

Aus einem vermeintlichen Anspruch des römischen Oberbischofs auf italienisches Gebiet, was man fälschlicherweise als Schenkung bezeichnete, war eine kirchenstaatliche Realität, das Patrimonium Petri, entstanden. Urheber sollte eigentlich der erste sogenannte christliche Kaiser Konstantin der Große gewesen sein, dessen Soldaten das Kreuzeszeichen auf den Schilden trugen und der das erste Toleranzedikt für die Christen erließ. Über 400 Jahre hatte die Kirche gebraucht, um endlich aus der Hand eines weltlichen Herrschers ihren Besitzstand zugesprochen und bestätigt zu bekommen, obwohl bereits Karls Vater, König Pippin, seine Zustimmung gegeben hatte. Damals entschloß man sich sogar zu zwei Salbungen für diesen Franken, um die Rechte der Kirche zu betonen. Eine nahm der angelsächsische Mönch und Missionar in Thüringen und Hessen, Bonifazius, vor, die zweite der dankbare Papst Stephan II.

Dieser König Pippin und sein Sohn, der jetzige König Karl I., waren also die Stifter des Kirchenstaates. Sie waren gleichermaßen als königliche Notare für den bisher umstrittenen, weil bis dahin nicht vorhandenen, Rechtstitel des Patrimoniums des Apostels Petrus anzusehen. Beide fränkischen Majestäten zeigten sich aufgeschlossen, doch nüchtern gesinnt gegenüber den materiellen Wünschen des jeweiligen apostolischen Regenten. Wünsche, die man sogar urkundlich zu belegen versuchte, bis sich die gesamte erste Konstantinische Schenkung im 15. Jahrhundert als Fälschung enthüllen sollte.

Vom Anfang der tausendjährigen Geschichte des Kirchenstaats bis zu seiner Aufhebung durch die italienische Freiheitsregierung 1870 floß viel Blut. Die Päpste waren durch den Besitz gezwungen, sich weltlich, politisch und vor allem militärisch einzuschalten. Die gesamte Geschichte des Papsttums, Deutschlands, Italiens und Europas wäre anders verlaufen, wenn die Petrus-Nachfolger für die Erhaltung und Sicherung der kirchlichen Liegenschaften nicht Kaiser, Könige, Fürsten und Völker, abendländische und morgenländische Heere und eigene päpstliche Truppen unter dem Befehl von Kardinälen aufgeboten hätten.

Der weltliche Schiedsrichter im päpstlichen Schauprozeß

Einen Tag nach dem Besuch der palästinensischen Gesandtschaft betrat Karl I. die Peterskirche, nicht in der fränkischen Nationaltracht, sondern diesmal im römischen Purpur, der Toga mit dem altgriechischen Obergewand, und in römischen Schuhen. Es ging um den Schlußakt im Prozeß gegen den Papst.

Atemlose Stille in der Versammlung der Großen des fränkischen Reiches, der Würdenträger der Kirche und des römischen Adels. Draußen höchste Alarmbereitschaft unter den Truppen, drinnen höchste Erwartung.

Ein sonderbarer Schauprozeß in Anwesenheit des Königs: Er wußte durch die Mitglieder der königlichen Untersuchungskommission, der die Erzbischöfe von Salzburg und Köln, drei fränkische Bischöfe und drei fränkische Große angehörten, daß der Lebenswandel des Papstes gewissen Mißdeutungen ausgesetzt gewesen war. Von Übertreibungen abgesehen, enthielt die Anklage einige Beweise, die bis heute nicht widerlegt worden sind. Sollte er Leo III. absetzen? Durfte der Monarch aus dem Norden überhaupt in die Ordnung der römischen Hierarchie eingreifen?

Seit Jahren wurden Gerüchte von der bevorstehenden Einsetzung eines fränkischen Papstes für eine fränkische Reichskirche verbreitet. Diplomatische Drohmittel, um römischen Intrigen mit dem Ostkaiser in Konstantinopel ein Ende zu setzen. Mehrmals jedoch hatte Karl den Oberbischof ermahnen müssen, so auf der abendländischen Synode zu Frankfurt am Main 794.

Nun eine Verurteilung des Papstes in einem öffentlichen Prozeß, dem der König der größten Völkermacht als Schiedsrichter vorstand, – kam das in Frage? Es hieß, Karl, der mächtigste Mann der Welt, hätte sich persönlich das Urteil vorbehalten.

Auf dem Ambo von Sankt Peter rief Leo III. feierlich Gott an. Er gelobte, die Hand auf dem Evangelium, seine Schuldlosigkeit. Er tat es freiwillig, wie er betonte. Es war der bekannte Reinigungseid, gegen den es keinen Widerspruch gab. Mit diesem päpstlichen Schwur traf die Rebellen, die sich gegen Leo III. erhoben, ihn geschlagen, verfolgt und zur Flucht aus Rom genötigt hatten, die Todesstrafe. Der Pontifex begnadigte sie zu lebenslänglicher Verbannung im Frankenreich.

Damit war dieser Papst für die Kirche gerettet – durch und für König Karl. Das war die zweite Schicksalsstunde für den Gast aus dem Norden.

Der gerettete Pontifex Leo III. krönt den ersten abendländischen Kaiser

Am Weihnachtstag 800, drei Tage nach jener feierlichen Überlassung des Schutzrechtes für die heiligen Stätten in Jerusalem an den König der Franken, zwei Tage nach der Beendigung des päpstlichen Prozesses, erschien Karl wieder in römischem Purpur. Es sollte das zweite und letzte Mal während seines langen Lebens sein, daß er antike Kleidung trug. Es war sein vierter und letzter Aufenthalt in der alten Hauptstadt des einstigen Imperiums.

Karl kniete während der Christmette vor der Confessio des heiligen Petrus. In diesem Augenblick erhob sich der Papst und setzte Karl schnell die goldene Kaiserkrone auf. Dreimal wiederholten die Römer, vor allem römische Ritter im gestellten, verabredeten Chor: „Dem erhabenen Karl, dem allerfrömmsten von Gott gekrönten Augustus, dem großen Friedenskaiser der Römer, Leben und Sieg!"

Der Papst kniete vor dem schweigenden Imperator, der ihn gerettet hatte. Es war die überkommene Zeremonie nach dem byzantinischen Ritus der Kaiserwahl, sogar mit einer byzantinischen Krone. Zweifellos eine überraschende, doch vorbereitete Handlung von schwerwiegender Bedeutung: nach der Königskrone der Franken und nach der eisernen Krone der Langobarden nun diese dritte, die goldene Kaiserkrone, für Karl. Der Adler als kaiserliches Zeichen schwebte über dem Kreuz.

Wer hatte in Rom über diesen weltgeschichtlichen Vorgang Bescheid gewußt? Allein die päpstliche Seite durch ihre Vorbereitungen? Oder die fränkische Seite? Beide zusammen? Oder gab es Hintermänner?

Jahre zuvor schon hatte sich der aus England gebürtige Gelehrte Alkuin als ungenannter, doch bestimmender Mitverfasser der Denkschrift „Libri carolini" mit der Erhebung des Frankenkönigs zum Kaiser befaßt. Die Schrift, die an alle Regierungen versandt, dem Papst und den Bischöfen zugestellt worden war, bereitete das vor, was jetzt in Rom endgültig vollzogen wurde.

Immer wieder tauchte in der Umgebung des Königs die Hoffnung auf ein Kaisertum auf, während zu Karls eigener Meinung keine Äußerungen vorlagen. Unter seinen engsten Mitarbeitern verwandte man nur das Wort „imperialis", statt des Begriffs „Imperator". Alkuin jedoch war ein so bedeutender Mitdenker und Mitwisser geheimer Pläne, daß ihn Karl im Spätherbst des Jahres 800 auf dem Anmarsch nach Rom in seinem Klosterasyl in Tours zu Besprechungen unter vier Augen aufgesucht hatte. Alkuin war es dann auch gewesen, der als einer der ersten Gratulanten ein beziehungsvolles Geschenk für den Kaiser bereithielt. Es war eine kostbare, prachtvoll geschriebene Bibel, die am Weihnachtstag überreicht wurde.

Oder waren Mitwisser des Krönungsplanes unter den römischen Adligen zu suchen, die ebenfalls nach einer Schutzmacht verlangten, um vielleicht eines Tages mit dieser Hilfe die Alleinherrschaft anzustreben?

Zeitgenossen und nachfolgende Chronisten sprechen von einer Überrumplung Karls. Wie ein Gegenzug sieht es daher aus, als nach dreizehn Jahren, 813, der einundsiebzigjährige Kaiser seinen Sohn Ludwig nach Aachen kommen läßt und ihn auffordert, sich selbst die Kaiserkrone aufzusetzen. Die Rechnung mit der päpstlichen Weihe von 800 erscheint damit ausgeglichen.

Wenn Karl vom Plan der Kaiserkrönung gewußt hätte, würde er trotz des hohen Festes Sankt Peter nicht betreten haben. Diese Ansicht ließ der Kaiser unter seinem Gefolge verbreiten und von seinem Biographen aufschreiben. Ein Kommentar, der dem Staatsakt in der Kirche nicht die Würde und Bedeutung, aber die Spitze nehmen sollte.

Hatte Karl nicht das vollbracht, was jeder Papst erstrebte und was zuvor stets mißlungen war? Ausbreitung des Christentums in Mitteleuropa, Sicherung durch christliche Heere wie zu Konstantins Zeiten: Soldaten und Missionare reichten sich die Hand, oftmals waren sie identisch. Ein schlimmes Zeichen, wenn Mission mit bewaffneter Hand betrieben wird, wie es immer wieder in Europa und in anderen Kontinenten geschehen ist. Kreuz und Schwert in einer, in vermeintlich christlicher Hand, von Königen und Päpsten, Kanzlern und Kardinälen geführt ... Kaum fünfzig Jahre sollte es dauern, da schützten sich die Stellvertreter Christi selbst durch päpstliche Streitkräfte zu Lande und zu Wasser und bauten in Rom Festungswerke wie die leoninische Mauer gegen die Sarazenen, Streitkräfte nicht nur zur Verteidigung, sondern auch zum Angriff.

Wäre die Kaiserkrönung im Sinne beider Veranstalter gewesen, des Kaisers wie des Papstes, dann hätten auf fränkischer Seite wohl nicht so auffallend die Geschenke nach der Krönungsmesse gefehlt. Erst am Dreikönigstag ließ Karl an der Confessio drei Goldkelche übergeben, von denen einer seinen Namen, die beiden anderen – symbolisch – die Namen seiner Kinder eingraviert trugen.

Nach dieser dritten und bedeutendsten Schicksalsstunde dieses römischen Winters dachte der große Franke, der sich niemals Römischer Kaiser genannt hat, nunmehr Herr über „Gallien, Germanien, Italien und die Nachbarländer", an den Frieden. Dreizehn Jahre lang sollte sich Karl darum bemühen: Der Kriegsheld wollte ein Friedenskaiser werden.

Eine Frage blieb bestehen: Gab es eine Macht, die gegen die Kaiserkrönung opponieren konnte? Das Kaisertum in Neurom? Der bisherige Schutzherr in Konstantinopel, dem jahrhundertelang jede Papstwahl zur offiziellen Bestätigung mitgeteilt werden mußte? Karl wollte als Westkaiser kein Gegenkaiser für den Ostkaiser sein. Es ging ihm um die „Bruderschaft" mit dem Regenten am Bosporus.

Das karolingische Imperium als übernationale Einheit

Der letzte große Kaiser der Endzeit, der Erretter-Kaiser, der von Gott eingesetzte Statthalter war der Welt erschienen! So konnte nach den umlaufenden Weissagungen des 8. Jahrhunderts Karls I. Krönung gedeutet werden. Auf den Trümmern des alten römischen Imperiums – immer wieder trifft man karolingische Berufungen auf Augustus und Konstantin – erhob sich ein Neues: das karolingische Imperium, das Römische Reich fränkischer Nation. Aus der politischen und militärischen Zusammenfassung der germanischen Stämme (unter Einschluß nichtgermanischer Völker) war ein fränkisch-christliches Universalreich geworden, das nahezu das damals bekannte Abendland umfaßte.

Karl *besaß* die Länder, ehe er Kaiser in dem staatlichen Gebiet zwischen Rhein, Elbe, Nordsee und Thüringer Wald wurde. Vereint waren die Franken schon mit den Thüringern, mit Schwaben und Bayern und mit den Langobarden – zunächst freilich mehr die Räume als die Stämme und Völker. Um auch die Sachsen endgültig zu gewinnen, wurden die längsten und härtesten Kriege geführt.

Nach 32jährigem Krieg endlich Friedensschluß mit den Sachsen

Ein königlicher Gewaltherr zog gegen den letzten freien, nichtchristianisierten deutschen Stamm und beseitigte dessen Volksfreiheit. Es war Karls größtes, gefährlichstes und furchtbarstes außenpolitisches Unternehmen. Zweiunddreißig Jahre lang wurde bekämpft, zusammengeschlagen oder ausgerottet, wer sich zu unterwerfen und christlich zu bekehren weigerte. Ausgerechnet Karls christliches Heer, unter zahlreichen Prälaten als Heerführern, wie etwa unter Abt Sturini, machte selten Gefangene. Es gab kein Herrscherhaus an der Spitze der Sachsen, mit dem Karl verhandeln konnte. Von der Brutalität des karolingischen Heerbannes gegen die in Notwehr kämpfenden Sachsen – erschlagene Priester, brennende Kirchen, ermordete Überläufer – macht man sich erst seit dem Zweiten Weltkrieg die rechte Vorstellung. Dieser Krieg unter dem Zeichen des Kreuzes in den siebziger Jahren des 8. Jahrhunderts war ein vollständiger Vernichtungskrieg. Für Einhard, einen der engsten Mitarbeiter des Herrschers und Chronisten der Karlszeit, war es der schrecklichste und mühereichste aller Kriege.

Bei dem Sachsen-Massaker in dem berühmt-berüchtigt gewordenen Verden an der Aller 782 wurden die von den eigenen Landsleuten ausgelieferten sächsischen Freiheitskämpfer wegen Hochverrats hingerichtet. Man nennt in den Reichsannalen 4 500 Opfer. Es hieß, es ginge um christliche Mission, um ein sächsisches Christentum, das um jeden Preis, auch um den der Barbarei, durchzusetzen war. Todesstrafe für diejenigen, die sich nicht taufen ließen, die die Fastenordnung mißachteten, das christliche Begräbnis ablehnten.

Neben dem religiösen Motiv gab es natürlich ein politisches Motiv, die sich beide für Karl verbanden. Über 50 000 Sachsen deportierte er in Gruppen ins Frankenland und siedelte dafür seine Landsleute in Sachsen an. So gewann er einen Völkerstamm und riesigen Besitz.

Die Nachfolger unter den Kaisern der Franken, Sachsen, Salier, Staufer und Habsburger empfingen die Krone in Rom, zogen damit in den Krieg, verteidigten und eroberten Länder. Nach über einem halben Hundert Feldzügen brach mit Karls Erhebung zum Kaiser gleichsam der Friede in Europa an. Mit der Krönung seiner Nachfolger aber brach zumeist Unfriede aus. Unfriede in Italien mit dem Adel und den Städten, Unfriede der Päpste, Unfriede mit den sich bildenden Nationalstaaten, vor allem Unruhe und Unfriede in Deutschland. Es war stets, als wenn die römische Besiegelung der kaiserlichen Herrschaft widerstreitende Kräfte aus allen Himmelsrichtungen herausforderte.

Die erste Hauptstadt: Aachen

So unterzeichnete der Franke als erster „von Gottes Gnaden"; ein demütiger Titel, nach dem der Herrscher alle Kraft und Hoheit nicht durch Macht allein, sondern durch Gnade empfing. Sodann nannte er sich „allerchristlichster" Kaiser, nicht „römischer" Kaiser, wie der Herrscher in Konstantinopel, und auch nicht „römischer König", wie seine Nachfolger. Von besonderer Bedeutung war auch der Stichtag der Kaiserkrönung in Rom gewesen. Diejenigen, die ihn bestimmten, wußten um die Chance und den Ernst der weltpolitischen Situation. In Konstantinopel regierte nämlich eine Frau. Die Kaiserinwitwe Irene herrschte seit 799 allein, nachdem sie ihren 27jährigen Sohn Konstantin VI. hatte stürzen und blenden lassen.

Sollte sich das Papsttum der Gewaltpolitik dieser Frau ausliefern und die Schutzherrschaft ausgerechnet einer Kaiserin anstreben? Gewiß, die Kaiserin hatte viel für die Kirchenunion und den Kirchenfrieden getan. Doch es genügte nicht für die Rolle des mächtigen Protektors, dessen die Kirche bedurfte.

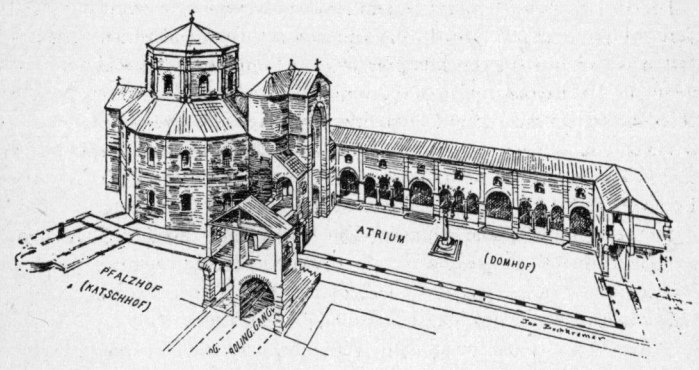

Rekonstruktion der Aachener Pfalzkapelle Karls des Großen

Karls Hauptstadt oder Hauptpfalz, wie es damals hieß, blieb Aachen mit seiner zentralen Lage zwischen West und Ost. Man hat es das Versailles des großen Karolingers genannt. Zwischen der am Abhang eines Hügels aufgebauten Residenz und der niedriger gelegenen Kapelle erstreckte sich ein weiter Hof mit Laubengängen und Pavillons. In der Mitte hatte man das Reiterstandbild Theoderichs des Großen aufgestellt, des Königs der Ostgoten, das man als Beute von Ravenna nach Aachen verschleppt hatte.

Die Aachener Pfalzkapelle war eine Doppelkirche. Im Erdgeschoß beteten die Diener, das Gesinde und die einfachen Hofleute, auf der Empore erschienen der König und sein Gefolge. Keine Gleichheit vor Gott. Wie die Hauptpfalz Aachen, so wurden auch die wichtigen Pfalzen Worms, Ingelheim, Frankfurt am Main, Nymwegen in Marmor und Stein restauriert.

Vom Lieblingsaufenthalt zur kaiserlichen Pfalz

An allen Lieblingsorten entstanden durch den Bauherrn kaiserliche Pfalzen. Sie waren Symbole der Macht. Durch Umbau römischer Kastelle schuf man Königsplätze für Reichs- und Fürstentage. Neben den Neubauten der Pfalzen stiftete Karl zusätzlich Tribunale und öffentliche Gerichte. Aus diesen Pfalzen wuchsen die späteren Pfalzstädte und Burgstädte, schließlich die alten Reichsstädte.

An historischen, heute in ihrer einstigen Bedeutung kaum noch bekannten, Orten wie Diedenhofen in Lothringen, Düren zwischen Köln und Aachen, Forchheim in Oberfranken, wo viele Reichs- und Fürstentage stattfanden, Hammelburg, Heristal bei Lüttich, das neben Aachen, Ingelheim und Karlsberg am Würmsee als Geburtsort Karls des Großen in Betracht gezogen wurde, Laudenburg am Neckar, Seligenstadt in Hessen und Waiblingen entfaltete sich das karolingische Leben mit Reichstagen und großen Kirchenversammlungen.

Karolingische Hauptsitze dienten der politischen Repräsentation und waren selten militärische Anlagen. Die Kaiserpfalz Ingelheim hat man auf Grund ihres Ausbaus und ihrer prachtvollen Ausstattung den Kaiserpalästen in Rom und Byzanz gleichgesetzt. Die kleineren Pfalzen entwickelten sich zu Sammel-, Schutz- und Wehrstätten. In Sachsen sind die ersten Wehrburgen entstanden, überraschenderweise römischen Kastellen nachgebildet. Ihr zweiteiliger Gebäudekomplex enthält in der Hauptburg das Magazin für Proviant, Waffen und Kleidung, die Vorburg benutzte man als Truppenlager. Nach fast tausend Jahren deuten die Ruinen der Königshöfe auf eine erstaunlich widerstandsfähige Bauweise.

Während nach einer spanischen Quelle des 8. Jahrhunderts schon Karls Großvater, Karl Martell, als „Europäer" bezeichnet wurde, titulierte man den Enkel als „Haupt der Welt". Das war genauso apologetisch gemeint wie der Anruf „Bischof der Bischöfe" oder „Defensor et Rector der heiligen Kirche im Dienste Gottes" und „Prediger und Führer".

Freund Alkuin sprach dem Herrn des Abendlandes die Führung der beiden Schwerter zu, um die Kirche gegen die Ungläubigen außerhalb und gegen die Ketzer innerhalb des Völkerbundes zu schützen. Eine beachtenswerte Auslegung der Augustinischen Proklamation vom Gottesstaat unter dem Symbol der zwei Schwerter, dem des Kaisertums und dem des Papsttums. Kaiser Karl selbst führte beide Schwerter, das weltliche *und* das geistliche Schwert, zur Ordnung der Christenheit, wie er betonte.

Dann klingt es wie ein Weckruf zur Besinnung, wenn Freund Alkuin an ihn schreibt, er solle nicht nur Allein- und Selbstherrscher sein, er solle bedenken, für wen er schaffe und regiere. Für höchsten Ruhm? Für Titel und Glanz? Für Eroberung und Beute? Für seine Dynastie? – Nein, Alkuin schrieb an Karl mit prophetischem Sinn:

„Die kaiserliche Gewalt ist von Gott zu nichts anderem angeordnet, als um dem *Volk* vor- und beizustehen." Ein großes Wort, das hier zum ersten Male in unserer Geschichte ausgesprochen wird.

Vierhundert Jahre zuvor hieß es im „Gottesstaat" des Augustinus, den man als Lehrer des Abendlandes preist: „Ein Volk ist eine geordnete Vielheit vernunftbegabter Wesen, verbunden durch eine gemeinsame Liebe zu dem, was ihm teuer ist."

Auf ein fröhliches Christentum bedacht

Der Kaiser gab seinem Klerus im karolingischen Evangelium überraschende Anweisungen für ein fröhliches Christentum. Er brauchte den Halleluja-Christus, nicht den Leidenden. Die Zeiten waren manchmal ohnehin schwer genug. Der Kaiser hatte als Vertreter des allmächtigen Gottes das Reich eingenommen. Nun sollten die Stimmen himmlischer Heerscharen ein Echo auf Erden finden. Deshalb waren ihm die Tapferen, nicht die Elenden, die Lachenden, nicht die Düsteren und Grämigen willkommen, unter den Grafen und Bischöfen wie unter den Bauern und kleinen Leuten. Des Kaisers frohe Reichsbotschaft hieß nach dem biblischen Text: „Freuet euch, und abermals sage ich, freuet euch! ... Und nun geht an eure Arbeit!" Die Lehre seines karolingischen Evangeliums benutzte Karl zu einer förmlichen „Schwertlehre", zu einem „Schwertgesang", um eiserne Widerstandsfähigkeit zu demonstrieren.

Was Vater und Großvater auf unserem Kontinent vorbereitet hatten, das versuchte Karl in 46 Regierungsjahren mit beinahe 30 Kriegsjahren und 53 Feldzügen aufzubauen: Europa. Er schuf die Grundlage für ein grandioses Unternehmen, das alle großen Kaiser nach ihm anstreben und wobei sie auch zugrundegehen sollten: das Abendland als übernationale Einheit.

Kein Problem gab es, das Karl als „Magnus pacificus Imperator" nicht angepackt hätte. Er schlug in allem den Grundakkord für Europa an. Am Ende des Jahrhunderts formulierte es Papst Sergius II. (999–1003): „Das kluge Wirken ... auf dem Wege der Anpassung." Da war bereits aus dem Krieger ein Staatsmann geworden.

Karls Kaisertum, dem dieser Papst sogar den Namen einer Weltorganisation gab, entsprach dem katholischen Universum. Vom ehemaligen Orbis romanus zur ersten abendländischen Einheit von Staat, Politik, Religion, Wirtschaft und Kultur. Ein vielsprachiges Reich, in dessen fränkischem Kernland zum ersten Mal das Deutsche offiziell gebraucht wurde.

Wer nämlich Fränkisch sprach, bekannte sich zu „Francia teutonica", der deutschen Sprachgemeinschaft. Später meinte man damit auch das Volk und das Land. Der weltgeschichtliche Begriff des „Reichs der Deutschen" findet sich in einem Salzburger Annalenwerk vom Jahre 919, der Begriff des deutschen Volkes bereits um 860 in einem ersten Berner Kodex – in den dreißiger Jahren unseres Jahrhunderts entdeckt –, ausgerechnet bei einem Sachsen namens Gottschalk.

Karls Gesetze enthielten deutsche Ausdrücke. Beschlüsse von Synoden las man „sowohl lateinisch wie deutsch", auch wenn Bonifazius für kurze Zeit in Gewissensnot kommen sollte, ob die Taufe in deutscher Sprache rechtmäßig wäre. Den Klosterschulen wurde zur Auflage gemacht, in deutscher Sprache zu unterrichten. Aber Deutsche gab es noch nicht.

Mongolisch und Slawisch sprach man an der Donau, Griechisch im Süden, Baskisch und Arabisch jenseits der Pyrenäen. Diese Vielfalt zwang der ebenso harte wie kluge Geist des Monarchen zu einem höheren Ganzen.

Neue weltgeschichtliche Perspektive: Heiratet der kaiserliche Witwer Karl die byzantinische Kaiserinwitwe Irene?

Mitten in dieser Zeit umwälzender Ereignisse erhob sich Kaiserin Irene in Konstantinopel noch einmal mit Geistesgegenwart und staatspolitischem Realsinn. In Byzanz hatte man die römische Kaiserkrönung als „erschlichene Salbung eines Barbaren" und somit als Herausforderung aufgenommen. Wenn der Papst sich einen neuen Schutzherrn erwählte, so sah man das als Entthronung des „römischen" Kaisers in Konstantinopel und als Aufhebung seines kirchenpolitischen Patronates an. Kaiser Karl I. und der Papst in Rom hatten sich nun als Alliierte zusammengefunden, so wie es der Papst bislang mit Konstantinopel demonstriert hatte. Es bestand also jetzt ein Doppelkaisertum: in Konstantinopel das byzantinische Reich mit der Kaiserkirche des griechischen Christentums, in Aachen das germanisch-römische Imperium mit dem Königspriestertum des lateinischen Christentums.

Und wenn aus den zwei Reichen in Ost und West *ein* Gesamtreich wurde? Byzantinische Quellen lassen erkennen, daß man für einen historischen Augenblick daran dachte, Karl I. auch zum Kaiser von Konstantinopel und damit zum Herrscher der damals bekannten Welt zu erheben. Oder gab es noch eine andere staatspolitische Möglichkeit für die Einheit von Abend- und Morgenland?

In Rom traf im Jahre 801 eine kaiserliche Gesandtschaft zu Geheimverhandlungen mit Kaiser Karl ein. Ein weiteres Gespräch zwischen Ost und West. Die griechische Seite gab später bekannt, daß es sich um einen Heiratsplan der angejahrten Kaiserin Irene gehandelt habe ...

Karl – eine leidenschaftliche, hinreißende Natur – war viermal verheiratet gewesen. Einige Quellen sprechen sogar von fünf Vollehen. Die aus politischen Vernunftgründen geschlossene erste bzw. zweite Ehe bezweifelte selbst die Kirche, weshalb man gegen die Scheidung in Rom keinen Protest erhob. Unter den Franken wurde die Einehe mehr postuliert als beachtet und gehalten. Tatsache ist, daß die Unauflöslichkeit der Ehe erst später, gegen Mitte des 9. Jahrhunderts, erklärt wurde.

Als erste wirkliche Königin der Franken erschien die Schwäbin Hildegard. Sie gebar Karl drei Söhne und drei Töchter. Trotzdem blieb sie auf den Reichstagen und während der Kriegszüge an seiner Seite im Feldlager. Mit 41 Jahren wurde Karl zum ersten Mal Witwer.

Neben den Vollehen führte der Franke, selbst aus einer „Friedelehe", einer im Fränkischen üblichen, nicht offiziell geschlossenen Neben- und außerehelichen Verbindung stammend, verschiedene Nebenehen. Eine davon galt der ostfränkischen Grafentochter Frastrada, die er an seine Seite hob und der er treu blieb, auch als sie kränkelte. Ihr Tod soll den Franken beinahe schwermütig gestimmt haben, berichtet die Legende.

Von den Ehefrauen und Geliebten hatte Karl zusammen vierzehn Kinder, darunter acht „allerliebste" Töchter. Sie waren ihm eine solche Augenweide, daß er ihre Eheschließung untersagte, um sie in seiner Nähe zu behalten. Ihre außerehelichen Kinder nahm Karl als legitime Enkel an. Wie ein Patriarch versammelte er die ganze Familie häufig um sich. Von dem Enkel Nithard stammt eine Schilderung des kaiserlichen Großvaters, „daß er allen Erdenbewohnern zugleich schrecklich, liebenswert und bewunderungswürdig erschien". Weiterhin belegt durch mündliche Überlieferung von Zeitgenossen, unter anderen von dem Sankt Galler Mönch Notger dem Stammler. Er nannte Karl I. milde und siegreich, aber auch schrecklich und furchtbar ... Gültige Charakterisierungen bis in unsere Tage.

Der kaiserliche Witwer war geneigt, die Kaiserinwitwe Irene aus Byzanz zu ehelichen. Ein grandioser, beinahe unheimlich anmutender Einfall, um das abendländische Kaisertum mit dem morgenländischen zu vereinen. Die alte Einheit von West und Ost sollte wieder geschlossen werden, wie sie unter Augustus, Konstantin, Theodosius und Justinian bestanden hatte. Die Kirche in Rom würde dann wieder zur Unionskirche für West und Ost.

Alles war schon vorbereitet. Doch die Zeit dieser Frau am Bosporus war abgelaufen. Gerade zu dem Zeitpunkt, da die fränkischen Gesandten des großen Karl zu letzten Verhandlungen am Goldenen Horn eintrafen, wurde Kaiserin Irene durch einen Staatsstreich gestürzt!

Neue Widersprüche zwischen Orient und Okzident. Trotz des revolutionären Regimentes in Konstantinopel setzte Karl allmählich seine Anerkennung als Westkaiser und 812/13 die Versöhnung mit dem Ostkaiser durch. Sie trug vorübergehende Bedeutung, bis die Spaltung endgültig wurde.

Der siegreiche Feldherr in 53 Kriegszügen als Staatengründer, Verfassungsgeber und Reichsorganisator

War das noch derselbe Karl in seiner Residenz Aachen wie vordem der Eroberer des Festlandes, der König der Königreiche, dessen bewaffnete christliche Sendboten die Nachbarländer zwischen Ebro, Oder und Save unterwarfen? „Damals sah man ihn selbst behelmt, die Arme mit eisernen Schienen bedeckt, die eiserne Brust und die breiten Schultern durch den eisernen Harnisch geschützt; die Linke trug die hoch aufgerichtete eiserne Lanze, denn die Rechte war für den immer siegreichen Stahl bereit, die Schenkel waren mit eisernen Schuppen bedeckt, der Schild war nichts als Eisen..." So schildert der Mönch von Sankt Gallen den Anblick des Feldherrn.

Allein 18 Kriege gegen die Sachsen, einen gegen die Aquitanen, fünf gegen die Langobarden, sieben gegen die Araber in Spanien, einen gegen die Thüringer, vier gegen die Avaren, zwei gegen die Angelsachsen, einen gegen die Bayern, vier gegen die Slawen nördlich der Elbe, fünf gegen die Sarazenen in Italien, drei gegen die Dänen, zwei gegen die Griechen. Chronisten und Historiker haben die Zahl von einer Million Gefallenen in den Karl-Kriegen ermittelt.

Dieser unwiderstehliche Initiator von Angriffskriegen und Schlachtenlenker saß nun in seiner Hauptstadt Aachen und unterschrieb die erste Regierungserklärung nach der Kaiserkrönung mit „Serenissimus et Christianissimus dominus imperator Augustus". Ein Zeichen der Weltmacht und des wachsenden persönlichen Ruhms, daß sich bei Karl die Titel häufen.

Das Erlebnis Italien bei seinem ersten Kriegszug, später die Besuche in Rom, diese Mischung von antikem und christlichem Wesen, hatten ihn völlig umgeworfen, begeistert und entschlossen gemacht. Fühlte er sich nicht wie ein Barbar in diesen tausendjährigen Gefilden geistiger, kultureller und künstlerischer Tradition? Allein die Denkmäler, der Kultus, die Bücher, die Intelligenz, der er hier begegnete! Was in unseren Tagen Afrika ist, mit seinem erwachenden Nationalbewußtsein der einzelnen

Völker, mit der Forderung nach Freiheit und Selbstbestimmung, mit der Verschmelzung von alter Kultur und junger Zivilisation, das war damals etwa Mitteleuropa. Eine wilde Kraft, genauso unerschlossen wie ungeformt. Diese wilde Kraft fügsam zu machen und zu ordnen, unternahm Karl.

Trennung von Großreich und Kirche

„Es ist unsere Aufgabe, mit Hilfe Gottes die heilige Kirche Christi gegen die Heiden zu verteidigen, in allem, was ihr äußeres Leben anbelangt", schrieb Karl an den Papst und wurde auf dem Gebiet der herrscherlichen Verantwortung deutlicher: „Es ist unsere Aufgabe, ihr in ihrem Bereich die Unversehrtheit des Glaubens zu schützen." Unmittelbar an Leo III. wandte er sich: „An Euch, Heiliger Vater, ist es, unserem Heer nach Art des Moses durch Aufheben der Hände zu Gott zu helfen, damit das Volk der Christen über die Feinde des heiligen Namens immer den Sieg davontrage."

Das bedeutete eine scharfe Trennung von politischer und kirchlicher Macht. Keine Unklarheiten, keine Mißverständnisse. Real war es gemeint, real sollte es sich auswirken. Die bei jedem Rombesuch Karls immer wieder auftauchenden territorialen Bitten und Gesuche des Papstes besaßen weltliche, für den König also politische Bedeutung. Für den Franken hatten die Wunder der Ewigen Stadt ihren magischen Reiz verloren. Die Stärke seines Heeres, der Einfluß seiner Diplomaten und der königlichen Ämter, vor allem die Macht der von ihm regierten Völker stellten zusammen ein einmaliges Phänomen dar. Diese Völker sollten sich für den Papst schlagen? Eine Aufforderung, die er als König wie als Kaiser durchschaute und in Verhandlungen abzuklären suchte.

Karl kam es auf das Vorbild des Papstes in der Nachfolge Petri an. Leo III. sollte den Kirchenvätern voranleuchten, jedoch nicht anfangen, mit der Macht zu spielen. Beten sollte der Papst, nicht politisieren.

Die Rangordnung war für Karl natürlich und wichtig. Als König wie als Kaiser drang er auf unbeschränkte Initiative. Wenn aus dem Protektor des Kirchenstaates nun der Schiedsrichter über den Stellvertreter Christi geworden war, dann wollte der Universalmonarch des Abendlandes niemand anderem Rechenschaft leisten als sich selbst und in vertraulichen Aussprachen seinen engsten Mitarbeitern. Karl regierte die Kirche als Alleinherrscher wie Kaiser Konstantin vor 500 Jahren.

Alles, was dieser Kaiser für die Kirche unternommen hat, gehörte eigentlich zu den päpstlichen Aufgaben und zur kirchlichen Organisation.

Er griff ein, wo der regierende Papst ihm zu passiv erschien. Es dauerte Karl einfach zu lange, bis der Heilige Vater Vorschläge machte. Die kaiserlichen Mitarbeiter disponierten schneller. Karl übernahm die geistlichen Befugnisse der Kirchenbehörden und das Verfügungsrecht über die Kirchenstellen. Er setzte Bischöfe und Äbte ein und beschenkte sie mit Gütern. Aus den Großen der Kirche wurden reichstreue Lehnsträger: der Anfang eines kirchlichen Reichsbeamtentums mit der Investitur durch den Kaiser. Als Fürstbischöfe und später als Kronkardinäle gehorchten sie dem Kaiser und König mehr als dem Pontifex in Rom. Von Papst Gregor VII. bis zu Alexander III., von Kaiser Heinrich IV. bis Kaiser Friedrich Barbarossa, über hundert Jahre lang sollte sich der Investiturstreit hinziehen. Als „David des Neuen Bundes", wie sich Karl ebenfalls nannte, ordnete er die Kirche wie das Reich. Alles sollte straff und übersichtlich verwaltet werden. Deshalb die Einführung von kirchlichen Verwaltungsbezirken und staatlichen Gauen, an deren Spitze die Erzbischöfe und Sendgrafen standen.

Die früheren Missionszentren im Sachsenlande waren zu Diözesen erhoben worden, wie die Diözese Bremen um 805. Um die gleiche Zeit etwa entstanden die Bistümer Münster, Paderborn, Minden, Osnabrück, Verden, Halberstadt. Früher schon existierten Fulda und Corvey. Für das westliche Sachsen galt Köln, für das östliche Sachsen Mainz als Mittelpunkt der Diözese. Viele Städte waren einst Kriegsschauplätze in dem mehr als dreißig Jahre sich hinziehenden Schlachten zwischen Franken und Sachsen, diesem Volk mit dem eisernen Herzen, gewesen.

Der brutalen Mission unter den Sachsen folgten Klostergründungen. Einstige Kämpfer und Helden auf beiden Seiten wurden Mönche nach der Benediktinerregel. Karl hielt darauf, daß geistlicher Nachwuchs aus dem sächsischen Volk kam. Nach der Anerkennung des heimischen Rechtes bekam Sachsen Gottesdienst mit eigenen Priestern in eigener Sprache. Das Unternehmen, im Namen des Christentums mit bewaffneter Hand die Christianisierung durchzuführen, mußte nun kirchlich, geistlich und kulturell weiter gestützt werden.

„Ich denke, euer Christus lebt in den Armen", rief der besiegte Sachsenherzog Widukind, der 785 getauft worden war, zu König Karl und zeigte auf einige Bettler. Sie speisten alle an besonderen Plätzen, der Franke, der Sachse und die Armen auf den Stufen. „Und da soll ich meinen Nacken beugen vor dem, den Ihr im Staube liegen laßt!" fuhr Widukind fort. Als das Karl hörte, errötete er, teilt ein Chronist mit.

Verbot der Kriegspropaganda durch Geistliche

Allgemein ordnete Karl für die Kirche an:
Verpflichtung der Bischöfe zur jährlichen Visitation ihrer Diözesen. Unterstellung der Geistlichen unter die kirchliche Gerichtsbarkeit, aus der sie nur ihr Oberer für den weltlichen Richter freistellen konnte. Examenspflicht für die Priester. Ausgestaltung des Gottesdienstes durch Verbreitung guter Predigttexte. Vorschriften über die gesungene Messe und Symbolisierung der Taufhandlung, indem der Täufling mit Wasser besprengt und nicht mehr im Wasser untergetaucht wurde wie in der alten Kirche.

Der Kaiser wollte von dem Bischof Amalar von Trier 811 über die Taufe wissen: was die Absage an den Teufel bedeutet, warum der Täufling Salz bekommt, warum man die Nase berührt, die Brust mit Öl salbt und warum man weiße Kleidung anlegt.... Karl bestimmte die kirchlichen Feiertage. Kirchenbesuch bedeutete ihm ein volkserzieherisches Mittel. Darüber notierte sein Biograph Einhard: „Auf die Verbesserung des Lesens und Singens in der Kirche wandte er große Sorgfalt, wenn er selbst auch nicht öffentlich las und nur leise im Chor sang."

Von Aachen bis Rom drang er mit seiner Kirchenreform durch, nachdem er schon unter Hadrian I., Vorgänger Leos III., den Zusatz des filioque, wonach der Heilige Geist gleichzeitig vom Vater und vom Sohn ausgeht, in die fränkische Liturgie hatte aufnehmen lassen. Als sich die griechische Ostkirche und auch lateinische Mönche dagegen wehrten, weil sie die Ansicht vertraten, daß der Heilige Geist nur vom Vater auf den Sohn ausgehe, schickte Kaiser Karl zwei geistliche Vertreter zu Leo III., um seine These verteidigen zu lassen.

Den kriegerischen Eifer mancher Priester kritisierte eine kaiserliche Verordnung aus dem Jahre 806. Sie verbot die Propaganda für den Krieg! Kein Kleriker durfte Blut vergießen oder dazu auffordern, zumal Karl auch die Todesstrafe erstmals einschränkte. So richtete der Kaiser an die Klosterbrüder eine der schwersten und schicksalsvollsten Fragen: Ob sich die Krieger Christi nur dadurch von den andern Kriegern unterscheiden, daß sie keine Waffen tragen und öffentlich unverheiratet sind?

Hätte ich doch zwölf Priester ...

An Abt Bangulf von Fulda schrieb der Kaiser, „wie frommer Wandel die Reinheit der Sitten, so möge die Beschäftigung mit Lehren und Lernen die Rede befördern und schmücken". Karl gefiel es, wenn Mönche für sein Seelenheil beteten. Er fand allerdings: Die Gesinnung ist gut, die Form wenig gebildet. Ihm mißfiel die ungeübte Sprache, die auf mangelnde Pflege schließen ließ. Die Mönche sollten ebenso in die Geheimnisse der göttlichen Bücher eindringen, wie sie sich dem Studium der Wissenschaften hingeben sollten. „Wortverfehlungen sind schon gefährlich, Sinnverfehlungen weit gefährlicher", führte Karl aus und verlangte Fleiß, damit man „richtiger in die Geheimnisse der göttlichen Bücher" eindringe.

Obwohl es Karl auffiel, daß manche Geistliche sogar die lateinische Kirchensprache schlecht beherrschten, verstärkte sich bei ihm die Hoffnung, mit geistlicher Hilfe die Wissenschaften an die Befähigten heranbringen zu können.

„Hätte ich doch zwölf Priester", seufzte er eines Tages, „so gelehrt wie der heilige Hieronymus und Augustin!" Darauf antwortete ihm sein Freund Alkuin: „Ei, der Schöpfer des Himmels und der Erde war mit zweien zufrieden, und du willst ihrer zwölf haben!"

Karl machte sich jedoch nichts vor. Von den Kirchenversammlungen in Mainz und Tours verlangte er schon im Jahre 813, daß der Klerus in der Landessprache zelebrieren solle, wie es heute endlich, beim Zweiten Vatikanischen Konzil 1965, postuliert wurde. Kirche und Kultur sollten von oben nach unten die Völker Europas durchdringen.

Da für Karl die Klöster Träger des Geistes waren, ordnete er an, daß jedem Kloster und jeder Hauptkirche Schulen angegliedert wurden. Die Lehrer ermahnte er, fähige Schüler heranzubilden, gleichgültig, ob sie reiche oder arme Eltern hatten. Bei einer Schulvisitation rügte er unwissende Fürstensöhne: „Beim Herrn des Himmels, für euern Adel und euer hübsches Aussehen gebe ich nichts."

Auf dem Stundenplan der Domschulen standen Grammatik, Logik, Mathematik, Astronomie, klassische Literatur, Religion, Psalme und Gesang. Von diesen Schulen mit gymnasienartigem Charakter bis zu den Hochschulen reichte die kaiserliche Aufsicht und Protektion. Freund Alkuin wurde um regelmäßige Visitationen und Gastvorlesungen gebeten.

Pflicht zur Einkommensteuer

Um die Schulen zu erhalten, die Aufwendungen für den Kultus, den Bau von Kirchen und Pfalzen zu sichern, den Klerus und die geistlichen Lehrer mit Beihilfen auszustatten, Arme und Kranke zu unterstützen, erhob Karl den Zehnten. Aus der bisher freiwilligen Abgabe an Tieren, Getreide und Früchten wurde eine Pflicht zur Einkommensteuer, die erste gesetzliche Form im Abendland. Von allgemeinen Steuerpflichten der Grundbesitzer ist in den königlichen Regalien ebenfalls die Rede.

Darüber hinaus wurden außerordentliche Vermögenssteuern der Gesamtbevölkerung fällig, deren Höhe man nach der Einschätzung der Gesamthabe errechnete. Die Juden als Kaufleute und Händler von beträchtlicher wirtschaftlicher Bedeutung befanden sich unter Königsschutz. Für ihre Privilegien zahlten sie regelmäßige Beträge, die sich in Bußen verwandelten, falls Verstöße vorkamen.

Wer den Zehnten nicht bezahlte, den erreichte zunächst eine dreimalige Mahnung, dann untersagte man ihm den Kirchenbesuch. Verstockte Steuersünder traf eine Geldstrafe, später Pfändung des Hauses und Verurteilung zu Gefängnis.

Die Einführung dieser Steuer machte viel böses Blut, besonders in den eroberten Landesteilen und angeschlossenen Reichsprovinzen. Der kaiserliche Ratgeber Alkuin warnte: „Ich weiß wohl, es ist eine vortreffliche Sache um den Zehnten, aber lieber ihn verlieren, als den Glauben! Wenn wir, geboren und erzogen in dem katholischen Glauben, nur ungern den Zehnten zahlen, um wieviel weniger die Leute vom schwachen Glauben."

Karl ließ sich nicht beirren, auch dann nicht, als sich zwischen einem Teil des mächtigen Adels, des hohen Klerus einerseits und der Masse andererseits ein Abstand bemerkbar machte. Dabei enthielt die karolingische Gesetzgebung Hinweise auf ein „verträgliches Nebeneinander anscheinend unversöhnlicher Gegensätze". In diesen Worten vernimmt man die Stimme eines Volkskönigs, der sich im Namen der kleinen Leute gegen Druck, Willkür und Auspressung durch die Mächtigen stemmt. Kamen Bauernunruhen als Auflehnung gegen die Herren vor, dann wurde freilich von der Prügelstrafe Gebrauch gemacht, und da der Kaiser nicht eingriff, änderte sich nichts.

Notstandspolitik bei Hunger, Preiserhöhung und Pest überließ man zunächst der Geistlichkeit. Jeder Bischof sollte drei Messen lesen und drei Psalter singen für den König. Die reichen Bischöfe, Äbte und Grafen hatten ein Pfund Silber, die mittleren Vermögen ein halbes Pfund zu entrichten. In den Kapitularien erscheinen genaue Angaben über die Preistaxen, über Notsteuer, Nutzbarmachung der königlichen Güter, Unterstützung der Notleidenden. Jeder Bischof, jeder Abt, jede Äbtissin hatten vier Notleidende bis zur Ernte zu ernähren. Über einen außerordentlichen Rechtsschutz für Notleidende finden sich ausführliche Stellen in italienischen Kapitularien. Verschiedene Anweisungen des Kaisers enthalten die auffällige Warnung an die fürstlichen Herren, ihre Unfreien nicht verhungern zu lassen ... Was kam da vor? Wo blieb die Entlohnung?

Sendgrafen als kaiserliche Repräsentanten

In diesem ersten abendländischen Staatsgebilde begegnet man modern anklingenden Thesen und Einrichtungen. Von seinem 25. Lebensjahr bis in das hohe Alter ist Karl insgesamt 12 000 geographische Meilen – mehr als den doppelten Erdumfang – geritten. Er wollte schnell und überraschend an bedrohten Plätzen, in Pfalzen und Provinzen, auf Reichstagen, Kirchen- und Volksversammlungen erscheinen. Der Reformer in ihm hielt dem Inspekteur die Waage. Deshalb seine persönliche Anwesenheit, Lenkung der Geschäfte und Aussprache. Volksführung bedeutete für ihn Volksnähe. Nur so konnten die Untertanen, „Gottes und unsere Getreuen", wie er sie nannte, betreut und beaufsichtigt werden, entweder persönlich oder durch kaiserliche Beamten.

In seinem Auftrag übernahmen die Sendgrafen die Staatsaufsicht. Zuerst waren es „fliegende" Königsboten, später reisende Repräsentanten des Kaisertums. Karl bestimmte für jeden Gau zwei Missi dominici, wie die Sendgrafen hießen, einen weltlichen und einen geistlichen Vertreter. Durch die Sendgrafen wollte Karl gewissermaßen überall anwesend sein, nach dem Rechten sehen, Gesetze verkünden, Urteile beschließen, Frieden stiften. Nach den Sendgrafen konnte der Pfalzgraf und der Erzkaplan, sogar der Kaiser selbst angerufen werden. Karl präsidierte dem höchsten Gericht, dem Hofgericht, vor dem die Verhandlungen über Anschläge und Verbrechen gegen die Staatssicherheit stattfanden.

Eine Form allgemeiner Wehrpflicht

Alle Untertanen waren heerbannpflichtig. Die hohen Vasallen genauso wie die Gemeinfreien. Der Lehnsmann, der bei Mobilmachung nicht sofort einrückte, verlor sein Lehen; der Freie zahlte sechzig Goldstücke. Nur der völlig Besitzlose brauchte dem Gestellungsbefehl nicht zu folgen. So verkauften viele ihr bescheidenes Eigentum oder versuchten, als Priester den Wehrdienst zu umgehen – vorausgesetzt allerdings, sie erhielten die kaiserliche Zustimmung. Aus Freiwilligen bildeten sich Militärkolonien, Besatzungen fester Grenzstützpunkte und Leibwachen. Kleriker waren vom Heeresdienst befreit. Äbte führten ihre Mannen zum Sammelplatz, durften sie jedoch nicht anführen, im Gegensatz zu den militanten Reichsäbten und Reichsbischöfen mit Schwert und Bibel im nachfolgenden ottonischen Zeitalter.

Alle Untertanen, vom zwölfjährigen Knaben aufwärts, leisteten ab 802 einen neuen Treueid. Dem Sinn nach hieß es in den karolingischen Wehrpflichts-Kapitularien: Jeder muß mit allen Kräften des Leibes, der Seele und des Geistes im Dienste Gottes sein; er muß Betrug, Raub und Gewalttat an Kirchen, Witwen, Waisen und Pilgern meiden, denn diese befinden sich unter kaiserlichem Schutz.

Zum Waffendienst hatte sich jeder nach seinem Besitzstand auszurüsten, vom Proviant für drei Monate bis zum Kriegshandwerkszeug. Der Reiche trug also bessere Waffen als der Arme. So gab es Mannschaften zu Pferde und zu Fuß.

Als Karl den Abt Fulrad zur Reichsversammlung nach dem östlichen Sachsen, beim Orte Staßfurt an der Bode, einlud, etwa zwischen 804 und 811, erwartete er, daß dieser „mit vollzähliger Mannschaft, alle wohl bewaffnet und ausgerüstet", erschien. In den genauen Anweisungen für die Ausrüstung stand zu lesen: „Jeder Reiter mit Schild, Lanze, Schwert und Halbschwert, Bogen, Köcher mit Pfeilen." Es hieß außerdem: „Auf euern Karren: Werkzeuge jeder Art, Beile und Brecheisen, Bohrer, Äxte, Hacken, eiserne Spaten und was sonst gegen den Feind nötig ist. Waffen und Kleider für ein halbes Jahr." Es handelte sich um einen bedingten Alarm: die Truppe sollte jederzeit feldmarschmäßig nach einem bestimmten Ziel abrücken können.

Teile einer Kriegerrüstung wurden im fränkischen Volksrecht nach dem Wert von Kühen berechnet. Ein Pferd mit zwölf Kühen, der Helm wie die Beinschienen oder das Schwert mit sechs Kühen. Lanze mit Schild standen im Wert von zwei Kühen. Oftmals bedurfte es des Großviehs eines ganzen Dorfes im Wert von fünfundvierzig Kühen, um einen Franken kriegstüchtig einzukleiden. Männer aus dem Großreich erreichten häufig erst nach zwei Monaten den Hauptversammlungsplatz.

Was taten jene hörigen Bauern, die weniger als den Mindestsatz von vier Hufen Besitz hatten? Die Kapitularien enthielten die Anweisung, der Bauer solle sich mit seinem Nachbarn zusammentun, der ebenfalls zwei Hufen besitze. Einer von ihnen hatte dem Gestellungsbefehl nachzukommen, während der Zurückbleibende die doppelte Haus- und Ackerwirtschaft ableistete.

Der Militärdienst gehörte zu den ersten Bürgerpflichten, ohne daß der Staat die äußeren Voraussetzungen zur Pflichterfüllung schuf. Der König als höchster Repräsentant ordnete Aushebungen, Mobilmachungen und Einsatz an, aber es existierten weder Magazine noch Zeughäuser. Die Soldaten durften nach Befehl requirieren und nur im Feindesland plündern.

Um so erstaunlicher, wie Karl mit diesen ungleichen Kämpfern in den Krieg zog und Sieg um Sieg errang. Er führte kleine, ausgesucht bäuerliche Gruppenheere an, keine Massenheere. So kennt man nur zwei Feldschlachten während des Sachsenkrieges: die bei Detmold und die an der Hase. Schon beim Erscheinen des Heeres floh der gegnerische Anführer Widukind, und die anderen Großen erfuhren stellvertretend die Folgen wie bei einer Strafexpedition, verwüstete Landstriche und geplünderte Ansiedlungen.

Fahnenflucht als Protest gegen den dauernden Krieg und den fehlenden Frieden! Karl fiel die sich steigernde Unruhe auf, und er veranstaltete im Jahre 811 Umfragen. Erstaunlich, wie mit Methoden, die unserer modernen Meinungsforschung ähneln, vor knapp 1200 Jahren Ergebnisse zusammengestellt wurden. Es kam dann auch vieles über die Ursachen der Fahnenflucht heraus, was dem Kaiser zu denken gab:

„Die Armen klagen, sie seien um ihr Eigentum gebracht worden; diese Klagen erheben sie in gleicher Weise gegen Bischöfe und Äbte und deren Vögte wie auch gegen die Grafen und deren Unterbeamte. Sie sagen auch, wer dem Bischof, Abt, Richter oder Unterbeamten sein Eigengut nicht geben wolle, gegen den suche man Gründe, ihn zu verurteilen, und lasse ihn fortwährend zu Heereszügen einrücken, so lange bis er gänzlich verarmt sei und gutwillig oder unter Zwang sein Eigengut übergebe oder verkaufe; andere, die das schon getan hätten, säßen in aller Ruhe zu Hause..."

65 Reichstage

Modernen Einrichtungen ähnliche Volksvertretungen von Kreis, Land und Staat wurden im karolingischen Imperium ebenfalls in einer dreiteiligen Stufenfolge wirksam. Die Lösung der Probleme erfolgte zuerst im lokalen Raum, je nach Wichtigkeit durch Amts- oder Regierungsstellen. Zunächst tagte der Rat der Pfalz als Zentralregierung. Dann der kleine Reichstag im Herbst und der alljährliche große Reichstag im Frühling auf dem Maifeld. Auf diesem wurden die endgültigen Beschlüsse für das Arbeitsprogramm der nächsten zwölf Monate gefaßt. Unter Karls Regierung zählte man die stattliche Reihe von 65 Reichstagen. Manchmal kam viel dabei heraus, manchmal wenig oder überhaupt nichts. Dann ging es lediglich um die Repräsentation des Kaisers.

In der Geschichte der Reichtstage, unter allen Regenten, finden sich so häufig prächtig aufgezogene Zusammenkünfte, daß man die Kaiser später als „Kongreßstiere" bezeichnet hat, die zur bloßen Schaustellung von Stadt zu Stadt ziehen.

Die Akademie von Europa und ihr kaiserlicher Schüler

Politik und Geist, Staat und Kultur verbündeten sich bei diesem ersten Kaiser von Europa zu einem fruchtbaren Wechselspiel. Das ist nur in seltenen Fällen der gesamten Kaisergeschichte so eindringlich verwirklicht worden und verdeutlicht die umfassende Größe eines Herrschers, der nicht etwa nur seinen Neigungen nachgeht, sondern die geistigen und künstlerischen Früchte seiner Hofhaltung dem Volk nützlich machen will.

Zunächst schaute sich Karl nach Lehrern für sich selbst um. Es fällt an ihm die Neugierde auf. Er wollte schreiben, logisch denken und Sprachen lernen. Nachholen wollte er, was ihn das Soldatenhandwerk hatte versäumen lassen. „Anzustaunen ist seines Geistes Adel", notierte sein Ratgeber Alkuin über Karl, „daß er unter so vielfacher Sorge für das Reich dennoch trachtete, die geheimnisvollen Lehren der Philosophen zu erforschen, woran ein anderer in der Fülle seiner Muße nicht einmal denkt." Karls zeitloses Motto war: „Klug zu fragen, ist schon ein Lehren." Oder seine Aufforderung an die nächsten Mitarbeiter: „Laßt uns etwas Denkwürdiges tun, damit man uns nicht tadle, daß wir den Tag müßig vollbracht haben."

In der Residenz Aachen oder sonst in einer historischen oder neubegründeten Pfalz fand sich die Elite des Reiches zusammen. Manchmal schwammen hundert Gäste, einschließlich Gefolgsmänner und Leibwächter, gemeinsam in den warmen Quellbädern Aachens, oder sie ritten gemeinsam aus, tafelten, vergnügten sich und diskutierten. Ganz zwanglos, so frei und kühn wie nur möglich redeten sie. Kein konventionelles Wort zum anwesenden Monarchen, keine zeremonielle Anrede, kein steifes Benehmen.

Aus der kaiserlichen Tafelrunde entwickelte sich eine reisende Akademie oder ein ambulanter Staatsrat des Geistes. Solche Hofschulen kannte man schon aus den Zeiten Konstantins des Großen. Sie waren zu Karls Zeit ganz europäisch besetzt, aus allen Völkern, dem Kernland wie den neugewonnenen Reichsprovinzen, mit Franken, Langobarden, Angeln, Iren, Sachsen, Friesen, Bayern, Alemannen, Westgoten. Die Mitgliedschaft war beinahe anonym. Jeder Teilnehmer führte einen Decknamen aus der Bibel oder aus der griechischen, römischen und germanischen Geschichte. Auf diese Weise sollte die Erinnerung an die Großen des Geistes erneuert, zugleich aber Titel und Würde des einzelnen vergessen werden.

Unter dieser Geistesauslese fielen einige Männer von einfacher Herkunft auf. Der Lehrer eines Karl-Enkels war der zwanzigjährige Benediktiner Walafried Strabo, ein armer Junge, trotzdem mit sechzehn Jahren ein frühreifes poetisches Talent, mit zwanzig Jahren schon Pädagoge und zum Prinzenerzieher auserwählt. Der Erzbischof Ebo von Reims entstammte der Familie eines Königsknechtes. Wo einem verheißungsvollen Hofschüler der Palastschule, einem Künstler oder Wissenschaftler die finanziellen Grundlagen für seine geistige, musische oder forschende Tätigkeit fehlten, da übertrug ihm der Kaiser geistliche Pfründen, damit er als Bischof oder Abt ein auskömmliches Leben führen konnte.

Der kaiserliche Präsident dieser Akademie blieb unersättlich in seinem Wissensdurst, so daß er noch im mittleren Alter das Schreiben, Griechisch und Latein lernte, die Tafel unter das Kopfkissen gelegt, um sie jederzeit zur Hand zu haben wie einst das Schwert. Nun die Musik statt der Kriegstrompeten, die Literatur, die Philosophie, die Technik statt der Waffen! Nach des Freundes Aufzeichnungen sagte Karl zu Alkuin: „Du hast mich in die reiche Vorratskammer der Arithmetik eingeführt, hast mich mit dem Lichte der Astronomie erleuchtet, jetzt öffne mir auch die Pforten der rhetorischen Kunst und der dialektischen Feinheit..."

Auch dieser Kreis blieb nicht von Krisen verschont. Nach verschiedenen Quellen soll sich der Geschichtsschreiber der Langobarden, Paul Warnfried, „vertrauter Genosse", wie ihn Karl anredete, dreimal gegen das Leben des Herrschers mitverschworen haben. Man spricht sogar von einer dreimaligen Verbannung. „Schlagt ihm die Hände ab!" rief man empört. Wo finde ich solch zierlichen Schriftsteller wieder?" antwortete Karl nachdenklich. „Blendet ihn!" Man ließ nicht locker, um ein Sühnebeispiel zu geben. Ob erfunden oder tatsächlich gesprochen — es klingt wie aus der Mitte einer Bruderschaft, die auch im Schmerz und in Enttäuschung über den Rebellen nicht dessen wahren Wert vergessen will, wenn Karl antwortet: „Wer gibt mir solchen Geschichtsschreiber? Wer gibt mir solchen Dichter wieder?"

Der Kaiser ließ die altgermanischen Heldenlieder „aufschreiben und dem Gedächtnis überliefern". Er veranlaßte die Herausgabe einer deutschen Grammatik. Nach dem Vortrag eines Fachmannes über das Geldwesen wies er die Einführung einer das ganze Reich umfassenden Münzreform, der Silberwährung, an, löste allerdings damit noch nicht die Naturalwirtschaft ab. Der silberne Denar im Wert von etwa dreißig Pfennigen blieb lange Zeit das größte Geldstück, das man prägen ließ. Der karolingische Pfennig galt in ganz Europa. So setzte sich eine einheitliche Währungsreform durch.

Bei Regensburg begann Karl I. einen Kanalbau, der Donau und Rhein verbinden sollte. Ein Projekt auf weite Sicht, wie ebenfalls der Straßenbau; beide gleich wichtig für Handel, Verkehr und Truppenbewegung.

Ob es sich um das Verbot der Benutzung von Tierbalgen zum Transport von Bier und Wein handelte – statt dessen sollten nach gallischem Muster gute Fässer mit eisernen Bändern „geschlagen" werden –, ob sich Handwerksverordnungen mit dem Kleinbetrieb auf den verstreut liegenden Meyerhöfen beschäftigten oder ob das Verbot der Prostitution Gültigkeit bekam – über all das wurde diskutiert und später in den öffentlichen Körperschaften Beschluß gefaßt.

Im Frankenreich existierten anfangs noch keine Zwischenhändler. Gewerbetreibende und Handwerker arbeiteten nur für die Stadt oder das Dorf, in dem sie lebten, Bauern lieferten ihre Lebensmittel auf den Wochenmarkt: Selbstversorgung im Austausch der Produkte. Nur den Juden war ein begrenzter Zwischenhandel erlaubt. Wenn in der Kaiserpfalz Aachen anläßlich der großen Heeresmusterungen im Mai jedes Jahres ausländische Gewürze und Lebensmittel, Weihrauch, Email, Brokat und Elfenbein angeboten wurden, dann bedurfte es kaiserlicher Privilegien für die Händler, wir würden sagen: einer Importsteuer.

Umgang mit Juden

Als Karl 797 eine Gesandtschaft zum Kalifen Harun-al-Raschid schickte, gehörte ihr ein Jude Isaak an. Er fungierte als Dolmetscher und Reisebegleiter. Da der Handelsverkehr der deutschen Juden nach Asien damals rege war, könnte Isaak auch in dieser Sparte tätig gewesen sein.

Drei Jahre später bat Karl um einen gelehrten Juden aus Babylon, den ihm der Kalif vermittelte. Der Kaiser stellte den empfohlenen Juden R. Machir an die Spitze der Gemeinde Narbonne, wo er eine talmudische Hochschule gründete.

Karl pflegte Umgang mit Juden und hielt sie wie alle übrigen Staatsbürger unter gesetzlicher Aufsicht. Im Gegensatz dazu war Papst Stephan III. (768–772) zu Tode erschrocken, als er durch den Erzbischof Aribert von Narbonne erfuhr, daß die fränkischen Könige den Juden gesetzlich gestatteten, auf dem Lande oder in den Vorstädten erblichen Grundbesitz zu erwerben, und daß dort Christen und Juden zusammenlebten. Im Lauf der Jahre erschien eine Reihe von Bestimmungen, die das Leben der Juden regelten. So durften sie keine Münze im Hause haben, weder Wein noch Getreide verkaufen. Taten sie es trotzdem, so wurden sie in Haft genommen, ihr Vermögen beschlagnahmt, bis es zum Urteilsspruch vor dem Kaiser kam. In dieser Zeit hörte man weder von Darlehen noch vom Wucherzins der Juden.

Begüterte Franken dagegen bereicherten sich durch Getreidespekulationen. Sie sind nicht unter die Händler zu rechnen. Man nennt sie Großherrschaften oder Großgrundbesitzer, die den kleinen Bauern die Preise drückten. Preistreiber bestrafte man mit dreijährigem Fasten bei Wasser und Brot. Aber nicht der Staat, nicht die Reichsbeamten gingen gegen Wucher vor, sondern der Klerus in nicht ganz durchsichtiger Form.

Karls letzte weltgeschichtliche Stunde

Nach über tausend Jahren hören wir noch Karls Herz schlagen: in der Freude über den Entschluß Peters von Pisa, als Lehrer der Grammatik an der Aachener Hochschule tätig zu sein, oder über die Lieder Theodulfs, eines Goten aus Italien, der ebenfalls zum Karlkreis gehörte, oder in der Erschütterung über den plötzlichen Tod des Lieblingssohnes. Der Siebzigjährige grämte sich so darüber, daß ihn seine Sünden marterten.

Welch plötzliche Vision überfiel ihn! Der Vertraute Einhard berichtet darüber: „Quer über den Himmel fuhr eine Feuerkugel, so grell und dicht, daß Karls Roß scheute und ihn abwarf. Zu Boden geworfen, lag er ohne Helm und ohne Schwert, ohne Mantel, ohne jedes Abzeichen der Würde. Leer die Hände, hilflos der Körper, bis ihn die Leibwächter fanden und aufhoben..."

Seit 810 litt der Kaiser an Fieberanfällen. Abgründe taten sich auf. Schmerzlichste Todesfälle in der eigenen Familie: Der Sohn Pippin starb, die Tochter Rotrud folgte, Kronprinz Karl im nächsten Jahr... Es wurde Zeit für die Majestät. Letzte Abschiedsstunden ohne Hoffnung. Auch wenn man vielleicht darüber lächeln kann: Karls Lieblingselefant, Begleiter im Heerlager und auf den Inspektionsreisen, siechte dahin und starb ebenfalls. Karl nahm es als neues Zeichen der Trennung auf. Wahrzeichen des Unglücks? Zeichen drohenden Strafgerichtes? Im Jahr 811 wurde es Zeit für den Kaiser, sein Testament zu machen.

„Die Mauer, die in der Jugendzeit feststand, kunstvoll bemalt, weist Sprünge auf als Zeichen kommenden Verfalls", sang der karolingische Hofpoet Theodulf von Orleans. Und er fuhr fort in diesem Gedicht, das dem Kaiser vorgelesen wurde: „So wie es einen Greis verdrießt zu singen und lustige Reden zu führen ... so hat alles Süße die alternde Welt verlassen, und nichts mehr bleibt von ihrer alten Stärke."

Der Kaiser erhob sich trotzdem noch einmal zu fast mythischer Größe. Eine letzte weltgeschichtliche Stunde für Europas ersten Kaiser brach an:

Vater Karl und Sohn Ludwig der Fromme erschienen am 18. September 813 im Aachener Dom. Der 71jährige in vollem Kaiserornat, die Krone auf dem Haupt, am Stock gehend. Er ließ sich auf dem marmornen Thron nieder, der den meisten deutschen Königen als Krönungsplatz diente, wo sie die ersten fürstlichen Huldigungen entgegennahmen.

Die Art, in der Karl diesen Akt vollzog – ohne Konsultation oder Information des Papstes – war einmalig. Seine dröhnende Stimme aus dem immer noch mächtigen Korpus, sein unerschütterliches Auftreten vor den Großen des Reiches, den weltlichen und geistlichen Würdenträgern, und vor dem Volk. Es war ein monumentaler Monolog auf der Schwelle zwischen Diesseits und Jenseits. Noch einmal sah man ihn wie einen Recken aus germanischer Vorzeit, den Kaiser, der im folgenden Jahr von der Bühne seines großen Lebensdramas abtreten sollte.

Seine Ansprache galt vor allem seinem Sohn, dem Kaiser der nächsten Stunde. Man vermeint, die Atemzüge in der feierlichen Handlung zu hören: der Vollzug eines Testamentes, groß und ernst, das alle Welt vernahm.

Nach der Zustimmung der Paladine forderte Karl den Sohn auf, sich die Kaiserkrone aufzusetzen. Ludwig sollte es selbst tun! Was Karl einst verwehrt worden war, das durfte und mußte der Nachfolger tun. Ludwig als zweiter Herrscher von Europa und zweiter Kaiser aus der fränkischen Dynastie. Ein großer Augenblick, doch kurz in der Nachwirkung.

Wie in Karls eigener Jugend die karolingischen Brüder unter sich das Reich zu zerspalten drohten, so begann zu Karls Lebzeiten und erst recht nach Karls Tod, vier Monate nach der Kaiserkrönung seines Sohnes, der Streit. Nach der ersten historischen Etappe Europas von nur dreizehn Jahren zerfiel das karolingische Großreich wie eine private Erbmasse im Familienkrach unter den zänkischen, neidischen Erbberechtigten der dritten Generation. Der erste Bruderzwist in der Geschichte der deutschen Kaiser.

Die Enkel Karls I. versicherten sich in Straßburg 842 ihrer gegenseitigen Treue, schworen feierliche Eide an der Spitze ihrer Heere – und verstanden sich nicht mehr. Ein Jahr später sprach sich jeder Kaiserenkel ein Stück des karolingischen Gebietes zu. Die Macht verteilte sich auf drei Dynastien.

Nach der politischen Spaltung der Welt zwischen West und Ost nun die erste entscheidende Spaltung im Abendland. Das fränkische Reich löste sich in zwei karolingische Teilreiche auf, später in Deutsche und Franzosen. Ein tragischer Bruch in Europas Geschichte, mit tragischen Konsequenzen, die zur jahrhundertelangen „Erbfeindschaft" führen sollten, ja selbst zur Mißdeutung Kaiser Karls als Charlemagne, als Begriff und Beispiel französischer Ausdehnungspolitik. Diese stand unter der Pariser Devise: „Seit zwanzig Jahrhunderten ist der Zug nach dem Rhein einer der Pole der französischen Geschichte gewesen." Das karolingische Reich diente mächtigen französischen Königen vom 13. Jahrhundert bis zu Napoleons Zeiten als Ansporn und Vorwand ihrer Expansionspolitik in Europa. Schlimmer konnte sich kaum eine Nachbarschaft entwickeln – bis endlich zum Ausgleich und zur Angleichung in unseren Tagen. Es gab Zeiten, in denen fast alle Länder Europas – Frankreich, Italien, die Niederlande, Spanien, England und Skandinavien – Karl den Großen als ihren Nationalhelden ansahen und mit Beschlag belegten!

Es fehlte damals nicht an Gegenstimmen, die sich allerdings erst nach Karls Tod hervorwagten. Sie kamen aus einem Lager, dem der Kaiser eigentlich nur Pflege, Geschenke und Unterstützung in jeglicher Hinsicht hatte zuteil werden lassen. Mönche aus dem Kloster Reichenau sprachen von „verschiedenen und zahlreichen Verwirrungen" des Herrschers und wollten den einst als Stellvertreter Petri oder Stellvertreter Gottes Proklamierten ins Fegefeuer verdammt wissen. Vom Imperium christianum war nicht mehr die Rede.

Trotzdem: aus dem eisernen Karl, dem Schwertführer Europas, wurde der heilige Karl, ein symbolisches Vaterbild. Sein Leben enthält alle Grundakkorde der zukünftigen deutschen Kaisergeschichte.

Im Geiste der immer wieder mit kriegerischen Mitteln erneuerten Tradition von Europa setzte Friedrich Barbarossa die Heiligsprechung des ersten Kaisers des Abendlandes am 28. Dezember 1164 durch. Da sie von einem Gegenpapst, Paschalis III., vorgenommen wurde, reihte die römische Kirche ihren Beschützer und den eigentlichen Stifter des Kirchenstaates nicht in den Heiligenkalender ein. Man duldete die Verehrung jedoch in Ländern, die Karl den Großen als ersten Beherrscher Europas verklärten.

Welch eine tragische Ironie der Geschichte: Als Karls Reich nach kaum mehr als hundert Jahren zerfiel, drang das Stammesherzogtum der einstmals auf Leben und Tod bekämpften, verhaßten, unterjochten und allmählich im Völkergebilde eingeschmolzenen Widersacher vor. Es waren die Sachsen, die durch hundert Jahre die nächsten deutschen Könige und Kaiser stellten. Unter fünf Monarchen ragte einer, der zweite in der Reihe, besonders hervor: Otto I. Vielleicht wurde der Blutzoll seiner sächsischen Vorfahren zum Quell und zum Trieb seines Lorbeers.

II.
Beherrscher des Abendlandes: Otto I. der Große

Der Sachse auf dem Aachener Kaiserstuhl

„Seht, hier führe ich euch vor, Otto, den von Gott erwählten und vom Herrn des Königreiches, Heinrich, als König bezeichneten und nun von allen Fürsten zum König erhobenen Otto. Wenn ihr mit dieser Wahl einverstanden seid, so erhebt die rechten Hände zum Himmel."

Feierlich redete der höchste geistliche Würdenträger, der Mainzer Erzbischof Hildebert, im Aachener Dom, der Kultstätte des einstigen fränkischen Imperiums. Es war der Krönungstext für den neuen Herrscher, der am 31. Juli 936 vor dem marmornen Thron Karls des Großen stand. Kein Monarch in der Blüte der Mannesjahre wie sein eigener Vater Heinrich I., der mit 41 Jahren zum ersten Sachsenkönig gekrönt wurde, sondern ein sehr junger Mann. Fast ein Jüngling noch war der 24jährige Otto I. aus sächsischem Geschlecht. Der leibhaftige Traum einer zukünftigen Heldengestalt, im eng anliegenden fränkischen Rock über einem stattlichen Körper, dem man „löwenhafte Kraft" nachsagte, mit starkem Haar- und Bartwuchs. An diesen Bart pflegte er zu fassen, wenn er einem Schwur Nachdruck geben wollte.

Otto habe keine gelehrte Erziehung gehabt, heißt es in den wenigen Quellen zur Geschichte seiner Kindheit und Jugend. Er habe im Schatten seines Vaters gestanden und langsam und unauffällig das politische Terrain seiner Zukunft besichtigt. Siebzehnjährig wurde er unehelicher Vater eines Kindes, gezeugt mit einer schönen Slawin, die auf einem Kriegszug sächsische Beute geworden war. Im selben Alter heiratete er Edgitha, eine Königstochter aus England. Ein Jahr später, 930, stand Otto an der Wiege des ersten legalen Sohnes Liudolf und beschwor dessen Zukunft wie ein erprobter Vater ... Der König war der Jüngste unter den deutschen Fürsten.

Otto hielt die Hände des Bischofs im Aachener Dom und sah ihm fest in die Augen. Dann schaute er mit funkelndem Blick auf einen Wald von erhobenen Händen. Vor ihm die Herzöge, die ihn schon unter der väterlichen Regierung nach Vorschlag Heinrichs I. auf dem Erfurter Hoftag 935 gewählt, ihm Treue gelobt hatten und ihm nun huldigten. Dahinter das Volk mit seinen Heil- und Segensrufen.

Erzbischof Hildebert griff zum Schwert und zum Wehrgehänge und übergab beides dem König mit dem Spruch: „Empfange dieses Schwert und erwehre Dich damit aller Feinde Christi, da Dir durch Gebot Gottes alle Macht im ganzen Frankenreich gegeben ist, auf daß Du dauernden Frieden unter allen Christen stiften mögest ... Dies – Zepter und Stab – soll Dir zum Zeichen sein, daß Du Deine Untertanen in väterlicher Zucht haltest und daß Du vor allem den Dienern Gottes, den Witwen und Waisen Deine Hand voll Erbarmen reichst; nie dörre das Öl des Mitleides auf Deinem Haupte ein!"

Ehrendienst durch vier Herzöge

Der Mainzer Erzbischof nahm unter Assistenz der Kölner und Trierer Erzbischöfe die sakrale Handlung vor. Die Salbung des Königs erfolgte mit heiligem Öl, was für Ottos Biographen, den Mönch Widukind von Corvey, nicht unentbehrlich, aber wichtig ist — zum Beispiel um uneheliche Königssöhne zu legitimieren. Dann die Krönung des Regenten mit dem goldenen Diadem, das – nicht ohne Beziehung ausgedacht – der fränkische Herzog Eberhard überbracht hatte.

Alles sehr ungewöhnlich und aufschlußreich an dieser Zeremonie. Der königliche Vater, in Lesebüchern der „Vogler" oder „Vogelsteller" genannt, hatte seinerzeit die kirchliche Weihe abgelehnt. Ihm genügte die Wahl und Anerkennung durch vier Herzöge. Er fühlte sich als Erster unter Gleichen und lehnte jede geistliche Form der Krönung ab. Für die Kirchenleute indessen blieb diese Form der Krönung ein „Schwert ohne Knauf".

Bei Otto I. amtierten Herzöge, an jeder Seite sichtbar, mit Pflichten und Rechten. Dienst an der Hoheit des Gewählten. Nirgends war der Einfluß einer päpstlichen Oberhoheit spürbar. Man war in der alten Karl-Residenz zu Aachen unter sich. Otto bestimmte die Rangfolge der politischen und geistlichen Obrigkeit.

Ob er selbst diese Idee gehabt oder ob sie ihm eingegeben worden war, weiß man nicht. Jedenfalls ein erstaunlicher Anfang, der den Monarchen *zwischen* die Gewalten stellte, ohne seine Macht einzuschränken. Damit blieb das Königtum abgesichert, gleichzeitig auch kontrollierbar; einer

Willkürherrschaft des Monarchen wurde vorgebeugt. Otto erblickte in den Herzögen Partner – eine Annahme, in der er sich bald getäuscht sehen sollte.

Zum Festmahl betrat der bereits gekrönte König die Aachener Kaiserpfalz. Das war ebenfalls Absicht und Symbol: Den Beginn der Königsherrlichkeit wollte man im eigenen Kreise der Franken und Sachsen begehen, ohne päpstliches Zutun, ohne römische Weihe und Zustimmung. An einer prunkvoll ausgestatteten, erhöhten Marmortafel, allen sichtbar, nahm Otto I. Platz, etwas tiefer saßen die Anverwandten, darunter Ottos Gemahlin, die Fürsten und Ritter, Bischöfe und auch Vertreter des Volkes.

Der Herzog von Lothringen, Giselbert, in dessen Gebiet Aachen lag, leitete die Krönungsfeier. Der fränkische Herzog Eberhard hatte die Tischordnung und das Auftragen der Speisen übernommen. Mundschenk war Herzog Hermann von Schwaben. Herzog Arnulf von Bayern betreute als Quartiermeister die Ritter unter den Gästen. Diese Inhaber der vier Erzämter, Kämmerer, Truchseß, Mundschenk und Marschall, leisteten zum erstenmal Dienst an der Krönungstafel. Für den jungen Herrscher die äußerste Bestätigung seines Monarchentums, jenseits aller Stammes-, Parteien- und Völkerunterschiede.

Verschwörer im ottonischen Hause und unter den Stammesherzögen

Otto, dem von seinen Biographen eine außerordentliche Beredsamkeit des Gesichtes und „eine Art raubtierhafter Unruhe" nachgesagt wird, überblickte die Tafel und grüßte einzelne mit erhobenem Pokal. Ein Treffen der Getreuen, aber auch der Berechnenden und Zurückgesetzten, der Dienstwilligen und der Gelegenheitspolitiker, ob sie nun zu den Franken oder zur eigenen sächsischen Familie gehörten.

Die junge Majestät erkannte: es gab offensichtlich Gegenspieler unter den Blutsverwandten. Sie waren bei der Feier nicht anwesend oder wurden fern gehalten, um nicht gute Miene zu bösem Spiel machen zu müssen. Dazu gehörte Ottos Halbbruder Heinrich, der selbst mit der Wahl zum König auf das Bestimmteste gerechnet hatte. Er war nämlich als der „in Purpur Geborene" zur Welt gekommen, da man seinen Vater Heinrich I. als den mächtigsten unter den Herzögen bereits zum König gewählt hatte. Ottos Geburt dagegen fiel in die Zeit, in der die Familie noch das sächsische Stammesherzogtum regierte ...

Dann gab es den ältesten Bruder Thankmar, der ebenfalls nicht zu den Gästen gehörte. Er hatte sich gleichfalls am Zuge der Nachfolge gewähnt, doch sein Vater setzte auf Otto als den Besten ... Wer fügte sich gehorsam der überraschenden väterlichen Sinnesänderung? Varianten des Erbrechts standen zwischen den Brüdern. Wohin würde das führen?

Die wichtigsten Paladine, die zur Krönung des jungen Herrschers zeremoniellen und ehrerbietigen Dienst bekundet hatten, empörten sich bereits nach kurzer Zeit! Alle Treue- und Krönungsschwüre waren Lippendienst gewesen. Dynastische Gegensätze, völkische Grenzstreitigkeiten, selbstherrliche Auflehnung und persönlicher Ehrgeiz führten zur Sammlung der Unzufriedenen. Was Karl der Große in seinen letzten Jahren an falschem Ehrgeiz und Unwillen unter seinen eigenen Kindern erleben mußte, was zum Verfall des Karolingischen Reichsbesitzes führen sollte, – diesem Problem wurde Otto schon in jungen Jahren hart gegenübergestellt. Er sah die Gegenspieler ohne Maske, die Familienmitglieder wie die Herzöge; nur der Herzog Hermann von Schwaben blieb an seiner Seite. Bruder Thankmar erhob sich als erster gegen seinen Königsbruder und fiel als erstes Opfer.

Ausgerechnet Bruder Heinrich stand im Mittelpunkt des Aufruhrs, sogar die Mutter des Königs gehörte dazu, weil sie für ihren „purpurnen" Sohn Chancen durchsetzen wollte. Otto war fast allein. Aus dieser Einsamkeit schöpfte er alle Kraft für die höhere Reichsidee im Sinne Karls des Großen.

Familien- und Verwandtenaufruhr, Vasallenerhebung! Selbst der Nachfolger des Mainzer Krönungserzbischofs, Friedrich, ging zur Antikönigspartei über. Bürgerkriege unter dem zweiten Sachsen durch Jahre und Jahrzehnte!

Für die vier Stammesherzöge, die die Ehrenaufwartung beim Aachener Krönungsmahl übernommen hatten, war Otto I. noch kein König, höchstens ein Prinz ohne Regierungserfahrung. Sie glaubten, er würde umfallen und zurücktreten, sie wollten mindestens Sonderrechte erpressen, um ihre alten Privilegien zu erhalten.

Höchste Alarmstufe in Quedlinburg

Die Stunde schien Otto doppelt bedeutsam, weil die Ungarn und Slawen, von seinem Vater während eines neunjährigen Waffenstillstandes kurzgehalten, zu rumoren anfingen. Seit dieser Zeit verfügten die Sachsen jedoch über eine Reihe von Befestigungen, Burgen und Militärkolonien, in denen mit Landlehen ausgestattete Krieger wohnten und sich vor allem gepanzerte Reiter befanden, die die Armee schlagkräftig machten.

Mit Ungarn und Slawen, also mit ausländischen Mächten, verbanden sich die einheimischen Herzöge, um ihre Partei der Aufständischen zu verstärken. Alle zusammen wollten nicht untertänig, nicht abhängig, sondern selbständig sein. Die Vergrößerung ihrer einzelnen Herzogtümer war ihnen wichtiger als die Einheit, als der Bestand des fränkischen und sächsischen Bundes.

In dieser ersten innenpolitischen Auseinandersetzung bewies der junge König taktische Begabung. Er überwand Niederlagen und gewann Zeit. Er packte auch zu und disponierte völlig neu. Bayerns Herzog Eberhard verweigerte seine Heerespflicht, er wurde abgesetzt. Eine sächsische Opposition kam hinzu, weil Otto gegen Raubkriege war: Nicht Einzelzüge gegen die Slawen, sondern ein vom König bestimmter, von Markgrafen ausgeführter militärischer Einsatz sollte zur Befriedung führen.

Nach den ersten Schlagwettern gegen den sächsischen Throninhaber schieden drei aus der Front der Empörer aus. Es klingt wie ein Epilog zu der unseligen Haß- und Ausrottungskampagne zwischen Franken und Sachsen vor 150 Jahren. Ein unzufriedener Franke wollte das neue Regiment abschütteln und erhob sich gegen seinen König, der ein Sachse war und dem er Treue gelobt hatte, und fiel dabei an der Spitze des Gegenheeres. Otto besetzte Franken nicht mehr mit einem neuen Herzog, um keinen neuen Frondeur sich erheben zu sehen. Nicht mehr ein Franke, sondern der Sachse Otto wehrte sich nunmehr gegen regionale Rebellion.

Der Lothringer Giselbert ertrank 939 im Rhein, der Franke Eberhard wurde bei Andernach getötet. Mit seinem Bruder Heinrich versöhnte sich der König, was ihm schlecht gedankt wurde. Heinrich war der großzügigen Belehnung mit dem Herzogtum Lothringen nicht gewachsen. Er entschloß sich nicht etwa, besser zu regieren, sondern verschwor sich erneut gegen seinen königlichen Bruder.

Höchste Alarmstufe Ostern 941 in Quedlinburg: Mordplan gegen den König. An der Spitze der Rebellen sein Bruder, unterstützt von sächsischen Grafen und Rittern. Sie wollten Heinrich auf den Thron erheben und einen neuen politischen Kurs einleiten.

Als Otto der Attentatsplan verraten wurde, umgab er sich mit einer starken Leibwache. Die treuesten Vasallen unter den fränkischen Großen taten in Quedlinburg Tag und Nacht Dienst. In der Öffentlichkeit zeigte sich der König so unbefangen, als gedenke er nur das Oster- und Frühlingsfest zu feiern, „ohne daß er seiner Würde oder seiner königlichen Hoheit ... irgend etwas vergab", notierte Widukind von Corvey. Die Verschwörer gingen in eine Falle. Die Anführer traf der Tod, die Mitläufer Haft oder Verbannung. Bruder Heinrich floh nach dem Westen.

Am Weihnachtstag 941 kam es zur endgültigen Versöhnung in der Frankfurter Pfalz. Vor dem neunundzwanzigjährigen König warf sich sein Bruder zu Boden und flehte um Verzeihung. Otto I. hob ihn auf. Sie standen sich gegenüber, der Herrscher im Ornat, Heinrich mit nackten Füßen und im härenen Bußgewand. Der Jüngere sollte seine – noch einmal – neugeschenkte Freiheit nie mehr mißbrauchen, er hielt Otto I. die Treue. So auch seine Mutter Mathilde, die Ottos Sieg nach dreijährigem Bruderkrieg anerkannte und sich ihm beugte.

Königsdienst = Gottesdienst? – Die ersten Reichsbischöfe

Wie verhinderte der König in Zukunft solchen kläglichen Familienzwiespalt, der nur dem Partikularismus der Stämme diente? Er brauchte selbstlose Mitarbeiter, die nicht auf Amt und Besitz ausgingen, nicht zu bewaffneten Intrigen neigten. Wem stand die gemeinsame Idee höher als die persönliche Repräsentation und die Vermehrung des Ansehens und der Güter? Wem galt der Königsdienst ebensoviel wie der Gottesdienst?

Unter der hohen Geistlichkeit fahndete Otto nach Vertrauensleuten. Die Bischöfe waren entschlossen, Gott und dem König, dem himmlischen und dem irdischen Reich zu dienen. Der Monarch vergab Landesrechte, Münz- und Marktrechte, Privilegien aller Art (wie an belehnte Laienfürsten) an die Bischöfe, die dafür Reichsdienste übernahmen. So wurden es Kirchenfürsten. Sie führten nämlich Bibel und Kreuz wie Harnisch und Schwert im Gepäck. Ein problematischer Auftrag für einen Christenmann, wenn er Städte, Landschaften und Armeen führen und unterhalten und eigenen Gerichten vorstehen muß. Den König kümmerte es wenig. Ihm kam es auf Reichsbischöfe an, auf Territorialherren, die stellvertretend innerhalb eines politischen, finanziellen und kulturellen Kreises regierten und ihm, dem König, allein verpflichtet waren. So verhielten sie sich auch im Anfang – bis sich im hohen Mittelalter ihre Herrschsucht entfesselte. Aber zunächst hatte Otto I. neben den Herzögen und Grafen ein zweites Gewicht geschaffen: Reichsbischöfe als geistlich-weltliche Souveräne.

Diese Reichsbischöfe und Äbte standen zwischen dem König und den weltlichen Fürsten und zwischen König und Volk. Sie bedienten sich dieser Mittlerrolle auf durchaus zuverlässige, aber auch herrische Weise. Während im Osten Markgrafen eingesetzt wurden, herrschten die Fürstbischöfe im Süden und Westen als unmittelbare Lehnsleute des Königs.

Der auferstandene Karl und „Markgraf Gero von Gottes Gnaden" mit den Räuberbataillonen

Als auferstandenen Karl haben Zeitgenossen Otto I. gerühmt. In seiner Biographie lassen sich mühelos parallele Entwicklungen und Entscheidungen, parallele Gefahren, Triumphe und Ergebnisse sammeln. Was für Karl I. das Sachsenproblem gewesen war, wurde für Otto I. das Slawenproblem. Es wurde nicht weniger erbarmungslos gelöst.

Obwohl es zur Mission gehörte, den Osten zu erschließen und zu christianisieren – dieselben Formeln gebrauchte der Karolinger –, tobte die Soldateska unter ihren Anführern in Vernichtungskriegen. Die Deutschen plünderten die Slawen und die eigenen Landsleute aus. Schonungslose Feldzüge gegen die Slawen, mit zahllosen Gefangenen, die nach der Schlacht niedergehauen wurden. Siebenhundert abgeschlagene Häupter pflanzte man um den Kopf des Wendenfürsten, seinen Ratgebern riß man Augen und Zungen aus, berichtet Widukind von Corvey.

Ein rücksichtsloser Haudegen, Markgraf Gero, Eroberer der Mark Brandenburg, empfing dreißig Wenden-Häuptlinge. Es hieß, er wolle sich mit ihnen besprechen und die Befriedung einleiten. Die Wenden kamen, die Mission wurde blutig und mörderisch. Markgraf Gero brach sein Wort und verletzte das Gastrecht, indem er die Abgesandten an der Tafel umbringen ließ.

Ohne diesen Markgrafen wäre Ottos Aufenthalt in Italien nicht ruhig verlaufen. Gero vertrat einen harten und grausamen Besatzungsstil und nannte sich hochfahrend „Markgraf von Gottes Gnaden". Eine eigentümliche Mischung, die an ihm wie an manchen Fürstbischöfen, sogar an Kaisern des Mittelalters festzustellen ist: Es „vertrugen" sich Heroismus und Vandalismus, Barbarei und Frömmigkeit. Daß dieser „große Markgraf" Gero auch Räuberbataillone befehligte, Strafgefangene, die zwecks Bewährung zum Wehrdienst eingezogen wurden, erinnert an den Einsatz radikaler Außenseiter auf allen Seiten des Zweiten Weltkrieges. Die Merseburger Legion des Königs setzte sich ebenfalls aus Räubern und Dieben zusammen, denen die Strafe bei Tapferkeit vor dem Feinde erlassen wurde.

Auf dem Kriegsschauplatz dieser Slawenmission wurden von Otto I. Bistümer gegründet. Es war, als ob die Seele des königlichen Gebieters für die Gemetzel des Krieges einen Ausgleich durch Sühnedenkmäler suchen wollte. Die Bistümer lagen zwischen Meißen, Brandenburg, Havelberg, später Magdeburg – Ottos Lieblingsplatz mit dem gewaltigen Dom aus Marmor, Gold und Edelsteinen, Beutegut aus Italien wie bei Karl dem

Großen – und Hamburg-Bremen. Alles Kolonisationspunkte mit Wehr und Pflug, die zu kulturgeschichtlichen Mittelpunkten des Grenzlandes wurden.

Heerfahrt und Brautfahrt nach Italien

Otto I. beriet sich mit seinem Erzkanzler und den engsten Räten über anstehende Fragen. Er meinte damit eine Reichsheerfahrt nach Italien, wie sie sein Vater Heinrich I. in den letzten Lebensjahren geplant hatte; in den Quellen wird König Heinrich wiederholt bereits als Imperator bezeichnet.

Bisher war der Ottonenkönig nicht nach Rom gerufen worden wie Karl I., er sollte keinem Papst beistehen oder dessen angefochtene Stellung klären. Otto hoffte dennoch auf die große Stunde, in der er sein Land mit ganz Italien vereinigen könnte.

Was war aus der römischen Kaiserwürde in dem letzten Jahrhundert geworden? Ein förmlicher Tausch und Verkauf an gelegentlich auftretende, ehrgeizige karolingische Grafen- oder burgundische Königsfamilien. Wer über genügend Gewalt, Bestechungsgelder und Schliche verfügte, empfing die Kaiserkrone, die unter kleinen und bald vergessenen Feudalen den Besitzer wechselte.

Otto I. wurde König von Italien! Zunächst nicht mit des Papstes Zustimmung, nicht durch eine Krönung in Rom, sondern durch den Hilferuf und das Jawort einer Frau. Der König, seit 946 Witwer, fand eine Partnerin in der schönen, klugen, universal eingestellten Adelheid, Witwe des Königs Lothar von Italien. Wie seine erste Frau stammte auch die zweite nicht aus einem heimischem Geschlecht der Sachsen. Ihrer Herkunft nach war sie Burgunderin, durch Heirat Königin von Italien geworden. Wo es Reformen zu verwirklichen und Entscheidungen mitzubestimmen galt, da beobachtet man ihren Einfluß.

Seit jeher förderte das burgundische Königshaus die Cluniazenser durch Stiftungen und Errichtung von Klöstern. Die berühmt gewordenen Reformmönche von Cluny drängten mit ihrem aktiven Programm hinaus in die Welt. Sie pilgerten nach Rom, um sich als engere Mitarbeiter des Papstes zu betätigen, oder zogen durch die französischen, später durch sächsische Lande, um über neue Richtungspunkte mit den Weltgeistlichen zu diskutieren. Sie wollten vor allem in der Seelsorge praktizieren. Das heute wieder umstrittene Thema völliger Ehelosigkeit der Geistlichen vertraten sie damals ebenso energisch wie die Sicherung des Landfriedens. Königin

Adelheid verteidigte die Cluniazenser-Kongregation, damit sie dem Papst direkt unterstellt blieb, ohne daß Zwischenautoritäten wie Diözesanbischöfe eingreifen durften.

Von einem Thronräuber, dem Sohn Berengars II. von Ivrea, sah sich Adelheid mit Erbschaftsansprüchen bedrängt. Sie sollte genötigt werden, Berengars Sohn Adelbert zu heiraten, um seine Rechte und Ansprüche mit den ihrigen zu vereinigen. Da sie ablehnte, nahm man sie gefangen und hielt sie in der Burg Garda fest; dort wurde sie von Otto befreit.

Er erschien mit einem stattlichen Heer, das Bewunderung erregte, und einem repräsentativen Gefolge weltlicher und geistlicher Fürsten, worüber man staunte. Bei seinem Einzug in Italien begrüßte ihn die Bevölkerung so stürmisch, als empfange sie einen neuen Schutzherrn.

So feierte man in Pavia Ende 951 die Hochzeit der zwanzigjährigen Adelheid mit dem neununddreißigjährigen Otto. Die anfängliche Vernunftwahl mündete später in eine sehr erfüllte Verbindung. Es kam zu einer zweiten Krönungsfeier, bei der man die Stadt Pavia zum militärischen Zentrum der Lombardei und zu einer Residenz des Sachsenkönigs erhob, der nun den zweiten Herrschertitel, König der Langobarden, annahm. Er nannte sich Rex Langobardorum et Francorum – wie sein Vorbild Karl.

Aufstand des Königssohnes gegen seinen Vater

Zwei Warnschüsse platzten in die politische und menschliche Hochstimmung der Hochzeitsfeier. Zwei Meldungen, die Ottos Kaiserkrönung in Rom betrafen und ihn zugleich von einem Aufruhr in seiner eigenen Familie unterrichteten, mit dem er nicht gerechnet hatte.

Der Erzbischof von Mainz – in seiner mächtigen Stellung als Erzkanzler – war als Sonderbotschafter zu Papst Agapet II. in die Ewige Stadt gesandt worden. Er kam mit schlechten Nachrichten zurück. Der Heilige Vater, der seit 946 regierte, hatte es abgelehnt, Otto zum Kaiser zu krönen. Hinter dieser Absage standen Gründe, die im Augenblick sehr schwer wogen. Alberich II., Fürst und Senator der Römer durch zweiundzwanzig Jahre, Kürer von fünf Päpsten, die er wie Sklaven behandelte, hatte Papst und Adel schwören lassen, seinen Sohn Oktavian zum Petrus-Nachfolger zu wählen. Er wollte die weltliche und geistliche Macht in *einer* Hand vereinigt wissen. So scheute sich der regierende Papst Agapet, jetzt mit dem sächsischen König eine Kaiserkrönung vorzunehmen, die der Vereinbarung mit dem Senator widersprach und neue Konflikte heraufbeschwor. Alberich II. lehnte jede „Fremdherrschaft" ab. Schon wieder fällt in den Quellen dieser Begriff mit Bezug auf die Deutschen.

Konnte Otto den Senator stürzen und sich dann krönen und salben lassen? Nein, denn er erfuhr zugleich, wie dringend er in Deutschland nach dem Rechten sehen mußte:

Aufstand des Sohnes gegen den Vater! Ein höchst gefährliches Ereignis im sächsischen Hauptland. Der zweiundzwanzigjährige Sohn Liudolf, der Erstgeborene aus erster Ehe, fürchtete nach der zweiten Heirat seines königlichen Vaters um die Nachfolge. Konnten nicht Kinder der Stiefmutter Adelheid bevorzugt werden, wie es später auch tatsächlich geschehen sollte?

Otto erlebte nun in der eigenen Familie, was er bereits in der Familie seines Vaters an Spannungen, Krisen und bewaffneten Konfrontationen unter den Brüdern beobachtet hatte. Der König mißachtete die auftretenden Probleme, schätzte sie nicht ernst genug ein und vergaß deshalb, sich mit seinem Sohn Liudolf auszusprechen.

Liudolf, wohlbestallt mit Franken und Schwaben (wie sein Bruder Heinrich mit Bayern und wie Ottos Schwiegersohn Konrad der Rote mit Lothringen), sah sich nicht als Vertreter des königlichen Vaters, sondern als eigenmächtiger, in seiner Zukunft bedrohter Partikularist. Er wünschte, bald und stärker an der Hauptregierung teilzunehmen. Hinzukam die undurchsichtige Rolle des Mainzer Erzbischofs, von dem es hieß: „Wenn irgendwo ein Feind des Königs auftaucht, müßte er gleich der zweite sein."

Zwei Jahre eines erneuten Familien- und Bruderkrieges folgten, in dem Otto harte Schläge hinnehmen mußte. Sein Völkerbau kam durch den militärisch hochbegabten Schwiegersohn Konrad ins Schwanken: verlorene Schlachten um Regensburg und Mainz, Rückzüge und endlich 953 ein Treffen beider Parteien in Langenzenn bei Nürnberg.

Otto I. inmitten der Abtrünnigen

Es ging ums Ganze. Der einundvierzigjährige König wurde der Held des Reichstages. Er war noch kein Sieger, als er durch die Flügeltüren trat. Ruhig und sehr bewußt, nicht etwa verschlossen oder verhärtet von heimlicher Trauer über den Abfall des eigenen Sohnes und des begabten, tapferen Schwiegersohnes. Otto drang auf sie ein, nicht laut, sondern energievoll. Er sprach die einzelnen an, um die Gemüter umzustimmen und sie erneut für sich zu gewinnen. Mit einem Satz: Er bannte sie. Nicht als rhetorischer Sieger, nicht als Sieger im Affekt, nicht mit Gewalt und Drohungen. Als furchtloser Mensch bewegte er sich mitten unter den Widerstrebenden.

Er überzeugte sogar den schärfsten Gegner, Konrad den Roten, seinen Schwiegersohn. Dieser hervorragende Heerführer nahm plötzlich alles hin, was ihn traf, selbst die Entlehnung von seinem lothringischen Herzogtum. Er wußte um die größeren Gefahren und die drohenden Folgen, wenn diese Auseinandersetzung des Königs mit dem Sohn und dessen Anhängern nicht rasch zu einem Ergebnis führen sollte. Es durfte nicht mehr um dynastische Fehden gehen, es durfte nicht länger Bürgerkrieg sein. Alle mußten sich zusammenschließen! Draußen drohte ein Feind mit Feuer und Schwert. Wie immer in Deutschland: Man einigte sich, um in den Krieg zu ziehen.

Hilfe dem belagerten Augsburg

Ungarn-Einfall in Bayern und Schwaben im Juli 955! Wie im Rausch proklamierten die Eindringlinge, daß niemand sie besiegen würde, wenn nicht die Erde sie verschlänge oder der Himmel über ihnen zusammenstürze. Die Alarmnachrichten vom Einfall erreichten Otto in Magdeburg. Von einigen tausend Panzerreitern mit langen Schilden und Speeren war die Rede, zur Invasion ermuntert durch Ottos soeben noch rebellierende Verwandte.

In aller Eile mobilisierte der König beste Soldaten mit besten Waffen. Acht Heeresgruppen sollten sich unter dem großen Feldzeichen ihres streitbaren Heiligen Michael sammeln. Die ersten drei Legionen stellten die Bayern, eine Legion die Franken, die fünfte Legion der König mit Kriegern aller Stämme und viel Jugend, die sechste und siebente Legion die Schwaben, die achte die Böhmen. Die Lothringer Legion fehlte merkwürdigerweise, vielleicht stand sie in Bereitschaft oder als Deckung im Westen. Militärhistoriker errechnen für den Anmarsch von Ottos Heeresteilen fünf Wochen. Was konnte unterdessen alles geschehen!

Während ein Teil der Ungarn die Lande mit Handstreichen beunruhigte, in Franken plünderte und in Worms brandschatzte – Widukind von Corvey schildert die Kriegsschrecken –, belagerte der Hauptteil die Grenzstadt Schwabens, Augsburg am Lech.

Augsburgs fünfundsechzigjähriger Bischof Ulrich – der erste (993) heiliggesprochene Bischof – trat an die Spitze der Bevölkerung und des verhältnismäßig kleinen Verteidigungsheeres. Er teilte alle Gefahren. Durch

Predigten stärkte er den Mut der Bürger und der Soldaten. Nonnen beteten auf den Straßen Augsburgs und in den Kirchen. Bei einem Ausfall der Eingeschlossenen am östlichen Barfüßlertor ritt Bischof Ulrich mitten unter ihnen, im Ornat, wie es sich gehört, ohne Waffen, ohne Helm und ohne Panzer. Die Ungarn hinhalten, die Wälle erneuern, die Häuser an der Stadtmauer befestigen, das waren bischöfliche Weisungen, bis Ottos Ersatzheer anrückte.

Erste Niederlage der bisher unbesiegten Ungarn

Diese Schlacht am 10. August 955 auf dem Lechfeld bei Augsburg hat eine Fülle von Deutungen gefunden. Orts- und Lagedebatten, vielfältige Erwägungen in den Chroniken versuchen zu erklären, warum die bisher unbesiegten Ungarn endgültig geschlagen werden konnten. Welches war Ottos Plan? Wie organisierte er das pünktliche Zusammentreffen der verschiedenen Heeresgruppen, um den entscheidenden Schlag auszuführen? Übertrieb man die Zahlen der beiden Heere, wenn man 100 000 Ungarn 130 000 Königstruppen gegenüberstellte? Natürlich stimmten diese Zahlen nicht. Betete Otto I. auf dem Schlachtfeld? Chronisten zeigen es an, auch wenn sie nicht Augenzeugen waren. Stimmten die Greuel, wonach man gefangene Häuptlinge der Ungarn hängte? Daß man überhaupt keine Gefangenen machte? Das stimmt. Brachte Ottos erst kürzlich bestrafter Schwiegersohn Konrad der Rote die Entscheidung mit seinen Mannen? Fiel er dann als Blutzeuge in der allerletzten Kampfphase auf dem Schlachtfeld? Der ehemalige Empörer wurde zum heroischen Vorbild und Mitsieger.

Dankbar stiftete der königliche Sieger am Laurentiustag, dem Tag der Schlacht auf dem Lechfeld, das Bistum Merseburg.

Die Geburtsstätte des Reiches: auf dem Lechfeld

Das Wichtigste dieser Entscheidungs- und Vernichtungsschlacht gegen die Ungarn: *Alle* deutschen Stämme befanden sich im Einsatz, unterschiedslos, zur gemeinsamen Tat und zu jedem Opfer bereit. Deshalb ist es nicht übertrieben, hier auf dem Lechfeld die Geburtsstätte des Deutschen Reiches zu sehen. Die Abwehrkämpfe gegen die Ungarn einigten die Deutschen. Der militärische Sieg brachte dem Abendland die Befreiung von einem jahrhundertalten Gegner — mit Mordgreueln durch plündernde Reiterscharen an vielen Zehntausenden in Italien, auf dem Balkan, im Donauland, in Bayern und Schwaben, in Franken, Sachsen, Mähren und Lothringen.

König Otto I. hatte sich den Ruf erworben, der Vater des Vaterlandes zu sein. Verherrlichende Anreden waren überall zu hören: natürlich „Otto der Fromme" oder „Otto der Unerschütterliche", auch bereits „Otto der Große", verstanden als Großkönig, als „Rex magnus".

Diesem Monarchen sollte nach der durch Heirat erworbenen zweiten Königskrone endlich die Kaiserkrone gehören. Unter welchen dramatischen und drastischen Umständen die Krone in Rom erworben wurde, ist nun zu erzählen.

Die Kaiserkrone aus der Hand eines entfesselten Papstes?

Agenten berichteten von einem wilden, entfesselten Leben des seit 955 regierenden Papstes Johannes XII., des ehemaligen Oktavian und achtzehnjährigen Sohnes des allmächtigen Senators Alberich II. Hatte Johannes „des Teufels Minne" getrunken, wie das Volk sagte? Lebte der Heilige Vater mit seiner Schwester in Blutschande? Er hielt die Messe im Pferdestall und weihte dort auch Diakone. Liturgische Gefäße dienten als Souvenir für wohlfeile Damen des päpstlichen Umganges. Der Lateran war zum Bordell geworden. Auch an Rombesucherinnen und Pilgerinnen pflegte sich der Papst zu vergreifen.

Nach verschiedenen Berichten über die römischen Verhältnisse empfing Otto I. im Frühjahr 960 eine aufregende, alle bisherigen Nachrichten weit übertreffende Mitteilung. Als Absender zeichneten zwei hohe Angehörige des Laterans. Sie hatten sich entschlossen, durch einen Sonderkurier auf heimlichem Wege dem König der Sachsen eine dringende Botschaft zukommen zu lassen. Kardinaldiakon Johannes und Geheimschreiber Azzo schilderten die völlig haltlose, dem Zusammenbruch nahe römische Situation. Es ging ihnen um mehr als um die Beseitigung der bürgerkriegsähnlichen Zustände, um mehr als militärische Gegenaktionen auf Übergriffe Berengars von Ivrea und des drohenden Einmarschs seiner Satelliten, – die geistlichen Herren appellierten an den König um Rettung und Erneuerung des verrotteten Papsttums.

Der Sachsenkönig erkannte die willkommene Gelegenheit eines Italienzuges, ohne sich allerdings von der peinlichen Gestalt des Papstes zu distanzieren. Dieser war ihm sogar Mittel zum Zweck der Kaiserkrönung.

Zunächst schickte er Abt Hatto von Fulda zur Vorklärung nach Rom.

Wie immer ging es um Territorialfragen des Kirchenstaates, die Berengar mißachtete. Beide Parteien, der sächsische und der päpstliche Beauftragte, sammelten gegenseitig Pluspunkte, die Ottos Einzug in Rom sicherten. Ob der Abt bei seiner Mission im Lateran – angesichts der verwahrlosten Zustände – Scheuklappen trug oder ob einfach die Chance der römischen Kaiserkrönung nach dem Vorbild Kaiser Karls des Großen allem übergeordnet wurde, – Otto zog nach dem Wormser Reichstag Mai 961 über die Alpen. Vorher wählten die sächsischen Großen seinen sechsjährigen Sohn, den späteren Otto II., zum König.

Kaiserkrönung in Rom – aber unter welchen Umständen!

Ende 915 war die letzte Krönung eines italienischen Gebietsfürsten zum Kaiser erfolgt, – nun, nach fast fünfzig Jahren, die Krönung des deutschen Königs Otto I. in Sankt Peter. Welch ein Aufgebot an Ehrengästen! Unter Ottos weltlichem und geistlichem Gefolge fielen die neuernannten sächsischen Reichsbischöfe und Reichsäbte auf. Obwohl Festkleidung getragen wurde, waren alle Teilnehmer bewaffnet. Standartenkorps und Ehrenwachen traten auf. Draußen Absperrungen in dreifacher Gliederung. Ottos Armee hatte von der Ewigen Stadt Besitz ergriffen. Trotzdem keine Unruhe, keine Gegenwehr, aber Entsetzen über diesen vor Waffen starrenden Aufmarsch, Staunen über die überdurchschnittlich großen und starken Soldaten.

Otto I. mit seiner Frau Adelheid am 2. Februar 962, Maria Lichtmeß, vor Papst Johannes XII. Eine Begegnung voller Widersprüche: ein Hüne von einem König, graues Haupthaar, rötliches Gesicht, langer rötlicher Bart – ihm gegenüber ein Papst, der überhaupt nichts Edles oder Hoheitsvolles an sich hatte. Selbst im geistlichen Kleid blieb er gestaltlos: blasse, scharf geschnittene Züge, deren Ausdruck rasch wechselte, schnelle unruhige Blicke, hastige Bewegungen, etwas ekstatisch. Er kostete die Zeremonie aus. Dazu diese kluge Kaiserin, die nach der Kaiserkrönung in ottonischen Urkunden häufig mit dem seltsamen Attribut „Genossin des Reiches" versehen wird.

Der betont christliche Sachse, der jedesmal fastete, wenn er die in Aachen empfangene Krone aufsetzte, und der der Überzeugung folgte, das Königsamt stamme von Gott, betete vor dem Apostelgrab, abgedeckt durch das Schwert seines Neffen Arnfried. Für die Römer schien es eine symbolische Geste zu sein. In Wirklichkeit hielt der König die Zeremonie für so gefährlich, daß er am Morgen angeordnet hatte: „Wenn ich heute in der Peterskirche bete, dann halte beständig das Schwert über mein Haupt. Ich weiß wohl, daß meine Vorgänger die römische Treue häufig beargwöhnt haben. Es ist weise, Feindseligkeiten, wenn sie vielleicht auch in weiter Ferne liegen, durch Überlegungen zuvorzukommen, damit sie uns nicht überraschend überwältigen können."

Der dritte Konstantin in Rom?

Otto I. wußte selbstverständlich von der Durchtriebenheit dieses Papstes. Trotzdem ließ er sich und seine Frau von entweihter Hand krönen und salben. Er nahm die Weihe ernst und feierlich, auch wenn sie von einem kriminellen Oberpriester vorgenommen wurde. Während die Sachsen erwarteten, daß man ihre Ankunft in Italien und die Übereinkunft in Rom als Befreiung feiern würde, mäkelten bereits die ersten Römer. „Der dritte Konstantin in Rom!" hörte man sagen, oder: „Das italienische oder römische Reich wurde vom sächsischen Kaiser unterworfen."

Zehn Tage danach unterschrieb Kaiser Otto I. ein Privilegium, das Pactum Ottonianum, das in zweifacher Ausgabe erhalten ist. Keine der beiden Ausfertigungen ist jedoch als echt anerkannt worden. Auf purpurnem Pergament in Goldtinktur geschrieben, bestätigt die königliche beziehungsweise kaiserliche Seite alle karolingischen Schenkungen. Vor allem die Anerkennung der Papstwahl: freie Wahl durch Klerus und Adel, Weihe allerdings nur in Gegenwart des kaiserlichen Gesandten nach erfolgtem Treueid. Damit war die rechtliche Grundlage jeder zukünftigen Kaiserpolitik geschaffen, fast ein Jahrhundert lang anerkannt und nur selten durchbrochen.

Der Kaiser konnte jeden Papst stürzen und absetzen, ebenso berufen und weihen. Die Erhaltung der römischen Stadt- und italienischen Landmacht wie die des Laterans war dem kaiserlichen Ermessen anheimgestellt. Um diese Rechtstitel zu besitzen, hatte sich Otto selbst von einer so schimpflichen Gestalt wie der Johannes XII. krönen lassen.

Weitere Vereinbarung: Vergrößerung des kirchlichen Besitzes. Damit stieß die sächsische Schutzmacht in neue Gebiete vor, die unter ihrer Oberhoheit standen. Das Ganze war ein Hin und Her politischer und kirchlicher Geschäfte.

Otto I. beanspruchte alle Rechte, die Kaiser wie Konstantin der Große und Karl der Große im Kirchenstaat ausgeübt hatten. Der Papst tat so, als verzichte er großzügig auf weltliches Regententum, wenn er sein politisches Amt als „Fürst und Senator der Römer" sozusagen zur Verfügung stellte.

Mitten unter diesen kirchenrechtlich fragwürdigen Urkunden befindet sich ein besonderes Dokument. Darin stimmte Johannes XII. einem kaiserlichen Lieblingsgedanken zu: Begründung des Erzbistums Magdeburg und Anerkennung weiterer Bistümer im Slawenland überall dort, wo der erste sächsische Kaiser und seine Nachfolger es für nötig hielten. Die neuen Bistümer sollten Magdeburg unterstellt werden.

An diesem einen Beispiel enthüllt sich die politische Vision Ottos I. Sie reichte vom Westen und Süden bis zum Norden und Osten, von Aachen über Rom bis Magdeburg und sogar weiter ... Zur gleichen Zeit nämlich, als diese Verträge zwischen Kaiser und Papst ausgetauscht wurden, verkündete ein vom Kaiser persönlich beauftragter Missionschef, der Sankt Maximiner Mönch Adelbert, das Evangelium im Innern Rußlands.

Die Folgen der Kaiserkrönung, die Auseinandersetzung mit dem Papsttum, Aufstände von römischen und italienischen Lokalfürsten, Kriegszüge durch Italien, Verdrängung der Griechen aus dem Süden, Unruhen bei den Slawen und Dänen haben den Kaiser so beansprucht, daß er mehr als einmal an die Grenze seiner politischen und militärischen Kräfte geworfen wurde. In seinen Planungen und Eingriffen kannte er kaum Zurückhaltung, auch unterschätze er zuweilen seinen Gegner. Er und seine Großen führten oftmals in einem Jahr an drei, vier Plätzen Krieg. Lag das an der Kaiser- und Italienpolitik?

Für und Wider der deutschen Kaiserpolitik in Italien

Vor gut 100 Jahren begann bei uns eine umfangreiche Auseinandersetzung unter Historikern, die, je nach kleindeutschem oder großdeutschem Standpunkt, die Kaiserpolitik im Süden verteidigten oder ablehnten. War das Kaisertum nur ein potenziertes Königtum? Eine weitere Gloriole, die dem persönlichen Ansehen und dem allgemeinen Wohl diente? Was kostete dieser Glanz an Anstrengung und Opfern? Tausende und Abertausende starben durch die Pest, durch die Hitze und das Fieber in den Sumpfgeländen zwischen Tiber und Po. Oder bedurfte die „gottgewollte Ewigkeit des römischen Reiches" immer wieder der deutschen Hilfe, da Italien, besonders der päpstliche Regent in Rom, zu schwach, unsicher und deshalb ausgeliefert waren? Wen sollte der Papst sonst zu Hilfe rufen? Gab es noch eine andere Großmacht neben den Karolingern und den Ottonen? Oder lockte Italien mit seiner Kultur, den Kunstschätzen und seinem Reichtum? Dazu die Kaiserkrönung als Symbol der Anerkennung des mächtigen Schutzherrn? ...

Zeiten gab es, in denen die deutschen Kaiser eine politische Einheit Italiens anstrebten und das Land zur Ruhe brachten. Sie waren es, die würdelose Zustände um päpstliche Nachfolger beendeten. Nicht nur für das Reich in der Mitte Europas, sondern für das gesamte Abendland im Westen und Osten hat sich solches Durchgreifen unter den Inhabern von Petri Stuhl segensreich ausgewirkt. Oftmals sind verheißungsvolle Päpste, wie Gregor V., Sylvester II., Leo IX., durch deutsche Kaiser eingesetzt, untaugliche, schlechte Päpste dagegen abgesetzt worden. Dafür mußten allerdings Kraftreserven mobilisiert werden, die dem deutschen Kernland entzogen wurden. Hauptsächlich süddeutsche Fürsten, Bayern, Schwaben, Franken, Lothringer zogen mit nach Italien. Hinzu kamen die Auseinandersetzungen zwischen Kaiser und Kirche, die entweder ein gegenseitiges Kesseltreiben bis zur Vernichtung des einen oder ein unfruchtbares Auf und Ab der Politik und des Krieges brachten. Offene Rebellion zeigte sich zwischen den deutschen Königen und Fürsten, wenn ein Feldzug nur den Interessen des Papstes diente.

Zur militärischen Unterstützung der Italienzüge stellten die Fürsten Heeresgruppen. Das taten sie nicht ohne Opposition. Den Aufenthalt wollten sie meistens befristet sehen, um bald heimzukönnen. Für ihre Dienste empfingen sie außerordentliche Prämien und Schenkungen, die dem Reichsschatz entnommen wurden. Keine militärische Beteiligung ohne Ent- und Belohnung. Da die Verpflichtung der Fürsten zur Teilnahme durch Loskauf möglich war, füllte sich zwar die kaiserliche Kasse, aber Mannschaften fehlten. Erst im Spätmittelalter hört man von deutschen Rittern, die freiwillig nach Italien zogen. Eine Mischung aus Ruhmessucht, Abenteuerlust und sogenanntem gottgewolltem Dienst.

Finanzielle und wirtschaftliche Vorteile kamen hinzu. Besatzungstribute wurden ergänzt durch Steuern und Zölle. Der Handel der Städte, die sich mit Geld und Naturaliensteuer an den Italienzügen beteiligten, begünstigte den Austausch der Waren diesseits und jenseits der Alpen. Man fand den Anschluß an die Handelswege zum Mittelmeer. Die Armeen drängten aus politischen, militärischen und wirtschaftlichen Gründen nach Süditalien. Die Kunst des Südens befruchtete die Kunst des Nordens. Ottos Dombauten entstanden zum Teil aus dem Beutegut italienischer Baudenkmäler. So wurde Italien für die Deutschen zur Fata Morgana von antiker Schönheit und Reichtum.

Man kann es an den verschiedenen Kaisern verfolgen: Trotz der Italienzüge, trotz Unterwerfung, Besetzung und Zunahme an deutschem Herrschaftsgebiet festigte sich das Staatsgebilde in Mitteleuropa wenig. Vielfach hat man darauf hingewiesen, daß die Kaiser Ideen, Volk, Hab und Gut für ein Ziel geopfert haben, das eigentlich außerhalb der Lebensinteressen des eigenen Volkes lag.

Waren es nicht hauptsächlich Offensiv- und Raubkriege? Feldzüge, Belagerungen und Eroberungen? Zweifellos auch Vergrößerung an Macht und Ansehen, aber auch Niederlagen, Attentate, dauernde Spannungen, Volkserhebungen. Was blieb? Jeder deutsche König bemühte sich um die Kaiserkrone, und so wiederholten sich die militärischen Einsätze. Die Geschichte der Kaiser hat man, realpolitisch und biologisch gesehen, die Geschichte einer großen Überanstrengung genannt. Allein zwischen 951 und 1111 zogen die deutschen Kaiser achtzehnmal nach Italien. Im Wechsel der Kaiserpersönlichkeiten wandelten sich die Kaiserideen, wobei Deutschlands kontinentale Mittellage einen Startplatz für Bewegung nach allen Richtungen hin bot. Die Züge über die Alpen bleiben ein grandioser Traum mit hohem Blutzoll, der jeweils nur für kurze Zeit Erfüllung brachte.

Ermessen kann man allein am Menschlichen und Geistigen, was in der Zeiten Lauf bestehen bleibt und was vernichtet wird. Wozu rafft sich ein Volk auf, welches Wohlergehen erreicht es durch den politischen Genius an der Spitze? Das allein gehört in die Waage des Schicksals.

Der mittelalterliche Mensch: Geschöpf des Schöpfers

Aber kannte das Mittelalter den Menschen?

Waren es nicht nur Geschöpfe? Kreaturen des Erdstriches, dem sie entstammten, und Geschöpfe Gottes, ausgeliefert dem strengen und zornigen Richter des jüngsten Gerichtes, – jedenfalls nach den damaligen Vorstellungen, wie sie gepredigt und dargestellt wurden.

Die Menschen lebten im Pferch ihres Daseins, jeder in seinem Amt oder Beruf, mit seiner großen oder kleinen Macht und Individualität. Als Christ, Ketzer, Barbar, als Fürst oder Untertan, als Pfarrer oder Laie, als Soldat, Handwerker, Kaufmann oder Bauer. Jeder für sich, die Stände und die Zünfte unter sich, von Zeit zu Zeit zusammengetrommelt. Sie erscheinen als Figuren, die immer ein anderer bewegt, selten bewegen sie sich selbst. Meistens fühlen sie irgendjemanden hinter sich oder über sich: Geschöpfe des Schöpfers.

Dadurch, daß der Wille aller Geschöpfe an den Willen des Schöpfers gebunden ist, heißt es im Mittelalter, hoffen sie auf Erlösung von allem Übel. Christus, als messianischer Vermittler zwischen Gott und den Sündern, hilft ihnen dabei. Er ruft ihnen zu: Sie sollen umkehren und Kinder bleiben. „Wer nicht das Reich Gottes annimmt wie ein Kind, wird nicht in den Himmel hineinkommen."

Gottes Reich war der Trost und die sehnsüchtige Erwartung für die Gläubigen, die in ihrer Welt „den Fürsten und der Obrigkeit untertan" und den Schlägen der Oberen ausgeliefert waren. Um sich als kreatürliches Geschöpf zum Menschen zu erheben, fehlten ihnen der freie Wille und das Bewußtsein der Freiheit. Bis dahin tue man Bitte, Gebet, Fürbitte ... für die Könige und „für alle Obrigkeit".

Stationen ottonischer Kultur und geistlicher Erziehung

Nach dem königlichen Feldherrn triumphierte in Otto I. der Kaiser. Deutschland und ein großer Teil von Italien wurden durch den deutschen Monarchen verbunden, der gleichzeitig Schutzherr von Rom und des Regenten der Ewigen Stadt geworden war. Das Reich, nicht so groß wie das Karls des Großen, da Frankreich und Burgund abgetreten waren, erstreckte sich von Maas und Schelde bis zur Elbe, hinzu kam Böhmen, hinzu kamen die Alpenländer bis östlich von Preßburg.

Symbolisch zeigte Ottos Siegel den byzantinisch-augusteischen Reichsapfel, später das Kreuz auf der Kugel und das Zepter der italienischen Karolinger – Tradition und Erneuerung vereint. Sein Titel „imperator Augustus" enthielt noch nicht den Hinweis auf den *römischen* Ursprung der Kaiserwürde. Anfangs behielt ihn sein Sohn Otto II. bei, später wurde in den Urkunden „Romanorum" hinzugesetzt. Erst bei Friedrich I. Barbarossa findet sich die Anspielung auf den göttlichen Ursprung des Reiches, womit sich der Reichstitel „Heiliges Römisches Reich Deutscher Nation" vollendete. Er blieb bis 1806 gültig.

In Ottos Zeit trifft man auf den Begriff Theutoni, Theutonici für das Volk zwischen Aachen und Rom, Quedlinburg, Hamburg und Magdeburg. Im Übergang vom 10. zum 11. Jahrhundert bezeichnet man die Deutschen mit Homines Imperatoris, als Leute des Kaisers. Unter Karl dem Großen bedeutete „thuteskus", das spätere „teutsch" oder „deutsch", „Volk". Zu Zeiten des kaiserlichen Canossa-Gängers, Heinrichs IV., taucht das Wort „deutsch" bereits in der Umgangssprache auf. Dem Begriff „Deutschland" begegnet man jedoch erst im Spätmittelalter.

Otto I. war dauernd unterwegs, wie Karl der Große, aber öfter und länger in Italien als dieser. Nach der aufsehenerregenden Krönung zog Otto gegen die vermeintlichen Sammelstätten der verschwundenen Berengar-Familie, gegen die Nester ihrer Trabanten, um das Geschlecht endgültig zu beseitigen. Ein Jahr danach sollte es ihm gelingen, Berengar gefangenzusetzen. Es hatte politische und militärische Gründe, daß der Kaiser so oft unterwegs war. Dieser Sachse erscheint als hochgradiger Organisator mit schwer bewaffneter Hand. Er schuf Haupt- und Mittelpunkte im Reich. Von Sankt Gallen bis Magdeburg, von Reichenau bis Würzburg, von Fulda und Hersfeld bis Corvey und Gandersheim, von Metz bis Trier, von Utrecht bis Köln verliefen die Stationen ottonischer Kultur, befanden sich geistliche Erziehungsstätten, – klösterliche Denkmäler einer Reichsidee, die aus dem christlichen Glauben gewachsen war, auch wenn die Apostel des Herrn damals zumeist militant waren und das Land eroberten, ehe die Mönche als Gelehrte und musische Jünger einzogen.

Der Kaiser und König Otto I. besuchte mit seiner Gemahlin gern die Pfalzen, Städte und geistlichen Stätten. Als er in Sankt Gallen weilte, ließ er während des Gottesdienstes seinen Stab fallen. Sein junger Sohn Otto kommentierte: „Mich wundert, daß ihm, der das Reich so festhält, der Stab niederfiel. Denn wie ein Löwe hat er noch alle Reiche festgehalten, die er erworben, und mir, seinem Sohn, nicht den geringsten Teil abgegeben."

Zu Ottos Regierungsstil gehörte, daß er nur an einigen bevorzugten Orten Hoflager abhalten ließ. Anfangs in Aachen, wo er in fränkischer Tracht erschien, später in Pavia, in Rom, oft und lange in Magdeburg und Quedlinburg. Dieser große Sachse besaß keine Hauptstadt wie Karl der Große in Aachen, nicht einmal eine vorübergehende. Eine zum Nachdenken anregende Tatsache: Das Reich entbehrte eine Hauptstadt bis zu seinem Zusammenbruch 1806, wenn auch Prag und Wien vorübergehend den Anspruch darauf anmeldeten. Die Reichsgründung 1871 erhob Berlin zur Haupt- und Weltstadt bis 1945, und danach kam ein Provisorium, mit Fleiß ohne Glanz, mit Subventionen, Reichtum und Verdienst, doch ohne kulturelle Erneuerung.

Endlich das Duell zwischen Kaiser und Papst Johannes XII.

Des Papstes wahrer Charakter enthüllte sich sogleich nach der Krönung. Er konspirierte mit seinen ehemaligen Gegnern, gegen die er Otto zu Hilfe gerufen hatte. Er unterhandelte sogar mit Ungarn und Griechen, die er jedoch sofort wieder an Otto verriet. Der Kaiser erfuhr davon vor allem durch aufgefangene Briefe, durch Spione und geistliche Zwischenträger. Trotzdem ließ er noch Milde walten und nahm den Papst als „halbes Kind, das sich verführen läßt. Das Beispiel rechtschaffener Männer wird ihn bessern". Otto täuschte sich, denn der Papst trieb sein Doppelspiel weiter. Er blieb ebenso infam wie treulos.

Oktavian Johannes verbündete sich mit den alten Feinden, die mit korsischen Freischärlern und angeworbenen Sarazenen anrückten. Er öffnete ihnen die Tore Roms, während der Kaiser in Oberitalien weilte und die Burgen Berengars und seiner Mitstreiter berannte. Doch der Kaiser kam schneller zurück, als der Papst es erwartete. Das Duell zwischen Kaiser und Papst begann vor aller Welt.

Der heute noch gezählte 131. Nachfolger Petri mit Helm und Panzer, Schwert und Schild auf der Tiberseite! Er drohte dem durch ihn vor einem dreiviertel Jahr gekrönten kaiserlichen Haupt, um sich selbst zur Heldenfigur und seiner Soldateska Mut zu machen. Dann verschwand er schnell mit seinen Verbündeten und dem Kirchenschatz. November 963 zog Otto wieder in die Ewige Stadt. Die Römer stellten Geiseln und schworen, niemals wieder einen Papst ohne Zustimmung des Kaisers und seiner Söhne zu wählen.

Auf einer noch im gleichen Monat stattfindenden Synode in der Peterskirche wurde der Papst abgesetzt. Alles, was geschehen war, kam noch einmal zur Sprache. Alle hatten es geduldet, niemand vorher eingegriffen. Jetzt sprach man von einem Ungeheuer, das man aus der römischen Kirche ausstieß.

Der Entweihung des Heiligen Stuhles durch Oktavian Johannes folgte eine unrechtmäßige Erhebung. Der Kaiser entschied sich für einen Laien, den Vorsteher des päpstlichen Sekretariats, der alle Weihen des Priesters, Bischofs und Papstes an einem Tag empfing. Er nannte sich Leo VIII.

Draußen tobten die Politiker der Ewigen Stadt. Es bildete sich eine kaiserliche, außerrömische Partei und eine päpstliche und stadtrömische Partei. Die Rivalität brach offen aus, als zwei mächtige Geschlechter, die Tuskulaner und die Creszentier, beide aus der Tradition des Senators Alberich II., Vater des abgesetzten Papstes, um die städtische und päpstliche Regentschaft kämpften.

Anschlag auf den Kaiser am 3. Januar 964! Aufstand gegen die sächsische Militärbesatzung. Urheber der abgesetzte Papst. Alle Treuegelöbnisse des Volkes waren vergessen. Sturmglocken! Barrikaden! Heckenschützen in allen Straßen und auf den Häusern. Gesperrte und zerstörte Tiberbrücken. Was kaiserlich, was deutsch war, sollte niedergemetzelt werden. Auch die Gegenwehr der Sachsen und Franken war erbarmungslos.

Als Kaiser Otto die Unruheherde in Spoleto beseitigen wollte, tauchte der abgesetzte Papst Oktavian Johannes in Rom auf. In letzter Minute entkam der regierende Nachfolger Petri, Leo VIII. Der sechsundzwanzigjährige Oktavian Johannes rächte sich furchtbar. Er ließ den Kardinälen, die gegen ihn gestimmt und ihn abgesetzt hatten, entweder die Hand abschneiden oder die Nase verstümmeln. Die beiden Geistlichen, die in persönlicher Botschaft Otto um Hilfe angefleht hatten, wurden ebenfalls bestraft. Johannes zelebrierte die Messe, als wenn nichts geschehen wäre. Am 14. Mai 964 wurde er „vom Teufel erschlagen, als er Ehebruch trieb", berichtet ein Chronist. Der Teufel war wahrscheinlich der betrogene Ehemann, der den päpstlichen Ehebrecher so schwer verletzte, daß dieser nach acht Tagen starb.

Das erste Epos über Kaiser Otto I.
schreibt eine Frau: Roswitha von Gandersheim

Eine gewisse Wiederbelebung und Fortführung der einstigen Karlsakademie erfolgte durch den Bruder Ottos, Erzbischof Bruno von Köln. Er veredelte seine fürstliche Hofhaltung durch wissenschaftliche und musische Seminare. Rüdtger, ein Schüler des Erzbischofs und Lehrer an Sankt Pantaleon in Köln, beobachtete, wie aus aller Welt die „sonst Verkannten und Verlästerten" hier eine Heimat fanden. „Was Geschichtsschreiber, Redner, Dichter und Philosophen Neues und Großes verkündeten, untersuchte Bruno mit Sprachkundigen aufs sorgfältigste ... Seine Empfehlungen bahnten Neuerscheinungen den Weg."

Als die Äbtissin Gerberg, Nichte Ottos I., der Nonne Roswitha von Gandersheim, die durch ihr poetisches Talent und ihre Lesedramen über das Kloster hinaus bekannt war, den Vorschlag machte, ein Epos über den Kaiser zu schreiben, da erschrak die Dichterin. Welch ein Auftrag für eine Klosterinsassin! Von der Poetin zur Geschichtsschreiberin ...

Dennoch begann die etwa dreiunddreißigjährige Roswitha mit dem Thema. Vier Jahre schrieb sie an den 1500 gereimten Hexametern. Sie sind nicht vollständig erhalten. Ihr Material empfing sie von verschiedenen Seiten, vermittelt durch die Äbtissin. Die kaiserliche Familie steuerte ebenfalls bei, so daß man von zuverlässigen Quellen sprechen kann. Die Auftraggeberin selbst brachte allerdings mit der Zeit nicht soviel Stoff herbei, wie sie angekündigt hatte.

Ging es nur um das Schreiben oder auch um die Disposition und Komposition? Was durfte die Autorin in der Kutte über die kaiserliche Hauptperson schreiben? Alles oder nur eine Auswahl? Die Wahrheit oder Teile der historischen Begebenheiten? Auch über die Spannungen und Verschwörungen innerhalb der Familie, über Feinde und Schwierigkeiten?

Unter den Ottonen, von Otto I. an, sammelten sich Hofdenker, -historiker und -dichter wie unter Karl dem Großen. Einhards Lebensbeschreibung folgten Chroniken und Viten der Nachfolger mit mehr oder minder zeitgeschichtlichem und biographischem Charakter. Mitten unter den schreibenden Zeitgenossen, wie Thietmar von Merseburg, Widukind von Corvey, Ruotger von Köln, Liudbrand von Cremona, Adelbert von Magdeburg, erschien nun diese poetisierende Nonne.

Der Mut und Entschluß zum Schreiben hat ihr bis heute Achtung und Verehrung gebracht. Eine geistliche Frau wählte ein politisches Thema über den Kaiser von Gottes Gnaden. Die ottonische Zeit ab 936 schilderte sie eingehender. Als die Schrift erschien, weilte Otto I. zum letzten Mal in Italien. So hat er sie wohl nicht gesehen.

Krönung des zwölfjährigen Kaisersohnes als Nachfolger

Der Kaiser blieb sechs Jahre in Rom, „dem Haupt des Erdkreises und dem Sitz der allgemeinen Kirche". Es ging ihm um stabile Verhältnisse in Italien und im Patrimonium Petri. „Der von Gott gekrönte Cäsar!" So titulierte ihn Johannes XIII. Oder überschwenglich: der „dritte Konstantin, der dreifach Gesegnete und höchst Heilige". Dazu die Gegner: „Wehe Rom, dein Volk ist mit dem Schwerte hingerichtet. In Säcken tragen sie dein Gold und Silber fort", warnte die Stimme eines Mönches von Soracte.

Wie Otto in den politischen und militärischen Entscheidungen nach Osten und Süden auf den Spuren Karls des Großen blieb, so verfolgte er auch die gleichen dynastischen Grundsätze bei der Wahl des Erben. Am Weihnachtstag 967 führte Otto I. seinen zwölfjährigen Sohn nach Sankt Peter und ließ ihn durch Johannes XIII. zum kaiserlichen Nachfolger krönen und zum Cäsar und Augustus erheben. Ein Fest ohnegleichen für Rom, eine Absicherung für den kleinen Kaiser, die, ähnlich wie bei seinem Vater, nicht eingehalten werden sollte, da die Verwandten treubrüchig und streitwütig waren.

Ein Meisterstück der ottonischen Diplomatie: Frieden mit Byzanz

Hochzeit des sechzehnjährigen Otto mit der fast gleichaltrigen griechischen Prinzessin Theophano am 19. April 972, ebenfalls in der Peterskirche! Diese politische Eheschließung kann als Meisterstück der ottonischen Diplomatie beurteilt werden. Sie bedeutete endlich Annäherung und Frieden mit Byzanz. Ost und West fanden sich nach fast zweihundert Jahren vorübergehend wieder zusammen. Was Karl I. versucht hatte und was ihm mißlungen war — Zusammenschluß durch eheliche Verbindung —, das gelang dem ersten Sachsenkaiser durch die Heiratspolitik mit seinem Sohn.

Seit Jahren mischten sich in Byzanz die Proteste gegen den Barbaren Otto mit unverbindlichen Freundschaftserklärungen, so daß schließlich eine militärische Auseinandersetzung drohte. Otto blieb beharrlich und geschmeidig und entsandte einen Unterhändler nach dem andern zur Hauptstadt am Bosporus.

Als das junge Paar, Otto und Theophano, eine Nichte des Johannes Tzimiskes, nicht etwa die Tochter Kaiser Romanos' II., wie man fälschlich behauptet hat, in Sankt Peter getraut wurden, erhob sich Papst Johannes XIII. zu einer weiteren Proklamation. Er krönte auf kaiserliche Anweisung die Griechin am gleichen Tag zur Kaiserin. Als ottonische Morgengabe empfing die kaiserliche Braut Ländereien an der Nordsee und am adriatischen Meer, am Harz und am Rhein. Wieder ein Beispiel der Heirat eines Sachsen mit einer Frau aus ausländischer Dynastie. Darüber hinaus Ottos I. geglücktes Diplomatenspiel um die Ehe seines Sohnes, zu dem höheren Zweck der endgültigen Anerkennung als römischer Kaiser und gleichberechtigter Partner der Herrscher von Byzanz.

Ottos letzter Reichstag und die Friedensproklamation von Quedlinburg

Endlich war der sechzigjährige Vater des Vaterlandes wieder in Deutschland. Festliche Tage nahten heran. Mit seiner Gemahlin Adelheid und dem jugendlichen Kaiserpaar weilte Otto am 19. März 973 in Quedlinburg zum Osterfest, wie es seine Nachfolger ebenfalls tun sollten. Hier waren sein Vater und seit kurzem auch seine Mutter beigesetzt worden. Große Prozession des Kaisers zur Servatiuskirche, voran das Kreuz, Fahnen, Kerzen und Reliquien, dahinter weltliche und geistliche Berühmtheiten, Freunde und Fremde, Sieger und Besiegte aus aller Welt.

Nach den vielen Schlachten, Feldzügen und Strafexpeditionen — kaum ein Jahr in Ottos Regierung ging ohne militärischen Einsatz vorüber — fand in Quedlinburg anschließend der letzte Reichstag statt, der der Aussöhnung diente und den Frieden repräsentierte. Gebete lösten staatspolitische Thesen ab, das Gedenken der Eltern des Kaisers wechselte mit der Neubestätigung der Verbündeten und Huldigung durch die Vertreter der Völkerschaften von Mittel- und Osteuropa.

Alle brachten reiche, kostbare Geschenke und hohe, festliche Stimmung mit. Gefäße aus Gold, Silber und Elfenbein, Plastiken aus Edelmetall, Teppiche mit seltenen Mustern, Balsam, alle erdenklichen Spezereien und Tiere, wie sie die Sachsen noch nie gesehen hatten, zählt Ottos Biograph auf. Es waren Löwen, Kamele und Affen.

Quedlinburg erhob sich für eine Weltstunde zum Mittelpunkt Europas. Kaiser Otto I. im weißen Haar, an der Schwelle des Alters, war immer noch eine stattliche Erscheinung mit der Brust eines Löwen. Die Unruhe aus früheren Zeiten war einer heiteren, beinahe gütigen Gelassenheit gewichen. In der Geschichte haben sich bis heute mehr die Schilderungen seiner rastlosen Mannesjahre als die der repräsentativen Altersjahre erhalten. In Legende und Nachwirkung blieb er der Sieger vom Lechfeld.

In Quedlinburg zeigte dieser zweite Kaiser der deutschen Geschichte mit dem Beinamen der Große die Pracht des letzten Auftritts. Ein Jahr später war er tot. Seine politische Größe ist ohne Gewalttat und ohne Unbarmherzigkeit nicht denkbar. Sechs Jahre nach der Kaiserkrönung in Rom, fünf Jahre vor seinem Ableben schickte der sechsundfünfzigjährige Otto einen Erlaß an die sächsischen Großen. Sie hatten über den slawischen Stamm der Redarier gesiegt. Die Redarier sollten vollständig vernichtet, ausgerottet werden ... *Das* erst genügte dem zweiten Herrscher unter den Sachsen.

III.
Ottos II. Wunschbild: zwischen Cäsar und Konstantin

Französischer Handstreich auf die Residenz Aachen – das junge Kaiserpaar beinahe gefangen

Ein Sommertag des Jahres 978 in der Aachener Kaiserpfalz, Gelegenheit für das junge Kaiserpaar und das Töchterchen Adelheid, um tief Luft zu holen und den Sonnenspielen auf der Erde zuzusehen. Der dreiundzwanzigjährige Monarch, seit fünf Jahren als dritter Sachse an der Spitze des Reiches, war schnell aus seinem frühen Regenten- und Eheglück wachgerüttelt worden. Er hatte die üblichen und üblen Erfahrungen mit der Verwandtschaft hinter sich gebracht. Auseinandersetzungen, die sich zu Empörungen steigerten, innerhalb der letzten Jahre sogar zu Aufständen und Hochverrat, bis man im Vorfrühling dieses Jahres auf dem Magdeburger Hoftag Versöhnung schloß. Wie sein Vater hatte Otto II. gegenüber den ränkesüchtigen Mitgliedern des Königshauses Gnade walten lassen. Die Trennung der Ostmark vom bayerischen Herzogtum führte zur Begründung einer eigenen Markgrafschaft Österreich. Das war die Schuld der rivalisierenden Fürsten und führte zum Aufbruch der Bayern nach Kärnten und Tirol.

Ein kleiner hagerer Kaiser mit rötlichem Backen- und Vollbart saß in der Karlsresidenz seiner jungen Frau Theophano, der ehemaligen griechischen Prinzessin, gegenüber. Sie war nun die erste Frau des Deutschen Reiches. Trotz erneuter Schwangerschaft sah sie wie ein Mädchen aus Tausend-und-eine-Nacht aus, so blendend kleidete sie die byzantinische Tracht. Während sie sich zur Zeit ihres kaiserlichen Schwiegervaters zurückgehalten hatte, verlor sie allmählich die Naivität und äußerte sich innerhalb der Familie wie unter den Hofleuten überraschend bestimmt.

Das kaiserliche Idyll in Aachen wurde plötzlich durch Alarm gestört. Rebellen in der Kaiserstadt? Oder Überfall durch fremde Truppen? Die kaiserliche Familie flüchtete so schnell wie möglich nach Köln.

Ohne daß es den Garnisontruppen aufgefallen war, hatte sich der französische König Lothar in einem Handstreich der alten Kaiserstadt bemächtigt. Mitten hinein in die Karlspfalz, in die Gärten wie in die Gemächer drangen plötzlich Franzosen, sprangen über Tische und Bänke, plündernde Soldaten raubten die kaiserlichen Insignien, Kleider und Gepäck. Hinein in die Küchen und Vorratskammern, wo die Troßknechte schmausten und gröhlten. Hinauf zum Giebel der Pfalz kletterten sie und drehten den ehernen Reichsadler, der nach dem Westen zeigte, nach dem Osten. Wer immer im Besitz der Stadt Aachen war, ließ den Edelaar zum Nachbarland hinäugen. Das hieß jetzt: Schluß mit den Angriffen auf Frankreich, dafür Vorstöße nach Deutschland. Dazu sollte es jedoch nicht kommen, da die Truppe schnell demoralisierte.

Es wurde zur Heerfahrt gegen König Lothar aufgerufen. Der Überfall auf Aachen war den Herzögen und Fürsten ebenfalls zu dreist. So kam es zu einer förmlichen Kriegsaktion. Die Sachsen zogen mit einem „gewaltigen Heer", wie es in den Quellen heißt, dreißigtausend Reiter sollen es gewesen sein, nach Reims, Laon, Soisson, Compiègne, verheerten die Gebiete, aber schonten die Kirchen.

Als Otto II. längere Zeit vor Paris lag und Lothar geflohen war, ließ er dem Herzog, der Frankreichs Hauptstadt verteidigte, sagen: „Ich will dir zur Feier meiner Siege ein Alleluja singen lassen, wie du noch nie eins gehört." Dann zogen nach des Königs Geheiß auf dem Montmartre im Norden der damaligen Mauern eine Menge Kleriker auf. Mit „so gewaltiger Stimme sangen sie Alleluja, daß dem Herzog, den Truppen und dem ganzen Volk von Paris die Ohren gellten und sie darob staunten".

Die gegenseitigen militärischen Spaziergänge endeten schließlich im Vergleich und Bündnis zwischen Otto und seinem französischen Vetter. Sie trafen sich an den Grenzen beider Reiche Mai 980, und dort bekräftigten „die beiden Herrscher ihre Freundschaft mit Eidschwur".

Italien, Italien lockte! Der alte Sirenenklang mit stets blutigen Folgen. Auf eine Kaiserkrone in Rom brauchte Otto II. nicht mehr bedacht zu sein. Er trug sie schon seit dem zwölften Lebensjahr, zu Lebzeiten seines Vaters an dessen Seite. War er es aber nicht dem politischen Testament seines Vaters schuldig, nach Italien zu ziehen, um den Griechen das von ihnen annektierte Süditalien zu entreißen? Politische Notwendigkeit oder jugendlicher Überschwang, der dabei die neuerliche Trennung zwischen Ost und West übersah?

Seine Berater rieten ab. Das Mißfallen an den Italienfeldzügen war stärker geworden. Wer redete zu? Die Kaiserin Theophano, gerade weil sie byzantinischer Herkunft war. Sie wagte es, Ansprüche auf die süditalienischen Landstriche zu erheben, wie man am Hof hörte.

Kein Zug nach dem Süden ohne großes Heer.

Für Ottos Heer stellten je hundert Panzerreiter die Erzbischöfe von Köln und Mainz, die Bischöfe von Straßburg und Augsburg. Je siebzig Panzerreiter die Erzbischöfe von Trier und Salzburg und der Bischof von Regensburg. Je sechzig Panzerreiter der Bischof von Lüttich und der Abt von Reichenau. Je fünfzig Panzerreiter der Bischof von Eichstädt, die Äbte von Weißenburg und Lorsch. Je vierzig Panzerreiter versprachen der Erzbischof von Verdun, die Bischöfe von Würzburg und Freising, die Äbte von Hersfeld, Fulda und Prüm, die Äbte von Sankt Gallen und Ellwangen. Dreißig Panzerreiter schickte der Abt von Kempten. Je zwanzig Panzerreiter die Bischöfe von Speyer, Toul und von Säben, ebenso der Abt von Murbach.

Auffallend bei diesen Gestellungen, die Ottos Heerbann verstärken sollten, ist der verhältnismäßig geringe Anteil der Fürsten. Den höchsten Einsatz versprach das Herzogtum Elsaß mit siebzig Panzerreitern. Die Markgrafen Gottfried und Arnulf, auch Graf Hezel schickten je vierzig Panzerreiter. Dann folgten schon Graf Heribert mit dreißig, der Sohn seines Bruders mit dreißig oder vierzig, Azolin mit dreißig Panzerreitern. Die geringste Zahl von Panzerreitern, nämlich je zwölf oder zehn, meldeten Graf Theoderich, Graf Ansfried an.

In Rom gab es wieder die unheilige Konkurrenz zwischen Papst und Gegenpapst inmitten der gewaltsamen Intrigen der römischen Stadtherrschaft. Als Otto erschien, beruhigte sich die Situation äußerlich, sein Heerbann wirkte. Nachrichten über den Aufmarsch von Sarazenen in Süditalien beunruhigten Otto. Als dann Berichte von einem Bündnis der Griechen mit den Sarazenen eintrafen, brachen die Deutschen gegen sie auf.

Anfangserfolge täuschten den jungen Kaiser, seine mangelnde militärische Erfahrung kam hinzu. Von Tarent aus begann die Unterwerfung Apuliens. Immer noch traf man auf Griechen als Gegner, so daß sich Otto herausfordernd den neuen Titel „Romanorum imperator Augustus", Kaiser der Römer, zulegte, wie sich die Herrscher von Byzanz längst nannten.

Ein erstes Abweichen vom Weg des Vaters wird an dieser Stelle beim zweiten sächsischen Kaiser deutlich. Jener blieb Sachse, trotz Rom und Italien, dieser, beeinflußt durch die Gattin byzantinischer Herkunft, drängte ohne Grund, mehr aus Repräsentation nach Süditalien, um dem byzantinischen Kaisertum seine Macht zu zeigen und ihm ebenbürtig zu sein.

Von Historikern ist Otto II. zwischen Cäsar und Konstantin plaziert worden, was nicht stimmt. Es fehlte ihm in allem die Größe und Einmaligkeit. Obwohl gut erzogen und geistig herangebildet, zeigte er weder schöpferische Planung noch durchgreifende Zielsicherheit. Er übernahm die politischen Grundlagen seines Vaters und versuchte sie zu erhalten. Dabei sollte es Episoden geben, die den Reichsbau ins Wanken brachten.

Dem geschlagenen Kaiser hilft ein Israelit

Plötzlich standen die Deutschen den mit den Griechen verbündeten Sarazenen gegenüber. Eine fürchterliche Schlacht begann Juli 982 südlich von Cotrone. Die deutschen Ritter rückten anfangs vor, es gab hohe Verluste für die Araber. Aber als wenn der erste Triumph täuschte und für die Gefahr blind machte, versäumte das ottonische Heer bei der Weiterverfolgung die Absicherung, obwohl es sich in einem völlig unbekannten Gelände befand. So stießen aus dem Gebirge unerwartete Reserven der Sarazenen wie düstere Wolken mit Blitz und Donner herunter. Die deutsche und italienische Adelselite fiel, die Mannschaften fielen, Herzöge, Markgrafen, Grafen und Bischöfe fielen. Der kaiserliche Lanzenträger kam um. Um Haaresbreite wäre der christliche Kaiser Gefangener der Mohammedaner geworden.

Mit wenigen Getreuen floh der Kaiser ans Meer und hoffte auf eine Rettung durch vorbeifahrende Schiffe. Hier beginnt die historische Szene, wie ein Jude den geschlagenen Kaiser rettete. Man kennt seinen Namen, und seine Hilfsbereitschaft ist bestätigt.

Der junge Hebräer stand mit seinem Pferd am Strand, als der abgehetzte Otto ein Schiff entdeckte. Bereitwillig stellte der Jude das Pferd zur Verfügung, und der Kaiser ritt und schwamm dem Schiff entgegen. Vergeblich, es hielt nicht an, um ihn aufzunehmen, so daß Otto erschöpft zurückkehren mußte. In der Ferne tauchten sarazenische Verfolger auf.

Als ein Zollschiff, lang und schnell, erschien, wagte Otto den zweiten Versuch mit dem Pferd, und diesmal wurde er aufgefischt. Der Kapitän witterte sofort die hohe Abkunft des Flüchtlings, den er gern als Gefangenen in Byzanz abliefern wollte. Otto bat darum, in Rosano anzulegen, wo er seine Frau vor der Schlacht untergebracht hatte. Dort würde sie ihn mit reichen Schätzen erwarten. Diese Chance war dem Kapitän hochwillkommen, um die ganze Beute an Bord zu nehmen, er ging darauf ein. Otto gab also Anweisung an die Kaiserin Theophano, mit allen Reichtümern, auf Maultiere gepackt, ans Ufer zu kommen. Bei der Begegnung und dem Austausch von Gefolge und Waren, im Getümmel der kaiserlichen Abgesandten und der Byzantiner auf dem Schiff gelang dem

Kaiser die Flucht. Er sprang vom Bug und schwamm ans Ufer. Seinen Retter, den Juden Kaloymus, ließ er später nach Mainz kommen, wo er ein gelehrter Rabbi wurde.

Der Mythos von den unüberwindlichen Deutschen ist dahin

Unübersehbare Folgen der Niederlage südlich von Cotrone. Die Christen geschlagen von den Mohammedanern. Das Heer gesprengt oder dahingerafft. Es gab keinen Mythos von den unüberwindlichen Deutschen mehr, weder in Italien noch im Westen oder Osten. Dem allgemeinen Klagen gab der Bischof von Querfurt, der spätere Missionschef für die Slawen, etwas pathetisch die Stimme: „Hingestreckt zur Erde fiel das purpurne Blut des Vaterlandes, die Zierde des blonden Germanentums, so sehr geliebt von seinem erhabenen Kaiser."

Mitten im tiefsten Fall veranlaßte Otto II. die Wahl seines kleinen Sohnes zum deutschen König. Der Reichstag in Verona im Mai 983 sah deutsche und italienische Fürsten versammelt. Sie alle stimmten für das dreijährige Kind und wählten es zu Otto III. Erbfolge und Wahlrecht vereinigten sich in diesem Fall genauso wie bei Otto II., bei seinem Vater Otto I. oder bei dem großen Karl.

Der Kaiser ließ nicht von seinem Traum und seiner Absicht, den ganzen Süden unter sein Zepter zu bringen. Keiner der Welt- oder Priesterfürsten schloß sich ihm an. Nicht ein einziger blieb in Italien, auch nicht Erzbischof Williges von Mainz, der Erzkanzler des Reiches. Sie kehrten nach Deutschland zurück und nahmen den kleinen König mit, als ob sie ein Unterpfand brauchten für den Fall, daß sein Vater eines Tages zur Sinnesänderung gezwungen werden müßten. Oder brachte Williges den Knaben in Sicherheit?

Otto beherrschte sein Reich nicht mehr. Er überschätzte seine Anwesenheit in Italien. Der Illusionist sollte vergeblich darauf warten, daß eines Tages der Siegeslorbeer sprießen würde.

Gewaltsame Christianisierung mißlingt

Die militärische und politische Katastrophe im Süden wurde zum Zeichen einer allgemeinen Erhebung in den sogenannten Missionsgebieten des Ostens und Nordens. Das Ostheer war mürbe, als die Slawen bis Havelberg und Brandenburg vordrangen. Die Böhmen stießen bis Zeitz vor, die

Dänen bis zur Elbe, die Abodriten bis Hamburg. Der gesamte Osten und Nordosten war in Bewegung. Die politischen und kirchlichen Ordnungen lösten sich auf, weil die Besatzung nicht mehr zu ertragen war.

In diesem Abschnitt der Geschichte Ottos II. trifft man zum ersten Mal auf das wendische Volk der Ljutizen. Sie blieben durch Jahrhunderte unabhängig und für das Christentum unzugänglich. Daran änderte sich nichts, auch nicht, als sie hart bedrängt wurden und der polnische Nachbar sie gewaltsam christianisieren wollte. Kein Wunder, daß die ständige Bedrückung zur Explosion unter den Slawen führte. Hinzukam eine gewisse Zurückhaltung der Sachsen, die eher den Slawen Mut zur Befreiung machten.

Die Ljutizen wurden bei ihrem Vordrängen zum Schrecken. Wo sie auftauchten, brandschatzten und mordeten sie. Wie Höllengeister erschienen sie den ausgelieferten Christen. Jeder Säbelhieb ein Blitzstrahl, jeder Speerstoß tödlich. Kein Erbarmen, keine Gefangenen. Mit diesem heidnischen Slawenvolk, zu Ottos II. Zeiten sein schlimmster Feind, sollte sich bereits nach zwanzig Jahren ein christlicher Kaiser zur Rettung des deutschen Ostens vor den christlichen Polen verbünden ...

Kurz nach dem weihnachtlichen Staatsakt in Aachen, bei dem der dreijährige Sohn des Kaisers zum König Otto III. gesalbt und gekrönt worden war, erschien ein Eilbote mit unsichtbaren schwarzen Fittichen. Er brachte die Hiobsnachricht vom Tode des Kaisers nach zehnjähriger Regierung, in Italien dahingerafft von der Malaria. Ein achtundzwanzigjähriges Leben fand ein vorzeitiges Ende, „lebenssatt", wie es bei einem Chronisten heißt. Ein göttliches Strafgericht nannten es Zeitgenossen, so deutlich war die Opposition gegen die Italienzüge geworden.

Als einziger deutscher Kaiser wurde er in den vatikanischen Grotten der Peterskirche beigesetzt, in der „deutschen Ecke", wie man sagt, wo auch der Sarg des deutschen Papstes Gregor V., Großneffe Ottos II. und einer von fünf deutschen Päpsten, steht. Einem kleinen unmündigen Kind gehörte nun symbolisch das Zepter. Es war in seinen Händen nichts wert.

IV.
Weltherrschaftsträume Ottos III. in Rom

Erzbischof Williges von Mainz rettet die Krone

Unter den Bewerbern um die Vormundschaft und stellvertretende Regentschaft des kleinen Kindes befanden sich ein alter Gegner des Verstorbenen, der seine Chance schnell erkannte und rücksichtslos durchsetzte, drei kaiserliche Frauen und der Erzbischof Williges von Mainz, seit acht Jahren Erzkanzler unter Otto II. Ein Quintett voll politischer Hingabe, Rivalität, Ehrgeiz und Intrigen.

Da war zunächst Heinrich der Zänker, Sohn des von Otto dem Großen geliebten Bruders, früher Herzog von Bayern, aber von Otto II. abgesetzt und verbannt. Er hatte sich gegen den König empört, um die Krone selbst zu erlangen. Willkürlich aus der Schutzhaft entflohen, meldete sich der Dreiunddreißigjährige, äußerlich fast die Idealgestalt eines Regenten, als nächster Verwandter. Durch einen Anschlag bemächtigte er sich des minderjährigen Königs in Köln, gleichsam Thronraub und Attentat auf die herrschende Dynastie.

Erster Beifall unter den deutschen Fürsten, die eine Regierung von Frauen befürchteten. Da war die Kaiserinwitwe und Mutter Theophano, die Griechin, der man als Ausländerin immer noch mißtraute. Dafür nahmen Heinrichs des Zänkers Anhänger, durch Versprechungen und Bestechungen gefügig, lieber den Hochverrat mit Frankreich in Kauf. Oder bahnte sich eine Union mit dem französischen Monarchen Lothar an, der Heinrichs Anwartschaft auf den deutschen Thron unterstützte?

Wo war sonst ein aussichtsreicher Bewerber, der, wie Heinrich der Zänker, gesund, stark und eigenwillig, sich nicht scheute, schon als Mitglied des herzoglichen Wahlkollegiums eigene Wege zu gehen? Oder entstanden daraus Gefährdungen für das ottonische Reich, Abspaltungen und Auflösung der Einheit? Brauchte das Reich nicht eine starke Hand, um voran und aufwärts zu kommen?

Heinrich der Zänker sprach von Erziehung des Königskindes und meinte Absetzung und vor allem eigene Inthronisation. Seine Bayern, auch die Bischöfe, hofierten ihn, als ob Heinrich bereits König wäre. Der Thronbewerber konspirierte ganz offen im Osten wie im Westen, um sich Stützpunkte zu verschaffen, so daß eine förmliche Gegenerhebung nötig wurde.

Durch den Erzkanzler und Erzbischof Williges behutsam und trotzdem wirksam vorbereitet, schwenkten die meisten Geistlichen und weltlichen Großen um. Allmählich legte sich der Widerstand gegen eine regierende Frau, die ja selten allein entscheiden würde. Heinrich der Zänker war klug genug, um die Spannung nicht auszuweiten, zumal er sich vor den Sachsen zurückziehen mußte und erste Verhandlungen begonnen hatte. Wie zu erwarten, endete das gefährliche Zwischenspiel in einem hochpolitischen Tauschgeschäft.

Einstimmige Wahl der Kaiserwitwe zur Regentin

Drei Frauen an der Spitze zahlreicher Fürsten, ohne die Bayern allerdings, erschienen zum Reichstag zu Rohr im Juni 984. Es waren die Mutter des kleinen Königs, die Kaiserwitwe Theophano, die Kaiserwitwe Ottos des Großen Adelheid, dazu die Äbtissin Mathilde von Quedlinburg, Schwester Ottos II. und Tante Ottos III. Diese drei Frauen sollten es sein, die für die Zukunft des Reiches manches erreichten.

Ein Reichstag mit vorder- und hintergründigen Problemen begann, obwohl alles geregelt schien. Heinrich der Zänker, später Heinrich der Friedsame genannt, weil er sich nicht mehr beirren ließ und sich treu verhielt, suchte für sich das Beste aus der Situation herauszuholen. Auch wußte er, daß man ihn nicht völlig ausschalten konnte. So vertrat er mit Nachdruck Herrschaft und Besitz für seinen Sohn Heinrich, der der vierte und letzte sächsische Kaiser werden sollte. Man stritt solange, bis sich der Zänker einer Einheitsfront der geistlichen und weltlichen Fürsten des Reiches gegenüberbefand.

In Theophanos Hände übergab Heinrich den vierjährigen Königssohn. Es war fast die Gebärde eines Kriminellen, der um das Lösegeld wußte. Gleichzeitig erfolgte die einstimmige Wahl der Kaiserwitwe Theophano zur Regentin und zum Vormund. Der Gegenspieler schwor einen seiner vielen Treueide und erhielt dafür endgültig das Herzogtum Bayern zugesprochen und die von ihm im Osten besetzten Städte Merseburg, Walbeck und Frohse.

Diese Szene hätte sich nicht abgespielt, das Kind wäre nicht von Hand zu Hand, von Ort zu Ort gewandert, wenn nicht die Großen des Reiches zuerst geschwankt und sich für den vermeintlich starken Mann ausgesprochen hätten. Gerettet wurde das königliche Kind, gerettet der Thron für Otto III., gerettet das ottonische Reich in seiner Einheit durch den vierundfünfzigjährigen Mainzer Erzbischof Williges. Er übernahm offiziell die Leitung von Ottos Erziehung, die zeitweise von hervorragenden Fachkennern mitbestimmt wurde.

Zwei Kaiserwitwen teilen sich die Macht

Das Amt der Statthalterin der königlichen Rechte teilten sich die beiden Kaiserwitwen. Die neunundzwanzigjährige Theophano regierte besonders innenpolitisch, die dreiundfünfzigjährige Adelheid vertrat ihre Rechte in ihrem königlichen Erbbesitztum in Italien. Beide Frauen ergänzten sich. Sie waren die ersten und einzigen Regentinnen auf dem deutschen Kaiserthron neben Maria Theresia.

Dem Hof, den Herzögen, Reichsbischöfen, Äbten und politischen Partnern erschien Theophano „voll bescheidener Festigkeit". Man beobachtete an ihr eine „wahrhaft männliche Kraft", mit der sie über ihren Sohn wachte. In Urkunden aus Rom und Ravenna, um 990 ausgefertigt, huldigt man ihr durch den Titel „Theophano von Gottes Gnaden Kaiserin". Durch ihre Entscheidung kam es zu siegreichen Feldzügen gegen Wenden und Böhmen. Im Kirchenstaat blieb es ziemlich ruhig.

Ihren Sohn zu leiten, war nicht leicht bei seiner „dreifachen" Abstammung: deutsch der Vater, griechisch die Mutter, burgundisch-italienisch die Großmutter. Ein aufgewecktes Kind mit der Unruhe seines Vaters und Großvaters. Bei ihm, dem Letzten der Dreikaisergeneration, zersplitterten sich die großen Talente. Man schildert ihn als „des schönen Kaisers schönsten Sprößling", zart und weich, launenhaft, mitunter schwermütig, geltungsbedürftig und exaltiert.

Die sechzigjährige Kaiserwitwe Adelheid eilte über die Alpen, als ihre Schwiegertochter 991 schon im Alter von dreißig Jahren gestorben war. Die Großmutter des elfjährigen Otto III. konstituierte, zusammen mit dem ehemaligen Kanzler Williges, eine politische Führung, an der auch die Äbtissin Mathilde von Quedlinburg, Ottos II. Schwester, beteiligt war. Noch einmal zwei Frauen an der Spitze, denen Herzöge und Markgrafen als Partner in der Reichsverwaltung gegenüberstanden. Zu Recht hat man darauf hingewiesen, daß Adelheid nicht nur das Haupt einer aristokratischen Reichsregierung, sondern vor allem auch Reichsverweserin gewesen ist: Ruhe in Deutschland, Ordnung in Italien, Frieden mit Polen und

Böhmen waren ihre Werke. Vor allem sorgte sie kirchenpolitisch gleichermaßen für Deutschland wie für Italien. In den Quellen rühmt man die Ruhe unter ihrer Regierung, „begleitet von der Mutter aller Tugenden, der Mäßigung", wie es ihr Biograph Abt Odilo von Cluny formuliert hat.

Mit den Jahren wurde Otto III. immer ungeduldiger. Frühzeitig forderte er Mitregentschaft. Als die familiären Spannungen unerträglich wurden, zog sich die fünfundsechzigjährige Adelheid nach Italien zurück. Der Fünfzehnjährige beanspruchte die Alleinherrschaft, und die Großen des Reiches gingen äußerlich auf seine Forderung ein.

Während der stellvertretenden Regierung seiner Großmutter tauchten wieder Berichte über das bedrohliche Verhalten des wilden Wendenstammes der Ljutizen auf: Erbitterte Kämpfe um Havelberg und Brandenburg, Gegenstöße und Beutezüge der Slawen in sächsischen Landen waren die Folge. Es kam zu drei Abwehrschlachten im Jahre 993, ein Jahr später zu einem großen Aufstand der Ljutizen, die Brandenburg zurückeroberten. Die Ostgrenze stand in Flammen.

Der Jungregent in Sturm und Drang

Otto III. fehlte vor allem eine Persönlichkeit, die ihm gefiel und als Vorbild dienen konnte. Es fehlte der große Kamerad. So fand er Kontakt und Neigung zu flatterhaften Gefährten, mit denen er schwärmte, tollte und sich vergaß, haltlos und ausschweifend. Wenn er Freundschaft wählte, übertrieb er eine mystische Neigung zum eigenen Geschlecht.

Als ihn einer seiner besten pädagogischen Begleiter, der für Kirchenbau und Plastik hoch begabte Bischof Bernward von Hildesheim, zum letzten Mal besuchte, da brach aus dem alten Würdenträger ein schmerzliches Bekenntnis. Er fürchtete um die Zukunft seines Schützlings, dessen unberechenbare Art ihm mißfiel. Otto III. sollte die Übel und Gefahren der Welt meiden oder mindestens zu durchschauen lernen. Er sollte die andere Seite des Lebens, die gesunde, aktive, kräftige, fördern und sich nicht mit Außenseitern umgeben. Waren entfesselte Jünglinge wirklich der rechte Umgang für einen künftigen Kaiser?

Huldigung an den Cäsar und an die göttliche Majestät

Als Otto III. mit fünfzehn Jahren feierlich in Waffen eingekleidet und für mündig erklärt wurde, da begann der seltsame Weg eines Herrschers, der sich schon jetzt für einen römischen Cäsar hielt. Er träumte von Weltherrschaft und wollte Rom zum Mittelpunkt des Reiches erheben! Darüber vergaß er Deutschland, das er lästerte, anstatt es zu lieben und für es zu sorgen.

Ein kurzer, glückarmer, versponnener, jedoch an Überspanntheiten reicher Weg sollte es werden. Ohne Ehe, obwohl er in der Tradition seines Großvaters Brautwerber nach Konstantinopel schickte, die vergeblich eine Kaisertochter heimzubringen versuchten. Auch Geschwister besaß Otto nicht, dafür merkwürdige Freunde und echte Heilige, nebst schillernden, verführerischen Geistern.

Seine Unkenntnis des Lebens sollte eines Tages in dem Entschluß gipfeln, ein kaiserlicher Mönch zu werden. Seine antike Bildung und seine ekstatischen religiösen Phantasien drängten ihn zur Verwirklichung eines Planes, nach dem sein Reich und die gesamte Welt zu einem einzigen Kirchenstaat umgebildet werden sollten, als dessen Oberherr er wirken wollte. Eine gefährliche Illusion, deren Folgen er überhaupt nicht erkannte.

Natürlich erschrak der halberwachsene sensible Otto, als er an slawischen Feldzügen teilnehmen und die Kriegsgreuel erleben mußte. Als König nahm er sich zusammen und widerstand allzu schneller Empfindsamkeit. Neue Aufgaben und längst fällige Entscheidungen riefen ihn nach Italien, so daß er seine Tante, Äbtissin Mathilde von Quedlinburg, als Statthalterin in Deutschland einsetzte. Kein Mann war ihm so sicher als Regent wie diese Frau.

Die einstige Cäsarenstadt weckte seine heimlichen Träume, auch wenn die päpstlichen Wirren ihn hätten warnen sollen. Der „kaiserliche" Papst Johannes XIV. war vom Gegenpapst Bonifazius VII. gefangengenommen worden und im Kerker der Engelsburg verhungert. Dieses „schaudervolle Monstrum", so Bischof Gerbert von Reims, erschlug man und schleifte den Leichnam durch Rom. Der apostolische Nachfolger Johannes XV. stand im Ruf, geldgierig zu sein und eine ausgedehnte Günstlingswirtschaft zu betreiben. Und danach?

Welch ein Vorgang: Der sechzehnjährige Otto III. setzte seinen Vetter, den vierundzwanzigjährigen Bruno als Papst Gregor V., den ersten deutschen Papst in Rom, ein. Wenige Monate später empfing der ottonische Erbe im Mai 996 wie üblich die Kaiserkrone. Auch er beschenkte wie sein Großvater und Vater die fürstliche Heeresbegleitung auf diesem ersten Italienzug.

„Unser, unser ist das Römische Reich, es spenden uns Kräfte das früchtereiche Italien, das kriegerische Gallien und Germanien, auch die tapferen Reiche der Skythen fehlen uns nicht. Unser bist du, Cäsar, Kaiser der Römer und Augustus, der du geboren bist aus der edlen Blüte Griechenlands, an Macht die Griechen übertriffst, über die Römer kraft Erbrecht gebietest und beide an Geist und Beredsamkeit überragst."

Betörende Huldigung an den Kaiser in einer Schrift des Franzosen Gerbert von Aurillac, Bischof von Reims, dem Otto III. in Rom begegnete. Hingerissen von dem Universalwissen dieses ebenso genialen wie betriebsamen und exzentrischen Geistesfürsten, lud Otto ihn nach Deutschland ein. Er sollte sein staatsmännischer Berater und wissenschaftlicher Lehrer werden und sich über alles, was mit der Zukunft zu tun hatte, mit ihm aussprechen. Um „die Roheit Unserer sächsischen Natur schonungslos auszujäten und dagegen die Keime griechischer Feinheit, die in Uns wohnen, sorgfältig auszubilden", hieß es in einem Schreiben Ottos. „Wir gehorchen, o Cäsar", antwortete der sehr gewandte, höfisch erfahrene Seelenhirt, Philosoph, Naturwissenschaftler, Mathematiker und Kirchenpolitiker, „gehorchen will ich Euren Befehlen hierin, wie in allem, was Eure göttliche Majestät uns auferlegen wird." Göttliche Majestät ... das klang für den Kaiser wie Verheißung und Erfüllung in einem.

Die zweite ottonische Akademie in Magdeburg

Am Hof zu Magdeburg entstand eine Akademie wie zu Karls des Großen Zeiten. Gerbert von Aurillac wurde ihr Kopf und Präsident. Eine Fülle von Intelligenzen fand sich ein. Für eine Weile wurde Magdeburg zum Mittelpunkt des Reiches. Von hier gingen Schulgründungen aus, denen ein gewisser humanistischer Zug eigen war.

Hier war es auch, wo Ottos jugendliche Empfänglichkeit den Ideen und Idealen des Bischofs Gerbert verfiel. Aus dem Schüler wurde ein Werkzeug. Otto schien indessen überglücklich. Der Kaiser phantasierte, der Bischof konzipierte und realisierte.

Keine Überraschung, daß der Kaiser die Erhebung seines Günstlings zum Papst diktierte. Er nannte sich Sylvester II. — kein zufälliger Name, sondern ein Programm. Vor mehr als 700 Jahren begründete nämlich Sylvester I. mit Konstantin dem Großen das erste christliche Weltreich mit einem christlich eingestellten Imperator an der Spitze. Diese Machkonstellation wollte der neue Papst Sylvester II. wiederholen. Daß dabei dem Kaiser keine ebenbürtige, sondern eine abhängige, zweitrangige Rolle zugewiesen werden würde, war schon für die Zeitgenossen sichtbar. Es bedeutete eine völlige Umkehrung des bisherigen Verhältnisses zwischen

Kaiser und Papst. Otto III. hatte nichts aus der Kirchenpolitik Karls des
Großen oder Ottos des Großen gelernt.

Byzantinischer Kostümstil des „Kaisers aller Kaiser"

Der „Kaiser aller Kaiser", wie er angeredet zu werden befahl, residierte
auf dem Aventin in Rom. Er trug Purpur und Chlamys, einen griechischen Überwurf, an der Brust mit einer goldenen Spange zusammenge-
halten. Otto III. legte sich klassische Beinamen wie „Romanus", „Itali-
cus" oder „Saxonicus" zu. Das Hofzeremoniell entsprach dem oströmi-
schen, byzantinischen Stil. Hof- und Staatsbeamte näherten sich ihm in
tiefster Ergebenheit. Otto hoffte, daß „die Macht des römischen Volkes
ausgebreitet und die Römische Republik hergestellt werde, auf daß es
ruhmvoll in dieser Welt leben, ruhmvoller aus den Banden dieses Fleisches
zum Himmel sich aufschwingen und im höchsten Ruhm einst jenseits mit
dem Herrn herrschen könne." Offizielle Pathetik und Inbrunst, nicht ohne
religiösen Hintergrund, anspruchsvoll und doch ehrlich, allerdings ohne
den geringsten Hinweis auf Deutschland.

Wollte Otto III. „das liebliche Germanien" überhaupt nicht mehr sehen? fragten Zeitgenossen. „Hoch und niedrig im Reich beschweren sich
mehr und mehr im Stillen über den Kaiser", erinnerte Hermann von Reichenau. Dieser junge Kaiser ist von allen bisherigen deutschen Kaisern
der erste, der daran dachte, Rom auch zur Hauptstadt seines Reiches zu
erheben.

Ein geistlicher Bruder als kaiserlicher Freund

Der kaiserliche Freund mit der dreifachen Krone auf dem höchsten Sitz
der Christenheit in Rom, Papst Sylvester II., lenkte Otto III. immer stärker in überirdische Regionen. Sie entsprachen den Neigungen dieses
Kaisers zum Priesterfürsten, der er in seinem Wahn sein wollte. Darüber
vergaß er allerdings seine Völker, für die er eine „Regierung der Erde"
plante und auf deren Erlösung und Befriedung er wartete.

Unter den schattigen Laubengängen der kaiserlichen Residenz auf dem
Aventin saß der Kaiser mit einem geistlichen Freund und Bruder. Sie hielten sich an den Händen und schwiegen oft. Dazwischen redete der junge
adlige Mönch Adalbert von Prag. Er stellte für Otto die höchste Verkör-
perung der Reform von Kirche und Christentum dar und der tiefsten
Religiosität. Das wahre Gegenteil jenes „monstre von Menschen", mit

welcher Bezeichnung der Bischof von Orleans auf der Reimser Synode 991 das unheilige, unwürdige Leben von Päpsten und Geistlichen kritisiert hatte. Adalbert wurde förmlich zur zweiten Natur des Kaisers. Er ließ ihn nicht mehr von seiner Seite. Sie lebten und sie schliefen zusammen. Die Qual des Alleinseins schien vorüber. Und Adalbert wurde nicht müde, vor dem Herrscher von Demut und Entsagung zu sprechen und ihm den Himmel zu öffnen. Er nannte „trotzdem" ein heiliges Wort für den Kaiser und meinte: trotz des Purpurs, trotz des Reiches, trotz der Macht endlich Zeugnis abzulegen für Gott. Dann stieg in beiden Männern dieselbe Trauer, Sehnsucht und Träumerei auf.

Knecht der Apostel, Knecht Jesu Christi nannte sich Otto III. und verbarg sich in einer Höhle, wo er zwei Wochen betete, fastete und sich geißelte. Er befand sich offensichtlich mitten in der letzten Auseinandersetzung, schwankend zwischen weltlicher Macht und einem demütigen christlichen Lebenswandel.

Unheimliche Andacht bei der Wallfahrt zu Karl dem Großen

Als Otto III. das Grab Karls I. in Aachen besuchte, kam es zu einer merkwürdigen Andacht mit gespenstischen und frevlerischen Momenten. Otto ließ sich die Gruft öffnen und kniete nieder. Er sah auf den Leichnam, der nach dem Bericht seines pfalzgräflichen Begleiters Otto von Lomello nicht lag, wie sonst die Toten. Er saß auf seinem Stuhl, als wenn er lebte. Keines der Glieder schien verwest, heißt es weiter. Karl trug eine goldene Krone und hielt in seinen Händen, die in Handschuhen steckten, ein Zepter. „Die Fingernägel hatten sich durch die Handschuhe gebohrt", erzählt der kaiserliche Begleiter nicht ohne legendäre Ausschmückung. Er will gesehen haben, daß Otto die Nägel beschnitt. Dann bekleidete er den Leichnam mit weißen Gewändern und nahm ein Stück Tuch zur Erinnerung mit.

Der Berichterstatter endet: „Übrigens hatte Kaiser Karl einzig die Nasenspitze eingebüßt. Kaiser Otto ersetzte sie mit Gold, zog einen Zahn aus Karls Munde, vermauerte die Zugänge aufs neue und entfernte sich."

Unheimlicher Besuch des neugierigen Epigonen bei dem großen Kaiser von Europa, dessen goldenes Kreuz Otto mitnahm. Es sollte keine Bedeutung als Talisman bekommen. Einige Forscher sprechen von einer Umbettung Karls bei diesem Besuch. Kaiser Friedrich I. fand nämlich bei einer neuerlichen Öffnung der Grabstätte im Jahre 1165 die Gebeine in einem Sarkophag, geschmückt mit Reliefs der griechischen Unterweltsgöttin Persephone.

„Um Euretwillen habe ich mein Vaterland verlassen"

Was war das für ein sonderbarer Zug, der sich dem Kaiser in Tivoli näherte! Die vornehmen Bürger fast nackt, nur an den Lenden bekleidet, in der Rechten Schwerter, in der Linken Geißeln. Sie bekannten sich als Untertanen des Kaisers, auch wenn sie Aufrührer waren und ihm die Felsenstadt Tivoli versperrt hatten, so daß sie Otto III. wochenlang belagern mußte.

Die Idee zu diesem unfreiwilligen Pilgerzug war dem Kopf und Herzen des Papstes Sylvester II. und des Bischofs Bernward von Hildesheim entsprungen. Sie berieten den Kaiser bei der Belagerung, bis beide Geistliche einen Ausweg fanden. Unterwerfung der Tivoli-Burgen und Verzeihung durch den Kaiser, die dieser gewährte.

Eine Gegenaktion der Römer ließ nicht lange auf sich warten. Otto III. fand die Tore der Ewigen Stadt verschlossen und versperrt. Barrikaden in den Straßen, befestigte Häuser, bewaffnete Bürger. Aufruhr der Römer gegen die Deutschen und ihren Kaiser, weil die benachbarten Tivoli-Bürger so gut davongekommen waren. Sturm auf die Häuser der Ottonen, Kampf und Tod selbst unter den engsten Freunden des Kaisers.

Otto sah sich enttäuscht und verraten. Einst bei seiner Krönung jubelte das Volk der Ewigen Stadt, heute empörte es sich. Dreitägige Belagerung des Kaiserpalastes auf dem Aventin. Otto war fassungslos, obwohl der Papst und Bernward ihm beistanden. Ausfall der Kaiserlichen zur Sprengung des Belagerungsringes bis zur Engelsburg, um sich mit den dort lagernden Truppen zu verbinden. Bischof Bernward von Hildesheim trug die heilige Lanze als Symbol des Friedens: nicht mehr mit Schild und Schwert und Spießen eingreifen, nicht mehr durch Krieg und Waffen sündigen... Der Kaiser wußte sich nicht anders zu helfen, als einen Turm zu besteigen und eine Rede an die Römer zu halten. Eine verzweifelte Klage, hilflose Anklage und zugleich Selbstkritik:

„Um Euretwillen habe ich mein Vaterland und meine Verwandten verlassen. Aus Liebe zu Euch habe ich meine Sachsen und Deutschen, mein eigenes Blut, hintangesetzt... Euch habe ich zu Söhnen angenommen, Euch allen vorgezogen... Und nun für alles dies habt Ihr Euren Vater verworfen, meine Freunde grausam umgebracht, mich selbst ausgeschlossen, mich, den Ihr doch nicht ausschließen konntet; denn mit väterlicher Liebe umarme ich Euch, und niemals dulde ich, daß Ihr aus meinem Herzen verbannt seid."

Beifall erscholl aus der Mitte umgestimmter, williger Römer. Sie vertraten Selbstjustiz und ergriffen zwei Aufrührer, schlugen auf sie ein, schleiften sie nackt über die Steine und Stufen und warfen sie im Turm vor den Kaiser. Der Chronist erzählt weiter, daß Kaiser und Papst „unter unendlichen Tränen der Bürger aus der Stadt zogen" und draußen ein Lager aufschlugen. Es war Flucht vor den zu erwartenden nächtlichen Ereignissen. Kaiser und Papst hatten ihre Stadt Rom verloren.

Kaum wandte der Kaiser den Rücken, da erhoben sich die Bürger der Siebenhügelstadt aufs neue. Otto III. belagerte seine Residenz und erging sich zwischen militärischen Befehlen und geistlichen Übungen. Schlechte Nachrichten über eine Verschwörung der deutschen Fürsten kamen hinzu. Man diskutierte nicht mehr mit dem Kaiser, man ließ ihn allein und wurde ihm untreu.

Eine Woche fastete er, dann brach er zusammen. Ein hitziges Fieber plagte ihn, das die geschwächte Gesundheit vollends zermürbte. In Legenden trifft man auf eine Vergiftung, der der zweiundzwanzigjährige Otto III. angeblich zum Opfer gefallen sei. Er starb nicht in seinem geliebten Rom, sondern vierzig Kilometer davon entfernt auf der Burg Paterno.

Sein Tod wurde verheimlicht. Man fürchtete grausame Gegenaktionen. Die auf den Burgen lagernden Soldaten mußten erst alarmiert werden.

Den Leichenkondukt begleiteten Flüche und Drohungen. Keine Kränze der Römer, stattdessen mußten lärmende und böse Zudringlichkeiten von den Soldaten abgewehrt werden. Sieben Tage begleiteten römische und italienische Partisanen den Zug, bis größere Heereseinheiten den Schutz dieses Ottonen übernahmen.

Aus dem „Wunder der Welt" mit der Unrast der Seele war ein erschöpfter, vergrämter, mit seinen ungestümen Sehnsüchten und Phantasien sich herumquälender Sonderling geworden. Sein Reich Gottes auf Erden, in Italien und Deutschland, befand sich in höchster Gefahr der Auflösung und des Zusammenbruchs.

V.
Der letzte Sachsenkaiser: Heinrich II.

Ringen um die Thronfolge während des Leichenkondukts

Es war ein ziemlich makabrer Eingriff, den sich der später als einziger deutscher Kaiser heiliggesprochene, noch nicht zum König gewählte Bayernherzog Heinrich II. leistete. Der Trauerzug des in Italien an der Malaria verstorbenen Ottos III. kam über die Alpen und hielt im Februar 1002 in Polling in der Nähe von Weilheim an der Ammer. Dort stellte sich der neunundzwanzigjährige Sohn des Zänkers, Heinrich, der den Kondukt von der deutschen Grenze begleitet hatte, den engsten Freunden des Verstorbenen und warb um seine eigene Thronfolge in der Reihe der Sachsenherrscher. Zu seiner Überraschung stieß er, trotz materieller Versprechungen, auf Ablehnung bei fast allen Teilnehmern des Leichenzuges. Nur Bischof Siegfried von Augsburg stimmte für diesen Heinrich II., einen Urenkel König Heinrichs I., Sachse väterlicher Abkunft, Bayer in der dritten Generation.

Als die irdischen Reste der Majestät in Augsburg abgesetzt wurden, erfolgte Heinrichs Anschlag. Seine Ritter bemächtigten sich der Reichsinsignien, die vom Geleit des Leichenzuges mitgeführt wurden. Bedrohliches Handgemenge auf beiden Seiten, scharfe Auseinandersetzung, Erfolg der Aktion für Heinrich II. Die Kaiserkrone kam in den Besitz des Thronanwärters.

Aber ein Wahrzeichen des Königtums, die heilige Lanze, fehlte! Wer konnte sie aufbewahren? Heinrich, von Jugend auf hinkend, mitunter in den Quellen „der Lahme" genannt, nervös belastet, trat auf den besten Freund des verstorbenen Kaisers, Erzbischof Heribert von Köln, zu und nahm ihn in Schutzhaft. Nur dieser geistliche Würdenträger konnte wissen, wo sich das wichtige Symbolstück befand. Er gestand es. Die Lanze mußte zurückgeholt werden, denn sie war absichtlich unter starker Bedeckung bereits nach Aachen vorgeschickt worden. Bis zur Aushändigung hatte der Erzbischof seinen Bruder, Bischof Heinrich von Würzburg, als Geisel zu stellen.

Der Sieger des Überfalls befahl in Augsburg die Auflösung des Trauergefolges. Heinrich II. behielt die sterblichen Überreste Kaiser Ottos III. wie ein Unterpfand seiner königlichen Anwartschaft und zog bis nach Neuburg an der Donau. Hier endlich gab er die Leiche zur Überführung nach der alten Krönungsstadt Aachen frei.

Nach dem Streit endlich Königswahl

Zwei Gegenkandidaten erhoben sich im Streit um die Nachfolge, bis es zur Wahlhandlung in Mainz, nicht in Aachen kam. Die Fronten blieben geschieden. Ein Anhang von geistlichen Großen fiel auf, die gleichberechtigt neben den weltlichen Großen aus Bayern und Franken an der Wahl teilnahmen. Monatelange Verhandlungen, bei denen Vertreter der Sachsen, der Thüringer, der Schwaben und Niederlothringer fehlten. Nur durch eine Teilwahl wurde Heinrich II. im Juni 1002 endlich zum deutschen König bestimmt.

Verrat unter Bundesgenossen

Seine Regierung begann damit, daß er überall die Bestätigungen und Huldigungen einholte, die man ihm in Mainz vorenthalten hatte. Wie bei allen Throninhabern kam es zu haßwütigen Familienstreitigkeiten. Ein fast zehnjähriger Bürgerkrieg wurde in Oberlothringen ausgefochten, wo die Brüder seiner Frau Heinrich nicht anerkennen wollten. Zeitlebens sollte Heinrich II. Kriege und Fehden führen . . .

Dreimal zog er nach Italien, da er die Krönung zum Kaiser dynastisch nicht für selbstverständlich hielt, sondern sie selbst einholen wollte. Dabei brachen 1004 in Pavia Unruhen aus. Zur Strafe legte Heinrich II. die Stadt in Asche. Tausende von Empörern wurden erschlagen.

Um den Papststuhl kümmerte er sich nur im Interesse seiner Krönung, die im Februar 1014 durch Benedikt VIII. — mehr Feldherr als Pontifex — erfolgte. Zwölf Senatoren, sechs bartlos, sechs mit langen Bärten nach dem byzantinischen Brauch der Ostkirche, Stäbe in den Händen, begleiteten das kaiserliche Paar zu Sankt Peter. Vor Eintritt fragte der Papst den König, ob er ein treuer Schild und Schirm der römischen Kirche sei und ob mit ihm alle seine Nachfolger dem Stuhl Petri die Treue halten wollten. Als der König seine Ergebenheit bekannte, begann die hohe Festlichkeit der Salbung und Krönung.

Das päpstliche Geschenk, den mit Juwelen besetzten Reichsapfel, sah sich der Kaiser genau an und sagte: „Gar sinnreich, o heiliger Vater, hast du dies bereiten lassen, indem du in einem Bilde meiner Regierung zeigst, nach welchen Grundsätzen sie sich zu richten habe. Aber keinem geziemt es so sehr, diese Gabe zu besitzen als denjenigen, die fern vom Glanz der Welt allein dem Kreuze Christi nachzufolgen bereit sind."

Gescheite Worte der Ablehnung, deren Sinn bloßlegen sollte, daß des Papstes Wirken ein anderes war als das des Kaisers, das des Oberpriesters ein anderes als das des Herrschers im Harnisch. Heinrich II. behielt das Geschenk nicht, sondern stiftete es dem Kloster Cluny.

Während der Feierlichkeiten kam es zu Zusammenstößen an der Tiberbrücke und den üblichen Straßenschlachten zwischen Römern und Ottonen. Der Kaiser mußte seinen Aufenthalt in Italien abbrechen und zog schleunigst über den Brenner nach dem östlichen Sachsen. Teile der Mark Meißen waren schon 1003 überrannt worden. Der Ostgrenze mangelte es an Schutz gegen weitere Invasionen.

Vierzehn Jahre, von 1004 bis 1018, sollte der christliche Kaiser gegen die christlichen Polen kämpfen, eine Todfeindschaft trotz aller Waffenstillstände und kurzen Friedensschlüsse. Herzog Boleslaw der Kühne, ehemaliger Vasall Kaiser Ottos III. und des regierenden Heinrichs II., hatte ein großslawisches Reich mit Polen, Pommern, Schlesien und Ostgalizien gegründet und stieß auch gegen den Rest der Mark Meißen und nach Böhmen vor.

Boleslaw wollte König aller slawischen Stämme sein, nicht mehr Vasall. Sein Anschluß an die Ottonen hatte ein plötzliches Ende gefunden, als er im Juli 1002 zum Mittelpunkt eines hochpolitischen Kriminalfalls im Hoflager Merseburg geworden war. Eigentlich wollte der Polenfürst mit Heinrich II. gütlich verhandeln und als Bundesgenosse eine neue Belehnung durchsetzen. Da erfuhr er, daß auf seinen Kopf ein Preis ausgesetzt worden war. Man sollte sich seiner bemächtigen. Verrat unter Bundesgenossen! Unter Christen!

Der Pole lehnte jede erneute Bindung ab. Aus dem Alliierten der Ottonen wurde ein Feind. Kaiser Heinrich II. reagierte ebenso spontan wie realpolitisch und wachsam für die deutschen Interessen.

Christen und Heiden gegen Christen

Ein Jahr nach der polnischen Absage, Ostern 1003, erschienen Gesandte der Ljutizen und Redarier, Vertreter der wichtigsten wendischen Stämme zwischen Elbe und Oder, in Quedlinburg. Sie wünschten Anschluß an das ottonische Reich und empfahlen sich als Bündnispartner. Sie waren bereit, die deutsche Oberhoheit anzuerkennen, mehrere Stützpunkte einzuräumen, Tribut zu zahlen und Militärdienst in selbständigen Armeegruppen zu leisten.

Der dreißigjährige Heinrich II. hörte sich das genau an. Für ihn wie für die Ljutizen existierte ein Feind: Polen. Besorgt um die Erhaltung und Sicherheit des Reiches im Osten, schob der Kaiser alle Bedenken beiseite, die sich daraus ergaben, daß diese Oststämme Nichtchristen waren und sich weigerten, christianisiert zu werden. Sie sprachen deshalb von Vorbedingungen innerhalb einer vertraglichen Regelung: Es dürfe sich bei ihnen kein innenpolitischer oder religiöser Einfluß von kaiserlicher oder kirchlicher Seite bemerkbar machen. Wenn sie in den Krieg zögen, dürfe man sie nicht daran hindern, die Bilder ihrer Götter dem Heereszug voranzutragen.

Aus Feinden der Deutschen wurden die Ljutizen die besten Freunde des Kaisers, urteilte der Chronist Thietmar, Bischof von Merseburg. Er erregte sich über „Wortbrüche und Verrat" der polnischen Gegenseite und lehnte für sich die weitere „Vermittlung frommer Männer" ab. Das war die Tatsache, der Heinrich II. jetzt ins Auge sehen mußte: Krieg mit einem christlichen Gegner wie Boleslaw, der mit Gewalt die slawischen Völker christianisierte und seinen eigenen Polen die Zähne ausschlagen ließ, wenn sie an Fasttagen Fleisch aßen. Ein Spannungsfeld zwischen christlichen Herrschern, das den später heilig gesprochenen Kaiser schwer belasten sollte.

Polnischer Blitz- und Kleinkrieg

Heinrich II. sammelte wenig Lorbeer an seinen Panieren, als er gegen Polen aufbrach. Der Gegner mied offene Feldschlachten. Er tauchte überall auf, wo er nicht erwartet wurde. Das Land war kahl und öde, das Heer ohne Proviant. Der Blitz- und Kleinkrieg der Polen stiftete Verwirrung und häufte Niederlagen im ottonischen Heer. Daran änderte auch der Einsatz der wilden Ljutizen wenig.

Nach schweren Verlusten, auch unter den Freunden des Kaisers, nach langjähriger, wachsender Hungersnot entschloß man sich Anfang des Jahres 1018 zu Verhandlungen in Bautzen. Der Kaiser suchte den Frieden, Boleslaw brauchte ihn, um bei einem Krieg gegen Rußland westlich abgedeckt zu sein. Er verhandelte diesmal jedoch nicht persönlich wie beim ersten Friedensschluß vor fünf Jahren in Merseburg, wo Boleslaw als

Treugelöbnis seine gefalteten Hände in die Heinrichs II. gelegt und beim Kirchgang als Waffenträger Dienst getan hatte. Man kam überein, daß die Mark Meißen endgültig im ottonischen Reichsverband bleiben und keine Verbrüderung mehr zwischen Polen und Böhmen existieren sollte. Boleslaw indessen behielt die eroberte Lausitz. Von einer Neubestätigung der deutschen Oberhoheit war nicht die Rede. Das war das kärgliche Ergebnis von elf Jahren Ostpolitik.

Stiftung über Stiftung für die Kirche durch den Mönch im Purpur

Erfüllten den Kaiser Zweifel und Reue – man spricht von Buße für sein Bündnis mit den Heiden, die sogar als Polizeitruppe innerhalb des Ottonenreiches eingesetzt wurden –, daß er Stiftungen über Stiftungen der Kirche vermachte? Wo es ihm richtig erschien, da nahm er Reichsgut von allzu selbstherrlichen oder ungehorsamen Fürstbischöfen und beschenkte damit Bistümer und Klöster. Der Kaiser regierte die deutsche Kirche autokratisch, er ernannte Bischöfe und Äbte, wie er sie brauchte! Alle deutschen Erzbistümer besetzte er mit Franken und Bayern. In Heinrichs Urkunden steht zu lesen: „Zwei Mächte sind es, durch welche vor allem die heilige Kirche Gottes regiert wird: die kaiserliche Macht und das Ansehen der Bischöfe."

Unter seiner Regierung entstanden über 270 Klöster, während bis zum Jahre 1000 in Mitteldeutschland, am Rhein und im Süden kaum halb so viel existiert hatten. Dieser Kaiser berief so viele Synoden wie andere Regenten Reichstage. Von einem Wissenschafts- oder Kunstkreis um diesen letzten Ottonen findet man in den Quellen nichts. Heinrich II. trug als einziger deutscher Kaiser Ehrentitel wie „Mönch im Purpur" oder „Büßer mit der Krone".

Heinrich II.: Gott als Erbe

War es ein repräsentativer Monarch, ein religiös entfesselter Kirchenstifter oder ein ekstatischer, mönchischer Mensch, der sich im November 1007 vor allen acht Erzbischöfen und siebenundzwanzig Suffraganbischöfen der Frankfurter Synode zu Boden warf? Es war Heinrich II., der von Erzbischof Williges von Mainz aufgehoben wurde. Er sollte erklären, warum er seine Bistumsgründung in Bamberg trotz mancher Widerstände durchsetzen wollte. Die Diözese Bamberg bedurfte nämlich der Landstriche und Gemeinden, die der Bischof von Würzburg abzutreten hatte. Dieser war dazu bereit, sofern er Erzbischof und damit Metropolit von Würzburg werden würde. Er sandte dem Kaiser sogar seinen Bischofsstab als Bestätigung der Abmachungen. Als der Würzburger jedoch merkte, daß er nicht ernannt werden sollte, protestierte er durch Abwesenheit bei dieser Frankfurter Synode.

Es klang deshalb wie ein wehmütiges Geständnis, als Heinrich II. vor der hohen Geistlichkeit klagte: „Für künftigen Lohn habe ich Christus zu meinem Erben erkoren, seitdem ich keine Hoffnung mehr habe, Nachkommen zu erhalten. Darum brachte ich schon seit langem im Innersten meines Herzens dem ewigen Vater meine beste Habe zum Opfer dar: mich selbst, meine Besitzungen und was ich noch je erwerben werde."

Dann wurde Heinrich II. deutlich, was die Haltung des Würzburgers betraf, der „nicht um Gottes willen, sondern aus Schmerz über die Nichterlangung einer Würde" der Kirchenversammlung ferngeblieben sei. Warum war der Bischof „gegen die Förderung der heiligen Mutter Kirche"? Mußte der Kaiser bei seiner bekannten Freigebigkeit überhaupt noch hinzusetzen, daß er ihn für alle Gebietsabtretungen reichlich entschädigen werde?

Die Anwesenden selbst waren nicht unfreundlich gesinnt, doch zunächst uneinig, als der Vertreter des Würzburger Bischofs davor warnte, die Zustimmung zur Verletzung bischöflicher Privilegien zu leisten und diese preiszugeben. Jedesmal, wenn Heinrich II. beobachtete, wie die Bischöfe in ihrem Urteil zögerten. warf er sich zu Boden „in demütigem Flehen zu Gott". Dem eindrucksvollen Schauspiel der Majestät mangelte es nicht an Geschick. Als Erzbischof Williges nämlich fragte, was geschehen solle, antwortete der Magdeburger Erzbischof Tagino als erster: die Sache könne im Sinne des Königs entschieden werden. Alle stimmten zu und bekräftigten es durch ihre Unterschrift.

Die Leiden des kinderlosen Herrscherpaares

Warum bekam das kaiserliche Paar keine Kinder? Lebten sie in einer Josephsehe? Fehlte der Segen? Heinrich II. nennt man den jungfräulichen König und erwähnt sein prachtvoll ausgestattetes Bamberger Gebetbuch, in dem eine Bitte für die kaiserliche Nachkommenschaft enthalten ist. In der Legende erscheint seine Frau als Nonne, neuere Quellen nennen eine Unterleibskrankheit als Ursache der Kinderlosigkeit.

Lebte der kränkelnde Heinrich II. enthaltsam, um seine eigenen Leiden nicht zu vergrößern und zu vererben? Wie sein Vater litt Heinrich an Koliken, an Steinschmerzen. Die Abstände zwischen den Anfällen verringerten sich. Andere Krankheitssymptome, wie Krämpfe und Epilepsie, werden in kirchlichen Legenden aufgezählt, wodurch Schutzheilige die Chance erhalten haben, die Leiden des Kaisers zu lindern oder zu heilen. Der Bischof von Magdeburg spricht von angeborenem Leiden, das den Kaiser wochenlang aufs Lager zwang.

Eines Tages soll sich die erste Frau des Reiches, die ebenfalls heiliggesprochene Kaiserin Kunigunde von Luxemburg, nach mehr als zehnjähriger Ehe der Feuerprobe unterworfen haben. Ein bedrängender Vorfall: Gottesurteil im kaiserlichen Hause! Schuld oder Unschuld sollte öffentlich festgestellt werden.

In den Quellen der Zeit findet sich kein Protest der Großen des Reiches. Kein Erzkanzler, kein Erzbischof, kein Beichtvater verteidigten die Gönnerin der Kirche und angeklagte Kaiserin, der von ihrem Mann als Morgengabe die Stadt Bamberg verliehen worden war. Es heißt nur seltsamerweise: Heinrich II. willigte nicht nur ein, sondern er forderte das Gottesurteil. Ihm waren ehrenrührige Gerüchte zugetragen worden, auf die er hörte, lautet es bei späteren Chronisten. Seine Frau sollte Liebhaber dulden ... Und das stand im Gegensatz zu des Kaisers Ausspruch über seine Ehe: „ ... die wir zwei sind in *einem* Fleisch".

In den Kirchenlegenden heißt es: Der Kaiser ordnete an, daß sich Kaiserin Kunigunde vor einer Auswahl des Hofes der mittelalterlichen Prozedur auszusetzen habe. Eine Hand ins Feuer halten oder ein Stück glühendes Eisen mit bloßer Hand neun Schritt weit tragen oder mit bloßen Füßen über glühende Kohlen gehen ... Kaiserin Kunigunde bestand das Gottesurteil. Nach neuer Forschung war an ihrer Lebensart und ihrem Lebensstil nicht zu zweifeln. Trotzdem heißt es weiter, der Klerus habe ihr ein geheimgehaltenes Schutzmittel gegen starke Gluthitze zugesteckt ...

Ungewöhnliches Ereignis: die Papstreise nach Deutschland und ihre politischen Hintergründe

Welch eine Geste gegenüber dem letzten Beherrscher Deutschlands aus sächsischem Haus! Besuch des Papstes Benedikt VIII. im Jahre 1020 in Bamberg, dem vom Kaiser zum Bistum erhobenen Zentralpunkt der Slawenmission. Der 144. Nachfolger Petri sollte den Stephansdom, auch Heinrich-Dom genannt, einweihen. Ein ungewöhnliches Ereignis, daß ein regierender Pontifex, kein Flüchtling oder Vertriebener, erschien.

Der festliche Staatsakt hatte Hintergründe. In Wirklichkeit sollte er einen päpstlichen Bittbesuch tarnen helfen. Als die Hymnen der Geistlichkeit und der Gemeinde verklungen waren, tauschten Papst und Kaiser den Bruderkuß. Dann trat Benedikt VIII. vor den Dom, um dem draußen wartenden Volk Absolution zu erteilen.

Der Papst, der Heinrich II. vor sechs Jahren in Rom zum Kaiser gekrönt hatte, erwartete dafür militärische Hilfe. Eigentlich die Erfüllung des gegebenen Versprechens für einen dritten Italienzug gegen byzantinische Einfälle und Besetzung. Der Pontifex selbst stand in dem nichtapostolischen Ruf, ein ausgezeichneter Feldherr zu sein. Den Sarazenen hatte er vernichtende Schläge beigebracht.

Da in Deutschland die Heerfahrten über die Alpen längst als „verzehrende Züge nach dem Süden" kritisiert wurden, bedurfte es diesmal einer besonderen Aufforderung. Deshalb die Reise des Papstes nach Deutschland zur Domweihe in Bamberg, um die kaiserliche Lieblingsstiftung mit dem Glanz päpstlicher Hoheit auszustatten.

Im nächsten Jahr brach der kranke Kaiser, dessen Körper ein Magazin von Krankheiten genannt worden ist, mit seinem geistlichen Feldherrn, dem Erzbischof Pilgrim von Köln, auf. Sie belagerten und befreiten eine Reihe von Städten in Unteritalien. Aber nicht das Heer blieb Sieger, sondern die Hitze, Seuchen und ansteckende Krankheiten. Es entstanden so riesige Ausfälle, daß Heinrich II. fluchtartig über die Alpen zurückkehrte.

Auch dieser deutsche Kaiser war die Hälfte seiner Regierungszeit in Italien! „Als er nach langer Mühe die reife Frucht des Friedens zu ernten sich anschicken durfte", wie es ein Chronist elegisch formuliert, starb er, Juli 1024, ohne Erben; er wurde in Bamberg beigesetzt.

Nach seinem letzten Willen verwahrte die Kaiserwitwe sämtliche Reichsinsignien, aus Angst vor einem Zugriff, wie ihn Heinrich II. einst selbst getan hatte, ehe er zum König gewählt wurde. Erst sein gekürter Nachfolger empfing die Kleinodien.

VI.
Wieder Frankenkaiser: Konrad II. und Heinrich III.

Beim Vater: Königliche Simonie

"An Konrads Sattel hängen Karls Bügel", sagten die Zeitgenossen über Konrad II., der mit ungefähr fünfunddreißig Jahren zur Regierung gekommen war. Mit Karl war der erste Kaiser des Abendlandes gemeint, mit dem der fränkische Salier, dessen Geschlecht nun nach 224 Jahren wieder den deutschen Thron bestieg, eine gewisse Ähnlichkeit besaß. Wie Karl I. beherrschte Konrad II. die Kirche und schaffte das durch Otto II. und Otto III. verschleuderte Königsgut herbei. Äbte und Bischöfe setzte er nach Art Heinrichs I. als Reichsbeamte ein und kassierte dafür die Beträge von Höchstangeboten: eine Form königlicher Simonie.

Den größten außenpolitischen Erfolg nennt man den 1028, ein Jahr nach der Kaiserkrönung, realisierten Erbanspruch auf Burgund. Das Krongut vermehrte Konrad durch Anschluß frei gewordener Herzogtümer. Feldzüge in Deutschland und Italien und Unruhen im eigenen Hause ließen das kaiserliche Schwert nicht ruhen. Nur fünfzehn Jahre regierte Konrad II., der im besten Mannesalter von neunundvierzig Jahren starb.

Beim Sohn: Ausgleich und Versöhnung als erste Regierungshandlung

Es war eine der seltenen Szenen in der Geschichte: Ein junger König von zweiundzwanzig Jahren vergab mit der ersten Regierungshandlung dem Todfeind! Die deutschen und italienischen Fürsten hatten sich im Januar 1040 zur Huldigung des neuen Regenten Heinrich III. in Augsburg eingefunden. Sie brauchten sich nicht lange zu bemühen, einen Frieden zwischen dem zweiten Frankenkönig aus dem Hauptstamm der Salier, Nachfolger der Ottonen, und dem Erzbischof Aribert II. von Mailand vorzubereiten. Heinrich III., vom Vater Konrad II. frühzeitig in das Regierungsgeschäft eingeführt und schon wie ein Regent mitentscheidend, sah sich nun dem seit 1018 regierenden Kirchenfürsten Aribert II. gegenüber. Selbst als Senior eine stolze, herrische Natur vom Scheitel bis zur Sohle. Er hatte seine Streitmacht durch Soldaten und Mailänder Bürger mühelos vergrößert, um Kaiser Konrad Widerstand zu leisten.

Nun war der Mailänder überraschend nach Augsburg gekommen, um Heinrich III. als legitimen Souverän anzuerkennen. Imponierte ihm der König als vierfacher Herzog im Besitz der größeren Hälfte des Reiches mit Franken, Schwaben, Bayern und Kärnten? Oder hoffte er, den jungen Monarchen politisch zu überrunden? Er huldigte dem deutschen Kaiser für sich und für Italien. Die Klugheit beider Partner brachte die Versöhnung als Auftakt der Regierung des gerade großjährig gewordenen Fürsten.

Dann begannen Kriege gegen die Slawen, wie bei den Ottonen so bei den Saliern. Zu den ersten außenpolitischen Erfolgen Heinrichs III., die natürlich aus siegreichen Feldzügen bestanden – jahrelange Kämpfe wurden mit Böhmen und Ungarn geführt –, gehörte, daß sich schließlich der bezwungene Herzog von Böhmen, Břetislav I., in Regensburg verantworten mußte. Er erschien im Oktober 1041 barfuß und im Büßergewand vor dem dreiundzwanzigjährigen Kaiser. In einem Vorvertrag zum Frieden erklärte sich der Böhme zur vollständigen Unterwerfung bereit.

Bei der Begegnung mit Heinrich III. reichte dieser dem ehemaligen Gegner die Hand. Er tat es symbolisch und politisch. Der salische König setzte den Feind von gestern als Herzog von Böhmen und Mähren wieder ein, beließ ihm auch Schlesien und verminderte die Kontribution um die Hälfte. Dieser Großmut des zweiten Saliers verwandelte auch diesen einstigen Gegner in einen Freund.

Zwei Jahre später befand sich der Witwer Heinrich III. auf einer Herbstfahrt, um seine zweite Frau, die Südfranzösin Agnes von Aquitanien und Poitou, als Königin heimzuholen; eine nach praktischen politischen Gesichtspunkten getroffene Wahl. Dabei machte er in Konstanz Station. Hier tagte im Oktober 1043 ein stark von geistlichen und weltlichen Würdenträgern besuchtes Konzil. Beim Abschluß der Kirchenversammlung gab es eine Sensation.

Am dritten Tage trat der fünfundzwanzigjährige König, begleitet vom Bischof der Stadt Konstanz, vor den Altar. Ein schlanker Jüngling mit edlem Gesicht, dunklem Haar und dunklem Bart, deshalb „der Schwarze" genannt. Zweifellos ein Feuergeist, dessen Rede aus leidenschaftlichem Herzen kam. In aller Öffentlichkeit wurde dem König bewußt, daß er ein Christ war, und er bekannte es mit ungestümer Heftigkeit. Ein Christ, der durch Krieg und Schrecken gesündigt hatte und deshalb seine Feinde um Verzeihung, seine Schuldner um Vergebung bat. Heinrach III. warb für einen Königs- und Landfrieden, auf eine Weise, die Chronisten der Zeit als ergreifend bezeichnen.

Ein Jahr später, als der tobende Ungarnkrieg in einer letzten Schlacht – Erbitterung und hohe Verluste auf beiden Seiten – beendet wurde, die

Truppen Heinrichs III. im Triumph, „des Mordens überdrüssig", wie es in Altaicher Annalen heißt, in ihr Lager zurückkehrten, da begann wiederum eine besondere Schicksalsstunde für den König. Um Gott zu danken, fiel er mit „entblößten Füßen, ein härenes Gewand auf dem bloßen Leib, vor dem lebenspendenden Holz des heiligen Kreuzes nieder, und es folgte seinem Beispiel alles Volk zusammen mit dem Fürsten". Auch an diesem Tag in der Ebene von Menfö unweit der Raab verziehen König, Fürsten, Truppen und Volk „einem jeden, der sich gegen sie vergangen hatte und in ihrer Schuld war".

Nach dem Krieg: Totenopfer und Bußfeier

Als Heinrich III. nach Deutschland heimkehrte, suchte er in Regensburg sämtliche Kirchen auf. Wie ein Mönch, barfuß und im Büßergewand, ging er durch die Straßen, betrat die Gotteshäuser und legte auf jeden Altar ein neues Tuch. Eine besondere Dankeszeremonie und tiefes Bedürfnis für ihn, vor aller Welt kundzutun, daß der König Erfolge und Siege nicht für selbstverständlich nahm. Er wollte Gott nicht mit Krieg und Haß loben. Totenopfer und Bußfeier in einem. Oder war es Flucht aus der Politik, aus Krieg und Unrecht in jene Gefilde, wo es keine Rache, keine Verfolgung, keine Folterung, keinen Totschlag gab und kein Blut für Gottes und des Königs Ehre floß? Oder war dieser junge Salier ein Doppelgänger des heilig-unheiligen Weltherrschaftsträumers Otto III. mit seinem königlich-kaiserlichen Sachsenthron in Rom? Ein weiterer Phantast mit der redlichen Absicht, Deutschland als Mittelpunkt seines Reiches zu bewahren, aber voller irrlichternder Fernziele? Heinrich beichtete, wie Otto I. es getan haben soll, bevor er die Königsinsignien anlegte. Das Volk staunte, als Heinrich bei der Einweihung einer neuen Kirche in Stablo unmittelbar am Gottesdienst teilnahm, indem er die Bahre mit den Reliquien trug. Bei seiner Hochzeit mit Agnes von Aquitanien und Poitou verwies er die Spielleute und Gaukler vom Festplatz der Pfalz Ingelheim — eine widerspruchsvolle Geste, die in der Historienliteratur der Jahrhunderte immer wieder angeführt wird. Manchmal war er schwerfällig, zuweilen sogar schwermütig wie der kaiserliche Vorgänger, der sich als wandernder Pilger wochenlang vor der Welt versteckt und in einer Höhle gefastet hatte. Lag es an Heinrichs III. schwankender und gefährdeter Gesundheit, die in den Feldzügen fast aufgezehrt wurde?

Dieser Kaiser ist ein Regent der Vergebung gewesen, obwohl er seit Regierungsbeginn durch mehr als ein Dezennium Jahr für Jahr schwere

Kriege führen mußte. Wie bei den bisherigen Monarchen waren es Bürgerkriege gegen Rebellen und Verschwörer aus den eigenen Reihen, Kriege in Süditalien, in den besetzten Gebieten, an den Grenzen in West und Ost, um empörerische, treulose Vasallen oder aufständische Ostvölker zur Ordnung zu bringen und Eindringlinge zurückzuweisen.

Die personifizierte „Richtschnur der Gerechtigkeit"

Heinrich III. wollte eine christlich-deutsche Vorherrschaft in Mitteleuropa und nicht als Eroberer im Namen Gottes regieren. In seiner Vorstellung von einem priesterlichen Königtum nahm er den Erfolg als Gnade an und seine Macht als von Gott übergebenes Richteramt.

Und die Mißerfolge, die Erschütterungen, die auf den König warteten, wie ertrug er diese? Als im Mai 1056 eine Aussprache mit dem französischen König über Besitzrechte in Lothringen, „das die Deutschen ihm so lange tückisch vorenthalten haben", unsachlich und heftig wurde, forderte der zweite Salier den französischen König zum Zweikampf. Der neununddreißigjährige Heinrich III. wollte sich dem sechsundvierzigjährigen Heinrich I. stellen, um das Besitzrecht durch ein Gottesurteil zu verteidigen. Der Franzose unterbrach die Verhandlungen. Da er ein Förderer des Gottesfriedens und zudem schwach war, verzichtete er auf das Duell und reiste ab.

Als Statthalter Gottes auf Erden, wie man Heinrich III. bezeichnete, schloß er sich frühzeitig der cluniazensischen Bewegung an, beeinflußt durch seinen Erzieher Wipo, Beichtkaplan seines Vaters und Biograph von Vater und Sohn. In Cluny setzte man sich für die Reform der Kirche, für die Reform der Klöster, der Weltgeistlichkeit sowie des öffentlichen politischen Lebens durch einen „Waffenstillstand Gottes" ein. Alles Wegweisungen, die auch Königin Agnes, schon in ihrer Stellung als Vermittlerin zwischen Burgund und dem Reich, vertrat.

Stützen für seine Idee glaubte der König in jenen Bischöfen der Reformpartei zu finden, die der lothringischen Gruppe der Cluniazenser angehörten. An der Spitze eine so ausgeprägte Persönlichkeit wie Bischof Wazo von Lüttich. Er galt als kanonische Autorität, wehrte sich aber gegen Heinrichs Kirchenpolitik, doch wußte er zu unterscheiden. Als sich der lothringische Adel gegen den König erhob, sagte er zu seiner Umgebung: „Daß sich niemand einem Zweifel darüber hingebe, daß ich ihm treu ergeben bin mit allem, was ich weiß und was in meinen Kräften steht, und dies, wie immer er mich behandeln mag. Und wenn er mir das rechte

Auge ausstechen ließe, ich würde nicht davon abstehen, das linke weiterhin für seine Ehre und in seinem Dienst einzusetzen."

Darüber hinaus war Bischof Wazo sehr aktiv. Er verpflichtete Ritter und zog mit ihnen gegen Raubritter und Rebellen. In ähnlichem Ansehen standen die Bischöfe Richard von Verdun, Adalbert von Metz und Adelbert von Würzburg. Die berechtigte Frage erhebt sich: Waren diese hohen Würdenträger königstreu, papsttreu oder beides zusammen, wie Wazo von Lüttich?

"Heilige Kriege" gegen die Verletzung des Treuga Dei

Wie heute suchte man im 11. Jahrhundert einen allgemeinen, unteilbaren Frieden zu verwirklichen, wobei die Gebote der Menschlichkeit erfüllt werden sollten. Als das wenig half, verkündeten die Cluniazenser den Treuga Dei, eine Waffenruhe von Mittwoch Abend bis Montag früh zum Gedenken an Christi Leiden, Tod und Auferstehung. Während dieser Frist waren Waffentragen und Fehden verboten. Bei Übertretungen kamen höchste Kirchenstrafen zur Anwendung. Auf diese Anregung der Cluniazenser hin gründete man bewaffnete Bünde unter Klerikern und Rittern, die als "Streiter Christi" sogenannte "heilige Kriege" gegen die Übeltäter an den Tagen des Gottesfriedens führten.

Waffen gegen Waffen, ein altes, wenig nutzvolles Spiel. Gab es noch einen Unterschied zwischen Mönch und Ritter? Ein Abt erschien mit dem Gefolge von sechzig Pferden. Solche Benediktiner nannten die Zeitgenossen "Könige von Cluny". Als Abt Hugo starb, existierten zweitausend abhängige oder angeschlossene Abteien und Priorate. Sie bauten Burgen und sammelten Reichtümer aus Reichsgut für die Löhnung der Soldaten. Ihre Klöster waren zeitweilig mehr Zwingvesten als Stätten des Friedens. Im Gegensatz zur Benediktinerregel, die keinen Unterschied kannte, machte Cluny eine Zeitlang Unterschiede bei der Aufnahme von Mönchen. Hörige und Sklaven wurden abgelehnt, Adlige bevorzugt. Man errichtete Verteidigungsbauten, Wehranlagen, in denen königliche oder kaiserliche Truppen lagerten. Die Cluniazenser umgaben sich mit einer Maske, die unverkennbar militärische Züge trug.

Wenn man bei der Schwertleite der Ritter die Waffen kirchlich segnete, dann ging es um "Verteidigung der Witwen und Waisen" und natürlich um "Schutz der Diener Gottes und der Kirche". Entwickelte sich aus der Schutztruppe nicht plötzlich eine Kampftruppe, die geharnischte Geistliche kommandierten? Die Reichsbischöfe befanden sich schon längst in der Zwitterstellung eines Bischofs und Schwertführers.

Der König als Hoher Priester?

Den Friedensaufruf, der bisher Anliegen der Kirche, doch ohne Wirkung auf die Großen der Welt gewesen war, übernahm nun die Staatsgewalt. Heinrich III. hatte bereits in Konstanz die Elite aufgefordert, sich in einer Friedensbewegung zusammenzuschließen. Mit der Reformpartei der Cluniazenser hoffte der König, die gesamte Kirche, von der Spitze bis zum einfachen Pfarrer, neu zu ordnen. Daß man dabei in ein Dickicht von Problemen geraten konnte, sollte sein Sohn schicksalhaft erfahren.

Wie ein hoher Priester trat der König 1045 vor die Bischöfe seines Reiches und begann sich „mit Betrübnis" an die zu wenden, „die ihr an Christi Stelle in der Kirche steht". Unter dem Geleitwort „Umsonst habt ihr empfangen, umsonst gebet es auch", redete er die Bischöfe an.

Eine noch kräftigere Warnung stieß der König aus, als er die Habsucht anprangerte: „Wer sich nun von euch mit solchem Makel befleckt hat, muß nach den Kirchengesetzen von seinem heiligen Amte entfernt werden. Denn es ist kund und offenbar, daß durch diese Sünde vielfache Plagen, wie Hungersnot, große Sterblichkeit und Kriegsschrecken, über die Menschenkinder gekommen sind, da ja alle geistlichen Würden und Grade vom obersten Bischof bis zum Mesner und Glöckner hinab durch verdammte Käuflichkeit herabgewürdigt sind."

Der König schonte seinen Vorgänger nicht: „Auch mein Vater, um dessen Seelenheil ich bange, hat dieser verabscheuenswürdigen Habsucht gefrönt." Deutlicher konnte Heinrich III. seine Entschlossenheit zur Reform nicht bekennen.

Reichsgesetz verbietet geistlichen Ämterkauf

Die Bischöfe erschraken, teilte ein cluniazensischer Berichterstatter mit, sie fürchteten um ihr Amt und ihre Person und flehten um Nachsicht. Heinrich III. erließ zunächst ein Edikt, später ein Reichsgesetz, nach dem keine kirchliche Würde und kein geistlicher Grad für Geld erteilt werden durften. Als König fügte er ganz persönlich hinzu: „Wie Gott mir die Krone aus reinem Erbarmen unentgeltlich gegeben hat, so werde ich auch alles, was seine heilige Kirche angeht, unentgeltlich erteilen."

Das erste Signal zum Kampf gegen den geistlichen Ämterkauf, Simonie geheißen, war gegeben. Nicht die Kirche, sondern das Reich, das früher selbst unter Heinrichs Vorgängern, Otto I., Heinrich I., auch unter seinem Vater, beträchtliche Summen gefordert und Geschenke erwartet hatte, verzichtete jetzt bei der Erteilung von Bischofssitzen auf alles. Bis dahin galt die Simonie nicht als kirchliches Vergehen! Man sprach von einem simonistischen Klerus, hauptsächlich in Italien und Frankreich, wo durch Clunys Einfluß ganz allmählich die Bischofsstühle durch freie Wahl des Klerus besetzt wurden.

Gehörte zu dem geistlichen Ämterkauf und -verkauf nicht auch der Nepotismus der Päpste? Günstlingswirtschaft ohne Ansehen der Person, wie bei Sergius II., der seinen räuberischen Bruder zum Bischof erhob. Er ist der erste bekannt gewordene Nepote in der Kirchengeschichte. Unter diesem Papst fand der Verkauf von Bistümern unbeschränkt statt. Begünstigung der Verwandten durch Vermittlung höchster geistlicher Positionen und Übertragung von Kirchenbesitz schien unausrottbar und blieb ein Hauptthema der römischen Kirche bis in die neuere Zeit.

Drei Hauptfehler in der Kirchenführung wurden für die Zeit Heinrichs III. sichtbar: die Simonie, die Auflösung des Zölibats, die päpstliche Günstlingswirtschaft und Verderbnis der Sitten am Lateran. Da man eine Selbstreinigung der Kirche immer wieder versäumte, griffen vor allem weltliche Kräfte ein.

Das Doppelgesicht der Cluniazenser: der Papst steht für den Bischof höher als der Kaiser

Die Cluniazenser stießen nach, wobei eine ihrer weiteren Masken fiel. Der König war ihnen nur als Verbündeter willkommen, nicht als Regent, der auch die Kirche lenkte. So erklärten die Reformer: Simonie wäre es auch, wenn ein geistliches Amt aus politischer Zweckmäßigkeit verliehen würde. Das bedeutete: Befreiung der Kirche von der Oberhoheit des Königs und Aufhebung der Laieninvestitur, wie sie weltliche Könige und Fürsten durch Besetzung der Bistümer und Abteien bisher besaßen. Von nun an sollten *zwei* Mächte in Europa entscheiden, die kirchliche und die weltliche Obrigkeit. Was bedeutete das für den deutschen König, der die Bischöfe als Fürstbischöfe und Reichsbeamte einsetzte und von ihnen politischen Gehorsam und militärische Verpflichtung erwartete? Die hohe Geistlichkeit wagte es, sich gegenüber Heinrich III. ganz offen auszusprechen.

Als Abt Halinard vom Sankt Benignuskloster in Dijon im Jahre 1046 durch die Gemeinde zum Erzbischof von Lyon erwählt werden sollte, sprach er üblicherweise beim Kaiser in der Pfalz Speyer vor. Heinrich III. zögerte nicht, ihn zu ernennen und zu bestätigen. Halinard bat darum, ihm den Treueid zu erlassen. Ein ungewöhnlicher Wunsch. Aber der Abt erklärte, er dürfe nach den Benediktinischen Regeln nicht schwören und nach der Vorschrift des Evangeliums sei der Eid unstatthaft.

Der König erregte sich: Ohne Eid würde er Halinard das Erzbistum nicht übertragen. Daraufhin der Abt: „Besser ist, ich erhalte niemals ein Weltpriestertum, als daß ich die Gebote Gottes übertrete." Ein erster Funke auf dem Weg der Kirche, die Oberhoheit des Staates abzuschütteln. Der Abt blieb unzugänglich, die anwesenden Bischöfe staunten und widersprachen.

„Wer ist dieser Mann, der sich herausnimmt, im Palast des Fürsten seinen Befehlen nicht zu gehorchen, was niemand von uns jemals gewagt hat?" fragte Bischof Sigibod von Speyer. Er fuhr fort: „Entweder schwört er dem König Treue oder er entferne sich."

Die Gruppe der Bischöfe, Theoderich von Metz, Richard von Verdun und Bruno von Toul, ein Vetter des Kaisers, versuchten zu vermitteln, da sie, wie der Abt, ebenfalls zur Reformpartei der Cluniazenser gehörten. Sie gaben dem Kaiser den Rat, dem Gewählten den Eid zu erlassen, da er seine Treue bewiesen habe. Heinrich III. lenkte ein, verzichtete auf den Eid und begnügte sich mit einem allgemeinen Treuebekenntnis.

Um die gleiche Zeit mußte sich der Erzbischof Widgar von Ravenna beim Kaiser in Aachen melden. Auf der Reichsversammlung war der hohe Geistliche angeklagt worden, sein Amt schlecht zu verwalten und bisher keine bischöfliche Weihe empfangen zu haben. Heinrich entsprach dem Urteil und wollte Widgar entlassen. Die meisten Bischöfe stimmten zu, andere schwiegen.

Der Kaiser bat Bischof Wazo von Lüttich um seine Meinung. Konnte ein italienischer Bischof überhaupt von einem deutschen Bischof gerichtet werden? fragte Wazo und blieb zurückhaltend. Der Kaiser drängte ihn, er wünschte eine klare Antwort. Sie lautete im cluniazensischen Geist:

„Dem Papst sind wir gehorsam, Euch Treue schuldig; Euch haben wir über das Weltliche, jenem über das Geistliche Rechenschaft zu geben."

„Du bist gesalbt zum Töten"

Als Heinrich III. mit dem Lütticher Bischof erneut zusammentraf, gerieten sie in ein Wortgefecht, das Formen annahm, die Wazo für sich als einen mit dem heiligen Öl gesalbten Nachfolger der Apostel zurückwies.

„Auch ich bin als Herrscher mit dem heiligen Öl gesalbt", entgegnete Heinrich III. Wazo ließ sich nicht erschüttern: „Du bist gesalbt zum Töten", sagte er, spielte auf den Kriegsberuf an und fuhr fort: „Ich um lebendig zu machen, und soviel besser Leben als Tod, soviel höher steht meine Salbung als Deine."

Die Cluniazenser wehrten sich ganz auffällig, indem sie die kaiserliche Oberhoheit über Papst und Bischöfe bestritten. Merkte dieser zweite Salier nicht, daß wiederum eine Maske das Gesicht der Cluniazenser verdeckte?

Schon damals Zölibat im Mittelpunkt der Diskussion

Mußte sich der Kaiser den Fragen der Erzbischöfe und Bischöfe überhaupt stellen, wo die Kirche sich selbst zu wehren hatte und schärfste gegensätzliche Fronten aufgerissen worden waren? Neben dem Ämterkauf geriet immer wieder der Zölibat in den Mittelpunkt der Diskussion. Die bedeutendsten Päpste sind bis heute damit nicht fertig geworden.

War die priesterliche Ehelosigkeit ein Dogma oder ein aus kanonischen Bestimmungen bestehender Brauch? Die Cluniazenser verdammten die Verstöße gegen die Ehelosigkeit eines Geistlichen als Häresien und alle, die der Versuchung verfielen, als Häretiker.

Für wen war das aber gültig, wenn selbst verheiratete Päpste im Amt geblieben waren, wie der Römer Felix III., der Urgroßvater Gregors des Großen, wie der Römer Hadrian II. oder die Päpste mit Mätressen, wie Sergius III. und Johannes XII.? Verheiratete Bischöfe und Domherren waren keine Seltenheit in Italien. Die untere Geistlichkeit lebte in Ehen. Von Priesterfrauen und Priestersöhnen liest man in öffentlichen Urkunden, die den pfarrherrlichen Besitz wie das Kirchenamt als Erbgut sichern. „Frau Pfarrer" und „Frau Bischof" waren keine Seltenheit, jedenfalls wurden sie so in der Schweiz öffentlich angeredet.

War aber die eheliche Gemeinschaft für den Priester auf dem Lande nicht besser als der lose und wechselnde Umgang mit Frauen? Das priesterliche Konkubinat war in Italien keine Schande. Mönche lebten mit ihren Frauen und Kindern zusammen in den Klöstern. Verheiratete Priester fielen auch in Deutschland den Zeitgenossen nicht auf. Man trifft auf offizielle Verlautbarungen, wo Gemeinden ausdrücklich dem Konkubinat der Priester zustimmten, damit Frauen und Töchter nicht verführt wurden. Bischöfe stimmten zu, weil auch die wilde Ehe der Geistlichen Steuern einbrachte ...

Auseinandersetzungen um den Zölibat sind so alt wie die Kirche. Die Pastoralbriefe verlangen gerade vom Bischof, daß er als Familienvater ein Vorbild für seine Herde sei. Anfang des 4. Jahrhunderts richtete man auf der Synode von Elvira an die verheirateten Kleriker das Ersuchen, sich des ehelichen Umgangs zu enthalten. Auf dem berühmten ersten Allgemeinen Konzil zu Nicäa 325 drohte man allerdings jedem mit dem Bann, der sich weigerte, an dem Gottesdienst eines verehelichten Priesters teilzunehmen.

Unter dem 38. Nachfolger Petri Siricius verteidigte man den ehelosen Priesterstand. Man verordnete unbedingte Enthaltsamkeit der Priester, Diakone und Subdiakone und ließ Verheiratete nur zu, wenn sie das Gelübde der Keuschheit ablegten.

Seit Leo IX. (1048–54), besonders seit Gregor VII. (1073–85), als die Scheidung der Kirche von jeder weltlichen Macht proklamiert und durchgekämpft wurde, traf den beweibten Priester wie den Laien, der aus solcher Hand das Sakrament empfing, der Kirchenbann. Obwohl Kalixtus II. (1119–24) und Innozenz II. (1130–43) jede Priesterehe verboten, protestierte der niedere Klerus ganz offen.

Adalbert von Bremen-Hamburg als erster Paladin

Es war nicht zu glauben und trotzdem Tatsache: Schisma durch drei Päpste in Rom! Drei Nachfolger Petri versuchten nebeneinander die Kirche zu regieren. Wer war nun der vom heiligen Geist Auserwählte? Einer oder keiner?

Von Augsburg aus zog der König 1046 nach Italien, um die völlig verfahrene Situation schnellstens zu klären. In seiner Begleitung befanden sich viele Fürstlichkeiten. Ihre Teilnahme an jeder italienischen Heerfahrt entsprach einer staatsrechtlichen Verpflichtung, gleichgültig, ob der Zug über die Alpen zur Erlangung der Kaiserkrone führte oder nicht.

Während des Italienzuges fiel in der engsten Umgebung des sechsundzwanzigjährigen Königs der mächtigste Prälat des Nordens, Erzbischof Adalbert von Bremen und Hamburg, auf. Seine Ordination hatte sich um Jahre verzögert, da der König durch die Ungarnkriege 1043/1044 außer Landes gewesen war. Vor einem Jahr hatte Heinrich III. inmitten der ersten Reichsfürsten und seines Hofstaates den Ring und den Hirtenstab dem fünfundvierzigjährigen Adalbert überreicht. Zwölf hohe Würdenträger legten ihre Hände segnend auf sein Haupt. Eine besonders feierliche Investitur für einen verheißungsvollen Kirchenmann, der vielleicht als einziger Heinrich III. wirklich nahestand.

Adalbert von Bremen und Hamburg griff souverän in das politische Geschehen ein, was Neid und Unruhe unter den Fürsten hervorrief. Er pflegte ihnen dann in Erinnerung an seine Investitur entgegenzuhalten: „Wie kann man jemandem fluchen, auf dem die Segnungen so vieler geistlicher Fürsten ruhen." Einen Besuch des Königs in Bremen benutzte man sogar zu einem Anschlag, der beide treffen sollte. Ein Ritter verriet jedoch den Plan.

Ankauf und Verkauf der Papstwürde – Sutri 1046:
Absetzung von drei Päpsten

Überschnell zum Minister und vertraulichen Ratgeber aufgestiegen, führte Adalbert von Bremen und Hamburg auf der Römerfahrt 1046 ausführliche und vielseitige Gespräche mit dem Monarchen. Dieser erfuhr vor allem Näheres über den fürchterlichen Tumult, der ihn in Rom erwartete. Benedikt IX., als Knabe mit etwa fünfzehn Jahren ausgerechnet durch Heinrichs Vater, Kaiser Konrad, zum Papst erwählt, nach elf Jahren wegen ausschweifenden Lebens vertrieben, war eine Kreatur wie Johannes XII., aus dessen schmachvollen Händen einst Otto I. die Kaiserkrone empfangen hatte. Ähnliches wollte Heinrich III. auf jeden Fall vermeiden, zumal sich ein Bischof Johannes als Sylvester III. den apostolischen Stuhl gekauft hatte. Benedikt IX. kehrte zurück, fand den apostolischen Throninhaber mit Geld ab und verkaufte nochmals die Papstwürde. Ende 1046 wurde dieser händlerische Papst endgültig von Heinrich III. abgesetzt.

Durch den Nachfolger, Gregor VI. aus dem reichen römisch-jüdischen Hause der Piereloni, wußte der König, durch welchen simonistischen Handel der Petrusthron erneut besetzt worden war. Kein Wort gegen die Person dieses amtierenden Papstes, der ein angesehener Erzpriester war und den Reformbestrebungen nahestand. Er hatte trotzdem Benedikt IX. Titel und Würden für 1000 bis 2000 Pfund Silber abgekauft. Als Grund führte er an: Weil er das alles in Rom nicht länger mit ansehen konnte.

Drei Päpste in Rom, drei Nachfolger Petri in der Ewigen Stadt! Der eine in Sankt Peter, der andere im Lateran, der dritte in der Kirche Maria Maggiore. Nur wenn sie alle drei genötigt wurden abzutreten, war für die Reform und endgültige Neubesetzung des apostolischen Stuhles der Weg frei. Keine andere Macht in Europa als der deutsche König vermochte diese Kirchenspaltung zu beenden.

Dieselbe Szene wie einst in Rom zur Zeit Karls des Großen, nun in Sutri im Dezember 1046, nur daß Heinrich III. hier nicht als Ankläger auftrat und keinen Königsspruch fällte. Er war anwesend, doch nicht als Schiedsrichter. Die gesamte Geistlichkeit urteilte nach dem Kirchenrecht. Gregor VI. erklärte sich selbst für schuldig, „daß ich wegen des abscheulichen Kaufes und simonistischer Ketzerei, die sich bei meiner Wahl eingeschlichen hat, des römischen Bistums entsetzt werden muß. Ist das Eure Meinung?" wandte er sich an seine Brüder unter der Mitra. Alle stimmten zu. Gregor VI. stieg vom päpstlichen Thron herab und zerriß sein Bischofskleid. Er mußte Rom verlassen und wurde unter die Aufsicht des Kölner Erzbischofs gestellt. Der Cluniazensermönch und Kleriker des Laterans Hildebrand sollte ihn begleiten und das päpstliche Asyl mit ihm teilen. Ein erster historischer Hinweis auf diesen späteren Papst Gregor VII., den unnachsichtigen Gegenspieler Kaiser Heinrichs IV.

Schon vor den Beratungen in Sutri hatte der König seinem geistlichen Minister Adalbert von Bremen den Antrag gemacht, selbst den Stuhl Petri zu besteigen. Gab es einen besseren Kandidaten als ihn? Ein königstreuer Erzbischof mit seltenen Talenten, großzügig und hilfreich, dazu ein organisatorisches Genie – ein einmaliger Gedanke, doch ein vergeblicher Vorschlag. Adalbert hielt unerschütterlich an seiner Lebensaufgabe fest, im Norden als Organisator der skandinavischen Mission tätig zu sein.

Er bemühte sich immer wieder, den Herrscher auf die innere Reichspolitik, auf Deutschland hinzulenken – vergeblich.

Wer konnte sonst als kaiserhöriger Papst in Rom eingesetzt werden? Adalbert schlug seinen ehemaligen Kollegen in Hamburg und Halberstadt vor. Es war der Bischof Suidger, jetzt in Bamberg, ein braver würdiger Nachfolger auf dem Apostelsitz. Würde er den Sündenpfuhl Roms beseitigen? Würde er den Sturz der Ewigen Stadt in die Barbarei aufhalten?

Als Suidger zögerte, da ergriff der König die Hand des zukünftigen Apostelfürsten und zerrte ihn vor die Menge. Er stellte ihn selbst als Papst in Rom vor – es war der zweite in der Reihe von fünf deutschen Päpsten. Trotzdem fand Suidger überall Zustimmung. Die Fürsten versprachen „dem apostolischen Manne Gehorsam". Petrus Damiani, der unerschütterliche Reformabt des Eremitenklosters Fonte Avallane, feierte den König mit hymnischer Anerkennung, da er wie der Heiland die Wechseltische umstürze und die Krämer aus dem Tempel jage, um den geweihten Platz für einen echten Nachfolger freizumachen.

Dann folgte die bekannte Szene wie vor rund 250 Jahren zu Karls des Großen Zeiten: ein gewaltiges Heer in Rom, Fürsten und Bischöfe beim Staats- und Kirchenakt in Sankt Peter, wo am Weihnachtstag 1046 der deutsche Heinrich III. und seine Gemahlin durch Papst Clemens II., den ehemaligen Bischof von Bamberg, gekrönt wurden.

Kaum ein Jahr regierte der neue Pontifex, dann starb er. Es finden sich Andeutungen darüber, daß der unersättliche, infame Benedikt IX., der der Kirche beinahe als beweibter Papst vorgestanden hätte, ihn vergiften ließ. Der Kaiser wählte einen zweiten Deutschen zum Papst, Damasus II., der nur 23 Tage regierte. Auch bei ihm sprach man von Gift. Nach dem dritten deutschen Papst schlug man zunächst einen Cluniazenser vor, Erzbischof Halinard von Lyon, und verhandelte mit ihm. Doch er lehnte ab. Aus demselben Kreis kam ein Ersatzmann in die engste Wahl. Es war ein kaiserlicher Vetter, Bruno Graf von Egisheim-Dagsburg, Bischof von

Toul. Man wählte ihn auf dem Reichstag zu Worms 1048. Unterschätzte der Kaiser die Gefahren eines Cluniazensers auf dem Papstthron oder erwartete er, daß die Verwandtschaftsgrade sich als stärker erweisen und ihm in Bruno einen Verbündeten erstehen lassen würden?

Bruno bat sich eine dreitägige Bedenk- und Fastenzeit aus. Danach trat er vor den dreißigjährigen Kaiser, seinen Verwandten, und vor die Großen des salischen Reiches. Eine glänzende Erscheinung im besten Mannesalter. Unter Tränen bekannte er seine Sünden. Je mehr er auf seiner Unwürdigkeit bestand, desto mehr gefiel er dem erlauchten Wahlkreis.

„Wem Gott die Gnade solcher Zerknirschung gewährt, der darf der Kirche nicht verlorengehen!" rief Kaiser Heinrich III. unter dem Beifall der deutschen Fürsten und der römischen Gesandten aus. Endlich versprach Bischof Bruno von Toul, das höchste Amt zu übernehmen, falls mit dem Wormser Vorschlag auch der Klerus und das Volk von Rom übereinstimmen würden. Dieser letzte äußerst wichtige Hinweis ging im allgemeinen Jubel unter, für die Eingeweihten blieb er unüberhörbar.

Hier verlangte ein Papst bei seiner Wahl außer der kaiserlichen Akklamation die Beachtung der kirchlichen Regeln, nach denen der Oberhirte von Klerus und Volk gewählt werden mußte, jeder Bischof, auch der Oberbischof von Rom. Ein Bekenntnis zu den Reformen der Cluniazenser, die ganz allmählich, sicher und unabwendbar den Papstthron von kaiserlichen, politischen und weltlichen Einflüssen befreien sollten.

Wie würde sich dann aber die Episkopalverfassung der deutschen Kirche gegenüber einer so übermächtigen päpstlichen Hierarchie behaupten? Eine Frage, die sich durch die Jahrhunderte widerspruchsvoll und ungelöst hindurchzieht. Besonders nach der Reformation waren die Deutschen in Rom nicht in dem Umfang vertreten, wie es eine Repräsentation der deutschen Katholiken verlangt hätte.

Der zukünftige Papst Leo IX. wanderte wie ein Mönch von Mainz nach Rom zu seiner endgültigen Wahl und Krönung. Nach dreimonatiger Pilgerfahrt näherte sich der erwartete Pontifex der Ewigen Stadt, und das Volk Roms strömte ihm mit Jubelchören, Blumen und Girlanden entgegen. Kein Kaiser führte ihn ein, keine Waffen schützten ihn. Ein Pilger stand vor dem Altar des Petersdomes. Die Predigt seiner ersten Messe hörte sich wie eine Variation des Manifestes der Kirchenreform an. Sie war im Sinne der Cluniazenser abgefaßt, da Bruno die kanonischen Gesetze als alleinverbindlich hinstellte. Über seine Anerkennung habe zuerst das römische Volk und die römische Geistlichkeit zu entscheiden, erklärte er, dann erst habe die Stellungnahme des Kaisers zu erfolgen. Hier rückte der Nachfolger auf dem Petrusplatz die politische Situation auf seine Weise zurecht. Die Römer beantworteten den Appell an sie mit ungehemmtem Beifall und Zustimmung zur Wahl Leos IX.

Der „Senat der Kirche" als päpstliche Mitregierung

Dieser heilige Vater trat als selbständiger Kirchenregent auf. Er ließ sich durch nichts beirren, gerade weil er behutsam vorging. Zunächst Reform bei sich selbst durch Einsparungen im päpstlichen Haushalt, dann Neuordnung der Kirchenfinanzen, die der zum Subdiakon der römischen Kirche ernannte Hildebrand überwachte. Förmliche Neubegründung des Kardinalskollegiums als Mitregierung der Kirche. Sieben Neubesetzungen mit übernationalen Persönlichkeiten, die dem Universalismus der Kirche auf dem Erdkreis entsprachen. Hier am Anfang des 11. Jahrhunderts entstanden die Umrisse der späteren römischen Kurie. Leo nannte sie den „Senat des römischen Papstes".

Was der Kaiser nicht überblickt und erwartet hatte, das geschah jetzt: Dieser Senat bestand aus den profiliertesten Vertretern der cluniazensischen Richtung, denen es um die Reformpolitik und Durchsetzung des päpstlichen Primates in der Welt ging. Leo bevorzugte deutsche Geistliche aus Lothringen und Burgund, gleichgültig ob sie Mönche, Bischöfe oder Erzbischöfe, ob sie von Adel oder einfacher Herkunft waren. Auffallend, daß sich unter den zehn ersten engsten Mitarbeitern drei spätere Päpste befanden.

Zwei Begabungen standen Leo am nächsten: jener berühmt gewordene Erzbischof Halinard von Lyon, der als einer der ersten den Eid vor dem Kaiser und die Papstkrone, angeboten durch den Kaiser, abgelehnt hatte. Ferner Abt Petrus Damiani, der spätere Kardinalbischof von Ostia. Dieser berühmte Prediger kämpfte mit seinen zweiundvierzig Jahren unerschütterlich für die Ordnung innerhalb der römischen Kirche. Sonst verharre auch die Welt in ihrem Elend, mahnte er. Für ihn gab es in der Romagna keinen des bischöflichen Amtes würdigen Priester mehr! Mutig nannte er die simonistischen Kirchenfürsten bei Namen, denen nicht Kleriker, sondern Haufen von Schild- und Lanzenträgern folgten. Ihre Befehlshaber sollten bald darauf Kardinäle und Päpste werden ... Auch dieses Problem der sogenannten Schlüsselsoldaten des Vatikans, des päpstlichen Heeres und der päpstlichen Marine erhielt sich durch die ganze Kirchengeschichte, von der Schweizer Garde als päpstlichem Heeresverband bis zu der nur noch repräsentativen Leibwache in unseren Tagen.

Da Leo IX. ein inspizierender, wandernder Papst blieb, suchte er zunächst italienische Provinzen auf. Überall das gleiche: Ämterkauf und

Priesterehe. Für Damiani gab es nur Absetzung dieser Priester. Als der Papst über die Alpen zog, war es das erste Mal, daß ein Pontifex erschien, der keine unmittelbare Hilfe brauchte, kein Heer, keine alliierten Truppen zur Befreiung und Erhaltung der päpstlichen Residenz benötigte. Während seiner ganzen Amtszeit hielt sich Leo IX. stets für die Hälfte des Jahres in Deutschland auf, länger als mancher deutsche Kaiser.

Was stimmt an der kaiserlichen Rechnung nicht?

Trotz seiner ausgeprägten Friedensgesinnung mußte der Kaiser viele Kriege führen. Das kostete wie immer Geld. Dazu war er freigebig, im Gegensatz zu seinem Vater. Was dieser an reichlichen Benefizien-Geldern einnahm, ging seinem Sohn verloren, denn eingezogene Besitztümer behielt er nicht, sondern stiftete sie der Kirche. Die fünfjährigen blutigen Auseinandersetzungen mit Gottfried von Lothringen ließen den Ertrag der königlichen Güter zusammenschrumpfen.

Zur Ausschmückung der Goslarer Pfalz am Harz, zum Neubau des gewaltigen Saalbaues im Kaiserhaus, bewundert und gerühmt von Zeitgenossen, wie für das Domstift gegenüber dem Pfalzgebäude brauchte der kaiserliche Bauherr beträchtliche Summen. Achtzehnmal soll sich Heinrich III. in Goslar aufgehalten haben, immer wieder mit Ergänzungsbauten beschäftigt, die die Reichskasse sehr belasteten. Ebenfalls der Ausbau des von seinem Vater begonnenen imposanten kaiserlichen Domes in Speyer, viele Jahrhunderte der größte Dom Europas, den nun der Sohn Heinrich III. und später der Enkel Heinrich IV. förderten, schließlich Friedrich I. Barbarossa vollendete. Im Königschor befinden sich die Grabmäler von acht deutschen Kaisern aus den Häusern der Salier, der Hohenstaufen und der Habsburger.

Die finanzielle Situation verschlechterte sich trotz der Siege so sehr, daß Heinrich III. den Wormser Bischof um ein Darlehen von zwanzig Pfund Gold und zweihundert Pfund Silber bat und dafür ein Gut verpfändete. Ein Kaiser ohne Reichsschatz – was hatte das zu bedeuten? Es kam noch schlimmer: Heinrich III. brachte seine Krone zum Verleih, wie es später Päpste in dringenden Fällen ebenfalls taten, um ihren geistlichen und militärischen Etat aufzufrischen. Die innerpolitische Unruhe, gefährliche Pläne von Verschwörern, ausgesprochene Mordabsichten und ausgeführte Attentate gegen Heinrich waren Anzeichen, daß die Situation im Reich bedenklich war.

Die alte Spannung zwischen Kaiser und Reichsfürsten erhielt sich. Griff er nicht ein, dann drohten die Fürsten, griff er ein, dann schmähten sie ihn. Ihm mangelte es an der Energie zu Zusammenführung und Ausgleich. Als Heinrich III. dem gewalttätigen Konrad von Bayern 1053 durch ein Fürstengericht streng gesetzlich die Herzogswürde nehmen ließ, da kommentierte der Mönch Hermann von Reichenau: „In dieser Zeit murrten sowohl die Besten des Reiches als auch die Niederen immer mehr gegen den Kaiser und klagten."

Heinrich III. hat sich niemals in seinen Urkunden Cäsar genannt wie der Träumer Otto III. aus dem sächsischen Geschlecht. An dem salisch-fränkischen Kaiser war kein Zug zum Imperator zu erkennen, auch wenn er vornehmlich allein regierte und wie sein Vater nur zwei Erzkanzler brauchte, – im Gegensatz zu Otto I. mit neun und Otto II. mit fünf Erzkanzlern. Er hielt sich in der Außenpolitik zurück: keine Invasion nach Frankreich, Respekt vor den italienischen Südgrenzen. Seine Grenzziehung zwischen der Ostmark, dem späteren Österreich, und Ungarn wurde über 870 Jahre lang, bis 1919, anerkannt.

Von einem Höhepunkt des mittelalterlichen Imperialismus kann unter Heinrich III. keine Rede sein, wie bei älteren Historikern immer wieder übertreibend formuliert wird. Er reagierte auf Gefahren, doch er beseitigte sie nicht. Die Könige von Ungarn, Dänemark und Polen waren seine Vasallen. Italien vermochte er zu befrieden. Die Päpste ordneten sich ein und hofierten das Reich. Mit Frankreich suchte er Ausgleich, mit England war er verbündet. Das Reich hatte die größte Ausdehnung seit Otto dem Großen durch ein ganzes Jahrhundert bis zu Heinrich IV.

Zu Recht ist darauf hingewiesen worden, daß zentrale Kulturaufgaben – Abgrenzung von Staat und Kirche, einheitliches Recht und Gericht, Weiterführung der von Karl dem Großen, Otto I. und Otto III. begründeten Akademie- und Schulpflege — versäumt wurden. Stattdessen begnügte man sich mit einem kulturellen Sonderleben der Stämme und Landschaften, das von den Reichsbischöfen erneuert wurde. In ihren Palästen sammelten sich Dichter und Gelehrte. Trotzdem mußte Abt Ruperg von der berühmten Benediktinerabtei Göttweig in Niederösterreich seine bischöflichen Amtsbrüder verwarnen: Sie dürften nicht vergessen, daß sie ihre Kirchen und Burgen, Pfalzen und Prunkbauten mit dem Schweiß der Armen, Witwen und Waisen errichtet hatten.

Noch bestätigt der Kaiser den Papst

Kaiser, gib uns endlich den neuen Papst! Unter diesem Motto erschien im September 1054 am Mainzer Hof eine vatikanische Gesandtschaft unter

Leitung des Subdiakons Hildebrand. Merkwürdigerweise machte dieser einen Vorschlag, gab aber keine Vorentscheidung des römischen Volkes und der römischen Geistlichkeit bekannt, wer nach dem Tode Leos IX., der nur fünf Jahre regiert hatte, nun den apostolischen Stuhl besetzen sollte. Fast ein Jahr dauerte die Sedisvakanz.

Hildebrand trug, wie viele Cluniazenser, noch eine Maske, und er wollte es mit kaiserlicher Macht noch nicht verderben, zumal man wußte, daß Heinrich III. einen deutschen Pontifex wünschte. Wo fand sich ein Reformpapst, der dem Kaiser genehm war und zugleich den Cluniazensern als Haupt der Kirche gefiel? Oder zeigte die römische Gesandtschaft deshalb betonte Ergebenheit, weil der Kaiser immer noch als Oberhaupt der Kirche, Schutzherr des Christentums und Reformer waltete?

Hildebrand versuchte lediglich, den Kaiser für einen bestimmten Kandidaten zu gewinnen. Dazu bedurfte es keiner besonderen Mühe. Der von Hildebrand ausgesuchte Pontifex war ein vertrauter Ratgeber Heinrichs III. und sein Administrator für das Herzogtum Bayern. Er hieß Gebhard von Eichstädt, ehemaliger Graf von Hirschberg, durchaus eine geistliche Persönlichkeit und ein politischer Kopf.

Nach einem halben Jahr bekundete der Bischof auf dem Fürstentag zu Regensburg im März 1055 sein Einverständnis. Die Worte, die er wählte, waren genauso im cluniazensischen Geist durchdacht wie für die Kirche praktisch bedeutsam. Wenn er schon dem Willen des Kaisers entsprach, dann wünschte er eine ausdrückliche Gegenleistung. Darüber sagte er:

„Wohlan, so ergebe ich mich dem heiligen Petrus ganz und gar, mit Leib und Seele! Obschon ich meine Unwürdigkeit zu einer so heiligen Stellung erkenne, unterwerfe ich mich Eurem Gebot." Das klang nach der alten Huldigung an den Papstkürer, der der Kaiser offiziell war, obwohl er in diesem Fall Hildebrands Vorschlag folgte. Anschließend gab Gebhard die Voraussetzung seiner Zustimmung bekannt. Es hieß: „ ... aber nur unter der Bedingung, daß Ihr dem heiligen Petrus zurückgebt, was ihm gehört."

Der Kaiser versprach, Restgebiete des Patrimoniums zu übereignen, und stimmte der nachträglichen Wahl in Rom zu. Ein Zugeständnis wie bei dem Vorgänger. Der 152. Nachfolger Petri, Viktor II., wurde ein echter Partner des Kaisers, wenn auch dieser die enge Bindung des Papstes an Hildebrand unterschätzte.

Letzter Staatsakt für den sechsjährigen Sohn Heinrich IV.

So umgaben den neununddreißigjährigen Heinrich III. in Goslar, Lieblingspfalz und Mittelpunkt des Reichs wie Aachen vor 250 Jahren, nicht nur erschrockene Fürsten, als im September 1056 die Hiobsbotschaft von einem vollständigen Sieg der rebellischen Ljutizen über die Deutschen an der Havel eintraf. Die Heeresgruppe war vollständig von den Wenden vernichtet worden. Markgrafen und ihre Begleiter waren gefallen. Der Rest war auf der Flucht in den Fluten umgekommen. Wäre das auch geschehen, wenn der Kaiser im Osten selbst eingegriffen hätte? 1045 hatte er die Ljutizen noch besiegt. Dazwischen aber lagen über zehn Jahre.

Den Kaiser warf der schwere Schicksalsschlag aufs Krankenlager. Dort umgaben ihn die dringendsten Probleme wie dunkle Schatten, denen gegenüber er sich hilflos und ausgeliefert fühlte. Er wurde schwermütig, diesmal sehr ernst und düster, denn er dachte an seinen kleinen Sohn, dem die Fürsten als Säugling, noch ungetauft, Weihnachten 1050 ihr Treugelöbnis abgeleistet hatten.

Der Kaiser brachte sein politisches Testament zur Sprache, klare Aufgaben für klare Ziele. Vor allem Vergebung an alle, auch an den Oheim, der erst vor einiger Zeit ein Attentat auf ihn vorbereitet hatte. Schluß mit allen Verfahren gegen Majestätsverbrecher. Vergebung den Feinden im Land und auch außerhalb. Wie Heinrich III. sein Regiment mit Vergebung begonnen hatte, so sollte es auch mit Amnestie für alle enden.

Ein letzter Staatsakt am letzten Lager des Kaisers. Papst Viktor II., schon in Goslar mit großem Pomp empfangen, seine Bischöfe, die Fürsten und Markgrafen schworen, das Leben des sechsjährigen Sohnes zu schützen und ihm als zukünftigem Kaiser Heinrich IV. zu huldigen.

Der Kaiser beichtete und empfing Absolution. Die letzte Ölung nahm der Papst in Gegenwart hoher Geistlicher vor. Er begleitete den Kaiser auch zur letzten Ruhestätte. Heinrich III. hatte bestimmt, daß sein Herz in Goslar, seine Gebeine in Speyer beigesetzt werden sollten.

Wiederum der Tod eines deutschen Kaisers in verhältnismäßig jungen Jahren, noch nicht neununddreißig. Otto II. war neunundzwanzig Jahre und Otto III. einundzwanzig Jahre alt geworden. Jung gestorben in allen Fällen, wo die Väter, wie der erste Ottone oder der erste Salier, sich vollends ausgegeben hatten. Ihre Söhne wurden frühzeitig müde und siech.

Wie ein Epilog hört es sich an, was Kardinal Humbert, ehemaliger Mönch in einem lothringischen Kloster, Förderer der kirchlichen Reform und Vertrauter Leos IX., nach der Beerdigung des zweiten Saliers äußerte. Er bedauerte die Nachlässigkeit der Fürsten und fügte hinzu: „Die große Sünde der Könige scheint mir ihre Mißachtung der Klagen der Armen zu sein. Unsere Kaiser und Könige pflegen nämlich den Armen, die ihnen ihre Not vortragen, keinen andern Trost zu geben als: Warte, bis ich Zeit finde, deine Klagen anzuhören und dich von deinen Verfolgern zu retten."

VII.
Bannflüche auf Heinrich IV. und Heinrich V.

Staatsstreich gegen den zwölfjährigen Königsknaben

Anfangs berückendes Osterwetter 1062 auf der Insel Kaiserswerth im Rhein, wo sich, zwischen Duisburg und Düsseldorf, eine Pfalz erhob. Hier fand das erste Frühlings-Hoflager der Kaiserwitwe Agnes und ihres zwölfjährigen Königssohnes Heinrich IV. statt. Der Thronerbe war als Vierjähriger in Aachen gekrönt worden. In diesen schönen Festtagen empfing die regierende Kaiserwitwe, mit ihren mittvierziger Jahren repräsentativ und reizvoll, eine Abordnung der Fürsten und Reichsbischöfe unter Führung des Erzbischofs Anno von Köln. Ihren Ausflug hatten die Herren mit einem neuen prachtvollen Schiff gemacht, das die Neugier aller Anwesenden erregte.

Nach dem Festmahl wünschte der kleine König den schwimmenden Palast zu besichtigen, der in Gold und Silber glänzte, mit kostbaren Gemälden und Schnitzarbeiten ausgestattet war. Kaum hatte der Knabe das Traumschiff bestiegen, als er umringt wurde und mittschiffs abgedrängt werden sollte. Der Junge spürte sofort die Gewalt und sprang in den Rhein. Das Schiff trieb schon mitten im Strom. Der Königsknabe kämpfte solange mit den heftigen Wellen, bis seine Kräfte nachließen und er sich von Graf Ekbert retten ließ, der ihm nachgesprungen war.

Auf dem Schiff behandelte man Heinrich IV. zuvorkommend. Als er sich etwas erholt hatte, besuchte ihn Erzbischof Anno von Köln in der Kajüte. Der blutjunge König hörte erst nach und nach zu, denn er horchte nach draußen. Stimmen? Signale? Suchte, half man ihm nicht? Was befahl seine Mutter, die Kaiserwitwe? Schließlich fühlte er sich als Gefangener und hörte zu.

Er erfuhr, daß der Erzbischof sein neuer Vormund sein würde. Nicht mehr seine Mutter? Heinrich IV. solle im erzbischöflichen Palais wohnen und dort erzogen werden. Warum denn nicht mehr im Kreis seiner Familie? Von der Mutter war kaum die Rede. Alles unfaßbar für den kleinen König.

Kaiserwitwe Agnes stand auf dem Balkon und sah hilflos von der Insel

Kaiserswerth dem entschwindenden Schiff auf dem Rhein nach. Das Ufer voller Hofleute und Volk. Man drohte mit den Händen, tat aber nichts. Kein Schiff wurde alarmiert. Nirgends meldeten sich Freunde als Beistand und Verfolger. Die Majestät schien ohne Macht.

Nach dem Tode Heinrichs III. war Agnes Alleinvormund ihrer Kinder gewesen. Ruhe und Sicherheit als Nachwirkung des bisherigen Salierregimes wußte sie geschickt zu erhalten. Da man jedoch an der Spitze des Reiches keine Frau wünschte, fing man an, sie zu befehden, obwohl sie sich in jeder gefährdeten Lage „aufrecht erhielt", wie es ein Chronist formuliert, während ein anderer ihre oberste Gewalt und Verwaltung als „zum Schaden des Reiches" abwertet.

Reichsleitung Anno von Köln – als Faustpfand der junge König

Einer wich nicht von der Seite der Kaiserwitwe. Es war der Kölner Erzbischof Anno, der sich zu einem doppelten Spiel hinreißen ließ. Das erfuhr die traurige und hilflose Mutter erst, als er ihren Sohn entführte. Anno sammelte Verschworene unter den geistlichen Fürsten, wie Siegfried von Mainz, und unter den weltlichen Fürsten, wie Otto von Northeim, auf den die Kaiserin gesetzt hatte, dann Ekbert von Meißen, der den in die Freiheit gesprungenen kleinen König aus dem Wasser gerettet und an Bord zurückgebracht hatte, auch den sächsischen Markgrafen Dedi. Für Annos umstürzlerische Ideen erklärte sich der alte Widersacher der salischen Monarchie, der ungebrochene kämpferische Gottfried von Lothringen. Vor allem Papst Alexander II., ein Günstling des in der Kirchenpolitik entscheidend wirkenden Laterangeistes Hildebrand, und Bischöfe aus der cluniazensischen Reformbewegung. Sie alle, so unterschiedlich sie waren, einigten sich über eine fällige Änderung der Reichspolitik, womit hauptsächlich die Absetzung der Kaiserwitwe Agnes gemeint war.

Agnes wehrte sich nicht. Kein Aufruf an die deutschen Herzöge und Fürsten erfolgte. Die Kaiserwitwe verzichtete endgültig, nahm den Schleier und ging in ein italienisches Kloster.

Die kleine Majestät mitten im pfingstlichen Gemetzel

Erzbischof Anno von Köln, Anstifter des fürstlichen Handstreiches gegen den jungen König, übernahm die Regierung, wie es nicht anders zu erwarten gewesen war. Da der kleine Heinrich stets in seiner Nähe bleiben mußte, litt der Knabe an einem unsteten Wanderleben durch Deutschland, ohne geregelte Schule und Erziehung. Er zeigte äußerste Antipathie gegenüber dem strengen Erzbischof, schon weil er ihn als den Kopf der Revolte gegen seine Mutter erkannte. Mit seinen jungen Jahren fing er an, seine Umgebung aufs schärfste zu prüfen, und machte eine Enttäuschung nach der anderen durch. Er fühlte sich als Faustpfand, das man unnachsichtig bewachte, um das man sich aber nicht bemühte. Man überließ ihn sich selbst.

Am Osterfest 1063 war Heinrich IV. in Goslar Zeuge, wie die hohen Geistlichen im Dom randalierten, wo es doch nur um die Platzverteilung zum Gottesdienst ging. Am Pfingstfest wiederholten sich die Rangstreitigkeiten. Als die Morgenmesse begann, stürzten Bewaffnete des Abtes Widerad von Fulda gegen Anhänger des Bischofs Hezilo von Hildesheim. Handgemenge zwischen den Betbänken. Schwerter blitzten vor dem Altar, Schreie und Widerstand. Der Bischof von Hildesheim feuerte wütend seine Anhänger an, sich nicht durch die Heiligkeit des Ortes abschrecken zu lassen und zuzuschlagen. Erste Verwundete und Tote unter den Kämpfern. Der dreizehnjährige König, mitten im Getümmel, versuchte die blutig streitenden Partner zu beruhigen, doch auf die kleine Majestät hörte niemand. Man empfahl ihm, selbst sein Leben zu retten und den Kampfplatz im Dom zu Goslar schnellstens zu verlassen.

Sollten diese streitbaren Bischöfe genau wie die verschworenen Erzbischöfe und Fürsten von Kaiserswerth die Getreuen seiner Zukunft werden? fragte sich Heinrich IV. enttäuscht. Er sah seinen Vormund immer seltener und schloß sich immer mehr dem Erzbischof Adalbert von Bremen an. Zwischen ihnen begann eine langjährige Freundschaft.

Auf dem Fürstentag in Allstedt im Juni 1063 kam es zur politischen Sensation, als Anno von Köln seinen Kollegen Adalbert von Bremen zum Mitregenten erhob. Damit verbanden sich beide Seiten, ohne sich zu verbünden, Vertreter der bisherigen und der neuen Epoche. Der Erzbischof teilte die politische Arbeit. Anno regierte in Italien und lenkte die innenpolitischen Verhältnisse, Adalbert leitete die deutsche Politik und übernahm offiziell die Erziehung des jungen Königs.

Der Vorhang der Welt zerriß vor den Augen Heinrichs IV., wenn er sich mit Erzbischof Adalbert von Bremen in der Pfalz Goslar unterhielt. Er bekam ein klares Bild von allem, wenn auch sehr individuell und verschärft vermittelt. Ob es politische Persönlichkeiten oder organisatorische Gebiete waren, Fragen des Militärwesens oder der Finanzen, innenpolitische oder außenpolitische Betrachtungen, – Heinrich IV. hing an den Lippen des großen Erzbischofs.

Selbstverständlich arrangierte Adalbert von Bremen Feste und Gelage für die Kumpane seines Schützlings, selbstverständlich fehlten nicht Gespielinnen für die Träume und rasch wechselnden Begierden des Heranwachsenden. Anlaß genug, von der Gegenseite übertrieben zu werden und von sinnlichen Ausschreitungen zu sprechen, ganz zu schweigen von angeblich ungeheuren Ausgaben.

Erfreut über die erzieherischen Ergebnisse bei seinem Schützling, schlug Adalbert von Bremen dem stellvertretenden Regenten Anno vor, dem jungen Heinrich IV. bereits mit fünfzehn Jahren die Mündigkeit zuzusprechen, ihn feierlich mit dem Schwert zu umgürten und ihm das Königsdiadem aufzusetzen. Das hatte nicht nur staatsrechtliche Folgen, sondern auch Folgen für Heinrich IV., der nunmehr selbständig Entschlüsse treffen konnte. Sogleich entließ der junge Herrscher den strengen Kölner Erzbischof Anno und setzte Adalbert von Bremen als seinen ersten Minister ein.

Die zweite Verschwörung der alten Gegner von Kaiserswerth

Kaum ein Jahr dauerte es, und die Fürsten verlangten, 1066, einen Reichstag in Tribur. Weder der junge König noch sein erzbischöflicher Betreuer ahnten, was da drohte: eine zweite Verschwörung der alten Gegner von Kaiserswerth, diesmal unter Leitung des Erzbischofs Siegfried von Mainz, an seiner Seite natürlich Anno von Köln, wieder Otto von Northeim und Rudolph von Schwaben. In Gegenwart der wichtigsten Reichsfürsten stellte Anno von Köln als Sprecher seiner Partei ein Ultimatum: entweder Rücktritt des Königs oder Entlassung seines ersten Ministers.

Adalbert von Bremen riet dem König zur Flucht nach Goslar, wo starke Truppenverbände bereitstanden. Als in der Nacht die Reichsinsignien und der Schatz des Königs fortgeschafft werden sollten, war alles verraten. Alarm der Gegenseite und geharnischtes Auftreten. Nur durch Heinrichs IV. Eingreifen konnte sich Adalbert von Bremen retten. Wieder stand der König allein, wieder war er Gefangener des Bischofsregimentes. Anno regierte noch strenger und unnachsichtiger, indem er die Bewegungsfreiheit wie die politische Tätigkeit des Königs einschränkte.

Weltliche und geistliche Fürsten drängten Heinrich IV. zu einer schnellen Heirat, womit man politische und menschliche Probleme zu lösen hoffte. Eine Heirat, die ihm schon vor zehn Jahren von seinem Vater vorherbestimmt worden war. Es handelte sich um die schöne gebildete Italienerin Bertha von Turin, Tochter Ottos von Savoyen und der Markgräfin von Susa. Der Sechzehnjährige lehnte die Erwählte jedoch zunächst ab, heiratete sie dann zwar, enthielt sich aber jeden Umgangs mit ihr.

Mit der erzwungenen Hochzeit im Juli 1066 begann in Heinrichs Wesen eine Verwandlung. Er verhielt sich taktisch und ließ alles über sich ergehen. Er verstellte sich, bis die Stunde seiner Befreiung von der fürstlichen Abhängigkeit schlagen würde.

Während der nächsten Jahre kam es zu Begegnungen, die voller Gewicht sein sollten. Heinrichs IV. alter Widersacher, Erzbischof Siegfried I. von Mainz, näherte sich überraschend dem König, weil er auf dessen Unterstützung in einer heiklen Sache hoffte. Konnte man nicht ein Gegengeschäft machen? Der König suchte geistliche Unterstützung für seine schon vollzogene Trennung und angestrebte Scheidung von Bertha von Turin, gegenüber der seine Abneigung unüberwindlich schien. Der Erzbischof brauchte Hilfe dafür, daß die Thüringer den kirchlichen Zehnten zahlten, was sie bisher ablehnten. Die ehemaligen Gegner reichten sich die Hände, Heinrich sicherlich nur zur Erreichung seines Ziels. Ein Ziel, dessen menschliche und erotische Beweggründe im Dunkel blieben, falls man als Ursache nicht den jugendlichen Protest gegen die väterliche Vorwahl einer Gemahlin erkennen will. Der König versprach bewaffnete Hilfe, Siegfried war bereit, beim Papst vorzufühlen.

Papst Alexander II. lehnte die Scheidung schroff ab. Er drohte mit dem Bann, falls sich der König trotzdem scheiden lassen würde. Der erste angedrohte Fluch für einen deutschen König; für Heinrich IV. der Anfang einer Reihe von späteren Bannsprüchen.

Als die Scheidungsaffäre zum politischen Skandal zu werden drohte, weil sich der König auf dem Reichstag in Worms 1069 offen dafür aussprach, die Reichsfürsten dagegen den Ehestreit „ein häßlich und mit der königlichen Würde unvereinbares Ding" nannten, da erschien Petrus Damiani als außerordentlicher Gesandter aus Rom. Er verwies den deutschen Erzbischof Siegfried von Mainz in seine Schranken und drohte, daß er den heiligen Rock ausziehen müsse, falls er die Hilfestellung für den König nicht aufgäbe. Heinrich IV. gegenüber inszenierte Damiani einen ähnlich heftigen Auftritt, drohte mit Kirchenstrafen und mit der Ablehnung der Kaiserkrönung.

Den König hatten seine Fürsten davon überzeugt, daß es wegen einer Scheidung keine Spannung zwischen Staat und Kirche geben dürfe. Große Szene in Frankfurt, bei der der König einlenkte: „Wenn Ihr unweigerlich darauf besteht, will ich mir selbst Gewalt antun und die Last, die ich nicht abwerfen kann, so gut ich es vermag, weiterschleppen."

Darauf erneute große Szene in Goslar mit freundlichem Empfang der bisher beiseitegestoßenen Gemahlin. Allmählich begann Heinrich eine Ehe mit Bertha von Turin, die ihm eine vorurteilslose, tapfere Gefährtin wurde.

Im gleichen Jahr der Scheidungsaffäre erlebte der neunzehnjährige König die dritte Empörung. Nach den Reichsbischöfen und Fürsten nun ein ganzer Volksstamm. Es waren die Sachsen, unterstützt von den Thüringern, die sich wegen der königlichen Protektion von Siegfrieds Ansprüchen auf den thüringischen Zehnten enttäuscht sahen. Heinrich IV. konnte sie beruhigen und die Sachsen vorerst schlagen.

An der Spitze der Sachsen stand der durch ausgedehnten Erbbesitz mächtig gewordene Bayernherzog Otto von Northeim. Trotz der Belehnung durch die Kaiserwitwe Agnes wurde er sogleich aktiv in der Opposition. Alle anfänglichen Gegner Heinrichs IV. blieben im Widerstand, lange Jahre hindurch, unverbesserlich und verräterisch. Immer wieder tauchen ihre Namen bei Komplotten auf.

Paßte ihnen der junge König nicht? Trachteten sie selbst nach größerer Macht und nach dem Thron, wie Erzbischof Anno, der dreimal, 1062, 1066 und 1072, auf Bitten der Fürsten die Reichsleitung übernahm und Heinrich so ausschaltete? Entfesselten sich ihre Temperamente in diesem größten Sachsenaufstand seit den karolingischen Tagen? Auf jeden Fall waren und blieben sie Hochverräter. Heinrich IV. sollte sie alle in ihren letzten Absichten kennenlernen.

Über fünf Jahre zog sich Heinrichs Kampf gegen die Sachsen hin. Nach mörderischen Schlachten, schweren beiderseitigen Verlusten, Plünderungen, Brandschatzung fand man sich auf dem Reichstag in Goslar 1075 zur Verständigung bereit. Dabei verlangte der fünfundzwanzigjährige König von den Sachsenfürsten den Schwur, seinen vierjährigen Sohn Konrad zum Nachfolger zu wählen.

Nach Aachen wurde Goslar endlich die zweite Hauptresidenz der deutschen Könige und Kaiser. Das wandernde Königtum fand eine Heimat durch diesen jungen salischen Franken. Wie stolz hätten die Sachsen sein müssen, daß auf ihrem Territorium, in ihrer Landschaft Hof- und Reichstage abgehalten wurden. Die Burgen, unter Heinrichs Regierung aufgebaut – von den Sachsen Zwingburgen der Freiheit genannt –, dann im Sachsensturm geschleift, erhoben sich aufs neue.

Der mächtigste Mann im Vatikan läßt von sich hören

Nachdem mit den Sachsen vorerst alles geklärt schien, mischte sich jemand ein, von dem es niemand erwartet hatte. Es war der neue Inhaber des apostolischen Stuhls, Gregor VII., der ehemalige Cluniazensermönch und Archidiakon Hildebrand, Berater der letzten sieben Päpste, seit zwei Jahren selbst im Amt des Pontifex. Er trat als Fürsprecher der Sachsen auf und verlangte Freilassung der gefangenen Geistlichen. Politisch-kirchliche Fragen drängten plötzlich hervor. Gregor VII. erklärte sein Verhalten als Eingreifen für eine „reine und gehorsame Christenheit". Dieser Begriff des kirchlichen Gehorsams sollte in allen späteren Auseinandersetzungen zwischen Papst und Kaiser unabdingbar vorkommen. Gehorsamkeit dem Papst und der Kirche gegenüber ... von allen Christen gefordert, vom König bis zum unbekannten Gläubigen.

Dieser neue Ton im Verkehr des Papstes mit dem deutschen König erhielt einen besonderen Akzent, als an die Aufhebung der Laieninvestitur erinnert wurde. Bereits auf seinem ersten Konzil 1074 hatte Gregor verkündet: „Niemand darf die Rechte einer Kirche kaufen oder verkaufen." Die Käufer und Verkäufer geistlicher Würden, auch die Vermittler solchen Ämterhandels wurden verdammt.

Ein erstes drohendes Zeichen für Heinrich IV., das nichts anderes bedeutete: Der König dürfe niemals mehr Bischöfe einsetzen! Dieses Verbot sollte zu einer Schicksalsfrage für die kaiserliche wie die kirchliche Seite werden. Sie stand im Mittelpunkt des beginnenden weltgeschichtlichen Dramas.

Wem gehorchte der Bischof? Wer besaß das oberste Aufsichtsrecht? Von römischer Seite wurde es seit dem Jahr 1000 in besonders krassen Fällen von selbstherrlichen Landesbischöfen oder aufrührerischen Erzbischöfen beansprucht. Kardinal Humbert, einer der engsten Vertrauten des deutschen Papstes Leo IX., sprach sich 1060 ganz deutlich über Laieninvestitur als Schacher mit geistlichen Ämtern aus. Es hieß darin: So wenig ein Simonist wirklicher Bischof ist, so wenig darf ein vom König ernannter Kleriker als Bischof betrachtet werden. Gregors VII. Verbot der Investitur durch Laien konnte die Grundlagen der königlichkaiserlichen Herrschaft erschüttern, die sich auf geistliche Fürstentümer stützte.

Der päpstliche Vorstoß gegen die Ernennung von Reichs- und Fürstbischöfen, bisher ein Hauptbestandteil der ottonischen wie salischen Politik, war ein Echo auf die Ostersynode im Lateran 1059. Dort hatte Papst Nikolaus II., der sich bereits eine zweite Krone aufsetzte, im

Aus dem Krönungsschatz der Kaiser. Links oben: Kaiserkrone Ottos I. Rechts oben: Die heilige Lanze wurde der Majestät vorausgetragen. Links unten: Reichsapfel. Rechts unten: Reichsadler.

Karl I. der Große, Beherrscher des Abendlandes, mit Papst Leo III., der ihm die Kaiserkrone aufsetzte.

Der erste Sachse auf Karls Kaiserthron: Otto I., der Große.

Verherrlicht in den deutschen Domen wie selten ein Kaiser: Heinrich II., der letzte Sachse.

Wallfahrt der deutschen Könige nach Rom zur Kaiserkrönung.

IV

Heinrich VII. überquert im Jahre 1310 die Alpen.

Unten: Investitur des heiligen Adalbert durch Otto II. Die Einsetzung der Bischöfe wurde im 11. Jahrhundert Gegenstand des Investiturstreits zwischen Kaiser und Papst.

Links: Sieger in der Politik, Verlierer auf dem Schlachtfeld:
Friedrich I. Barbarossa.
Rechts: Zwischen Morgen- und Abendland: Stauferkaiser Friedrich II.

Unten: Traum von Einigkeit und Macht der Deutschen: Auferstehung
Barbarossas oder Friedrichs II. im Kyffhäuser in Thüringen.

Oben: Reichsheiligtum auf Burg Karlstein bei Prag.

Unten: Im Dom zu Speyer liegen acht deutsche Kaiser begraben.

Rudolf von Habsburg: vom einfachen Grafen zum ungekrönten Kaiser des Heiligen Römischen Reiches Deutscher Nation.

Gegensatz zu der einfachen Krone der Kaiser, das Gebiet abgesteckt, auf dem die Kirche sich auszudehnen und allein zu herrschen gedachte. Das bis heute gültige Papstwahldekret bestimmte, daß es fortan allein den Kardinälen – zunächst den sieben Kardinalbischöfen der römischen Kirchenprovinz, später auch den achtundzwanzig Kardinalpresbytern und den siebzehn Kardinaldiakonen – vorbehalten sei, den Statthalter Christi zu wählen. Eine Absage an den römischen Adel und an das römische Volk – sie sollten als Wähler nicht mehr in Erscheinung treten –, vor allem aber eine Absage an das bisherige Vorschlagsrecht des Kaisers.

Der Papst kann den Kaiser absetzen

Als sich im Anschluß an die Synode ein Vertrauter des Papstes, Kardinal Stephan, nach Goslar begab, um die päpstlichen Erlasse zu erläutern, da verweigerte die Kaiserwitwe eine Audienz. Sie wußte, was im Papstwahldekret enthalten, aber noch nicht ausgesprochen worden war: Absage an das bisher über zweihundert Jahre gültige Vorschlagsrecht der Kaiser für die Besetzung des römischen Thrones. Ein glatter Verstoß gegen den letzten Vertrag Heinrichs III. mit Rom. Vor allem so geschmeidig und vieldeutig verfaßt, daß dem jungen König wohl die Bestätigung der Papstwahl zugebilligt, aber das bisherige Recht geschmälert wurde, indem die Rede davon war, er könne ja mit den Kardinälen zusammen wählen ... Erste Spannung, erster Konflikt, den Heinrich IV. nun auszutragen hatte. Verstärkt durch die siebenundzwanzig herausfordernden Leitsätze Gregors VII. in dem berühmten „Dictatus papae", seit Jahren skizziert, dann vollständig veröffentlicht.

Im neunten Leitsatz hieß es überraschend: „Dem Papst allein steht die Verfügung über die kaiserlichen Insignien zu." Der zwölfte Leitsatz verkündete schroff, jeden Widerspruch zurückweisend: „Der Papst kann den Kaiser absetzen." Als Ergänzung der achtzehnte Leitsatz: „Des Papstes Urteilsspruch kann von niemandem aufgehoben werden, während er allein alle anderen Urteile aufheben kann." Im zweiundzwanzigsten Leitsatz stand die durch die Kirchengeschichte zahllos widerlegte Behauptung: „Die römische Kirche hat nie geirrt und wird nach dem Zeugnis der Schrift niemals irren."

Im Sommer 1075, gleich nach seinem Sieg über die Sachsen, schickte der König Geheimboten nach Rom. Sie überbrachten einen Brief, dessen Vertraulichkeit betont wurde, da sich „fast alle Fürsten meines Reiches mehr freuen, wenn wir uneins sind, als wenn wir miteinander Frieden halten". In der Botschaft kündigte der Absender die bevorstehende Ankunft von „vertrautesten und treuesten Gesandten" an, durch die „mein ganzes Wollen und meine Ehrerbietung" angezeigt wurden.

Des Königs „ganzes Wollen" bestand in der römischen Kaiserkrönung! Nach dem Kriegsglück nun der kaiserliche Triumph mit den zwei Kronen vor aller Welt. Gregor VII. war damit einverstanden, „ihm (dem König) unter Zustimmung Christi den Schoß der heiligen römischen Kirche zu öffnen", wie es im verklausulierten Stil des damaligen Lateransekretariats lautet. In einem späteren Brief rückte der Papst allerdings mit der Vorbedingung der Krönung heraus: Verzicht auf die Laieninvestitur, wie nicht anders zu erwarten.

Heinrich IV. gab die bisherige Diskretion auf. Er beabsichtigte, mit den Reichsfürsten öffentlich über das Problem der Kaiserkrönung zu verhandeln. Das war nicht im Sinne des Papstes, wie dessen Bedingung erst recht nicht im Sinne der Fürsten als den bisherigen Nutznießern des Kronrechtes war. Über private, nicht über diplomatische Wege erfuhr der Papst von der königlichen Entscheidung, das Investiturrecht nicht preiszugeben. Gregor VII. verweigerte daraufhin die Kaiserkrönung: Hauptschlag gegen den König und Hauptgrund für Heinrichs IV. Kampf mit dem Heiligen Vater. Beide Probleme, Kaiserkrönung und Investitur, hingen für den König wie für den Papst untrennbar zusammen.

Die Kaiserkrönung — Traum und Wirklichkeit über 200 Jahre

Deutsche Könige wurden meistens nach der Ewigen Stadt gerufen, um Ordnung zu schaffen und die apostolische Nachfolge zu klären. Italienzüge waren dringend erbetene Hilfszüge für den Papst. Bis zu dem Augenblick, wo deutsche Herrscher taten, was Karl dem Großen nicht in den Sinn gekommen wäre: um die römische Kaiserkrone zu *bitten*. Und was Otto der Große auf Grund seiner riesigen Streitmacht beinahe für selbstverständlich hielt: Kaiser in Rom zu werden.

Manche Kaiser haben ihren kleinen Sohn in Rom krönen lassen, um die Gewähr der Nachfolge auch zeremoniell zu besitzen. Dementsprechend bestätigten unmündige Kaisersöhne, wie Heinrich IV. mit zehn Jahren, offiziell die Papstwahlen. Ein unmöglicher, trotzdem mehrmals geschehener Vorgang.

Bis dahin waren deutsche Heereszüge nach Italien erwünscht. Nun nahm sich Gregor VII. sogar das Recht, deutsche Lehnsgebiete im Süden als päpstliches Lehen zu vergeben. Wenn dieser Papst über Truppen verfügte, so waren es nicht eigene, sondern fremde Truppen. Die Adligen, denen er den Treue- und Lehnseid abnahm, hatten ihm militärisch beizustehen, wofür sie Fürstentümer verliehen bekamen. Was Gregor VII. tat, tat er demonstrativ und endgültig: so das Verbot des geistlichen Ämterkaufs oder das Gebot der Ehelosigkeit der Geistlichen, beinahe schon alte Anordnungen, die trotzdem nie so wirksam geworden waren, wie erstrebt. Oder er handelte unauffällig und befand sich dann plötzlich mitten im politischen Kräftespiel.

Der König war zu jung und von zu wenigen Vertrauten umgeben, um seinen Plan mit Macht durchführen zu können. Auch er besaß die Illusion, als Kaiser größer zu sein denn als König. Aber alle Großen waren in Rom mit politischem Ansehen und nach großen Siegen auf dem Schlachtfeld eingekehrt, um sich dann die Kaiserkrone aufsetzen zu lassen. Damit schien es für Heinrich IV. bis auf weiteres vorbei. Es war eine Atempause in der Auseinandersetzung der beiden Seiten.

Während der geheimen Vorverhandlung hatte Gregor VII. zu einem weiteren Schlag ausgeholt: Zur Fastensynode 1075 waren nur drei deutsche Kirchenfürsten vorgeladen worden. Sie sollten sich wegen Simonie rechtfertigen. Da die Erzbischöfe von Mainz, Bamberg und Augsburg fernblieben, wurden sie suspendiert. Fünf Räte des Königs traf der Schlag ebenfalls. Ein deutlicher päpstlicher Blitzstrahl gegen die deutsche Kirche.

Aufkündigung des päpstlichen Gehorsams

Als Heinrich IV. sich nicht um den Schuldspruch kümmerte und die Räte in der Kanzlei — von Gregor als „Leibeigene des Königs" beschimpft — weiter beschäftigte, erhielt er im Januar 1076 einen Brief vom „Knecht der Knechte Gottes", worin ihm „nur mit Bedenken" der apostolische Gruß erteilt wurde. Der König sollte sich des Umgangs mit den gebannten Räten enthalten und die Exkommunizierten von sich scheiden, selbst aber wegen seiner Übertretung „durch gebührende Buße und Sühne Losspruch und Verzeihung" erlangen.

Wenige Wochen später trafen sechsundzwanzig von vierunddreißig Bischöfen zu einem deutschen Nationalkonzil in Worms zusammen. Der Anlaß war ebenso vertraulich wie schwerwiegend. Als erster Sprecher trat zu aller Überraschung ein römischer Kardinalpriester auf. Es war Hugo Candidus von St. Clemente. Eine glänzende, keine düstere Erscheinung, bekannt als einer der aktivsten Legaten, einst Freund, jetzt der erste Feind des Papstes. Er bezweifelte die rechtmäßige Einsetzung des Pontifex und kritisierte das Investiturrecht. Er sprach über das sündhafte Leben des Papstes, was sogar in einem Brief der Bischöfe nach Rom erwähnt wurde:

„Du hast auch die gesamte Kirche mit dem Gestank eines überaus schweren Ärgernisses erfüllt, indem Du mit einer Frau (Mathilde von Canossa) vertraulicher als nötig zusammenlebst..." Deshalb höre man überall die Klage, jeder Erlaß des päpstlichen Stuhles werde von Weibern betrieben und durch diesen neuartigen Weibersenat die ganze Kirche regiert.

Zum Schluß des deutschen Konzils wurde dem Papst der Gehorsam aufgekündigt. Alle Bischöfe und Prälaten unterschrieben die Urkunde.

Absetzung Gregors VII. durch königliche Proklamation

Heinrich IV. selbst sandte einen Brief an den römischen Klerus und das römische Volk, worin sie zur Feindschaft gegen den Pontifex aufgerufen wurden. In einem Sonderschreiben an den päpstlichen „Friedensstörer" klagte der König diesen noch einmal an: „Alle ererbte Ehre, die Mir vom päpstlichen Stuhl geschuldet wird, in übermütigem Unterfangen geraubt, hast Du Mir in weiterem Vorgehen die Herrschaft über Italien mit den schlimmsten Machenschaften zu entreißen versucht... Ein anderer besteige den Stuhl des heiligen Petrus! Denn Ich, Heinrich von Gottes Gnaden, rufe Dir mit allen unseren Bischöfen zu: Steige herab, steige herab!"

Gesandte, die das Schreiben auf der Fastensynode im Februar 1076 in Rom verlasen, konnten sich kaum vor der Wut und Empörung der Kleriker retten. Gregor VII. jedoch fuhr im Programm der Synode fort, als wenn nichts geschehen wäre.

Während es bisher nur in der Macht deutscher Könige und Kaiser gelegen hatte, Päpste abzusetzen, wenn sie nicht mehr dem apostolischen Ruf dienten, versuchte Heinrich IV., den Papst aus politischen Gründen abzusetzen. Das war problematisch, zumal er selbst sich nur in scheinbarer Überlegenheit befand, wie sich herausstellen sollte. Er gab dem Anstifter des Konfliktes eine zusätzliche Waffe in die Hand, ihn mit Hilfe deutscher Fürsten an den Abgrund zu drängen.

Am nächsten Tag, am 22. Februar 1076, sprach der Papst die Absetzung und Bannung des deutschen Königs in Form eines Gebetes aus. Der erste römische Bann gegen einen deutschen König, dessen Untertanen in allen Völkern von ihrem Eid entbunden wurden. Das machte ungeheures Aufsehen in Europa, besonders im Reich. Keine Verhandlung mehr, keine Vermittlung, keine Begegnung der Partner. Nur Schmähung, nur Fanatismus. Auch kein Einlenken oder Verzeihen auf päpstlicher Seite. Der Stellvertreter Christi benahm sich wie ein beleidigter weltlicher Herrscher.

Was ließ beide so hemmungslos gegeneinander stürmen? Ein König Mitte Zwanzig, der sich nicht um die Folgen seiner Handlung sorgte, der die Suggestionskraft seines Gegenspielers als Oberhirte und vor allem die Macht des Bannstrahls, schließlich auch seinen Anhang und sein eigenes Volk unterschätzte. Dagegen ein über die deutschen Verhältnisse bis in Einzelheiten sorgfältig unterrichteter, politisch *und* religiös eingestellter Papst, Mitte Fünfzig, ein gewandter Taktiker. Er verteidigte das christliche Erbe von mehr als tausend Jahren wie ein Cäsar und konnte dafür fremde Mächte, fremde Truppen, fremde Waffen einsetzen. Dieser Regent an der Spitze der Kirche betrat das Kampffeld Europa, um die Vormachtstellung des Kaisertums zu beseitigen und die Vormacht der Kirche und ihre Weltherrschaft einzurichten.

Kein Prozeß in Rom gegen Heinrich IV.

Das Zeitalter der Briefe als politische Waffe setzte ein. Heinrich schrieb sie genauso wie Gregor. Heinrichs Briefe waren Pamphlete, Gregor sparte sich die seit Jahrhunderten in der Kirche gebräuchlichen Enzykliken und schrieb stattdessen Werbebriefe an Bischöfe und Erzbischöfe. Er wollte sie vom König trennen, das vom König betriebene Schisma der Kirche in Deutschland aufheben und Deutschland in zwei Lager spalten. Wo geistliche Würdenträger zögerten, ihre auf dem Wormser Reichstag gegebene Unterschrift auf der Absetzungsurkunde des Papstes von selbst zurückzuziehen, da ermunterte sie der Papst zur Rückkehr in den Schoß der römischen Mutterkirche und zur Buße. Ihn unterstützten fanatische Publizisten wie der Chorherr Manegold aus Lautenbach, der das Volk aufpuschte: Es könne einen seine Rechte ververletzenden Herrscher wie einen unredlichen Schweinehirten davonjagen. Es gab auch Bischöfe, die es mit keiner Seite verderben wollten und deshalb sowohl zum Papst als auch zum König hielten. Wenige Bischöfe blieben an der Seite Heinrichs IV., indem sie den Bann als ungerecht und rechtsungültig hinstellten. Der König war nicht nach Rom geladen worden, um sich zu rechtfertigen; ein Prozeß hatte nicht stattgefunden.

Durfte ein König überhaupt gebannt werden? Kleine Fürsten, wie die der Normannen, hatten unter Bann gestanden. Gregor VII. führte ein Beispiel aus der Papstgeschichte an: Der Grieche Zacharias (741–52) schickte den letzten fränkischen König aus dem Geschlecht der Merowinger Childerich III. ins Kloster. Warum lieferte man sich „der Raserei eines einzigen Mönches" aus? fragte Petrus Crassus auf der königlichen Seite. Wenn jemand die Waffen gegen das Königtum erhob, war das nicht „wider Gottes und der Menschen Gesetze, wider Völkerrecht und bürgerliches Recht..."? So wiederholte die Kirchenversammlung in Mainz die Absetzung des Papstes.

Die Deutschen fallen von ihrem König ab

Die süddeutschen Reichsbischöfe, als Mitglieder des deutschen Episkopates von Heinrich IV. besonders gefördert, und ebenfalls die süddeutschen Fürsten hatten sich von allen Solidaritätskundgebungen für den abgesetzten König zurückgehalten. Nirgends waren sie anwesend, nirgends verhandelten oder protestierten sie. Es war die beste Gelegenheit, sich von ihm endgültig zu lösen. Nicht Fremde, sondern Deutsche sagten es. Es waren dieselben Deutschen, die sich gegen ihren König schon dreimal verschworen hatten! Nicht päpstliche Legaten forderten sie dazu auf, sondern sie selbst schüttelten diese Königsherrschaft ab.

Zum eigenmächtig angesetzten Fürstentag in Tribur, Oktober 1076, erschienen die deutschen Herzöge und Fürsten als Kläger und Ankläger. Sie vergaßen allen Hader unter sich. Keine Trennung mehr zwischen Süd- und Norddeutschen. Von Rom erschienen päpstliche Gesandte, die die Bußfertigen der Triburer Versammlung sogleich vom Bann zu lösen vermochten. Man kennt die Liste der Erzbischöfe, Bischöfe, Äbte und Laien, die umschwenkten und ihren König im Stich ließen, ohne mit ihm zu verhandeln. Hinweise auf päpstliche Briefe, die verlorengegangen sind, lassen annehmen, daß sie genaue Vorschriften enthielten, unter welchen Bedingungen Heinrich IV. weiterregieren dürfe oder abtreten müsse. Der Papst erwartete vollkommene Entschuldigung mit „wahrem und vollkommenem Gehorsam". Hier taucht der kirchliche Begriff erneut auf, der allerdings zugleich einen politischen Inhalt barg. Gregor verlangte Gehorsam des Königs als Lehnsmann! Der Triumph der angestrebten Oberlehnshoheit des Papstes schien nahe.

Den Fürsten ging es um mehr als um die Absetzung Heinrichs IV., es ging um die Wahl des Nachfolgers. Darüber waren sie allerdings geteilter Meinung. Als Kandidaten nannte man Herzog Otto von Northeim, seit seiner Belehnung ein unverbesserlicher Verschwörer und Widerpart der salischen Krone, und Rudolph von Schwaben.

Auf einer Gegenkundgebung in Oppenheim, gegenüber Tribur, traf sich Heinrich IV. mit seinen Anhängern. Eine bescheidene Reihe von Bischöfen aus Bamberg, Osnabrück, Zeitz, Metz, Straßburg, Basel, Lausanne sowie die Erzbischöfe von Köln und Bremen-Hamburg (zwei von den sechs deutschen Erzbistümern) standen zu ihm. Ihre Zahl wäre größer gewesen, wenn nicht einige Reichsbischöfe während des Fürstentages in Tribur auf die andere Seite hinübergewechselt wären und sich vom Bann hätten freisprechen lassen, – wie auch der König mit drüben Kontakt suchte und Boten zu Verhandlungen abschickte. Flehentliche Bitten, die sich aus seiner mangelnden Truppenstärke ergaben. Von Spionen wußte er, daß die Gegenseite durch einen militärischen Schlag die Situation schnell klären wollte. Auf dem rechten Rheinufer zog man bereits Schiffe zusammen, die Truppen übersetzen sollten.

Aufmarsch zum Bürgerkrieg in Deutschland, der diesmal in letzter Minute vermieden wurde. Heinrich IV. nahm die Bedingungen an, worauf er eine letzte Frist bekam. Er hatte sich auf dem Reichstag in Augsburg im Februar 1077 einem Fürstengericht zu stellen. Sollte er sich ein Jahr nach der Verhängung des päpstlichen Bannes nicht von diesem gelöst haben, so verlor er die Königswürde. Der Papst würde dem Augsburger Strafgericht beiwohnen. Jene Szene Karls des Großen in Rom, wo dieser als Schiedsrichter der Bußhandlung des regierenden Petrus beiwohnte, hatte sich um hundertachtzig Grad gedreht. Gregor VII. wollte Schiedsrichter über den deutschen König sein! Mit diesem Schauspiel waren die deutschen Herzöge und Fürsten einverstanden.

Schon jetzt mußte der König seine letzten Getreuen und sein Heer entlassen. Er durfte keine Regierungsgeschäfte ausüben und wurde veranlaßt, in Speyer Zwangsaufenthalt zu nehmen, mit der Auflage, sich jeder politischen Betätigung zu enthalten. Zum dritten Mal war der deutsche König zum Gefangenen der eigenen Gefolgsleute geworden.

Warum geht Heinrich IV. nach Canossa?

Für Heinrich IV. wurde es zu einem Wettlauf mit der Zeit, dem Fürstengericht zuvorzukommen. Was konnte er aber in seinem Asyl tun? Alles mußte heimlich geschehen. In Stille brach der König mit seiner Frau, seinem zweijährigen Söhnchen und einem geringen Gefolge über

Burgund auf, da er erfahren hatte, daß die meisten Alpenpässe von der Gegenseite besetzt worden waren. Er wollte den Papst überrumpeln, sich stellen, Buße tun und damit entbannt werden. Nur so bekam er das Zepter wieder in die Hand, bekam er Macht und Truppen zurück.

Durch einen harten Winter mit schneidender Kälte und viel Schnee mußte die Expedition. Kein Weg, kaum eine Spur beim Übergang der Alpen am Paß des Kleinen Sankt Bernhard. Gemietete Italiener wurden Begleiter und Träger. Kein Pferd konnte benutzt werden, nur Schlitten, von Menschen gezogen.

Noch gefährlicher war der Abstieg, wobei die Männer kriechen mußten. Den Pferden hatte man die Beine zusammengebunden, um sie langsam abseilen zu können. Die Königin mit ihrem Kind und eine Kammerfrau wurden in Ochsenhäute gepackt und vorsichtig hinuntergelassen.

Auf die Nachricht von der Ankunft des Königs in Italien strömten bewaffnete Kolonnen, kleinere und größere Truppenmassen der Reichsbischöfe und Markgrafen herbei. Lombardische Streitkräfte eilten ihm entgegen und waren enttäuscht, daß er sie nicht zu einem Strafzug gegen den Papst aufforderte, sondern daß sich der König vorerst vom Bann lösen wollte.

Die weltberühmte Szene in Canossa vom 25. bis 28. Januar 1077 begann. Heinrich IV. hatte erfahren, daß sich Gregor VII. während seiner angekündigten Reise nach Deutschland auf das Schloß seiner Mäzenatin, der Markgräfin Mathilde von Canossa, förmlich gerettet hatte. Aus Deutschland hatte man versprochen, ein Ehrengeleit zu schicken. Da dieses ausblieb und ihn gleichzeitig königliche Boten mit besonderem Auftrag erreichten, der Papst möge ihren König empfangen, vermeinte Gregor in eine Falle zu geraten. Das versprochene Begleitkommando vielleicht gefangen, die Anmarschstraßen voller Königstruppen ... So war er unfreiwilliger Gast in Canossa geworden, auf der einzigen Reise, die er als Papst unternahm, bis zu seiner Vertreibung aus Rom.

Statt der Truppen versammelten sich vor dem Tor der dreifachen Ringmauer der König, seine Frau mit dem kleinen Kind, hinzugestoßen waren königliche Räte, Bischöfe mit wenigen Gefolgsmännern und Gebannte aus dem Monarchenkreis. Die königliche Familie, „nach Ablegung aller königlichen Gewänder in erbarmungswürdigem Zustand, nämlich ohne Schuhe und mit Wollkleidern angetan", wie der Papst selbst später den deutschen Fürsten berichtete.

Drama zwischen Kirche und Reich

Der Gang nach Canossa ist lange Zeit mißverstanden worden, selbst Bismarck verkannte ihn noch, als er im Reichstag 1872 ausrief: „Nach Canossa gehn wir nicht!" Auch er verstand den Gang nach Canossa als Bereitschaft, der römischen Kurie Zugeständnisse zu machen, als Makel und Preisgabe einer Position, Erniedrigung und Rückschritt. In Wirklichkeit war der Auftritt des jungen Königs ein sehr geschickter Schachzug. Die Szene im ersten Burghof wurde absichtlich mit rührenden Zügen ausgestattet, indem das frierende Königspaar mit dem Kleinkind drei Tage lang wartete und hoffte. Heinrich IV. erschien voll verdeckter Energie – denn nichts anderes bedeutet Geduld –, um die Bußfertigkeit vor der Welt, besonders vor seinen Fürsten, vor Deutschland und Italien zu bekennen und damit wieder ebenbürtig zu werden.

Was hatte er getan? Früher hatte er „Kirchengesetze verletzt, Kirchenämter an Unwürdige verkauft", wie er einmal dem Papst „gestand". Jetzt hatte er den Papst als Kirchenvorstand beleidigt. Er hatte sich durch Pamphlete im Ton und Stil vergriffen. Dafür war der Mensch Heinrich bereit zu büßen. Nicht die oberste Instanz der Welt, als die sich Gregor VII. verstand, urteilte in Canossa über den König, sondern der Priester sollte einem Irrenden vergeben.

Durfte der Papst den Büßer abweisen? Oder war die Demütigung des Königs so groß, daß sie einer Unterwerfung gleichkam, was Bismarck mit seiner Bemerkung meinte? Heinrich gab durch seinen Besuch in Canossa nach, aber er holte zugleich durch das Gespräch mit dem Papst und die Chance, vom Bann gelöst zu werden, auf. Wenn alles gut ging, fiel die Macht wieder in seine Hände zurück. Dann war er wieder König und Sieger durch getarnten, verhaltenen Widerstand. Heinrich IV. „verhinderte durch sein persönliches Eingreifen die bedenkliche Zusammenkunft des Papstes mit seinen Gegnern", heißt es bei Heinrichs anonymem Biographen.

Wenn Heinrich entbannt war, dann kam der Prozeß, kam die drohende Absetzung in Augsburg ebensowenig in Frage wie die Inthronisierung eines Nachfolgers. Der büßende König, der Staatsmann im Büßergewand war eine wirkungsvolle Hauptrolle in diesem Drama zwischen Kirche und Staat.

Begegnung zwischen „Tiger" und „Morgenstern"

Der sechsundfünfzigjährige italienische Allbischof, klein, häßlich, arm anzusehen und doch innerlich von verzehrendem Feuer erfüllt, sah sich dem siebenundzwanzigjährigen deutschen Herrscher des größten weltlichen Reiches gegenüber. Sein hoher Wuchs, seine betont männliche Erscheinung beeindruckten. „Wie ein ‚Morgenstern' unter den Gestirnen, so strahlte er unter den übrigen Fürsten in seiner ‚goldenen Wehr'", heißt es bei einem Kriegsberichterstatter aus der Zeit. Hier aber erschien er in seinem struppigen Bart ohne jedes dämonische Element. Eine weiche Stimme, Augen mit größter Demut, sanfte Miene. Das war also aus dem zierlichen feinen Knaben geworden, der den päpstlichen Legaten Hildebrand wegen seines häßlichen Aussehens einmal verhöhnt hatte.

Von Gregor VII. hieß es, er sei „rauh wie der Nordwind". Freunde nannten ihn „Tiger". Heinrich dagegen war „wie ein mutiges Schlachtroß". Sah so ein Büßer aus? Der Papst wurde „von der Beharrlichkeit seiner Reue besiegt".

Sie weinten beide, liest man in zeitgenössischen Quellen. Heinrich IV. warf sich dem Papst zu Füßen, flehte um Gnade, wie fürstliche Zeugen über diese erste Begegnung berichten, und empfing die Absolution.

Es war eine persönliche Begegnung mit persönlicher Sühne. Kein Wort über die Investitur, kein Wort über gebannte Reichsbischöfe oder königliche Räte. Nur eine Verpflichtung: Der König sollte seine Beziehung zu den Fürsten innerhalb eines vom Papst anzuberaumenden Termins klären. Canossa ist das große Beispiel für ein Gespräch unter Gegnern, die beide trotz aller Spannungen die echte Gabe der Verhandlung nicht unbenutzt lassen.

Beim nachfolgenden Hochamt in der Schloßkirche zu Canossa reichte der Papst die Kommunion mit den Worten: Wenn der König ihn als rechtmäßigen Papst und sich selbst als gerecht exkommuniziert anerkenne, sollte der Empfang ihm zum Heile gereichen, sonst aber der Teufel in ihn fahren wie in Judas, den Verräter.

In dem Wortlaut des Eides, der die Bedingungen der Aussöhnung festlegte, fehlten politische Anspielungen. Den Passus, daß Gregor VII. „vor jeder Gefährdung des Lebens und Leibes wie vor Gefangenschaft durch den König Heinrich IV. oder durch seine Untergebenen zu schützen sei", kann man bei allen päpstlichen Lehnsverträgen aus dieser Zeit finden.

Ein anderer Passus gegen Schluß des Eidestextes fällt allerdings auf. Es ist von Reisen „über die Alpen oder anderswohin" die Rede. Der berechnende Pontifex schloß alle Möglichkeiten seines Schutzes ein, selbst bei einer Reise über die Alpen, wo er vielleicht doch noch als Schiedsrichter nötig werden könnte. Auf diese Anmerkung verzichtete Gregor VII. selbst nicht in der Stunde der Versöhnung.

Trotzdem Bürgerkrieg in Deutschland

„Der König verließ nun den Papst, an Stelle des Fluches hatte er Segen empfangen", heißt es bei dem Biographen Heinrichs IV. Dann aber: „Er fand den Herzog Rudolph von Schwaben als Gegenkönig aufgestellt."

Zu diesem überraschenden Gegenstoß brauchten die deutschen Fürsten nur zwei Monate. Doch war kaum die Hälfte von ihnen auf dem Fürstentag in Forchheim anwesend, auch nur wenige Bischöfe. Ihnen schien die Königswahl unnötig und ungerechtfertigt. Päpstliche Legaten mit außerordentlichen Vollmachten arbeiteten an einer gemeinsam zu verfassenden Erklärung der Fürsten, das erbliche Kronrecht in Deutschland abzuschaffen und die freie Wahl einzuführen! Wieder ein römischer Vorstoß, trotz der Canossa-Befriedung, mit Wissen des Papstes! Nach wieviel Seiten spielte Gregor VII. eigentlich? Auf jeden Fall trieben die deutschen Fürsten zusammen mit dem römischen Papst Hochverrat. Gregor VII. selbst waren beide Könige in Deutschland gleichgültig. Hauptsache, es gelang die Gründung eines Vasallenstaates. Der deutsche König als Vasall unter der Oberhoheit des Papstes.

Als Rudolph von Schwaben, den man den „Pfaffenkönig" nannte, zur kirchlichen Weihe nach Mainz kam, da brach ein Aufstand aus, erste Form des Bürgerkrieges. Die Heinrich-treue Bevölkerung war mit der Inthronisation nicht einverstanden. Bewaffnete Bürger gegen Ritter, die man in die Flucht jagte.

Rudolph von Schwaben wurde völlig allein gelassen. Kein Anhänger folgte ihm bei dem Umritt durch das Reich, der bald abgebrochen werden sollte. Kein Fürst stellte Heeresgruppen. Der Papst anerkannte ihn nicht, da er abwarten wollte.

Die nächsten Jahre brachten für Heinrich entweder großartige Abwehrkämpfe gegen einen zahlenmäßig dreimal überlegenen Feind, ergebnislose Schlachten oder Niederlagen, doch wurde sein Gegner Rudolph im letzten Treffen schwer verwundet. Die rechte Hand wurde ihm abgehauen. Als man sie ihm brachte, soll er, wie es in der Chronik Ekkehards von Auro heißt, geseufzt und zu seinen Bischöfen gesagt haben: „Das ist die Hand, mit der ich meinem Herrn Heinrich die

Treue geschworen. Seht Ihr, die Ihr mich seinen Thron besteigen ließet, ob Ihr mich den rechten Weg geführt habt."

Zweiter Bannfluch und Absetzung Heinrichs IV. – zweite Absetzung des Papstes

Der Gegenkönig starb, und Heinrich IV. regierte allein. Er vertrat das Investiturrecht, als wenn nichts geschehen wäre, eine Herausforderung an den Papst. Schon im März 1080 verhängte Gregor VII. auf der römischen Fastensynode den zweiten Bann. Er mußte den König in die Enge treiben, um seiner als Vasall habhaft zu werden. Sein Plan war der päpstliche Vasallenstaat, für den er alles mobilisierte und auch nicht davor zurückschreckte, in Deutschland den Bürgerkrieg zu entfesseln. Aus dem Friedensfürsten auf Petri Stuhl sollte ein Kriegsfürst werden. „Alle Welt möge erkennen", rief er aus, „daß die Apostel Petrus und Paulus und als deren Nachfolger der Papst, wie sie im Himmel binden und lösen können, auch auf der Erde Kaiserherrschaft, Fürstentümer, Herzogtümer, Markgrafschaften, Grafschaften und alle menschlichen Güter einem jedem nach seinen Verdiensten nehmen und geben können."

Heinrich IV. ließ auf der Pfingstsynode des gleichen Jahres in Mainz durch neunzehn Bischöfe und Erzbischöfe den Papst ebenfalls zum zweiten Mal absetzen. Im Sommer trafen sich in Brixen dreißig von insgesamt fünfunddreißig deutschen Bischöfen, dazu italienische Bischöfe, um „den Kopf der giftigen Schlange abzuhauen". In den Reden übertrieb man die bisherigen Anschuldigungen maßlos, nach denen Gregor vier Päpste habe vergiften lassen. Vergeltungsschläge für den römischen Oberbischof, der den König ebenfalls hemmungslos als Wüterich und Wüstling verdächtigen ließ. Er prophezeite sogar Heinrichs Tod, nachdem schon Rudolphs Tod auf dem Feld als Wahrzeichen des Himmels ausgelegt wurde.

Nach der Absetzung des Papstes nun eine neue Wahl. Heinrich IV. brauchte einen königlich gesinnten Papst. Trotz der gefährlichen Situation stellte sich der mächtige Erzbischof Wibert von Ravenna als Gegenpapst zur Verfügung. Seine Haltung schien aus Trotz und Feindschaft zu Gregor VII. zu bestehen, sonst hätte er mit dem römischen Papst über das Königsschicksal verhandelt und nicht das Schisma der Kirche heraufbeschworen. So folgte auf den päpstlichen Gegenkönig jetzt ein königlicher Gegenpapst.

Das ganze deutsche Volk gespalten

Die letzten Runden für alle Seiten begannen. Heinrichs Situation besserte sich auffallend. Während die norddeutschen Fürsten, vor allem die Sachsen, unentwegt rebellierten, schlossen sich ihm die süddeutschen an. Ein Teil von Schwaben, Franken und Kärnten hielt zu ihm, Böhmen und Burgund ebenfalls. Das päpstliche Pamphlet über Heinrich IV. als Antichrist hatte keine Wirkung mehr. Man zählte drei bis vier Bischöfe, die es mit den Gregorianern hielten. Bedeutete das die Vorbereitung einer deutschen Reichskirche? In den Bischofsstädten Mainz, Worms, Speyer, Würzburg machte sich eine königsfreundliche Bewegung bemerkbar. Mit oder ohne Bischöfe halfen die Stadtherren Heinrich IV. im Kampf um das Recht.

An dem König fiel die konsequente Haltung auf, mit der er Freunde, wie den treuen Bischof Burchard von Basel, belehnte und Gegner bestrafte. Sein Kriegstalent bestand darin, immer wieder Truppen förmlich aus dem Boden zu stampfen und sich nicht von der Masse der Gegner erdrücken zu lassen. Von einem Reichsheer mit sieben Heerschilden konnte nicht mehr die Rede sein. Eigentlich sollten vier Heerschilde vom hohen Adel, von den weltlichen und geistlichen Fürsten gestellt werden, was in so wirren Zeiten völlig unbestimmt war. Die Ritterschaft mit ihren Heerschilden wechselte zwischen den Fronten. Die Mittelfreien und die Bürger in den Städten stellten Heinrich IV. neue Truppenkontingente mit zwei weiteren Heerschilden.

Wo der Gegner mächtiger war, zog sich der König zurück, um dann Überraschungsangriffe durchzuführen. Sein strategisches Verhalten ist von Militärhistorikern anerkannt worden. Immer wieder überraschte dieser junge König. Deshalb Gregors verzweifelt klingender Schlachtruf an die deutschen Fürsten: „Verflucht sei, wer sein Schwert rein hält." Der erregendste Ruf von einem heiligen Vater, der nicht etwa sein Leben verteidigte, sondern um kanonische Rechte kämpfte, für die nun Blut floß.

Die Fürstenopposition wählte einen Gegenkönig nach dem andern. Der nächste war Hermann von Luxemburg, unbekannt und daher machtlos. Er legte bald die Königswürde nieder. Sein Nachfolger wurde endlich Ekbert von Meißen, jener Markgraf, der den Königsknaben aus dem Rhein gerettet und zu dem Schiff der Verschwörer zurückgebracht hatte. Von Anfang an kämpfte er, wie der falsche, in seiner Kandidatur durch Tod ausgeschiedene Otto von Northeim, gegen den Thron, bis er ihn 1088 einnahm, geächtet wurde und zwei Jahre später eines gewaltsamen Todes starb.

Überall wandelte sich der Bürgerkrieg zum Religionskrieg. Der apostolische Stuhl traf seine Gegner mit dem Bannstrahl und hinderte sie am Kirchenbesuch. Gregor VII. untersagte den Deutschen, gottesdienstliche Handlungen durch königliche Bischöfe und königliche Geistliche vornehmen zu lassen. Abendmahl, letzte Ölung und Segnung würden wirkungslos sein, falls sie von Schismatikern ausgeübt würden. Zum Schrecken des Krieges kam der Schrecken um das letzte Stündlein. Welcher Pfarrer war recht, welcher unrecht? Der Papst stieß die Bevölkerung in einen Zwiespalt, den zwischen Bürger und Christ. Dabei heißt es in Gregors Register: „Unsere Gesandten sollen Deutschland zum Wohle der Kirche womöglich den Frieden geben."

Marsch auf Rom sieben Jahre nach Canossa

Der einunddreißigjährige König zog mit einem verhältnismäßig großen Heer über die Alpen und erwarb sich die lombardische Königskrone. Seine Truppen verwüsteten das Land und die Güter der päpstlichen Gönnerin Markgräfin Mathilde. Es war wie ein letztes wildes Aufflackern der Feldzüge, Überraschungsangriffe, Aufstände und Belagerungen hüben und drüben. Heinrichs Anhang wuchs weiter, Gregor suchte nach neuen Zwangsmitteln und verdarb es endgültig mit dem König. „O traurige Zustände des Reiches!" klagten die Augsburger Jahrbücher, „alles hier wie gedoppelt, so sind doppelte Bischöfe, doppelte Könige, doppelte Herzöge."

Sieben Monate lang belagerte Heinrich die Sieben-Hügel-Stadt. Kein Alliierter half dem Papst.

Als der König von seinem Gegenpapst Clemens III. im März 1084 zum Kaiser gekrönt werden sollte, verbarrikadierte sich der Pontifex der anderen Seite in der Engelsburg. Heinrich ordnete an, diese letzte Zufluchtstätte von allen Seiten mit einer Mauer zu umschließen. Wollte der Kaiser den Papst aushungern? Dessen Hilferufe waren bisher ungehört verhallt. Auch kein deutscher Fürst kam über die Alpen. Sie hatten Gregor ebenfalls nur als Mittel benutzt, um den Thron freizubekommen, so wie er die deutsche Monarchie zersplittern wollte, um seine weltliche Oberhoheit zu sichern.

Für die Kaiserkrönung fehlten zwei Kirchen: die eine, um Heinrich IV. festlich zu bekleiden und zu krönen, die andere, um mit der

Krone zur Meßfeier festlich einzuziehen. So schlug man zwei Zelte auf, damit die feierliche Handlung nach altem, würdigem Brauch vor sich ging. Aus Roms Umgebung strömte viel Volk herbei wie immer bei solchen Staatsaktionen und sah dem Aufzug der Psalmensänger zu. Beim Übergang des Kaisers aus einem Zelt ins andere stimmte der Klerus das „Veni creator spiritus" an...

Gregor VII. in der Engelsburg fürchtete einen Sturmangriff. Stattdessen nahte Hilfe: Mit dem Papst verbündete Normannen unter Robert Guiskard zwangen den Kaiser zum Abzug.

Der emigrierte Papst und sein letzter Bann

Die päpstlichen Alliierten brandschatzten und plünderten in Rom wie in einem feindlichen Gebiet. Dreiviertel der Ewigen Stadt gingen unter. Greuel über Greuel, Vergewaltigungen, Zerstörungen an Kirchen und Häusern, so daß sich die Römer gegen Gregor VII. auflehnten.

Der alte Papst Gregor VII. mußte vor seinen eigenen Römern und aus der Ruinenstadt fliehen und von Herzog Guiskard in Sicherheit gebracht werden. Über Monte Cassino und Benevent nach Salerno schleppte sich der Vierundsechzigjährige. Hier fand seine letzte Synode statt. Sie endete mit dem dritten Bann gegen Kaiser Heinrich IV. Eine hilflose Geste – nicht mehr.

Auf seinem Sterbelager im Mai 1085 tröstete sich Gregor damit, daß er stets das Recht geliebt und die Gottlosigkeit gehaßt hätte. Deshalb stürbe er in Verbannung... Er löste alle vom Bann, bis auf Kaiser Heinrich IV. und den Gegenpapst Wibert.

Friede, Gottesfriede!

Der Sehnsuchtsschrei erfüllte Deutschland, Italien, ganz Europa. In den vergangenen Jahren, schon vor der großen Auseinandersetzung zwischen Papst und Kaiser, hatten Bischöfe und Äbte an die Wiedereinführung des Treuga Dei erinnert. Einzelne geistliche Würdenträger, wie der Bischof Heinrich von Lüttich und der Erzbischof Sigewin von Köln, nahmen ihren Gläubigen den Schwur der Waffenruhe ab. Die Einsicht, nicht etwa Müdigkeit, veranlaßte den zum Manne herangereiften, immer noch gebannten fünfunddreißigjährigen Kaiser im Jahre 1085 den Gottesfrieden auszurufen. Ende des Bürgerkrieges, Ende des Kampfes aller gegen alle, endlich Landfriede ohne Unterschied der Bevölkerung – bis auf vereinzelte Unruhen.

Zum ersten Mal: ein Kaiser Schutzherr der jüdischen Minderheit

Ein hoher geistlicher Würdenträger, Erzbischof Ruthard von Mainz, duldete, trotz Bestechungsgeldern, trotz Beraubung und Selbsttötung der Juden unter der Übermacht der Plünderer, Verfolgungen der israelitischen Mitbürger in seiner Diözese. Es entsprach dem mittelalterlichen Antisemitismus, nach dem das Blut Christi an dem Blut der Juden zu rächen war, wie selbst Führer der Kreuzzüge erklärten. Gewalttätige Ideen unter der christlichen Bevölkerung, die bis in unsere Zeit gültig geblieben und erst im Zweiten Vaticanum eingeschränkt worden sind.

In Mainz war es im Mai 1090 zu Metzeleien gekommen, heißt es in der Chronik, während Bischof Rüdiger von Speyer sechs Jahre zuvor die jüdischen Mitbürger außerhalb des Ortes angesiedelt und urkundlich mit Privilegien ausgestattet hatte. Als der Kaiser durch den jüdischen Vorsteher von den Verfolgungen in Mainz erfuhr, griff er sofort ein.

Es ist das erste Mal in unserer Geschichte, daß ein Kaiser als Schutzherr der jüdischen Minderheit auftrat. Von Karl dem Großen an bis Heinrich III. betraf die Begünstigung von Juden nur persönliche Fälle. Im Rahmen der Fremdengesetzgebung befanden sie sich unter besonderer Aufsicht und Verboten, wobei von einer Förderung unter Karl dem Großen nicht die Rede sein kann. In einzelnen Ausnahmen wurden Privilegien und Schutz gewährt. Verfolgungen fanden mit Duldung der Geistlichen der römischen Kirche statt. Deutsche Könige und Kaiser griffen in die kirchliche Judengesetzgebung ein. Sie vertrieben die jüdischen Mitbewohner, wie Heinrich II. in Mainz 1012.

Mit Heinrich IV. begann ein vollkommen neuer Abschnitt in der Judenpolitik. Der Kaiser machte dem Mainzer Erzbischof den Prozeß, da dieser sich und seine Verwandten an jüdischem Vermögen bereichert haben sollte. Ruthard flüchtete zu den Sachsen und trat dort mit der politischen Opposition in Verbindung.

In Städten, wo Judenverfolgungen stattfanden – in Mainz allein waren tausend Juden umgekommen –, ließ Heinrich IV. untersuchen, was an persönlicher Habe und an Vermögen verlorengegangen war, um das oberste Recht, ohne Unterschied der Bevölkerung, zu wahren. Es heißt: Die Juden standen mit ihrem Besitz und Vermögen unter königlichem Schutz. Wurden sie verfolgt, so durften sie sich in die kaiserlichen Burgen flüchten.

Natürlich brachte der Judenschutz dem Kaiser Einnahmen an Schutzgeldern ein, wie die Juden überhaupt in der Wirtschaft und im Handel wichtigen Anteil hatten. Kein Bischof, Kämmerer, Graf oder Schultheiß durfte mit ihnen oder gegen sie verhandeln. Als Bevollmächtigter der Juden amtierte der aus ihrer Mitte gewählte Judenbischof. Mit Aufnahme der Juden in den Landfrieden schuf der Kaiser die Voraussetzungen für den Schutz der Juden im ganzen Reich, was jedoch ohne nachhaltige Auswirkungen blieb. Auf jeden Fall schloß der Reichsfriede des Mainzer Reichstages 1103 die Juden genauso ein, wie er den untersten Schichten der Bauern und Bürger Rechte gab, die sie bisher nicht besessen hatten.

Streit unter den letzten großen Saliern

Eigentlich hätten Viktor III. und Urban II. als Nachfolger Gregors auf dem päpstlichen Thron zur allgemeinen Befriedung aufrufen müssen, aber sie traten beide gegen den königlichen Papst Clemens III. auf. Zu diesem Zweck wußten sie den ältesten kaiserlichen Sohn Konrad als König von Italien auf ihre Seite zu ziehen. Der abtrünnige Sohn und Reichsfeind, ausgerechnet von der Markgräfin Mathilde in Canossa überredet, sollte als Achtzehnjähriger die Regierung übernehmen.

Kaiser Heinrich IV. blieb nichts erspart. Sein zweiter Sohn, der Lieblingssohn Heinrich V., bereits als Siebzehnjähriger zum König gekrönt, wurde nach dem Tode seines Bruders durch den Papst von seinem Eid gelöst, den er dem Kaiser geschworen hatte. Die zweite Rebellion in der kaiserlichen Familie, angestiftet wie immer durch Unzufriedene im eigenen Land und durch kuriale Einflüsse. Vater und Sohn standen sich endgültig gegenüber, anfangs zweimal in Waffen, doch ohne zuzuschlagen. Danach sollte der Sohn ein beinahe noch heftigerer Gegner werden als Gregor VII.

Drohbriefe zwischen den Heinrichen und Manifeste des Sohnes gegen den Vater, in denen man die Fürsten lobte, um sie als Mitkämpfer zu gewinnen: „Die Vernichtung der Fürsten ist der Untergang des Reiches." Dadurch wurde das früher schon geübte Mitspracherecht „gewisser Getreuer" erneuert.

Kam es zum Kampf zwischen diesen beiden großen Saliern? Heinrich IV., inzwischen von dem Nachfolger Urbans II., Papst Paschalis II., erneut gebannt, sah in dem kirchlichen Zugriff auf die Investitur ein grundsätzliches Herrschaftsproblem, das nicht der weltabgewandten cluniazensischen Bewegung entsprach. Sein Sohn dagegen sah nur ein politisches Problem, das er zu bewältigen hatte, um sich mit dem Papst zu arrangieren. Um unbelastet zu sein, schob er den Vater beiseite. Er war überflüssig. Der Sohn verheimlichte ihm die inzwischen angebahnte Bundesgenossenschaft mit der Kurie. Heinrich V. wollte unter päpstlichem Schutz so nahe wie möglich an Rom herankommen, um dann plötzlich Forderungen zu stellen, die man von ihm nicht erwartete.

In diesen schweren Jahren übermannte es den Kaiser für einen Augenblick. Er wurde hilflos und verwirrt und wollte die Waffe gegen sich selbst richten. Freunde sprangen dazwischen, um den Selbstmord zu verhindern. Das Altersschicksal des Kaisers zeigt eine grimmige, hohnvolle Maske: gegen die Welt in Mitteleuropa angetreten zu sein, sie bezwungen zu haben, um dann vom eigenen Sohn hintergangen zu werden.

Der Kaiser Gefangener seines Sohnes

1107 kam es in Bingen zu einer Begegnung zwischen Vater und Sohn. Heinrich IV. sah sich dabei immer auffälliger von Bewaffneten umgeben, die zur Gefolgschaft seines Sohnes gehörten. Dieser spürte das aufkeimende Mißtrauen seines Vaters und sprach beruhigende Worte: „Ihr müßt Euch in die benachbarte Burg Böckelheim zurückziehen, weil weder der Bischof von Mainz (jener wegen seiner Judenverfolgung geflohene, dann zurückgekehrte Ruthard) Euch in seine Stadt läßt, solange Ihr gebannt seid, noch ich Euch Euren Feinden zuzuführen wage, solange Ihr nicht in Frieden aufgenommen und ausgesöhnt seid. Dort feiert Weihnachten ganz in Ehren und Frieden! Nehmt mit Euch, welche Leute Ihr wollt! Inzwischen werde ich mich, so angelegentlich und aufrichtig ich nur kann, für uns beide bemühen, weil Eure Sache nach meiner Meinung auch meine ist."

Der Kaiser spürte das Bedrohliche der Situation, vergeblich erinnerte er den Sohn an den Zeugen und Richter Gott. Er allein wußte, „wie ich dich zum Mann und zu meinem Erben erzog... und wieviele und heftige Feindschaft ich deinetwegen hatte und habe".

Gleich Petri Verleugnung beschwor Heinrich V. zum dritten Male Treue und Eid und ließ seinen Vater auf die Burg bringen. Als dieser die Zugbrücke überschritt, sah er sich gefangen. Es wurde kein würdiger Aufenthalt an den Festtagen von Christi Geburt, sondern Haft mit drei Begleitern. Wächter an der Tür des Kerkers, Wächter auf den Gängen, Wächter überall. Des Kaisers Bitten, Hunger und Durst stillen zu wollen, beantworteten die Wächter mit drohend gezogenen Schwertern.

Nach einigen Tagen, die Kaiser Heinrich mit „Buße und Trübsal" verbrachte, erschien ein ehemaliger Anhänger, jetziger Gegner, Bischof Gebhard von Speyer, im Auftrag des kaiserlichen Sohnes und der deutschen Fürsten. Heinrich IV. sollte „ohne jeden Widerspruch alle Reichsinsignien, Krone, Zepter, Kreuz, Lanze und Schwert, ausliefern". Der Kaisersohn sandte den inhaftierten Kaiser nach Mainz. Dann brachten Bewaffnete den gefangenen Heinrich IV. nach Ingelheim. Dort waren nur Feinde versammelt, vor allem die Fürsten, an ihrer Spitze der eigene, unzugängliche, unerbittliche Sohn. Die Versammelten drohten ebenfalls, falls der Kaiser nicht „alles Befohlene ausführte". Er erwiderte, er wolle tun, was sie befohlen, um „wenigstens zu leben".

Kein Fürst, sondern der Kardinalbischof Richard von Albano, päpstlicher Legat in Ingelheim, nannte die Bedingung: öffentliches Bekenntnis des Kaisers, daß er Gregor VII. zu Unrecht verfolgt, Erzbischof Wibert zu unrecht an seine Stelle gesetzt und den päpstlichen Stuhl und die ganze Kirche widerrechtlich verfolgt hätte.

Angst Heinrichs IV. vor lebenslänglicher Gefangenschaft

Heinrich IV. versuchte jetzt, eine Szene zu spielen, ähnlich der von Canossa: Er wollte sich durch ein Bußverfahren freisprechen lassen. Er warf sich zu Boden und bat „um Gott und der Gerechtigkeit willen, mir Ort und Zeit zu gewähren, wo ich mich in Gegenwart aller Fürsten nach allgemeinem Urteil von dem reinigen dürfte, an dem ich unschuldig bin..."

Der Kaiser dachte selbstverständlich an Zeitgewinn. Deshalb zeigte er seine Willigkeit, indem er das erste Stück des Bußsakramentes, die „Zerknirschung des Herzens" bekannte. Als das zweite Stück, das „Bekenntnis des Mundes", folgen sollte, wollte sich Heinrich allgemein und rein religiös äußern.

Der Kardinal dagegen schlug eine politische These vor, in der der Verzicht auf die Investitur enthalten war. Heinrich erkannte die Falle und wollte sich wehren, fragte schnell noch, ob der Legat — wenn er „alles gestünde, was man befehle" — nach seiner Beichte, „wie es recht und billig ist, Verzeihung und Absolution herbeiführen würde"?

Der Legat besaß keine Befugnis, ihn in Ingelheim loszusprechen. Wozu war er dann entsandt worden?

Der Kaiser drang etwas stärker auf den Kardinallegaten Richard von Albano ein: „Wer einen Beichtenden aufzunehmen wagt, der muß dem, der gebeichtet hat, Absolution erteilen."

Nur in Rom könne er losgesprochen werden, erwiderte der Kardinal, nur vor dem päpstlichen Stuhl könne er sich rechtfertigen.

Dauernde Gefangenschaft drohte dem sechsundfünfzigjährigen Heinrich, Kerker auf Lebenszeit – deshalb schnelle Flucht über Köln nach Lüttich zu seinem alten Freund, dem Bischof Otbert. Hier sammelte Heinrich IV. erneut seine Anhänger und Soldaten.

„Aus welchem vernünftigen Grunde verfolgst du mich weiterhin so hartnäckig, da dir doch betreffs des Herrn Papstes und der römischen Kirche gar kein Anlaß bleibt?" fragte der Kaiser im gleichen Sommer 1106 seinen Sohn in einem letzten Brief. Er meinte damit seine Bereitschaft zu „schuldigem Gehorsam und aller Ehrerbietung". Und dann vernahm der Sohn das drohende und gleichzeitig ergreifende Wort seines Vaters:

„Erhebe dich nicht all zu sehr über mich, vielleicht hat Gott doch von seinem heiligen Sitz aus zwischen mir und dir in seiner Barmherzigkeit und Gerechtigkeit schon anders entschieden, als du es denkst!"

Dem Sohn klangen die warnenden Worte bei seiner Krönung in den Ohren: Wenn Heinrich V. die königliche Würde mißbrauche, dann könne es ihm ergehen wie seinem Vater... Der Sohn schien verhandeln zu wollen, in Wirklichkeit sollte sich der Vater stellen. Nach außen hin hieß es: Auf einem Hoftag würde in kürzester Zeit ein Schlußverfahren eingeleitet werden. Das bedeutete endgültige Verurteilung Heinrichs IV. Der Vater sah sich den Fürsten der anderen Seite ausgeliefert.

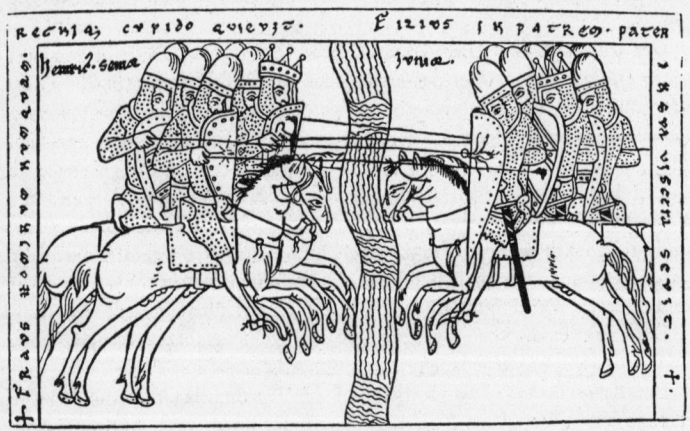

Blutiger Kampf zwischen Vater und Sohn: Heinrich IV. und Heinrich V.

Gedrängt von seinen Herzögen, gegen den Sohn zu Felde zu ziehen, um die Würde wieder anzunehmen, entgegnete Heinrich IV.: Das verlorene Reich, das er mit Waffengewalt nicht habe halten können, könne er nicht mit Waffengewalt neuerdings an sich reißen; übrigens wiege ihm dessen Besitz nicht den Untergang so vieler Menschen auf. So vermied der Kaiser offene Feldschlachten gegen die Truppen des auf Köln herangerückten Sohnes. Die Belagerer der erzbischöflichen Stadt am Rhein, wo der erste Staatsstreich und die abenteuerliche Entführung des königlichen Knaben erfolgt war, beunruhigte und schwächte er durch dauernde Streifzüge.

Dann ein Augenblick, in dem die Welt den Atem anhielt. Durch die Reihen der Kämpfer auf beiden Seiten eilte im August 1106 ein kaiserlicher Bote. Er verlangte, sofort zu Heinrich V. geführt zu werden, und überbrachte die Trauernachricht vom Tod Heinrichs IV. Zwei Geschenke händigte er aus. Mit einer letzten Weisung sandte der Vater seinen Ring und sein Schwert an den Sohn. „Ein stürmisches Reich hast du gegen ein stilles, ein vergängliches gegen das ewige, ein irdisches gegen das himmlische eingetauscht", steht in Heinrichs IV. Vita.

Auch Heinrich V. empört sich gegen die Kirche

Wie ein Nachklang dieses schweren, doch ungebeugten kaiserlichen Schicksals hört sich die Kunde an, daß der Sohn nun mit einem riesigen, ungewöhnlichen Aufgebot von 30 000 Rittern und einem stattlichen Troß nach Rom zog. Er sollte auf seines Vaters Spuren bleiben. Aus dem Empörer gegen den Vater wurde der Empörer gegen die Kirche. Heinrich V. reagierte genauso wie sein Vorgänger auf dem salischen Thron: keine Preisgabe des Investiturrechtes. Ein päpstlicher Vermittlungsvorschlag zur Güte: Verzicht der Kirche auf die ihr durch deutsche Kaiser und Könige verliehenen Reichsgüter, mit Ausnahme des Patrimoniums. Auf diese Weise brauchte der Kronenträger nicht mehr bei der Amtseinsetzung von Geistlichen gefragt zu werden. Eine Zwischenlösung — von einer endgültigen Lösung konnte nicht die Rede sein.

Der Protest ist stärker als die Heiligkeit des Ortes

Anläßlich der Kaiserkrönung am 13. April 1111 kam es zu dramatischen und blutigen Vorgängen. Nach der Krönungszeremonie sollte der

Vertrag im Sankt-Peters-Dom feierlich verlesen werden. Der dreißigjährige Heinrich V. leistete zuvor das Kaisergelübde an der silbernen Pforte, den Verzicht auf die Investitur an dem Porphyrstein in der Mitte des Domes, wo die alte Peterskirche gestanden hatte. Nun wollte der Papst über seinen Verzicht sprechen. Man setzte sich auf die herbeigebrachten Sessel, während eine dichtgedrängte Schar Bewaffneter die Versammlung im Kreis umstand, wie der anwesende Propst Gerhoh von Reichersberg berichtet. Plötzlich ungeheurer Tumult in Sankt Peter, als die Bischöfe von den Abmachungen hörten. Der Protest war stärker als die Achtung vor der Heiligkeit des Ortes. Bischöfe und Vasallen erklärten, sie hätten keine Lust, die Kaiserkrone mit der Beraubung ihrer Kirchen zu erkaufen.

Ablehnung der Bulle auf allen Seiten! Die Vasallen erhoben Einspruch gegen die Abtretung und Beraubung ihrer Güter. Man betete nicht, man schrie und tobte auf den Emporen.

Ein kurzer, heftiger Dialog mitten in den gestörten Feierlichkeiten. Heinrich V. wünschte gekrönt zu werden, Paschalis lehnte ab. Was wurde aus dem bisherigen Vertrag? „Er ist gebrochen!" rief Heinrich V. und nahm den Pontifex und sechzehn Kardinäle gefangen. Zwei Kirchenfürsten gelang die Flucht, sie verbreiteten die Nachricht von der Gefangenschaft des Papstes. Heinrich V. mußte Rom verlassen, so entfesselt benahmen sich die Römer.

Nach acht Wochen wurde Paschalis II. frei. Durch Drohung mit der Erhebung eines Gegenpapstes war er mürbe gemacht worden. Um jeglichen Grund für ein Schisma der Kirche zu beseitigen, vereinbarte er mit Heinrich V. das Investiturrecht in der bisherigen Form. Der Papst mußte unter Eid versprechen, den Kaiser niemals zu bannen und ihn zu krönen. Das geschah im April 1111.

Im nächsten Jahr wurden die vatikanischen Zugeständnisse zurückgenommen und der Kaiser auf einer Synode in Vienne mit dem Bann belegt. „Seht Ihr, das habt Ihr von allem Elend", äußerte Richard von Verdun über das gesamte Problem der Investitur zwischen Papst und Kaiser abfällig, „das Ihr seit dreißig Jahren habt, es ist alles Dreck gewesen."

Erst der übernächste, der in Cluny gewählte Papst Kalixtus II., fünfter Nachfolger Gregors VII., löste das Problem der Investitur. Nach langwierigen Verhandlungen, nach fünfzig Jahren endlich Kompromiß, Versöhnung und Aussicht auf Frieden. Endlich kein Bürgerkrieg im Deutschen Reich. Zwischen Kaiser und Papst wurde im September 1122 das Wormser Konkordat abgeschlossen. Ein Muster an diplomatischer Kürze hat man die Urkunden genannt. Sie sind jedoch doppelzüngig und übergehen manches, was für den Augenblick entbehrt werden konnte, in der Zukunft jedoch zu neuen Unruhen führen mußte – so etwa die Frage des Lehnseides. Das Konkordat enthielt das Eingeständnis der Kirche, Gregor VII. habe von Heinrich IV. etwas Unmögliches gefordert. Symbolisch wirkte die Szene, als Kardinal Lambert von Ostia, erster Minister der päpstlichen Regierung, dem Sohn Heinrichs IV. den Versöhnungskuß gab, ihn und alle seine Anhänger vom Bannfluch löste.

Man nennt das Wormser Konkordat das erste Staatsgrundgesetz; von neun weltlichen und neun geistlichen Fürsten unterschrieben. In der Sache siegte der Kaiser, in der Form siegte der Papst. Ihm war eine Lösung der Kirche vom Kaisertum gelungen, eine Abkehr von dem konstantinischen Kaisertum und von weltlicher Bevormundung. Von einer Reform konnte nicht die Rede sein, mehr von einer Veränderung der Form.

Nach dem Wormser Konkordat wurden die Bischöfe in Deutschland durch den Stiftsklerus in Gegenwart des Königs oder seines Stellvertreters gewählt. Zwiespältige Wahlen entschied der König, der dem Neugewählten nicht mehr wie bisher Kirchenstab und Ring, sondern das Zepter als Zeichen weltlicher Macht und der Lehnspflichtigkeit für das Reich übergab. Damit blieben die Prälaten Vasallen der Krone, lehenspflichtig wie andere Fürsten. Vor der Weihe erfolgte die Belehnung mit Reichs- und Kirchengut. In Deutschland durfte der Bischof nicht eher geweiht werden, als bis der König das Zepter aushändigen ließ. Die Majestät verlor nicht, der apostolische Stuhl sicherte seine Autorität.

Aus Anlaß dieses vorläufigen Investiturfriedens ließ Kalixtus II. den Text des Wormser Konkordates als Inschrift in einem Gemach des Laterans anbringen. Drei Jahre danach starb der vierundvierzigjährige Heinrich V. an einer Krankheit, die er lange geheimgehalten hatte, an Krebs. Im Nachruf urteilt der Benediktiner und mittelalterliche Chronist Ekkehard von Auro: „Heinrich V. war scharfsinnig, tapfer und kühn, wenn auch im Kriege wenig glücklich ... Unendliche Geldsummen hat er, wie man sagt, zusammengescharrt, und da er ohne Kinder starb, so wußte er nicht, wie die Schrift sagt, für wen er sie gesammelt hatte." Er wurde im Dom zu Speyer an der Seite des Vaters beigesetzt. So erlosch das Haus der fränkischen Salier. Sie hatten über hundert Jahre regiert.

VIII.
Sieger in der Politik, Verlierer auf dem Schlachtfeld: Friedrich I. Barbarossa

Der erste Hohenstaufe Konrad III. kein Kaiser

Die Ära der Herrschaft der Hohenstaufen in Deutschland begann mit einem Putsch. Erst war Konrad III. ein Gegenkönig zu Lothar von Sachsen-Supplinburg (1125–1137) gewesen, der mit fünfzig Jahren und trotz seiner Bedeutungslosigkeit Kaiser geworden war. Konrad III. wurde König, niemals Kaiser. Er verwaltete nicht einmal das ganze staufische Erbgut als Hausmacht, den weitaus größeren Teil besaß sein Bruder. Doch Konrad wußte sich mit hohen Prälaten gut zu stellen und erschien der Kirche gefügig. Zeit seines Lebens trug Konrad den Namen „Pfaffenkönig", – dieser erste Hohenstaufe, dessen Geschlecht dann von den Päpsten als „Otterngezücht" geschmäht werden sollte.

Konrad überrumpelte die zu Pfingsten 1138 in Mainz anberaumte Königswahl, indem er sich schon am 7. März in Koblenz von guten Freunden küren ließ. Ein Kardinallegat vollzog in aller Eile die Krönung in Aachen. Nicht anwesend waren die deutschen Fürsten, die sich den Gewaltstreich gefallen ließen und schwiegen. Aber *ein* Gegner schwieg nicht.

Unruhen in Deutschland begannen, da der in Aussicht genommene Nachfolger Lothars von Sachsen-Supplinburg, sein Schwiegersohn, der Welfe Heinrich der Stolze, sich wehrte. In dieser Fehde unter Fürsten standen Welfen gegen Waiblinger. So hießen die Hohenstaufen nach ihrem Stammgut, bis sie den Besitz am Staufen zu ihrem Geschlechtsnamen erhoben.

Nach langen Jahren kam es zwischen den Parteien zu einem Vergleich durch eine der fesselndsten Erscheinungen der Mönchsgeschichte, Bernhard von Clairvaux, den gewaltigsten Zisterzienser, wie man ihn nannte. Seine „himmlische Stimme glich der eines Engels", sie konnte verlokken – jedoch auch in blutige Irre führen.

Er rief die Christenheit zum Kreuzzug auf. Diesem Ziel galt sein unermüdliches Werben in ganz Europa. Als Prediger des Zweiten Kreuzzuges vermochte Bernhard von Clairvaux König Konrad III. so zu bannen, daß dieser beim Weihnachtsfest 1146 im Dom zu Speyer spontan das Banner mit dem Kreuz ergriff. Der Kreuzzug dauerte zwei Jahre. Eine Heeresabteilung mit 15 000 Mann führte der Halbbruder des Königs, Bischof Otto von Freising, Biograph Friedrichs I. und Geschichtsphilosoph. Ein völliger Mißerfolg, tragischer, blutiger und ergebnisloser als der Kreuzzug kurz vor Beginn des Jahres 1100. Das Kreuz verblich, Brand und Räuberei griffen um sich. Kein Nachschub, kein Proviant, keine Reserven. Man spricht von Tausenden von Deutschen, die umkamen. Konrad war weder ein Feldherr noch ein Staatsmann.

Der erste Hohenstaufe war Einflüsterungen ausgesetzt, er galt als schwach und war längere Zeit krank. Als er dem bedrängten Papst Eugen III. helfen und sich selbst dabei die Kaiserkrone holen wollte, starb er. Die Kölner Königschronik nennt die Zeit dieses ersten Hohenstaufen „sehr traurig". Sie rühmt seine mannhafte Gesinnung, „doch brachte Mißgeschick das Reich unter ihm fast zur Auflösung".

Trotzdem traf er in seiner Sterbestunde in Bamberg eine prophetische Entscheidung: nicht sein sechsjähriger Sohn sollte König werden, sondern sein Neffe Friedrich. Mit ihm begann die eigentliche Kaiserherrlichkeit der Hohenstaufen; der erste Staufer war trotz seines Königsputsches nicht zum Zuge gekommen.

Zwischenfälle in Sutri beim zweiten Hohenstaufen

Die beiden höchsten Repräsentanten Europas, der deutsche König Friedrich I. und der römische Papst Hadrian IV., begegneten sich bei ihrem ersten persönlichen Treffen Juni 1155 in Sutri zögernd, unsicher und mißtrauisch. Sie waren sich entgegengeritten. Erster Empfang des Deutschen, des zweiten Monarchen aus dem Geschlecht der Staufer, durch das Oberhaupt der christlichen Kirche, einen gebürtigen Engländer, dem einzigen auf dem apostolischen Stuhl bis heute. Der Papst, erst seit einem Jahr Pontifex, fühlte sich nicht mehr sicher in Rom. Empörung herrschte unter den römischen Bürgern, politische und geistige Unruhen durch rebellische Reformprediger. Alle schienen gegen den Papst zu sein. Deshalb dieser Ausritt zur Begrüßung des deutschen Königs, um unter seinem militärischen Schutz gemeinsam zur Kaiserkrönung heimzukehren.

Der über dreißigjährige Friedrich I. regierte seit drei Jahren. Mittelgroß, von schöner Gestalt, wie Zeitgenossen ihn schildern, helle Gesichtsfarbe mit rötlichem Schimmer, scharfe, durchdringende Augen, rötlich-blonde lockige Haare und rötlicher Bart. Deshalb trug er den Beinamen „Rotbart", dem sich nach sechs Italienzügen die italienische Variante „Barbarossa" gesellte.

Als er von seinem Pferd stieg, um den Papst zu begrüßen, zögerte er. Friedrich Rotbart sollte dessen Zelter führen und ihm beim Absteigen den Steigbügel halten. Eine alte Etikette, aus Ehrerbietigkeit dem andern den Zügel- und Bügeldienst zu leisten. König Friedrich tat es nicht. Er lehnte eine so gefährliche politische Symbolik ab.

Das war der erste Zwischenfall in Sutri, über dessen Behebung das beiderseitige Protokoll zunächst verhandeln mußte. Die älteren Fürsten erklärten, daß es bei dem letzten Salier, Lothar III., in Lüttich vor vierundzwanzig Jahren ebenso gewesen sei, auch früher bereits. Wann? Bei Karl dem Großen findet sich solche Zeremonie nicht. Bei den Ottonen, den ersten Saliern? Sollte dieser Marschalldienst vielleicht eine Verpflichtung bedeuten?

Als Hadrian nun den Friedenskuß für den Gast mit sehr deutlichen Worten verweigerte, stieg die Spannung zum Zerreißen an. Waren damit alle Vorbesprechungen für die Kaiserkrönung hinfällig? Der Konstanzer Vertrag, vor zwei Jahren geschlossen, enthielt das Programm des neuen Königs gegenüber Rom und die Bereitschaft zu gegenseitiger Hilfe. Zudem Friedrichs Beistandsverpflichtung und Sicherheitseid für den Papst bei der Lösung der Rom-, Normannen- und Byzanzfrage. Immer wieder die jahrhundertealten, unsicheren Probleme der Kirche, ihr Schutzbedürfnis in Rom und im Patrimonium Petri. Persönliche Bedingungen betrafen den ungestümen Kirchenreformer Arnold von Brescia, ehemaligen Abt der Augustiner Chorherrn, der vom König gefangen und an den Papst ausgeliefert werden sollte. Galten diese Vereinbarungen noch oder schüttelte sie der König ab, weil er sie jetzt als demütigend empfand?

Friedrich I., in seinem Zelt bei Sutri, ließ sich von seinen Paladinen genau unterrichten, was es mit dem Marschalldienst auf sich hatte. Er stimmte einer symbolhaften Handlung „aus Ehrerbietung gegen die seligen Apostel Petrus und Paulus" zu, wobei er ausdrücklich feststellte, daß es sich nicht etwa um einen politischen Dienst des Vasallen an seinem Lehnsherrn handelte, wenn er die Zügel- und Bügelzeremonie leistete. Klare Trennung der Gewalten, klare Bewertung auch der Förmlichkeiten.

Der dritte Zwischenfall durch den römischen Senat

Auf dem Weiterzug von Sutri nach Rom kam eine Abordnung des römischen Senates Kaiser und Papst entgegen. Sie löste den dritten Zwischenfall aus. In einer rhetorisch drapierten, darum nicht minder deutlichen Ansprache verlangten die Römer, „die Aufrechterhaltung der guten Gewohnheiten und der alten, von Vorgängern verbrieften Gesetze zu beschwören, damit nicht Barbarenwut sie verletze..." Hörte Friedrich Rotbart recht? Außerdem erwarteten die Römer für die Kaiserkrönung im Kapitol eine Summe von fünftausend Pfund Gold. Das klang wie ein Ultimatum.

Dem deutschen König wurde es zuviel. Solche Überheblichkeit und törichte Anmaßung! Oder drängten die Römer mit ihren Forderungen so vor, weil sie sich nur einem kleinen Heer von 1 800 Mann gegenüber sahen? Friedrich I. unterbrach den Redner und entgegnete – nach der ausgeschmückten Überlieferung – demonstrativ und überlegen:

„Willst du wissen, wo der alte Ruhm deines Roms, Würde und Ernst des Senates, Kriegskunst, Tapferkeit und Zucht der Ritterschaft und der unerschütterliche und unbezwingliche Schlachtenmut geblieben ist? Sieh unser Volk an! Bei uns ist alles geblieben; auf uns ging alles dies zugleich mit dem Reiche über, denn nicht von allem entblößt kam das Reich auf uns, sondern umkleidet mit seiner Kraft und seinem Schmuck geziert. Bei uns sind deine Konsuln, bei uns ist dein Senat, bei uns sind deine Krieger...

Du sagst: auf deinen Ruf sei ich gekommen", fuhr Friedrich I. fort. „So ist es, ich folge deinem Ruf; doch warum geschah es? Feinde bedrängten dich und nicht einmal aus eigener Kraft vernichtest du das Joch... Da ward die Kraft der Franken herbeigerufen; flehentliche Bitte war's vielmehr, kein Ruf."

Friedrich I. lehnte das pathetisch vorgebrachte Verlangen der Römer ab, auch die Forderung nach einer Abfindung: „Welches Unrecht! Von deinem Herrscher, o Rom, forderst du, was eher ein Händler fordern solle von einem Krämer... Wie von den Geringeren die Leistung einer Pflicht gefordert wird, so wird von den Höheren die wohlverdiente Huldigung gespendet."

Seinen Einzug in Rom wollte Friedrich Rotbart als Freudenfest aufgefaßt wissen. War er deshalb mit zahlenmäßig nur geringen Streitkräften angerückt? Er fügte jedoch drohend hinzu: „Aber wer Ungerechtes unrechtmäßig fordert, dem wird nach Gebühr alles in rechter Weise verweigert."

Aus dem geplanten Freudenfest wurde ein blutiges Treffen zwischen den Mauern der Ewigen Stadt. Als die Römer von der heimlichen Kaiserkrönung erfuhren – „mit gewaltigem Freuden- und Jubelgeschrei der Deutschen, als ob urplötzlich ein entsetzliches Gewitter hereindonnere" –, kam es zum vierten Zwischenfall. Die aufrührerischen Städter drangen bis zur militärisch abgeriegelten Leostadt vor und fahndeten nach dem Papst.

„Als wir nach der Krönung, von der Anstrengung und Hitze erschöpft, zu unsern Zelten zurückkehrten und speisen wollten", berichtete der Kaiser an seinen Onkel, den Bischof Otto von Freising, „sprangen die Römer von der Tiberbrücke herab und versuchten den Herrn Papst im Kloster des heiligen Petrus zu greifen, wobei sie zwei von unsern Knechten erschlugen und die Kirche ausraubten. Der Lärm drang zu uns herauf, worauf wir uns bewaffnet in die Stadt stürzten. Den ganzen Tag kämpften wir – unterstützt von dem tapferen Heinrich dem Löwen – mit den Römern." Nach diesem bedeutendsten Chronisten der Zeit wurden gegen tausend Römer erschlagen oder im Tiber ertränkt, zweihundert gefangen genommen, unzählige verwundet oder in die Flucht getrieben.

Das Reich als päpstliches Lehen?

„Es grüßt unser heiligster Vater Papst Hadrian und das Kardinalskollegium der heiligen römischen Kirche, der Papst als Vater, die Kardinäle als Brüder..." Mit dieser merkwürdigen Anrede begrüßten die beiden Legaten, der Kardinalpriester von San Marco und der Kardinalpriester von San Clemente, den Kaiser auf dem Reichstag in Besançon 1157. Friedrich Rotbart hatte sich in eine abgelegene kleine Kirche zurückgezogen, um nicht der festlichen Menge von Vornehmen des Landes, Gesandten fremder Völker und dem vielen Volk als Schaubild zu dienen. Sie brächten gute Nachrichten, fügten die Kardinallegaten hinzu und händigten ein pästliches Sendschreiben aus.

Der Kanzler Deutschlands und Italiens, Rainald von Dassel, seit einem Jahr der erste Minister für die Reichspolitik, nahm die Papiere entgegen und las daraus vor. Während er den lateinischen Text aus dem Stegreif ins Deutsche übersetzte, beobachtete er unter den Fürsten eine sich steigernde Aufregung. Das Schreiben enthielt Vorwürfe über versäumte kaiserliche Pflichten, über ein unbenutztes Richteramt und mangelnde Bestrafung von Übeltätern. In dem gewundenen Stil der apostolischen

Aussage erinnerte der Absender den Kaiser, „welche Fülle der Würden und Ehren sie (,die hochheilige römische Kirche') Dir zuteil werden ließ". Als von dem „allgütigen Schoße" der Kirche die Rede war, kam der Papst darauf zu sprechen, daß es „Uns auch nicht im mindesten reut, in allem Deinen Wunsch und Willen erfüllt zu haben..." Deshalb auch die Übertragung der Kaiserwürde, wobei die Vokabel conferre benutzt wurde. Conferre konnte „verleihen" oder „aufsetzen" bedeuten. Eine absichtliche Doppeldeutigkeit, die Protest herausforderte.

Dann der eigentliche Schock für die Anwesenden: Der Papst, hieß es, würde sich mit Recht freuen, „wenn es möglich gewesen wäre, daß Deine Herrlichkeit aus Unserer Hand noch größere ,beneficia' empfangen hätte".

„Beneficia" übersetzte Rainald von Dassel mit „Lehen", anstatt mit „Wohltaten", wie es ebenfalls doppelsinnig heißen konnte. War aber nicht Lehen gemeint? Das Reich als Lehen, als päpstliches Geschenk, wie es manche Römer laut aussprachen? Die Kaiserkrönung als sichtbarstes Zeichen für das päpstliche Lehen.

Existierte da nicht ein historisches Bild im Lateran, das den letzten Salier, Kaiser Lothar III. (1125–37), zeigte? Das Bild trug die Unterschrift: „Vor die Tore Roms kam der König und beschwor der Stadt ihre Rechte, Lehnsmann des Papstes war er dann und empfing von diesem die Krone." Davon hatte man Friedrich Rotbart erzählt, als er in Sutri auf den Papst wartete. Es bedurfte einer kleinen freundschaftlichen Auseinandersetzung, damit Papst Hadrian Bild und Unterschrift entfernen ließ. Jetzt aber der gleiche Ton, der gleiche Sinn in dem päpstlichen Schreiben: das Reich als päpstliche Schenkung!

„Von wem hat es dann der Kaiser, wenn nicht vom Herrn Papst?"

Diesen Zwischenruf maßte sich einer der beiden Kardinäle an, es war der Kanzler der römischen Kirche Roland, der spätere Papst Alexander III. Mitten im Tumult der Fürsten in der kleinen, bisher stillen Kirche zog Pfalzgraf Otto von Wittelsbach sein Schwert und drang auf den Kardinal ein! Friedrich Rotbart sah die blanke Waffe, „totdräuend über dem Nacken", trat dazwischen und verhinderte einen bösen Ausgang. Der Kaiser verwies beide Legaten sogleich vom Platz, stellte ihnen Begleitschutz und forderte sie auf, unverzüglich und ohne Aufenthalt nach Rom zurückzureisen.

Während der Verhandlung vor dem Kaiser hatten Gefolgsleute des Kaisers das Kardinalsgepäck durchsucht. Dort fanden sie Unterlagen für eine Kirchenvisitation im Reich. Vielleicht wären die Kardinäle noch darauf zu sprechen gekommen und hätten sich Vollmachten erbeten, was aber ebenfalls eine Abhängigkeit der deutschen Kirche von der römischen Kurie bedeutete. Diese lehnte Friedrich Rotbart grundsätzlich ab, zumal die Selbständigkeit der deutschen Bistümer und Klöster zwischen Kaiser und Papst rechtlich vereinbart worden war.

Friedrich Rotbarts gesetzliches Regiment

Auf Anraten Rainald von Dassels und nach dessen Entwurf und Autorschaft erließ Friedrich I. sogleich ein Manifest mit der feierlichen Erklärung: Er habe seine Reichsgewalt allein von Gott und durch die freie Wahl der deutschen Fürsten empfangen und werde jeden für einen Feind Christi halten, der seine Krone als päpstliches Lehen bezeichne. Regnum wie sacerdotium, Reich wie geistliche Gewalt des Papstes, seien von Gott eingesetzt. Hier machte sich ein neuer politischer Kurs bemerkbar. Während Friedrich I. bisher den Titel Romanum imperium benutzte, betonte der Kaiser jetzt auf Veranlassung Rainald von Dassels den göttlichen Ursprung des Reiches, das Heilige Römische Reich, sacrum imperium. Er wollte dem Papst als ebenbürtiger Partner gegenüberstehen. Die augustinische Theorie der zwei Schwerter, des weltlichen und des geistlichen, fand eine überraschend aktuelle Akzentuierung.

Als der Papst versuchte, den deutschen Klerus für sich zu gewinnen, erhielt er Absagen. Die deutschen Bischöfe waren längst im Besitz eines kaiserlichen Erlasses, der alle Reisen nach Rom verbot, falls sie nicht auf besonderen Antrag von der kaiserlichen Kanzlei erlaubt wurden. Die Sperrung der Alpenpässe zeigte dem Papst den Ernst der Lage an.

Wieder tauchte die Frage einer deutschen Reichskirche auf. Korrespondenzen gingen hin und her, ohne daß die römische Seite eine befriedigende Erklärung abgab. Erst als der Papst von neuen Rüstungen erfuhr, zur Vorbereitung eines zweiten Italienzuges, da bequemte er sich zu einer offiziellen Stellungnahme durch die Entsendung von zwei weiteren Legaten. Er habe das Wort beneficium nicht in dem Sinne von „Lehen", sondern in der gewöhnlichen Bedeutung von „Wohltat" oder „Guttat" gebraucht. Das Wort „conferre" wollte er nicht mit „verleihen", sondern mit „aufsetzen" verstanden haben.

Gehörte dieses Spiel mit Worten zum Wesen der Päpste, von denen auffällig viele während der geistlichen Laufbahn zusätzlich eine juristische Fachlaufbahn eingeschlagen haben? Gehörte diese Entzifferung von Formeln zum Handwerk eines Kaisers, der sich hauptsächlich für Frieden und Recht einsetzen sollte? Gleich nach seiner Wahl zum deutschen

König fiel Beobachtern auf, daß Friedrich I. kühnen Geistes war, schnell im Entschluß, keinerlei Unrecht duldend, leutselig, freigebig und von glänzender Beredsamkeit. Als „Pfleger der Gerechtigkeit, Liebhaber der Gesetze" feierten ihn Zeitgenossen.

Als Auftakt seiner Regierung verkündete er 1152 die Erneuerung des Landfriedens, wie ihn einige Vorgänger vertreten hatten. Ein umfangreiches Gesetzeswerk, in dem zum ersten Mal nicht mehr von Freien und Unfreien die Rede war, sondern von Rittern, Ministerialen und Bauern. Jeder Stand bekam seine Rechte und Pflichten. Jedermann wußte, was ihn als Friedensbrecher erwartete. Worauf es dem Kaiser ankam – Versöhnung unter den verfehdeten Geschlechtern der Hohenstaufen und der Welfen, Bildung eines Fürstenrates und Erhebung der geistlichen Fürsten zu Kronfürsten –, das waren Ordnung und Sicherheit in Deutschland, und das Volk dankte es ihm nach den wüsten Zeiten des langen Krieges. Er brauchte zwei Jahre für sein Programm und griff mit starker, trotzdem maßvoller Hand durch.

Auf diese Weise sicherte sich Friedrich I. politische Rückendeckung für seine sechs Italienzüge. Anderthalb Jahrzehnte blieb dieser zweite Hohenstaufe jenseits der Alpen. Nachdem Deutschland befriedet war, hatte sich das unbefriedete Italien erhoben.

Bestandsaufnahme des Reiches

Als der Mailänder Erzbischof im November 1158 nach der einmonatigen Belagerung seiner ausgehungerten und verseuchten Stadt predigte: „Alles, was dem Kaiser gefällt, von Rechts wegen gilt", – hielt Friedrich I. Barbarossa einen Reichstag in der Ebene von Roncaglia ab. Weltliche und geistliche Große, der deutsche Adel, berühmte Sachkenner schlossen sich ihm an. Bei diesem zweiten Italienzug des Sechsunddreißigjährigen, der eine Heeresmusterung abhielt, wollte er öffentlich durch seine Kronjuristen und Rechtslehrer der Universität Bologna feststellen lassen, was ihm politisch und rechtlich an Regalien zustand: die Hoheit über die Herzogtümer, Markgrafschaften und Landesgebiete, die früher der Krone gehörten und allmählich in fremde Hände geraten waren. Fürsten und Städte schwankten in ihrer Gesinnung und Abhängigkeit. War der Kaiser anwesend, dann verhielten sie sich anders, als wenn er nicht anwesend war. Das mußte ein Ende haben. Es begann mit einer symbolischen Wache der Fürsten und Ritter vor dem Zelt des Kaisers.

An einer hohen Lanze, versehen mit dem kaiserlichen Wappen, mitten im Lager aufgepflanzt, hing ein Schild, auf dem der Name von Rittern oder Fürsten stand, die ein Lehen besaßen. Einer sollte vor dem Zelt des Kaisers in der folgenden Nacht symbolisch Wache halten. In den nächsten Nächten wachte ein zweiter, ein dritter, vierter Lehnsherr... In gleicher Weise riefen die Herolde der Fürsten deren Lehnsträger zur Nachtwache auf. Stellte sich nach zweifachem Anruf keiner von ihnen mehr ein, dann zählte man die Namen auf und stellte fest, wer fehlte. Alle, die ohne Erlaubnis ihres Herrn ferngeblieben waren, wurden ihres Lehens verlustig erklärt.

Am vierten Hoftag erschien der Kaiser in einer Vollversammlung des Reichstags auf den roncalischen Feldern. Von einem erhöhten Sitz, so daß er von allen Teilnehmern gesehen und verstanden werden konnte, erinnerte Friedrich Rotbart an das deutsche Königtum als Hort der Freiheit und des Rechtes für jedermann. Nach den ausführlichen Referaten der Abgeordneten der Städte, vor allem Mailands, faßte dessen Erzbischof die Meinung aller vor dem Kaiser zusammen: „Es ist ganz natürlich, daß die Vorteile jeglichen Dinges dem zufallen, der auch die Nachteile zu tragen hat. So gebührt Dir der Befehl über alle, da auf Deinen Schultern die Last des Schutzes von uns allen ruht." Das war diplomatisch ausgedrückt. In Wirklichkeit brachte der Reichstag auf den roncalischen Feldern das Ende der kommunalen Selbständigkeit, wie sie die italienischen Städte, am stärksten Mailand, bisher verteidigt hatten.

Mailand – das grausamste Drama in Friedrich Barbarossas Politik

Ein furchtbarer Hungerfeldzug entfesselte die zweite und keinesfalls letzte Runde gegen Mailand. Kein Acker, keine Wiesen blieben erhalten. Statt mit Waffen einzugreifen, gebrauchten die Soldaten Beile und Hakken, um die Olivenhaine, um Obst- und Weingärten zu vernichten. Alles Vieh wurde geschlachtet. Alle Zugänge wurden gesperrt. Vierzig Tage Verwüstungen um die Stadt, bis Mailand selbst zur Wüste wurde.

„Wir schworen zwar den Eid, doch schworen wir nicht, ihn zu halten", bekannten die Abgeordneten der Stadt Mailand stolz und übermütig vor dem Kaiser. Schon im Frühjahr 1159 war es zu einem Volksaufstand gekommen, da sich die Mailänder, in der Hoffnung auf Erhaltung des Wahlrechtes ihrer Konsuln, nach den roncalischen Beschlüssen enttäuscht sahen. Sie nannten die kaiserlichen Bevollmächtigten, den Kanzler Rainald von Dassel und den Pfalzgrafen Otto von Wittelsbach, die mit einem Militärkommando wie eine Besatzung herrschten, Verräter.

Dauernde Unruhen, Zusammenrottungen, Steinwürfe gegen das Hauptquartier der Deutschen, Morddrohungen, so häufig, daß es den Mailänder Konsuln nur mit Mühe gelang, die Deutschen in Verkleidung und unverletzt aus der Stadt zu führen. Vertreibung kaiserlicher Gesandter, — war das keine Herausforderung? Die Reichsacht gegen Mailand war die Folge. Ebenso Feldzüge gegen lombardische Städte, die milde behandelt, wenn sie kaisertreu waren, oder bedroht und geplündert wurden, wenn sie zu Mailand hielten.

Bis diese mächtige Stadt reif zur Übergabe geworden war, belagerte Friedrich I. die mit Mailand verbündete kleine Stadt Crema. Sieben Monate Belagerung mit Wut und Erbitterung auf beiden Seiten. Wie mit Bällen spielten die Kaiserlichen mit den abgeschlagenen Köpfen ihrer Gegner. Diese erschlugen gefangene Soldaten und „zerstückelten sie erbarmungslos gliedweise auf den Mauern, ein klägliches Schauspiel", und spießten sie auf die Mauerränder. Als Friedrich Barbarossa befahl, Gefangene am Galgen vor den Stadtmauern aufzuhängen, schleppte man dahinter kaiserliche Soldaten herbei und knüpfte sie ebenfalls an Kreuzgalgen auf der Mauer. Geiseln, darunter Kinder, ließ der Kaiser an seine Belagerungsmaschinen binden und schob die Kampfgeräte so dicht wie möglich an die Stadt heran. Das machte auf die Bürger Cremas nicht den erwarteten Eindruck. Sie schossen auf die Belagerungstürme, priesen gleichzeitig das Los ihrer Kinder, daß sie schon so früh den Tod fürs Vaterland erlitten.

Der Kaiser erstarrte fast vor Grimm und Bewunderung. Als Cremas Widerstandskraft am Ende war, bewilligte er freien Abzug. Zwanzigtausend Vertriebene durften von ihrer Habe mitnehmen, was sie schleppen konnten. Währenddessen brannte die Stadt, nachdem sie von den Soldaten, von Bewohnern und vom Pöbel der kaisertreuen Städte Lodi und Cremona restlos geplündert worden war.

Wo blieb die Befolgung der Heeresgesetze, die der Kaiser 1158 erlassen hatte? Ein ganzer Katalog von Anordnungen, die den Umgang der Ritter, Soldaten und Knechte mit den eigenen Bürgern und mit fremden Städtern regelten. Harte Strafen drohten: „Wer einen fremden Ritter verletzt, der auf seinem Zelter ohne Schild und Waffen zum Lager reitet, gilt als Friedensbrecher." Ein anderes Gesetz: „Plündert ein Ritter einen Kaufmann aus, so hat er das Geraubte doppelt zu erstellen... Ein Knecht wird in diesem Fall geschoren oder auf den Kinnbacken gebrannt, außer sein Herr ersetzt für ihn das Geraubte." Niemand durfte in seinem Quartier ein Weib haben. Bei wem trotzdem eines gefunden wurde, dem nahm man seinen Harnisch ab; er galt als exkommuniziert. Dem Weibe sollte die Nase abgeschnitten werden. Faßte man einen Kriegsgewinnler, der seine Waren den Soldaten teuer verkaufte, dann sollten ihm alle Waren weggenommen, er selbst sollte gegeißelt, geschert und an den Kinnbacken gebrannt werden. Wurde eine Burg genommen, so durfte alle Habe weggetragen werden; die Burg selbst durfte nur der Marschall in Brand stecken.

Ein heldenhaftes Schaustück war es für seine Soldaten, als Kaiser Friedrich Rotbart mit wenigen Rittern über die Adda setzte und im gefährlichen Vortrupp sein Banner dicht vor der Mailänder Burg Trezzo aufpflanzte. Was machte es ihm aus, als er unter den Mauern Mailands verwundet wurde! Er war es gewohnt, an der Spitze seines Heeres Burgen, Stadtrandbefestigungen und Städte zu erstürmen, wie es Chroniken vielfach bezeugen. Zweifellos war er tapfer aus Geblüt, nicht nur aus Pflicht. Aus Ruhm? Wer hält sich davon frei, wenn er (von seinem Onkel Otto von Freising) als „Eckstein" gefeiert wird? Eckstein Europas, Eckstein in der Erneuerung des karolingischen Reiches von Hagenau im Westen bis Eger im Osten.

War es der neue Papst Alexander III., der die Mailänder zu weiterem Ausharren aufforderte? Woher nahm der Pontifex diesen Mut? Hatte er Verbündete geworben? Schickte er Kardinäle als Parlamentäre zum Kaiser? Nein, denn der war gebannt. Weiter also mit Hunger, Krankheit und Tod unter den Belagerten, die genauso Christen waren wie die Angreifer. Der vatikanische Partner schien ohnmächtig, es ging ihm lediglich um Zeitgewinn für seine politischen Ziele.

Im kaiserlichen Lager unweit der Stadt Lodi empfing der christlich gekrönte Monarch am 1. März 1162 eine Abordnung der unterlegenen Stadt zu Verhandlungen über die Kapitulation.

Als vorher ein Fürstenrat die Bedingungen diskutierte, gab es nur wenige weitsichtige Mitglieder, die zur Nachsicht rieten. Ihnen gegenüber Rainald von Dassel als düsterer Rachegeist des Kaisers. Seine Schlagkraft bewunderten auch seine Gegner. In der Kölner Chronik von 1167 nennt man ihn „Ruhm, Ehre und Aufregung des Kaisers". Eine großartige Deutung dieses zweifellos in seiner wilden Aktivität problematischen Kanzlers. Im Fürstenrat erinnerte Dassel an den Wortbruch der Mailänder und an ihre Tücken. Obwohl er Inhaber des bedeutendsten und einflußreichsten Bischofstuhles, des „heiligen Köln", war, dachte er machtpolitisch und gewalttätig, nicht christlich. Er fühlte sich niemals als geistlicher Fürst, sondern griff stets als Staatsmann und Feldherr ein.

Zu den Kapitulationsverhandlungen erschienen die Konsuln an der Spitze, dahinter zwanzig Vertreter der vornehmsten Familien. Sie fielen

Friedrich Barbarossa zu Füßen und unterwarfen sich auf Gnade und Ungnade. Drei Tage später überbrachten dreihundert Ritter die Schlüssel aller Tore und Burgen, dazu sechsunddreißig Fahnen. Wie in einer Bittprozession zog am 6. März 1162 das Volk vorbei, barfuß, Kreuze in den Händen, Stricke um den Hals, Asche im Gesicht und auf den Köpfen. Schweigender Vorbeimarsch von hundert und mehr Scharen. Jeder Fahnenträger legte das Feldzeichen vor dem Kaiser ab und küßte seine Füße.

Trompetensignale von erhabener Feierlichkeit, völlig im Gegensatz zu der niederdrückenden Stille. Sie stammten von den Posaunisten auf dem Fahnenwagen, dem berühmten Carroccio Mailands. Noch einmal klangen die Signale ihrer Stadt und ihrer Freiheit auf. Dann sprangen die Posaunisten vom Fahnenwagen und lieferten ihre Instrumente ab.

Der Kaiser sah „ohne Regung" auf den eisenbeschlagenen, mit starken Eichenbohlen ausgerüsteten mächtigen Triumphwagen, der während der Vorbeifahrt seine schlanken Mastbäume vor Friedrich Barbarossa neigte, als wenn er um Gnade flehen wollte. Die Begleiter des Kaisers erschraken. Sie wichen zurück, weil sie in jedem Augenblick die Selbstzerstörung des Carroccio befürchteten.

Friedrich Barbarossa löste die Standarte von der Spitze und ordnete die Zertrümmerung des Fahnenwagens an. Schreie des Entsetzens und Wehklagen unter den Bürgern. Sie stürzten zu Boden, flehten um Erbarmen und beteten.

Unabänderliches Strafgericht – Einzug in eine verwüstete Stadt

Das Gesicht des vierzigjährigen Staufers war bei der Bittprozession und bei der Vorbeifahrt des Triumphwagens unbeweglich. Es blieb hart wie Stein, beobachtete ein Teilnehmer. Als wenn ein strenger Richter sprach, so hörten sich seine Worte zu den Mailändern an: „Ihr alle habt nach dem Gesetz das Leben verwirkt. Ich will es euch schenken, aber ich werde solche Anordnungen treffen, daß es euch künftig unmöglich sein wird, ähnliche Verbrechen zu begehen."

Zwanzig Tage danach stand der Staufer vor Mailand und beobachtete die Erfüllung der Kapitulationsbedingungen. Sie waren auf dem Reichstag zu Pavia erlassen worden und waren barbarisch. Alle Einwohner verließen innerhalb von acht Tagen die Stadt. Niemand durfte in Mailand wohnen. Die Bürger mußten sich in vier Flecken ansiedeln, jeder zwei Meilen von dem andern entfernt. Alle Burgen um Mailand wurden geschleift, selbst die vier letzten. Tore, Stadtmauern, Gräben und Türme wurden allmählich niedergerissen und auf diese Weise die ganze Stadt von Tag zu Tag mehr und mehr dem Verfall und der Verwüstung anheimgegeben. So erlebte und beschrieb es der Chronist und kaiserliche Notar Burchard.

Über die wüste Erde der Stadt zog der Pflug. Man streute Salz in die Furchen, zum Zeichen, daß die Stadt ewig wüst bleiben sollte. Aus den Ruinen stiegen drei Kirchen, einige Paläste, verschont, um sie zu erhalten oder weil es zuviel Zeit kostete, die Bauwerke abzuräumen.

Zum Osterfest 1162 setzte der Kaiser sich in Pavia die während des Mailänder Krieges abgesetzte Krone freudestrahlend wieder auf und ließ sich von allen Fürsten, Markgrafen, Grafen, Baronen, Hauptleuten und den Konsuln der Lombardei huldigen. Nach dem Schrecken und Entsetzen über Mailands Schicksal waren die italienischen Städte, selbst Venedig und Genua, bereit, die roncalischen Beschlüsse anzuerkennen.

Kaiserliche Statthalter als Fronvögte

Den ersten Schreckensjahren der völlig hilflos im heißen und kalten Krieg ausgelieferten und ausgesiedelten Mailänder Bevölkerung folgten Gewaltjahre durch das kaiserliche Regime. Statt mit Feuer und Schwert zu drohen, drohte man jetzt mit Tributen. Der grausame Triumphator beutete die italienischen Städte finanziell aus. Wie so oft im Leben der Völker traten die kaiserlichen Statthalter und Vögte der Siegerseite als Fronvögte auf. Frondienst der Bauern bei Burgenbauten, Plünderungen von Begüterten, Verkauf von Recht und Unrecht brachten die kaiserlichen Fronvögte den italienischen Städten.

Daß das alles im Auftrag Friedrich Barbarossas vor sich ging, geht aus einer vielfach bezeugten Episode hervor. Als der Kaiser durch einen von den Mailändern besiedelten Flecken kam, warfen sich Männer und Frauen, Greise und Kinder in Lumpen, bleich und abgezehrt vor die Eskorte. Sie flehten um Gnade und um Ablösung der fürchterlichen Vögte. Der Kaiser hatte Mailand noch nicht vergessen, denn er ritt schweigend vorbei. Kaum ein Blick für die Opfer.

Mainz wie Mailand verwüstet

Gab es zu Rotbarts Zeit ein staufisches Baudenkmal, wie den sehr langsam wachsenden Wormser Dom? Oder Baukunst in Köln, Speyer oder

Mainz? Der Kaiser baute nicht, aber er wußte um den Symbolgehalt der Bauten bei den anderen, den Gegnern.

Sein Pfalzrichter in Lodi, Acerbus Morene, bewunderte die Machtund Prachtbauten Mailands. Friedrich Barbarossa ließ sie 1162 bedenkenlos zerstören. Niemand wagte Widerspruch. Wer sollte es auch tun unter diesen militant-diplomatischen Köpfen wie Rainald von Dassel und Otto von Wittelsbach? Sie waren rücksichtslose Draufgänger, die den Kaiser eher ansporten, als zur Mäßigung rieten. Daher weg mit den politischen Bauten des Gegners, oftmals nach dem Kriegsspruch der verbrannten Erde.

Als die Bürger von Mainz sich gegen ihren Bischof Arnold von Selnhofen erhoben und ihn auf gräßliche Weise ermordeten, da strafte der Staufer 1163 die eigene deutsche Bischofsstadt wie Mailand. Für ihn bedeuteten solche Übergriffe Verletzungen des Rechtes und der Ordnung, die er zu ahnden hatte. So büßte für jenen Mord eine ganze Stadt mit allen ihren Werten. Nur Hunde und Wölfe sollten in Mainz hausen, in einer Stadt, die schon seit 150 Jahren das Privileg der Stadtfreiheit besaß. Hinrichtungen und Verwüstungen als Ordnungsstrafen. Zerstörungen der Häuser und geschleifte Mauern, nachdem man die Leichen der Täter und Geiseln an die Stadtmauer genagelt hatte. Fast zwanzig Jahre brauchte man zum Wiederaufbau.

Solche brutalen Eingriffe in Leben und Gut eigener und fremder Untertanen waren für Friedrich Rotbart wie eine große Flut, die die Sünde der Menschen tilgen helfen sollte. Von seinem Reich hat man als „Heilsanstalt" gesprochen, — als „Sacrum imperium" —, als „das heilige Reich." Alles an ihm schien geheiligt, von der Person bis zu den Gesetzen.

Friedrich I. Rotbart ein Doppelgänger Karls des Großen?

Diesen Friedrich apostrophierte man als „Schirmherrn des Friedens" und als „Friedensfürst". Stattdessen schlug er unbarmherzig zu, wenn er gereizt wurde oder andere aus seiner Sicht das Recht verletzten. War Barbarossa nicht Karls Doppelgänger? So feierte ihn sein erster Mitarbeiter Rainald von Dassel und wurde nicht müde, Friedrich seit seiner Krönung in Aachen als wahren Nachfolger Karls zu preisen.

Diese Berufung auf Karl den Großen erhielt staatspolitische Bedeutung, als Friedrich I. Rotbart zur Heiligsprechung seines großen Vorgängers, des ersten Kaisers in Deutschland, Weihnachten 1165, aufrief. Aus der Kanonisation — seit mehr als dreißig Jahren vorbereitet, denn so lange arbeiteten die Aachener Goldschmiede an dem Prunksarg – wurde ein Staatsakt zur Verherrlichung von zwei Kaisern.

Der dreiundvierzigjährige Friedrich I. verlas am Sarkophag nachdenkliche Worte aus der Urkunde zur Heiligsprechung: Er habe Karl im Leben und Regieren, im Verhalten zur Kirche und zum Recht stets als Vorbild, als großen Helden genommen. Karls Verteidigung des Christentums wäre sein größtes Verdienst. Jeder kaiserliche Krieg, hieß es weiter in dem Zeugnis zu Karls Heiligsprechung, sei auch für ihn, Kaiser Friedrich I., nur ein Mittel zur Verteidigung des Gottesreiches, zur Dringlichkeitsaufgabe des Kaisers und zur Erhaltung des Friedens.

Diese Erhebung Karls des Großen zum Heiligen – vom neu eingesetzten kaiserlichen Gegenpapst Paschalis III. ausgesprochen, von der römischen Kirche im allgemeinen nicht anerkannt – diente nach Kaiser Friedrichs Text zum Ruhme Christi, zur Stärkung des Reiches und zum Heile seiner eigenen kaiserlichen Familie. Damit betonte er seine Abstammung und Erbfolge vom ersten Franken her als Glorie seiner Herrschaft.

Barbarossas zweite Kaiserkrönung in Rom

Als wenn diese Aachener Zeremonie noch eines strahlenderen Glanzes bedurfte, ließ sich Friedrich Barbarossa mit seiner zweiten Gemahlin Beatrix – von der ersten war er wegen Untreue geschieden worden – auf seiner vierten Italienfahrt zum zweiten Mal in Rom krönen. Ein einmaliger Vorgang in der Kaisergeschichte. Vorangegangen waren Gemetzel mit den Bewohnern der Ewigen Stadt, die dem römischen Papst Alexander III. wieder zugeneigt waren und sich deshalb der Ankunft der Deutschen mit ihrem Gegenpapst erwehrten. „Die unglückseligen Römer wurden auf allen Wegen und Feldern um Tusculum bis Rom wie Vieh hingemetzelt, die Zahl der Erschlagenen wird auf über neuntausend geschätzt", berichtete Rainald von Dassel an seine Kölner Diözese. Wieder im Sinn der Stauferideologie – Verbindung von christlicher Religion mit militärischem Einsatz –, wenn der Kanzler des Reiches und Erzbischof den „unbegreiflichen Erfolg" nicht „unseren Kräften und Verdiensten" zuschrieb, „sondern einzig der göttlichen Güte und Huld, der es gefallen hat, uns aus so großer Gefahr zu befreien und das allerchristlichste Reich aus der Hand der treulosen Römer zu retten".

Nach der Kapitulation schloß Friedrich Barbarossa trotzdem einen Vertrag mit den Römern, die ihm Treue schworen. Er verlieh ihnen sogar eine Reihe von Privilegien. Zweihundertachtzig Geiseln mußten gestellt werden. Endlich nahm Papst Paschalis III. auf dem apostolischen Stuhl Platz und weihte verschiedene Kirchenfürsten zu Patriarchen. Am Petrusfest krönte der Pontifex Beatrix zur Kaiserin. Unterdessen flüchtete der ordinierte Alexander III. auf dem Tiber aus Rom.

„Wer hat denn die Deutschen zu Richtern der Nation bestellt? Wer hat diesen plumpen und wilden Menschen das Recht gegeben, nach Willkür einen Herrn (den Papst) über die Häupter der Menschenkinder zu setzen?" Das fragte der aus England gebürtige, in Chartres residierende Bischof und mittelalterliche Philosoph Johann von Salisbury als Stimme dieser Zeit.

Die kaiserliche Armee wird ohne Waffen geschlagen

Seuchenalarm in Rom nach der großen Siegesfeier und Kaiserkrönung! Ein Gottesgericht für eine Seite oder für beide Seiten? Nach stechender Sonnenglut folgte tagelang Regen und von neuem glühende Hitze. Unter den Rittern begann es, bei den Höchsten machte es nicht halt. Tod des engsten kaiserlichen Beraters, Rainald von Dassel, Tod des Herzogs Friedrich von Schwaben und des jungen Welfenherzogs, des letzten mathildischen Erben. Tod vieler Edler aus Schwaben, Franken und vom Rhein. Acht Bischöfe starben. Leichengeruch auf den Straßen, Leichendunst aus dem Tiber, in den die Opfer geworfen wurden. Tausende von kranken Soldaten und Bürgern. Die Armee Friedrich Barbarossas war ohne Waffen geschlagen worden. Die Pest erhob sich zum ärgsten Feind und zum endgültigen Sieger.

Signale riefen die letzten Überlebenden zum Verlassen der verpesteten Stadt auf. Ein grauenvoller Rückzug verhärmter Soldaten. Sie schleppten sich mit letzter Kraft. Der Kaiser mußte sich verkleiden und fliehen, sonst wäre er noch gefangengenommen worden. Eine beispiellose Katastrophe des kaiserlichen Heeres, ebenso militärisch wie politisch eine Niederlage von ungeahntem Ausmaß.

Gründung der antikaiserlichen lombardischen Eidgenossenschaft

„Ich schwöre Hilfe Venedig, Verona mit Burg und Vorstädten, Vicenza, Padua, Mailand, Lodi, Bologna, allen Personen und Orten, die dieser Eidgenossenschaft angehören oder sich ihr noch anschließen werden, gegen jedermann, der uns mit Krieg überziehen oder sonst etwas Böses will, der von uns mehr verlangen will ..."

So lautete die Schwurformel des lombardischen Städtebundes 1167, verfaßt und begründet auf einem heimlichen Treffen, an einem heimlichen Ort. Es war das Benediktinerkloster Pontide zwischen Mailand und Bergamo. Vertreter dieser beiden Städte, Vertreter von Brescia, Cremona, Mantua, Ferrara, später von Piacenza, Lodi, Novarra und Vercelli diskutierten und handelten gemeinsam, selbst wenn einzelne noch vor Jahren mit der kaiserlichen Seite verbunden gewesen waren. Die erste große Städteaktion gegen die kaiserliche Vor- und Tributherrschaft.

Bedeutete das nicht den Zusammenbruch der kaiserlichen Italienpolitik? Welchen Fronten stand Friedrich Barbarossa gegenüber: dem Papst, seinen Anhängern in Frankreich und England, auch den mittleren Reichsfürsten um Heinrich den Löwen, dem Lombardenbund mit Venedig. Der Kaiser vertrat die größte, mächtigste Ordnung in Europa. Seine Gegner glichen Störenfrieden, die da und dort auftauchten, aber selten in gesammelter Offensive vorgingen. Wenn Friedrich I. in Frankreich und England um Anerkennung der von ihm ausgewählten, unterstützten Päpste bat, dann vertrat er nicht etwa nur die Vorherrschaft Deutschlands, das mehr oder minder eingriff, sondern auch die Einheit des Abendlandes, zu der sich alle Völker Europas bekennen und für die sie sich einsetzen sollten. Bei Friedrich I. wie bei Heinrich IV. sollten die Päpste ausgewechselt, aber das Papsttum erhalten bleiben — das war römische Kaiserpolitik.

Erste Selbsthilfe für Mailand, das mit Hilfe anderer Städte wieder aufgebaut werden sollte. Wo Friedrich Barbarossa auftauchte, da drohten Attentate, denen er sich geschickt entzog. Um seinen unerschütterlichen Mut zu beweisen, bekräftigte er die roncalischen Beschlüsse. Doch er wußte schon seit 1166 Bescheid: „Nicht gegen Unsere Person geht dieser nichtswürdige Aufruhr, er geht gegen die Macht des deutschen Volkes, denn sie schreien überall, wir wollen die deutsche Herrschaft nicht mehr."

Der Kaiser zeigte die eisengepanzerte Faust statt der offenen Hand für Verhandlungen. Ihm hingen mehr Draufgänger und Intriganten an als Diplomaten und Unterhändler. Von ihm hieß es, er wäre „vorsichtig und besonnen im Rat", aber auch „langsam zum Zorn bereit". Man nannte es ritterlich, wenn er in Trezzo und in Crema Frauen und Kinder verschonte. Aber war das etwa nur königliche Strenge, wenn er Gefangene vor Cremona an die Geschütze binden ließ, um die Belagerten in ihrer Abwehr zu irritieren? Auf den Rückzugsstraßen hingen Hunderte von Geiseln als Kollektivvergeltung an den Bäumen.

Wieder begann ein Kampf auf Leben und Tod wie zu Heinrichs IV.

und Gregors VII. Zeiten, ein Kampf, der — vielleicht — nicht nötig gewesen wäre, wenn Friedrich Barbarossa seine Beamten besser ausgewählt, angeleitet und beaufsichtigt hätte.

Kampf mit dem großen Gegenspieler: Heinrich der Löwe

Unter den Fürsten erstand dem Kaiser ein großer Gegenspieler, als er seine Armee für den fünften Italienzug aufrüsten mußte. Es war sein Welfen-Vetter, Heinrich der Löwe, Herzog von Bayern und Sachsen, der mächtigste Vasall in Deutschland, mit dem sich Friedrich I. anfangs ausgesöhnt hatte. Der Löwe hatte sich 1166 mit siebenunddreißig Jahren ein Denkmal in seiner Hauptpfalz inmitten Braunschweigs errichtet, Triumph seiner großmächtigen Natur.

„Unter allen Fürsten hat dich Gott durch Reichtum und Macht erhöht", hofierte ihn Friedrich Rotbart auf dem „Tag von Chiavenna" 1174, denn er bemerkte das Zögern des Herzogs, Armeekontingente zu stellen. Im Gegenteil, Heinrich der Löwe verlangte für die bisherigen militärischen Einsätze Geschenke: die Stadt Goslar und die Silbergruben im Harz.

Empfindlicher konnte der Kaiser nicht getroffen werden. Goslar war seine Residenz, ja seine Hauptstadt, allerdings mitten in Sachsen gelegen. Dieses Goslar wünschte Heinrich der Löwe endlich frei zu bekommen.

„Du mußt allen übrigen ein Vorbild sein, damit das wankend gewordene Reich wiederum durch dich genese", drang der Kaiser in seinen herrischen, aber vorzüglichen Lehnsmann. Dieser war Gründer von München, der Bistümer Lübeck, Rostock, Ratzeburg und Schwerin und Herrscher über einen unabhängigen Staat in Nord- und Ostdeutschland. Heinrich der Löwe war über die Elbe auf slawischen Boden gegen Ostsee und Oder vorgestoßen. Er „zwackte und preßte bis zur Erschöpfung" die Bevölkerung.

Bei seiner Begegnung mit dem Kaiser schützte er sein Alter vor. Mit sechsundvierzig Jahren? Er sagte nichts darüber, daß das schwindende Ansehen des Kaisers ihm eines Tages die Chance der Kaiserkrone bieten könnte. Er verwies auf den Bann des Papstes, den er sechzehn Jahre lang nicht gescheut habe. Das war richtig, aber plötzlich entscheidend? So viele Jahre hatte er sich kaum darüber beklagt. Oder befand sich der Welfe aus der Tradition seines Geschlechtes auf der Seite Roms?

Es war von ihm bekannt, daß er Alexander III. als rechtmäßigen Papst anerkannte. Die kaiserlichen Gegenpäpste paßten ihm wie anderen Fürsten schon lange nicht.

Kniefall des Kaisers vor seinem Vasallen

Diesmal ginge es aber um die aufständischen Städte der Lombarden, meinte der Kaiser. Nicht um den Kirchenstaat? fragte Heinrich der Löwe. Ein vertracktes Problem, das sich immer wieder im Mittelpunkt der italienischen Politik befand. Das Wichtigste für den stolzen und doch sachlich aufgeschlossenen Heinrich den Löwen: Er war gegen die feudale Kaiseridee Friedrich Rotbarts, und er war für die Entwicklung städtischen Wesens und bürgerlichen Gemeindelebens. Das war der tiefste Grund seiner Weigerung, dem Kaiser die schuldige Lehnspflicht zu erfüllen.

Friedrich I. Barbarossa machte in Chiavenna einen Fußfall und bat, ihn nicht im Stich zu lassen. Eine berühmte Szene, viel erklärt, einige Male bezweifelt, trotzdem bis in die neueste Zeit erwiesen. Der Kaiser auf den Knien vor seinem Vasallen in Gegenwart seiner Familie, der Fürsten und des Hofes.

Heinrich der Löwe wußte um die Bedeutung des Vorganges. Er enthielt ein Entweder-oder für ihn. Sein Truchseß und Vasall rief dazwischen, und es klirrte in den Worten: „Die Krone, Herzog, die du zu deinen Füßen siehst, wird bald auf deinem Haupte glänzen." Das war eine offene Anspielung. Darauf ein Hofritter aus dem Kreis des Kaisers zu dem mächtigen Herzog: „Ich fürchte, Herr, die Krone wird über dein Haupt emporwachsen."

Schweigen und Bestürzung über den Vorfall, bis Kaiserin Beatrix zu ihrem Gemahl trat: „Steht auf, lieber Herr, Gott wird Euch helfen, wenn Ihr einst dieses Tages und dieses Hochmutes gedenkt."

Heinrich der Löwe wandte sich ab, warf sich auf sein Roß und sprengte davon. Der Ausgleich war dahin und die Freundschaft zwischen Hohenstaufen und Welfen nach über zwanzig Jahren zerrissen. Sie sollte sich nicht mehr festigen, da Heinrich auf keinem Gerichtstag mehr erschien. Auf Reichsversammlungen in Würzburg, Gelnhausen 1180 und Regensburg 1181 machte man ihm den Prozeß.

Beim Erfurter Reichstag 1181 wollte er nun seinerseits den Kaiser durch Fußfall umstimmen. Trotz Geneigtheit vermochte dieser seinen Vetter nicht vor dreijähriger Verbannung zu bewahren. Der ausgeprägte

Eigensinn Heinrichs des Löwen unterbrach eine staatspolitische Entwicklung, die manche Historiker als zukunftsweisend hinstellen im Gegensatz zum Universalreich der Staufer. Dann noch ein merkwürdiges Angebot: Gegen Sühnegeld wollte Friedrich I. den Gegenspieler aus seiner Ungnade entlassen. Der Betrag war dem Löwen zu hoch, vielleicht auch zu unwürdig, er lehnte ab und wurde verbannt. Der „wildwütige" Heinrich, den ein Zeitgenosse zu den Hochfahrensten und Graumsamsten fast aller Sterblichen rechnete, verlor seinen Eigenbesitz und sein Lehen.

Gott hilft den andern

„Gott wird Euch helfen", hatte die Kaiserin gewünscht, er tat es nicht. Gott half den andern. Die Mailänder siegten bei Legnano im Mai 1176. Auf der lombardischen Seite sollen 15 000 Soldaten, auf der deutschen Seite 3 000 bis 3 500 Ritter und Fußvolk gekämpft haben. Anfänglich siegreich, drückte die gegnerische „Schar des Todes", 900 ausgewählte Ritter aus städtischen Geschlechtern, auf die kaiserliche Front. Daneben die „heilige Schar" von 300 Reitern, gruppiert um den Fahnenwagen des Städtebundes, das Schutzheiligtum des Stadtwesens. Ein Flankenangriff von zwei mailändischen Reserven durchbrach die kaiserliche Front und brachte die Entscheidung. In der Kriegsgeschichte soll dies das erste Mal gewesen sein, daß die moderne Taktik, mit einer bis zuletzt zurückgehaltenen Ersatzmannschaft den Sieg zu erkämpfen, Anwendung fand.

Die Bannerträger sahen den Kaiser stürzen, da sein Pferd von einer Lanze tödlich getroffen worden war. Schwerverletzt lag Friedrich Rotbart unter Toten und Verwundeten. Wie ein Blitz durchdrang es ihn: Gedanken der Flucht vom Schlachtfeld und vor allem Gedanken an Versöhnung. Von verschiedenen Zeitbetrachtern bestätigt, soll er in dieser hoffnungslosen Situation den rettenden Einfall gehabt haben: Versöhnung mit den Lombarden.

Als der Ruf „Der Kaiser ist tot!" über das Schlachtfeld schallte, brach der Widerstand der Deutschen zusammen. Die Lombarden schlugen auf sie ein und warfen sie in den Tessin. Sie machten zahllose Gefangene und reiche Beute an Gold und Silber. Banner, Schild und Lanze Friedrich Barbarossas fielen den Siegern in die Hände. Der Kaiser blieb verschwunden. Die Lombarden suchten das ganze Schlachtfeld ab und fanden ihn weder tot noch lebendig. Als er auch nach drei Tagen nicht auftauchte, kleidete sich Kaiserin Beatrix in Trauer.

Von den militärischen Machtmitteln zur diplomatischen Taktik

Als Friedrich I. Rotbart am vierten Tag nach der Schlacht erschien, plante er den Anfang einer neuen Politik: von den militärischen Machtmitteln zur diplomatischen Taktik. Die letzte Chance dieses vierundfünfzigjährigen Kaisers hieß nachgeben, um Versöhnung und Frieden einzuleiten.

Dazu eine berühmte Szene. Was der dreißigjährige König zu Anfang seiner Regierung nicht hatte tun wollen, um nicht vor aller Welt als päpstlicher Vasall eingeschätzt zu werden, das tat der Kaiser jetzt freiwillig bei der Begegnung mit Papst Alexander III. in Venedig, Sommer 1177. Vom Dogen in dessen Galeere durch die Stadt geleitet, traf der Kaiser an der Pforte der Markuskirche den Pontifex in seinem Hoheitsschmuck, auf einem Thronsessel, umgeben von einigen Kardinälen. Friedrich I. „ehrte Gott in Alexander", wie der Erzbischof von Salerno als Augenzeuge berichtet, „und vergaß seine kaiserliche Würde. Er warf den Purpurmantel ab, kniete vor dem apostolischen Nachfolger, küßte ihm die Füße. Unter Tränen hob der Papst nach 18jähriger Gegnerschaft den Feind von gestern auf, gab ihm den Friedenskuß und den Segen."

Als sie nach dem Hochamt die Kirche verließen, übernahm der Staufer den Marschalldienst, den er einst verweigert hatte. Der Kaiser hielt den Steigbügel und führte das Roß des Papstes durch dichte Reihen des venezianischen Volkes.

Hundert Jahre nach Canossa verständigten sich Papst und Kaiser. Ein Bußfriede für den immer noch angesehenen, dabei geschlagenen und bekehrten Barbarossa. Er mußte viel eingestehen, um sich zu behaupten. So bekannte er: Die kaiserliche Würde habe ihn leider nicht vor Irrtum geschützt. Statt die Kirche zu verteidigen, habe er sie empfindlich geschädigt und eine Spaltung veranlaßt.

Friedrich I. mußte im Frieden von Venedig manches herausgeben: Ende der Oberhoheit des Reiches über den Kirchenstaat, damit Wiederherstellung des päpstlichen Besitzes wie zur Zeit Innozenz' II. . . . . Anerkennung der berühmten, immer wieder umstrittenen, unter Gregor VII. entstandenen Güterschenkung der Gräfin Mathilde in Toskana. Ein Siegerfriede für Alexander III., nicht laut und herausfordernd, aber auch nicht nachwirkend, nur den Augenblick beherrschend. So wurde das XI. Allgemeine Konzil im Lateran 1179 ein Friedenskonzil, das dritte Konzil innerhalb eines Jahrhunderts.

Klärung der Papstwahl

Für Papst Alexander III. gab es auf den drei großen Sitzungen zwischen dem 5. und 9. März 1179 vor allem eine Frage, die einer Regelung durch die höchste Instanz der Kirche bedurfte. Er selbst hatte das erste Schisma während der Kandidatur durchgestanden, als ihm eine Kardinalspartei den Papstmantel weggerissen und zerrissen hatte, so daß er mit seinen Anhängern in die Burg bei Sankt Peter floh und über acht Tage eingeschlossen blieb. Nach dem Frieden mit dem Kaiser, nach dem Frieden in der Kirche durch Ausscheiden der Gegenpäpste nun endlich auch Klärung der Papstwahl.

Seit 120 Jahren bestand zwar ein Dekret über die Papstwahl, das Nikolaus II. im Jahre 1059 herausgegeben hatte, aber es setzte sich nicht durch. Die äußeren Einflüsse von Kaiser, Adel und römischem Klerus

Geistliches und weltliches Gericht

waren stärker als die Kardinalbischöfe und Kardinalkleriker, die den neuen Papst vorschlagen sollten, um ihn vom Volk und von der römischen Geistlichkeit bestätigen zu lassen.

Alexander III. konzentrierte das Wahlrecht auf die Kardinäle! Sie allein sollten zu entscheiden haben. Eine Mehrheit von zwei Dritteln der Wähler gab den Ausschlag für den neuen Petrus-Nachfolger. So gedachte man, äußeren Einflüssen und vor allem jedem zukünftigen Papstschisma vorzubeugen. Zweifellos hat das Dekret viel dazu beigetragen, auch wenn politische Einflüsse auf die Papstwahl niemals restlos ausgeschaltet werden konnten. Durch die Jahrhunderte bis in die jüngste Zeit gibt es dramatische Beispiele von Verschwörungen der Kardinäle und von Querschlägen nationalpolitisch gesinnter Kirchenfürsten, abgesehen von den Fällen, wo Kronkardinäle im Sinne der Kaiser, Könige und Landesherren urteilten und die Papstvorschläge korrigierten. Die Konzilverordnung 1179, zusammen mit der Konklavebestimmung des XIV. Allgemeinen Konzils 1274 in Lyon, also hundert Jahre später, regelte endgültig das Gesetz der Papstwahl.

Letzte Heerschau kaiserlicher Pracht

Dem zweiundsechzigjährigen Kaiser sah man beim Turnier auf dem Reichstag zu Mainz Pfingsten 1184 nicht seine hohen Jahre an. Immer noch rotblondes Haar, Augen, die wie Feuer leuchteten, breite Brust und breite Schultern, wie ein Teilnehmer beobachtete. Kaiser Rotbart zeigte seine Kräfte, „obgleich er körperlich nicht größer und ansehnlicher war als die andern", eine Symbolgestalt der ritterlichen Welt.

Am Ufer des Rheins eine ganze Zeltstadt, daneben eine hölzerne Kirche und zwei Vorratshäuser, vollgepackt mit Hühnern und Fasanen, für alle Gäste, mochten sie hoher oder niedriger Herkunft sein, staunte Bischof Arnold von Lübeck. Rheinaufwärts wie rheinabwärts schaffte man den Wein heran, „ohne Maß, nach eines jeden Belieben und soviel man vertragen konnte, genossen...", berichtet der Bischof von Lübeck weiter. Die Zahl der Teilnehmer wird in den Chroniken mit 40 000 bis 70 000 geschätzt. Drei Tage lang Bewirtung durch den Kaiser. Eine Heerschau kaiserlicher Pracht und jungmännlicher Fähigkeiten, zumal gleichzeitig seine beiden Söhne, der bereits zum König gewählte Heinrich sowie Friedrich, das Rittergelübde leisteten.

Plötzlich zerstörte ein heftiger Sturm die aufgestellten großen Holzgebäude, Regenböen prasselten durch die Budengassen und beschädigten die Holzkirche. Alarm zum Schluß des Pfingstfestes. Alarm für das Schicksal von morgen?

Zwei Jahre später folgte ein Staatsbesuch in Mailand! Eine Infamie angesichts der fürchterlichen Unterwerfung und Abräumung der Stadt vor vierzehn Jahren oder eine politische Geste der Verständigung und Anerkennung des ehemaligen Gegners? Kaiser Friedrich Barbarossa feierte in Mailand, dessen Erzbischof als Urban III. den Stuhl Petri (für nur zwei Jahre) bestiegen hatte, die Hochzeit seines schon mit vier Jahren zum deutschen König erhobenen Sohnes Heinrich VI. mit Konstanze von Sizilien, der Erbin des normannischen Reiches, und beider Krönung als Königspaar von Italien. Eine weitere Königskrone für den Hohenstaufen und damit Anwartschaft auf Neapel und Sizilien. Hundertfünfzig Saumpferde trugen das kostbare Heiratsgut nach Mailand. Der Kaiser hielt Hof im Süden — fast ein Vorspiel für die Lebenshaltung seines großen Enkels.

Doch in den schönen Kulissen von Mailand wehte ebenfalls Sturm. Friedrichs Kreuzzug stand bevor, zu dem er sich 1188 am Mainzer „Hoftag Jesu Christi" verpflichtet hatte. Noch einmal kam es zu einer Heerschau unter dem Kreuz, auch diesmal mit Hunger, Mühsal, Krankheit und Blut. „Wir gerieten fast in Verzweiflung am Leben", berichtet ein Augenzeuge.

Der achtundsechzigjährige Kaiser erlag im achtunddreißigsten Regierungsjahr, am 10. Juni 1190, einem Herzschlag, als er im türkischen Fluß Salef badete. „Seine Überreste trugen wir mit uns in schuldiger Ehrfurcht." Diese eine Zeile eines Begleiters, kurz, sachlich und ergeben, bezeugt das Ende des zweiten Staufers.

„Wie die Wut des Nordsturms ist Heinrich VI."

Wie Söhne oft — der Sohn Barbarossas ging andere Wege als sein Vater. Diesen hatte es von Italien nach Deutschland zurückgezogen, — den Sohn trieb es umgekehrt. Von Friedrich I. hatte er Robustheit und Grausamkeit geerbt, so daß der Sohn schon mit zwanzig Jahren im Ruf einer mitleidslosen Härte stand, die Rotbart zu mildern suchte. Als der Sechsundzwanzigjährige zur Kaiserkrönung nach Rom zog, erkaufte er sich die Zeremonie. Er opferte das bisher kaiserlich gesinnte Städtchen Tusculum dem nachbarlichen Haß der Römer. So gewann er die Bewohner der Ewigen Stadt für sich und für sein Vorhaben, selbst den fünfundachtzigjährigen Papst Cölestin III., der sich zunächst passiv verhalten hatte.

Auf anfechtbare, nach manchen Quellen sogar ruchlose Weise verfuhr Heinrich mit dem englischen König Richard Löwenherz, dem Schwager Heinrichs des Löwen. Löwenherz wurde auf der Heimkehr von einem Kreuzzug — also unter dem Gesetz des Gottesfriedens — abgefangen, weil er sich angeblich gegen das Reich vergangen hatte. Ein hohes Lösegeld von etwa 8–10 Millionen nach heutigem Geldwert wurde gefordert und gezahlt. Richard mußte sogar Heinrichs VI. Oberhoheit – als „Herr über alle" und deshalb Cäsar tituliert – über das englische Reich anerkennen. Ein außerordentlicher Einfall der deutschen Majestät, die Hand nach dem Inselreich auszustrecken.

Dieser Staufer verfolgte einen Zug ins Endlose, wie Otto III., nur nicht religiös entfesselt. Die Zeitgenossen schildern ihn schwächlich, bleich, düster, rücksichtslos, durchaus intelligent, nicht so schön und stattlich wie sein Vater. Seine Träume in den Marmorsälen der von ihm bevorzugten Pfalzburg Trifels umspannten Weltherrschaftsgedanken mit einem Weltkaisertum im Eroberungsstil Alexanders des Großen. Diesen Drang zur Macht über den Erdkreis hat man als krankhaft bezeichnet. Kaum ein Jahr seiner nur siebenjährigen Regierung war ohne Krieg. „Als Hammer der Erde, die Halsstarrigen zu zermalmen", erschien er. Zu den Widersetzlichen gehörte für ihn Frankreich, dessen König er den Lehnseid abzufordern gedachte. Von Jerusalem wurde er bereits als Lehnsherr anerkannt, von den Königen in Armenien und Zypern ebenfalls. Byzanz paßte sich durch Tributzahlungen an, um eine drohende Invasion zu verhindern. Es ging Heinrich VI. um die Gelder, noch nicht um den Anschluß. In diesen Ansätzen enthüllen sich seine politischen Perspektiven. Es blieben Ansätze, da seine Regierung kurz war.

Verschwörungen in seinem Herrschaftsgebiet Sizilien, erworben durch die Heirat mit Konstanze, der Erbin des Sizilischen Königsreiches, wo er trotzdem als Ausländer galt, ahndete er 1194 durch furchtbare Gemetzel. Sein Heer wütete wie eine apokalyptische Reiterschar, indem die Großen Siziliens gehenkt oder lebend in die Erde gegraben und verbrannt wurden. „Wie die Wut des Nordsturms ist Heinrich VI. über die Erde gefahren", charakterisierte ihn Kardinal Lotario Graf di Segni, der spätere Papst Innozenz III.

Das Reich in imposanter Ausdehnung mit der Residenz Palermo

Dieses staufische Kaiserreich mit Deutschland, Italien, ausgenommen den Kirchenstaat, mit Sizilien und der halben Welt unter Lehnsherrschaft besaß eine starke Ritterschaft, eine große Flotte und fast unerschöpflichen Reichtum aus Sizilien. Zweifellos ein imposantes Gebäude, verwaltet von schwäbischen und fränkischen Statthaltern. Barbarossas Sohn zeigte immer wieder eine harte Hand, die das behielt, was sie erobert hatte. Auf wie lange aber blieb das Reichsgefüge gefestigt? Was wurde aus Deutschland, wenn der Kaiser in Palermo residierte? Heinrich VI. verließ sich auf deutsche Truppen, mit denen er seine Macht bei Völkern unter fremdem Himmel wie in Sizilien durchsetzte. Man hat das im Umkreis seiner Politik als Universalität bezeichnet. Mit anderen Worten: er schuf sich Faustpfänder für sein Regime, ohne Schwaben und Franken für den Blutzoll zu entschädigen.

Ablehnung des Erbkaisertums

Nach seinem Entschluß sollte ein Erbkaisertum die Zukunft sichern. Das Reich eine Erbmonarchie, nicht mehr Wahlmonarchie, obwohl allerdings schon seit langem zu Lebzeiten der Kaiser meistens ihre Söhne zu Nachfolgern gewählt worden waren. Doch das genügte diesem mißtrauischen Staufer nicht. Er drängte zur Unabhängigkeit des Kaisers von den Fürsten und von der Kurie.

Er machte der Fürstenpartei das Angebot: Wie er die volle Erblichkeit für sein Haus erstrebte – also keine „verwirrenden Ansprüche und Ungehorsam aus den verschiedenen Häusern" beim Regentenwechsel –, so wollte er den weltlichen Fürsten in der männlichen und weiblichen Linie und sogar Seitenlinie die Erblichkeit ihrer Lehen zuerkennen. März 1196 schien es auf dem Würzburger Reichstag, als sollte Heinrichs Erbfolgeplan angenommen werden. Von Rom inspiriert, wehrten sich die geistlichen Fürsten: Der Papst befürchtete die Umklammerung des Kirchenstaates durch die Macht der vereinten sizilischen und deutschen Krone.

Als die kaiserliche Flotte von Venedig, Genua und Pisa mit 1 500 Rittern und 1 500 Knappen, hauptsächlich Deutschen, und hohen Würdenträgern zur Kreuzfahrt in See stach, hatten 31 Jahre schon die Kraft Heinrichs VI. aufgezehrt. Er starb an den Folgen der Ruhr. Wieder ein toter Kaiser bei Beginn der besten Jahre. „Unter maßlosen Klagen des ganzen Heeres wurde er in Palermo beigesetzt", heißt es in seiner Vita.

Merkwürdig, wie sich die letzten Ruhestätten deutscher Kaiser über Europa, über Deutschland verteilen, ähnlich wie die Hauptstädte und Residenzen wechseln. Das Reich entbehrte der festen Zentren an Repräsentation, Glanz und Überlieferung, auch wenn sich die jeweiligen Kaisersitze zu nationalen Denkmälern erhoben.

Sein zweijähriger Sohn Friedrich II. war die Hinterlassenschaft Heinrichs VI. für das Reich. Durch Bestechungen war das kleine Kind zum „König der Römer" bereits gewählt. Wahlfolge, nicht Erbfolge, wie es der Vater vergeblich angestrebt hatte. Dieser Friedrich II. sollte ein „Gegenstand des Staunens und Schreckens der Welt" werden.

IX.
Kaiser zwischen Morgen- und Abendland: Friedrich II.

Innozenz III. proklamiert für sein Mündel und alle Nachfolger:
Kaiser und Könige von Gottes und des Papstes Gnaden

Es gab einen ungewöhnlichen Auftritt vor Beginn des IV. Laterankonzils, dem XII. Allgemeinen Konzil am 8. Oktober 1215. Die Chronisten fragten sich, ob ein Papstkonzil, ein Kaiserkonzil, ein Kampfkonzil oder alle drei zusammen stattfanden. Man zählte über 1280 Delegierte – allein 70 Patriarchen und Erzbischöfe, über 800 Äbte. Eine Kirchenversammlung, zu der schon zweieinhalb Jahre vorher eingeladen worden war. Ohne Übertreibung bezeichnet man dieses „päpstliche Tribunal" als zweitgrößte Kirchenversammlung in der Geschichte, – die größte fand als II. Vatikanisches Konzil 1962 statt. In dem Einladungsschreiben hatte Papst Innozenz III. zwei Dinge genannt, die ihm „besonders am Herzen lagen": die Wiedergewinnung des Heiligen Landes und die Verbesserung der gesamten Kirche.

Was hatten aber diese beiden Hauptthemen mit dem Problem zu tun, das am 8. Oktober zur Sprache kam? Plötzlich stand in der Vorversammlung eine große politische Frage zur Diskussion: Wer würde Alleinkönig in Deutschland und damit endgültig päpstlich gekrönter Kaiser in Europa?

Ende des 12. Jahrhunderts hatten sich zwei Rivalen-Könige gegenübergestanden, von denen Papst Innozenz III. nach mehrjährigem Zögern zunächst Otto von Braunschweig mit der Kaiserkrone bedachte. Doch der Pontifex hatte sich in dem Bewerber geirrt. So übertrug er die römische Protektion auf den bisher leer ausgegangenen Philipp von Schwaben. Als dieser ermordet wurde, krönte der Regent auf dem apostolischen Stuhl im Oktober 1209 den einstigen Bedränger des Kirchenstaates König Otto IV. zum Kaiser. Nach drei Jahren wandte sich der Papst erneut von ihm ab. Innozenz III. hatte sich zum zweiten Mal getäuscht. Das focht den römischen Pontifex nicht an. Er wechselte nämlich zum vierten Mal die Position. Diesmal schickte er sein Mündel, den achtzehnjährigen Hohenstaufen Friedrich II., Enkel Kaiser Friedrich Barbarossas, in das europäische, vor allem süditalienische und deutsche Durcheinander. Auf diesen jungen Mann setzte der Papst mehr als auf alle bisherigen Kaiserbewerber, weil er glaubte, ihn wirklich fest in der Hand zu haben.

Gegen diesen blutjungen Kronprätendenten wandte sich der zweimal eingesetzte, zweimal verschmähte Otto IV. Für ihn war die ganze Situation höchst bedrohlich. Jener hohenstaufische Fant und päpstliche Schützling hatte sich nach einer ungewöhnlichen Triumphfahrt durch Mitteleuropa vier Monate vor dem Laterankonzil in Aachen krönen lassen und dabei geschworen, das Heilige Land zurückzuerobern. Auf diese Weise manifestierte Friedrich II. ein Hauptziel der Kurie.

Mit allen Mitteln wehrte sich daher Otto IV. gegen seine Absetzung und entsandte sogar einen Rechtsvertreter zu diesem Laterankonzil von 1215. Unter den anwesenden Bischöfen, Äbten und Prioren befand sich ja eine repräsentative Anzahl von Vertretern ausländischer Fürsten, so die der Könige von Frankreich, England, Ungarn, Aragon, Zypern und Jerusalem. Selbst der griechische Kaiser hatte seinen Gesandten nach Rom beordert.

Mitten in der Vorversammlung erhob sich der Anwalt des vom Papst Innozenz III. nicht mehr anerkannten, ehemaligen Kaisers Otto IV. Er rühmte seinen Mandanten als gehorsamen Sohn der Kirche, der in aller Form den Papst als „seinen Herrn" angerufen hatte. Der Advokat vertrat die Ansprüche seines Auftraggebers auf die römische Krone.

War das die Wahrheit? Erzbischof Berard von Palermo als Vertreter Friedrichs II. bezweifelte es. Er wurde sehr deutlich: Otto IV. besäße noch heute Güter der Kirche und träfe keine Anstalten, diese herauszugeben. Friedrichs Vertreter stieß noch weiter vor und unterstellte, daß König Otto IV., wie auch die Stadt Mailand, der sein Anwalt entstammte, Verbindungen mit Ketzergruppen unterhielten. Das war auf Innozenz III. gezielt, auf dessen Programm die Frage der Häretiker ebenfalls stand. Eine stürmische Debatte setzte ein. Man gestikulierte so aufgeregt, daß Tätlichkeiten zu befürchten waren.

Da erhob sich der Papst, mit ihm sein Gefolge und die höhere Geistlichkeit. Innozenz III. hatte längst entschieden: Otto IV. blieb im Bann und abgesetzt – der junge Staufer wurde Kaiser.

Das Kind von Apulien als Jüngling gekrönt

Friedrichs II. Geist schwebte auf sonderbare Weise vom Anfang bis zum Ende über diesem großen Konzil, er prägte noch das nächste Allgemeine

Konzil in Lyon 1245. Der Geist eines verheißungsvollen Jünglings und der Geist eines mächtigen Papstes erfüllten das römische Plenum. Schon einmal war ein Herrscher mit drei Kronen in der Ewigen Stadt erschienen: Karl der Große. Er war ein reifer Mann von achtundfünfzig Jahren gewesen. Diesmal sollte es ein Halberwachsener sein, der seinem päpstlichen Protektor viel versprochen hatte und der ebenfalls am Anfang seiner Macht und seines Ruhms drei Kronen empfing. So drückte sich jedenfalls der vierundfünfzigjährige Papst gegenüber dem einundzwanzigjährigen Friedrich II. aus und meinte damit: die Gnadenkrone seiner Mutter Deutschland, die Krone der Stiefmutter Lombardei und die Krone der Gerechtigkeit von ihm, dem Papst, dem Vater.

Aus einer imponierenden Selbsteinschätzung leitete der apostolische Monarch, wie einzelne Vorgänger auf dem Petrus-Stuhl, das Recht ab, Kaiser zu küren und abzusetzen, in die weltliche Politik einzugreifen, Mächtekonstellationen in Europa zu fördern oder abzulehnen. Unter seiner Leitung entschied das Laterankonzil 1215 über die deutsche Thronfrage genauso wie über die Absetzung eines römischen Kaisers. Ein unerhörter Vorgang in der Geschichte Europas, wie alles an diesem Papst ungewöhnlich war. Innerhalb von 400 Jahren dieser Wandel: aus dem kaiserlichen Schiedssprecher über den Pontifex war der päpstliche Schiedssprecher über den Kaiser geworden.

Der zweite Kreuzzug innerhalb desselben Pontifikats

Das von Anfang an über dem Laterankonzil 1215 schwebende Geheimnis enthüllte sich im letzten Aktenstück. Hier lag das päpstliche Dekret über einen neuen Kreuzzug vor. Der zweite Kreuzzug innerhalb derselben päpstlichen Regierung. Ein ungewöhnlicher Mut gehörte dazu, nachdem der letzte, vierte Kreuzzug 1202 im vierten Regierungsjahr Innozenz' III. ein beispielloses Fiasko geworden war. Das abendländische Kreuzheer hatte Konstantinopel statt Jerusalem erobert... Acht Tage und Nächte lang vernichteten die Flammen die ältesten Paläste und Kaiserburgen, die schönsten Kirchen und einmaligen Kunst- und Bildwerke der hochberühmten Stadt am Bosporus. Damals vermochte Innozenz III. nur zu klagen.

Vom Datum für den Aufbruch, 1. Juni 1217, über die Finanzierung und militärische Aufrüstung bis zur Proviantierung, bis zum Nachschub und bis zu den sozialrechtlichen Folgen bei Abwesenheit und Tod des Kreuzfahrers enthielt die Konzilakte einen für jedermann verständlichen Mobilisierungs-, Aufmarsch- und Kriegsplan. Bis ins einzelne eine großartige Urkunde für die Proklamation des „geistlichen Schwertes", das Innozenz III. führte, um „jede Art von Todsünden abzustellen und kirchliche Strafen über jeden Christen zu verhängen, der sich nicht fügte".

Der Papst als Konstantin — selten hat ein Pontifex diese Höhe eines absoluten Kirchen- und Weltregimentes erreicht. Doch der zweite Kreuzzugsversuch mißglückte ebenfalls. Das Schicksal war stärker, die Folgen waren unübersehbar.

Was Innozenz III. geahnt und zu Beginn des Konzils ausgesprochen hatte, trat ein. Acht Monate nach dem großartig angelegten Laterankonzil befand sich der Papst unterwegs in Oberitalien. Er wollte seine Kreuzzugsidee persönlich vorantreiben und Schwierigkeiten beseitigen. Der Fünfundfünfzigjährige, schon immer kränkelnd, erlitt eine Lähmung, an deren Folgen er in Perugia starb. Räuber plünderten die aufgebahrte Leiche.

Der Reisende aus dem Vorderen Orient mit Diplomatengepäck im Kopf

Niemand ahnte, wer der Reisende mit kleinem Kuriergefolge war, der aus dem Vorderen Orient kam, als einer der wenigen Laien am Laterankonzil 1215 teilgenommen und beim Papst kurze Zwischenstation gemacht hatte, um nun Kaiser Friedrich II. in seiner apulischen Residenz Foggia zu besuchen. Es war der vierte Hochmeister des Deutschen Ritterordens, Hermann von Salza. Dieser im Morgen- wie im Abendland mächtige Mann saß zwanzig bis vierundzwanzig Stunden im Sattel, um baldmöglichst sein Ziel zu erreichen. Der Fünfundfünfzigjährige, eine achtunggebietende Erscheinung, breit, kräftiger Schädel, herabwallender Bart, stand im Ruf einer überlegenen, zum Ausgleich neigenden Persönlichkeit. Seltsamerweise vertraute ihm der junge Kaiser ebenso wie Papst Honorius III., Nachfolger Innozenz' III. Beide interessierten sich für einen Plan, den Hermann von Salza nicht im Gepäck, sondern nur im Kopf aufbewahrte.

Ein zauberisches Bild: Fackeln machten die Nacht zum Tage, als Hermann von Salza durch das von kaiserlichen Adlern geschmückte Palasttor die große Schloßresidenz betrat. Alles in Marmor, ob Säulen, Standbilder, Tierplastiken, Fontänen oder Blumenschalen. Alles dem Stil maurischer Lustschlösser nachgebildet, wahrscheinlich vom Kaiser mitentworfen. Er ließ eine Inschrift anbringen: Friedrich der Zweite habe die königliche Stadt zum Kaisersitz erhöht, so gefiele sie ihm. Aus verschiedenen Kolonnaden-Höfen schallten Chöre, Musik und Lachen herüber.

Als wenn Hermann von Salza zu dieser späten Stunde erwartet wurde, traf er sogleich Friedrich II., der wegen seines Geburtslandes früher vom Volksmund „Kind von Apulien", nunmehr „Mann von Apulien" genannt wurde.

Nächtliches Gespräch zwischen Friedrich II. und Hermann von Salza

Der Kaiser fragte nach der Genossenschaft der Deutschen Ordensritter, die nach dem Gelübde der Keuschheit, der Armut und des Gehorsams ihren Dienst für Christus mit dem Schwert ableisteten. Anfänglich sollten diese Ritter nur Verteidiger, nur Helfer sein, um die heiligen Stätten zu befreien und zu sichern. Neuerdings ergaben sich Perspektiven für einen christlich-deutschen Kreuzzug gen Osten, gegen die sogenannten heidnischen Preußen. Hatte sich Salza dazu entschlossen? Wie liefen die Vorbereitungen?

Als der Hochmeister des Deutschen Ritterordens bedächtig antwortete, blitzte es bereits in den kaiserlichen Augen. Er stellte jede Unterstützung für den Preußenkampf in Aussicht, dazu Schenkungen und Belehnungen für den Orden.

Hermann von Salza hatte über die neuen Aufgaben mit dem Papst gesprochen, der für die Mission im Osten Europas natürlich eingenommen war. Was man gemeinsam erhoffte, war Gewinnung von Land und Menschen für das Christentum, Erschließung und Urbarmachung durch deutsche Siedler. Das alles verlangte seine Zeit. Wie lange? wollte der Kaiser wissen. Die erste Kreuzzugspredigt gedachte der Hochmeister in fünf Jahren, etwa 1230, zu halten. In den Vorbereitungsjahren sollten Ritter als Baumeister und Landwirte, Priester und Mönche in der Landessprache ausgebildet werden. Es kam auf äußere und innere Bindungen mit der Urbevölkerung an.

In Gedanken sah der Kaiser bereits dieses ferne Preußen als zum Reich gehörig, als Bollwerk und festen Bestandteil, „in Anbetracht, daß das Land unter die Monarchie des Imperiums einbegriffen ist", heißt es in einer kaiserlichen Urkunde. Sizilien war ihm Lustgarten – der Osten Europas Menschenreservoir.

Das Hauptthema: Jerusalem mit der Braut

Und Jerusalem? Was hatte sich dort getan? Plötzlich wechselte der einunddreißigjährige Kaiser zu dem Hauptthema dieser Unterredung. Hermann von Salza war – wie jeder Ordensmeister zum staufischen Hofstaat, in diesem Fall sogar zur Familie gehörig — als Brautwerber unterwegs gewesen; eine ebenso hochpolitische wie persönliche Sendung. Dem seit drei Jahren verwitweten Kaiser sollte Isabella, Tochter des vertriebenen Königs von Jerusalem, zugeführt werden. Der Ordensmeister hatte den Einfall gehabt, der Papst ihm zugestimmt, „um die Angelegenheit des Heiligen Landes desto besser zu Ende zu bringen", womit zum vierten Male, nun durch Honorius III., an das Kreuzzugsgelübde Friedrichs II. erinnert wurde.

Der Kaiser schätzte, wie bei allen seinen drei Ehen, höchstens den politischen Ertrag der Bindung. Die zwölfjährige Isabella von Jerusalem war arm, doch sie brachte durch ihre Mutter Titel und Krone eines Königs der Hauptstadt Palästinas mit. Nichts weiter, kein Land, keine Schätze, nur den Namen. Konnte der Kaiser darauf eine Konzeption für den voreilig verabredeten, überfälligen Kreuzzug bauen? Wenn Friedrich II. auszog, dann erschien kein Eroberer in Palästina wie die bisherigen Kreuzritter, er kam mit Rechten, die ein stattliches Heer repräsentieren würde. Er würde sich bemühen zu verhandeln und nicht Krieg zu führen und Schlachten zu schlagen.

Die Krone von Jerusalem hatte für den Kaiser von Deutschland, Italien und Sizilien nicht nur eine zeremonielle, sondern auch reale Bedeutung. Wenn er jedoch, gestützt auf die eheliche Verbindung, als König von Jerusalem erschien, dann trug er die Last des damit verbundenen Kreuzzugs völlig allein. Von keinem deutschen Fürsten hatte er Zusagen zu erwarten. Konnte er Beute versprechen? Den Glanz der Krone vermochte er nicht zu teilen. Einmalig klang, was in Gesetzbüchern und unter offiziellen Erlassen stehen würde: „Imperator Friedrich II., stets erhabener römischer Kaiser, König von Italien, Sizilien, Jerusalem und dem Arelat, der Glückliche, der Sieger und Triumphator".

Hermann von Salza schlug eine Begegnung mit dem Papst vor. Da Honorius III. erkrankt war, gewann Friedrich II. Zeit.

Gründung der Universität Neapel — Erweiterung der medizinischen Akademie Salerno

Obwohl der Kaiser sich erhob, um offensichtlich das Ende des Gesprächs mit Hermann von Salza anzudeuten, sprach er dennoch weiter — wieder wechselte er das Thema. Jetzt ging es um die bevorstehende Gründung der Universität Neapel — ein Gegenstück zu der ältesten medizinischen Hochschule in Salerno. Diese erhielt von Friedrich II. das Lehrmonopol für Medizin mit Vergrößerung des Lehrkörpers und verschiedenen Auflagen, darunter unentgeltliche Konsultation für Arme, Aufsicht über Ärzte und Apotheker.

Neapel wurde eine der ersten Staatsuniversitäten mit reichen kaiserlichen Privilegien, im Gegensatz zum kurialen Bologna, dessen Kirchenuniversität Friedrich aufzulösen gedachte, um Neapel zu erhöhen. Erste Professoren mit hohen Ehren und hohem Gehalt wurden verpflichtet, Köpfe von Bedeutung, wie Petrus von Vinea und Thaddäus von Suessa, die neben dem Jurastudium auch das Studium generale für sämtliche Fächer entwickelten. Dazu Studenten, denen verbilligte Wohnungen und schöne Heime eingerichtet wurden. Den Minderbemittelten half der Kaiser durch Zuschüsse und Darlehen, wie es heutzutage üblich ist. Deshalb nahm Friedrich den Sizilianern das Versprechen ab, auf keinen Fall außerhalb des Landes zu studieren. Andererseits warb er unter Italienern und Römern für das „anmutige Neapel", um durch möglichst viele auswärtige Scholaren auf einen imponierenden Hochschulbesuch verweisen zu können. Tatsächlich bekam die Universität Neapel internationalen Ruf.

Um was es Friedrich II. letztlich dabei ging, war für seine Zeit völlig neu: Ausbildung einer unabhängigen juristischen Beamtenschaft, von Richtern und Notaren, die, vom Kaiser eingestellt und bezahlt, ein neues Verwaltungssystem einführten. Dieser ausgeprägte Stand der Justitiare — als Statthalter der zehn Provinzen, als Reichsstatthalter und als Großhofmeister an der Spitze der gesamten Verwaltung — trat dem Klerus gegenüber und schaltete bisherige kirchliche Einflüsse in der Verwaltung und Rechtsprechung aus.

Der gebannte Christ bricht zum Kreuzzug auf

Obwohl die römische Kurie 1215 den jungen Staufer bei der Kronenvergebung in Europa bevorzugt hatte, distanzierte sich Friedrich II. bald danach von dem apostolischen Nachfolger und begann sich aus dessen Abhängigkeit zu lösen. Er festigte sein Erbland Sizilien, über das Innozenz III. regiert und von dem er es eigentlich als Lehen empfangen hatte, und löste es aus dem Protektorat. Damit verlor die Kirche ein Annexionsgebiet, vor allen Dingen die Rückendeckung des Patrimoniums. Darum allein ging es Innozenz III. und vielen Päpsten nach ihm. Jeder Pontifex wehrte sich gegen die Umklammerung des Kirchenstaates im Norden und Süden. Hierin lag die Ursache vieler Kriege und mißverständlicher Bündnisse.

Zunächst verzögerte der kaiserliche Kreuzfahrer absichtlich den Aufbruch von 1219 bis 1229 und wurde dafür von seinem ehemaligen Erzieher, Papst Honorius III., mit dem Bann bedroht. Nach dreimaliger weiterer Verzögerung traf ihn unter Papst Gregor IX. wirklich die Exkommunikation, ohne Prüfung und ohne Prozeß. Doch diesem Kaiser machte es wenig aus, vor aller Welt als gebannter Christ nach dem Morgenland zu ziehen, selbst nicht, als der sizilianische Klerus vom Papst aufgefordert wurde, keine Kreuzzugspredigten und Spendenaufrufe zu halten. Ebenso wetterten zwei Franziskaner gegen die Teilnehmer, sie sollten einem Gebannten den Gehorsamseid verweigern. Dann noch das tückische Gebot des Papstes an alle Untertanen in Deutschland, Italien und Sizilien, dem Kaiser ihren Treueid aufzukündigen. Trotz allem: Friedrich II. wurde der eigentliche und einzige Erfüller der Kreuzzugsidee!

In einer Reihe vorbildlicher Verhandlungen mit Sultan Malik-el-Kamil, einem Neffen Saladins, gelang der Abschluß eines wirklichen Sicherheits- und Friedensvertrages über die heiligen Stätten. Beide geistig aufgeschlossene, musisch und wissenschaftlich interessierte, tolerante und modern wirkende Herrscher.

Während der Gespräche trafen böse Briefe der päpstlichen Seite ein, deren Absender den Sultan beschworen, die Herrschaft von Jerusalem nicht dem Kaiser zu übertragen, obwohl sie wußten, daß dieser 1225 die Erbtochter Isabella von Jerusalem geheiratet hatte. Die Briefe stammten von denselben Kurialen, die jahrzehntelang die Befreiung der heiligen Stätten gepredigt und dafür Freiwilligenkorps gesucht und eroberungssüchtige, beutegierige Armeeführer gefunden hatten.

Einem Unterhändler mißfiel das Aussehen des „Königs der Emire" – rot im Gesicht, kahl der Kopf, schwache Augen. Das änderte nichts an der gegenseitigen Sympathie. Der Sultan erklärte: „Wenn nicht Krieg wäre, würde er die Straßen zum Empfang mit Teppichen belegen."

Erstaunliche Verhandlungsergebnisse in denkbar kurzer Zeit: Freigabe von Jerusalem, Bethlehem, Nazareth und dem dazwischenliegenden Land mit allen festen Plätzen; dazu ein wichtiger Küstenstrich von Jaffa bis Akkon und die alte Pilgerstraße nach Jerusalem und Nazareth. Kein Sarazene durfte die Städte und Straßen bewaffnet betreten. Die Mohammedaner konnten jedoch ihren Religionsübungen ungehindert nachgehen. Ihnen verblieben die Moschee Omars und Jerusalems Tempelbezirke unter sarazenischer Bewachung. Ferner: Freigabe aller kriegsgefangenen Christen, ein zehneinhalbjähriger Waffenstillstand mit gegenseitigen Hilfsversprechungen und ein Neutralitätspakt für den Fall, daß eine Seite von dritter Seite angegriffen würde.

Seht da, die Treue der Christen!

Mitten in diesen Verhandlungen empfing der Sultan neue heimliche Nachrichten von einem deutschen Fürsten. Dieser verlangte die Auslieferung des Kaisers! Nach einer anderen Lesart beabsichtigte der Kaiser, eine Wallfahrt auf dem Jordan zu unternehmen. Er sollte dabei festgenommen und der anderen Seite ausgeliefert werden. „Seht da, die Treue der Christen!" rief der Kaiser aus, als ihn der Sultan von dem geplanten Attentat unterrichtete.

Als die günstigen Nachrichten über die arabischen Verhandlungen immer gewisser wurden, griff Patriarch Gerold von Jerusalem ein. Er ärgerte sich darüber, nicht zu den Beratungen herbeigezogen worden zu sein. Deshalb nannte er Friedrichs Vorgehen eine bewußte Täuschung der Christen und eine Schädigung der christlichen Situation im Heiligen Lande. Er scheute sich nicht vor Verdächtigungen: „Mit brennender Scham müssen wir ferner berichten, daß der Sultan dem Kaiser, von dem er gehört hatte, er lebe wie ein Sarazene, Sängerinnen, Tänzerinnen und Gaukler übersandte; übel beleumdete Personen, von denen Christen nicht einmal sprechen sollten ... Der Fürst dieser Welt soll mit ihnen des Nachts, bei Gelagen, in der Kleidung und sonst in jeder Beziehung wie ein Sarazene sich benommen haben..." Kein Wunder, daß im Auftrage dieses Patriarchen der Erzbischof von Caesarea erschien und die Kirche am heiligen Grabe sowie alle heiligen Orte mit dem Interdikt belegte. Das Heer protestierte gegen diesen Bann.

„Und so ward am Sonntag, dem 18. des jüngst vergangenen Februars 1229, am Tage also, da Christus Gottes Sohn von den Toten auferstanden ist und den zum Gedächtnis der Auferstehung alle Christen öffentlich und festlich feiern und verehren, eine solche Versöhnung hier und dort durch Eidschwur gefestigt..."

Keinem Papst, keinem Kreuzzug, keinem andern Monarchen ist jemals gelungen, was Friedrich II. durch seinen Sonderfrieden erreichte. Keine einzige Kriegshandlung war erfolgt, kein Blut geflossen, kein Übergriff geschehen.

Der Kaiser ist tot! hieß es dagegen in Gerüchten, die von Sizilien durch Italien bis nach Deutschland liefen. Der „Schüler Mohammeds" ist zur Hölle gefahren! hieß es in Verdächtigungen. Als Friedrich II. bei seiner Rückkehr seine kaiserliche Standarte entrollen ließ, glaubte das Volk an Spuk. Zuerst Schrecken, dann Jubel, als es ihn erkannte. Schmährufe gegen Rom, das die Todesnachricht verbreitet hatte.

Der dreiundachtzigjährige Gregor IX. wechselte für kurze Zeit die Bischofsmütze mit dem Helm aus. Die Erhebung des Zehnten benutzte er zur Aufstellung einer päpstlichen Armee. Da dem heiligen Vater als Generalissimus die Gelder ausgingen, griff er auf die Schätze von Monte Cassino und San Germano zurück. Die päpstlichen Soldaten, clave signati, Schlüsselsoldaten genannt, weil sie den Schlüssel des Petrus als Abzeichen trugen, waren schlecht ausgebildet und schlecht ausgerüstet. Trotzdem fielen sie unter Kardinal Pelagius im Königreich Sizilien ein. Lombardische Truppen rückten als päpstliche Verbündete vor und kamen ebenfalls nicht weiter. Überall kaiserliche Erfolge, kaiserliche Siege, Wiedereroberung von Apulien, Vorstoß gegen den Kirchenstaat!

Da dem Greis auf dem apostolischen Stuhl der Atem ausging, kam es im Herbst 1230 zu einer Annäherung. In Ceperano saß Friedrich „mit dem Papst bei Tisch, und beide hielten allein, doch in Anwesenheit des Meisters des Deutschen Ordens, eine lange Beratung miteinander", heißt es bei einem Chronisten. Der Kaiser wurde vom Bann gelöst und bekam bedeutende Rechte über die Kirche in Sizilien zugesprochen. Allgemeine Amnestie und Rückgabe beschlagnahmten Kirchengutes. Friedrich II. sicherte die Mark Ancona, Spoleto und andere Orte dem Kirchenstaat zu. In Anagni, wo drei Päpste – Alexander III., Innozenz III. und Gregor IX. – zwei Kaiser wie Friedrich I. Barbarossa und seinen Enkel Friedrich II. gebannt hatten, wurde endlich Friede geschlossen. „Das Band der Liebe war wieder hergestellt", beurteilte der Kaiser die Lage, nicht ohne mit einem Auge zu zwinkern. War Anagni für Kaiser Friedrich II. zum Canossa geworden? Beide Seiten wurden von ihren nächsten Mitarbeitern förmlich zum Frieden gezwungen.

Jedem sein Glück, seine Stellung und seinen Anteil im Staatsgrundgesetz

Auffällig, daß die sarazenischen Leibwachen verdoppelt wurden, als zwei der höchsten Berater sich eine Zeitlang sehr früh und regelmäßig beim Kaiser einfanden, obwohl niemand erfuhr, um was es ging. Die Besprechungen verliefen still und diskret. Großhofrichter Petrus von Vinea vertrat die gesamte staatspolitische Seite, Erzbischof Jakob von Capua die kirchenpolitische. Es ging um ein riesiges Thema, um ein gewaltiges Werk.

In einem feierlichen Vorspruch verkündete Friedrich II. zunächst übertrieben: „Durch den Willen der Vorsehung inmitten irdischer Sündhaftigkeit der Fürsten, um frevelhafte Willkür zu zügeln, als Richter über Leben und Tod, um gleichsam als Vollstrecker des göttlichen Willens *jedem* sein Glück, seine Stellung, seinen Anteil zuzuweisen." Ein neuer Ton bei einem

Herrscher, fast modern demokratisch könnte man ihn nennen. Am Ende seines Gesetzeswerkes sollte dieser Ton noch nachhaltiger anklingen.

Eine Woche lang dauerten die Dreiergespräche. Friedrich II. und Petrus von Vinea trafen sich dann weiter, bis der Kaiser wieder seinen Tagesgeschäften nachging. Sein bester Freund und Berater, Staatsmann und Rechtsgelehrter, schloß sich in seinem Palast ein und arbeitete nun mit einem erstklassigen Mitarbeiterstab an einem Staatsgrundgesetz für das Königreich Sizilien. Mit einem persönlichen Vorspruch fing das Gesetz an: „... wegen der Ohnmacht Unserer Jugend, dann wegen Unseres Fernseins, durch den Einbruch nunmehr vergangener Wirrnisse" war der Kaiser bisher daran gehindert worden, „für Ruhe und Gerechtigkeit mit größter Mühe zu sorgen". Friedrich II. sprach von seinem Drang, „der Uns zur Wiederherstellung des Reiches und der Ehre Roms ergriffen hat". Zum Zeichen der Wiederkehr des Goldenen Zeitalters des Augustus, wie er es sah, ließ der Kaiser eine Goldmünze „Augustalis" schaffen. Er gründete eine Stadt mit dem beziehungsvollen Namen „Augusta" auf Sizilien, eine andere Stadt „Caesarea Augusta" in Apulien. Seine Erlasse enthielten ebenfalls Hinweise auf antike Vorbilder wie Augustus.

Der Nachwuchs für den Beamtenkörper wurde an der Universität Neapel von international bekannten Hochschullehrern herangebildet. Jeder Beamte wurde streng geprüft und überwacht, um ihn vom Staat abhängig, treu und gefügig zu machen. Die Hierarchie dieses Beamtenkörpers war Friedrichs II. Gegenzug angesichts der Zugeständnisse an die Fürsten, für die der Begriff Landesherr aufkam. Im sizilianischen Staat finden sich die Grundlagen einer kaiserlichen Bürokratie und eines staatlichen Behördenapparates. Sizilien – „die Perle des Jahrhunderts an Reichtum und Schönheit" nach einem Chronisten – lieferte dem Kaiser dazu die finanziellen und wirtschaftlichen Mittel.

„Wirtschaftspolitik und Steuer, Landwirtschaft und Veterinärkunde, Münzwesen, Zentralisierung der Gerichtsbarkeit, öffenlich-rechtliche Bestimmungen für die Polizeiaufsicht, Prozeßordnung, Arzt- und Gesundheitswesen, Heereswesen und als Krönung des Werkes die Proklamation des Landfriedens, – das alles enthielten die zwanzig Gesetze über eine Neuordnung des Königreichs Sizilien. Man hat dieses Gesetzwerk ein Rahmenwerk für den ersten modernen Staat in Europa genannt.

Für den dritten Stand

Als der Kaiser im Frühling 1231 zu einem Hoftag in Melfi einlud, wußten die Fürsten, die hohen Staatsbeamten, Erzbischöfe und Bischöfe, welche entscheidende Kundgebung mit dem „Liber augustalis constitutionis", wie das Staatsgrundgesetz hieß, bevorstand. Alle Gesetze wurden in der bisher gültigen Fassung vorgelesen, beratschlagt, in den Formulierungen überprüft und verbessert. Fast fünf Monate dauerte die Sitzungsreihe in Melfi.

Gegen Schluß, Anfang 1232, erschienen Vertreter des dritten Standes, die sich von nun an in jeder Provinz zweimal im Jahr treffen sollten. In diesen kaiserlichen Dekreten von Melfi zeigen sich die ersten Umrisse von offiziellen Regelungen für den dritten Stand. Natürlich hatte er wenig zu sagen, doch daß er anwesend sein durfte, bezeugt eine bedeutungsvolle Form von Volksvertretung in einem autoritär geführten Staat. Friedrich II. ist zweifellos einer der ersten „modernen Menschen" auf dem Kaiserthron gewesen. Für ihn waren bereits alle Menschen gleich, wenn er erklärte:

„Wir, die Wir die Waage der Gerechtigkeit für alle halten, wollen *keine Unterschiede* machen. Wir wünschen, daß dem Kläger oder dem Angeklagten, sei er Franke, Römer oder Lombarde, gleiches Recht widerfahre."

Ein Jahr nach Melfi wehrten sich einige sizilianische Städte, die ihre kommunale Selbständigkeit erhalten wollten. Friedrich II. wußte um die Folgen, wenn er jetzt nicht den Schlag der Empörer abfing. Wie sein Großvater Friedrich I. Barbarossa griff er hart durch. Tod den Rädelsführern durch Erhängen! Völlige Zerstörung kleiner Städte, Umsiedlung der Bewohner in neu gegründete Städte wie Augusta. Man spürte die Tatze des Löwen.

Was in Melfi für Sizilien eingeleitet wurde, sollte nach vier Jahren in Mainz für Deutschland angeboten werden. Dieses Gesetz „Liber augustalis des Fridericus", wie des Kaisers Name auf den Augustusmüzen lautete, ist mit Augustinus' Lehre vom Gottesstaat verglichen worden. Hier die kirchliche Ordnung, dort die weltliche Ordnung, beide helfen das Menschenreich zwischen Erde und Himmel stützen. Der Kaiser wollte mit seinem Gesetzbuch keinen Ruhm erlangen. „Vielmehr galt es, in Unsern Tagen das Unrecht vergangener Zeiten, in denen der Mund des Rechts verstummt war, zu tilgen, auf daß mit des neuen Königs Wirken das frische Reis der Gerechtigkeit fortgrüne."

Kaiserliche Tafelrunde: Wieviel Himmel gibt es?

Im kaiserlichen Jagdhaus in Precina bei Foggia traf sich Ostern 1235 eine merkwürdige Gesellschaft: der Kaiser, wenige Jagdgenossen, einige Wissenschaftler, Philosophen und Poeten. Der hohe Mäzen wünschte, daß seine geistigen Freunde sich mehr als bisher in der freien Natur, zwischen den Elementen aufhielten. Eine Tafelrunde mit Ausflügen und Unterhaltungen, an denen man teilnehmen, aber auch fernbleiben konnte, in der Zusammensetzung und im Stil der Karlsakademie vor 450 Jahren nicht unähnlich. Friedrich II. rief die musischen Freunde an seine Seite, wo er auch immer weilte, mochte es Aachen, Frankfurt, Hagenau, Neapel, Palermo, Capua, Melfi, Casteldelmonte, die Reichspfalzen, Schlösser und Kastelle sein. Hier freute er sich auf das Verstandenwerden, auf den Austausch von Ansichten und geistigen Urteilen, ohne unsichtbare Wände zwischen ihm und den Gästen. Ideale und Ziele konnte er anregen und begründete, wissenschaftlich erarbeitete Antworten erwarten. So redete man zusammen, schwieg zusammen und ließ den Blick über die weite Ebene schweifen.

„Und wie kommt es, daß die Seele eines lebendigen Menschen, wenn sie in ein anderes Leben übergeht, weder durch die erste Liebe noch durch den Haß zur Rückkehr gezwungen werden kann, als wäre das Vergangene rein gar nichts gewesen, ja, als habe sie nichts zurückgelassen?"

Diese Zeilen standen in einem Brief Friedrichs II. an seinen Hofphilosophen, Mathematiker und Hofastrologen, Zauberer und Magier, den sechzigjährigen Schotten Michael Scotus. Er war der überragende Kopf im Kreise, hatte in Oxford und Paris studiert und galt als Übersetzer von Rang. In einem früheren Brief verlangte Friedrich II. vom Aufbau und Wunder der Erde etwas zu hören. Wieviele Himmel gab es? Wie weit war ein Himmel vom andern entfernt? Um wievieles ein Himmel größer als der andere? Und was war hinter dem letzten Himmel?

Weiter: „In welchem Himmel ist Gott in seiner göttlichen Majestät, wie sitzt Er auf dem Thron und auf welche Weise wird Er von Engeln und Heiligen begleitet und was tun sie immerfort vor Gott?"

Solche Fragen stellte der Kaiser meist schriftlich, um die Antwort beim nächsten Zusammentreffen vorgetragen zu bekommen und dann darüber zu diskutieren.

Menschenversuche

„Im Herzen seiner Häuslichkeit", bekannte Fra Salimbene von Parma, existiere die unbedingte Freiheit der Aussage, mochten die Zusammenkünfte kurz und konzentriert sein oder ausführlich die Nächte hindurch dauern. Der Kaiser liebte Gedankensprünge und drängte nach Auskünften über Gott und die Natur, wie er seine Gesprächspartner zu wissenschaftlichen Experimenten veranlaßte oder diese selbst anordnete.

Einmal befahl er den Ammen und Pflegerinnen, sie sollten den Kindern Milch geben, daß sie von ihren Brüsten saugen möchten, sie baden und waschen, aber in keiner Weise mit ihnen schöntun und zu ihnen sprechen. Er wollte nämlich erforschen, ob sie die hebräische Sprache sprächen als die älteste oder Griechisch oder Lateinisch oder Arabisch oder aber die Sprache ihrer Eltern, die sie geboren. Der Kaiser wartete vergebens, weil die Knaben alle starben. Der Chronist Salimbene fügte hinzu: „Denn sie vermochten nicht zu leben ohne das Händepatschen und das fröhliche Gesichterschneiden und die Koseworte ihrer Ammen und Ernährerinnen."

Darf Neugier, Forschung und Wissenschaft die Nichtswürdigkeit der Kreatur enthüllen? Friedrich II. fragte mit Recht: „Warum sieht der, bei dem der Dunst zum Gehirn aufsteigt, und der, bei dem der Star beginnt, schwarze Fäden wie Fliegen und Mücken außerhalb des Auges, obschon sich nichts außerhalb des Auges befindet und der Betreffende durchaus bei gesundem Verstand ist?"

Friedrich II. fragte immer wieder nach der Seele, dabei bekümmerte es ihn nicht, wenn er durch diese Fragen das Leben eines Menschen bedrohte. Lebenslänglich Gefangene mußten sich gleichfalls für ein Experiment zur Verfügung stellen. Man sperrte den Gefangenen in ein Faß und verschloß es. Wann entwich die Seele? Gleich nach dem Tode oder später? Woran erkannte man die Seele? Blieb sie erhalten? Wohin entschwand sie? Als man nichts entdeckte, verwies der Kaiser auf seine Theorie, daß die Seele den Tod nicht überlebe. Und die Schreie der Erstickenden? fragten die Hofleute. Sie zweifelten, bis es auch der Kaiser wieder tat.

Friedrich II. befahl, zwei Lebenslänglichen gutes Essen zu servieren, den einen sich bewegen, den andern ruhen zu lassen. Dann wurden sie am Magen operiert, damit man die Unterschiede ihrer Verdauung beobachten konnte.

Immer wieder wählte der kaiserliche Forscher Menschen für seine Versuche. So tauchte ein Fischer nach Meerestieren und Meerespflanzen. Als er die wirkliche Meerestiefe feststellen sollte, warf der Kaiser einen goldenen Becher ins Wasser, den der Fischer heraufbrachte. Als er das Experiment nochmals vorführen sollte, bat der Mann, es ihm zu ersparen. Friedrich II. befahl es trotzdem und sah den Fischer nicht wieder.

Als Begründer der ersten anatomischen Fakultät in Salerno ließ der Kaiser zum Studium Leichen anliefern, was im allgemeinen verboten war, – noch dreihundert Jahre später pirschte Andreas Vesalius unter Gangstern und Totengräbern nach Leichen gegen Bezahlung, und er war der erste Leibarzt Kaiser Karls IV. und ein Reformer der Anatomie. Wir wissen, daß es zu jeder Zeit Experimente mit einzelnen wie in der Masse gegeben hat. Bei Kaiser Friedrich II. waren diese Versuche am lebenden Menschen nicht nur eine „merkwürdige Leidenschaft", sondern Variation eines furchtbaren Themas, das orientalisch begründet sein konnte: in der Nichtachtung und Wertlosigkeit des einzelnen, auch wenn es meist um das Schicksal von Lebenslänglichen ging. Ärzte und Wissenschaftler halfen auch damals, ohne sich mehr dabei zu denken, als daß es auf einen Menschen mehr oder weniger nicht ankomme, weder in der Gefangenschaft noch im Kriege.

Könige werden wie die übrigen Mensch geboren

Auch wenn Ahnung, dunkle Erwartung, Unruhe das Leben Friedrichs II. belasteten, so zwang sich dieser nach Heimat, Charakter und Neigung geborene Sizilianer immer wieder, seine Söhne nicht aus dem Auge zu lassen, auch wenn er sie ganz selten traf. Um so erregender der Ruf des Vaters und Kaisers an sein Blut, sich nicht in Gefahren verwirren zu lassen: „Die Menschen unterscheiden nicht zwischen Königen und Cäsaren und anderen Männern, weil sie höher gestellt sind, sondern weil sie weiter blicken und besser handeln ... Sie besitzen nichts, worauf sie stolz sein können, wenn sie nicht anderen in der Tugend und in der Klugheit überlegen sind."
Friedrich warnte für alle Zeiten: „Könige werden geboren wie die übrigen Menschen und sterben auch wie sie."

Zeitstimmen rühmten den Kaiser als einen wahren Christen und den Papst als einen Antichristen, umgekehrt tat es die klerikale Seite. Er selbst sah in sich den Geist des Elias erweckt, wie er an die Bürger von Worms 1241 schrieb, damit er die Priester Baals „im Sturm des Geistes schlachte". Der Kaiser als Prophet Elias, eine Gestalt, die bei Christen, Juden, Mohammedanern und persischen Anhängern des Zarathustra Vorbild war.

In den fünfziger Jahren unseres Jahrhunderts entdeckte Adriano Peraudi eine Büste des Kaisers in Barletta, wo Friedrich Hoftage abzuhalten pflegte. Ein Wurf, daß man glauben möchte, das Porträt entstamme der kaiserlichen Bildhauerschule in Capua wie der im Stil und trotz seiner Monumentalität sehr ähnliche Frauenkopf am Triumphtor in Capua. Ein schönes, wie von einer Glasur abgedecktes Gesicht. Nichts Grobes, nichts Kolossales.

Kein ausgesprochener Italiener oder Sizilianer begegnet uns in der Plastik. Ein Dämon? Auch nicht, denn das Antlitz ist weder wild noch unheimlich. Eine fast drahtig wirkende Körperanlage, mag sein durch die jahrelange Magenkrankheit etwas hager, stilisiert und doch nicht abstrakt wirkend. Das Blut strömt hinter ganz dünner Haut, besonders an den Schläfen. Friedrich II. regierte nicht nur ein Weltreich, sondern er regierte sich. Deshalb immer wieder Ausgeglichenheit, Versöhnung.

Alles, was Friedrich II. anfaßte, wurde zu seiner Stärke. Zweifellos vermittelte er oftmals fürchterliche Wahrheiten, aber es waren Wahrheiten: „Weil nun jeder plötzliche Wandel der Dinge unter irgend einem Zusammenprall des Geistes geschieht", schrieb er. Und sein Geheimnis? Die Quelle seiner Kraft und Größe? Friedrich II. schrieb darüber in einem Trostbrief an einen Grafen, dessen Sohn gefallen war. Die kurzen Zeilen lauten, daß es „für einen verständigen Mann ein schmähliches Heilmittel ist, sich gehen zu lassen..." Und das sollte er nun an seinem eigenen Sohn erfahren.

Das Drama zwischen Vater und Sohn beginnt

„Wehe dem Lande, dessen König ein Kind ist!" Diese unheimliche Prophetie lagerte schwer über den Staufern. Sie betraf nicht etwa die tumultuarischen Jugendjahre Friedrichs II. in Palermo, sondern die Regentschaft seines Sohnes Heinrich, geboren in Sizilien, aufgewachsen in Deutschland, mit zwölf Jahren an der historischen Stätte in Aachen zum deutschen König gekrönt.

Anfangs befand sich Heinrich unter der politischen und geistigen Vormundschaft von Erzbischof Engelbert I. von Köln, dem mächtigsten Fürsten Deutschlands, Reichskanzler und Reichsverweser. „Allerdings gilt mein Herr für einen Weltmann", urteilte ein Vertrauter Engelberts, „innerlich jedoch ist er ein anderer, als er äußerlich erscheint. Er empfängt insgeheim viele Tröstungen von Gott." Engelbert verteidigte den Frieden in Deutschland und sorgte für Rechts- und Verkehrssicherheit. Der Sohn Friedrichs II. bewunderte an Engelbert den energischen Politiker.

Als der vierzehnjährige König im November 1225 auf der alten Kaiserburg Nürnberg – als Ergebnis politischer Überlegungen seines Vaters – die Babenbergerin Margarete heiratete, wurden die Hochzeitsfeierlichkeiten durch die Nachricht von der Ermordung Engelberts I. überschattet. Es handelte sich um eine Privatfehde. Heinrich wollte sofort über den Täter, einen Neffen des Erzbischofs, die Reichsacht verhängen. Einige Fürsten, dessen Anhänger, widersprachen. Sie verlangten, daß dieser sich zunächst vor dem Gericht verteidigen solle. Dagegen erhob sich heftiger Widerstand. Tumulte brachen los, so daß die Treppe des Gerichtssaals einstürzte. Dabei kamen fünfzig Anwesende, allein dreiunzwanzig Ritter, um. War das nicht ebenfalls eine schlimme Vorbedeutung für die

Regentschaft des jungen Königs? Oder betraf es die Zukunft des ganzen Staufergeschlechtes?

Wie bei dem Canossa-Kaiser Heinrich IV. drängte der nachfolgende Reichsverweser und bestellte Vormund, Herzog Ludwig von Bayern, in die hohe Politik, um das Steuer der Hohenstaufen umzuwerfen. Er stimmte auffälligerweise für den Papst und dessen Drängen nach einem kaiserlichen Kreuzzug. Der königliche Jüngling erkannte Gefahren und mögliche Anschläge auf den Thron.

Der gut beratene achtzehnjährige König zog überraschend gegen Bayern und siegte. Danach kam es zu Widersprüchen mit dem Vater in Sizilien. Heinrich vertrat eine stete und freundliche Politik, die Selbstverwaltung der Kommunen in Deutschland, Friedrich II. dagegen legte die lombardischen Städte an die kaiserliche Kette, benutzte ihre Finanzkraft für den kaiserlichen Haushalt, ohne Konzessionen zu machen. Der Sohn führte ein ausschweifendes Leben, ähnlich der Jugend Heinrichs IV., und wollte sich schließlich von der Babenbergerin scheiden lassen. Der Vater widersprach sehr deutlich. Was seinem Sohn nämlich in den Sinn gekommen war, bedeutete nichts anderes als den Verlust Österreichs und damit die Öffnung einer Flanke für lombardische Einfälle.

Kam es wiederum in der deutschen Geschichte zur Auseinandersetzung zwischen Vater und Sohn? König Heinrich ließ sich auf dem vom Kaiser Friedrich II. einberufenem Reichstag in Verona im November 1231 nicht blicken. Nach vier Monaten stellte sich Heinrich in Cividale. Der Sohn vor dem Vater, der Deutsche vor dem Sizilianer-Deutschen. Heinrich versprach und gelobte, was der Kaiser von ihm erwartete. Zwei Jahre später vergaß der junge König alles und empörte sich. War es verletzter Ehrgeiz? War es Anmaßung, um die Kaiserkrone selbst zu tragen? Wollte der junge König die ständige väterliche Bevormundung abschütteln? Waren Vater und Sohn sich so fremd geworden, daß die Feindschaft zwischen ihnen sich ins Unversöhnliche steigerte?

Mit Hilfe der reichsfeindlichen lombardischen Städte, die den Anmarsch sizilianischer Truppen verhindern sollten, mit Hilfe ganz geheimer Verbindung zu Frankreich, mit Hilfe einiger Fürsten und einiger Kardinäle versuchte der Sohn, den Vater zu bekriegen.

Der erste Großinquisitor in Deutschland

Währenddessen kam es zum Auftritt eines ersten Großinquisitors in Deutschland: Konrad von Marburg, der seltsame Beichtvater der Elisabeth von Thüringen, war es, an dessen düsterer Schreckensherrschaft der König mitbeteiligt war.

Der Kaiser verlangte sorgsame Untersuchungen jedes einzelnen Falles, während der König, sein Sohn, das Eigentum der für schuldig befundenen Ketzer kassierte. Im Bericht des Inquisitors an Heinrich hieß es: „Wir verbrennen viele reiche Ketzer, und die Güter derselben sollt Ihr haben." Der Geist der Ketzergerichte bekannte sich auf folgende Weise: „Hundert Unschuldige verbrennen wir, wenn nur ein Schuldiger darunter ist."

Drei Jahre Spitzeljustiz, drei Jahre Ausnahme- und Standgerichte, drei Jahre Todesstrafen, Verfolgung und Scheiterhaufen. Von Köln und Trier bis Erfurt, angeführt von den Bischöfen Dietrich von Trier und Konrad von Hildesheim. Überall Konrad von Marburg, einer der unheimlichsten Fanatiker der christlichen Kirche, seit 1227 durch Gregor IX. mit unbeschränkten Vollmachten versehen, so daß man ihn als „wahren Diktator von ganz Deutschland" erkannte. „Und so klagte der Bruder den Bruder, die Frau den Mann, der Herr den Knecht an", beurteilte der Mainzer Erzbischof die unerhörte Lage und schrieb darüber an den Papst. So jäh wie er angefangen, so jäh verschwand Konrad von Marburg: Man ermordete ihn.

Letztes Gericht über den Sohn

Mit erstaunlicher Ruhe erschien Kaiser Friedrich II. in Deutschland, mit wenigen Truppen, aber respektabnötigend, ohne Aufwand. Die Magie seiner Persönlichkeit war größer als drastisches Auftreten mit Furcht und Schrecken. Allein die Nachricht von seinem Erscheinen ließ die aufständischen Fürsten vom Sohn abfallen, so daß Heinrich bald verlassen war. Aufgeputscht hatten sie ihn alle, mithalten und durchhalten wollten sie nicht, da sich das Spiel einem schlimmen Ende zuneigte. Sie wollten ja nichts einbüßen.

Alle hofierten den Kaiser. Der Sohn flüchtete von Burg zu Burg, von Landesteil zu Landesteil, bis er nicht mehr weiter konnte. Nochmalige Vergebung dem aufrührerischen Sohn. Als dieser die kaiserliche Geste unterschätzte, ließ ihn Friedrich II. 1235 gefangensetzen.

Dann der Sohn zum zweiten Mal vor den Füßen seines Vaters, vor zahlreichen Fürsten und Grafen, unter Zudrang des Volkes zahlreicher Gaue und der Wormser Bevölkerung. Ein König bat um Verzeihung für den Hochverrat.

„Da er nun lange auf dem Boden lag und keiner ihn aufhob, erhielt Heinrich durch Vermittlung einiger Fürsten den Befehl, sich zu erheben", beobachtete ein Teilnehmer die Zeremonie in der kaisertreuen Stadt Worms. „Er stand verwirrt und ängstlich da und übergab sich der Gnade des Kaisers, indem er auf seine königlichen Insignien und all sein Gut verzichtete und es in die Hände des Kaisers gab."

Friedrich II. sah seinen Sohn an. Er fand schwere und harte Worte: „Wo sind nun die, die wider Uns geraten haben?"

Der vierundzwanzigjährige Sohn stockte mit der Antwort. Würde er schweigen? Nein, er nannte Namen für Namen, noch einen, den letzten. Das war nicht königlich oder ritterlich gesonnen. Eine verlorene Partie. Es gab für ihn weder einen verzeihenden Kaiser noch einen entschuldigenden Vater. Der Erstgeborene wurde endgültig Gefangener.

Im apulischen Burgverlies fand Heinrich das letzte Asyl, bis der Einunddreißigjährige nach sechsjähriger Haft bei der Überführung in eine neue Veste vom Bergabhang in die Tiefe zu Tode stürzte. „Abraham ergriff das Schwert, um seinen Sohn zu opfern", hieß das Motto der Leichenpredigt eines apulischen Minoriten. Den Kaisersohn hüllte man in einen Königsmantel mit goldenen und silbernen Adlerfittichen, den Marmorsarkophag schmückte das Stauferwappen. Und der kaiserliche Vater schrieb abschiednehmend: „Unseres Erstgeborenen Verhängnis müssen wir betrauern, und aus dem Innersten heraus führt die Natur der Tränen Flut, die drinnen verschlossen hielt der Schmerz der Beleidigung und der Gerechtigkeit Starre."

Wie ein Märchen aus 1001 Nacht...

Dritte Hochzeit des Kaisers mit der Schwester des englischen Königs, der schönen Isabella, Juli 1235, in derselben Stadt Worms, wo Friedrich II. den endgültigen Schuldspruch über seinen Sohn gefällt hatte. Wieder eine politische Heirat, die schon Erzbischof Engelbert I. von Köln vor Jahrzehnten protegiert hatte, aber mit der er nicht durchgedrungen war, weil sich päpstlicher Protest behauptete. Diese Gemahlin, wie die erste und zweite, hatte der Kaiser vorher nicht gesehen. Er entsandte hohe Staatsbeamte, wie Petrus von Vinea, als Brautwerber, die die politischen und juristischen Hochzeitsbedingungen und Hochzeitsgaben klärten. Friedrich II. brauchte keine Mitregentinnen, sondern Mütter seiner Kinder. Wo ihr erotischer Zauber zu schnell verblühte, da wählte er Geliebte, wie die verarmte, sehr reizvolle, talentierte Blanca Lancia, die ihm 1232 den Sohn Manfred und später Konstanze gebar...

War das ein Märchenherrscher aus dem Lande der Tausend und einen

Nächte oder tatsächlich der Kaiser von Deutschland und König von Sizilien, der da in orientalischer Maskerade Einzug hielt? Auch der kaiserliche Troß zeigte sich in fremdländischer Schönheit, so daß er von Bürgern und Bauern bestaunt und bewundert wurde. Voran leichte sarazenische Reiterei als Begleitung von unhörbaren und schnellen Kamelen. Sie trugen Sänften mit verschleierten Schönen des kaiserlichen Harems, bewacht von häßlichen Negern. Dann im Abstand der Kaiser auf seinem berühmten Schlachtroß „Drache", im Jagdanzug, ruhig, die Augen „grün schillernd wie eine Schlange" oder blau, magnetisch im Blick. Vor ihm, neben ihm und dahinter Ritter und Hofleute in respektvollem Abstand. Jagdaufseher mit Stulpenhandschuhen, auf denen die kaiserlichen Falken saßen. Stallknechte führten seltene Exemplare von Jagdhunden. Auf dem Rücken der Pferde, auf gepolsterten Sitzen hockten Jagdleoparden mit Augenbinden. Der berühmte Elefant, Symbol der Kraft und des Sieges, der in alle Schlachten mitzog. Auf dem riesigen Rücken des Tieres hölzerne Türme, in denen sarazenische Armbrustschützen und Elefantentreiber saßen. Welch fremdes Getier: Löwen, Panther, Bären, Affen, Luchse und exotische Vögel – alles, auch die mit Schätzen beladenen Viergespanne, eines nach dem andern, gehörte zu der Zauber- und Machtwelt dieses Kaisers. Über ihn hatte man so vieles vernommen, weitergetragen und getuschelt, und nun auf einmal erblickte man ihn in diesem festlichen Aufzug eines Wunderreiches.

Es wurde eine Viertagehochzeit des Einundvierzigjährigen mit der Einundzwanzigjährigen. Welch einzigartiger Aufwand: Vier Könige, elf Herzöge, dreißig Grafen, zahlreiche Marquis, Ritter und Prälaten waren die Gäste. Nach alter königlicher Sitte gab es Kampfspiele und den Wettstreit zwischen deutschen Meistersingern und französischen Troubadouren. Triumph der kaiserlichen Anwesenheit in Deutschland, Triumph der politischen Repräsentation vor aller Welt!

Der Kaiser vertagte jedoch das Beilager mit seiner jungen Frau von der Hochzeitsnacht auf den nächsten Morgen, denn zu dieser Stunde sollten die Sterne besonders günstig stehen. Als er sich vom ehelichen Bett erhob, teilte er Isabella mit, daß sie von einem Sohn schwanger würde. Die Hofastrologen hatten es ihm für die Zeugungsstunde geweissagt. Die Voraussage sollte beim ersten und zweiten Kind eintreffen. An der Türe zu den Gemächern der Kaiserin postierten sich „scheußliche alte Masken", meldete ein Chronist. Sarazenische Eunuchen wachten vor dem Frauenhaus, wo die Kaiserin nun ein zurückgezogenes Leben führen sollte.

Vier Wochen später fand ein großer Hoftag statt, die Reichsversammlung in Mainz, als wenn von der Heirat ein Friedensecho weiter erklingen sollte. Ein ähnlich großartiges Fest wie bei seinem Großvater Friedrich Barbarossa vor rund fünfzig Jahren. „Acht Tage nach Maria Himmelfahrt glänzte der Kaiser, mit dem kaiserlichen Diadem geschmückt, in der Mainzer Kirche bei Anwesenheit fast aller Fürsten in geziemender Ehre. Nach der feierlichen Messe lud er dann alle Fürsten und ihr Gefolge zum festlichen Schmaus, der mit großen Kosten auf freiem Feld gerüstet war", heißt es in der Kölner Königschronik.

Das nächstfällige Programm der gesamten Staatspolitik stand zur Aussprache und Annahme. An der Spitze der Reichslandfrieden. Ein erstes, offiziell in deutscher Sprache verfaßtes Reichsfriedensgesetz, durch das auch frühere Vorschriften Anerkennung fanden. Keine Gewohnheitsrechte, keine ungeschriebenen Gesetze mehr. Erneuerung der Hofgerichtskanzlei, an deren Spitze ein Reichshofrichter stand, ein Beamter des neuen, vom Kaiser besonders in seinen Neapler Seminaren geförderten Reichsstandes, ständiger Vertreter des Königs in Rechtsfragen, mit Ausnahme der Reichsacht und der Rechtsprechung über Fürsten bei Landfriedensbruch. Ferner regelte man im Mainzer Landfrieden die Gerichtsprivilegien für geistliche und weltliche Würdenträger. Das große „Halleluja" brach für den Chronisten Salimbene von Parma aus, die Zeit des Friedens und des Jubels, da die Waffen ruhten. Ansätze einer wirklichen Friedensbewegung, die jedoch durch Ausbruch bürgerkriegsähnlicher Zustände bald erschüttert werden sollte.

Hermann von Salza referierte über die fortschreitende Missionspolitik im Osten. Was man dort eroberte und politisch festigte, war „als Land in der Monarchie des Imperiums" einbegriffen, hieß es in dem feierlichen Text der kaiserlichen Urkunden. Das Reich besaß „von altersher ein gebührendes Recht an den Bergen und Ebenen, den Flüssen, den Hainen und am Meer."

Erweiterung der Judenschutzgesetzgebung

Während man die Friedensanstrengungen in Deutschland besonders betonte, proklamierte der Kaiser in Mainz den Reichskrieg gegen die lombardischen Städte. Es ging um die Sühne der Empörer und Ketzer – dieselben Formeln, unter denen Friedrichs II. Großvater in Italien geherrscht, gesiegt und auch verloren hatte. Also kein Friede im Reich, sondern Friede in einem Reichsteil, um den andern niederzuwerfen. War das nicht doppelbödig gedacht? War dann nicht Johann von Vicenza eindeutiger, der in dieser Zeit zur Wiederherstellung von Ruhe und Ordnung und zur

Buße ermahnte? Die Stimme eines einzelnen Friedensapostels, während Kaiser Friedrich II. seine eigenen Erlasse mißachtete und durchbrach, indem er immer wieder Armeen einsetzte.

Der Kaiser forderte in Mainz auf, einen Tag in allen Jahrbüchern besonders anzumerken. Unter Zustimmung sämtlicher Fürsten hatte sich ihre Anzahl um einen neuen Fürsten vermehrt. Es war der Enkel Heinrichs des Löwen. Ihm streckte sich die kaiserliche Friedenshand entgegen. Vergessen waren historische Konflikte, vergessen die politische Konkurrenz und die Verurteilung. Otto von Lüneburg beugte die Knie vor Friedrich II., „allen Hader und Haß vergessend", und erhielt das neue Herzogtum Sachsen mit Braunschweig, Lüneburg, Grafschaft Stade und Goslar. Wieder war ein gefährlicher Zankapfel in Deutschland abgeräumt.

Hatte sich die blutjunge Vollwaise Friedrich II. während der Herrschaft des päpstlichen Vormundes Innozenz' III. ganz in dessen Bann befunden, so verhielt sich der erfahrene Monarch jetzt unabhängig. Früher war er für die christlichen Anti-Judengesetze, jetzt ging er selbständig Spuren nach, wo Juden in der Nähe Fuldas Ritualmorde an Christenknaben vorgeworfen wurden, deren Blut sie angeblich für Karfreitag benötigten. Diese scheußlichen Verdächtigungen nahm der Kaiser nicht einfach hin, sondern er ließ ihre Gründe und Urgründe durch seine Hofkanzlei freilegen.

Eine Reihe von Kongressen fand statt, in denen die jüdische Frage in Europa untersucht wurde. Erste Ergebnisse veröffentlichte man auf dem Mainzer Reichstag und dann ein Jahr später auf dem Augsburger Reichstag. Es kam zum Freispruch der Juden von allen Anschuldigungen, was keinesfalls den weltlichen und geistlichen Herren recht war, obwohl sie mit den Juden Geschäfte machten. Die Urkunde über die Rehabilitierung übersandte man 1236 der jüdischen Gemeinde. Gleichzeitig erweiterte Friedrich II. die Judenschutz-Gesetzgebung mit allen Privilegien, wie sie bereits unter Heinrich IV. 1103 und unter Friedrich Barbarossa 1157 den Juden von Worms zugebilligt worden waren, auf das gesamte Reich.

Der lombardische Fahnenwagen nach Rom

Reichskrieg gegen die kaiserfeindlichen lombardischen Städte! Das war Friedrich II. wichtiger als der von Gregor IX. erwartete Kreuzzug. Diesen lehnte der Kaiser mit folgenden Worten ab: „Auch stehe ich allein und bin ein Mensch, kann also nicht ohne größeres Gefolge die Feinde des Kreuzes bekämpfen, nicht allein die Ungläubigen besiegen, die so zahlreich und tapfer sind." Deutlich formuliert, daß er die Mohammedaner, mit denen er befreundet war, mit denen er sogar Frieden geschlossen hatte, wie jedermann wußte, nicht aufreizen und mit Waffen bekämpfen wollte. Friedrich II. durchschaute das päpstliche Ablenkungsmanöver mit dem Kreuzzug. Entscheidender war für ihn die Unterwerfung des schon befehdeten Städtebundes der Lombardei, um die Einkreisung des Kirchenstaates zu vervollständigen, zumal ihm Agenten mitgeteilt hatten, daß ein offenes oder geheimes Bündnis zwischen den Städten und Rom existierte. Deshalb Schritt für Schritt dem Ziel näher, denn der Papst hatte bereits seine Kriegskasse durch Verpfändung von Einnahmen des Kirchenstaates, durch Kredite bei den Kaufleuten, durch Anleihen oder Stiftungen der Landeskirchen energisch aufgefüllt.

Dreimal hatte Friedrich II. angesetzt, über die Alpen bis dicht an die vereinigten Heere der lombardischen Städte heranzukommen. Beim vierten Mal stieß er bei Cortenuova November 1237 mit deutschen Rittern, italienischen Truppenkontingenten aus verbündeten Städten und mit sarazenischen Bogenschützen durch. Zehntausend Mann stark soll Friedrichs Heer gewesen sein. Der Bund der lombardischen Städte verfügte ebenfalls über zehntausend Söldner, wie zuverlässige Quellen berichten, so daß sich also die gleiche Zahl auf beiden Seiten gegenüberstand. Um den Fahnenwagen, den Carroccio, sollen sich allein fünftausend Mann geschart haben. Sie flohen bei Nacht „aus Furcht vor dem Kaiser" und ließen alles stehen. Das ganze Lager fiel in die Hände der Angreifer. Die Burg von Cortenuova war ebenfalls von Besatzung und Einwohnern verlassen worden.

„Für all dies, heiligster Vater", liest man in einem Sendschreiben vom Dezember 1237 an Gregor IX., „bitten wir in kindlicher Ergebenheit Euch und Eure Brüder, Dank für uns abzustatten dem Herrn Jesus Christus, der sein Werk fördernd das heilige Reich im Siege adelt und erhöht." Es klirrte zwischen den Zeilen. Auslieferung auf Gnade und Ungnade verlangte der Kaiser von jenen, die mit dem heiligen Vater verbunden waren.

Tausende von Lombarden waren gefallen oder gefangengenommen worden. Trotzdem gelang es der Hälfte des lombardischen Heeres zu entfliehen, um sich später zu sammeln und neu anzutreten. Hohen Gefangenen gegenüber blieb Friedrich II. ohne Nachsicht.

Bei seinem Einzug ritt er an der Spitze der Truppen, von Bannern und Fahnen flankiert. Sein berühmter Elefant zog den eroberten Carroccio. Darauf lag der Sohn des Dogen von Venedig auf dem Bauch, fest angekettet, während die übrigen Gefangenen in Ketten nachtrotteten.

Mit souveräner Geste schickte Friedrich II. den eroberten Fahnenwagen nach Rom als Trophäe. Er sollte mitten unter den altrömischen Wahrzeichen aufgestellt werden. Der Papst ließ sich hervorlocken und protestierte. Doch die kaiserliche Partei, darunter kaiserlich gesinnte Kardinäle, und Römer führten den Fahnenwagen der Besiegten zum Kapitol. Hier hatte er seine abschreckende Wirkung als Symbol der Unterlegenheit.

Wieder begann die große Auseinandersetzung. Der Papst wollte sich wehren, ehe es zu spät war. Nach Friedrichs Sieg blieb in der Abschnürung des Kirchenstaates nur noch eine Lücke übrig. Zu Beginn wurden keine Waffen, keine Soldaten, keine Alliierten auf päpstlicher Seite eingesetzt. Mitten im Sieges- und Friedensfest von Padua 1238 traf den Kaiser der zweite Bann, gegen „die Bestie, den sogenannten Friedrich II.". Eine ganze Kollektion von Gründen wurde für die Exkommunikation aufgeboten. Wieder eine politische Exkommunikation wie bei allen Bannflüchen über deutsche Kaiser.

Doch der Bann traf Friedrich II. nicht so unmittelbar wie die zur gleichen Zeit eintreffende Nachricht vom Tode Hermanns von Salza. Der engste Berater, der Begleiter zum Frieden von Jerusalem, vielleicht dessen Urheber, ein großer Staatsmann in Verhandlungen mit der Kurie, der Großmeister des Deutschen Ritterordens war nicht mehr. Im Augenblick, wo er wahrscheinlich den dringenden Ausgleich für Rom und für Palermo gefunden hätte. Nun hatte der Kaiser dieses „treue Selbst" verloren. Sein Fehlen machte sich bald bemerkbar. Friedrich II. wurde sehr hart. Er brutalisierte seine Politik, wo er früher einsichtig gewesen war und eingelenkt hatte.

Gegen die „Stiefmutter der Gläubigen"

War es nicht Vermessenheit, wenn Friedrich II. sechs Kronen bewahrte, während der Papst nur eine dreifache Krone trug? Und wenn der Kaiser seine sechs Kronen in eine einzige verwandelte?

Aus dem Retter der Welt wurde Friedrich II. für seine römischen Feinde der Antichrist. Kein Mittel blieb auf beiden Seiten unversucht, um sich gegenseitig zur Strecke zu bringen. Der vierte Nachfolger Innozenz' III., der im zweiten Konklave der Kirchengeschichte einstimmig gewählte Innozenz IV., sprach es radikal aus: Die Bekämpfung und Vernichtung des Staufers übertreffe alle Werke der Frömmigkeit!

Wieder fing es mit einem Bürgerkrieg in Deutschland an, doch der Kaiser besiegte den päpstlichen Urheber und verwirklichte seine Pläne für Europa: Deutschland, Italien und Sizilien befriedet, Frankreich, England und Ungarn alliiert, Dänemark zurechtgewiesen. Dieser imperialen Herrschaft von Rom und Palermo bis zur Elbe, von Jaffalis bis zur Lombardei stand die „Universalherrschaft" des apostolischen Stuhles gegenüber. Friedrich II. kontrollierte sämtliche Achsen und Schnittpunkte der Gesamtkirche in Ost und West. Zutiefst verteidigte er die Unabhängigkeit seines Staates und auch andere Staaten gegen die kurialen Machtansprüche. Das führte zu starren, versteinerten Fronten unter den Christen. Wie sein Großvater Friedrich I. Barbarossa bekämpfte Friedrich II. den einzelnen Träger der Tiara, nicht die Kirche als Institution. Nur selten nannte er die römische Kirche die „Stiefmutter der Gläubigen". In einem Brief an den Schwager auf Englands Thron erinnerte er: „Die Urkirche wurde auf Armut und Einfachheit gegründet ... Jetzt wälzt sie sich im Reichtum, und es steht zu befürchten, daß der Reichtum sie überwältigen wird."

Ein Kampf aller gegen alle brach aus. Die kaiserliche wie die römische Seite hielt Kardinäle als Faustpfänder gefangen. Kardinäle wurden Heerführer des Pontifex.

Es war der Truppenkardinal Rainer von Viterbo, der Friedrich in einer Flugschrift des dreifachen Gattenmordes schmähte, nur um dessen Heiratsplan mit der siebzehnjährigen Gertrud von Österreich zu verhindern. Zum ersten Mal in der Weltgeschichte benutzte die Kirche den Begriff des Majestätsverbrechers. Da die Majestät Christi über jedem Menschen stand, traf dieses Urteil des Majestätsverbrechers jeden Angreifer auf einen Kleriker als Glied der Kirche und Glied des Leibes Christi ...

Päpstliche Legaten führten Freikorps der Lombardei gegen Friedrich II., der mit schweren Vergeltungszügen aus Rom, aber auch mit Verhandlungsangeboten antwortete. Überall beobachtete Friedrich II. politische Agenten und Agitationen des heiligen Vaters. Deshalb wollte er persönlich, ohne Mittelsmänner, mit dem Papst sprechen. Doch Innozenz IV. flüchtete, als Soldat verkleidet, im Juli 1244 von Rom über Genua nach Lyon. Angeblich sah er sich von kaiserlichen Rittern verfolgt. In Wirklichkeit mußte der Papst, umgeben von Leibwächtern, Atem schöpfen, Geld- und Machtmittel für die nächsten Schläge sammeln. Friedrich II. sprach von einem „kaum glaublichen Schachzug des Papstes" und wiederholte seine Friedensangebote. Sie blieben unbeachtet, da Innozenz IV. den letzten Akt des Dramas zwischen Papst und Kaiser vorbereitete: das Konzil von Lyon mit dem politischen Prozeß gegen Friedrich II. anstelle eines Laterankonzils.

Der letzte Akt des Dramas

Nach den fünf Wunden des Herrn litt der Papst unter fünf Schmerzen, so berichtet man über die erste Hauptsitzung am 28. Juni 1245 in den beiden Hauptquellen, die diese seine erste programmatische Rede zitieren. Als ersten Schmerz bedrückte ihn „die Sünde der hohen und niederen Geistlichen". Zum Zweiten, Dritten und Vierten schmerzten ihn kriegerische Ereignisse und schismatische Zustände im Osten: die Eroberung Jerusalems durch die Sarazenen, die abgetrennten Griechenchristen mit ihrer bedrohten Hauptstadt Konstantinopel und die wilden Tartaren mit ihrem Einfall in Ungarn.

Die Sorge um die schwere innen- und außenpolitische Krise, für die der Papst kaum Hilfe wußte, hinderte ihn nicht daran, seinen fünften und hauptsächlichsten Schmerz zu bekennen: die Verfolgung der Kirche durch den Kaiser. Er verwahrte sich dagegen, daß Friedrich II. nur ihn persönlich befehde, sprach von einer Verfolgung der Kirche und des Klerus allgemein.

Vor allem ging es dem Papst gleich einem Territorialfürsten um die Besitzungen der Kirche. Sie wurden als „Eigentum des heiligen Petrus" angemahnt: von Sizilien bis Apulien, von Radicopani bis Coperano, die Mark Ancona, das Herzogtum Spoleto, das Exarchat Ravenna, die Pentapolis, Romandiola und die berühmten mathildischen Güter. Darüber hätte eigentlich verhandelt werden können, auch wenn Wortbrüche und Anmaßungen des Kaisers vorlagen. Der Papst verzichtete jedoch auf einen Kompromiß wie auf eine Annäherung. Es ging ihm um den Abbruch, um den Kampf.

Das erkannte Großhofrichter Thaddäus, Vertreter Friedrichs II., der sogar das Erscheinen seines kaiserlichen Herrn in Aussicht stellte, bald. Darauf reagierte Innozenz IV. sehr heftig, obwohl er Friedrich eingeladen hatte. Der Papst wollte den Besuch nicht abwarten, da bereits in Geheimsitzungen alles entschieden worden war. Er war bereit, „für diese Sache (nämlich die Absetzung des Kaisers) bis zum Tode einzustehen". Der triumphierende Papst „im unerschütterlichen Kampf", wie er sich selbst sah.

So verlas der Statthalter Christi auf Erden am 17. Juli 1245 von dem erhöhten Thron im Chor der Lyoner Kathedrale die Absetzungsbulle. Kaum drei Wochen hatte man prozessiert. Die Beschuldigungen wurden aufgezählt: Meineid, Friedensbruch, Gotteslästerung, Ketzerei, Unterdrückung der Christen, vor allem der Kleriker und Laien im Königreich Sizilien. Der Pontifex rief zur Wahl eines neuen Kaisers und eines Lehnsträgers im päpstlichen Sizilien auf!

Der Papst und sämtliche Konzilväter hoben die Fackeln, drehten sie um und stießen sie auf den Boden, bis sie verlöschten. Eine symbolische Bekräftigung des Lyoner Kampfbeschlusses. Gleich den Fackeln sollte der Glanz des Kaisertums und des Reiches verlöschen.

„Mit finsterem Blick sah er alle an, die um ihn her saßen", schilderte ein Zeitgenosse den Kaiser, als ihm in Turin von dem Ausgang des Lyoner Konzils berichtet wurde. „Dieser Papst hat mich abgesetzt und mir meine Krone geraubt", stieß er aus. „Woher nimmt er diese Frechheit? ... Wo ist mein Kronschatz?"

Er wurde herbeigeschafft und vor ihm aufgestellt. „Laßt uns sehen, ob meine Kronen verloren sind!" Er wählte ein Diadem seiner Herrschaft unter den vielen Kronen und setzte es auf. Er erhob sich. Sein Blick funkelte und drohte. Seine Stimme donnerte: „Noch habe ich meine Kronen, und kein Papst, keine Kirchenversammlung soll sie mir ohne blutigen Kampf rauben." Friedrich II. sprach sich frei von jeglicher Verpflichtung, mit dem Nachfolger Petri Frieden zu halten. Wo waren die Geistlichen, die Engel anzuschauen pflegten, von Wundern schimmerten, Kranke heilten und durch Heiligkeit, nicht durch Waffen regierten? So fragte der Kaiser in einem Manifest gegen den Papst. Es waren Anklagen in Sätzen wie Blöcke aus Stein oder Erz.

Giftanschlag auf Friedrich II.

„Nachdem Wir in Geduld und Frömmigkeit bisher die Rolle des Ambosses gespielt haben, müssen wir jetzt Hammer sein", antwortete der Kaiser nach seiner Absetzung durch Innozenz IV. Seine Anhänger übernahmen seinen Appell und lehnten die päpstliche Drohung ab: „Der Papst hat uns keinen Kaiser zu geben und keinen zu nehmen." Trotzdem fanden sich wieder zwei Verräter unter den deutschen Kirchenfürsten, die Erzbischöfe von Köln und Mainz. Sie kürten unbedenklich zuerst Heinrich Raspe, den „Pfaffenkönig", als Gegenkönig und nach ihm einen zweiten, Wilhelm von Holland. Innozenz IV. rief in dieser Schlußrunde sogar die bis dahin als unversöhnlich hingestellten Sarazenenfürsten zur Unterstützung des christlichen, päpstlichen Gegenkönigs auf. Der Sohn von El-Kamil lehnte auf ebenso geschliffene wie deutliche Art ab. Doch Parma fiel 1247 in die Hände von Friedrichs Gegnern! Ein Schlag für den Kaiser, ein zweiter folgte.

Giftanschlag auf Friedrich II. 1249 ... Schon bei der Delegation zum Lyoner Strafkonzil gegen Friedrich II. fehlte Petrus von Vinea. Nur Thaddäus von Suessa und der Erzbischof Berard von Palermo führten die kaiserliche Abordnung. Mißtraute Friedrich II. bereits damals einem seiner Freunde und ersten Mitarbeiter, wußte er, daß dieser mit den Päpstlichen gegen ihn konspirierte?

Als der Kaiser kränkelte, wollte der Leibarzt ein vergiftetes Abführmittel anwenden und ein vergiftetes Bad verschreiben. Friedrich II. warnte ihn und den ebenfalls anwesenden Petrus Vinea so offen wie möglich. „Freunde, meine Seele vertraut auf Euch, ich bitte Euch, daß Ihr mir, der Euch vertraut, nicht Gift anstelle eines Heilmittels reicht." Schon sehr deutlich gesagt. Eigentlich schon von der anderen Warte her, wo der Kaiser richten und sich nicht mehr versöhnlich zeigen sollte.

Petrus verteidigte Arzt und Arznei. Friedrich II. wiederholte seine Bedenken, denn er war in letzter Minute gewarnt worden. Zwei Offiziere betraten das Zimmer. Für die Verschwörer gab es kein Entrinnen. Der Kaiser bot das vermeintliche Abführmittel dem Arzt zum Antrunk. Der stolperte wie aus Versehen, fiel hin und vergoß etwas vom Inhalt. Ein Offizier brachte den Rest einem zum Tode Verurteilten und meldete dessen augenblicklichen Tod.

Den Arzt erwartete der Galgen. Und was wurde aus dem Freund und engsten Berater? Ihm wurden die Augen ausgestochen. Gleichsam als Trophäe führte man den Verräter durch toskanische und apulische Städte. An einer Mauer oder einem Pfeiler seines Kerkers schlug sich Petrus von Vinea den Schädel ein.

Ein enttäuschter, fast verbitterter Kaiser blieb zurück, der sich selbst gestand: „Weh mir, weh mir, sogar meine Eingeweide verraten mich. Wem kann ich noch trauen? Wo finde ich Glück und Sicherheit?" Einer der unmittelbarsten, menschlichsten Ausrufe in diesem Leben.

Das Sturmsignal des Lyoner Konzils stieß über Europa und entfesselte alle Gewalten. Friedrich II. blieb mächtig und unbesiegt, bis dem Sechsundfünfzigjährigen im Dezember 1250 das Schwert entfiel und er die Absolution, gekleidet in die Kutte der Gebetsbruderschaft der Zisterzienser, empfing. Auf dem Sterbebett soll er sich mit Blanca Lancia haben trauen lassen, unter deren Einfluß der Kaiser sechzehn Jahre lang gestanden hatte. Seinen Tod hielt man einige Zeit geheim.

Nicht in Deutschland wollte Kaiser Friedrich II. ruhen, nicht in Italien, auch nicht in Jerusalem. Nicht einmal sein geliebtes Apulien sollte ihm die letzte Stätte bieten. Erinnerungen an Jugendjahre bestimmten seinen Entschluß, sich im Dom von Palermo an der Seite seiner Eltern in einem mächtigen Sarkophag aus dunkelrotem Porphyr beisetzen zu lassen. Ein arabisches Seidengewand mit den „Symbolen des Weltregiments im Gewebe" bedeckte die irdischen Reste.

Für den Papst freuten sich „Himmel und Erde, daß der gefallen, der mit dem Hammer der Verfolgung die Kirche Gottes zermalmte".

Mit Friedrich II. war das kühne und dämonische Geschlecht der Hohenstaufen nach einem Jahrhundert geschlagen. Deutschland wie Italien gespalten. Seine Nachfolger starben jung oder wurden ausgerottet, bis deutsche Fürsten die deutsche Krone an zwei Ausländer, einen Spanier und einen Engländer, verschacherten. Die Folge war das neunzehnjährige Interregnum der „kaiserlosen, schrecklichen Zeit" von 1254 bis 1273. Deutschland war ein „anarchisches Gebilde in monarchischer Form". (Pirenne)

Die zweimal gebannte Majestät überraschte das Sterben in einem Alter, da Karl der Große zur letzten Runde seines Schicksals noch einmal tief Atem holte. Zu Recht kann man bei diesem größten Friedrich sagen: Der Tod ist im Bunde mit Rom gewesen.

X.
Von der Hausmacht zur Reichsmacht ohne Kaiserkrone: Rudolf von Habsburg

Große Stunde für einen einfachen Grafen

Zur Eröffnung des XIV. Konzils, wieder in Lyon, am 7. Mai 1274 erschien Papst Gregor X. in weißen Pontifikalgewändern und dem Pallium. Von dem erhöhten Platz im Chor erteilte er der ganzen Versammlung den apostolischen Segen. In seiner Nähe saß der betagte Jakob von Aragonien. Dieser einzige anwesende König wartete auf seine Krönung wegen seiner Verdienste im Kampf gegen die Sarazenen. Aber diese Zeremonie sollte ihm versagt bleiben. Er verstand sich nicht zu einem jährlichen Tribut, den sein Vater der Kirche versprochen hatte. Mißmutig reiste daher dieser Monarch in der zweiten Maihälfte ab.

Am Tag vor der dritten Sitzung berief Gregor X. ein Geheimes Konsistorium. Nach der „kaiserlosen, schrecklichen Zeit" von 19 Jahren drängte er wie einstmals Innozenz auf eine Entscheidung im deutschen Thronstreit. Papst und Kirche verlangten endlich nach einem Schirmherrn und auch nach einem Oberbefehlshaber für den vom regierenden Pontifex angekündigten Kreuzzug. Beim Laterankonzil 1215 waren es zwei Bewerber um die Kaiserkrone gewesen, nach 59 Jahren diesmal vier. Untereinander konkurrierten im Kaiser- und Königsstreit: Alfons von Kastilien, Philipp III. von Frankreich, Ottokar von Böhmen und Rudolf von Habsburg. Ein Quartett verschiedener Charaktere und Mächte.

Jeder einzelne hatte sich um die Kurie verdient gemacht oder versprochen, vieles für die Sicherheit der päpstlichen Zukunft zu tun. Drei Kandidaten drängten und drohten, einer verhielt sich zurückhaltend. Dieser wußte um seine Chance: Rudolf von Habsburg. Er ging als Sieger hervor. Vom Anfang seiner Regierung an setzte Gregor X. auf den Habsburger. Dieser hatte sich auch für ihn bei der Papstwahl ausgesprochen. Die Kurie brauchte nach dem unberechenbaren Friedrich II. einen fügsamen Kaiser. Nach der Größe nun der Durchschnitt. Rudolf von Habsburg war ein sechsundfünfzigjähriger einfacher, keineswegs armer Graf, der Mächtigste unter den nichtfürstlichen Reichsherrn.

Am 6. Juni 1274 beschwor der Kanzler Otto Probst von St. Guidin in Speyer, für den zukünftigen Kaiser Rudolf von Habsburg (dessen Pate übrigens Friedrich II. gewesen war) und mit Zustimmung der höchsten deutschen Kirchenfürsten, was einst Kaiser Otto IV. und der päpstlich gekrönte Staufer Friedrich II. unter Eid genommen und gebrochen hatten:

Garantie der Unantastbarkeit des Kirchenstaates, Nichtangriffspakt mit den Vasallen des römischen Papstes, endgültiger Verzicht auf Sizilien und Friede mit der Kirche.

Diesen Schwur sollte Rudolf von Habsburg bei der Kaiserkrönung wiederholen, nachdem die offizielle Verlautbarung seiner Wahl aus taktischen Gründen erst nach dem II. Lyoner Konzil erfolgte. In der Zwischenzeit drängte Gregor X. die zurückgebliebenen Kaiserbewerber mit diplomatischem Geschick oder finanziellen Zuwendungen zurück.

Rudolf von Habsburg sollte und wollte wohl zum „römischen König" gekrönt werden, aber niemals in Rom zum Kaiser. Es fehle ihm an Zeit, hieß es, aber es konnte auch ein Verzicht sein. Trotzdem erinnerte Rudolf immer wieder daran, wie ein Anwalt in eigener Sache nach dem Terminkalender. Er blieb der ungekrönte Kaiser während der Amtszeit von acht apostolischen Regenten: Gregor X., Innozenz V., Hadrian V., Johannes XXI., Nikolaus III., Martin IV., Honorius IV. und Nikolaus IV. Von diesen Päpsten trugen einige nur vier Wochen, einige ein halbes Jahr oder dreiviertel Jahr die Tiara. Rudolf I. kam mit allen durch seine Anpassungsfähigkeit gut aus.

Lyon war diesmal als Konzilort gewählt worden, weil der Papst für seinen Kreuzzug nur jenseits der Alpen Unterstützung erwarten konnte. Italien versagte sich! Deshalb vor allem versuchte der Pontifex, außer der Wahl eines Kaisers auch das Gleichgewicht zwischen dem Westen und Osten herzustellen. Immer wieder ging es ja bei den Kreuzzügen um den kirchlichen Besitz in Syrien und Palästina. So kam es zu neuen päpstlichen Kreuzzugsanweisungen. Den weltlichen Fürsten wurde eine Kreuzzugssteuer auferlegt, die jährlich ein Silber-Denar pro Kopf der Untertanen betrug. Genau wie Innozenz III. sollte auch dieser Papst Gregor X. ein Werber für ein Unternehmen sein, das er nicht mehr erlebte.

Nach sieben weiteren Päpsten endete der siebente und letzte Kreuzzug unter Nikolaus IV. (1288–92) mit dem endgültigen Sieg der Moslems bei Akkon 1291. Es war das Ende der Kreuzzugsidee. Zweihundert Jahre päpstlicher Aufrufe und kaiserlicher Einsätze zur Rückeroberung der heiligen Stätten waren vergeblich. Aus den Pilgerzügen nach Jerusalem waren Raub- und Vernichtungszüge geworden. Trotz der Päpste als Urheber und Organisatoren und ihrer Legaten als Feldherrn, trotz der Kaiser und

Fürsten als Heerführer. Sie alle erreichten nichts, außer daß Handels- und Kulturgüter des Ostens mit denen des Westens ausgetauscht wurden – bis auf jenen einen Kaiser Friedrich II., der als gebannter Christ Friedensverträge mit dem Morgenland geschlossen hatte. Trotz des riesigen vergeblichen Menscheneinsatzes wagte es Rom erneut im 16. Jahrhundert, Kreuzzüge gegen die Türken zu propagieren ...

Es war wohl die größte Stunde für Rudolf von Habsburg, als der fünfundfünfzigjährige Graf in Frankfurt am Main Oktober 1273 zum deutschen König gewählt wurde.

Eigentlich ein Schweizer aus dem Aargau, der von seinem Vater die halbe Grafschaft und die Burg Habsburg erbte. Seine Bildung schien wenig entwickelt, sein Instinkt für politischen Besitz um so mehr. Die angestammten Ländereien lagen in der nördlichen Schweiz, im oberen Elsaß und in Schwaben. Schreiben konnte der „Schweizer Ritter", wie man ihn abfällig nannte, wohl kaum. Bei einer Fehde überfiel er ein Nonnenkloster und ließ es in Flammen aufgehen. Solche Fehden betrieb er wie ein geläufiges Brauchtum, von dem er sich allerdings schnell trennte, als er König wurde. Für das Volk waren diese Unternehmungen im Gebiet zwischen den Vogesen und dem Bodensee eine Art ritterlicher Kavaliersdelikte, die man aus Respekt vor den Schwertern und Lanzen der Adligen und ihrer geharnischten Beutelust schnell vergaß. Nun sollte Rudolf Ernst machen mit der Würde eines Schutzherrn des Reiches und mit dem Frieden. Befand sich aber dieses Reich nicht in einem traurigen, verwilderten Zustand? Besaß er überhaupt eine staatspolitische Konzeption? Würde er entscheidende Mitarbeiter finden?

Dieser leutselige Graf aus dem Stauferkreis betrat den Raum der Weltgeschichte und behielt seinen volkstümlichen Zug. Besonders unterstützten ihn der Pfalzgraf Ludwig von Bayern und ein Bruder des Herzogs von Sachsen-Lauenburg, die mit dem Habsburger bald verschwägert sein sollten.

Kuriose Wahlumstände mit politischen Heiratsbündnissen

Als direkte Königswähler kamen sieben Kurfürsten in Frage, merkwürdigerweise eine päpstliche Idee, wie man nachweisen kann. Urban IV. erinnerte in einem Brief vom August 1263 an den uralten Brauch, wonach das Recht, den römischen König zu wählen, sieben Personen gebühre: den Oberhirten der drei reichsten transalpinen Erzbistümer als Vertreter der deutschen Kirche, Mainz mit Vorstimmrecht, Trier und Köln. Die andern vier Wähler waren die Herzöge der vier Volksstämme der Franken, Schwaben, Bayern und Sachsen. Mit diesen sieben Kurfürsten verwandelte sich die Monarchie in Deutschland in eine fürstliche Oligarchie. Früher verhandelte Rom gern nur mit den vornehmsten deutschen Fürsten, besonders wenn diese geistlicher Herkunft waren. Jetzt erschienen nicht mehr die reichsunmittelbaren Fürsten als Königswähler, sondern die sieben eigens dazu bestimmten Kurfürsten, die auf jede Weise leichter zu beeinflussen waren als die Gesamtheit; alles mittlere und kleine Repräsentanten bis auf einen großen Fürsten. Dieser war König Ottokar von Böhmen, der nicht zur Wahl erschien. Er schätzte sich selbst als Kandidaten für den deutschen Thron ein. So wurde er natürlich der erste Gegner des Habsburgers, dessen Wahl er anfocht.

Als Wahlbeauftragte und kurfürstliche Mitregierung fühlten sich die sechs anderen Kurfürsten herausgehoben unter den Reichsfürsten, während diese sich offiziell weniger um die höchste Spitze des Reiches mühten. Hauptsache, der Erwählte überragte nicht alle und bedrängte sie nicht mit Forderungen. Sie forderten zum ersten Mal, wie Reisevertreter, von dem Habsburger Rückerstattung der Kosten für ihre Anwesenheit bei der Wahl.

Plötzlich standen Frauen im Mittelpunkt der Verhandlungen für die Kaiserwahl. Rudolf von Habsburg besaß sechs reizende Töchter, die von den Kurfürsten als Unterpfand, als Zusicherung für die übernommenen königlichen Verpflichtungen eingeschätzt wurden. Der erste Habsburger erkaufte also seine Würde dadurch, daß seine Töchter den Kurfürsten vermählt wurden, falls diese sich dazu entschlossen. So verbanden sich Schwiegervater und Schwiegersöhne zu einer persönlichen und politischen Gemeinschaft, um gegenseitige Rechte und Pflichten zu sichern. Rudolf zögerte nicht, darauf einzugehen, da er sogleich den Vorteil dieser Heiratsbündnisse erkannte.

Zur gleichen Zeit mit seiner Krönung in Aachen 1273 erfolgte dann auch die Doppelhochzeit seiner beiden ältesten Töchter mit zwei Kurfürsten. Rheinpfalzgraf Ludwig und Albrecht II. von Sachsen waren die Erwählten.

Erste Belehnung ohne Reichsinsignien

Nach dem Wahlakt in Frankfurt am Main schritt der neue König zum ersten Staatsakt. Er wollte nach der kirchlichen Feier die Anwesenden belehnen. Aber wo waren die Reichsinsignien? Absicht oder Fehler des Protokolls? Rudolf von Habsburg ließ sich nicht irre machen. Er griff zum Kruzifix, küßte es und sagte: „Seht das Zeichen, durch das wir und die ganze Welt erlöst sind, es soll uns als Zepter dienen." Alle küßten das Kruzifix, empfingen ihr Lehen und leisteten den Treueid.

„Wer ist der Richter?" fragte Rudolf von Habsburg auf seinem ersten Reichstag November 1274 in Nürnberg. Die dringliche Frage bezog sich auf die beabsichtigte Klage des deutschen Königs gegen einen Reichsfürsten. Sie betraf keinen andern als seinen großen Gegenspieler Ottokar, der Böhmen, Österreich, Steiermark, Kärnten, Krain, Schlesien, vorübergehend auch Ungarn beherrschte, teils aus Eigenbesitz, größtenteils aus Annexion von Staufergut und Reichsgut Friedrichs II.

Auf dem Richterstuhl nahm Pfalzgraf Ludwig Platz, Rudolfs Schwiegersohn. Sonst schien das Plenum des Reichstages schwach besetzt. Hatten die Fürsten kein Interesse an dieser feierlichen Versammlung und dem Gerichtsverfahren? Stattdessen drängte viel Volk herbei, um den neuen Monarchen, lang, hager, mit Adlernase, also leicht erkennbar, zu sehen. Rudolf durchquerte die Truppen der Absperrung: „Bei Gott! Laßt dieses arme Volk zu mir kommen, ich bin nicht König geworden, um in einen Käfig gesetzt zu werden", sagte er mit liebenswürdiger Schlagfertigkeit. Er erhielt sie sich durch seine ganze Regentenzeit.

Klage gegen den Böhmenkönig! Noch nicht namentlich genannt, aber anvisiert. Hier beim ersten Auftritt wurde der als gutmütig und vermittelnd eingeschätzte Rudolf I. sehr bestimmt und sprach harte Worte. Diese sollte er später recht selten gebrauchen, zumal er sich beim Austrag politischer Konflikte jener Unterhändler bediente, deren Diplomatie mit fraulichen Reizen unwiderstehlicher Art ausgestattet war.

Der König verlangte zuerst ein Urteil: „... Was der König betreffs der Güter, die einst Kaiser Friedrich, bevor gegen ihn das Urteil auf Absetzung erging, friedlich und ruhig besaß und innehatte, und betreffs der sonst dem Reiche erledigten Güter, die andere mit Gewalt in ihrem Besitz hatten, von Rechts wegen tun könne und müsse."

„Eingreifen müsse der König wegen der Güter!" hieß das Urteil des Richters, „und die Güter in seine Gewalt zurückbringen." Wenn jemand bei der Einziehung der Güter sich dem König zu widersetzen wagen sollte, mußte er solche rechtswidrige Gewalttätigkeit mit königlicher Gewalt unterdrücken und die Reichsrechte wahren.

Ein zweites Urteil verlangte der König und nannte jetzt den Namen: Ottokar König von Böhmen. Seit der Krönung Rudolfs I., länger als Jahr und Tag her, hatte Ottokar es „hartnäckig verabsäumt", den Empfang seines Lehens zu erbitten. Alle Fürsten und Herren stimmten dafür: Ottokar sollte aller seiner Lehen „verlustig" gehen, falls er sich nicht auf dem Hof- oder Reichstag einstellte. Und wenn er fern blieb? Darüber verlangte Rudolf I. das dritte Urteil zu hören. Der Pfalzgraf als Richter antwortete, er würde Ottokar von Böhmen vor sich laden. Erschien er nicht, dann konnte die Entscheidung vollstreckt werden. Das bedeutete eine militärische Strafexpedition gegen den Geächteten mit allen Folgen. Mit dieser Erklärung waren die Rechtsgrundlagen für das Vorgehen des Königs durch den Reichtstag gegeben.

Der Mächtigste sollte also beseitigt werden: Ottokar von Böhmen. Gegen ihn stimmten die Fürsten, gegen ihn mußte Rudolf von Habsburg sein. Auch andere Fürsten hatten sich am staufischen Erbe und am deutschen Reichsgut bereichert. Ottokar am meisten. Gegen ihn, den Großen, einigten sich die Kleinen, die ebenfalls Zipfelstücke des Reiches eingeheimst hatten. Einer von ihnen war der Habsburger und König.

Ende der Kaiserherrschaft in Italien:
„Besser ist gut regieren, als das Reich erweitern."

Der zweite Zug der Königspolitik Rudolfs I. betraf Papst Gregor X. Dieser mußte unterrichtet und damit gewonnen werden. König und Papst trafen sich beide 1275 in Lausanne anläßlich der Einweihung der Kathedrale Notre Dame. Große offizielle Pracht und Feierlichkeit, viele Festlichkeiten. Dazwischen ein Gespräch des deutschen Königs mit dem römischen Pontifex. Da der Habsburger einen bereitwilligen Eindruck machte, verstanden sich beide und kamen zu überraschenden Ergebnissen, die beider Politik bestimmten.

Es ging um das Ende der Herrschaft der deutschen Kaiser in Italien, um das Ende ihrer Romherrschaft! Rudolf von Habsburg verzichtete auf jede Annexionspolitik im Süden. Er nannte Italien die „Höhle des Löwen". Wie eine Diagnose der bisherigen Feldzüge über die Alpen hört sich die Feststellung an: „Man sieht die Spuren derjenigen, die sich hineinbegaben. Man sieht keine, die wieder herausgekommen sind." Dieser deutsche König korrigierte die vierhundertjährige Italienpolitik der Kaiser. Ein Straßburger Chronist, Matthias von Neuenburg, versuchte die Konzentration der Kräfte Rudolfs I. zu erklären, „vielleicht weil er sah, wie übel es anderen bekommen war". Seine Gesinnung erläuterte der König selbst: „Besser ist gut regieren, als das Reich erweitern."

In dem Lausanner Zwiegespräch mit dem Papst bestätigte der König die Lyoner Vereinbarung — auch die Übernahme des Kreuzes. Kein leichtes Versprechen, da es innerhalb der deutschen Verhältnisse noch brodelte und Aufstände zu befürchten waren. Um den Frieden in Italien zu sichern, versprach der König eine Annäherung an das Haus Anjou. Höchst problematisch, denn Karl von Anjou galt als Thronräuber an dem Königreich Sizilien, dem kaiserlichen Stammreich Friedrichs II. Doch wie der Habsburger bisher seine Töchter als Friedensboten der väterlichen Politik eingesetzt hatte, so geschah es auch diesmal. Der König bot seine Tochter Clementia, ehemalige Braut des Ungarnprinzen, der gestorben war, Karl Martell, dem Enkel Karls von Anjou, an. Nur so konnte er sich der päpstlichen Unterstützung gegen Ottokar von Böhmen versichern. Übrigens stimmten beide Partner in der Ablehnung des Böhmen überein.

Daß man die Kaiserkrönung besprach, war selbstverständlich. König und Papst einigten sich in Lausanne auf das Lichtmeßfest 1276. Rudolf von Habsburg erhielt eine Summe von 12 000 Mark als Beisteuer für die Unkosten des Romzuges. „Mit schamrotem Antlitz" trat der Habsburger kaum einen Monat nach der Lausanner Besprechung vor den Papst und bat um einen weiteren Unkostenvorschuß von 3 000 Mark, da die schon empfangenen 12 000 Mark nicht ausreichen würden. Gregor entsprach diesem Finanzwunsch seines königlichen Freundes, obwohl die Krönungsreise nie stattfand, weil der apostolische Regent schon nach einem Jahr verstarb.

Sieg auf dem Marchfeld über Ottokar von Böhmen

Mit 4000 besten Reitern und 40 000 gut bewaffneten Fußknechten wollte Rudolf von Habsburg vor der ganzen Welt unbesiegbar erscheinen. Das hörte sich wie eine Proklamation und zugleich wie eine Drohung für Ottokar von Böhmen an, der in die Reichsacht getan worden war, da er sich auf keinem der drei Reichstage zur Neubelehnung hatte blicken lassen.

Für die militärische Auseinandersetzung mit dem Böhmen disponierte Rudolf schnell und umsichtig, was niemand erwartete. Er schlug den Gegner im ersten Feldzug 1275, er schlug ihn im notwendig gewordenen zweiten Feldzug drei Jahre später. Mitten in der Schlacht war eine gefährliche Situation zu überwinden.

Während der Entscheidung bei Dürnkrut auf dem Marchfeld stellte Rudolf fest, daß der Gegner durch Abteilungen geharnischter Rosse überlegen war. Was tun? Der sechzigjährige Rudolf I. zog fünfzig schwer gepanzerte Ritter von seinem Heer ab, das durch ungarische leichte Reiterei und Bogenschützen ergänzt worden war. Die Ritter sollten abseits warten, bis die Waage des Kriegsglücks für Rudolf zu sinken schien. Erst in diesem Augenblick erhielten sie das Zeichen zum Angriff.

Ehe sich die Heere gegenübertraten, erfolgte eine Ansprache des Königs an seine Soldaten, mehr Söldner als Einberufene. Darin hieß es: Wer ihm die Treue brechen wolle, möge ihn lieber allein töten, um das Blut der Unschuldigen zu schonen. Der fehdelustige Graf von einst wandelte sich zum verantwortlichen Heerführer.

„Die mörderischste Schlacht des Jahrhunderts"

In den Quellen spricht man von einer der mörderischsten Schlachten jenes Jahrhunderts. Es sieht so aus, als wenn es hauptsächlich eine Reiterschlacht gewesen ist. Beide Seiten wußten, daß es um das Letzte ging. Aus allen Richtungen führten Fürsten und Bischöfe ihre Truppen dem habsburgischen König zu. Es kam zu einem förmlichen Duell zwischen einem österreichischen Ritter auf Ottokars Seite und dem deutschen König. Sein Streitroß wurde erstochen, der Reiter in einen Bach geschleudert. Höchste Gefahr für Rudolf I., den ein junger deutscher Ritter deckte. Er half ihm aus dem Wasser und hielt ein neues Pferd für ihn bereit.

Der Effekt des Sieges, bei dem Ottokar den Tod fand, bestand in der Übernahme des Herzogtums Österreich, der Nebenländer Steiermark, Krain und der windischen Mark als Reichsland unter königlicher Verwaltung, hinzu kamen Grenzgebiete gegenüber Venezien, auch das Egerland. Nach fünf Jahren belehnte Rudolf I. – mit Zustimmung der Kurfürsten – seinen Sohn Albrecht mit diesen Gebieten. Eine beispiellose Vergrößerung der habsburgischen Hausmacht vom Südwesten nach Südosten war erreicht.

Der König stand für sich – nicht für Deutschland. Österreich wurde zum Privatreich des Königs! Hier sitzt der Kern der Spaltung, die Trennung Österreichs vom Reichsgut. Niemand protestierte zur damaligen Zeit, kein Kurfürst und kein Herzog. Im Gegenteil, man bewunderte den Zuwachs des königlichen Besitzes, der durch die Vermischung von Hauspolitik und Reichspolitik realisiert wurde.

Die Habsburger behielten Österreich für mehr als sechs Jahrhunderte.

Rudolfs Heiratspolitik ist berühmt. Während des ersten Feldzuges gegen den geächteten Ottokar schwenkte Niederbayern von der böhmischen Seite zur habsburgischen Seite über. Als Dank erhielt Otto, Sohn Heinrichs I. von Niederbayern, die dritte Tochter des Königs, Katharina, zur Frau.

Ein politischer Vergleich durch ein weiteres Heiratsbündnis wurde fällig, als Otto von Brandenburg der Königinwitwe von Böhmen zu Hilfe kommen wollte. Rudolf I. schaltete sich ein und gewann den Brandenburger lieber als Schwiegersohn für seine Tochter Hedwig, als daß er sich mit ihm bekriegte.

Noch ein persönlicher Dankesgruß an einen großartigen Helfer, der mit zur Niederlage der Böhmen beigetragen hatte. Der Dank galt den Ungarn mit ihren 10 000 Mitstreitern. Rudolfs Tochter Clementia sollte Schwägerin des Ungarnkönigs Ladislaus IV. werden. Gleichzeitig schlossen beide Könige ein längeres Bündnis. Aus Ungarn, dem jahrhundertealten Gegner, war ein Freund geworden.

Die sechs Töchter – die siebente nahm den Schleier – glichen Sendboten der Hauspolitik ihres Vaters. Ehepolitik bedeutete für Rudolf I. Erbpolitik. Hier zeichnen sich die ersten Umrisse zur Erfüllung des Spruches ab: „Mögen andere Länder Krieg führen – du, glückliches Österreich, sinne auf Hochzeit!"

Rudolfs I. Regierung fehlt jeder herrscherliche Zug, er betrieb seine Politik des geringsten Widerstandes. Dieser König herrschte nicht mehr über die deutschen Stämme, die früher mit ihren Kontingenten das deutsche Heer ausfüllten. Die große Aufteilung Deutschlands hatte begonnen. Zwar fand der Habsburger Schritt für Schritt vorwärts. Wohin? Nicht zum universalen Kaisertum. Nicht zum Weltbild Friedrichs I. Barbarossa, mit dem Rudolf oft verglichen wird. Friedrich I. erhob sich zum Ideal der ritterlichen Welt, Rudolf blieb ein kommerzieller Organisator auf dem Thron, er blieb im Dynastischen, im Familiären stecken. Durch Jahrzehnte meldete er immer wieder den Anspruch auf die römische Kaiserkrone an, doch er empfing sie nicht, nicht in achtzehn Regierungsjahren. Ein Herrscher, der bei Staatsempfängen „ein graues Gewand trug, gemein und demütig aussah und auf einem dreibeinigen Schemel saß...", erinnerte eher an Hans Sachs oder einen sparsamen Hausvater als an den Nachlaßvollstrecker des einstigen Imperiums der Hohenstaufen.

Ansehen gab sich Rudolf I. selbst durch sein volkstümliches Gebaren. Er trat nicht an die Spitze Deutschlands, weder symbolisch, noch national oder real. Er war ein Regent in eigener, manchmal in allgemeiner Sache. Rudolf I. besaß keine Residenz oder Hauptstadt, wenn man nicht die Tagungsorte der Reichstage, wie Nürnberg 1274, Würzburg 1275, Augsburg 1275, Nürnberg 1281, Augsburg 1282, Augsburg 1286, Würzburg 1287, Erfurt 1289–90, als Residenzen ansehen will. An seinem Hof fanden sich weder Gelehrte noch Baumeister oder Künstler ein.

Wie ein Landesfürst, so regelte Rudolf von Habsburg zunächst den provinziellen Frieden. Nicht das Reich stand unter dem Friedensgesetz, sondern die habsburgischen Königslandschaften. Nach und nach setzte der

König sein Zepter für die Ordnung ein: in Österreich 1276, in Bayern und Franken 1281, in Schwaben 1286. Das betraf vornehmlich seine eigenen Provinzen. Erst 1287 schuf er den Allgemeinen Reichsfrieden, der 1291 und 1292 erneuert wurde.

Gehäufte Käufe, immerfort Burgen für die Hausmacht

Bis ins hohe Alter ging es Rudolf von Habsburg um Geldquellen und Erwerbspolitik. Ein höchst problematischer Begriff für einen König, der sich kaum höhere Ziele stecken sollte. Das hatte schon der junge Fehdegraf getan, das blieb dem Monarchen auf dem deutschen Thron bis an sein Lebensende eigen. Nötigung, Streit und Fehde für die Vergrößerung seiner Hausmacht! Oder waren es Absicherungen gegen den Landbesitz der Kirche, die ein Drittel deutschen Bodens besaß?

Wie ein Geschäftsmann erspähte er günstige Gelegenheiten, um zersplitterte Gebiete zusammenzulegen und damit sein Kernland abzurunden. Er forderte und drohte mit Zwangsmaßnahmen, versuchte es dann wieder auf biedere Weise, bis er ein Donnerwetter für angebracht hielt. Da Habsburg das mächtigste Haus in schwäbischen Landen war, erkannte er ab 1283 die Chance, das Herzogtum Schwaben unter seiner Herrschaft wieder aufzurichten.

Wo Fehden oder längere, sehr harte Kämpfe zu erwarten waren und damit zu kostspielig wurden, da bot er Käufe an. Ab 1287 spricht man von gehäuften Käufen. Immerfort Burgen, Vogteien, Städte dazu, Güter, Herrschaftsgebiete, Grafschaften mit allen Hoheitsrechten für Münze und Zoll, Markt-, Salz- und Bergregalien. Geht man die Urkunden durch, so glaubt man über eine Fülle von Landspekulationen unterrichtet zu werden. Nach den Eheverbindungen nun die Wirtschaftsverbindungen zum Vorteil dieses Erwerbspolitikers. Ein Begriff, den auch österreichische Historiker auf den Begründer der Habsburger Dynastie uneingeschränkt anwenden. Alles für das eigene Haus! Das Königtum lieferte nur den Rahmen.

Letzter Ritt zum Grabstein

Auf der Reichsburg Germersheim ging man Juni/Juli 1291 auf leisen Sohlen, auch wenn der gichtkranke König die Sitzung seines Hofgerichtes persönlich leitete. Da die Ärzte ernstliche Zwischenfälle bei dem Kranken befürchteten, warnten sie den Dreiundsiebzigjährigen vor Überarbeitung.

Als Rudolf sein Pensum nicht einschränkte, sagten sie der Majestät auf den Kopf zu, sie habe nur noch eine kurze Frist zu leben.

„Wohl auf, nach Speyer!" antwortete Rudolf, „da sind mehr meiner Vorfahren, die auch Könige waren! Daß man mich nicht hinzufahren braucht, reite ich selbst zu ihnen."

Der kranke König ritt, zwei Priester an seiner Seite, im Gefolge die Gemahlin, die Tochter Agnes, sein Schwiegersohn, der alte Pfalzgraf Ludwig und andere Große. Der greise Rudolf ritt die Rheinstraße hinab bis zur Stadt mit dem Kaiserdom und den letzten Stätten deutscher Herrscher. Dort erwartete ihn ein im letzten Lebensjahr gemeißelter Grabstein mit der ersten Porträtstudie eines deutschen Kaisers: freundlich, sehr schmal, eng, zufrieden, wie eine kleine Majestät aus einem Zwischenreich, dessen echtesten Sohn man ihn genannt hat.

XI.
Der Staatsmann als Finanzgenie und Kulturmäzen: Karl IV.

Spukepisode in den kaiserlichen Memoiren

Der rätselhafte Vorgang fand im Jahre 1335 statt:

„... In später Stunde kamen wir auf die Prager Burg, in das alte burggräfliche Haus, wo wir einige Jahre hindurch Wohnung genommen hatten, bevor der große Palast erbaut war. Zur Nachtzeit legten wir uns ins Bett, und Buczko von Wilharticz, der Ältere, in das andere vor uns. Ein großes Feuer brannte in dem Zimmer, denn es war Winterszeit; auch viele Kerzen leuchteten, so daß es ausreichend hell war. Sämtliche Türen und Fenster waren geschlossen.

Kaum aber hatten wir zu schlafen angefangen, da bewegte sich etwas durchs Zimmer, so daß wir beide erwachten und wir Buczko aufstehen hießen, damit er sehe, was es sei. Er ging suchend rings durchs Zimmer und sah nichts und konnte nichts finden. Darauf machte er ein größeres Feuer und zündete noch mehr Kerzen an, ging zu den Bechern, welche voll Weines auf den Bänken standen, und trank und stellte den einen Becher in die Nähe einer großen brennenden Kerze. Nach vollbrachtem Trunk legte er sich wieder zu Bett.

Wir aber saßen, in unsere Mäntel gehüllt, im Bette aufrecht und hörten einen wandeln, konnten jedoch niemanden sehen. Während wir so mit Buczko auf die Becher und Kerzen hinblickten, gewahrten wir, wie jener Becher umstürzte, dann von unsichtbarer Hand über das Bett Buczkos hinweg von einem Ende des Zimmers bis ans andere wider die Wand geworfen wurde und, von der Wand zurückgeschleudert, in die Mitte des Zimmers fiel.

Bei diesem Anblick erschraken wir gewaltig, und immer noch hörten wir einen Wandelnden im Zimmer, sahen jedoch niemanden.

Nachdem wir uns dann in Christi Namen bekreuzigt hatten, schliefen wir bis zum Morgen. Beim Aufstehen fanden wir den Becher, so wie er hingeschleudert worden war, in der Mitte des Zimmers und zeigten dies unseren Dienern, als sie am Morgen zu uns kamen ..."

Diesen Bericht schrieb langsam, Bogen für Bogen, ein kaum mittelgroßer, etwas krumm gewachsener Mann von etwa dreißig Jahren. Der schwarze Bart umrahmte ein vollwangiges gelbliches Gesicht. Er befand sich in den königlichen Räumen der Prager Burg auf dem Hradschin und trug einen einfachen zugeknöpften Tuchrock. Es war der seit 1346 regierende junge deutsche König Karl IV.

Der Schreiber hatte die Prager Vision als neunzehnjähriger Luxemburger selbst erlebt, keinen Spuk nach einem reichlichen Abendtrunk, sondern mit wachen Sinnen. Das war in jener Zeit, in der die schon kritischen Auseinandersetzungen mit dem königlichen Vater deutsch-französischer Herkunft begonnen hatten. Hart auf hart ging es zwischen den beiden Luxemburgern zu, von denen der Vater durch Heirat König von Böhmen geworden war. Falsche Freunde hetzten den Senior gegen den Junior auf. Warum besaß sein Junge als Stellvertreter des Vaters schon soviel Macht und soviele Burgen, wo er in Wirklichkeit nur die vom Vater verschuldeten Burgen, sie kamen auf ein Dutzend, zurückgekauft hatte? Warum war der Kronprinz so beliebt, so daß der Vater eifersüchtig werden konnte? Man klatschte nicht über Amouren oder kostspielige Seitensprünge des jungen Mannes, der als siebenjähriger Knabe mit der ebenfalls siebenjährigen Prinzessin Blanca von Valois verheiratet worden war, mit der er seit 1334 in Prag zusammenlebte.

Er, Sohn Karl, hatte eine tschechische Mutter mit deutschem Einschlag, Enkelin Rudolfs von Habsburg, der die Hausmacht zur Reichsmacht ohne Kaiserkrone gesteigert hatte, und war daher in Böhmen und Mähren kein „Fremdling", wie sein Vater genannt wurde. Der Sohn sprach böhmisch wie jeder Böhme und beherrschte vier Sprachen.

König Johann, der Vater, stand in schlechtem Leumund. Vor zehn Jahren hatte er den Veitsdom auf dem Hradschin nach Geld und Schätzen durchsuchen lassen. Genau das gleiche geschah in der Synagoge, wo man zweitausend Mark von den Juden erbeutete. Sie wurden wegen Nichtanmeldung des Betrages verhaftet und gegen hohes Lösegeld freigelassen.

Der erste Giftanschlag

Karl IV. gehört zu den wenigen geistig und politisch bestens ausgebildeten und herangereiften Throninhabern unserer deutschen Geschichte. Er liebte Prag wie Böhmen als Mutterland. Allerdings fand er das Königreich verkommen und anarchisch, die Hallen des Königspalastes verfallen, verödet, teilweise ausgebrannt. Der junge Statthalter konnte zuerst nirgends anders wohnen als in einem von seiner Mutter ererbten Bürgerhaus der Altstadt, bis der Neubau auf der Burg fertig war. Anfang 1334 bezog er seine Residenz auf dem Hradschin. Das Huldigungsessen beim Einzug seiner Gemahlin Blanca nahm er allerdings auf dem Neuen Markt ein, inmitten der Häuser der deutschen Stadtgeschlechter.

König Johann behielt seinen ältesten Sohn im Auge und nötigte ihn zur Begleitung auf seinen kriegerischen Reisen durch Europa. So unruhig der Vater in politischen, landesgeschäftlichen und alkoholischen Phantasien war, so klar erkannte er nahe Ziele und lehnte falsche Perspektiven ab, denen sein Sohn mitunter anhing. Frühzeitig erlebte Karl auf seiner diplomatischen Laufbahn doppelbödige Versprechungen, Hinterlist und Treulosigkeit, zumal bei einem zweijährigen Aufenthalt in Italien.

Dem Fünfzehnjährigen wurde bei der Rückkehr von der Ostermesse in Pavia 1331 mitgeteilt, daß sein Gefolge überraschend erkrankt, wenn nicht vergiftet worden sei. Karl hatte üblicherweise vor der Messe nichts zu sich genommen. Merkwürdig, auch der Haushofmeister lag danieder? Der, der den Tafeldienst beim Prinzen innehatte, ebenfalls. Alle waren unpäßlich. Einigen ging es sogar schlimm.

Karl lehnte das Frühstück im Kloster des Heiligen Augustinus, wo er wohnte, ab. Bestürzte Gesichter unter Laien und Mönchen, weil der Gast nichts zu sich nehmen wollte. Dem Kronprinzen fiel einer auf, der stumm vor der Tafel hin- und herging. Hier stimmte etwas nicht. Karl ließ den Mann verhaften. Lange Zeit lehnte dieser jede Aussage ab. Am dritten Tag gestand er auf der Folter, daß angeblich die Visconti, das berühmte, eigenwillige alte lombardische Geschlecht aus Mailand, ihn gedungen hätten, das Essen zu vergiften, um den Thronfolger umzubringen. Stattdessen wurde die Begleitung das Opfer.

Als sich Karl IV. an diesen Giftanschlag erinnerte, notierte er für seine Söhne: „Ihr, die Ihr nach mir, mit dem Diadem der Könige geschmückt, herrschen werdet, so gedenkt, daß auch ich vor Euch geherrscht habe und zu Staub und zum Schlamm geworden bin. Ähnlich werdet Ihr dahinsinken, vorübergehend wie ein Schatten und wie die Blumen auf dem Feld."

Überraschende Wandlung in Avignon

Seine Laufbahn als junger Ritter war stürmisch und kurz. Er verhielt sich tapfer, aber nicht fanatisch. Der Ruhm bannte ihn eine Zeitlang. Plötzlich entschloß er sich, nie mehr mit Helm und Rüstung aufzutreten.

Noch eine letzte Anwandlung eines persönlichen militärischen Tatendranges: Auf einer Reise durch Südfrankreich mit seinem Vater schlug er vor, am Kreuzzug gegen die hereingebrochenen Mauren teilzunehmen. Der König untersagte es, erklärte die Sinnlosigkeit des Unternehmens und eilte mit dem Sohn nach Montpellier, wo er wegen eines Augenleidens Behandlung suchte. Vergeblich, wenig später erblindete König Johann vollständig. Weiter ging es nach Avignon, dem Sitz des Papstes, wo König Johann sich mit Benedikt XII. über die Erhebung des Peterspfennigs besprechen wollte. Ein kaum glaublicher, unerhörter Ortswechsel des apostolischen Stuhles hatte stattgefunden. Clemens V. (1305–14) neigte weit mehr nach Paris als nach Rom. Für ihn herrschte der Nachfolger Petri dort, wo er sich gerade aufhielt. So war Avignon zur Petrusstadt geworden. Der Anfang von Selbstauflösungserscheinungen, die dann zum großen Schisma der Päpste führten. Sieben französische Päpste sollten in Avignon in knapp 70 Jahren regieren, von 1309 bis 1378. Diese Zeit hat man fälschlicherweise die „Babylonische Gefangenschaft" der Päpste genannt. In Wirklichkeit war Avignon ein mehr oder minder freiwilliges Exil unter französischem Druck.

Hier im winterlichen Avignon des Jahreswechsels 1339/40 traf der Kronprinz seinen ehemaligen geistlichen Erzieher aus Paris, den Abt Peter Roger, der als Kardinalbischof die erstaunliche Karriere eines kirchenpolitischen Parlamentariers machte, der jeder Seite, der des französischen Königs wie der des Klerus und der Kurie, zu ihrem Recht verhalf.

Die Freunde musterten sich nach der Trennungszeit. Sie waren sich ähnlich im Drang, aus ihren Träumen Wirklichkeit werden zu lassen, den Geist unermüdlich zu trainieren und auch in Erfolgen keine Befriedigung zu finden.

„Du wirst noch König der Römer werden", sagte das Mitglied des höchsten Senates der Kirche zu Karl. Der Kronprinz antwortete schlagfertig: „Und du aber wirst vorher Papst sein." Hellsichtigkeit auf beiden Seiten, denn den Franzosen Roger wählte man 1342 zum Papst Clemens VI. und Karl fünf Jahre danach zum deutschen König.

Zwischen dem tragischen Erlebnis mit dem lebenstollen Vater, der sein Augenlicht verlor, und der eindrucksvollen Begegnung mit dem hohen Prälaten lag noch ein Traum, der den jungen Karl erschütterte. Ihm träumte am Himmelfahrtstage 1339 vom Tod des Dauphins in Vienne. Dieser würde an den raschen Folgen einer oberflächlichen Liebesbegegnung sterben. Bedeutete das eine Warnung für den Kronprinzen, sein eigenes wildes Leben von Lager zu Lager, von Rausch zu Rausch zu ändern und sich auf seine große Aufgabe vorzubereiten?

Oder sollte Karl auf alles verzichten und sich zurückziehen von einer Welt, in der Willkür, Zorn, Habsucht und Neid herrschten? Begann für den Kronprinzen bereits eine Periode der Resignation, der Erschlaffung oder die eines höheren Weltblicks? Sah er beim Blick in den Spiegel mehr als nur den Kopf und das Gesicht des Selbstbetrachters?

„Wer haßt, wird nicht geliebt und wird an seiner Wut zugrunde gehen", schrieb er einmal auf. Wer regierte, wurde der nicht auch gehaßt und dauernden Feindschaften ausgesetzt? Der König philosophierte, indem er Texte der Bibel als „Worte der Weisheit und Gottesfurcht" zusammenstellte.

Er schrieb von seinem frühsten Leben an bis zu seinem dreißigsten Jahre. Nach Notizen und Tagebüchern verfaßte er seine Memoiren. Die Geschichte einer Kaiserjugend — ein einmaliger Vorgang unter den deutschen Fürsten und in unserer Geschichte.

Gründung der ersten deutschen Universität Prag
als selbstverantwortliche Hochschule

In den Vorzimmern warteten die engsten Mitarbeiter schon am frühen Tag zur Berichterstattung. An der Spitze Ernst von Pardubitz, der erste Metropolit von Prag. Ein ritterlicher, in der Welt weit herumgekommener, wissenschaftlich gebildeter, als Pädagoge geschätzter Mann, Reformer der Geistlichkeit, unter der kühne Prediger das Wort uneingeschränkt bekamen. Milde und Geduld waren ihm eigen, darin dem Verhandlungsgenie seines Königs ähnlich, dem jedes Mittel recht war, das Schwert stecken zu lassen. Karl IV. verwandte lieber List als Fehde. Beide, König und Erzbischof, musisch und geistig aufgeschlossen, waren von ausgesprochener Unternehmungslust — geeignet wie keine anderen, die erste deutsche Universität in Prag zu gründen.

Nach der reisenden karolingischen Akademie, nach den ottonischen Geistesstätten in Köln, der friderizianischen Hochschulgründung in Italien und der Erschließung des sizilianischen Großhofes als Treffpunkt der Wissenschaften, Dichtung und Baukünste, wurde nun Prag die große Sammelstätte deutscher und internationaler Wissenschaftler. Aus seiner unmittelbaren Kenntnis von Paris und Montpellier, auch aus dem Beispiel Oxfords mit seinen zwanzig Colleges schöpfte Karl Anregungen, „damit seine getreuen Untertanen, die unaufhörlich nach dem Genusse der Wissenschaft dürsteten, nicht gezwungen seien, um Unterstützung bei Fremden zu bitten, sondern den Tisch der Gesundheit in seinem Reiche selbst gedeckt" fänden. Es kam ihm darauf an, das deutsche und slawische Element unter der Bevölkerung mit dem christlichen zu vereinigen.

Mit beträchtlichem finanziellem Einsatz half der König, die Vorkosten der Universität zu bestreiten, und legte den Grundstock für ein Vermögen. Seinen Schenkungen folgten Schenkungen der geistlichen Korporationen. Der Erzbischof, Domkapitel und Klöster kauften Renten auf Landgütern und übertrugen sie restlos der Universität. Nach Jahren legte Ernst von Pardubitz eine Steuer unter seiner gesamten Geistlichkeit um, deren Erlös ebenfalls der Prager Hochschule zugutekam. Ein päpstlicher Erlaß ermunterte die Orden der Dominikaner, Augustiner und Karmeliter, in ihren böhmischen Klöstern nur Doktoren der Theologie anzustellen, die in Prag studiert hatten.

Noch mußte der Papst um die Sondererlaubnis zur Errichtung einer Universität gebeten werden, die natürlich geistlichen Charakter trug und nicht so unabhängig wie Salerno unter Friedrich II. war. Alle Lehrer und Hörer, Magister, Bakkalauren und Studenten wählten aus ihrer Mitte den Rektor.

Während in Salerno die Hochschullehrer durch die Schüler honoriert wurden, berief Karl IV. die Professoren nach Prag und besoldete sie. Aus der Mitte der Scholaren erarbeitete man die Grundzüge der Hochschulverfassung, wie überhaupt die Studentenversammlung sich ihren Einfluß sicherte.

Der Papst war bekanntlich Karls ehemaliger Lehrer, Clemens VI., der das Privilegium erteilte, wie er bereits vor fünf Jahren Prag aus der Abhängigkeit des Mainzer Erzbistums herausgelöst und in den Rang eines selbständigen Erzbistums erhoben hatte. Von nun an durfte der Erzbischof in Prag den böhmischen König salben. Ein politisches Ereignis, das der Würde der Aachener Krönung nicht nachstand und zudem Böhmens Hauptstadt zur ersten Hauptstadt des Deutschen Reiches erhob. Von einem Wandertum der Monarchen von Pfalz zu Pfalz, von Deutschland nach Italien und zurück war nicht mehr die Rede.

Ein auffallend moderner Zug geht durch dieses wissenschaftliche Institut. Die Studentenschaft gliederte sich in vier gleichberechtigte Nationen: die Böhmen, die Bayern, die Polen und die Sachsen.

Um die Universität aus der römisch-kirchlichen Bevormundung zu befreien, führte Karl das Studium generale ein, wofür bedeutende Fachlehrer verpflichtet wurden. Der König protegierte besonders den Dominikaner Johann von Dambach aus Straßburg, der Meister Ekkehart und Johann Tauler nahestand. Dambach wurde in den Gründungskreis der Prager Hochschule miteinbezogen. Ein Gelehrter wie viele seiner Ordensbrüder, ein Autor mit vielfältigen Themen: von den „Tröstungen durch Philosophie" über die „sinnlichen Wonnen des Paradieses" bis zu zahlreichen Schriften über die Simonie der Klosterbrüder und hohen Prälaten. Ein tapferer Mitstreiter Karls IV., dem er die ernste „Ermahnung" widmete, nicht Stiftungen, sondern Erneuerung der Kirche und des Christentums seien nötig. Bald war der König selber entsetzt, daß durch seine großzügigen Subventionen die Geistlichkeit in Luxus und Faulheit verharrte. „Unsere Prälaten und andere Pfaffen gleichen dem Kapaun", kritisierte der historisch-politische, auch naturwissenschaftliche Schriftsteller und Domherr von Regensburg, Konrad von Megenberg, „sie sind unfruchtbar in geistlichen Werken, denn sie bringen keine geistlichen Kinder zutage, und wollte Gott, daß sie nicht auch leibliche machen." Karl selbst polemisierte inmitten einer Fürstenversammlung über den Aufwand mancher Geistlichen, indem er sich den Mantel eines Mainzer Domherrn umwarf und fragte: „Sehe ich nun nicht einem Ritter ähnlicher als einem Geistlichen?"

Die Leitung des Prager Generalstudiums übernahm der Erzbischof, ein seltenes Zeugnis für den fortschrittlichen Geist eines hohen Klerikers. Angesehene Lehrer lockten Studierende aus ganz Europa an. Tausend Teilnehmer im Doppelsemester kann man durchschnittlich rechnen, andere Zahlen sind übertrieben, doch sie erläutern die stürmische Beteiligung an dem Universitätsleben in der Stadt an der Moldau. Bei Karls IV. Tod 1378 zählte man 11 100 Studenten.

„Als Herr König sah, daß die Hochschule in rühmlicher Weise zunahm", führt ein Zeitgenosse Einzelheiten über die Gründung der ersten deutschen Universität an, „schenkte er den Schülern die Häuser der Juden; und er setzte darein ein Kollegium von Magistern, welche täglich lesen und disputieren sollten. Auch begründete er eine Bücherei und gab für den Unterricht die notwendigen Mittel im Überfluß. Diese Magister hatten außer den Einkünften, die sie von den Studenten empfingen, ein bestimmtes jährliches Einkommen und waren reichlich versorgt." Im gleichen Jahr 1348 begannen die Vorlesungen, ein Jahr später bereits erfolgten die ersten Promotionen, aus Prag wurde eine Studentenstadt.

Ein König, der seine Memoiren schrieb und ein Werk des Augustinus übersetzte ... ein Monarch, dem einer seiner poetischen Räte, der Meistersinger Heinrich von Mügeln, Anthologien von Gedichten zusammenstellte. Sein Kanzler Johann von Neumarkt, Pfarrer, Notar und Schriftsteller, pflegte einen rhetorischen Stil, den Petrarca meisterlich fand. Thomas von Stitny, ein Hauptvertreter der böhmischen Literatur, schrieb tschechisch. Als man ihn deshalb angriff, erwiderte er: „Auch der heilige

Paulus schrieb seine Bücher in der Sprache derjenigen, an die er sich wandte: an die Juden jüdisch, an die Griechen griechisch... Will man denn darum keine Brücken bauen, weil Unverständige von ihnen herabfallen können?"

Schreckensalarm für Europa

Die Pest drang von den Küstenländern des Schwarzen und des Mittelländischen Meeres, von Syrien und Ägypten über Sizilien, die Hafenplätze Italiens nach Spanien und England, über die Südküste Frankreichs nach Mitteleuropa, über Deutschland nach Rußland. Brachten die Kreuzfahrer den „Schwarzen Tod" mit oder die in Spanien eingefallenen Mauren? In Frankreich verbrannte man die Aussätzigen als unschuldige Opfer, weil man befürchtete, sie verbreiteten die Pest. Kein Mittel half, Elend und Tod ohne Ende. Sollten Hunger und Armut des Proletariats die Ursache sein? Oder herrschten Pestzeiten durch göttlichen Zorn? In Quellen findet man Opfer von über einer Million bis zu zwanzig Millionen. Einem Chronisten schien es angebrachter, die Überlebenden statt der Toten zu zählen.

Aus wildem Protest gegen das Unabwendbare fand man sich zu Geißlerfahrten zusammen, zu Prozessionen der Nacktheit von Dorf zu Dorf, von Stadt zu Stadt. Die Menschen warfen sich zu Boden und flehten um Barmherzigkeit und Frieden. „Die Buße der Geißler war hart, schreckhaft und jämmerlich anzusehen", berichtet ein bayerischer Chronist. Trotzdem oder gerade deshalb wurden in diesen Zeiten aus Feinden Freunde. „Die Menschen wandelten einher im Zustande des Heils", urteilte ein italienischer Chronist.

Die Flagellanten, die durch Geißlungen bis aufs Blut Buße und Gnade erhofften, erwarteten natürlich die Rettung. Sie schreckten die Leute mit Totentänzen und entfesselten Metzeleien unter den Juden. Diese „Mörder Christi", wie man sie verdächtigte, Abtrünnige und Fremdstämmige, waren aus dem Orient gekommen, lebten in Gettos und kamen trotzdem unters Volk. Da sie angeblich die Seuche eingeschleppt hatten, wütete man in Pogromen. Für das große Sterben in Europa war endlich der Prügelknabe gefunden. Alarm zur Verfolgung der Juden! Überall in Frankreich, in der Schweiz, in Deutschland, in Städten wie auf Marktplätzen tobte sich grausamer Haß aus. Massenverfolgungen und Massenmorde. Dem Wucherzins mancher Juden folgte die Beutegier der Verschuldeten.

In der Geschichte der europäischen Juden, insbesondere der Juden in

Deutschland, taucht schon frühzeitig, wie bei Karl dem Großen, der Begriff des kaiserlichen Privilegs auf. Die Juden waren in Finanzgeschäften außerordentlich tüchtig, sonst hätten sich nicht unterschiedslos Kaiser, Könige, Herzöge, Erzbischöfe, Bischöfe, Grafen, Äbte und Äbtissinnen, Pröbste ihrer bedient, also nicht nur die Bürger und kleinen Leute, unter denen der Pöbel jetzt protestierte. Gegen beträchtliche Steuern, die der Privatkasse des Monarchen zuflossen, bekamen sie Schutz und Recht zugesichert. Sie wurden als Schützlinge unter den Personen des Landfriedens 1103 aufgezählt. Man brauchte sie als Händler, Geldverleiher und Finanzmänner, wie schon Friedrich I. Barbarossa, der von den Juden in Goslar die Krönungssteuer erhoben hatte.

Das Kloster Sankt Leonhard verpfändete um 1215 ein Missale, ein vergoldetes Kreuz und zwei Leuchter, zwei Altargewänder, drei Gewänder und ein Meßgewand bei einem Juden in Ehnheim für fünf Mark, ferner einen Kelch, drei Meßgewänder und vier Bücher bei den Juden in Rosheim für neun Pfund und zwanzig Denare, wie in den „Regesten zur Geschichte der Juden" nachzulesen ist.

Es fehlte nicht an geistlichen Vermittlern, wie Bernhard von Clairvaux, dem Vater der Zisterzienser, der 1146 die Bevölkerung ermahnte, die Juden nicht zu verfolgen, nicht zu töten und nicht zu vertreiben.

Todesfahrt der Juden

Die Juden versteckten und verbarrikadierten sich in ihren Häusern, wo sie sich verbrannten, um dem Haß des Pöbels zu entgehen. Folterungen in Savoyen, um Geständnisse zu erpressen, Folterung und Feuertod in Bern. Verbrennung der Juden in der Reichsstadt Zürich. Feuer und Rad für die Juden in Solothurn, Stuttgart, Ulm, Augsburg, Memmingen, Wien. Selbstverbrennung in der Eßlinger Synagoge. Zünfte und niederes Volk stellten Ultimaten und drohten den Stadtverwaltungen mit äußerstem Widerstand, wenn sie „nicht willfährig in der Verfolgung" waren. In Basel sperrte man sämtliche 600 Juden in ein Bretterhaus auf einer Rheininsel und zündete es an. Nur die Kinder, heißt es, 130 an der Zahl, blieben verschont. Nach einem Massaker in Speyer packte man die Leichen in Weinfässer, ließ sie schwimmen, bis sie versanken.

Seltsam, Karl IV. sah diesen Greueln zu. Zunächst war er erfreut, daß die Pestwelle nicht über Böhmen zusammenschlug und ein Strom von Studenten aus allen Gegenden des Reiches nach Prag wanderte. Dann beobachtete er den Sturm des Pöbels, viel zu passiv für einen Landesherrn, dem die Juden als seine „Kammerknechte" mit Gut und Blut verpflichtet waren. Der Regent gab ihnen weder Schutz, noch verfolgte er die Mörder. Er ließ die radikalen Gewalten sich austoben, bis die Städte, durch die Folgen der Pestepidemie geschwächt, von allein gehorsam wurden.

Wie alle andern vergriff sich der Monarch ebenfalls, konfiszierte den zurückgelassenen Besitz der erschlagenen Juden und verschenkte ihre Häuser und Synagogen. Wie die Stadt- und Landesobrigkeiten die entsetzlichen Judenverfolgungen duldeten, weil sie selbst hilflos oder Schuldner waren, so duldete auch Karl die Ausschreitungen ohne Recht, ohne Urteil.

Den Geißlerfahrten folgten nun die Todesfahrten der Juden, von denen 100 000 umkamen. Wo Fürsten – wie etwa der Herzog Albrecht I. von Österreich oder der Herzog von Braunschweig-Lüneburg, auch Karl IV. in seinem Erbland Luxemburg, oder der Rheinpfalzgraf Ruprecht I., Erzbischof Otto von Magdeburg –, auch Städte wie Goslar und Regensburg die Verfolgungen zu verhindern trachteten, hatten sie es sehr schwer. Oftmals zwang man sie, Judenausrottungen zu dulden, um den eigenen Besitz zu erhalten. Der König dagegen verschenkte den Besitz sämtlicher im Elsaß umgebrachter Juden an seinen Großoheim, Erzbischof und Kurfürst Balduin, dem er als seinem besten Wahlhelfer die größten Entschädigungen zugesprochen hatte.

Schließlich ermahnte der König die Übeltäter zur Vernunft, „weil daraus der königlichen Kammer großer Nachteil erwachse". Er erhob Bußgelder der Pogromsüchtigen für ihre Amnestie. Seine Hand kassierte von allen Seiten für den Staatsschatz. Als die Pestepidemie vorbei war, hörten auch die Judenverfolgungen allmählich auf. Man brauchte die Juden jetzt wieder für die finanziellen Krisenzeiten.

Auf der Prager Synode 1349 unter Erzbischof Ernst von Pardubitz, die man geradezu als epochemachend für die Geschichte der böhmischen Kirche bezeichnet hat, kam das Judenproblem zur Sprache. Um die befürchtete rassische Vermischung zu verhindern, befahl man erneut eine Kleiderregel. Die Juden sollten den althergebrachten breitkrempigen Hut tragen, die Jüdinnen eine Stirnlocke unter dem Schleier. Am Karfreitag durfte sich kein Jude in den Städten sehen lassen ...

Karl IV. wünscht den Prediger Johann Tauler zu sprechen

„Gott, der hat einen Teil Juden und einen Teil Heiden in diesen Zeiten viel lieber denn viel Menschen, die Christennamen tragen und doch wider alle christliche Ordnung leben."

Unter diesem Protestwort gegen die Judenverfolgungen hatte Dezember 1348 das Mitglied des Predigerordens Johann Tauler eine Ansprache in der Kirche des Straßburger Dominikanerklosters gehalten. Mitten in den Unruhen am Ort! Nach dem Gottesdienst meldete sich ein Bote Karls IV. überraschend an der Pforte. Der König wünschte den Prediger zu sprechen.

Nach einer Empfehlung Johann von Dambachs, der an der Prager Universität lehrte, wollte der zweiunddreißigjährige König den volkstümlichen achtundvierzigjährigen Mönch und Mystiker, zu der großen deutschen Bewegung um Ekkehart und Seuse gehörend, näher kennenlernen.

Auf den ersten Blick: Ein unabhängig gesinnter Christ trat dem Inhaber der höchsten weltlichen Macht gegenüber. Genauso aufrecht und aufrichtig wie Thomas von Straßburg, Generalprior der Augustiner, und Ludolf von Sachsen an Taulers Seite. Die drei lehnten das avignonsche Papsttum ab. Sie waren auch nicht für den Prager König in seiner Abhängigkeit vom Papsttum.

Aus ihrer Blickrichtung hatte Karl IV. von Anfang an Zugeständnisse an die Kirche gemacht, um seine Wahl zum deutschen König durchzusetzen. Clemens VI. stellte Gebote für seinen ehemaligen Schützling auf. Da war nichts mehr vom Freund und Erzieher zu spüren. Unter anderem verlangte der apostolische Regent: uneingeschränktes Schiedsrichteramt des Petrus-Nachfolgers bei allen Streitigkeiten zwischen dem deutschen und dem französischen König — eine politische Vorsorge, falls der Papst von Avignon nach Rom zurückkehren sollte. Karl IV. durfte erst an einem zu bestimmenden Tage die Ewige Stadt zur Kaiserkrönung betreten und mußte sie mit seinen Truppen noch vor Sonnenuntergang verlassen. Harte Einschränkungen, um keine politischen und militärischen Risiken für den Hauptsitz der Kirche einzugehen. Ein weiteres Gebot: Übertragung der königlichen und kaiserlichen Rechte für Italien und seine Bewohner an den Papst — fast einem Verzicht gleichkommend. Sodann Aufhebung aller kaiserlichen Rechte an dem Gebiet des Kirchenstaates ... Eine Demütigung nach der andern, doch Karl unterwarf sich. Brachten diese Bedingungen nicht weitere Unruhe unter die deutsche Bevölkerung?

Darüber sprachen sich die drei Besucher des Königs ganz offen aus, doch Karl IV. wollte darüber weniger hören. Hatte nicht Papst Clemens VI. den drei zögernden Deutschen gedroht und sogar ein Interdikt ausgesprochen, das ihnen die Ausübung jeder religiösen Tätigkeit untersagte, falls sie sich nicht zu Karl IV. bekannten?

Die drei waren in Straßburg geblieben gemäß des Vorschlages ihres Stadtoberhauptes. Sie predigten weiter, nahmen die Beichte ab und erteilten die letzte Ölung. Mitten im Unglück der Pest, inmitten der von Schrecken und Furcht aufgebrachten Straßburger wollten die Prediger nicht weichen.

„Auch wenn Päpste, Bischöfe und Prälaten mir zu Wölfen würden, soll ich sie ertragen", bekannte Tauler und verteidigte damit seinen kritischen und polemischen Widerstand. Ging es um das Äußerliche der großen Herren? Ging es nicht mehr um den „innerlichen, inwendigen Menschen, der in sich Kirche und Reich baut"?

Was Karl IV. hier hörte, klang wie ein Epilog zu seiner eigenen Besinnung von damals, als er zwischen Avignon und Prag nach einem neuen Anfang seines Lebens suchte, bis er als König den deutschen Thron bestieg.

„Gott und Mensch sind im Grunde eines", erklärte Tauler nach seiner religiös-philosophischen Einstellung, die er vor allem dem Laien nutzbar machen wollte. Er fügte hinzu: „Demnach ist das Wesen des Menschen von Anfang an gut." War das ein Hieb, traf das die Inquisition und die Ketzer- oder Sektenverfolgung? Er fragte weiter: „Weshalb dann die Lehre von der Erbsünde, von der Prädestination des Menschen zum Bösen, von der Schwäche des Fleisches?" Solche Überlegungen fochten doch die göttliche Mittlerschaft und die Gnadenmittel der Kirche an? Aber für Tauler gab es keine ursprüngliche Verwerflichkeit der menschlichen Natur. Woher sollte das kommen, wenn Gott und Mensch eins waren?

Karl IV. fühlte sich gebannt von Tauler und seinen beiden Gefährten. Konnte man sie verwenden? Des Königs Art war es, bei seinen Reisen Mitarbeiter zu entdecken und zu verpflichten. Wofür konnte Tauler, der auf einer anderen Seite der Kirche stand, nützlich sein? War der König schon so mächtig, daß er einen offenen Gang mit dem Papsttum wagen konnte? Nein, nur im verdeckten Schritt kam er vorwärts, abgesichert durch den Prager Erzbischof, schmiegsam, nicht demonstrativ. Dieser Tauler war sicherlich ein bedeutender Kopf, aber nichts für Prag.

Dramatische Vorder- und Hintergründe um den falschen Waldemar

Erst war es ein sonderbares Gerücht gewesen, dann plötzlich sensationelle Wirklichkeit, in deren Mitte sich eine merkwürdige Hauptperson befand. Der einst gefeierte letzte Askanier, Markgraf Waldemar der Große von Brandenburg, war wieder erschienen. Im Jahre 1319 verstorben, befand er sich nun, 1347, noch am Leben! Er erzählte so geläufig und selbstverständlich von seinem früheren Leben, daß man ihm restlos glaubte. Er sprach beim Erzbischof von Magdeburg vor, der ihn wiedererkannte. Auch der sächsische Herzog Rudolf von Wittenberg bestätigte ihn, zumal seine Erklärungen für seine Wiederkunft zu stimmen schienen. Waldemar hatte sich sterbenskrank gestellt, um seine Ehe mit der Base Agnes im verbotenen Verwandtschaftsgrad zu büßen. An seiner Stelle war ein fremder Leichnam in Chorin beigesetzt worden, der Markgraf war ins Heilige Land gepilgert und hatte dort achtundzwanzig Jahre lang unterm Kreuz gelebt.

Bei seiner Heimkehr jubelten die Brandenburger hemmungslos, denn sie trugen seit 1323 an der Belehnung der bayrischen Wittelsbacher mit Brandenburg. Was waren dagegen die glänzenden Zeiten unter dem geliebten Markgrafen Waldemar! Und jetzt würde es wie früher weitergehen ... Die meisten brandenburgischen Städte fielen dem neuen, alten Markgrafen zu.

König Karl IV., genaustens unterrichtet von den dramatischen Vorgängen in der Mark, erschien Oktober 1348 in der Stadt Brandenburg. Zunächst Parade der Fürsten und Ritter, die alle die Echtheit des heimgekehrten Waldemar bezeugten und ihm als Kurfürsten huldigten. Dann seine Neubelehnung durch Karl IV. und die formelle Abtretung der Lausitz an die Krone Böhmens durch Waldemar. Es war ein verteufelt echt aufgezogenes Geschäft.

Oder war das Ganze ein Spuk? Der Grund der Pilgerreise nach Jerusalem entfiel, da die Kurie eine Sondererlaubnis für die Heirat des Markgrafen gegeben hatte. Und sammelten sich nicht unter den askanischen Fürsten von Sachsen und Anhalt jene Widersacher, die das Land für sich zu erwerben hofften! Nicht der Besitz von ganz Brandenburg, sondern Stück um Stück der Mark sollten zur Verteilung kommen und die Wittelsbacher auf diese Weise ausgesperrt bleiben.

Karl IV. findet Gegenkönige großzügig mit Geld ab

Karl IV. bestellte den falschen Waldemar 1350 vor einen Reichstag nach Nürnberg, wo er seine Ansprüche vertreten sollte. Als er nicht erschien, erklärte Karl IV. den von ihm eingesetzten Waldemar als Betrüger. Trotzdem brachte die Tragikomödie noch einen letzten Triumph: Bis zu seinem Tode genoß der vermeintliche Brandenburger in Dessau fürstliche Ehren, obwohl allmählich herauskam, daß er ein Müller namens Jakob Rehbock oder Jakob Meinicke war.

Während des stürmischen Zulaufs zum angeblichen Waldemar stellte die Gegenseite den thüringischen Grafen Günther von Schwarzburg als

Gegenkönig zu Karl IV. auf. Wie stets bei Verlegenheitslösungen ein unbedeutender, harmloser Kämpe, der überall mit „bieder" bezeichnet wird. Der falsche Waldemar wurde aufs Pferd gehoben und mit böhmischen Hilfstruppen in Marsch gesetzt, um militärische Präsenz zu zeigen.

Karl IV., seit 1349 Witwer, handelte nach dem erprobten Rezept politischer Eheschließungen. Er heiratete im März 1349 die Tochter des Pfalzgrafen Rudolf, der erst zu Günther von Schwarzburg-Blankenburg gehalten hatte, nun aber, über die Ehre entzückt, der Schwiegervater des Königs zu werden, nicht nur seiner recht ansprechenden Tochter Anna als Königin ansehnlichen materiellen Besitz mitgab, sondern auch die Oberpfalz, falls er selbst ohne männliche Erben bleiben sollte. Eine der stärksten Stützen des Gegenkönigs war verloren.

Karl IV. setzte zum zweiten Zug an. Er verhandelte mit dem übriggebliebenen Wittelsbacher Ludwig von Brandenburg, sicherte ihm den Besitz der Mark zu und versprach, persönliche und private Schwierigkeiten Ludwigs in Rom zu regeln.

Ludwig, angesteckt von der Huld des Königs, erbot sich, mit dem Gegenkönig Günther in Eltville zu verhandeln. Dieser erwartete Hilfstruppen und erschrak nicht, als er stattdessen von einem diplomatisch-finanziellen Angebot erfuhr.

Da Ludwig vom König 20 000 Silbermark und dazu 1200 Mark als Sonderabfindung mitgebracht hatte, war Günther bereit, dem Thron zu entsagen. Er wurde krank, suchte einen Arzt in Frankfurt auf. Kaum drei Wochen nach den Verhandlungen starb er.

„Alle Mittel sind früher zu versuchen als das Eisen"

Karl IV. war seinem Charakter entsprechend ein Regent, der mit Geld durchsetzte, was andere durch Fehden und Kriege nicht erreichten. Ganz selten sah man ihn in Rüstung, Rittertracht oder im Feldherrnkostüm. Seine Bilder zeigen ihn verschmitzt lächelnd mit beweglichem Blick, wie einen reichen Kaufherrn, durchaus würdig, aber betont privat. Er verstand es, militärisch zu drohen, um Verhandlungen einzuleiten. Seine Überzeugung war: Alle Mittel sind früher zu versuchen als das Eisen; so wollen es die Ärzte und das haben auch die Kaiser durch Erfahrung gelernt."

Von den ersten Jahren seiner Regierung an, schon als Mitregent seines Vaters, besaß Karl IV. eine Vision von seiner Hauptstadt Prag, die er zur Weltstadt erheben wollte. Er war ein fürstlicher Mäzen. Wen er für sich verpflichtete, ob Deutsche oder Tschechen, Italiener oder Franzosen, war ihm gleich, Hauptsache, sie leisteten Überdurchschnittliches und dienten Prags Weltgeltung, wofür sie hohes Honorar erwarten durften. Die Völker seines Reiches bewertete und behandelte er ohne Unterschied. Er sah nicht nur das leidvolle Schicksal der Armen, sondern er mobilisierte ihre Arbeitskraft während der Hungersnot 1360 und ließ sie bei der Erweiterung der Prager Mauer beschäftigen.

Als Finanzminister stand ihm Dietrich von Kugelweit, Bischof von Minden und Schleswig, zur Seite. Karl IV. hatte ihn ebenfalls auf einer Inspektionsreise entdeckt und für Prag gewonnen. Seit 1360 Kanzler des Königreichs Böhmen, entsprach Dietrich mit seinem ausgeprägten Wirtschaftssinn ebenso der Sparsamkeit des Königs wie dessen Bemühen, Geldquellen durch Erschließung von Marmorbrüchen, Erz- und Kohlenbergwerken zu sichern. Anlagen von Obst- und Weinkulturen, Förderung der Bodenkultur, Regulierung der Flüsse, Kanalbauten gehörten zum Wirtschafts- und Handelsprogramm. Ein festes Münzsystem kam den Kaufleuten wie den Bauern und Städtern zugute.

Neben der baukünstlerischen Ausstattung der Stadt der hundert Türme vergaß Karl IV. weder eine neue Stadtplanung noch die wehrhafte Absicherung der Residenz durch Stadtmauern, deren Grundstein bereits 1348 gelegt worden war, mit nur fünf Toren und mit Wachtürmen in je zweihundert Meter Entfernung. Im gleichen Jahr erfolgte die Gründung der Prager Neustadt, die Vororte und dörfliche Ansiedlungen zusammenfaßte und deren Neubewohnern, ob Christen oder Juden, eine zwölfjährige Steuerfreiheit zugestanden wurde, falls sie ihre Häuser aus Stein bauten. Abgeräumt wurde die alte Brücke zwischen Burg und Stadt und durch eine neue ersetzt, die man als Großleistung damaliger Technik rühmte. Der mächtige Brückenturm war nicht nur Torturm, sondern in der Wirkung abgestimmt mit dem Domturm auf dem Hradschin.

Der Meister von Avignon wird zum Meister der Stadt an der Moldau

Für seine Pläne hatte Karl IV. die Schöpfer und Gestalter bereits entdeckt, als er mit seinem Vater durch Europa reiste. Bei seinem Besuch in Avignon, der Schicksalsstadt vor seiner Berufung zum König, sprach der Dreiundzwanzigjährige mit dem Baumeister Mathias von Arras über seine Pläne zur Verschönerung Prags. Er schwärmte von einem großen Dom und dem Ausbau der Prager Burg. Der Meister von Avignon wurde zum Meister der Stadt an der Moldau. Nach seinen Entwürfen verwirklichte Karl IV. seine Lieblingsidee. Ein stattlicher gotischer Bau nach französischen Kathedralen, mit Chorumgang und einem Kranz von zwölf Kapellen, das sollte der Veitsdom auf dem Hradschin werden, einst eine Kirche „zu den heiligen Märtyrern Veit und Wenzel", dann Bischofsdom.

Was der Avignoner Meister an Grundlagen schuf, das ergänzte sein Nachfolger Peter Parler auf eine bestechende Weise, die man „deutsche Sondergotik" nennt. Eine Reihe von einundzwanzig Steinbildern, zehn, zwanzig Jahre vor Ende des Jahrhunderts im Triforium des Chors der Prager Veitskirche aufgestellt, zeigt die Wohltäter, den Bauleiter, den Baumeister — Büsten mit erstaunlich individuellen Charakterzügen. Der Veitsdom, wie der Kölner Dom und andere Kathedralen des Mittelalters, blieb durch die Jahrhunderte unvollendet und erhielt erst mehr als 500 Jahre später seine endgültige heutige Gestalt.

Reichsheiligtum auf dem Karlstein

Über 1300 Kerzen sollten Karl IV. in seiner Königskapelle auf der Burg Karlstein entgegenleuchten! Ein eigentümliches Bauwerk mit einem 38 Meter hohen Turm, auf einem Felsen des Berauntales romantisch gelegen, 25 Kilometer von Prag entfernt. Schon ab 1348, dem zweiten Regierungsjahr des Königs, hatte Mathias von Arras daran gebaut.

Eine eigentümliche Burg mit drei Kirchen, mit der Marienkirche, der anschließenden Katharinenkapelle und im dritten Stockwerk der Königs- oder Kreuzkapelle. Alle Gotteshäuser mit kostbaren Glas- und Wandmalereien der böhmischen Schule, mit reichem Schmuck an Gold und böhmischem Edelstein ausgestaltet. So angeordnet, daß sich slawischer Prachtsinn, deutsche Baukunst und italienischer Geschmack auf harmonische Weise vereinigen, wie Kunsthistoriker es beschrieben haben. Karls universeller Geist übertrug sich auf die Innenausstattung.

Karlstein ist eine Mischung von Andachtsstätten und Staatsgemächern, in denen die wertvollsten Schätze des Reiches aufbewahrt wurden. Dem Baumeister war zur Aufgabe gemacht, gewissermaßen ein Schatzhaus für und um Symbole deutsch-böhmischer Herrschaft, um erlesene Kunst und religiöses Brauchtum zu bauen. Als politische Schätze galten die Reichskleinodien.

In dem urkundlichen Verzeichnis wurden genannt: Karls des Großen Krone, sein Schwert mit vergoldeter Scheide, ein goldenes Kreuz mit Edelsteinen und Perlen, Reste der heiligen Lanze, der weiße Leibrock des ersten deutschen Herrschers, sein Kaisermantel und die Krönungshandschuhe, zwei goldene Reichsäpfel, ein goldenes und silbernes Zepter, zwei

Ringe mit Rubinen und Saphiren, drei goldene Sporen – überwiegend aus Karls des Großen Zeit und angeblich durch mehr als 550 Jahre erhalten. Sodann war in der Königskapelle des Karlsteins das historische Archiv untergebracht, außerdem die größte Reliquiensammlung, die je ein königlicher Sammler besessen hat. In diese Staatsburg zog sich Karl IV. periodisch zurück, um zu meditieren.

Ein 23jähriger Baumeister für den Prager Veitsdom

Karl IV. pflegte immer wieder auf seinen Reisen Persönlichkeiten aus allen Gebieten in seinen Kreis zu ziehen, mit denen er sich besprach und Pläne schmiedete. So brachte der König in den fünfziger Jahren jenen jungen dreiundzwanzigjährigen Baumeister Peter Parler von Schwäbisch-Gmünd mit und ernannte ihn zum Meister der Prager Bauhütte. Eine kunstpolitisch entscheidende Tat, mit dem ersten Blick den frühen Genius zu erkennen. Karl IV. äußerte auch nicht den geringsten Vorbehalt gegenüber Parlers rein deutscher Abstammung. Dieser Künstler sollte den Stil der Prager Baukunst nachhaltig beeinflussen. Er vervollständigte den Dombau auf dem Hradschin durch das Querschiff und den Domchor, er baute den Karlshof, die Kirche der Augustiner Chorherren, Beispiel eines gotischen Rund- und Kuppelbaus, den der König selbst ausgewählt hatte.

Verlockung nach Italien durch Petrarca

„Nie hat Italien nach der Ankunft eines fremden Fürsten so sehr geseufzt; Sie sind die einzige Hoffnung, es fürchtet Ihr Joch nicht ... Zu Ihren Füßen niedergeworfen, flehe und beschwöre ich Sie bei alledem, was das Heiligste ist, nach Italien zu gehen ..."

Diese auffälligen, seltsam drängenden Worte standen 1350 in einem Brief an Karl IV. Absender war der italienische Schriftsteller Francesco Petrarca. Ein Nachfolger der Troubadoure des 12. und 13. Jahrhunderts, wie Dante und Boccaccio, mit dem der Briefschreiber befreundet war. Es trieb ihn förmlich, plötzlich an den König in Prag aufrüttelnde Worte zu schreiben. Er hielt es nicht länger aus, nur zu poetisieren, nur Liederbücher wie seine berühmte „Canzoniere", nur Sonette der Sehnsucht an Laura in die Welt zu schicken. Er wollte sich nicht länger in Wohlklang und schöner Form üben.

Vor allen Dingen wollte er zu aktuellen Fragen Stellung nehmen. „In

Avignon leben die Nachfolger der armen Fischer von Galiläa; sie haben ihren Ursprung ganz vergessen. Wenn ich diese goldbedeckten, purpurbekleideten Männer (die Kardinäle) sehe, die sich ihrer Beute von Fürsten und Staaten rühmen, und ihre prachtvollen Paläste und Burgen anstaune, die ihnen an Stelle umgekehrter Fischerboote als Unterkunft dienen, muß ich immer an ihre Vorgänger denken." Diese kritischen, aber privaten Zeilen an einen Freund genügten Petrarca nicht. Er wollte öffentlich Zeugnis ablegen. Karl IV. blieb jedoch in seinen politischen Überlegungen nüchtern. Für ihn schien das Problem Rom noch nicht reif.

In einem zweiten und dritten Brief ließ Petrarca durch die Jahre nicht locker. Gute, aufrichtige Worte, die unentwegt um dieselbe Frage der Kaiserkrönung des deutschen Königs kreisten, wobei Petrarca jede Anbiederung vermied. Auch jede Anspielung auf das Schicksal seines Freundes Cola di Rienzi, der als ehemaliger verfolgter römischer Volkstribun und päpstlicher Flüchtling 1350 sogar eine Zeitlang in Prag gewohnt hatte und in Schutzhaft gehalten worden war, bis er dann von Karl nach Avignon ausgeliefert und von Clemens' VI. Nachfolger, Innozenz VI., aus der Haft entlassen worden war. Beide fast Zwillingsbrüder, dieser wortgewandte Petrarca und der redegewandte Rienzi, beide in Erwartung des Messias-Kaisers, dessen Einzug in Rom sie glorifizierten.

Petrarcas Briefe gipfelten alle in einer ähnlichen Beschwörung. Rom sei eine blasse, trauernde Matrone geworden. Wie lange sollte das dauern: Rom in Tränen? Der König sollte die Ewige Stadt endlich in ewigen Glanz versetzen. Immer wieder die drängende Aufforderung an Karl IV.: „Geh schleunigst über die Alpen, Rom erwartet seinen Bräutigam, Italien seinen Retter."

Der mächtigste Fürst Europas wünscht sich das neueste Buch des Dichters

Mit nur 300 Rittern, den vereinbarten 2500 Reitern und viel Fußvolk zog der König im September 1354 von Regensburg über Salzburg den Alpen entgegen. Kein Furcht und Schrecken verbreitender Heereszug, keine Bedrängnis der Bevölkerung durch riesige Kontributionen, vor allem keine Fehden und blutigen Schlachten. Karl fand die Zeit günstig — nicht weil Petrarca unermüdlich gemahnt hatte, sondern weil oberitalienische Fürsten und sogar Neapel ihn zum Beitritt in ihren Städtebund und zum Beistandspakt aufgefordert hatten. Er sollte sie vor allem gegen den Tyrannen Visconti, Erzbischof und Herr von Mailand, schützen. Dafür hielt man beträchtliche Hilfssummen bereit. Schon bei der Erneuerung der

Rechtstitel der Städte und Landschaften durch den deutschen König empfing dieser beträchtliche Steuergelder.

Von unterwegs kündigte Karl IV. seine Absicht an, sich in Rom krönen zu lassen. War es sein wirklicher Wunsch oder war es Taktik? Er bat Innozenz VI., einen Kardinal mit der Zeremonie zu beauftragen. Bescheiden und merkwürdig zugleich, wenn auch die Schlichtheit der Anfrage den seinerzeitigen päpstlichen Vereinbarungen entsprach.

Im winterkalten Mantua empfing Karl IV. den Dichter Petrarca. Es wurde an diesem 16. September 1354 ein langes Gespräch, bis in die Nacht und anderentags weiter, so daß sich Petrarca wunderte. Nach seinen ersten Worten hatte der König sogleich einen Wunsch geäußert, er wollte, daß Petrarca ihm sein neuestes, in Arbeit befindliches Buch „Über die berühmten Männer" widmete. Ein ausgezeichneter Einstand für ein gutes Gespräch, dessen Klima Petrarca von sich aus nochmals erwärmte. Er hatte römische Münzen und Medaillen in Gold und Silber aus eigenem Bestand mitgebracht, die er niemand anderem hätte geben wollen und die jeden Empfänger dankbar und stolz machten.

Petrarca sprach gerade heraus, als er der erbetenen Widmung für sein Buch gern zustimmte: „... Großer Fürst, wisse, nur dann wirst Du des Geschenkes und der Widmung würdig sein, wenn Du Dich nicht allein durch den Glanz Deines Namens und durch das Diadem, das Du tragen wirst, sondern auch durch Deine Taten und durch Deine Tugenden jenen Männern zugesellen wirst."

Der König begriff die Anspielung. Das Gespräch über Herkunft und Lebensweg Petrarcas nahm der Monarch zum Anlaß, ihn auch über seine Zukunftspläne zu befragen. Petrarca beabsichtigte, sich wieder in die Einsamkeit zurückzuziehen. Trotzdem lud ihn Karl IV. nach Rom zur Kaiserkrönung ein. Der gefeierte Dichter wäre ein schöner, weithin wirkender Lorbeer an seiner Standarte gewesen. Petrarca konnte ihn auf der Anfahrt beraten, zumal er über toskanische Verhältnisse gut Bescheid wußte. Vor allem lernte Karl ihn näher und besser kennen, erfuhr, wo seine Stärke lag.

Der König fügte hinzu: „Es ist mir nicht genug, diese berühmte Stadt mit meinen Augen zu sehen; ich will sie mit den Deinen sehen, die besser sind als meine."

Rom und Cäsar waren für Petrarca die Abgötter. Nichts konnte eigentlich mehr nach seinem Geschmack sein, als mit dem Cäsar nach Rom zu gehen. Er lehnte dennoch das verlockende Angebot ab. Hatte sich nicht alles für ihn erfüllt! Sein Streben, die Kaiserkrone in Rom wieder auf einem deutschen Haupt zu sehen, um damit der Ordnung und einer positiven Entwicklung sicher zu sein, galt Rom und Italien. Mehr wollte er nicht. So begleitete er Karl IV. nur bis Mailand, wo dieser, wie es üblich war, die lombardische Krone empfing. Dann trennten sie sich – bei aller gegenseitigen Sympathie waren sie letzten Endes dennoch nicht füreinander geschaffen.

Blitzkrönung in Rom mit nachfolgenden Aufständen im Lande

Verhandlungen auf der Weiterfahrt mit dem Adel und den Städten, Unterwerfung von Städten, neue Huldigungen, zumal der gefürchtete Mailänder Erzbischof Visconti gestorben war, deshalb sogleich Friedensfühler mit den Erben, Annäherung Toskanas an den König, Huldigung mit Tribut und Auszahlung rückständiger Reichssteuern; allein Florenz zahlte 100 000 Goldgulden. Aus dem deutschen Regenten in Italien war ein kaiserlicher Kassierer geworden. Vielleicht hat man Karl IV. deshalb ein Finanzgenie genannt.

Es gab keine Herrschaft der Deutschen in Italien mehr! Vor den Toren Roms mußte Karl IV. mit seinem kleinen Heer, das durch lombardische Verstärkung auf 700 Ritter angewachsen war, haltmachen. Empfang durch Kardinalbischof Peter von Ostia. Einen vorgesehenen Besuch der heiligen Stätten durfte Karl IV. nur im strengsten Incognito, auf „Pilgrimsweise", zwischen dem 2. und 4. April machen. Dann am Ostersonntag die Kaiserkrönung des Kaiserpaares durch Kardinal Peter von Ostia, der dafür eine kaiserliche Jahresrente von 10 000 Gulden entgegennahm.

Noch am gleichen Ostertag verließ Kaiser Karl IV. die Stadt am Tiber, wie es in der päpstlichen Vereinbarung von 1346 gelautet hatte. Schon auf dem Rückweg kam es zu ernstem Widerstand und Aufständen. In den Quellen spricht man von einer fluchtähnlichen Rückkehr.

In Pisa nahm der Kaiser Mai 1355 Aufenthalt, um den berühmten italienischen Rechtsgelehrten Bartolus zu konsultieren. Ihm waren auf dem Hinweg zur Kaiserkrönung bereits Akten zu treuen Händen übergeben worden. Als umfassender Kommentator des Römischen Rechtes sollte Bartolus bestimmte Stellen eines geplanten großen deutschen Reichsgesetzes durcharbeiten. Es handelte sich um Kapitel über Majestätsbeleidigungen in dem später als „Goldene Bulle" bezeichneten Gesetzeswerk. Karl IV. war so beeindruckt von den Aktenstudien des einundvierzigjährigen bedeutenden scholastischen Juristen, daß er ihm zwei kaiserliche Privilegien zusprach.

Gerade als sich der hohe Besuch von dem in Europa bekannten Rechtslehrer verabschieden wollte, erschollen draußen Rufe: „Tod dem Kaiser!" Erhebung der Bevölkerung in Pisa: Fackeln, Brand und Tumulte! An allen Ecken der Stadt, auch im Zentrum kam es zu Zusammenstößen. In letzter Minute verließen Kaiser Karl IV. und seine Gemahlin unter schwerer Bedeckung die Stadt am Arnofluß.

Endlich Einsetzung der Deutschen in ihre Pflichten und Rechte

Nach Rom welch ein Glanz in der Stadt Nürnberg im November 1355, welch eine Repräsentation der Deutschen um den deutschen Kaiser! Reichstagung in der alten Reichsstadt auf fränkischem Boden. Sonderbenachrichtigungen an die Landstände, „Herren und Städte", daß ihre Vertreter auf jeden Fall die nötigen Vollmachten mitbringen und sich auf die Dauer von ungefähr vierzehn Tagen einrichten sollten. Karl IV. wollte ein umfassendes Reichsverfassungsgesetz vorlegen, – das erste in Deutschland, das über Jahrhunderte hinweg bis zum Ende des Heiligen Römischen Reiches 1806 Gültigkeit haben sollte. Gesetzeskenner sprechen sogar von einer Dauer bis zur Auflösung der deutschen Monarchie.

Zwei Hauptprobleme standen von je her in der königlichen Kanzlei zur Diskussion. Einmal die entscheidende Frage der Königswahl – deshalb war das Einmischungsrecht des Papstes zu untersuchen, – das andere Mal der innere Frieden. Es war d a s Problem des Reichstages für die Fürsten und Städte, vor allem für das Volk.

Beim zweiten Treffen vor Beginn des Reichstages erschienen Kanzler Johann von Neumarkt, Bischof Prczeslaw von Breslau mit dem Ehrentitel eines Vizekanzlers, Rudolf Rühl von Friedeberg, Nikolaus von Kremsier, die hauptsächlichsten Mitglieder der kaiserlichen Kanzlei und Sachbearbeiter der Gesetze. Hinter diesem Gremium befanden sich unsichtbare Mitarbeiter, wie etwa der schon erwähnte italienische Jurist Bartolus, sodann der hervorragende Vertreter der Sache des Kaisertums und des Friedens, der Bamberger Bischof Lupold von Bebenburg. Sein kirchenpolitisches Werk „Über die Rechte des Königtums und des Kaisertums" hatte so viel Staub aufgewirbelt, daß er nach Rom zitiert worden war. Karl IV. deckte ihn durch hohe geistliche Fürsprecher ab und verlieh ihm 1354 das Recht der Goldprägung und weitere Privilegien.

Zu den Kanzleibeamten bat Karl IV. eine Auswahl der Vertreter der „Herren und Städte" und trug ihnen den Inhalt des Reichsgrundgesetzes in Umrissen vor. Die nächsten Tage sahen folgende Beratungen vor:

1. Was Laienfürsten sind, 2. Besserung der Münze, 3. Minderung der Zölle auf dem Rhein und der Geleite auf dem Lande, 4. Friede und Gnade auf dem Land, 5. Königswahl. Diese fünf Themen bezeichneten in großen Zügen den Inhalt des vorbereiteten Gesetzeswerkes.

Bei diesen Besprechungen machte der Kaiser bereits auf die besondere **Mitwirkung der Kurfürsten aufmerksam,** die er förmlich als Kabinett zwischen sich und dem Reichstag einschaltete, wie er überhaupt zur Mitwirkung des gesamten Reichstages aufforderte. Keine Reichsstelle, keine Amtsstelle wurde umgangen, auch wenn die Akten bereits die grundlegenden Ausarbeitungen enthielten.

In den Morgenstunden des 23. November 1355 holten die Kurfürsten den Kaiser ab, der, sonst unauffällig gekleidet, diesmal im höchsten Ornat erschien. Voran die Aachener Krone, dann die Mailänder Krone. Nach einem ausgesprochenen Zeremoniell, das in dem neuen Gesetzwerk besonders vermerkt war, folgten der Erzbischof von Trier, neben ihm der Herzog von Sachsen mit dem Reichsschwert in der Mitte, zur Rechten der Pfalzgraf mit dem Reichsapfel, zur Linken der Markgraf von Brandenburg mit dem Reichszepter. Dann der Kaiser in Begleitung des Mainzer und des Kölner Erzbischofs, in entsprechender Entfernung die Kaiserin Anna von Schweidnitz-Jauer, die dritte Frau Karls IV.

Tagelang hielten die schwierigen Beratungen an. Im Mittelpunkt stand der Hauptteil über die deutsche Königswahl. Das Ergebnis: Es gab weder einen päpstlichen Anspruch auf die Reichsverweserschaft, noch existierte ein päpstliches Recht auf Approbation der deutschen Königswahl! Die Vikariatsrechte übernahmen die Kurfürsten von der Pfalz und von Sachsen. Jede Möglichkeit päpstlicher Eingriffe in die Wahl wurde ausgeschlossen, da die fest abgegrenzte Kurfürstengemeinschaft der Sieben in Wahlvorgängen souverän entschied. Der Erwählte war König, allein berufen und berechtigt, ausschließlich durch die Wahl der Kurfürsten.

Diese Wahlgesetze waren so gescheit abgefaßt, daß der Papst oder die römische Kurie keine Erwähnung fanden. Von der Kaiserkrönung in Rom war nicht die Rede, der König wird als „imperator futurus", als zukünftiger Kaiser angeredet. Die bisherigen Machtpositionen in Europa zwischen Kirche und Staat blieben unerwähnt. Ein großartiger Versuch, die Deutschen in ihren eigenen Rechten und Pflichten zu bestätigen und den Einfluß aller fremden Mächte auszuschalten. Durch Karl IV. gehörte Deutschland wieder den Deutschen.

Den Kurfürsten gegenüber — im Text der Bulle angeführt als „sieben Lichter leuchtend in der Einheit des siebenfachen Geistes über dem heiligen Reiche" — verfuhr der Kaiser auffallend großzügig und erhob sie zu übernationaler Bedeutung: Der Erzbischof von Mainz wurde Erzkanzler von Deutschland, der Erzbischof von Köln Erzkanzler von Italien, der Erzbischof von Trier Erzkanzler von Burgund. Unter den vier weltlichen Kurfürsten wurde durch die Bulle bestätigt und erschien zum ersten Mal bei diesem Staatsakt: der Herzog von Sachsen als Erzmarschall. Er brachte Hafer in goldenem Gefäß für die kaiserlichen Rosse und wies den Fürsten ihre Plätze an. Der Pfalzgraf vom Rhein als Erztruchseß trug die Speisen in goldenen Schüsseln auf. Der König von Böhmen, vertreten durch Herzog Wenzel, kredenzte als Erzmundschenk den Wein. Der Markgraf von Brandenburg als Erzkämmerer reichte Wasser in goldenen Schüsseln zum Händewaschen und Tücher zum Abtrocknen. Zuletzt erschienen der Markgraf von Meißen als Erzjägermeister und der Graf von Schwarzburg als Unterjägermeister. Unter lautem Jägerruf und dem Klang von Jagdhörnern trugen sie einen Hirsch und einen Eber vor den Tisch des Kaisers.

Karl IV. schwächte allerdings die Reichsgewalt durch Überlassung des Zoll- und Münzwesens, der Bergwerks- und Salzhoheit und der Einnahmen durch den Judenschutz an die Kurfürsten. Übertragung der Landeshoheit und damit eigene Gerichtsbarkeit gehörten zu den königlichen Vorrechten.

Vor allem: Bei der Königswahl entschieden die sieben Kurfürsten als Kurkollegium durch Mehrheitsbeschluß — sie repräsentierten wohl das Reich, aber sie vertraten es nur. Sie sollten sich jährlich versammeln „für das Wohl des Reiches und der ganzen Welt". Das klang gut, führte aber selten zu etwas. Das ganze Reich als Wahlfeld war größer und differenzierter, machtpolitisch vielschichtiger. Es gab mächtige Regenten, die ausgeschlossen waren, wie Rudolf IV. von Österreich, was fast einer Loslösung des Hauses Habsburg vom Reich gleichkam.

Es war Karls IV. Absicht, die Reichsfürsten von den Kurfürsten abzusetzen, so wie er den Städten verbot, sich zu Bündnissen zusammenzuschließen, um den inneren Frieden zu erhalten und keine „Verschwörungen und Konventikel" zu beginnen. In Italien war der Kaiser solchen Gefahren immer wieder begegnet. In Deutschland baute er sich — darin ähnlich Otto dem Großen — zwei Machtgruppen auf, deren er sich im Ernstfalle gesondert bedienen konnte, die Kurfürsten und die Reichsfürsten. Hier zeigen sich Spaltungstendenzen, die später gefährlich werden sollten. Häufig hat sich in unserer Geschichte der Föderativcharakter in Partikularismus verwandelt und das Zentrum geschwächt.

Von Böhmen ging die Herrschaft dieses hauptsächlich deutsch sprechenden Kaisers aus. Böhmen war Kernland des Reiches geworden. Deshalb erscheint der böhmische König als der erste aller Kurfürsten. Aber in Böhmen sprach man neben Deutsch auch Tschechisch, obwohl bei Karls Regierungsantritt Deutsch die Umgangssprache am Hof und in den Städten gewesen war. Alle Urkunden waren in deutscher, keine in tschechischer Sprache abgefaßt. Nachdem der König die stellvertretende Regierung für seinen Vater in Böhmen übernommen hatte, fing er an, Tschechisch zu lernen.

Nun wünschte der Kaiser von Deutschland in dem Gesetz, daß auch die Söhne der Kurfürsten neben der Muttersprache Tschechisch lernten. Ein Zwei-Sprachen- und Zwei-Völkerreich, das im großartigen Austausch der Begabungen auf allen Gebieten eine ostwärts gerichtete Reichspolitik übernahm.

Verkündung der Goldenen Bulle 1356

Nach dem Nürnberger Reichstag berief der Kaiser zum 17. November 1356 einen zweiten Reichstag nach Metz, der wichtigsten Stadt des westlichen Grenzlandes, ein. Ein großer Aufwand mit 300 Fürsten, Grafen und Freiherrn, dazu Fremde „so viel, daß man ihrer nicht zählen konnte". Der Erzbischof von Trier erschien mit über 100 Pferden, ein bedenkliches Beispiel äußeren Prunkes, der dem Mann mit der Mitra eigentlich nicht zustand. Ferner soll man über 3000 Ritter unter den Anwesenden gesehen haben.

Goldene Siegelkapsel Karls IV. von der „Goldenen Bulle"

Vollendung des in lateinischer Sprache abgefaßten Gesetzbuches, der Goldenen Bulle, wie man das umfangreiche Gesetzeswerk nach der goldenen Siegelkapsel Karls IV. nannte. Ein uralter Brauch seit den Ottonen, bedeutende Urkunden mit dem Majestätssiegel auszufertigen. Auf der Vorderseite der Goldenen Bulle das Bild des Kaisers auf dem Thron, zu beiden Seiten die Wappen des Römischen Reiches und des Königreichs Böhmen, mit einer Umschrift; auf der Rückseite eine phantastische, stilisierte Architektur. Die Inschrift enthielt die einzige Verbeugung vor dem Papst. Sie lautete: „Rom, das Haupt der ganzen Welt – des Erdenrundes Zügel hält."

Am Weihnachtstag 1356 proklamierte Karl IV. die Goldene Bulle. In der Heiligen Nacht zuvor zog er im Hoheitsschmuck seiner kaiserlichen Würde in die Kathedrale und las selbst das Evangelium, wie er es häufig tat. Ein Kardinal sang die erste Messe und erteilte das Abendmahl. Der Erzbischof von Köln oder Trier, je nach der betreffenden Geschichtsquelle, sang die große Messe. Danach verließ das kaiserliche Paar im feierlichen Zug die Kathedrale und betrat die Versammlungsstätte des Reichstages.

Der Kaiser nahm Platz auf dem üblicherweise mit Teppichen reich belegten Thron. Auf dem Haupt die Kaiserkrone, in der einen Hand das Zepter, in der andern den Reichsapfel. Fast eine mythische Erscheinung im Gegensatz zu dem sonst im Alltag bewußt einfach gekleideten Karl IV.

Jedes öffentliche Zeremoniell stattete er kostbar und kostspielig aus, jede Arbeitsstunde entbehrte der Ausstattung. Ein Monarch, der genau um die Wirkung von Würde- und Machtemblemen auf die Menge wußte.

Audienzen mit Bittstellern und Berühmtheiten

Der vierzigjährige Karl saß wie immer in seiner Prager Residenz auf dem Hradschin. Ein fast kleiner Mann mit krummem Rücken, nach vorn gebeugt, mit dicken Wangen und schwarzem Bart, ganz selten im Ornat. Niemals bewaffnet, stets ohne Leibwächter. Wie ein Schriftgelehrter las er Cicero und Dante in der Ursprache.

Bei Audienzen sah er seine Besucher selten an. Trotzdem huschten die Augen durch das Zimmer, über die Möbel zu den Fenstern und überraschend zu den Besuchern. Der kahle Kopf neigte sich über Weidenstäbchen, die er mit einem Messerchen bearbeitete, um sie in kleine Stücke zu teilen. Es klingt wie eine Legende, wird aber von Vertrauten, zeitgenössischen Publizisten wie Historikern bestätigt. Ob man ihm Bittgesuche vortrug, der Bittsteller auf den Knien vor ihm lag, ob Herzöge oder Stadtvertreter aus dem Reich ihre Aufwartung machten, die Architekten Prags oder die Maler bei ihm vorsprachen — stets schnitt der Monarch an den Weidenstäbchen.

Auswärtige Gesandte sahen den Kaiser auf gleiche Weise beschäftigt, obwohl er wie kaum ein anderer Gesprächspartner zuhörte, alle Energie, Klugheit und List unauffällig einsetzte, um zu einer für ihn notwendigen Klarsicht des Problems und zu einem erfreulichen Ergebnis zu gelangen. Einmal jedoch empfing er in diesen Jahren einen Gesandten in Gala, sein ganzer Hof war zum Staatsempfang anwesend. Francesco Petrarca traf in der Haupt- und Weltstadt Prag als Gesandter der mailändischen Großdynastie Visconti ein. Karl IV. wußte nur allzu genau: Alle sind eitel. So zeichnete er seinen Gast aus Italien mit einer Goldbulle aus, die Petrarcas Ernennung zum kaiserlichen Pfalzgrafen enthielt. Der Kaiser drängte ihn zum Daueraufenthalt. Es war ihm ein Genuß, sich mit diesem Schriftsteller zu unterhalten, auch wenn es dabei nicht um politische Perspektiven ging.

Während die Träume von der Weltherrschaft für Karl IV. endgültig ausgeträumt waren, hing der sechzigjährige italienische Dichter unverändert stark an der politischen Idee einer deutschen Herrschaft in seinem Vaterland. Im letzten, 1363 abgeschickten, Brief appellierte er noch einmal an seinen Gastgeber: „Erschöpft ist mein Geist, da ich Dich auf Deinen Thron rief, heiser wurde meine Kehle, wird meine Stimme, es fehlt mir schon an Tränen, zu schwach sind meine Seufzer. Mit dem Herzen allein vermag ich zu sprechen. Italien ruft seinen Kaiser..."

Wiedereinsetzung der Inquisition: Verfolgung der Andersgläubigen

Karl IV. war kein naivgläubiger Mensch, der die Religion aus innerstem Bedürfnis benötigte. Sein Glaube stützte sich auf Realitäten. Zur frohen Botschaft gehörte für ihn das Wohlergehen aller und der Frieden in seinem Staat. Deshalb die geradezu pazifistische Natur des Königs, der für den Frieden alle Mittel einsetzte.

Keinen Frieden, sondern Verfolgung brachte jedoch die Inquisition, deren Wiedereinführung Karl in seinem Reich ab 1367 duldete. Mußte er sich den Anforderungen Papst Urbans V. fügen? Der Pontifex selbst schrieb alle Fürsten und Prälaten in Deutschland an und verlangte Beistand für die Inquisitoren. Es fehlte an Kerkern, die von den weltlichen Fürsten zur Verfügung gestellt werden sollten. Vor allem ging es gegen die Sekten. Mancher Ketzerrichter strafte allein schon Menschen, die sich durch besondere Trachten verdächtig machten. Bekehrte Sektierer gingen straffrei aus. Hauptsächlich in Sachsen und Thüringen betrieb man Ketzerjagd. In Nordhausen verbrannte man sieben Menschen und begnadigte dreiunddreißig. In Erfurt verbrannte man zwei Menschen, andere Chronisten nennen mehr Opfer. Karl IV. stellte 1369 fest, daß die Sektenumtriebe abnahmen.

Warum verhinderte der Kaiser die Jagd auf Menschen nicht? Er, der, wie Karl der Große, seine deutsch-böhmische Kirche sonst sehr selbständig leitete, die Gottesurteile in Böhmen schon früh abgeschafft hatte und Städte und Fürsten vom Bann löste, wenn es in der politischen Konzeption lag und sie sich ihm anschließen sollten.

Erst wütete in seinen Landen die Pest, dann die Verfolgung der Juden, nun die Verfolgung von Andersgläubigen. Verfolgung war eine Form des Bürgerkrieges, der dem Kosmopoliten auf dem Thron sonst nicht geheuer war. Mied er einen polemischen Waffengang mit dem Papst? Erfüllte ihn schon mit dreiundfünfzig Jahren eine gewisse Passivität, aus der er keine Kraft zum Widerstand gewinnen konnte?

Erwerbspolitik auf habsburgischen Spuren

Der Besitz dieses Kaisers aus luxemburgischem Geschlecht war stattlicher denn je. Außer Böhmen und Mähren als Stammsitz gehörten Karl IV. Schlesien, Brandenburg, die Lausitz und die Marken, Teile der Niederlande. Dazu besaß er durch Ankauf über dreißig Städte und Ortschaften mit den dazugehörigen Ländereien, die er Böhmen, also seiner Hausmacht, einverleibte. Dazu eine Menge kleiner Besitzungen. Und Karls Großvater war ein geringer Graf gewesen! Erwerbspolitik auf den Spuren der ersten Habsburger betrieb auch Karl IV. mit Geld, durch Titelverleihungen und Pensionen, durch Heirat, Erbschaftsregelung, Schuldverkäufe, Abfindungen, durch Kombination von Drohungen, Bündnissen und Friedensverträgen.

Der Siebenundfünfzigjährige unternahm eine fast zweijährige förmliche Werbereise durch das Kurfürstentum Brandenburg. Er ließ das Land 1373 kartographisch aufnehmen und beschreiben: Geschichte und Landeskunde, sämtliche Städte, Dörfer und Flecken, den allgemeinen Zustand. Der Kaiser verteilte Gnadenbriefe an die Bevölkerung, erneuerte Privilegien und prüfte die Besitztitel der Adligen. Berlin, Frankfurt an der Oder und die Burg Tangermünde wurden zu Hauptstandquartieren, von denen aus er die Verwaltung überwachte. Er wollte Wirtschaft und Handel aus eigener Steuerkraft mobilisieren. Diese Art seines Regimentes in der Mark nennt Ranke ein Meisterstück des Kaisers. Seine Pläne für Brandenburg und dessen Verwaltung, zur Schiffbarmachung von Oder und Elbe hat man als großartig bezeichnet.

Geld und Heirat waren immer wieder Karls IV. große Trümpfe, auch darin ähnlich dem ersten Habsburger mit seinen politischen Heiratsbündnissen aus der eigenen Familie. Auf die gleiche Weise vereinigte er die Mark Brandenburg mit Böhmen. Zusammen mit den Nachbarn der Mark behielt der Kaiser das militärische Übergewicht gegen Otto, den Wittelsbacher, dem Brandenburg verlorenging. Der Kaiser bot ihm für den Ankauf eine außerodentliche Abfindung in Höhe von 500 000 Goldgulden.

Die Art und Weise, wie diese Summe gezahlt wurde, läßt einen tiefen Blick in Karls staatspolitisches Finanzwesen zu. Der Bankier im Staatsmann zahlte 200 000 Goldgulden bar, die schwäbische Reichsstädte zum großen Teil aufzubringen hatten. Hunderttausend Goldgulden blieben stehen und wurden verzinst. Für die nächsten 100 000 Goldgulden gaben ebenfalls schwäbische Reichsstädte die Sicherheit. Mit den letzten 100 000 Goldgulden leitete man den Rückkauf eines Teils der böhmisch gewordenen Oberpfalz ein. Ein Geschäft in bar, Kredit, Verpfändung und Landkauf, das eine Bank heutzutage nicht besser zu arrangieren vermöchte, – es ging um Brandenburg, seine Menschen und seine Städte. Auf jeden Fall der erste wirkliche Grundstein für den Aufbau der Mark Brandenburg. Karls zweiter Sohn Sigismund stieß den Besitz nach knapp fünfzig Jahren ab und belehnte damit den Burggrafen Friedrich von Nürnberg aus dem Hause Hohenzollern. Hier beginnt die historische Entwicklung von Brandenburg zum Staat Preußen.

Karl IV. war zweifellos ein Friedensstifter. Seine Umritte im Reich benutzte er, um persönlichen Kontakt mit den Verwaltungen und der Bevölkerung zu halten und als Schlichter einzugreifen. Trotzdem brachte er es auf über dreißig Feldzüge, in Italien und der Lombardei, in Schlesien, Tirol und Brandenburg, in der Pfalz, gegen Zürich und in Böhmen, gegen Bayern und Württemberg, im Elsaß, gegen Lüneburg, vor allem gegen Räuber und Raubritter.

Breslau – die schönste Stadt nach Prag

In Breslau verbrannte sich ein Rabbi bei lebendigem Leibe, ehe wieder ein Sturm auf die Häuser und den Besitz der Juden 1360 losging. Kaiserliche Eilkuriere verlangten eine gerichtliche Verfolgung der Täter und die Niederschlagung des Pogroms. Karl IV. wollte den Ort nicht zum Schandplatz werden lassen.

Nach Prag war Breslau für den Kaiser die „schönste Stadt", wie er sich ausdrückte. Er machte selbst Entwürfe für die Stadtplanung, für die Verbindung der Neustadt mit der Altstadt und für ihre Vergrößerung. Zur bisherigen, jetzt inneren Mauer wurde eine äußere Mauer als zweiter Befestigungsgürtel geschaffen. Neue Straßen, Plätze, Brücken und Kirchen bereicherten das Stadtbild, vom Kaiser gefördert, vom Bürgertum ausgeführt, das sich in einem großartigen handelspolitischen Aufschwung befand. Von Kennern und Forschern werden Planungen und Ausführungen mit ihrem „fast modernen städtebaulichen Sinn" geschätzt.

Die Monarchie der Erde untertan der Monarchie des Himmels?

Plötzlich ein Hilferuf Papst Urbans V.: Er war, nach dem Erbauer des riesigen Papstschlosses in Avignon Benedikt XII., nach Clemens VI. und Innozenz VI., der vierte Papst, mit dem der Luxemburger auskommen mußte. Es ging um die Erhaltung des durch den spanischen Truppenkardinal Albornoz auf kühne und durchgreifende Weise zurückeroberten Kirchenstaates, gegen den Herzog Bernabo Visconti von Mailand erneut vorstieß. Die Römer verlangten des Papstes Rückkehr von Avignon nach Rom. Wer konnte helfen, Unruhen zu vermeiden? Wie immer in solchen Fällen und durch die Jahrhunderte: der deutsche Kaiser. Selten kamen die Deutschen ohne päpstliches Bittgesuch nach Italien, vom ersten deutschen Kaiser Karl bis zu Karl IV.

Dieser erkannte eine vierfache Chance: endlich Loslösung des Papstes aus der französischen Einflußsphäre in Avignon, starke militärische Repräsentation des Kaisers in Italien, die den Visconti Schrecken einjagen würde und Karl Anlaß zum Kassieren von Straf- und Steuergeldern bot, ferner gemeinsamer Einzug von Kaiser und Papst in Rom und schließlich Krönung seiner vierten Gemahlin, der Kaiserin Elisabeth, in der Petersbasilika. So geschah es Oktober 1368 ohne Zwischenfall. Die Kurie jubelte, als die höchsten weltlichen und geistlichen Herren Europas gemeinsam die Ewige Stadt betraten und Karl IV. eine Wegstrecke lang den Marschalldienst ableistete, indem er das weiße Pferd des Papstes am Zügel führte. Das hatte man seit hundertfünfzig Jahren nicht mehr gesehen. „Die Monarchie der Erde erwies sich der Monarchie des Himmels untertan", kommentierte der italienische Humanist Coluccio Salutati.

Wie beim ersten Romzug 1354/55 nun auch beim zweiten: Nach der Krönung der Kaiserin zog Karl IV. ruhig und geschlossen wieder ab. Er wußte um drohende Gefahren und Abenteuer im Kesseltreiben der Ewigen Stadt und beließ es bei dem offiziellen Auftritt zugunsten des Papstes. Daß klerikale Geschichtsschreiber von einem „rühmlichen Ausgang" dieser deutschen Fahrt sprechen, verwundert nicht, sie erwarteten materielle Unterstützung für den Aufbau der päpstlichen Ruinenstadt. Der Versuch einer Rückkehr Urbans V. mißlang vorerst, weil auch die Kardinäle nach Avignon zurückstrebten und der inneritalienische Widerstand noch zu groß war – schon 1370 kehrte Urban nach Avignon zurück, und erst sieben Jahre später war es Gregor XI., der wieder den Sitz des Papsttums nach Rom zurückverlegte.

Karls IV. eigener Widerspruch zur Goldenen Bulle

„Wie wollt Ihr Eure Ehre und den Eid wahren?" fragte der alte Kurfürst von Trier den Kaiser, als dieser sich jahrelang bemühte, eine Stimme nach der andern unter den Kurfürsten für die Wahl seines Sohnes Wenzel als Nachfolger zu gewinnen. Mit dieser Taktik widersprach Karl IV. seiner eigenen Goldenen Bulle, in der von einem Wahlkönigtum, nicht von einem Erbkönigtum die Rede war. Als er den letzten Kurfürsten, den Pfälzer, für sich hatte, drängte es ihn zur offiziellen Verlautbarung.

„Ihr selbst habt geschworen, den besten Mann in deutschen Landen zu wählen", ließ der Trierer Kurfürst nicht locker, „und Euer Sohn ist ein Kind, an dem nicht Weisheit noch Tüchtigkeit ist."

Der Kaiser erinnerte an Salomon und Joas in der Bibel, die als Jünglinge regiert hatten. Sein Sohn war vierzehn Jahre, der Kaiser sechzig Jahre alt, von Gichtanfällen geplagt, die ihn daran erinnerten, sein Feld zu bestellen.

Ein Jahr wartete er noch. In der Zwischenzeit rollte das böhmische Gold unter den Kurfürsten, auch der widerspenstige alte Kurfürst von

Trier empfing stattliche „Handsalben"... so lautete das Zauberwort im Mittelalter für Bestechungsgelder.

In äußerst kluger Diplomatie gewann der Kaiser den Papst. Man wunderte sich in der Kurie über die plötzliche Wandlung vom Wahl- zum Erbreich und die Reaktion in Deutschland. Alle Gegenbedingungen nahm der Kaiser an. Kurz vor der bevorstehenden päpstlichen Genehmigung, die nach der Goldenen Bulle gar nicht eingeholt zu werden brauchte, datierte er selbständig die Wahl Wenzels auf den 10. Juni 1376 in Frankfurt. Alle Kurfürsten waren einig, alle einstimmig dafür, kein Widerspruch, womit die Bedingungen der Goldenen Bulle endlich erfüllt waren. „Tapfer lief der Gulden", bestätigt ein Chronist den Riesenaufwand an Bestechungsgeldern, Titeln und neu geschaffenen Fürstentümern.

Testament für den Sohn

Als der zweiundsechzigjährige Kaiser nicht nur an einem schweren Gichtanfall litt, sondern ihn auch ein schleichendes Fieber plagte, verlangte er seinen ältesten Sohn, den Thronerben Wenzel, zu sehen. Er gab ihm für seine zukünftige Wegstrecke als Regent Gedanken mit, die sich wie ein Auszug aus Karls IV. eigenem Regierungsprogramm anhören. Leise sagte der Vater zum Sohn:

„... Ich muß erfahren, daß ich sterblich geboren bin wie die übrigen Menschen. Das Leben dauert mich nicht, ja, ich werde vergnügt sterben, wenn ich dem Reiche ein solches Oberhaupt zurücklasse, wie ich es wünsche und wie es die Reichsstände hoffen.

Habe Deine Untertanen lieb und sei friedsam, und wenn Du etwas mit Güte erreichen kannst, so laß den Krieg. Erweise jedem Zucht und Ehre. Habe den Papst und die Pfaffheit lieb und behalte die Deutschen zu Freunden, so magst Du besser in Frieden bleiben."

Sohn Wenzel wurde als „ein Verkümmerer, Entgliederer und Unwürdiger des Heiligen Reiches" im August 1400 durch vier deutsche Kurfürsten endgültig abgesetzt. Ein ganz seltener Vorgang in der deutschen Geschichte. Das Vermächtnis des Vaters war, wie häufig, ohne Wirkung geblieben. Nach dem genialen Karl IV. als letztem deutschen Kaiser des Mittelalters ein entarteter Sohn, ein völliger Versager, der immerhin zweiundzwanzig Jahre regieren durfte, ehe man ihn ausschaltete.

Deutschland erhielt drei Könige, wie Rom drei Päpste bekam. Die Auflösung des Reiches nahm ihren Lauf wie das Schisma der apostolischen Nachfolger zwischen Avignon und Rom. Europa wurde erbarmungslos durcheinandergeschüttelt.

XII.
Der arme, zweideutige Kaiser Sigismund

Mit fünfzig Jahren auf der Plattform der Weltgeschichte

Das Idealbild von einem König und Mann war dieser zweite Sohn Sigismund aus der letzten Ehe Karls IV. mit Elisabeth von Pommern. Blond, edel, etwas weich im Gesicht, schon als Kind von auffallender Schönheit, schlank und groß, von gewinnender Heiterkeit. Ein Feuergeist in der Rede, für die er, ähnlich seinem Vater, sechs Sprachen beherrschte. Mit dem Wort regierte er, mit dem Wort umwarb er Freunde, versuchte er zu schlichten und pries er seine Verschwendungen, die ihn laufend in Geldnot brachten. Mit dem Worte verwirrte er mehr Frauen als ihm, dem angeheirateten König von Ungarn, guttat. Er war nicht zuverlässig, versprach mehr, als er halten konnte. Doch die Welt sah ihm vieles nach, denn sie liebte ihn. Zeitlebens befand er sich im Hochglanz als „schöner Herre und Fürst".

Dieser leichtlebige, vielgewandte, die politischen Probleme durchaus erkennende, trotzdem sie nicht ganz ernstnehmende, plötzlich zupackende, manchmal auch um die Probleme herumtänzelnde Sigismund drängte im höheren Mannesalter von fünfzig Jahren auf die Plattform der Weltgeschichte. Vorher: als Zehnjähriger schon Markgraf von Brandenburg, als Zwölfjähriger mit Maria von Ungarn verheiratet, als Fünfzehnjähriger Regent von Polen, wo er sich nicht durchsetzte, da er sich nur auf Stippvisiten mit Günstlingswirtschaft und Blutvergießen an Aufständischen bemerkbar machte. Mal dem trunksüchtigen und ahnungslosen älteren Bruder Wenzel zugeneigt und an dessen Stelle Vikarius von Böhmen, aus dem er ungeheure Steuern erpreßte. Mal so unnachsichtig, daß er den Bruder gefangensetzte, bis sich beide wieder versöhnten. Aber einer behielt den andern im Auge, zumal Sigismund dem Ältesten der Luxemburgischen Dynastie bei der Erlangung der Kaiserwürde behilflich sein wollte. Es brachte nichts ein, da sich Sigismund bald selbst auf dieser Spur befand.

Tannenberg – Anfang vom Ende für den deutschen Orden

Tannenberg, Symbol für die keineswegs friedliche Ostmission und -kolonisation des Deutschordens und nach 500 Jahren Stätte von Hindenburgs Sieg im Ersten Weltkrieg, wurde plötzlich 1410 zur Walstatt. Zwar lautete ein Leitspruch des Hochmeisters Konrad von Jungingen: "Krieg ist bald angefangen, aber schwer beendet... wir haben ein kleines Land mit viel Volk, das zum Kriege nicht geübt ist." Trotzdem trat ein Ordensheer von etwa 11 000 Mann an, darunter fast 4000 Schwergerüstete, 3000 Knappen und 4000 Schützen. Sie standen 16 000 polnischen und litauischen Reitern unter ihrem König Wladislaw Jagiello gegenüber. Niemand kam dem Orden zu Hilfe, auch nicht König Sigismund. Alle Absprachen blieben unerfüllt. Alleingelassen, wurde der Deutsche Orden vernichtend geschlagen.

Die Blüte des Ordens fiel, der Hochmeister, elf Komture und über zweihundert Ordensbrüder. Die Überlebenden ließen die Burg im Stich. Nach der Schlacht bei Tannenberg setzten sich Mitglieder des Ordens ab, so daß die Niederlage zur Katastrophe wurde. Die Verteidigung der Marienburg, Zentrum des Ordens, hielt sich mit dem Rest der Elite acht lange Wochen unter Leitung des Komturs Heinrich von Plauen, "einem gar männlichen und guten Kriegsmann". Er stoppte so den Siegeszug der Polen. Durch Sigismund kam es 1411 zu Friedensverhandlungen in Thorn. Man rettete die ungefähre Größe des Ordensgebietes, mußte jedoch hohe Reparationen bezahlen, an denen der Orden fast zugrundegehen sollte. Ein Menetekel für den deutschen König mit seiner planlosen Verschwendungssucht, ganz im Gegensatz zu seinem Vater Karl IV.

Auch bei Abwehrkämpfen gegen die Türken wurde Sigismund geschlagen. Ungarn blieb, wie nicht anders zu erwarten, ein ungewisses Besitztum durch den Widerstand national gesinnter Magyaren. Nach dem üblichen kurfürstlichen Hin und Her durch Absetzung König Wenzels, durch die Zuwahl König Ruprechts und durch dessen Tod war der fünfzigjährige Sigismund endlich König von Deutschland geworden. Zwanzig Jahre später als sein Vater Karl IV.

Ende des Kirchenschismas — Erhaltung der Reichseinheit?

Um zwei Ideen ging es diesem König: Schluß mit dem Schisma der Kirche und Erhaltung der Reichseinheit. Die erste Idee verwirklichte er nur zum Teil durch die Wahl eines einzigen päpstlichen Regenten, eine Reform des Christentums blieb dagegen aus. Bei der zweiten Idee scheiterte er. Die Ohnmacht des Reiches konnte niemand bestreiten. Zwischen beiden Zielen lag der Fall des Rektors Hus von der Prager Universität. Hinter allem lag jedoch für Sigismund die Chance, durch den erwählten Papst die Kaiserkrone in Rom zu empfangen.

Weder die Abhängigkeit des Pontifex von einem Kaiser, weder aufrührerische Streitigkeiten unter fanatischen Theologen, weder Kampfkonzile unter staatspolitischen Gesichtspunkten, noch die Glaubensspaltung zwischen West und Ost, nicht einmal der Fehlschlag der Kreuzzüge oder der Verlust der heiligen Stätten wirkten so verheerend wie die drei Päpste, die sich gegenseitig verfluchten und bannten.

Zur gleichen Zeit standen sich drei Anwärter für den Kaiserthron gegenüber. Die geistlichen Monarchen brauchten vierzig Jahre, die weltlichen Monarchen dreiundfünfzig Jahre, um Ordnung in ihre Geschichte und in die Weltgeschichte zu bringen. Ganz Europa befand sich in Unruhe.

In letzter Stunde, nachdem man durch die vorangegangenen Monate noch am Zustandekommen der Kirchenversammlung gezweifelt hatte, übernahm der letzte Luxemburger, der nunmehr dreiundfünfzigjährige König Sigismund, die Leitung des XVI. Allgemeinen Konzils in Konstanz.

Solch eine Galaprozession wie die in der Christnacht 1414 hatte man in Konstanz noch nicht gesehen! König Sigismund mit seiner schönen Gemahlin Barbara und einem Staatsgefolge von tausend Teilnehmern befand sich auf dem Weg zum Konstanzer Münster. Am Altar zelebrierte der umstrittene Papst Johannes XXIII. die Weihnachtsmette. Unweit von ihm – nach historischem Ritus – der König mit der Krone als Diakon. Er sang das Evangelium, dessen Stelle „Es ging ein Ruf vom Kaiser aus" diesmal besonders zeitgemäß und bedeutsam klang. Die prächtig aufgezogene religiöse Feierstunde mit den gesenkten Köpfen und gefalteten Händen der Kur- und Reichsfürsten, der Kardinäle und Gesandten umspannte wie ein Rundhorizont die bevorstehenden Ereignisse und Entscheidungen, die kirchlichen und politischen Mächtegruppierungen, die Intrigen, diplomatischen Verwicklungen und persönlichen Schicksalsentscheidungen auf Leben und Tod. Trotz der ernsten Situation feierte

König Sigismund mit den Konzilteilnehmern dieses rauschhafte Weihnachtsfest.

Da das Konzil in fünf Nationen — deutsch, englisch, französisch, italienisch, spanisch — mit je sechs Abgeordneten, also Laien, eingeteilt worden war, wurden diese mitentscheidend. Für Johannes XXIII. eine ebenso bedeutsame wie bedenkliche Tatsache, zumal die anwesenden Kardinäle sämtlich gegen ihn waren. Die übrigen sechshundert Konzilväter würden den Konzilpapst ebenfalls aufgeben, raunte man bald.

Die kleine Reichsstadt am Schwäbischen Meer mit etwa sechstausend Einwohnern, nunmehr mit dem über Zehnfachen an Betten für die Gäste aus aller Welt, bekam ihre erste große Sensation. Vorher schon war es zum Ereignis geworden, daß Johannes XXIII. mit 6000 Reitern anrückte. Allein 1800 Priester wurden gezählt. Ebenfalls erschienen 340 Artisten, auch der Freudenmädchen und Kurtisanen waren „fast viele". So berichtet Ulrich von Reichenthal in seiner recht anschaulichen Chronik des Konstanzer Konzils, die für lange Zeit zum Bestseller werden sollte.

Der Papst ist entwichen

Die Stadtgeschichte entwickelte sich zur Weltgeschichte, als es hieß: Flucht Papst Johannes' XXIII., als Stallknecht oder Armbrustschütze verkleidet, in der Nacht vom 20. zum 21. März 1415. Es hatte in der Luft gelegen, da der König die Tore der Stadt schon vielfach besetzen ließ. Johannes fürchtete für sein Leben.

Wochen vorher war von einem freiwilligen Verzicht auf die Tiara die Rede gewesen, dem sich die beiden anderen Päpste anschließen sollten. (Was nach jahrelangen umständlichen Verhandlungen endlich 1417 geschah.) Es hieß: König Sigismund wäre damals überglücklich zu Johannes XXIII. geeilt, hätte sich vor Dankbarkeit zu seinen Füßen geworfen und ihm die Fußspitzen geküßt. Nun ritt der beflissene, höchste Konzilchef wie sein eigener Ausrufer durch die Stadt, von Standartenträgern und Posaunisten begleitet. Sigismunds Stimme schallte durch die Gassen: „Der Papst ist entwichen! Aber laßt ihn nur, meine Herren, ich werde ihn selber am Rockzipfel wieder herbeizerren!" Die Jagd der weltlichen Verfolger nach dem geflüchteten Papst und seinem Anhang an Kardinälen und Prälaten erscheint wie die Farce einer Kirchenversammlung. Selbst König Sigismund fühlte sich unsicher in Konstanz und verstärkte die Wachen.

Konstanz ohne Papst, — bedeutete das das Ende des Konzils? Ende der Haft? Endlich freies Wort und freie Disputation? Das fragte sich der böhmische Professor Jan Hus, dem König Sigismund „lebendiges Geleite" für eine Konzilsaussprache über seine Lehren zugebilligt hatte. Während Sigismunds Abwesenheit mußte der Rektor und Professor der Prager Universität, unter dem Vorwand einer päpstlichen Audienz verhaftet, in einer Besenkammer des Dominikanerklosters Aufenthalt nehmen. Der Konzilpapst hatte es befohlen, um sich beliebt zu machen.

Konzil oder König – wer ist mächtiger?

Sigismund stellte das Ultimatum an die Purpurträger: „Geht oder ich gehe!" Im nächsten Augenblick fragte er sich: Was würde dann aus seinem Haushalt und den Staatsfinanzen? Johannes XXIII. hatte 100 000 Gulden geboten, falls seine Wahl vom König endgültig durchgesetzt werden würde. War die Summe zu gering, daß Sigismund sie ablehnte?

Nach dem Programm des Konzils hieß es: „Keine Reformation ohne Union, keine Union ohne Reformation." Deshalb wünschten und erstrebten die Kirchenfürsten wie die gesamte Geistlichkeit: einen Papst, eine Kirche und Erneuerung des Petrus-Sitzes in Rom. Dafür sollte sich der König einsetzen. Eine Million Goldgulden stand ihm in Aussicht, derartig erhöhte sich das Gebot der Kirchenfürsten für Sigismund, den man den „Käufer" wie den „Käuflichen" genannt hat. Vor allem nicht viel Aufhebens mit dem Ketzer-Reformator, der sich kirchenfeindlich und angeblich auffallend antideutsch benahm. Der sechsundvierzigjährige Hus durfte nicht zur Hauptfigur des Konzils werden. Distanz von seinen anwesenden böhmischen Fürsprechern, worunter sich Edelleute, Handwerker und fahrende Schüler befanden. Keine Zulassung eines Verteidigers, der nur Staub aufwirbeln würde! „So sei denn der Herr Jesus mein Verteidiger und Sachwalter, der Euch alle in kurzem richten wird", kommentierte der unerschütterliche Hus. König Sigismund erlaubte dem Kollegium der Kardinäle, mit dem Prozeß gegen Hus fortzufahren.

Der Gefangene des Konzils wird zum Gefangenen des Königs

Durch die Flucht Johannes' XXIII., der mit Sigismunds Gegnern konspiriert hatte und sich verraten glaubte, war aus dem Gefangenen des Konzils ein Gefangener des Königs geworden. Für Hus wechselten die Instanzen und die Gefängnisse, ohne daß es dem Erkrankten besser erging. Er wurde im bischöflichen Schloß Gottlieben in einen Holzkäfig gesperrt, tags an den Füßen gefesselt, nachts dazu mit den Händen angekettet, von Soldaten bewacht und ohne Licht gelassen. Der deutsche König erinnerte an seinen Geleitbrief für den böhmischen Angeklagten, erreichte aber nicht einmal mildernde Umstände für den Inhaftierten.

Aus dem „Staatsanwalt Gottes", wie man Hus in seinem Kampf gegen die Sittenlosigkeiten des Klerus titulierte, war ein Hochverräter an Gott geworden. Ein schwerer Vorwurf. Schließlich hatte Hus nur einige Sätze des englischen Theologen John Wiclif zitiert, dessen Werke die Kirche allerdings verurteilte. Ernster war: Hus sprach den Laien das Abendmahl in beiderlei Gestalt zu, da Christus den Jüngern Kelch *und* Brot dargeboten habe. Noch bedenklicher: Hus behauptete, beim Abendmahl bleibe nach der Konsekration das materielle Brot zurück, also habe keine Verwandlung stattgefunden. Diesen starren Buchstabenglauben vermeinten einige Konzilväter bei Hus überwinden zu können, wie auch einzelne Richter über die Strafwürdigkeit des böhmischen Professors verschiedener Ansicht waren.

Papst und Ketzer unter einem Dach

Bevor es zum öffentlichen Verhör auf dem Konzil kam, befanden sich Papst und Ketzer, Johannes XXIII. und Hus, das ehemalige Haupt der Christenheit und der rebellische Prediger, unter einem Dach. Beide waren eine Weile Konzilgefangene, obwohl Johannes als Papst bereits begonnen hatte, gegen Hus zu prozessieren. Von einem selbständigen Eingreifen König Sigismunds oder einer wirklichen Lenkung des Konzils durch ihn erfährt man nichts.

Schließlich ergab sich der von Sigismund einstmals umschmeichelte Pontifex in sein Schicksal. Um seiner sicher zu sein, nahm man ihn in Schutzhaft. Der Burggraf von Nürnberg übernahm die Bewachung. Im Mai 1415 setzte man den apostolischen Quertreiber ab, Siegel und Wappen wurden zerbrochen. Nach drei Jahren zahlte Johannes XXIII. an seinen hohenzollernschen Bewacher 30 000 Dukaten, – der ehemalige Gegenpapst verfügte stets über vermögende Gönner. Für diese Summe wurde er freigelassen, nachdem er gelobt hatte, sich dem ab 1417 regierenden Papst Martin V. ohne Vorbehalt zu unterstellen.

Verdammungsurteil gegen Hus schon vor dem Prozeß fertig

Während der Untersuchungsausschuß die Anklagen gegen den „Magister der artistischen und Bakkalar der theologischen Fakultät" verlas, entdeckte ein Anhänger des böhmischen Hochschullehrers das bereits ausgefertigte Verdammungsurteil. Der davon sofort benachrichtigte König Sigismund machte das Konzil lediglich darauf aufmerksam, man solle Hus erst anhören, ehe man urteile. Ein schwacher Einspruch. Sigismund vermied jede Energie, obwohl er dem Konzil vorstand.

Wie so häufig bei Prozessen und juristischen Gesprächen folgte ein langwieriges Vorbei- und Auseinanderreden. Hus fühlte sich krank, war tagelang ohne Schlaf. Er litt an Kopf- und Zahnschmerzen, als er in den Kerker zurückgeführt wurde.

In einer Ecke des Konstanzer Barfüßler-Refektoriums fand sich der König mit dem Konsilium der Kardinäle und einigen anderen Konzilvätern zusammen. Dieses Viertelstundengespräch am 8. Juni hatte einen unfreiwilligen Ohrenzeugen. Nach seiner Aussage ermunterte Sigismund die Kirchenfürsten zum Eingreifen. Jede einzelne von Hus' Irrlehren und Ansichten reiche schon aus, ihn zu verurteilen. Der König riet, Hus nicht zu trauen, auch dann nicht, falls er widerriefe. „Auch ich traue ihm nicht." Was Sigismund hier sagt, entspricht seiner zögernden, unentschlossenen Haltung, die es ermöglichte, den Fall Hus in Konstanz so auffällig zu prozessieren. Der König besaß weder politisches Fingerspitzengefühl noch einen Instinkt für das herandrohende, verhängnisvolle Unwetter, das sich nach Hus' Verurteilung in ganz Europa zusammenzog.

„Abgesehen vom Glauben – ein hervorragender Mann"

In der dreizehnten Vollsitzung am 15. Juni sprach ein Allgemeines Konzil, das der höchsten Spitze, des Papstes, entbehrte, das Urteil. Am 24. Juni verbrannte man sämtliche Hus-Schriften. Am 1. Juli folgte das letzte Ultimatum zum Widerruf. Zur fünfzehnten Vollsitzung am 6. Juli 1415, genau an Hus' 46. Geburtstag, hatte man inmitten des Münsters ein kleines Gerüst errichtet, wo nach dem Hochamt sieben Bischöfe damit begannen, Stück für Stück des Gewandes an Hus zu zerfleddern und dann die Tonsur zu zerstören. Das Konzil übergab den Verurteilten dem König.

Sigismund belastete mit dem Strafvollzug nicht seinen Bruder Wenzel, König von Böhmen, dessen Untertan Hus eigentlich war, sondern den Pfalzgrafen Ludwig, der wiederum den Vogt von Konstanz zu sich rief: „Nimm ihn und verbrenn ihn als Ketzer."

Die Kriegsknechte transportierten den Delinquenten auf einen freien Platz an der Stadtmauer, setzten Hus eine Papiermütze mit drei Teufeln auf den Kopf. Auf einer Schriftleiste stand zu lesen: „Dies ist ein Erzketzer".

Hus sagte ohne Aufhebens: „Christus hat eine viel schwerere Dornenkrone getragen, warum soll ich nicht diese leichtere tragen." Er blieb, völlig entkleidet, standhaft, als die Holzscheite und Strohwische aufgeschichtet wurden. Er betete, während seine Füße auf dem Holzbündel standen. Eine Aufforderung zum Widerruf beantwortete er: „Ich wollte die Menschen von ihren Sünden abbringen! Was immer ich sagte und schrieb, war stets für die Wahrheit, für die Wahrheit!"

In den letzten Minuten sprengte der Reichsmarschall von Pappenheim im Auftrage des Königs heran. Er versuchte ebenfalls, den Verurteilten zu einem Widerruf zu bewegen.

Jan Hus blieb fest: „In der Wahrheit des Evangeliums, das ich beschrieben, gelehrt und gepredigt habe, will ich heute mit Freuden sterben."

Wie wunderbar, aus dem aufflammenden Holzstoß erklang seine Stimme. Der Gesang des Märtyrers, der bis zum letzten Augenblick, auch als die Stimme schon versagte, die Lippen bewegte zu dem Text des alten Gesanges: „Christus, Du Sohn des lebendigen Gottes, erbarme Dich meiner."

Der Humanist Poggio Braciolini, der dem Feuertod zusah, meinte: „Abgesehen vom Glauben – ein hervorragender Mann." Der Henker zerschlug das verkohlte Gebein, spießte das Herz auf, kratzte die Asche zusammen. Sie wurde in einem Karren zum Rhein abgefahren.

Der machtlose Geist Hus' war den Mächtigen in Kirche und Staat unterlegen. Da er die sichtbare Kirche verleugnete, wurde er das Opfer der Organisation, „der ach so gebrechensreichen Gegenwartskirche" (Jedin). Sein Märtyrerschicksal wurde zum Fanal der Hussitischen Revolution und der sechzehn Jahre währenden Hussitenkriege von 1420 bis 1436.

Die Gläubiger wollen den Kaiser nicht aus der Konzilstadt herauslassen

Große Schulden hinterließ König Sigismund, so daß man ihm den Auszug aus Konstanz verwehren wollte. Die Hotels und Kaufleute verlangten Pfänder und bekamen sie, doch sie sollten das Geld dafür niemals sehen. Sigismund vergab viele Privilegien. So belehnte er den aus dem Schwäbischen stammenden Burggrafen Friedrich VI. von Hohenzollern mit der verwahrlosten Mark Brandenburg, zum Dank dafür, daß der Hohenzoller den ehemaligen Papst Johannes XXIII. in Radolfzell während seines Konstanzer Prozesses nicht entwischen ließ. Sigismund wußte, was er vergab. Deshalb seine Worte: „Burggraf Friedrich, ich leihe Dir hiemit mein vetterlich Erb, die Mark zu Brandenburg, und wünsch Dir dazu Glück, Krieg und Widerwärtigkeiten genug." Bei der Übergabe war von einem Rückkaufsrecht für 400 000 Goldgulden die Rede — eine Summe, die der deutsche König nie imstande war aufzubringen.

Sigismund vergab ebenso Privilegien an die Konzilstadt, so das Recht, mit rotem statt mit weißem Wachs zu siegeln. Als Zeichen der Blutsgerichtsbarkeit führte Konstanz von nun an einen roten Wimpel, den „Blutzagel", über dem Wappenschild.

Gegen den Feind des hussitischen Gottesreiches

Kam es nun zur Lösung der politischen Probleme in Deutschland? Sigismund konnte dafür nichts anbieten. Flammende Empörung und militärischer Widerstand gingen plötzlich in seinem großväterlichen Stammland Böhmen hoch, Feuer, die über zehn Jahre lang in Europa nicht einzudämmen waren.

Gegen den „meineidigen Propheten" oder gegen den „Henker" ihres Propheten Hus erhoben sich die Prager und die Mehrheit des böhmischen Volkes. Dem wortbrüchigen und treulosen Sigismund drohten sie mit Fäusten und Waffen. Sie hatten alles erfahren, was in Konstanz vor sich gegangen war. Ob Adlige, ob Städte oder Bauern, Arme oder Begüterte, ob religiöse Fanatiker oder Schwärmer, ob Einfache oder Intellektuelle — zunächst sammelten sich diese Jünger des Märtyrers gruppenweise an verschwiegenen Orten zu heimlichen Beratungen. Dann bildeten sie eine kirchlich-nationale Partei mit einer geistigen und militärischen Führungsspitze. Für das hussitische Glaubensbekenntnis wollten sie kämpfen, für die Reformation der Kirche und des Christentums!

Gegen den König als Feind ihres Gottesreiches erhoben sie sich, gegen die Pfaffen, „die so reich und mächtig geworden waren – alle Ränke, Künste und schlimme Behendigkeit lernt man von den Pfaffen. Und alles, was ich diese tun und treiben sah, das drehte sich um Geld; Geld mußte sein, mochte es mit Recht oder Unrecht zugehen." So liest man es bei Eberhard Windecke, der als Sekretär König Sigismunds dessen Leben beschrieben hat. Hierbei ließ er sich als Vertrauter im Umgang mit dem Monarchen seinen klaren Blick für die Tatsachen nicht trüben. Windecke schrieb sogar: „Daher möchte ich den Hussiten rechtgeben in dem Punkte, daß sie meinten, man sollte den Geistlichen nichts geben, wohl aber das nehmen, was sie hätten, und sie als Pfaffen erhalten, dann könnte man Frieden erlangen."

Der erste Fenstersturz in Prag

Mit dem ersten Fenstersturz begann der Aufruhr. Ein fanatischer Mönch führte im Sommer 1419 die Prozession an, die vor dem Neustädter Rathaus demonstrierte, um die Freilassung von gefangenen Hussiten zu erreichen. Als die Ratsherren sich weder sehen ließen, noch verhandeln wollten und sich auch nicht entschließen konnten, die Inhaftierten herauszugeben, drang die wütende Menge in das Stadthaus. Wessen man habhaft wurde, ob Ratsherr, Magistratsvertreter oder Politiker der anderen Seite – alle warf man durch die hohen Bogenfenster auf die Straße, wo sie zerschmettert liegen blieben. Sofort nahm man eine Neuwahl des Bürgermeisters vor, – während König Wenzel sich das Drama in seiner Hauptstadt scheinbar gelassen ansah, in Wirklichkeit aus Furcht, in diesem Strudel selbst umzukommen. Er regte sich so auf, daß er wenige Tage nach dem Fenstersturz starb.

Unter den Hussiten brach alles auf, was durch Jahrzehnte in Böhmen unerfüllt geblieben war. Die Stimme des Volkes meldete sich gebieterisch und drängte gewaltsam auf Lösung von politischen und sozialen Fragen, die schon unter Sigismunds Bruder, König Wenzel, völlig unbeachtet geblieben waren, obwohl er drei hussitische Kirchen in der Hauptstadt zugelassen hatte. Sein Bruder, neuer König von Böhmen, lehnte die Forderungen ebenfalls ab.

Nur 3000 bis 4000 Gleven-Männer für den Krieg

Was wollten schon diese zusammengelaufenen Prager Freiwilligen und Bauern, die ihre Häuser anzündeten, um bei der heiligen Sache nicht durch Besitz belastet zu sein? Auf Drängen des Papstes stellte Sigismund deutsche Reichsscharen auf, die sich zu fünf Kreuzzügen nach Böhmen formierten. Sie brachten dem König Niederlagen oder Auflösung des Heeres wegen Uneinigkeit der Anführer, ob es Wyssegrad 1420, Deutschbrod 1422, Karlstein 1424 oder Außig 1426, Tachau 1427 und Tauß 1431 waren. Wenn die Hussiten mit ihrem mächtigen Schlachtruf „Ihr, die Ihr Gottes Krieger seid!" auf den Feind stießen, brachen sie jeden Widerstand. Schlacht für Schlacht wurde für sie zum Sieg.

Mehr Soldaten verlangte König Sigismund auf dem Nürnberger Reichstag 1426. Er nannte die Zahl von 6000 Mann, die er für den „täglichen Krieg" brauche. Es sollten Gleven sein, Männer mit einer älteren Stoß- und Hiebwaffe, der Hellebarde ähnlich, stets von einem Adligen angeführt. In ganz Deutschland wäre eine hohe Aushebung unmöglich gewesen. Die Fürsten einigten sich mit dem König auf 3000 bis 4000 Gleven. Zur Auflage wurde gemacht, daß die Städte ebenfalls mustern und 1000 Mann stellen sollten. Ihre Vertreter wehrten sich dagegen. Sigismund drang nicht durch. Überall Abstriche, überall Zögern, als ob man den König finanziell und militärisch bewußt im Stich lassen wollte. Wo waren die Zeiten der großen Kaiser, deren Heeresstärke nie unter 10 000 Mann betragen hatte?

Der unüberwindliche Zižka und die hussitische Wagenburg

Während dieser Zeit trifft man in den Quellen auf einen geplanten Staatsstreich gegen Sigismund. Der lange militärische Einsatz ohne Erfolg, die unaufhaltsamen Niederlagen, die Unruhe und Ungewißheit in Deutschland, wie und wann der Krieg enden werde, die Passivität der Regierung stimmten einige Fürsten so bedenklich, daß sie sich verschworen. Schießlich sahen sie doch von ihrem Plan ab. Die Hussiten erschienen als gefährlichere Gegner!

Die größte Schlacht verloren die Deutschen 1426 bei Außig. Das Hauptkorps aus Meißnern, Thüringern und Lausitzern war 8000 Mann mit 11 000 Pferden stark. Ihnen gegenüber standen 25 000 Hussiten. Die Aufgabe des Heerführers Johann Zižka war es gewesen, seine ohne Schutzwaffen, also ohne Schild, Panzer und Helm, ausgerüsteten Volksmänner mit Angriffswaffen auszustatten. Sie benutzten Armbrüste, Spieße, Schleudern, Hellebarden, Äxte, aber auch einfache Dreschflegel; deshalb König Sigismunds anfängliche Verachtung für diese schlecht bewaffneten Aufrührer. Er täuschte sich, der schöne Mann auf dem deutschen Thron, der im Harnisch blendend aussah, aber des Feldherrntalents entbehrte. Zeitgenossen schildern die „Scharen der Brüder, Handwerker und Bauern, Gesellen, Knechte, Tagelöhner, jeder bereit, für den Kelch zu siegen und zu sterben, ihren Führern zu strengstem Gehorsam, zu jedem Dienst, zu jedem Gewaltmarsch, jeder Entbehrung, jedem Äußersten bereit, – sie waren eine gar andere Streitmacht als die herkömmliche feudale..."

Zižka deckte die Schwäche seiner Hussiten durch einige militärtechnische Einfälle. Er ließ Bauernkarren zu Streit- und Kriegswagen aneinanderketten, mit Eisenplatten abdecken und im Viereck aufstellen. Diese durch Gräben gesicherte Wagenburg wurde Mittelpunkt der Hussitentaktik. Sie konnten sich innerhalb der Wagenburg geschützt verteidigen. Sie konnten auch jederzeit ausbrechen. Die andere Seite der Ritter mußte stets absitzen und war schwer beweglich in ihren Rüstungen.

Ein Beobachter hat Zižkas Bauernheer mit einem vielarmigen Ungeheuer verglichen, das seine Beute erwartet, schnell zupackt und erdrückt. Die Wagenburg wurde zum Labyrinth der Angreifer, die hussitische Reiterei vom Hauptteil abschnitt und in das Karree hineintrieb. Schwerter und Dreschflegel des Fußvolkes schlugen die Deutschen zusammen. Die Verteidigung ihrer Religion steigerte die Leistungen der Hussiten bis ins Unwiderstehliche und Furchtbare.

Die Hussiten drängten ins Reich, in die Nachbarländer, weil in ihrer Heimat keine Ernährungsbasis mehr existierte. Sie zogen durch Schlesien und die Lausitz, durch Mähren, Niederösterreich und Ungarn, auch nach Franken. Heereszüge sind keine Missionszüge, und so plünderten und raubten die Hussiten. Im Jahre 1432 kamen sie bis nach Bernau im späteren Regierungsbezirk Potsdam. Die Belagerung der gut befestigten kleinen Stadt dauerte nur kurze Zeit und erreichte nichts. Die Angreifer zogen sich zurück, um jede Schlappe zu vermeiden. Sie blieben dreizehn Jahre lang fast unbesiegt und taktierten vorbildlich, indem sie sich nicht herausfordern ließen.

Der bargeldlose Sigismund empfängt in Rom den Kaisertitel – nicht mehr

Der König brauchte einen Triumph vor aller Welt. Der Verfall der Reichsgewalt im Innern mußte vergessen gemacht werden. Gemäß der

Zusage der Kurie, ihm nach dem Konstanzer Konzil die Kaiserkrone in Rom zu gewähren, zog Sigismund nach Italien, aus keinem anderen Grunde. Der Zug dauerte drei Jahre. Zunächst Empfang der lombardischen Krone 1430, dazwischen eine beschämende längere Wartezeit, weil klerikale Spannungen auftraten, dann endlich Mai 1433 die römische Kaiserkrönung.

Vor Papst Eugen IV. trat ein politisch ohnmächtiger Fürst, gutwillig, doch kraftlos, völlig bargeldlos, trotz Versprechungen von Mailand ohne Zuschuß, in Florenz beinahe verhaftet, ohne Truppen, ohne glänzende Kaiserprozession, überhaupt ohne jegliche Repräsentation. Die Krönungsszene sah aus, als wäre ein unfreiwillig kostümierter Bewerber durchs Seitenportal von Sankt Peter eingeschlichen. Der Kaiser empfing einen Titel, nicht mehr.

Nach der Krönung einige Ritterschläge an verdiente Begleiter, dann ein Gespräch beim Festmahl mit dem Heiligen Vater. Zwischen Kaiser und Papst ging es nicht mehr um politische Perspektiven und um die Regentschaft in Italien, weder um kaiserliche Rechte, noch um päpstliche Bedingungen. Eine dringende Bitte jedoch sprach der Heilige Vater aus. Es war geradezu die Aufforderung zu einem Schwur. Der Kaiser mußte ihn beim Konzil in Basel unterstützen, falls er, der Papst, in eine schwierige Situation käme und die demokratischen Konzilgruppen die Überhand gewännen, die päpstliche Autokratie angriffen und er ersetzt werden sollte. Der Kaiser versprach es, glücklich, zu nichts weiterem angehalten zu werden.

Von dieser römischen Plauderstunde ist eine nette Anekdote überliefert worden. Sie kennzeichnet den Charmeur, der der zweiundsiebzigjährige Sigismund immer noch sein konnte. Auf jeden Fall ist der Text gut erfunden und Sigismund charakteristisch gedeutet.

„In drei Dingen bist Du mir unähnlich und in ebenso vielen ähnlich", soll der Kaiser zu Papst Eugen IV. gesagt haben. „Du schläfst lange, ich liebe das Frühaufstehen; Du trinkst Wasser, ich liebe den Wein; Du meidest die Frauen, ich gehe ihnen nach; Du verschwendest die Gnadenschätze der Kirche, ich erübrige nichts; Du leidest an den Händen, ich an den Füßen; Du richtest die Kirche zugrunde, ich das Reich."

In diesen Tagen führte Sigismund den doppelköpfigen Reichsadler auf seinen Siegeln ein. König und Kaiser, beide Titel sollten sichtbar werden.

Was wird aus Deutschland? Wie löst man die Hussitenfrage?

Nicht auf dem Schlachtfeld, sondern auf dem ebenfalls von Sigismund inspirierten Baseler Konzil 1431 wurde die hussitische Frage für Deutschland und Europa gelöst. Basel war die erste Kirchenversammlung, die eine „parlamentarische Ordnung der Kirche" anstrebte. Deshalb entscheidende Gegensätze zwischen Kurie und Konzilteilnehmern.

Nicht der Kaiser verhandelte, als eine Abordnung aus seinem Prag angemeldet wurde, obwohl die Hussiten noch kämpften. Monate vorher schon hatten Kanzler Kaspar Schlick und der politische Gesandte des Kaisers, Bischof Johannes Schele von Lübeck als Reichsfürst, auf diesen Augenblick gewartet. Sie sprachen mit einem der bedeutendsten Kirchendiplomaten über die hussitische Frage bis in Einzelheiten. Es war der dreiunddreißigjährige Enea Silvio, der spätere Sekretär Kaiser Friedrichs III., Nachfolger Sigismunds. Silvio wurde der dritte Papst nach Eugen IV. und gab sich den Namen Pius II. Schon damals verfügte er über beste kuriale Verbindungen. Die drei Gesprächspartner näherten sich im Kompromiß.

Enea Silvio skizzierte den Punkt, der der hussitischen Gesandtschaft nach Rückversicherung mit Rom zugestanden werden konnte. Um die Forderung der Hussiten nach dem Symbol des Kelches anzuerkennen, sollte es etwa lauten: „Der Laienkelch wird unter der Voraussetzung zugestanden, daß die Priester die Lehre von der Gegenwart Christi unter jeder der beiden Gestalten vortragen." Diese Formel wurde auch angenommen. Mit der Wiederaufnahme Böhmens als selbständiger Kirche in den Verband der römischen Kirche konnten grundsätzlich alle Passagen angenommen werden, auf denen die Hussiten bestanden. Und der König? Er war dreiundsiebzig Jahre alt, abgeblüht, müde, gichtkrank, kein Greis mit der letzten Initiative wie Karl der Große.

Die Kirche unter Eugen IV. löste die Hussiten vom Bann, was dieselbe Kirche vor zwanzig Jahren abgelehnt hatte.

Versuch zur Reform der Wehrverfassung

Der Krieg in Deutschland schien zu Ende — die Zeit der politischen Reform sollte beginnen. Ein spätes und theoretisches Programm, das Kaiser Sigismund auf dem Reichstag in Frankfurt Ende 1434 entwickelte. Wie konnte die Ohnmacht des Reiches, die Unzulänglichkeit der bisherigen

Kriegsverfassung gegenüber den Hussiten, überhaupt gegen Angreifer durch eine zuverlässige, entschlossene Militärpolitik geändert werden? Deshalb rief Sigismund zu einer gründlichen Reform der Wehrverfassung auf. Er wollte die Aufstellung eines Soldheeres dadurch gesichert sehen, daß die Reichsfürsten je nach Größe ihrer Länder eine festgesetzte Zahl von Söldnern stellten oder Abfindung leisteten. Wie hatte sich der Kaiser in einem Sondererlaß April 1431 bemühen müssen, um von Bischof Leonhard von Passau für den „Ketzerkrieg" nur vierzig Spieße zugesagt zu bekommen!

Von einer Reichskriegssteuer – einer „Mischung von Einkommen-, Vermögens-, Kopf- und Standessteuer" – war ebenfalls in Frankfurt die Rede. Man diskutierte zaghaft und kam zu keinem Entschluß. Sigismund blieb ohne Macht und ohne Mittel, erbärmlich für einen Kaiser.

Wichtig wäre es gewesen, wenn ein schöpferischer Geist unter den Deutschen aufgezeigt hätte, daß sich das Reich in einer strukturellen Wandlung befand, die man berücksichtigen mußte, falls es sich aus dem Chaos wieder erheben sollte. Das Lehnswesen hatte abgewirtschaftet, da die Fürsten nur an sich dachten oder an den Gewinn, den kaiserliche Privilegien einbrachten. Sie mußten gebeten werden, sich an einem Wehrbeitrag in materieller oder finanzieller Form zu beteiligen. Es mangelte an freiwilliger und opferwilliger Entschlußkraft, zumal die Kaiser nicht mehr universale Persönlichkeiten, sondern Geschäftsträger, nicht mehr Majestäten, sondern nur Träger der Krone waren. So vertagte der Reichstag in Frankfurt die Wehrverfassung. Von der Ablösung des Rittertyps war keine Rede. Dieser hatte in den Hussitenkriegen versagt. Er war zu schwer und unbeweglich. Wie sollte man Soldaten und Ritter neu bewaffnen? Keine Vorschläge, keine Wehrreform.

Endlich Sigismunds Einzug in Prag – Verhaftung der Kaiserin

Eine große schmerzliche Stunde begann für Kaiser Sigismund. Im Spätfrühling 1436 huldigte ihm und seiner zweiten Gemahlin, der Kaiserin Barbara, endlich sein Erbland Böhmen. So bedingungslos die Prager den König vor siebzehn Jahren verdammt und vertrieben hatten, so hemmungslos jubelten sie ihm jetzt zu. Endlich Frieden, endlich verfassungsrechtliche Freiheit. Böhmen den Böhmen!

Diese Heimkehr besaß höchst problematische Bedeutung. Hier regierte Sigismund ebenfalls nicht. Er half nicht, die erkämpften Rechte der Hussiten durchzusetzen und verhielt sich unzugänglich. Kein geistiger, kultureller Aufbau in Prag, obwohl die Zahl der böhmischen Studenten unter den vier Nationen beträchtlich zunahm. Kein Neubeginn an der Universität. Kein Schutz der Deutschen, die die nationale Begeisterung der Hussiten zu spüren bekommen hatten. Böhmen blieb unruhig.

Der alte Sigismund erfuhr von einem Komplott, das die unzufriedenen Böhmen gemeinsam mit Verwandten der Kaiserin vorbereiteten. Agenten des Kaisers deckten die Verschwörung auf, bei der schon die politische Zukunft geregelt wurde. Barbara von Cilli, ebenso freigebig mit amourösen Auszeichnungen an Dritte wie Sigismund, beabsichtigte, trotz des Altersunterschiedes, den halberwachsenen Jüngling Wladislaw von Polen zu heiraten und sich die Kronen Polens, Ungarns und Böhmens aufs Haupt zu setzen. Auf diese Weise sollte die Nachfolge von Sigismunds Schwiegersohn Albrecht von Österreich als König von Böhmen verhindert werden. Noch waren sich die Verschworenen uneinig, so daß die Termine für den Staatsstreich immer wieder verschoben wurden.

Der Kaiser gehört nach Prag! schlug Kanzler Schlick vor. Sigismund zögerte, wenn er auch die Notwendigkeit seiner Anwesenheit begriff. Seine Nerven hielten nicht mehr viel aus. Er fühlte sich nicht sicher. Von vielen Tausenden begleitet, verließ er Prag. Es war wie ein endgültiges Abschiednehmen, und er siedelte nach Znaim über. Hier ließ er seine Frau verhaften, einzelne Anhänger konnten entfliehen. Welche Aufregung! Die erste Kaiserin in der deutschen Geschichte, die von ihrem Gemahl gefangengenommen wurde.

Als sich der Kaiser Anfang Dezember 1437 sehr schlecht fühlte – war es nach der Abnahme eines Zehs an seinem gichtkranken Fuß? – forderte er von den Ärzten die Wahrheit über seinen Zustand. Er befand sich kurz vor dem Abschluß seines Lebens und wollte die Messe besuchen. Er verlangte nach seinem kaiserlichen Ornat, den er in Rom getragen hatte. Noch einmal in Glanz und Würde! Mit der Kaiserkrone auf dem Haupt hörte er die Messe. Danach ließ er sich umkleiden. Als König von Böhmen? Nein.

„Nun tut mich an, als man mich begraben will", hieß er seinen Kammerdiener.

So saß er auf seinem Stuhl. Mit letzter Stimme befahl er, daß „man ihn stehen lasse, zwei oder drei Tage, daß männiglich sehe, aller Welt und Herr wäre tot und gestorben."

Die letzte Geste eines weltmännischen Schauspielers, der er von Anfang an gewesen war, als König von Deutschland wie als römischer Kaiser, der Letzte aus dem Geschlecht der Luxemburger.

XIII.
Glück und Versagen des letzten Ritters: Maximilian I.

Bürger von Brügge fangen den König

Auf dem Marktplatz von Brügge loderten Januarende 1488 Wachtfeuer. Es exerzierten deutsche Fußknechte zusammen mit Edelleuten aus dem Gefolge König Maximilians I., des sechsten Nachfolgers im Habsburger Herrscherhaus seit Rudolf I. vor über 200 Jahren.

Unter dem Kommando des Grafen Friedrich von Zollern traten die Soldaten in Rotten von 4 bis 5 Mann Breite an. Jeder trug einen langen Spieß, der Anführer ebenfalls. Auf das erste Kommando schwenkten sie von der Marschkolonne in eine Angriffskolonne. Das war eine ganz neue taktische Form, in der man die Soldaten drillte. Dann kam das Kommando zum Spießfällen. Der Gebrauch des Spießes war nicht leicht. Beim heftigen Stoß zitterte die Spitze, am meisten, wenn mit dem langen Schaft weit ausgefallen wurde. Als Ziel stellte man sich die Fugen im Harnisch des Feindes vor, am Hals oder am Unterleib.

Bei großen Truppeneinsätzen mit 4 000 bis 6 000 Fußknechten bildete man Gevierthaufen, die man durch Trommelgerassel anfeuerte. Fahnenträger schwenkten die Feldzeichen zum Kommando, ob sich die Krieger nach rechts oder links oder nach rückwärts bewegen sollten. Völlig neu war die Stellung der Adligen mitten unter dem Fußvolk, mit dem sie siegen oder sterben wollten, wie sie bekannten.

So vollzog sich die Umwandlung des Feudalheeres zum Fußvolkheer. Der Name „Landsknecht", seit Anfang des 15. Jahrhunderts gebräuchlich, bekam durch Maximilian I. zunächst einen polizeilichen Charakter wie „Büttel" und „Gendarm". Dann stiftete der König den Orden der Landsknechte, in dem sich militärischer Zunft- und Korpsgeist wie seinerzeit beim Deutschen Ritterorden entwickeln sollte. Weg mit den früheren Soldknechten als Einzelkrieger, hin zu dem geschlossen wirkenden taktischen Körper, – nach 2000 Jahren eine Erneuerung der Phalanx der Spartaner, die ebenfalls in Reih und Glied kämpften. Der Beginn der Landsknechtszeit hat zur Bildung einer europäischen Infanterie geführt (Hans Delbrück).

An diesem Januartag befahl der Hauptmann auf dem Marktplatz in Brügge, noch einmal zu exerzieren. Als die Gruppe das Kommando zum Spießfällen erhielt, stieß sie einen Kriegsruf aus, der die Brügger Zuschauer aufscheuchte und in alle Windrichtungen flüchten ließ.

Alarm hallte bald durch Brügge und mobilisierte die ganze Stadt. Alarm ihrer Banner, einer Art flandrischer Heimwehr der Zünfte, in der sich die angesehensten Bürger befanden. Sie zogen sogleich an strategisch wichtigen Plätzen auf und nahmen eine drohende Haltung ein. Gegen wen? Gegen die königlichen Truppen, die Brügge besetzten und beschützten? Gegen die Deutschen überhaupt? Waren es aufflammende Erinnerungen an den flandrischen Bürgerkrieg, der mit einem Sieg Maximilians und einer flandrischen Kriegsentschädigung von 700000 Gulden geendet hatte?

Aus dem reichen burgundischen Erbe seiner ersten Gemahlin Maria wollten sich die „drei flandrischen Glieder" Holland, Luxemburg und Flandern lösen, denn sie neigten zu Frankreich. Da griff der junge König ein, nahm „viele schöne Städte und viele meiner Feinde", erlitt „viel Kälte und Mühe" und verbrauchte „viele schöne Pfennige", wie er seinem Geheimsekretär Joseph Grünpack schrieb. So war Maximilian in den eigentlichen Erblanden ein Besatzer und Fremdling geblieben.

Sturmglocken am Abend eines der nächsten Februartage, Lärm von anrückenden Volksmassen und klirrenden Waffen. Ansturm auf den Fürstenhof. Mühevolle Abriegelung des Königlichen Platzes durch den Stadthauptmann, langsames Zurückdrängen des Pöbels.

Mitten in dem brodelnden Gewoge zwischen Demonstranten und Polizei erschien Maximilian I., der vor zwei Jahren zum römischen König erwählte und neben seinem kaiserlichen Vater Friedrich III. regierende Habsburger. Der Monarch Aug in Auge mit seinen Widersachern. Sein scharfes Profil mit der leicht gekrümmten Nase und der berühmt gewordenen starken, vorgeschobenen habsburgischen Unterlippe wurde von blondem Haar bis auf die Schultern umrahmt, nur wenig die Stirn und die Wangen freilassend, – so sah er in diesen Jahren aus.

Ruhig trat er unter die aufgebrachte Menge. Der wegen seiner Wanderlust als „König mit den geflügelten Sohlen" benannte Neunundzwanzigjährige, allein, ohne Waffen, ohne Leibwächter, fragte nach dem Grund der Störung. Er blickte mit seinen tiefliegenden Augen fast jeden Näherstehenden forschend an.

Der Stadthauptmann trat vor und richtete als Sprecher für alle zwei Fragen an Maximilian: Würde die Stadt geplündert, angezündet, würden die Bürger von Brügge massakriert und vertrieben?

Die Majestät zeigte ihr verwundertstes und liebenswürdigstes Gesicht. Wer schwatzte so etwas, um die Gemüter aufzuregen? Der König blieb in Brügge. War sein Aufenthalt nicht die beste Garantie für den Frieden? Stand aber nicht dahinter Maximilians Krieg mit Frankreich, für den er einen Beitrag von 900 000 Gulden gefordert hatte? Würde dieser Krieg nicht auch Flandern unmittelbar berühren?

Am nächsten Morgen ließ sich der Stadthauptmann beim König melden und bat darum, Maximilian möge sich auf dem Markt zeigen. Der König sagte zu, ohne die Falle zu ahnen, die man für ihn bereithielt.

Auf dem großen Markt trat er an den nächststehenden Bannermeister heran und wiederholte seine gestrigen Beruhigungen. Könnte Majestät die Versicherung, daß sie hierbliebe, nicht sämtlichen Bannerführern geben? Für einen Augenblick soll der König gezögert haben — mahnte eine innere Stimme zur Vorsicht? —, dann begann er den Rundgang.

Beim Abschreiten der letzten Banner beobachtete Maximilian, daß plötzlich sämtliche Marktzugänge besetzt waren. Der König gefangen! Gefangen durch Aufruhr und List, gefangen durch seine eigene Forschheit und durch Leichtsinn, die zu den hauptsächlichsten Zügen seines Charakters gehörten.

Nichts war vorbereitet, kein Militär in Bereitschaft, nicht einmal die Leibwache. Wann erfuhr die Welt draußen von dem Anschlag? Und wer half ihm?

Drei Monate lang blieb König Maximilian I. gefangen. Eine Schmach ohnegleichen. Erst leichte, dann schwere Haft. Sein kaiserlicher Vater ließ sich Zeit, die Kurfürsten zögerten ebenfalls. Neue Gefahren und neue Verhandlungsvorschläge für den inhaftierten König. Er erfuhr von der Aufstellung eines Befreiungsheeres von 20 000 Mann in Köln. Sein kaiserlicher Vater übernahm den Oberbefehl, Reichshauptmann war Markgraf Friedrich von Brandenburg. Bis die Deutschen eintrafen, würde Maximilian an seinen Gegner Frankreich ausgeliefert sein. Darin bestand eine gefährliche Komplikation. Es kam zum Vergleich, nach dem der König Geiseln und Bürgen für die Einhaltung des Vertrages stellen sollte, die Grafschaft Flandern „binnen vier Tagen zu verlassen und binnen weiterer vier Tagen aus den Niederlanden zu ziehen". Ein erpreßter Eid, der nach königlichen Justitiaren „als null und nichtig und kraftlos anzusehen" war.

Fuggers Hilfe für Maximilians Hochzeit

Endlich, im April 1488, Einmarsch des Reichsheeres in Flandern! Ein grausamer Krieg als Strafexpedition. Städte und Dörfer sanken im Feuer zusammen. Dann Gegenstöße mit Erfolg. Die größeren Städte der Flamen wurden von den kaiserlichen und königlichen Truppen genommen. Wie sollte das enden? Der kaiserliche Vater war als erster kriegsmüde und ging nach Innsbruck zurück. Mainzer, Pfälzer und Würzburger aus dem Reichsheer taten es ebenfalls. Sohn Maximilian I., frei, persönlich tapfer und um Duldsamkeit bemüht, teilbesiegt, ein Zögernder, kein Ausdauernder, zog sich mit dem Kriegsheer ebenfalls zurück. Im tiefsten ein Herrscher mit Charme, doch ohne Kraft, nicht ohne Zulauf, nicht ohne Freunde. Ein Witwer, dessen zwei Kinder aus erster Ehe fern und fremd erzogen wurden.

Ewige Geldkalamitäten bei dem kaiserlichen Vater wie nun bei dem königlichen Sohn, so daß sie sich gegenseitig nicht einmal aushelfen konnten. Schon vor fünfzehn Jahren hatte der Vater einen Augsburger Finanzmann aus der Familie der Fugger bemüht, um in Trier die Hochzeit seines Sohnes Maximilian mit Maria, der Tochter Karls des Kühnen von Burgund, vereinbaren zu können. Friedrich III. wollte blenden, ließ aber seine heimlichen Schätze unangetastet. Sein Hofgesinde sollte gut und prächtig aussehen, „in einfarb Tuch bekleidet und lustig verführstreichen lassen". Tuch und Seidengewand lieferte Ulrich Fugger auf Kredit, „worauf ihm der Kaiser das Wappen mit den Lilien samt seinen Farben ohne alle Bezahlung frei geschenkt und verehret". Eine geschickte Revanche im bargeldlosen Verkehr.

Pumpgenies unter kaiserlichem Baldachin

Als der Kaiser von Augsburg nach Trier abreisen wollte, protestierten die Bäcker, Metzger, Fischer, Höker und Handwerker. Sie wollten die kaiserlichen Schulden von insgesamt 1730 fl getilgt haben. Sie waren so mißtrauisch, daß sie Ketten um den kaiserlichen Marstall zogen. Entweder Zahlung oder die Pferde als Pfand. Als Friedrich III. trotzdem anspannen ließ, griff ein Augsburger Hufschmied, der ebenfalls zu den Gläubigern gehörte, den Rossen in die Zügel. Geld oder Pfand? Eine historische Szene von überwältigender Komik: Der Handwerker greift nach den Pferden, der Kaiser sitzt bereits im Galawagen, während seine

Abgesandten in der Reichsstadt händeringend nach neuen Kreditgebern fahnden.

Der Augsburger Stadtrat schoß 1500 fl zur Begleichung der kaiserlichen Schulden vor, für die Kaiser Friedrich III. einen mitgeführten Schatz an Gold- und Silbergeräten zurücklassen mußte, – ein bescheidener Teil seines heimlich gesammelten Krongutes für Kinder und Enkel.

Dieser Kaiser schien ein armer Mann auf dem Thron zu sein, obwohl er ein beträchtliches Vermögen an edelsten Kleinodien hinterließ. Er ist vielleicht das größe Pumpgenie unter dem kaiserlichen Baldachin, was seinem Ruf beim Volk damals kaum schadete. Auch Maximilian, seinem Sohn, sah man die Schulden nicht an, denn er feierte glänzende Feste mit dem Hof und vor den Bürgern. Dabei half ihm immer wieder Europas größtes Bank- und Handelshaus in seiner Hauptstadt Augsburg, das schon seinen Vater bedient hatte: die Fugger.

Den vom Vater ererbten Familienschatz ließ Maximilian eine Zeitlang in einem Versteck der Nürnberger Margarethenkirche, wo er eingemauert worden war.

Anfang der neunziger Jahre mußte Maximilian die Ungarn aus Österreich vertreiben und konnte die Türken bei Villach schlagen, was viel Geld kostete, aber von englischen Subsidien einigermaßen bestritten wurde. Er erbte Tirol, das ihm zunächst Schulden, aber auch die Würde eines Landesherrn einbrachte, – bis sein achtundsiebzigjähriger Vater starb, der sich dreiundfünfzig Jahre auf dem Thron behauptet hatte, kein kaiserlicher Regent, sondern, wie alle Habsburger, mehr ein betriebsamer Landeswirt auf eigene Rechnung, der dem Thronfolger in dreiundsechzig Kisten seinen Schatz hinterließ.

Maximilians erster Kredit bei Fugger

Während dieser ereignisreichen Jahre brauchte Maximilian das erste Darlehen von den Fuggern, um dem alten Waffenbruder Herzog Albrecht von Sachsen die Auslagen für geleistete Kriegsdienste zurückzuzahlen.

Zwei Jahre danach, 1494, ein Jahr nach seiner Kaiserkrönung und im gleichen Jahr, wo er zum zweiten Mal heiratete, war die Summe von 40 000 fl noch nicht getilgt. Als Pfand galt die Silberausbeute in Tirol. Zur gleichen Zeit verhandelte Maximilian I. mit einem Nürnberger Konsortium, um die gleiche Tiroler Silberausbeute noch einmal zu verpfänden. . .

„Das Reich ist so arm, daß es im Kriege betteln gehen muß!" urteilte ein Zeitgenosse. Es war die Meinung der Fürsten wie die des Volkes. Im Gegensatz hierzu das tumultuarische Draufgängertum des Kaisers, der, von Einfällen gejagt, viele Pläne äußerte, ohne sie in der richtigen Reihenfolge auszuführen. Wie lange sollte es so weitergehen? „Die Deutschen sind ein Volk der langen Beratungen geworden, das wohl zu planen, aber nicht zu handeln weiß", äußerte der humanistische Dichter Sebastian Brant und fuhr fort: „Die Deutschen finden Genüge an endlosen Reichstagen und pomphaften Beschlüssen, führen aber leider nichts aus." Von Tagung zu Tagung speicherten sich die Konfliktstoffe auf. Während Maximilians Regierungszeit sollte sich das nicht ändern. Kaum ein Kaiser hat so viele Reichstagungen anberaumt wie er. In Lindau, Freiburg, Augsburg, Nürnberg, Köln, Konstanz, Trier, wieder in Köln und Augsburg traf man zusammen und schleppte das unerledigte innenpolitische Gepäck von einem Ort zum andern. Deshalb drängte man in Worms zu Beschlüssen.

In einem Augenblick der Unentschlossenheit und Empfänglichkeit des Kaisers gegenüber der fordernden Einstellung der Kurfürsten und Stände einigte man sich im März 1495.

„Wir hoffen, daß der Reichstag nicht über vierzehn Tage dauern wird, da Wir zu obgemeldeter kaiserlicher Krönung nach Rom ziehen wollen und im kommenden Sommer mit den Türken beschäftigt sein werden", hieß es in der kaiserlichen Einladung nach Worms. Von der Krönung in Rom konnte eigentlich nicht mehr die Rede sein, denn eines Tages sollte Maximilian „erwählter-nichtgekrönter Kaiser" heißen. Darin gerade lag der Unterschied, zumal Maximilians Vater Friedrich III. der letzte Kaiser gewesen war, der in Rom die Krone empfangen hatte.

Der Gegenspieler Berthold von Henneberg

Zu den ersten Hauptgästen der Stadt Worms gehörten der Kaiser und Erzbischof Berthold von Henneberg, „des Heiligen Römischen Reiches Erzkanzler in Germanien" und Kurfürst von Mainz. Der Kaiser erschien so früh, um dringende Finanzwünsche rechtzeitig anzubringen, da sein heimliches väterliches Erbgut unangetastet bleiben sollte.

Erzbischof Berthold nannte man die Seele oder den Kopf der Reichsverhandlungen. Er hatte die Wahl Maximilians I. durchgesetzt. Dankbarkeit und Neigung des Kaisers zu dem mächtigen Mann erloschen jedoch allmählich. Beide entwickelten sich nicht nur grundverschieden, sondern bezogen auch gegensätzliche Positionen in der Innenpolitik. Maximilian trat gern vor das Volk und die Masse, Berthold dagegen blieb im Hintergrund und deckte die Beschlüsse der Regierenden ab. Er nötigte sämtliche Besucher des Reichstages, einen Amtseid abzulegen, um das Amtsgeheimnis zu wahren. Eine merkwürdige Persönlichkeit, Kanzler und Patriot, über den sich kaum Spuren in den Quellen freilegen lassen. Längere Zeit schon trat Berthold von Mainz wie ein Gegenspieler des Kaisers auf. Durch zehn Jahre sollte er es tatsächlich sein.

Ein kaiserlicher Herold im 16. Jahrhundert

Der Kaiser lediglich ein Repräsentant?

Vor Jahren hatte Berthold einen Plan vorgelegt, dessen Annahme als Gesetz der Kaiser untersagte. Ihm sollte nämlich ein Reichsregiment aus Kurfürsten und Fürsten gegenübergestellt werden, das die politischen Geschäfte übernahm. Der Kaiser lediglich als Repräsentant, das Reichsregiment als höchste innen- und außenpolitische Instanz! Diese Frage stand erneut in Worms zur Diskussion. Die Opposition ließ nicht an ihrer beabsichtigten Neuordnung des Reiches rütteln. „Wir können nichts Nützlicheres und Besseres ausdenken als Reform des ganzen Wesens", erklärten die Städte, die von Kanzler Berthold über die Notwendigkeit eines Kurkollegiums unterrichtet worden waren.

Wie so häufig in der deutschen Geschichte, verlangte ein Teil der Fürsten rigoros die Absetzung des Kaisers. Nach den Quellen sollte das in Worms vor sich gehen. Kanzler Berthold von Henneberg war Mitwisser, doch er fing den Anschlag diesmal ab. Die Zeit schien noch nicht reif. So setzte er den Ausbau der Reichsverfassung fort, auch wenn langwierige Verhandlungen nötig wurden. Noch gelang es den Fürsten, ohne wesentlichen Widerstand des Kaisers Privilegien gegen Geld auszuhandeln.

Pfarrer als Steuereinnehmer für Reich und Kirche

„Der Deutsche will auf keiner harten Bank mehr sitzen, überall ist das Faul- und Lotterbett im Gebrauch, in der Ritter- wie in der Bürgerstube so geheißen, weil die Faulheit den Menschen verlottert. Sechzig Gulden gibt man für eine Kinderwiege aus, nur der lausigen Pracht wegen", hieß es in Worms. Und wie interessierte man die Deutschen für das Schicksal des Reiches? Natürlich durch allgemeine Reichssteuern. Die Jahressteuer für Mann und Frau ab fünfzehn Jahren betrug einen halben Gulden für einen Besitz von 500 Gulden, einen ganzen Gulden für den Besitz von 1000 Gulden. Wer unter 500 Gulden besaß, zahlte den vierundzwanzigsten Teil eines Guldens. Die Juden zahlten eine Steuer von je einem Gulden.

An jedem Jahresende sammelte ausgerechnet der Pfarrer die Steuern ein. Er ermunterte von der Kanzel die Gläubigen, daß es gut sei, wenn sie mehr als die veranschlagte Steuer für Reich und Kirche zahlten. Durch Einschaltung des Pfarrers als Steuereinnehmer bereitete sich ebenfalls der berüchtigte Ablaßhandel vor, auch wenn sieben Schatzmeister, bestehend aus Kurfürsten, Fürsten, Rittern und Stadtoberhäuptern, den Eingang der Gelder überwachten. Von einem Erfolg dieser allgemeinen Steuer, auch der gemeine Pfennig genannt, konnte nicht die Rede sein, nur die Städte zeigten sich zahlungswillig. Sie waren es auch, die bei Einrichtung des Kammergerichtes 150 000 Gulden bewilligten, die später von der allgemeinen Reichssteuer gedeckt werden sollten.

Eine Zeitlang bedeutete Steuer nicht nur eine Last, sondern einen Makel für die Betroffenen, die meistens dem Bauernstand angehörten. Makel, weil nur die kleinen Leute zahlen sollten und die Fürsten und Herzöge befreit wurden.

Braut- und Heerfahrt nach Italien – nicht ohne Fugger-Kredit

Maximilian I. hatte eine zweite Frau gefunden, nicht die Geliebte und Gefährtin seines Schicksals, sondern die mit einer hochdotierten Mitgift ausgestattete junge Prinzessin Maria Bianca aus dem Hause des 1476 ermordeten Galeazzo Sforza von Mailand. Das Heiratsgut belief sich auf 300 000 Dukaten. Noch besaß der König keinen Pfennig davon. Der Zug nach Italien hatte nicht wie üblich nur den Zweck, sich die lombardische und die römische Krone zu holen, sondern Maximilian beabsichtigte, die Vormachtstellung der Franzosen im Süden zu brechen. Und wer stiftete das Geld für diese kriegerischen Pläne? Selbst die getreuen Reichsstädte lehnten ab, sich finanziell zu beteiligen. Sie erkannten den halb privaten, halb offiziellen Charakter des Italienzuges. Sie wünschten Glück und Erfolg, aber sie verweigerten Kriegsanleihen.

Im Sommer 1496 befahl der Kaiser dem Statthalter und den Räten in Tirol, Geld heranzuschaffen. Schätzungen über den Ertrag der Tiroler Kupferbergwerke brachten ein Angebot von 121 600 fl. Davon zogen die Augsburger Geldleute allerdings den stehenden Rest von 40 000 fl ab. Zudem brauchte die Tiroler Landesregierung die nicht unbeträchtliche Summe von über 20 000 Gulden für die Verwaltung. Für Maximilian blieben 13 000 fl übrig, zu wenig, um etwas Ordentliches zu unternehmen. Seine Abgesandten sollten bei der Heimholung der Braut repräsentieren. Es blieb nichts anderes übrig, als die Silbergruben erneut zu beleihen. Schließlich bekam der Kaiser für seine Italienpolitik, wie beim ersten Fugger-Kredit, 40 000 fl heraus.

Maximilian unterschätzte die Situation im Süden, in die er sich einmischen wollte. Ganz Italien befand sich in Unruhe und Erhebung. In

Rom herrschte der Borgia-Papst Alexander VI. Seine Stimme erscholl unüberhörbar, ob er kirchenpolitische Entscheidungen oder amouröse Wahlen traf.

Zum ersten Mal rebellierten Maximilians Nerven. Ein Leiden, an dem er in früher Kindheit erkrankt war. Mit fünf Jahren konnte er kaum sprechen. Die Wiener nannten den „kleinen lieben Helden" das „prinzliche Stottergöschl". Später, als er ausgewachsen war, wurde aus ihm ein hinreißender Redner, der jedoch trotz seines frischen Auftretens manchmal an Depressionen litt und sich ein, zwei Tage nicht sehen ließ.

Überall in Italien französische Fahnen, in Ostia wie in Florenz. Westitalienische Städte distanzierten sich von Maximilian. Eine französische Flotte tauchte auf. Nun meuterten seine Truppen, weil kein Sold gezahlt wurde. Er hatte keine glückliche Hand mehr. Kein Geld, kein Erfolg. Was blieb übrig, als Italien zu verlassen, „um mit Frankreich Bestand und Frieden zu machen", schrieb er nach Innsbruck. Thronwechsel in Frankreich 1498 ließ Maximilian jedoch auf eigene Faust handeln, ehe der neue König in Paris fest im Sattel saß.

„Ich will Frankreich einen Backenstreich geben, dessen noch in hundert Jahren gedacht werden soll", sprach der Kaiser pathetisch auf dem Reichstag zu Frankfurt. „Danach mag dasselbe in Gottes Namen seine Beute behalten, da ich doch von den Lombarden und von Deutschland verlassen bin. Den Krieg muß ich führen und will ihn führen, man sage, was man wolle."

Die Kurfürsten, Fürsten, Grafen und Prälaten horchten erschrocken auf. War das eine staatspolitische Rede oder ein unbedachter Ausbruch, den man lieber nicht gehört haben wollte?

Kaum hatte der Kaiser Platz genommen, erhob sich der Kanzler und Erzbischof Berthold. Im Gegensatz zu seinem impulsiven Reichs- und Landesherrn antwortete er ruhig. Er wußte, daß er viele Trümpfe besaß. So sagte er: „Euer Majestät belieben in Parabeln mit uns zu reden wie Christus mit seinen Jüngern. Ich besorge, daß die Stände, gestützt auf die Wormser Ordnung, schwerlich helfen werden, wenn der König wider ihren Rat Krieg anfangen würde."

Maximilian entgegnete: „Ich lasse mich nicht vom Kriege abbringen; lasse mich nicht an Händen und Füßen binden und an einen Nagel hängen."

Der Backenstreich an Frankreich wurde nie ausgeteilt. Die ganze Sache ging auf diplomatische Vermittlung hinaus. Maximilian konnte vor allem nicht ohne Geld den Krieg mit dem westlichen Nachbarn beginnen. Zudem brodelte es an der Tiroler Grenze, Häuser wurden zu Asche,

Tiroler Bergbauern standen Graubündner Bauern gegenüber, bis die Sturmglocken die ganze Schweiz zum Widerstand aufriefen.

Gegen den „stinkenden Kuhstall" der Eidgenossen

Sommeranfang 1499 traf in Augsburg der kaiserliche Vertrauensmann und langjährige oberste Finanzbeamte Georg Gossembrot mit Eilwagen ein. Er sprach im Bankhaus Fugger vor, um für den Krieg mit der Schweiz einen weiteren Vorschuß auf die Tiroler Kupfergruben einzuhandeln. Seit Februar 1499 lagen sich die Eidgenossen und die Kaiserlichen gegenüber. Der österreichische und schwäbische Adel wollten sich schon seit langem mit den „Erbfeinden der Ritterschaft", wie man die Eidgenossen schmähte, mit diesem „stinkendem Kuhstall", diesen „Kuhgehern" und „Kuhmäulern", messen und sie überrennen. Die Schmähungen hörten auf, als die Erfolge der anderen Seite sich mehrten. Obwohl jedermann in Europa wußte, welche zuverlässigen und unbesiegbaren Mannen das Schweizer Bergvolk stellte, hatte sich Maximilian beinahe ahnungslos in die blutige Auseinandersetzung zerren lassen. „Ein Krieg gegen die Eidgenossen wird Euer Majestät soviel Ehre bringen, wie kein Kaiser seit den Tagen Kaiser Karls erlangt hat." Solche falschen Hymnen nahm Maximilian ernst und fiel völlig darauf herein. Er verlor eine Schlacht nach der andern, sechs an der Zahl. Die Schweizer, in Europa ebenfalls bekannt für ihre Grausamkeit – sie machten keine Gefangenen und töteten selbst die männlichen Bewohner in den Städten – siegten. Es wurde nur ein Halbjahres-Krieg, in dessen Schlußrunde Maximilian mit dem Fuggerschen Kredit zwei Reichsheere aufzustellen versuchte, von denen das eine ohne Feindberührung auseinanderlief.

Mitten in der Nacht während dieses Schweizer Krieges, als man gegen Konstanz zog, stieß der Kaiser zu seinem Heer. Kaum jemand erkannte ihn in seinem grünen alten Rock, mit dem Stutzkäpple auf dem Kopf und darüber dem großen grünen Hut. Er liebte es, sich so zu tarnen. Ein junger Ritter namens Götz von Berlichingen, der zwanzig Jahre später wegen unrechtmäßiger Fehden und Raubüberfälle in die Reichsacht kam, erkannte ihn trotzdem: „... bey der Nasen, das ers war, denn ich hatt ihn davor... uf etlich Reichstägen... gesehen." Eine Begegnung, an die sich Berlichingen noch nach Jahren erinnerte, so daß er sie in seine Lebensbeschreibung aufnahm.

Bei den Friedensverhandlungen im Herbst bestätigte der Kaiser die Selbständigkeit der Schweiz. Man nannte die Eidgenossen jetzt „Verwandte des Reiches" oder „Schutzverwandte" mit eigener Gerichts-, Steuer- und Kriegshoheit. Es war der erste tiefe Schnitt in diese Bluts- und Kampfbruderschaft. Die Schweizer gehörten nominell zum Reich bis zum Westfälischen Frieden. Der Kaiser verlor ahnungslos und schlecht beraten ein Stück vom Herzen des Reiches.

Immer wieder Kriegsdrohungen eines erfolglosen Kriegsherrn

Im Augsburger Rathaussaal empfing Maximilian im Frühjahr 1500 die Stände und warnte in einer wohlgefügten, politisch wirkungslosen Rede vor Gefahren, die dem Reich drohten. Da er die Passivität der Zuhörer spürte, donnerte er zum Schluß: „Zur Einsicht werdet Ihr erst kommen, wenn Frankreich an die Tore Eurer Städte pocht."

Immer wieder Kriegsdrohungen von einem erfolglosen Kriegsherrn. Immer wieder vergebliche Versuche, in Italien festen Fuß zu fassen, obwohl weder Hauptleute noch Landsknechte, weder Waffen noch das dazugehörige Geld vorhanden waren. Als er zum zehnjährigen Krieg, 1508 bis 1517, nach Italien aufbrach, brauchte er Fuggersches Geld oder Lorbeer in Mengen. „Liederliche Händel, die keinen Grund und Bestand in sich tragen", nannten die Reichsstände diese Außenpolitik.

Die fünf Herzogtümer hatten sich allmählich in dreihundert Herrschaften aufgelöst. Kleinbesitz mit Kleinherren, denen als Idol vorschwebte, einmal Kurfürst zu werden. Über diesem persönlichen Interesse vergaßen sie das allgemeine. Kaiserlichen Aufforderungen zur politischen und militärischen Hilfe leisteten sie keine Folge. Aber Maximilian verstand auch nicht, sie zu bannen. Er riß das Reich nicht zusammen und duldete die Spaltung in zahllose Hoheiten.

Dieser Kaiser war manchmal mit Blindheit geschlagen, wenn er sich voll Eigenlob als „Vater des Volkes" feierte. Derselbe, den man in seiner Volkstümlichkeit den „Kleine-Leute-König" nannte und der sich bei Reichs- und Stadtfesten als Tänzer tummelte und beste Laune verbreitete, obwohl ihm das Wasser bis zum Halse stand. Zu manchen Feiern mußte er sich verpfändeten Schmuck von den Fuggern ausleihen, um nicht als geplünderter Herrscher mit leeren Tischen und Truhen vor den ausländischen Fürstlichkeiten und Diplomaten dazustehen.

Seine männliche Eleganz verwirrte Patrizierinnen und Handwerkertöchter, vermochte manchmal die Welt zu blenden, aber nicht die Gespenster zu verscheuchen, die er überall sah. Keinen seiner Feinde vertrieb er oder brachte er zur Raison. Er gilt als einer der Bankrotteure der Politik und der Staatskasse.

Den Titel des „letzten Ritters" empfing er dreihundert Jahre nach seiner Regentschaft von dem kaiserlich-österreichischen Hof-Historiker Joseph von Hormayr. Wäre er zu Lebzeiten der erste Landsknecht des Reiches gewesen und nicht nur eine Hauptfigur der ritterlichen Kampfspiele, dann wäre es um Deutschland besser bestellt gewesen. Die Romantik um diesen Kaiser im „schimmernden Glanze" hat nie abgenommen. Seine „Artigkeit" fiel auf, von seinen Verlusten sprach man selten. „Die Blätter der Pappeln von ganz Italien, in Gold verwandelt, würden nicht für ihn ausreichen", – so sah es Machiavelli, der schärfste Kritiker seiner Zeit.

Sein Beiname „Vater der Bergleute" scheint zu Recht bestanden zu haben. Maximilian kümmerte sich um die sozialen Verhältnisse der Kumpel, um Arbeitszeit, Krankheit und Alter. Nur gestreikt werden durfte nicht, dann ließ er Landsknechte aufmarschieren. Von kritischen Zeitgenossen erfährt man: „Er war stets ein anderer, als er selbst zu sein glaubte."

Für einen Dukaten jegliche Tat? – Der Kanzler als Verräter an Kaiser und Reich

Angst wurde Maximilian, als er im Augsburger Reichstag im Jahre 1500 Spuren einer kurfürstlichen Verschwörung entdeckte. Diesmal schien Kanzler Berthold zum Handeln entschlossen. Deutschland war ein Feld für Seuchen und Hunger. In Rom war anläßlich der Jahrhundertwende ein Jubeljahr mit großem Ablaß verkündet worden. Die Menschen beteten und zahlten, weil sie sich davon eine Wende zum Besseren erhofften. Die Kassen der Kirche füllten sich allein in Deutschland mit 300 000 Gulden, an denen Kaiser Maximilian I. beteiligt war. Es machte ihm nichts aus, „Handsalben" entgegenzunehmen. „Der Kaiser ist bedürftig der Gelder und würde für einen Dukaten jegliche Tat tun", äußerte ein venezianischer Diplomat.

Überraschenderweise sperrte der päpstliche Legat Peraudi die Ablaßeinnahmen. Er war von der Gegenseite um den Kanzler und Mainzer Erzbischof beeinflußt worden. Obwohl die Kirche zu jener Zeit den Ablaßhandel gerade in Deutschland im größten Stil betrieb, wagte plötzlich Kardinal Peraudi den Anwurf: „Du gleichst in Deinem gottesräuberischen Verfahren dem Heliodor, der den Tempelschatz an sich gerissen hat." Aber was sagte er wohl über den Verdacht gegenüber Papst Leo X., von dem es hieß, er benutze den Ablaß für seine Privatschatulle und die Ausrichtung der Hochzeit seiner Schwester? Der Verdacht ist bis heute unwiderlegt geblieben.

Vor aller Welt sichtbar, doch ohne Wissen des Kaisers, sammelten sich die deutschen Fürsten in Frankfurt. Man nannte es Konvent, um nicht allzu schnell die Maske fallen zu lassen. Natürlich war es wie ein Reichstag, den man nunmehr alljährlich stattfinden lassen wollte. Ein kurzer innenpolitischer Protest, denn Maximilian sparte nicht mit Gegenzügen. Er errichtete endlich ein kaiserliches Reichskammergericht und einen Reichshofrat, der das Reichsregiment ersetzen sollte. Er wollte wieder die Zügel fester in die Hand bekommen. Eine Herausforderung, die er sich leisten konnte, da er die Kurfürsten so bearbeitete, daß einzelne die Fronde verließen. Brandenburg und Trier wechselten zu ihm hinüber, so daß die kurfürstliche Gegenpartei gesprengt wurde.

Die zögernde, hinhaltende Art des Kaisers im Umgang mit den Kurfürsten, sein Pläneschmieden auf der einen Seite und auf der anderen Seite seine Entschlußlosigkeit, vor allem sein Fernsein in Italien – nach seinem völlig haltlosen Wort: „Erst die auswärtigen Händel! Die innere Ordnung kann warten" – verhinderten den Anschlag auf den Kaiser und seine Absetzung.

Abenteuerliche Finanzpolitik durch Besuche beim Goldkönig Fugger

In der Goldenen Schreibstube des Augsburger Palastes Jakob Fuggers saßen sich der Kaiser und sein Bankier gegenüber. Nicht die Steuern des Volkes reichten aus, nicht die Abgaben von Städten und Dörfern, nicht die Arbeit, der Ertrag von Bauern, Handwerkern und Kaufleuten, nicht der Gewinn aus Liegenschaften und ganzen Landschaften genügten für den Haushalt des Reiches, bei dessen Voranschlag es einmal nur heißt „Schulden in großer Zahl". Und das reiche Erbe des Vaters?

Der Kaiser hatte das Verlies des Schatzes in den Mauern der Nürnberger Margarethenkirche freilegen und den gesamten Bestand in Kisten verpacken lassen. Es waren 63 schwere Kisten. Sie wurden auf 21 Wagen verladen und wechselten den Aufenthaltsort von Zeit zu Zeit. Kein Platz war sicher genug. Ein Vermögen aus Geld und Edelsteinen, das nur ganz wenigen aus dem Vertrautenkreise des Kaisers bekannt war. Es blieb unangetastet und unsichtbar. Für ernste hoffnungslose Zeiten, wenn dem Kaiser vielleicht niemand mehr borgte?

Durch Jahrzehnte, eigentlich solange Maximilian regierte, machte er Schulden. Oftmals bat er zweimal um größeren Vorschuß. Hauptsächlich bei den Fuggern, von Herkunft Leineweber und Textilkaufleute, unter denen Jakob Fugger der Reiche – ein ehemaliger Mönch und angehender Theologe, der wieder Laie geworden war – als Finanzier, internationaler Geschäftsmann und Großunternehmer der Montanindustrie eine Monopolstellung einnahm. So pflegte man ihn den „Goldkönig" zu nennen. Damals bedeutete „fuggern" soviel wie Wucher treiben.

Jedesmal, wenn der Kaiser in Augsburg weilte, war es ihm ein Bedürfnis, bei seinem Bankier einzukehren und mit ihm zu speisen. Selten hat er bei diesen Besuchen vergessen, ihn um kleine oder größere Beträge anzupumpen, während die großen Kredite für den Staat von seinen Vertrauensmännern vorher abgeklärt wurden. Wiederholt mußte Fugger die Hofdienerschaft, den Marstall und die Kapelle in Augsburg auslösen, – eine Verlegenheit, der wir schon bei Maximilians Vater begegnet sind. „Dan wir tanzen hi stetigst an ain pfeifer und auf ainer Stelzen", erläuterte der Kaiser seinem Sekretär die Situation. Einmal steckte Maximilian Fugger ein Kartenblatt zu, worauf ihm dieser 6000 Gulden gab. Die schob der Kaiser in seinen Ärmel und hat sie „bei sich geführet, daß es seine Knechte nicht wären gewahr worden". In diplomatischen Kreisen sprach es sich herum: Maximilian I. würde für Dukaten jegliche Sache tun.

Vom ersten Kredit 1492 bis zum letzten Kredit 1518, ein Jahr vor dem Tode Maximilians I., reicht das Schuldenkalendarium der Majestät. Durch 26 Jahre vergab und verpfändete ein deutscher Herrscher 26 seiner Bergwerke oder ihre Erträge an Kupfer-, Silber- und Salzausbeuten, seine Grafschaften, Herrschaften, Kammergüter, Städte, Dörfer und Zollrechte. Außerdem „die vier besten Truhen mit unsern Kleinodien, mit samt unserm Lehengewand", wie Maximilian selbst gelegentlich anbot, ferner kostbare Kolliers, Beleihung von Subsidiengeldern und vor allem von Krongut. Darunter befand sich nicht der väterliche Schatz in den 63 Kisten. Die geliehenen Einzelsummen betrugen von 13 000 fl über 70 000 bis zu 300 000 fl. Etwas mehr, nämlich 330 000 fl hinterließ der Kaiser an Schulden, eine Summe von heute ungefähr 70 Millionen. Hinzu kommen die belasteten, versetzten und verkauften Renten, Zinsen von Besitztümern, meistens in Tirol, Krain, Kärnten und Steiermark gelegen. Die Kredite sind wiederholt nicht zurückgegeben worden, woraus der Grundstock des Fuggerschen Landreichtums erwuchs.

Mit diesen Schulden finanzierte Maximilian – nach dem Sieg über die Türken bei Villach – ab 1492 seine völlig ergebnislosen weiteren Kriege, ob es gegen die Schweiz, gegen Italien und Frankreich ging oder ob er mit Geld und Wucher politische Geschäfte machte. Selbst den Sold einzelner Regimenter streckte Fugger vor. Daneben sicherte sich Maximilian bei der Kirche wie bei den europäischen Alliierten hohe, auch regelmäßige Einkünfte. Unter allen möglichen Vorspiegelungen – Kreuzzug, Bündnis, Schutz – sammelte der Kaiser politische Hilfsgelder. So zahlte Papst Julius II. 40 000 Dukaten, Ludwig XII. von Frankreich 70 000 Dukaten, Ferdinand von Spanien 60 000 und der englische König einen Betrag in ähnlicher Höhe.

Meistens waren es rasche Geschäfte, Blitzüberweisungen würden wir heute sagen, die Fugger ausführte, niemals ohne sich vorher durch Pfänder gründlich zu sichern. Oftmals half er in letzter Stunde, wenn andere Möglichkeiten nicht funktionierten, nur selten mußte er passen. Um die kaiserlichen Geldgeschäfte zu monopolisieren, vereinigte er Augsburger und Nürnberger Finanzmänner um sich, damit Maximilian nicht an drei Stellen Kredite aufnahm und er, Fugger, das Gesamtgeschäft im Auge behielt. „Ich bin dermaßen an Geld erschöpft", schrieb er an Maximilian, „daß ich weitere Summen aufzubringen und Eurer Majestät darzustrecken, nicht gefaßt bin. Zudem ist mir die Majestät auch sonst noch merklich große Gelder auf etliche Verträge schuldig."

Dieser Augsburger Bankier erschien dem deutschen Kaiser unentbehrlicher als Staaatsmänner und Hauptleute. Da Fuggers Faktoreien sich über ganz Europa erstreckten, verfügte er über den besten Nachrichtendienst. Seine Agenten arbeiteten besser und schneller als die Post.

Womit konnte sich der Kaiser erkenntlich zeigen? Natürlich durch Auszeichnungen. Maximilian I. adelte Jakob Fugger und ernannte ihn zum kaiserlichen Rat. Drei Jahre später, 1514, erhob er ihn und seinen Leibeserben in den Grafenstand. „Bey dem Römischen Kaiser Maximilian ward Jakob von seiner höflichen Arth wegen fast geliebt, und dadurch zue großem Ansehen kommen", steht in der Chronik der Fuggerschen Geschlechter zu lesen. Jakob Fugger sagte es kürzer: „Ich habe den Kaiser in meiner Tasche."

Maximilian I.: Kaiserkrone und Papstkrone
auf einem Haupt

„... und versprechen den Kardinälen und etlichen andern Personen in diesen Sachen zu verhelfen biß in die dreymal hunderttausend Dukaten zu gebrauchen und daß solches durch alles allein durch die Fuggerbank daselbst in Rom entliehen, gehandelt, bestellt und zugesagt werde..."

Diese Stelle aus einem kaiserlichen Brief vom 16. September 1511 an den Tiroler Landmarschall von Lichtenstein spricht ganz offen von einer Bestechung der römischen Kardinäle und anderer wichtiger Persönlichkeiten der Kurie. Solcherart waren die Vorbereitungen des deutschen Kaisers, der sich nach dem Tod des berühmten Feldherren-Papstes Julius II., der augenblicklich sehr kränkelte, als geistlicher und weltlicher Oberherrscher in Rom einzurichten gedachte. Welch unglaublicher Gedanke: Kaisermacht und Papstmacht in einer Hand! Umgekehrt also, wie es einzelne Nachfolger Petri anstrebten, nämlich irdische und himmlische Macht allein zu repräsentieren.

Um das Kollegium der heiligen Männer auf seine Seite zu bringen, wollte und mußte Maximilian Dukaten springen lassen. Eine einfache, übliche Sache. Dies war die Stunde, wo er jene vier „besten Truhen" mit den Kleinodien verpfändete und gleichzeitig einen Zins von 100 000 Dukaten anbot. Als weitere Sicherheit sollte Lichtenstein die Hilfsgelder des Reiches zur Verfügung stellen, „so wie wir auf nächstkünftigem Reichstage von den Städten des Reiches erlangen werden". Ferner: die künftigen Steuern des österreichischen Erblandes, auch die spanischen Jahressubsidien.

Schließlich die Hauptgarantie des Kaisers zur Tilgung der 300 000 Dukaten: ein Drittel seiner Einkünfte als zukünftiger Papst an die Fuggerbank zu überweisen sowie Einstellung eines kaiserlichen Schatz- und Kammermeisters nach Vorschlag Jakob Fuggers. Auszahlung des Darlehens an die kaiserliche Gesandtschaft in Rom, die es nach Bedarf verteilen durfte.

Der romantische Einfall Kaiser Maximilians war nicht so abwegig, wie es im ersten Augenblick erschien. Einen weltlichen Herrscher als Papst hatte es schon einmal gegeben. Es war Herzog Amadeus VIII. von Savoyen, der Friedfertige genannt. Nach dem Ableben seiner Frau stiftete er den halbgeistlichen Ritterorden des Heiligen Mauritius. Auf dem Baseler Konzil 1439 wählte man Amadeus statt des abgesetzten Papstes Eugen IV. zum Nachfolger als Felix V. und krönte ihn mit der Tiara. Wegen geringer Unterstützung durch die Fürsten und wegen der Auflösung des Konzils gilt der Savoyer als letzter Gegenpapst der Kirche.

Nie mehr ein nacktes Weib berühren...

„Wir erachten es durchaus nicht für gut", schrieb der dreiundfünfzigjährige Maximilian an seine Tochter, „uns zu einer Ehe zu entschließen, sondern haben erwogen und sind des Willens, nie mehr ein nacktes Weib zu berühren." Der Brief trug die Unterschrift: „Von der Hand Eures guten Vaters Maximilian, künftigen Papstes."

Die Tochter hätte ihren Herrn Vater „tausendmal lieber als Gemahl der englischen Prinzessin denn als Papst" gesehen. Sie lehnte es ab, den Vater auf dem Stuhl Petri zu wissen, der dort „von tausend Gefahren der Seele und des Leibes umgeben" sein würde.

Die Verhandlungen des kaiserlichen Rates mit Jakob Fugger über den Kredit zur Papstwahl waren schwierig, eigentlich schon zu Anfang hoffnungslos. Der Bankier bewies mehr politischen Instinkt als der Kaiser und lehnte ab. Es war eines der wenigen Male, wo er sich sperrte.

Der Alarm um die Nachfolge in Rom schwoll ab, denn Papst Julius II. erholte sich. Maximilian sah die hohe Chance entschwinden, zumal es an Bestechungsgeldern fehlte. Er vergaß sie wie manche seiner Phantastereien. Seinen Einfall, Kaiser *und* Papst oder nach Abdankung als Kaiser die ausschließliche Papstwürde anzunehmen, hat man als frommen Wunsch eines Don Quichotte auf dem Thron verurteilt.

Vier Großmächte teilen sich die Ablaßeinkünfte

Zu einem riesigen „unheiligen Geschäft mit den Seelen" wurde die Einrichtung eines General-Kommissariates für den Jubel-Ablaß Papst Leos X. in Deutschland. Dieses Generalkommissariat übernahm der neuernannte Kardinal Albrecht von Brandenburg, Erzbischof von Mainz. Er wollte damit Schuldverschreibungen an Fugger aus Anlaß der Übernahme seines geistlichen Amtes und der in Rom verlangten Einstandssumme tilgen und hoffte, noch etwas hinzuzuverdienen, was völlig mißlingen sollte.

Unter seiner Anleitung zogen die Ablaßprediger, an ihrer Spitze der berüchtigte Tetzel, in das rheinische und thüringische Land. Den Erlös im Ablaßkasten, von Fuggerschen Agenten streng kontrolliert, die auch den Schlüssel zum Ablaßkasten verwahrten, teilten sich vier Parteien. Der Papst in Rom als erster und Kardinal Albrecht von Brandenburg als zweiter. Jakob Fugger, mit der Kurie längst in Verbindung, gleich den italienischen, schon seit langem als „Treuhänder" und finanzielle Organisatoren des Ablasses tätigen Bankiers, als dritte. Der Kaiser war der vierte, da er sich seine zeitlich begrenzte Erlaubnis für den Ablaß in Deutschland honorieren ließ. Ab Oktober 1515 erhielt er aus diesen Einkünften je tausend rheinische Gulden auf drei Jahre.

Alle vier, ebenso ahnungslos wie geldgierig, sind die Hauptschuldigen für die Erhebung der Deutschen in der Reformation.

Unruhe unter den Bürgern

Gelang es Maximilian I., von seinen mißlungenen Plänen immer wieder abzulenken? War der Kaiser pleite, waren es die Magistrate ebenfalls. Gegen die dauernden hohen Kornpreise begannen die Bürger zu protestieren. Drückende Steuern veranlaßten Demonstrationen in den Städten. Aufruhr und Tätlichkeiten bis zum Bürgerkrieg in Hamburg, Rostock und Erfurt. Jahrzehntelang, von 1487 bis 1515, nur Unruhe in Deutschland. Unruhe in den Bischofstädten Köln und Worms, Unruhe in Aachen, Neuß, Braunschweig, Osnabrück, Göttingen. Aufstände in Württemberg wie in den habsburgischen Erblanden Kärnten, Krain und Steiermark. Alle fast unter dem gleichen Ruf: „Nicht nur der Zehnte der Kirche, sondern auch die Zölle und Zinse der weltlichen Herren, überhaupt alle Untertänigkeitsverhältnisse sollen abgeschafft, die Güter des Klerus und des Adels eingezogen und nur noch der römische König anerkannt werden." Nach den Bauernunruhen nun die Unruhen in den Städten.

Von dem Geist der großen Entdeckungen ließ sich der Kaiser ebenfalls nicht entflammen. Während Kolumbus Amerika, die Bahamas, Kuba und Haiti entdeckte — mit diesem Ereignis hat man den Übergang vom Mittelalter zur Neuzeit gekennzeichnet —, wurde Maximilian zu einem König ohne Geld und ohne Kredit. Er regierte immer noch ein stattliches deutsches Reich, aber hilflos und ohne auf Einheit bedacht zu sein.

Dreijährige kaiserliche Aufträge für Albrecht Dürer

In einer kleinen Stube hoch oben in der Augsburger Pfalz stand am Montag nach dem Fest Johannes des Täufers am 24. Juni 1518 der Nürnberger Maler und Zeichner Albrecht Dürer dem Monarchen gegenüber. Während einiger Pausen des Reichstages saß Maximilian I. Modell für jene berühmte Zeichnung, die als das einzige nach dem Leben fertiggestellte Porträt des Kaisers anzusehen ist. Jahrelang schon gehörte Dürer zum Kreis der Hausmaler, die für den Nachruhm des deutschen Monarchen zu sorgen hatten.

Maximilian war nicht vom Anfang seiner Regierung an ein Kunstliebhaber oder Mäzen. Nach seinem vierzigsten Lebensjahr brauchte er Propaganda für seinen Ruf. Seine politischen Zickzackkurse, wie man es genannt hat, ließen manchen frühen Lorbeer verwelken.

Natürlich empfand es der damals siebenundvierzigjährige Künstler als Auszeichnung, für den ersten Mann des Reiches arbeiten zu dürfen, auch wenn seine Honorare nicht immer pünktlich und in voller Höhe einliefen. Als Dürers Entgelt von der Nürnberger Stadtsteuer überwiesen werden sollte, stellte sich heraus, daß diese längst an Kursachsen verpfändet worden war.

Drei Jahre mit kaiserlichen Aufträgen beschäftigt zu sein, wünschte sich mancher Maler, besonders wenn er danach, wie Dürer im September 1515, einen Pensionsvertrag mit einem jährlichen Gnadengehalt von 100 Gulden (etwa 3000 Goldmark) zugesprochen erhielt. Der Betrag war die Hälfte der Summe, die Dürer einst von seinem Schwiegervater als Heiratsgut erhielt.

Für die Illustration des berühmten Gebetbuches des Kaisers fand sich 1515 ein solches Neungestirn zusammen wie der Nürnberger Albrecht Dürer und sein Bruder Hans, der Bamberger Lucas Cranach, der Regensburger Albrecht Altdorfer, die Augsburger Hans Burgkmair, Hans Baldung Grien und Jörg Breu, der Straßburger Weyersheim und schließlich der Oberinntaler Jörg Kolderer. In Dürers Randzeichnungen hat man das „reinste Denkmal seiner graphischen Phantasie und seines ornamentalen Stiles" erkannt. Das Gebetbuch, in neuen Lettern, in einer Prachtausgabe auf Pergament und Quartausgabe auf Papier, sollte nur in wenigen Exemplaren gedruckt werden, um den Charakter der Handschrift nicht zu verlieren, wie man sie bis dahin bevorzugt hatte und nicht anders kannte. Als einer der ersten Fürsten setzte Maximilian die Buchdruckerkunst als kulturpolitisches und werbetechnisches Instrument ein. Er berief die erlesensten Geister der Zeit an seinen Hof, Humanisten aus Franken, Schwaben, Thüringen und dem Elsaß, mit denen er Bücher zu produzieren gedachte. Sie alle waren erste Sprecher einer Zeitenwende. An der Spitze der Franke Konrad Celtis, den man den Horaz der Deutschen nannte, der Historiker und Arzt Johannes Spießheim, der Nürnberger Patrizier Willibald Pirckheimer und der für unabhängige Wissenschaft kämpfende Johann Reuchlin, den Maximilian adelte. Ein weithin sichtbares Bekenntnis zur humanistischen Bewegung, die die Welt aus der Lethargie und den Menschen aus der scholastischen Bevormundung befreien wollte.

Der kaiserliche Autor bespricht sich mit der Geistes- und Kunstelite

Während der Kaiser nicht einmal den nächsten Ratgebern seine politischen Pläne offenbarte, unterhielt er sich mit Künstlern in ausgedehnten Gesprächen. Er entwickelte seine Ideen, er besuchte sie in den Werkstätten und beurteilte den Fortgang ihrer Arbeiten. Mit seinen staatsmännischen Mitarbeitern, wie seinen Geheimsekretären Max Treitzsauerwein und Melchior Pfinzing und dem Augsburger Altertumsforscher Konrad Peutinger, den er als zuverlässigen Botschafter in die Welt sandte, mit dem Nürnberger Ratsherrn Willibald Pirckheimer, vor allem mit seinem humanistisch gesinnten Hofgelehrten Stabius, unterhielt er sich über die Manuskripte zu seinen Büchern. Darin war er so zeitgemäß wie selten ein Fürst.

Natürlich wählten Maximilian und seine Mitarbeiter eine gereimte, romanhafte Form mit allegorischen Masken, in denen er jedoch als Hauptperson erkenntlich war. Maximilians Brautwerbung um Maria von Burgund geschah unter dem Namen „Theuerdank", dem Namen eines Menschen, der „auf Abenteuer denkt, der von Jugend auf alle seine Gedanken auf teuerliche Sachen gerichtet hat". Feinde machen ihm Erfolge streitig. Durch Abenteuer bei der Jagd auf Gemsen, Hirsche und Bären sorgt der Verfasser für unterhaltsame Spannung. Durch Jahrhunderte erhielt sich die Wirkung des kaiserlichen Epos „Theuerdank". Zahlreiche Nachdrucke und Umdichtungen erschienen bis ins 17. und 18. Jahrhundert.

Als Gegenstück skizzierte der Autor den „Weißkunig", eine Variation zum „Theuerdank"-Thema, diesmal in Prosa. Drei Teile erzählen vom alten Weißkunig bis zum jungen Weißkunig, von den Kriegen von 1477 bis 1513. In beiden Büchern teilt der Kaiser seine Ansichten sowohl über den Behördenapparat eines Herrschers, über Staats- und Kirchenordnung als auch über Heer und Geschützwesen mit.

Der Augsburger Peutinger regelte als kaiserlicher Berater die geschäftlichen Vereinbarungen mit den Künstlern, Holzschneidern und Druckern. Während „Theuerdank" mit 118 kostbaren Holzschnitten ausgestattet wurde, erhielt „Weißkunig" 251 Holzschnitte. Entwürfe für die Illustrationen stammen von kaiserlicher Hand. Den „Theuerdank" statteten in den Jahren 1512 bis 1515 Hans Burgkmair und Schüler von Dürer aus. Beim „Weißkunig" war eine Gruppe von fünf Illustratoren beteiligt, diesmal an der Spitze Meister Bernhard Beck aus Augsburg mit 127 Bildern, Burgkmair mit 118, für den Rest werden die beiden Dürer-

Schüler aus Nürnberg, Hans Springinklee und Hans Leonhard Scheufelin genannt. Der „Theuerdank" ist das einzige Buch, das zu Lebzeiten des Kaisers erschien. Die Gesamtauflage ruhte in Truhen, um nach Maximilians Tode der Welt von seinem kaiserlichen Leben und seinen Taten zu berichten.

Hundert Bücher kündigte Maximilian für seine staatspolitischen Werbezwecke an. Er besaß mehr Ideen für Bücher, als ausgeführt wurden. Die autobiographische „Ehrenpforte" mit 192 Holzschnitten aus dem Nürnberger Kreis Albrecht Dürers verherrlichte seine Baufreudigkeit, die aber mehr im Planen als im Ausführen bestand. Die erste Skizze zum „Triumphzug" stammte wieder von Dürer, die meisten der über 200 Holzschnitte von Burgkmair.

„Wer sich in seinem Leben kein Gedächtnis macht, der hat auch nach seinem Tode kein Gedächtnis und desselbigen Menschen wird mit dem Glockenschlag vergessen", heißt es in Maximilians „Weißkunig". In einsamen Stunden, die gar nicht so selten waren, wie man geglaubt, lieferte er sich der Melancholie aus. Wohl berauschte er sich an dem wohlgelungenen Pomp und der äußeren Herrlichkeit seiner Empfänge und Reichstage, — wer aber dachte noch daran in der nächsten Woche?

Grabmal zu Lebzeiten der Majestät

Bei der feierlichen Prozession in der Sankt Ulrichskirche seiner Residenzstadt Augsburg kam Maximilian plötzlich ein Gedanke. Zwischen Frühling, Sommer und Herbst der Jahrhundertwende 1500 hielt sich die Majestät aus doppeltem Anlaß sechs Monate in der Reichsstadt an der Wertach auf: Vorstellung seiner zweiten Gemahlin Maria Bianca vor dem huldigenden Reichstag im März und dann im Juli das große Kirchenfest in Sankt Ulrich. Maximilian trug den Ornat Karls des Großen mit dem Kaisermantel und der Kaiserkrone auf dem Haupt; in seinem Gefolge die Kurfürsten und höchsten Reichsbeamten.

An dieser Stelle, wo der Grundstein zum Bau der neuen Ulrichskirche gelegt wurde — hier mußte ein überlebensgroßes Denkmal errichtet werden. Der Kaiser als monumentale Reiterfigur, mitten in der Kirche, wie der Bamberger Reiter im Ostchor des Bamberger Domes. Oder im Freien, draußen, auf dem Vorplatz von Sankt Ulrich, wie die Reiterstandbilder von Donatello in Padua oder von Verrocchio in Venedig? Platz war genügend, großartig die Perspektive der langen, breiten Straße, die noch heute Maximilianstraße heißt.

Nach zehn Jahren brachte Hans Burgkmair Skizzen für das Reiterstandbild. Auf einem Pferd im Harnisch saß der geharnischte Kaiser mit senkrecht erhobenem Schwert. Entwürfe über Entwürfe ließ sich Maximilian vorlegen. Keiner genügte ihm. Der Eifer erlahmte. Der Augsburger Plan mit dem Reiterstandbild im Chor von Sankt Ulrich zerrann.

An vierzig Erzbilder, Ahnen der Habsburger Dynastie von der Gründerzeit über die klassische Zeit bis in die letzten Jahrhunderte dachte Maximilian, während er zum Bürgermeister und zu den Ratsherren von seinem Grabmal sprach und sie gleichzeitig um die Errichtung von zwei Gießhütten ersuchte. Der Kaiser befand sich im besten Mannesalter von dreiundvierzig Jahren, als ihn zum ersten Mal die Idee eines Grabmals bewegte. Es sollte seinem Andenken und Ruhm dienen und wurde ein gewaltiges Unternehmen, mit Gießhütten in Mühlau bei Innsbruck, in Nürnberg und Landshut und dann in Augsburg. Die besten Plastiker Deutschlands gewann er: Peter Vischer für zwei Erzbilder, Veit Stoß für ein Erzbild, dann die Erzgießer Gilg Sesselschreiber, Stefan Godl, Lorenz Sarter, Lorenz Kannengießer und Georg Löffler. Die Oberleitung übernahm Peutinger. Aber das Haupt des Vorhabens war der Kaiser selbst. Er versprach viel und hielt nichts. Zum Guß der Standbilder wollte er an Peutinger hundert Zentner Kupfer aus seinen Tiroler Minen schicken. Nichts geschah. Das Kupfer hatten Gläubiger beschlagnahmt.

Alle Entwürfe für die vierzig Erzstatuen, die den Sarkophag wie eine Ehrenwache mit Fackeln trauernd umstehen sollten, gingen durch seine Hände. Er verbesserte Einzelheiten, wünschte äußerste Genauigkeiten, wodurch er den Schwung und die freie Entfaltung der künstlerischen Phantasie hemmte.

Das Grabmal sollte im Dom zu Speyer, einer Begräbnisstätte deutscher Kaiser, aufgestellt werden.

Durch Jahre und Jahrzehnte, von 1502 bis zu seinem Tode, dauerte die Arbeit an dem Grabmal. Immer wieder äußerte der Kaiser neue Wünsche. Zu den vierzig Erzbildern, von denen er nur neunzehn große Stücke besichtigen und korrigieren konnte, kamen noch kleine Erzstandbilder. An hundert Erzstatuetten verlangte Maximilian. Nach Holzmodellen stellte sie der Tiroler Bildgießer Stefan Godl her. Auch hiervon sah der Kaiser nur neunzehn Bildsäulen. Heute befinden sich achtundzwanzig Erzbilder am kaiserlichen Sarkophag in Innsbruck.

Heldengestalt für die Walhalla der Deutschen

Zweifellos war Kaiser Maximilian eine betörende Heldengestalt für die Walhalla der Deutschen. Ritter und Liebhaber mit vierzehn unehelichen Kindern, wie die Zeitgenossen zählten. Monarch, Protektor und Verehrer der Musen, stets gut gelaunt, hoheitsvoll und trotzdem volkstümlich, mit riesigen Festen und entsprechenden Schulden für alles, was er als Herrscher unternahm. Ein Jäger mit reichen Tiroler Jagdgründen, in deren Einsamkeit er flüchtete, wenn die Ereignisse in der Welt ihn zu martern begannen. Dazu ein Bergsteiger und Fährtensucher in alpinen Höhen, so daß er häufig Mittelpunkt von Legenden wurde. Ein Christ in üblicher, keineswegs enger, aber auch nicht hochreißender Tradition. Dazu ein Zeitgenosse, der wie Hochstehende am Vatikan oder am Kaiserhof auf astrologische Aussagen hörte. Manchmal vernahm er den Geist der Zukunft, wenn er die heraufdrängende Generation der Humanisten zur Mitarbeit aufforderte. Spürt man diesen kulturellen und künstlerischen Begegnungen des Kaisers nach, dann erinnert man gern an seine über die Jahrhunderte bis heute gültige These: „Eigentlich müßten die gebildetsten und gelehrtesten Männer herrschen." Sinnbild seiner schwindenden Kraft war es, daß er in den letzten Jahren stets einen Sarg mit sich führte, im Felde wie bei friedlichen Kaiserzügen, der dem Hofe gegenüber als Schatz- oder Bücherkammer getarnt war.

Der Neunundfünfzigjährige kränkelte beim letzten Besuch seiner geliebten Reichsstadt Augsburg. So versuchte er, die versammelten Reichsstände für die Wahl seines Enkels, des neunzehnjährigen Karl, zum römischen König zu beeinflussen. Es mißlang zunächst, da sich die deutschen Kurfürsten – auf Betreiben des Hohenzollern Joachim Kurfürst von Brandenburg – von Frankreich reichlich bestechen ließen.

Maximilian, verärgert, mitgenommen und fiebrig von Augsburg abreisend, ahnte nicht, daß sich zwei Tage später Martin Luther auf dem Weg nach Augsburg befand, um die erste große Disputation durchzustehen.

XIV.
Die letzte Majestät Europas: Karl V.

Der größte Wahlbestechungsskandal der
Kaisergeschichte

Die folgende Kaiserwahl war die erbärmlichste und kostspieligste, die jemals in Deutschland stattfand. Das Habsburger Herrscherhaus verband sich wiederum von Anfang an mit einem mächtigen Finanzkonsortium und bekam sehr viel Geld. Die Dynastie setzte es rücksichtslos zur Bestechung ein und brachte einen interessanten, mächtig gebietenden, nicht deutsch gesinnten, fremden Landesherrn auf den Thron.

Es war tatsächlich Maximilians I. Enkel, der neunzehnjährige spanische König Karl I. aus dem Habsburger Haus. Sohn eines deutschen Vaters und einer spanischen Mutter. Ein Jüngling, der schon vor zwei Jahren Geldgeschäfte mit den Fuggern gemacht hatte. Überraschend bei einem so blutjungen Fürsten, der, gleich seinem Großvater, frühzeitig um Kredite nachsuchte, obwohl er später über imposante Krongüter aus der halben Welt verfügen sollte. Auf Grund dieser Verbindung Habsburg-Fugger machte sich im August 1517 der Antwerpener Filialleiter der Fuggerschen Weltbank, Wolf Haller, nach Spanien auf den Weg, um die Wünsche Karls I. zu erfragen. Sie betrafen die kaiserliche Nachfolge in Deutschland.

Dieser junge spanische König hatte unterdessen etwas angeordnet, was seine Ahnungslosigkeit enthüllte. Aufgefordert von seinem Großvater, versuchte er durch „Handsalben", wie bekanntlich die offiziellen Korruptionsgelder genannt wurden, die deutschen Kurfürsten rechtzeitig für sich zu gewinnen. Der Enkel vergab Wechsel in Höhe von 94 000 Goldgulden. Sie sollten nach der Wahl fällig werden. Der alte Darlehenspraktiker Maximilian I. schüttelte den Kopf über seinen unerfahrenen, harmlosen Enkel. Darüber schrieb er ihm einen Brief: Keine Wechsel, sondern Bargeld erwarteten die kurfürstlichen Wähler! Keine Gelder, die erst nach der Wahl fällig, sondern sofort ausgezahlt wurden.

Auch die veranschlagte Summe fand Maximilian viel zu gering. Das

Fünffache mindestens! Also 450 000 Goldgulden waren erforderlich. Diesen Kredit sollte der spanische Enkel beim Fugger lockermachen. Der junge Herr äußerte diesen Kreditwunsch nun gegenüber dem Finanzbotschafter Wolf Haller, der ihn in Spanien aufsuchte.

Der halberwachsene königliche Regent über Spanien, Österreich und die neuen Länder Amerikas, dieser Habsburger sollte als römischer König auch noch Herr über Deutschland, Burgund, Flandern, die Niederlande und Teile von Italien, wie Neapel und Sizilien, werden...? Ein Koloß von Imperium, der einem Angst und Bange machen konnte und den man nicht zulassen durfte. Deshalb sollte ein anderer König zur Wahl gestellt werden...

Solche Gedankengänge entwickelte 1517 ausgerechnet der deutsche Gesandte als Sprecher der Kurfürsten vor dem ebenfalls jungen, dreiundzwanzigjährigen französischen König Franz I. Schon hier fanden sich Anzeichen einer völligen staatspolitischen Ratlosigkeit und Verwirrung.

Ein Franzose als Nachfolger des deutschen Kaisers Maximilian I.? War damit der historische, universalistische Sinn des Kaisertitels angesprochen, nach dem jeder König in Europa römischer Kaiser werden konnte? Oder wollte man die Erhöhung eines Fürsten versuchen, dessen Land seit dem Vertrag von Verdun 843 nicht mehr zum Reich gehörte und als Westfranken begann, unter den Capetingern einen eigenen staatspolitischen Organismus zu entwickeln? Oder aber ging es den deutschen Kurfürsten lediglich um Wahlgelder, gleichgültig von welcher Seite sie flossen?

Der französische König Franz I. als
Konkurrent des Habsburgers Karl

Franz I., der erste französische Renaissanceherrscher, stattlich, tapfer, für das Volk eine Symbolfigur, der man Niederlagen, Verluste und Steuererpressungen mehr oder minder verzieh, startete mit einem großen diplomatischen Feldzug. Er entsandte zahlreiche Geheimagenten, die in Deutschland herumreisten und Franz' I. Wunsch nach der deutschen Kaiserkrone äußerten, dafür Versprechungen anboten und ziemliche Geldbeträge bei sich führten. 300 000 Livres stünden den französischen Finanzgesandten für die deutschen Kurfürsten zur Verfügung, hieß es. Wagen voller Gold sollten sie bei sich führen. Ämter und Würden wurden den Deutschen angeboten. Teile seines Kronbesitzes veräußerte der französische König, um „flüssig" zu bleiben. Die deutschen Kurfürsten öffneten die Augen und die Hände, sie strafften sich im Genuß der in Aussicht gestellten Geschenke an Titeln, Hoheitsrechten und Geldmitteln. So entschlossen sie sich allmählich, den König von Frankreich zum König und Kaiser zu wählen. Von Franz I. hieß es, er wolle die Hälfte seines Jahreseinkommens in Höhe von 3 Millionen Livres für die Wahlen ausgeben. Das war geprahlt, denn auch Frankreichs Gelder flossen nicht so ohne weiteres. Franz I. versuchte, in Genua und Lyon Anleihen aufzunehmen, was mißlang. Eine bedeutende Spende seiner Mutter brachte einen stattlichen Grundstock für die Wahlgelder, der aber noch sehr viel höher aufgestockt werden mußte, um jene eindrucksvolle Summe zu erreichen. Die französische Freigebigkeit machte im Anfang auf die deutschen Kurfürsten großen Eindruck.

Der neunzehnjährige Karl I. schickte ebenfalls außerordentliche Gesandte nach Deutschland. Die meisten waren Mitarbeiter und Freunde seines Großvaters gewesen, wie der Geheimschreiber Nikolaus Ziegler, der Schatzmeister Jakob Villinger, dazu der Kanzler Sarentheim, der Kardinal Matthäus Lang von Gurk sowie Grafen und Amtmänner. Sie alle verfügten über eine erstaunliche Beredsamkeit, die durch kaiserliche Spenden und Werbegelder unterstützt wurde. Sonst aber verschleppten sich Rückfragen und Entscheidung, weil Karl ja in Madrid residierte.

Sogar der König von England Heinrich VIII. bewirbt sich um den deutschen Kaiserthron

Äußerte nicht auch König Heinrich VIII. von England Interesse an dem deutschen Kaiserthron? Sollten sich drei Fürsten bewerben? Man trifft in den Quellen auf deutliche Anspielungen, die aber später verschwinden, weil Heinrich VIII. die Wahl offensichtlich zu teuer erschien. Unterhändler Karls I. beobachteten nämlich bei dem bekannten florentinischen Bankier Filippo Gualterotti ein unschlüssiges Verhalten; dieser schien geneigt, Heinrich VIII. von England zu begünstigen und mit Wahlgeldern zu versehen.

Finanziers bestimmen den Ausgang der Kaiserwahl

Im Januar 1519 kam es zur Vereinbarung eines förmlichen Konsortiums für Karl I. Es bestand aus dem zweitgrößten Handelshaus Augsburgs, dem Unternehmen Welser, sowie dem Florentiner Gualterotti und zwei genuesischen Bankengruppen um Grimaldi. Die Welser zahlten 110 000 fl und 25 000 Kronen, Gualterotti 55 000 fl, die Genuesen ebenfalls 55 000 fl. Die Verfügung über die Wechsel, wer an wen im einzelnen und welche Beträge an die deutschen Kurfürsten zur Auszahlung kommen sollten, übernahm ein Sonderbeauftragter Karls I.

Eine Bedingung bei dem Kredit fällt auf: Das Finanzkonsortium wollte nur zahlen, falls Karl I. zum König gewählt wurde. Wie sollte diese Voraussetzung durchgeführt werden, da man den Fürsten Vorschuß und Gesamtsumme in bar anzubieten hatte? War es eine Vorsicht der Bankiers oder ein Druckmittel für Komplikationen? . . . Bis dahin sind die Fugger nur am Rand unter den Königsmachern spürbar. Sie sollten bald sichtbar und grundsätzlich eingreifen.

Kaum war dieses Konsortium beisammen, da starb Kaiser Maximilian. Das Startzeichen für die Besetzung des verwaisten Thrones war gegeben. Sofort preschte Franz I. von Frankreich vor und öffnete seine Schatztruhen, um die Beihilfen für die deutschen Kurfürsten zu erhöhen. Karl I. beeilte sich ebenfalls mit neuen Schmiergeldern; er soll bis August 1518 mehrere 100 000 Gulden oder Dukaten verteilt haben.

Die deutschen Kurfürsten wurden von zwei Seiten bearbeitet und von zwei Seiten bestochen. Sie sperrten sich aus taktischen Gründen dem einen oder andern Vertreter der Parteien, um ihre Kurse an der Wahlbörse zu steigern.

Große Politik zwischen Kirche und Kaiserthron

Die große Politik zwischen dem Vatikan und dem höchsten weltlichen Thron im Abendland machte sich bemerkbar. Wurde nicht das goldene Zeitalter des Medici-Papstes, des schwelgerischen Leo X., durch die Unruhen der deutschen Kaiserwahl gefährdet? Unruhen in Italien und im Kirchenstaat waren zu befürchten, da der Enkel Kaiser Maximilians I., Karl von Österreich und Spanien, König von Neapel war und sein Gegenspieler, der französische König Franz I., Herzog von Mailand. Wiederum drohte der Kirchenstaat in einen Kessel zu geraten, an dessen Rändern fürstliche Machthaber auf die günstigste Stunde eines Einfalls warteten. Leo gab eine Voraussage, die sich erfüllen sollte: Gleichgültig, wer von den beiden Thronkonkurrenten siegte, – der Unabhängigkeit des Heiligen Stuhls und dem Frieden Italiens drohte höchste Gefahr. Leo behielt recht. Italien wurde bald Kriegsschauplatz der Nebenbuhler.

Der Papst neigte zum König von Frankreich, weil dieser nicht so mächtig war. Immer das gleiche politische Wechselspiel des Vatikans:

mal brauchte man einen starken Schutzherrn, mal einen mäßigen, um sich nicht dem starken ausliefern zu müssen. Deshalb bekamen französische Gesandte in Rom huldvolle Zusicherungen des Heiligen Vaters. Leo X. setzte bald völlig auf Franz I. mit dem päpstlichen Titel des „allerchristlichsten Königs" und versprach Kardinalshüte für die Kurfürsten von Köln und Trier und die Legatenwürde für Mainz. Ein päpstliches Doppelspiel sollte beide Kontrahenten an die Kette legen. Leo X. unterzeichnete im Januar 1519 einen Geheimvertrag mit den Habsburgern, drei Tage danach gründete er eine päpstlich-französische Liga, die Rom als Trumpf auszuspielen gedachte, falls Karl I. die Wahl gewann. Drei päpstliche Legaten erklärten sich ganz offen auf dem Kurfürstentag in Oberwesel gegen Karl I., Kirche und Frankreich waren sich einig.

Augsburg bleibt Hauptquartier der Staatskreditgeber

Als diese Absprachen in der Öffentlichkeit bekannt wurden, wandten sich Publizisten und Geistliche in Deutschland gegen die Wahl des französischen Königs. Damit wurden besonders einige deutsche Kaufleute getroffen, die lieber Wechselgeschäfte mit dem französischen König machten, als sich auf Karl I. einzustellen. Selbst die Welser schienen schwankend zu werden. Die Kanzel wurde zum politischen Tribunal.

Franz I. ließ antworten, daß er die Kaiserkrone nicht zu persönlichem Nutzen brauche. Auf die Bewerbung Karls I. hinzielend, verwies der Franzose auf den Gegensatz zwischen Spanien und Deutschland, während Frankreich „so ziemlich in allem mit der deutschen Nation übereinstimme". Er kritisierte Karls Jugend, obwohl er selbst nur wenig älter war, und vor allem die Entfernung von Madrid und Augsburg, während Karl I. „vom deutschen Blut und deutscher Abkunft" sprach und „das erste Reis seines Adels auf das Haus Österreich zurückführte". Wurde aber mit Karl I. nicht Spanien das Herz des Imperiums? fragten besorgte Stadträte in Deutschland.

Augsburg hat man das Hauptquartier der österreichischen Diplomaten des spanisch-habsburgischen Königs genannt. Hier disponierten seine Vertrauten zusammen mit dem Hause Fugger, das immer entscheidender zur Seite Karls I. neigte und zusätzliche Kredite zu überweisen bereit war. Doch die kaiserlichen Räte Villinger und Ziegler beobachteten, wie mehrfach auch französische Gesandte im Fuggerschen Hause weilten. Gerüchte wollten wissen, daß Franz I. mit einem Heer nach dem Osten vorzustoßen beabsichtige. Er wollte durch seine militärische Anwesenheit besonderen Eindruck machen. Es blieben Invasionsgerüchte, die Finanzregelung war realer gedacht. Man sprach von verlockenden Angeboten Frankreichs, die dem Bankier 30 000 Golddukaten eingebracht hätten. Das teilte man natürlich dem spanischen Vertreter hinter vorgehaltener Hand mit und setzte gleichzeitig hinzu: „Wir wollen gute und getreue Untertanen des Königs, unseres Herrn, bleiben."

Frankreich wollte seine Wahlchancen mit einer Gesamtsumme von 720 000 Golddukaten absichern. Als Karl I. davon erfuhr, ärgerte er sich. Er dünkte sich als reichster Bewerber unangreifbar. Da er ebenfalls um jeden Preis deutscher Kaiser werden wollte, verlangte er eine letzte Kreditrunde bei den Fuggern. Hinzu kam die Unzuverlässigkeit der von einer Seite zur anderen wechselnden Kurfürsten: Joachim von Brandenburg empfing vom König von Frankreich das verheißungsvolle Angebot, bei einem Wahlerfolg des Franzosen als Statthalter für Deutschland eingesetzt zu werden.

Ein Überschlag für Karls I. Seite war nötig. Wer von den Kurfürsten und ihren Räten, selbst die Diener waren eingeschlossen, sollte endgültig wieviel erhalten? Reichsstädte und Kammergerichte mit ihren Beamten waren zu bedenken. Der Führer der Reichsritterschaften, Franz von Sickingen, erwartete Hilfsgelder. Die Schweizer erhielten einen Sondersold zugesprochen. Kamen noch die stattlichen „Aufgelder" für die Geldgeber Fugger und Welser hinzu.

Im ganzen errechnete man 851 000 Golddukaten. Diese für die damalige Zeit ungeheure Summe an Bestechungsgeldern verteilte sich wie folgt: 543 000 Golddukaten auf die Fugger, 143 000 Golddukaten auf die Welser, 165 000 Golddukaten auf die genuesischen und florentinischen Bankiers.

Soviel kostete die Kaiserwahl Karls I. Während die Bürger in Deutschland glaubten, es würde der beste unter den Fürsten gewählt, ging es allein um den bestzahlenden Bewerber.

Ein vierter Thronkonkurrent, durch päpstliche Politik gestützt

Mitten in den finanziellen und politischen Umtrieben protegierte die päpstliche Politik einen vierten Konkurrenten. Es war Kurfürst Friedrich der Weise, der Schutz- und Landesherr Martin Luthers und einer der fortschrittlichsten Regenten in Deutschland. Wollte der Papst diesen evangelischen Mann gekürt und damit an seiner Seite wissen, um durch ihn den Fall Luther schnell zu beenden?

Friedrich der Weise soll der einzige gewesen sein, der lange Zeit Bestechungsversuche ablehnte. Während Pfalzgraf Friedrich 189 000 Gulden, der Kurfürst von Mainz 113 200 Gulden empfingen, zahlte Fugger schließlich an den sächsischen Kurfürsten „nur" 70 000 Gulden Wahlgelder. Friedrich der Weise nahm und blieb unabhängig. Das brachte neuen Respekt und förderte sein Ansehen so, daß man ihn zum deutschen König und Kaiser wählen wollte. Der Kurfürst lehnte ab: Er wolle lieber ein mächtiger Herzog als ein schwacher König sein.

Zwei Tage vor der Wahl bot ihm der päpstliche Legat im Auftrage Seiner Heiligkeit sogar einen Kardinalshut an. Man hat gemeint, diese Auszeichnung habe Martin Luther gegolten, um auch damit seinen Prozeß aus der Welt zu schaffen. Friedrich der Weise blieb seinem Beinamen treu und ließ sich durch nichts auf falsche Wege locken. Schließlich erklärte er, für Karl I. zu stimmen.

Der zwanzigjährige Karl, der sich seit der endgültigen und einstimmigen Wahl in der Reihe deutscher Kaiser gleichen Namens Karl V. nannte, warf sich am Tage der Krönung im Oktober 1520 im Aachener Münster vor dem Altar nieder. Er streckte seinen Körper in Kreuzesform. Völlige Unterwerfung unter das Gebot Christi sollte es heißen, wie es Priester bei ihrer Weihe zu tun pflegen. Über ihm häufte sich unsichtbar, trotzdem für jeden der feierlich Versammelten bewußt, das Gold in Unsummen, die seine Wahl durchgesetzt hatten.

Nach der Salbung zog Karl V. den Krönungsornat Karls des Großen an, nahm Schwert, Zepter und Reichsapfel entgegen, mit ausdrücklicher Zustimmung Papst Leos X., der erst so auffällig gegen diesen Bewerber gestimmt hatte. Deutschland war gleichsam das Protektorat des spanischen Königs geworden. Die Umgebung des Münsters wie auch die ganze Stadt hielten Truppen besetzt.

Freudenfeuer wollten die Fugger in Augsburg vor ihrem Haus anzünden. Der Magistrat untersagte es, um es selbst zu tun. Vier Jahre später erinnerte Jakob Fugger an seine entscheidende Rolle als Wahlprotektor, indem er an Karl V. schrieb: „Es ist bekannt, daß Eure Majestät ohne mich die römische Krone nicht hätten erlangen können."

Während dieser Wahlunruhen der letzten beiden Jahre geschah etwas, was noch aufregender war als der Auftakt zur Regierung des jungen Königs und Kaisers Karls V. In der sächsischen Universitätsstadt Leipzig vollzog sich der Bruch Professor Doktor Martin Luthers mit der katholischen Kirche, der zur Trennung des halben Abendlandes vom römischen Papst führen sollte.

Luthers erster Auftritt in Worms

Am 27. Januar 1521 begann der Reichstag zu Worms mit einem großen Programm und unter schweren politischen Spannungen. Was wurde aus Deutschland, wenn sein Kaiser in Spanien, in Toledo, residierte? Man hörte von Erzherzog Ferdinand I., dem Bruder Karls V., als Statthalter in Deutschland. Das Wichtigste: Die Kurfürsten drangen darauf, daß der Kaiser ohne Zustimmung des Kollegiums keine Kriege anfangen dürfe. Die Gefahr der Anwesenheit spanischer Truppen als Besatzungsmacht in Deutschland wurde schon damals erkannt. Die Kurfürsten wollten keine fremden Soldaten auf deutschem Territorium dulden.

Diese Fragen wurden von Karl V. im Sinne der Kurfürsten beantwortet. Doch nicht ein einziges Versprechen hat dieser deutsche Kaiser gehalten! War er zu jung, um die Tragweite solcher Entschlüsse zu übersehen? Die kurfürstlichen Forderungen nach dem Reichsregiment, einer deutschen Zentralregierung, überhörte der spanische Habsburger zunächst, bis die Kurfürsten das Reichsregiment durchsetzten und ihm dafür 24 000 Soldaten gewährten. Für einen Römerzug hieß es, für den Krieg gegen Frankreich war das Heer bestimmt.

Am 17. April 1521, um sechs Uhr nachmittags, betrat Martin Luther in schwarzer Kutte den Hauptsaal der bischöflichen Pfalz in Worms, in der auch der Kaiser residierte. Innerhalb des schon vier Monate dauernden Reichstages erschien Luther zum ersten Mal. Es sollte an zwei Tagen sein und für wenige Stunden. „Gegürtet zum Aufbruch" nannte es der religiöse Revolutionär.

Ein verwirrender Eindruck für den Sachsen einfacher Herkunft. Große Besetzung des Reichstages, an der Spitze der einundzwanzigjährige Kaiser mit der Regierung, sieben Kurfürsten, achtundzwanzig Herzögen, vielen Grafen und Rittern, dreißig Prälaten, Oberhäuptern und Abgeordneten der Städte, Vertretern der Stände. Der päpstliche Nuntius fehlte. Er durfte keinem gebannten Ketzer gegenübertreten. Für ihn beobachteten die Geistlichen und die päpstlich Gesinnten unter den Politikern.

Dem bleichen, asketisch aussehenden Mönch wurden in Worms dieselben Fragen vorgelegt wie bei dem ersten Augsburger Verhör durch Kardinal Cajetan. Waren die hier auf der Bank liegenden Bücher von Luther verfaßt? Ja oder nein? Wollte er sie widerrufen oder nicht? Ja oder nein?

Kaiser Karl V. zweifelte, ob dieser Kuttenträger überhaupt die Bücher, die hier als Schuldbeweise genannt wurden, selbst geschrieben hatte.

Deckte der Wittenberger Luther mit seiner Person vielleicht mächtige Hintermänner? Sah so ein Rebell aus, der Massen in Bewegung brachte?

Luther beobachtete den jungen Kaiser ebenfalls. Für ihn „saß er dort wie ein unschuldiges Lämmlein, zwischen Säuen und Hunden". Offenbar verstand er Latein ebenso schlecht wie Deutsch. Luther vernahm die Frage des Reichsanwaltes, ob er widerrufe. Der Mönch zögerte und enttäuschte dadurch. „Mit sehr niedergelassener Stimme bat er um Bedenkzeit."

Ein dürftiger Auftritt vor dieser glänzenden Reichsversammlung. Für viele waren das schon Rückzugsgefechte.

Nach dem Abgang des unbeholfenen Luther sagte Karl V.: „Der wird mich nicht zum Ketzer machen." Eine der ersten Äußerungen des Kaisers in diesem hohen Spiel zwischen Macht und Geist.

Am nächsten Tag war der schüchterne Luther nicht wiederzuerkennen. Ein anderer erschien vor dem Reichstag, wie die Anwesenden in dem überfüllten Saal sogleich merkten. Seine Stimme war nicht leise wie am Vortage, sondern fest und entschlossen. Er mußte sich erklären und bekennen, in wohlüberlegter Rede, die nachts, zwischen gestern und heute, zwischen Gebet und Besinnung entstanden war. Er sprach über die drei Arten seiner Bücher.

Der Kaiser unterbrach den achtunddreißigjährigen Luther zweimal. Einmal, als der Wittenberger von der „Habsucht und Tyrannei des Papsttums" sprach, das andere Mal, als er die Vollmacht der Konzile ablehnte.

Luther antwortete und erhob sich an dieser Stelle überlebensgroß zu einem Künder der Freiheit. Er erinnerte an das Schicksal seines Ketzervorgängers Hus, wenn er sagte: „Das Konstanzer Konzil hat gegen klare und helle Texte der Heiligen Schrift entschieden."

Es blieb beim Monolog in Worms, es wurde kein Gespräch. Alles andere diskutierten die kaiserlichen Beauftragten, Männer der Politik und des Rechts als Geschäftsführer des Reichstages, die für den Ablauf verantwortlich waren.

Kein päpstlicher oder christlicher Opponent von Format war anwesend, kein Theologe oder Philosoph, nicht einmal der Humanist Erasmus von Rotterdam, der besonders geladen worden war. Er hatte vor einiger Zeit dem Sekretär des Kurfürsten Friedrichs des Weisen zum Fall Luther vieldeutig geantwortet: „Die Welt dürstet nach dem wahren Evangelium."

So etwas hatte der junge Kaiser natürlich noch nicht erlebt, daß sich unter den Kurfürsten, seinen Beratern und nächsten Mitarbeitern tiefgreifende Meinungsunterschiede über Luther ergaben, den Karl V. durch einen Reichsherold als „ehrsamen, lieben, andächtigen Martin Luther" aufgefordert hatte, nach Worms zu kommen. Der kaiserliche Beichtvater Glapion gestand, daß Luther ihm „zum Verständnis der tiefsten Geheimnisse der Heiligen Schrift" verholfen hätte.

Karl V. fühlte sich zwischen, noch nicht über den Parteien. Er wußte um den kaiserlichen Apparat mit seinen hohen Beauftragten. Das war Macht: seinen Willen auf viele zu übertragen, seine Fühler überall hin auszustrecken und im entscheidenden Moment zuzupacken. Des Kaisers Reserve auf dem Wormser Reichstag bestand aus Beobachtung und Staunen über den einzelnen Geist, der zwar Anhänger besaß, doch letztlich allein, ohne Macht war.

Macht und Geist – die Pole im Spannungsfeld der Politik

Wenige Kaiser haben der schöpferischen Geister bedurft und sich mit ihnen verbündet. Wieder befindet sich der Franke Karl der Große an der Spitze dieser Reihe. Danach folgen der Staufer Friedrich II. und der großartige Eliteaufspürer Karl IV. – während der spanisch-habsburgische Karl V. Unterschiede machte. Er schätzte Luther in gewissem Maße, aber er ließ ihn verurteilen. Obwohl er in der Jugend den Umgang mit Künstlern und Denkern pflegte, distanzierte er sich als Kaiser von ihnen. Als Mäzen bevorzugte er die Malerei zur Verherrlichung der eigenen Person. Noch war er aber nicht so weit. In Worms stand er einem bekannten Mönch gegenüber. Er wollte ihm auf die Spur kommen. Wollte er es wirklich?

Der Kaiser hörte genauer hin, als der Angeklagte Martin Luther sagte: „Wenn ich also hier widerrufe, so würde ich lediglich zur Willkürherrschaft stärken und solch furchtbarer Gottlosigkeit nicht bloß die Fenster, sondern auch Tor und Tür öffnen, so daß sie noch ganz anders weit und frei, als sie es bisher je gewagt hat, wüten und toben würde."

Dem Reichsanwalt war das alles zuviel. Es hörte sich wie eine Predigt darüber an, daß die Kirche bisher im Irrtum geherrscht habe... Dr. Luther möge seine ketzerischen Artikel widerrufen, dann wolle die kaiserliche Majesät mit seinen übrigen Büchern nach dero Gnaden verfahren.

Der Angeklagte wandte sich an die hohe Versammlung: „Dieweil also Euer kaiserliche Majestät und Euer fürstliche Gnaden eine einfache Antwort erheischen, so will ich sie geben ohne Hörner und Zähne: Sofern ich nicht durch die Zeugnisse der Schrift oder zwingende Beweisführung überführt werde — denn ich glaube weder dem Papst noch den Konzilen allein, da es offenkundig feststeht, daß sie öfters irren und sich selbst widersprechen —, so bin ich durch die von mir angeführten Schriften überwunden, und mein Gewissen ist gefangen in Gottes Wort. Widerrufen kann und will ich auch nicht in *einem* Punkte. Denn gegen das Gewissen zu handeln, ist weder sicher noch heilsam." Auf deutsch fügte er hinzu: „Gott helfe mir. Amen." Mehr oder anderes, wie zuweilen in Zitaten der Geschichtsbücher noch zu lesen ist, sagte er an dieser berühmten Stelle nicht.

„Laß fahren Dein Gewissen, Martinus!" rief der Reichsanwalt, „denn Dein Gewissen irrt! Meinst Du, daß Du allein recht habest und das ganze heilige Konzilium, so viele weise Bischöfe und Herren, haben geirrt?"

„Wohl haben sie geirrt", antwortete Luther, „und in vielen Stücken, das liegt am Tag, und ich will es beweisen."

Der Kaiser erhob sich. Es genügte, was er gehört hatte. Die Sitzung sollte aufgehoben werden. Tumulte und Rededuelle in der Versammlung, wo die Gegensätze unter Anhängern und Gegnern offen ausbrachen. Als Luther auf einen Wink Karls hinausgeführt wurde, kam es zu Demonstrationen. Luther rief in den Saal zurück: „Sie begleiten mich nur!" Vor der bischöflichen Pfalz empfingen ihn spanische Soldaten mit: „Al fuego, al fuego, ins Feuer, ins Feuer!"

Wie die Ritter nach einem siegreichen Turnier die Hand mit ausgespreizten Fingern hoben, so warf Luther die Hand hoch, sah in die Sterne des schönen Aprilabends und rief fröhlich: „Ich bin hindurch, ich bin hindurch!"

Eines der ersten Dokumente des jungen Kaisers

In der Nacht schlug man an den öffentlichen Gebäuden und am Dom Plakate an. Darauf stand zu lesen von vierhundert Edelleuten, die sich verschworen hatten, Luther zu beschützen. Sie sagten Fehde an „den Römlingen und Fürsten". Achttausend Mann standen bereit... Eine echte oder falsche Drohung? Für oder gegen Luther, um ihn als Aufrührer und Anführer des „Bundschuhs", der örtlichen Bauernrevolten Süddeutschlands, herabzusetzen?

In der gleichen Nacht verhandelte der kaiserliche Beichtvater, der Franziskaner Glapion, mit Karl und seinen Vertrauten. Glapion wehrte sich dagegen, Luthers Schriften in Bausch und Bogen zu verdammen. Nach dem Reichstag gehöre der Wittenberger vor ein geistliches Gericht. Der Reichsanwalt sei kein Theologe. Der Beichtvater erklärte: „Die Bibel ist ein Buch wie weiches Wachs, das man zerren und dehnen kann nach eines jeden Gefallen." Glapion machte sich anheischig, aus einzelnen Worten der Bibel noch viel seltsamere Dinge zu beweisen als Luther. Auf die ältesten Gebräuche der Kirche müsse man achten. Eigentlich befänden sich nur in Luthers Schrift von der „Babylonischen Gefangenschaft der Kirche" gewisse Behauptungen gegen das Dogma der Kirche. Wenn der Augustinermönch darin zurückstecke, zweifle er, Glapion, nicht daran, daß Rom einen Ausgleich fände.

Der Kaiser hörte sich das an und empfing in derselben Nacht den päpstlichen Nuntius Aleander unter vier Augen. Es schien alles so zu laufen, wie es von beiden Seiten geplant war. Daraufhin setzte sich Karl und verfaßte ein Schriftstück. Es soll eines der ersten Dokumente aus des jungen Karls Kopf und Hand sein und richtete sich an den deutschen Adel:

„Ihr wißt, daß ich von allerchristlichen Kaisern der edlen deutschen Nation abstamme, von den katholischen Königen Spaniens, den Erzherzögen von Österreich und den Herzögen von Burgund, die alle bis zu ihrem Tode treue Söhne der Heiligen Römischen Kirche waren. Sie verteidigten den Glauben um des Ruhmes Gottes wegen und verbreiteten ihn zur Errettung der Seelen ... Ich bin entschlossen, es darin weiterhin wie meine Vorgänger zu halten, ... und es ist eine große Herausforderung, daß ein einziger Mönch, irrig in seiner Meinung, gegen den Glauben aufsteht, den die Christenheit seit tausend Jahren übte, und uns belehren will, daß alle Christen bis zum heutigen Tag einen Irrtum begangen haben.

Ihr habt die trotzige Antwort gehört, die Luther mir gestern in Eurer Gegenwart gab. Ich sage Euch, daß es mich reut, solange gezögert zu haben, gegen besagten Luther und seine falsche Lehre vorzugehen. Ich bin entschlossen, ihn nie wieder anzuhören. Unter meinem Schutz wird er in sein Land geleitet werden, aber es wird ihm verboten sein, seine schlechte Lehre zu predigen und die Menschen mit seinen Aufforderungen zum Aufstand zu verführen. Ich bin entschlossen, gegen ihn als einen notorischen Ketzer vorzugehen. Ich bitte Euch, daß Ihr als gute Christen gleichfalls das Eure tut."

Am nächsten Morgen wurde das in französischer Sprache gehaltene Original auf der Reichstagssitzung verlesen. Trotz dieser kaiserlichen Proklamation, die in viele Sprachen übersetzt und sogleich dem Papst übersandt wurde, gingen die Verhandlungen weiter. „Wehe dem Land, dessen König ein Kind ist", stand auf Zetteln, die in die kaiserlichen Gemächer eingeschmuggelt und an den Wänden angeklebt worden waren. Im Kreise des kaiserlichen Beichtvaters, dessen Bemühungen um einen Ausgleich nicht aufhörten, gab es immer neue Besucher, Gespräche, Vorschläge und Auseinandersetzungen. „Was ist endlich zu tun?" fragte der Kurfürst von Trier, und Luther antwortete: „Ist's Menschenwerk, wird es in zwei, drei Jahren untergehen; ist es aus Gott, könnt Ihr's nicht dämpfen."

Der Reformator wird kein Märtyrer der Kirche

Wieder griff der Kurfürst von Sachsen ein, nicht offiziell und nicht auffällig. Genau wie damals aus Augsburg nach dem Gespräch mit Kardinal Cajetan sollte Luther aus Worms verschwinden. Sein Erscheinen vor dem Reichstag kam nicht mehr in Betracht, seine Schutzfrist lief ab, die Verhandlungen stockten. Zwischen Kaiser und Papst bereitete sich eine Verständigung vor. An der Reichsacht über den Wittenberger war nicht zu zweifeln. Schon wußte der Papst um den Wortlaut des Ediktes, das sein Beauftragter Aleander mitverfaßt hatte. Leo X. belobigte Karl V.: „Welche Seelengröße! Welche Beharrlichkeit! Gott schütze den Kaiser!"

Luthers eigene Seite wollte ihn in Sicherheit wissen, ehe die drohende Reichsacht in Kraft trat. So ließ sich der Wittenberger auf politisches Geheiß nach der Wartburg bei Eisenach schaffen.

Luther hielt sich zunächst zurück. Erster Wendepunkt war der Reichstag zu Speyer 1526, auf dem die Reformation zum Sonderrecht der Landesfürsten erhoben wurde und die evangelischen Landeskirchen ihre Verfassung erhielten. Dann der neue Reichstag in Speyer 1529, wo die katholische Mehrheit das Wormser Edikt gegen die Reformation unter der „Protestation" der Stände erneut in Kraft setzte. Schließlich der Reichstag zu Augsburg 1530, wo in der „Augsburgischen Konfession" das Bekenntnis der evangelischen Kirche festgelegt wurde.

Religionsdrama in Deutschland

Auf der Wartburg fand der Lehrer der Heiligen Schrift Muße, sein genialstes Werk zu beginnen: die Eindeutschung des Neuen Testamentes und die Neuentdeckung der Bibel für seine Zeit, gültig bis in unsere Tage. Aus dem akademischen Glaubensstreiter wurde, im Turmgemach versteckt, ein Sprachgelehrter. Das Religionsdrama in Deutschland fand neue Hauptdarsteller, neue Spannungen, die vor allem politisch und sozial bestimmt waren. Vom päpstlichen Souverän wechselten die deutschen Christen zum politischen Souverän, ohne es zu bemerken.

Die römischen Fesseln, von denen während der ersten Jahre der Reformation so oft die Rede war, wurden zum nationalen Komplex. Die Deutschen sahen, wie später noch häufig, mehr die Folgen als die Ursache und wollten dann nicht sehen, was sie geduldet oder angerichtet hatten. Sie dachten auch hier nicht kontinuierlich und blieben im Augenblick befangen.

„Römisch, päpstlich, pfäffisch" – mit diesen Schlagworten trafen sich eigentlich die Deutschen zu Luthers Zeiten selbst. Vor Empörung schossen sie über das Ziel hinaus. Luther kritisierte den Mißbrauch des Ablasses und kritisierte den Papst, der diesen Mißbrauch nicht nur duldete, sondern dazu aufrief. Der Wittenberger vergaß aber die Kritik an den Landsleuten, die sich „römisch, päpstlich und pfäffisch" gebärdeten. Durch die eigenen Landesfürsten wurde man „römisch", wenn diese sich neue Titel vom Papst erkauften und dafür hohe Summen von den deutschen Untertanen erpreßten, wie im Falle des jugendlichen Erzbischofs von Mainz, des gebürtigen Brandenburgers. Man wurde „päpstlich", das heißt, die päpstlichen Legaten regierten in Deutschland, weil die Landeskirche kaum selbständig denkende Köpfe, vielmehr ahnungslose, ins Pfründendasein verstrickte Fürstbischöfe besaß. Sie kümmerten sich kaum oder gar nicht um die Reinigung der Kirche. Man wurde „pfäffisch" in Deutschland, wenn die eigenen Priester sich schlecht benahmen und die Kirchgänger dem Ablaßhandel huldigten, auch wenn viele nicht daran glaubten. Die gesamte römische Frage wurde in Deutschland radikal und undurchsichtig behandelt. Man trieb über den Anti-Klerikalismus hinaus zum Anti-Katholizismus. Das führte zur Kirchenspaltung, wobei außer den religiösen nun politische, nationale und soziale Fragen mitspielten. An Luther hängten sich nicht zuletzt auch die Unbefriedigten und Schlechtweggekommenen. Dabei reagierte man gleichzeitig den anti-italienischen Komplex ab: Man stritt mit dem Papst, weil es für Italien keine andere Spitze gab, mit der man rechten konnte.

In diesem Wirbel befand sich der unbekümmerte Mönch. Ein „toller Christ", wie er sich selbst nannte, flammend und grüblerisch zugleich. Doch die Kraft, die ihn in den Anfangs- und religiösen Aufstandszeiten beseelte, erlahmte innerhalb eines Jahrzehnts. Wie er sich fürstliche und kaiserliche Schutzbriefe aufnötigen ließ, als wenn ein Gottesmann in der Auseinandersetzung mit den Mächten seiner Zeit einer Lebensversicherung bedurfte, so wich er später den Entscheidungen aus und beachtete immer mehr Rücksichten.

Papst und Kaiser einigen sich auf Kosten der Glaubenseinheit

Zwischen Worms und Rom war alles entschieden. Man hatte sich in gemeinsamer Politik gefunden und lieferte damit den Glauben einem Schisma aus. Kaiser wie Papst ging es um Italien.

Karl V., der die Außenpolitik wichtiger fand als die deutsche Innenpolitik, veranlaßte am 8. Mai sein Kabinett, das Edikt gegen Luther auszufertigen. Auffallenderweise wurde es erst nach Schluß des Reichstages, am 25. Mai, gültig. An diesem Tag wurde es von dem nicht mehr vollbesetzten Haus angenommen und verkündet.

In demselben Augenblick, in dem Luther für vogelfrei erklärt wurde, kam Ende Mai 1521 das Offensivbündnis zwischen Karl V. und Leo X. zustande. Der Papst ließ Franz von Frankreich fallen und schloß sich nun dem Mächtigsten an. Für die Verteidigung katholischen Glaubens und des kirchenrechtlichen Besitzes emfing der deutsche Kaiser die Krone und die endgültige Bestätigung als König von Neapel. Aus Mailand und Genua sollten die Franzosen vertrieben werden, die Päpstlichen dafür in Parma, Piacenza und Ferrara einziehen. Wenige Monate danach rückte Karl V. gegen die Franzosen in Italien zu Felde.

Auf dem Wege zur Weltmonarchie

„Sire, da Euch Gott diese ungeheure Gnade verliehen hat, Euch über alle Könige und Fürsten der Christenheit zu erhöhen zu einer Macht, die bisher nur Euer Vorgänger Karl der Große besessen hat, so seid Ihr auf dem Wege der Weltmonarchie, zur Sammlung der Christenheit unter einem Hirten."

So hieß es pathetisch in einer Denkschrift des Großkanzlers Gattinara, in der dem Kaiser zu Regierungsbeginn der Sinn seiner Monarchie in der Vereinigung aller Völker zum Dienste Gottes dargestellt wurde. In weiteren Überlegungen schlug der Kanzler für Wappen, Siegel und Münzen des Kaisers die Titelfolge vor:

„Römischer König, künftiger Kaiser, immer Augustus, König von Spanien, Sizilien, Jerusalem, der Balearen, der kanarischen und indianischen Inseln sowie des Festlandes jenseits des Ozeans, Erzherzog von Österreich, Herzog von Burgund, Brabant, Steyer, Kärnten, Krain, Luxemburg, Limburg, Graf von Habsburg, Flandern, Tirol, Pfalzgraf von Burgund, Hennegau, Roussillon, Landgraf im Elsaß, Fürst in Schwaben, Herr von Asien und Afrika."

Ein universales Kaisertum an Größe und Bedeutung, ein Erbgeschenk ohne eigene Bemühungen und Verdienste, so unvorstellbar groß, daß man zu Recht sagte, im Reich Karls V. ginge die Sonne nicht unter.

Wappenbuch des Heiligen Römischen Reiches Deutscher Nation

Dieser elternlose, fast allmächtige Jungkönig ließ sich überschwenglich anreden mit „Eure Geheiligte Kaiserliche Majestät", – er, dem es eigentlich an Einkünften aus seinem ungeheuren Besitztum nicht fehlen sollte, verhandelte bereits auf dem Reichstag in Worms mit Jakob Fugger über Kredite, für die er den Silber- und Kupferverkauf auf weitere vier Jahre vergeben wollte.

Der Augsburger Bankherr war sehr dankbar für die Tilgungsvorschläge, doch er traute ihnen nicht recht und verschloß sich daher weiteren Darlehensgesuchen. Karl V. schaltete überraschend schnell das andere Augsburger Bankhaus der Welser ein. Er bot Domänenverkäufe in Holland an. Sie erreichten die Summe von 363 000 Pfund. Karl drängte seine engsten Mitarbeiter, weitere Quellen für größere Geldbeträge ausfindig zu machen. Ein schwerer Krieg stand vor der Tür, für den Karl selbst den Anlaß geben, der Gegner allerdings den Frieden brechen sollte. „Gelobt sei Gott! Ich bin es nicht, der Krieg anfängt", soll Karl ausgerufen haben, „Gott gibt mir Gelegenheit, mich zu verteidigen."

Immer wieder Christen gegen Christen in Europa

Dieser mächtigste christliche Herrscher des Abendlandes stand im Begriff, mit dem zweiten christlichen Herrscher einen langwierigen Krieg zu führen. Er sollte sich zwischen Frankreich und Deutschland in fünf Feldzügen abspielen. Über eine große Zeitspanne: von 1521 bis 1526, von 1526 bis 1529, von 1536 bis 1538, von 1542 bis 1544 und von 1552 bis 1553. Ein Krieg der ehemaligen Kronrivalen um die deutsche Kaiserwürde, ein Krieg gegenseitiger Ansprüche auf italienische Städte, wie Mailand, Navarra und Neapel. Ergebnislose Kämpfe in Lothringen, Flandern und Burgund, die die Gefahr eines europäischen Krieges enthielten, nur um die Chance zu erkunden, wer endgültig die Vormacht in Italien und im Abendland übernahm.

Die beiden jungen Könige sprachen erst miteinander, als der französische König Franz I. durch den kaiserlichen Sieg bei Pavia Gefangener geworden war. Sieg über ein glänzendes Heer. „In diesem Augenblick kann man sagen, daß Eure Majestät die Weltmonarchie in Händen hält", übertrieb der kaiserliche Botschafter am englischen Hof. Man feierte Karl V. als Schiedsrichter über Frieden und Krieg, was ebenfalls übertrieben war.

Der Kaiser streckte dem ehemaligen Gegner die Hand hin. Er wollte den westlichen Nachbarn Deutschlands nicht verzweifelt sehen, besonders da ihn ein Ton in den Briefen des Franzosen besonders ansprach. Es hieß darin: „Seid versichert, daß Ihr, statt eines unnützen Gefangenen, einen König auf immerdar zu Eurem Sklaven machen könnt." Bedeutete das Aussöhnung und endgültigen Frieden? Als Franz I. erkrankte, suchte ihn Karl V. auf.

„Señor, hier seht Ihr mich als Euren Sklaven und Gefangenen", redete Franz I. auf seinem Lager.

„Nein", verbesserte der kaiserliche Krankenbesucher, „frei seid Ihr und mein guter Freund und Bruder. Vor allem wünsche ich Eure Gesundheit; um diese wird man sich bekümmern; und was alles Weitere anbelangt, wird man es halten, wie Ihr, Señor, es wünscht."

„Nein, wie Ihr befehlt", antwortete Franz I., „und ich bitte Euch nur, daß es zwischen Euch und mir keinen dritten gäbe!" Das war werbend und klug, beinahe raffiniert gesagt.

Es kam zum ersten Friedensvertrag 1526 in Madrid. Der französische König versprach beim Höchsten, was es für ihn als „Allerchristlichsten" König gebe, und hielt nichts. Sicherheitshalber behielt Karl V. die beiden Söhne in Schutzhaft. Jahre hindurch galten Franz' I. List und Tücke mehr als jedes Gelübde. Karl V. sollte es bald zu spüren bekommen.

Kaum ein Jahr war in den 37 Regierungsjahren des Kaisers ohne Krieg. Fast jeder Krieg litt an Geldmangel: Soldaten blieben ohne Sold, Feldzüge brachen zusammen. Immer wieder bemühte man die Bankhäuser Europas, um genügend Lanzen, Schwerter, Geschütze und Troßgut aufzubringen. Nur sechs Friedensjahre sind Karl V. anzurechnen, obwohl man beim ersten Reichstag in Worms, wie schon bei früheren Reichsversammlungen des Vorgängers, eine Landesfriedensverordnung veröffentlicht hatte. Wichtiger waren Verhandlungen über Meldepflicht und Dienstleistung beim kaiserlichen Heer.

Wie steht es um Wehretat und Armee?

Wenn man Karl V. die Liste mit den Truppenkontingenten und dem Wehretat vorlegte, dann erhellte sich sein Gesicht. Da standen fast 400 Namen, von den Ersten im Staate bis zu den Letzten. Jeder nannte die Höhe seiner Heeresleistungen. Die Kurfürsten und die weltlichen Fürsten, Grafen und Herren, die Erzbischöfe, Bischöfe, Prälaten, sogar Reichsäbtissinnen, vor allem die Reichsstädte. Böhmen stand an der Spitze mit 400 Reitern und 600 Mann Fußvolk, der Erzherzog von Österreich und der Herzog von Burgund folgten mit je 120 Reitern und 600 Mann Fußvolk. Jeder Kurfürst stellte 60 Reiter, 280 Mann Fußvolk und einen Geldbetrag von 700 Gulden. Grafen und Herren dagegen meldeten nur je einen Reiter, einen Mann zu Fuß und acht Gulden. Die Stadt Köln verpflichtete sich auf 30 Reiter, 320 Mann Fußvolk und 600 Gulden, Nürnberg und Metz auf je 40 Reiter, 250 Mann zu Fuß und 600 Gulden. Die kleineren Städte beteiligten sich mit je ein bis zwei Reitern, neun Mann zu Fuß und 50 bis 120 Gulden. Auf den sonderbaren Militärlisten der Reichsäbtissinnen standen an der Spitze die von Regensburg und Niedermünster mit je zwei Reitern, 18 Mann zu Fuß und 90 Gulden. Geweihte Klostervorsteherinnen als Wehragentinnen? Welche Mißverständnisse schlichen sich in die kirchlichen Hoheitsgebiete ein, wenn Äbtissinnen ihre Zugehörigkeit zum Reich durch die Aushebung von Soldaten dokumentierten!

Besaß der Kaiser kein eigenes stehendes Heer oder wenigstens Kerntruppen, wie es Machiavelli vorgeschlagen hatte, so daß er auf die mehr oder minder freiwilligen Rekrutierungen der Fürsten, Erzbischöfe und Städte angewiesen war? Seit Jahrhunderten beließ man es bei diesen improvisierten Gestellungen. Keine Verfassung, kein Gesetz regelte den Militärdienst, wie auch nur Bruchteile der Verfassung existierten, keine Reichsverfassung, kein Grundgesetz. Mit Titeln, Privilegien und Geschenken machte die Majestät ihre Fürsten gefügig, für Kriegsfälle militärische Einsätze bereit zu haben. Ob die Kontingente eintrafen oder wie hoch diese waren, konnte man erst bei der Mobilmachung feststellen. Und wenn sich die Fürsten weigerten? Wenn sie eine andere politische Meinung hatten als der Kaiser? Oder wenn die Landesherren ihr Gebiet und die Bevölkerung einfach nicht in einen Krieg verwickeln wollten?

Zu den eingezogenen Bürger- und Bauernsöhnen kamen die Landsknechte als Berufssoldaten. Soldknechte, die einer Werbetrommel und dem höchsten Angebot eines Fürsten folgten. So wechselten sie von Karl V. zum König von Frankreich oder zum Papst. Meistens löste man die Heere nach einem Friedensschluß auf, um sie nicht weiter unterhalten zu müssen. Der Landsknecht fragte nach dem Sold, nicht nach dem Sinn des Kampfes. Kein Wunder, wenn sich deutsche oder Schweizer Landsknechte häufig unter verschiedenen Fahnen gegenübertraten.

Franz von Sickingen, „Kriegsunternehmer großen Stils"

An der Spitze des kaiserlichen Heeres, das gegen die Franzosen zog, befanden sich neben dem spanischen Feldherrn Pescara zwei deutsche Ritter, Franz von Sickingen und Ulrich von Hutten. Den ersteren hat man für die damalige Zeit einen „Kriegsunternehmer großen Stils" genannt, zumal er ein vermögender Mann war. Von dem Ertrag eigener Bergwerke kaufte er besonders gern neu erfundene Waffen. Auf eigene Rechnung unterhielt er einen beträchtlichen Geschützpark und verpflichtete nicht nur Landsknechte, sondern auch Ritter. Allein aus 1500 Reitern bestand eine Sickingen-Gruppe, die zur Invasion und zu Raubzügen auf Länder oder Städte eingesetzt wurde. Darin benahm er sich nicht anders als bewaffnete Plünderer der Straße. Dieser Landsknechtsführer erhoffte sich durch Anschluß an Karl V. den baldigen Ausbau der Reichsverfassung.

Bei Sickingen, wie auch bei dem mit ihm befreundeten Ritter und lyrischen Pamphletisten Ulrich von Hutten, zeigen sich zum ersten Mal weltanschauliche Gründe, politische Absichten, reformatorische und nationale Ziele. Um Hutten, den einstmals von Maximilian I. gekrönten Dichter, bangten protestantische Kreise in Worms genauso wie um Luther. Als Feldhauptmann sicherte er sich gegen Übergriffe päpstlich-diplomatischer Kreise ab und nahm an dem deutsch-französischen Krieg teil. Beide Freunde distanzierten sich allmählich von dem katholischen Kaiser und begannen eine große Pfaffenfehde aus eigener Initiative. Sickingen, bis zuletzt unverdrossen für Luthers Sache kämpfend, Hutten mit literarischen Fehden beschäftigt, die er unter die berühmte Losung „Ich hab's gewagt" stellte. Trotzdem bedeutete beider Auftreten nur einen Abschied von Glanz und Legende des Rittertums.

Meuterei, Plünderung und Ultimaten wegen fehlendem Sold

Vor der Schlacht bei Pavia kam es zu einem gefährlichen Zwischenfall, als das kaiserliche Heer zu meutern begann. Seit drei Monaten hatte es keinen Sold bekommen. Die Landsknechte hielten sich durch Plünderungen schadlos. Und der Sold? Hatte der Kaiser nicht vor einem Jahr 135 000 Dukaten von Jakob Fugger erhalten? Diese stammten aus den überschriebenen Einkünften der drei großen geistlichen Ritterorden von Santiago, Calatrava und Alcantara, dessen Großmeister der Kaiser als König von Spanien war. Nach den ersten drei Pacht- und Leihgaben sollten die Genueser Handelsherren das Fuggerangebot mit 10 000 Dukaten an Jahrespacht überbieten, zumal ihnen die Ausnutzung neuerschlossener Quecksilberbergwerke zugesprochen wurde. Sie erhielten das Ganze vom Kaiser auf fünf Jahre. Weshalb blieben trotzdem die Soldaten des kaiserlichen Heeres um Pavia ohne Sold?

Schon mit neuen Musketen bewaffnet, drohten die Landsknechte mit Rückmarsch. Sie stellten ein Ultimatum: entweder Auflösung des Heeres oder Sturm auf den Feind. Die spanischen und deutschen Feldherrn entschieden sich für den Angriff und gewannen.

Nach diesem Sieg strömte das Geld zu Kaiser Karl V. Es kam von den Städten Genua und Venedig, dem Herzog von Mailand, dem König von England und dem Papst..., als wenn sie sich alle darüber einig geworden waren, erst nach dem Sieg die Subsidien zu zahlen. So mächtig war das Ansehen des fünfundzwanzigjährigen Königs und Kaisers geworden, obwohl er persönlich an diesem Feldzug nicht teilgenommen hatte. „Der Kaiser siegt, liegt ob und triumphiert", kommentierte Luther und fügte barsch hinzu, „auf daß er endlich auch falle".

Es gibt kein geistliches Ritterideal mehr

Wie ein geistlicher Ritter beabsichtigte Karl V., in seine Kriege zu ziehen. Er wollte sein Heer persönlich leiten, entsprechend einem Rat Machiavellis. Vor allem versuchte der Kaiser damit, Auswüchse der Kriegsführung zu verhindern. War er nicht an der Spitze, dann brachen die wilden Triebe hervor. Seine Generale waren Haudegen in landsknechtshafter Härte und Grausamkeit.

War die Zeit vorüber, da Ritter das Mönchsgelübde ablegten, wie die Deutschordensritter, die Johanniter, die Templer? Hatte es ihnen geholfen? Nein. Die geistlichen Ritter wurden durch ihr Gelübde zum Gehorsam gegenüber Kaiser und Papst verpflichtet, doch sie zogen in die Kreuzzüge wie übliche Heere, die Abenteuer und Beute suchten. Sie vergaßen völlig den Schwur der freiwilligen Armut. Sie standen im Dienst der geistlichen und weltlichen Obrigkeit und ließen sich dafür bezahlen, ohne jenen in innerlicher Treue verbunden zu sein. Sie gaben sich Gebote und hielten sie nicht. Wo die Ritter unterm Kreuz missionierten, da traten sie nicht anders auf als Eindringlinge und Terroristen. Sie überzeugten mit dem blutigen Schwert. Wo blieb der gepriesene Versuch, das Reich Gottes mit der Gerechtigkeit und dem Frieden zu begründen und die Schwerter zu Pflugscharen zu machen? Viele Ritter wie Kaiser und Könige wußten um das Evangelium und die Versöhnungstat Christi und handelten nicht danach. Sie beabsichtigten, ihren Glauben zu verteidigen, und brachen statt dessen zu Angriffskriegen auf. Von Karl V. sagte man zu seiner Zeit: Er halte die Kriegskunst für das Fundament der Herrschaft. Das konnte jeder andere weltliche Fürst äußern. Dazu brauchte er kein inbrünstiger Christ zu sein.

Deutschland unter der Fahne des Bundschuhs

Revolutionäre Bauern unter dem Feldzeichen eines mit Lederriemen kreuzweise gebundenen Bauernschuhs erhoben sich im Süden, Westen, Norden und Osten. Sie demonstrierten gegen Unrecht, Übergriffe der Grund- und Landesherrschaft und gegen allgemeine Not. Zwölf Aufstände hatten sie schon versucht, um ihr Los zu bessern. Den Mut dazu gaben ihnen das Evangelium der Armut, Luthers Reformation und eine „Zwölf Artikel" enthaltende Schrift. Diese Art von Proklamation gehört unter dem Titel der „gründlichen und rechten Hauptartikel aller Bauernschaft und Hintersassen der geistlichen und weltlichen Obrigkeiten, von welchen sie sich beschwert vermeinen" zu den wichtigsten Schriften dieser aufreibenden Zeit.

Die „Zwölf Artikel" enthalten zwölf einfache, beinahe zahme Grundsatzforderungen. Sie lesen sich heute so selbstverständlich. Man vergißt jedoch, daß um jeden dieser Artikel damals schrittweise gekämpft werden mußte, die meisten bis zur Steinschen Bauernbefreiung 1807 unerfüllt blieben. Ob es sich um die Aufhebung der Leibeigenschaft handelt, Abschaffung des Jagdprivilegs, Recht auf Waldbesitz, Erleichterung für Dienste und Abgaben, Verwaltung des allgemeinen Ackers durch die Allgemeinheit oder Rechtsprechung nur nach geschriebenem Gesetz und Gehorsam gegenüber der weltlichen Obrigkeit ausschließlich in Sachen, die nicht wider Gott sind... Die Bauern verlangten nach dem reinen Evangelium, nach wähl- und absetzbaren Pfarrern, nach Senkung der Steuern und wollten nur die Abgabe des großen Zehnten und nicht auch die des kleinen Zehnten leisten. Es war ein Ruf und Schrei nach menschenwürdiger, verantwortlicher Selbständigkeit.

Dreiunddreißig Jahre lang, ab 1492, beobachtete man Unruhen. Es gärte so stark, daß Luther eingriff und vor dem Aufruhr warnte.

Er kennzeichnete vorerst noch die Tyrannei der weltlichen Obrigkeit und verlangte gründliche Einsicht und Abbau der Bedrückungen. Wehrten sich „diese Bauern nicht, so müssens andere tun", rief er aus. Er befürchtete die „Zerstörung von ganz Deutschland", wenn die Fürsten die Leute wie Wild jagten und die Bauern sich schroff dagegen wehrten. „Deutschland wird verwüstet werden, und wo einmal solch Blutvergießen angeht, wird es schwerlich aufhören", ermahnte er zum Frieden.

Deutschland sich selbst überlassen

Luther übersah, daß der als Schiedsrichter und Friedensstifter hofierte Kaiser fehlte. Er befand sich außerhalb des Landes, in Italien oder Spanien. Der Kaiser schmähte wohl den „unmenschlichen, unchristlichen" Luther, doch er erfaßte die drohende Situation überhaupt nicht. Zum ersten Mal blieb sich Deutschland selbst überlassen, obwohl die Aufstände bürgerkriegsähnlichen Charakter annahmen. Karl V. erfuhr davon, doch er schritt nicht dagegen ein, er untersagte nicht einmal die Exzesse.

Der von Karl V. eingesetzte Statthalter, sein erzherzoglicher Bruder Ferdinand, Vorsitzender des Reichsregimentes, verhielt sich ebenfalls passiv.

Das Reichsregiment als höchste Vertretung verkannte gleichfalls die Situation oder ließ sich treiben. Kein Kurfürst sammelte zum Ausgleich bereite Kurkollegen, um sich mit den Bauern auszusprechen. Auffallend, daß die Führer der Reichsritterschaft auf der Fürstenseite standen. Darunter Köpfe wie Sickingens Sohn, Huttens Bruder, Verwandte des Florian Geyer, Luthers Freund Sylvester von Schaumburg, während die Väter und Angehörigen ausgesprochene soziale Teilnahme bekannten und für eine neue Ordnung kämpften. Bewaffnete Gewalt entschied, auf fürstlicher Seite unnachsichtig.

Grausamkeit bei Bauern und Erzbischöfen

Bauern fingen den verhaßten Grafen Ludwig von Helfenstein mitten im Gottesdienst des fränkischen Städtchens Weinsberg. Spießrutenlaufen des Verhafteten, während die Pfeifer aufspielten und Lanzenstecher nach den Rittern und Knechten zielten. Solch ein Fall blieb eine Ausnahme. Drei Bauernrotten wollten ihre Mitstreiter, die die Residenz des Straßburger Bischofs in Zabern besetzt hielten, vor dem Eintreffen des Entsatzheeres des grimmigen Herzogs Anton von Lothringen befreien, doch es mißlang. Die Bauern ergaben sich und marschierten im langen Zug aus Zabern heraus. Es kam zu Rempeleien mit den Landsknechten, worauf diese zuschlugen. Schlag auf Schlag metzelten sie die Bauern nieder, wer auch immer vor ihr Schwert kam. Man nennt in gegensätzlichen Quellen so hohe Opferzahlen, daß man von einem der entsetzlichsten Massaker des Bauernkrieges sprechen kann.

Für den grausamen Erzbischof Matthäus Lang von Salzburg waren alle Lutheraner, gleichgültig ob Bauern oder Städter, Ketzer, die man hängen mußte.

Am Rhein wie in Thüringen gingen Bauern und Bürger zusammen. Als 4000 Bauern vor der Stadt Erfurt erschienen, öffnete man die Tore und ließ sie das Erzstift plündern. Klöster und Schlösser um Langensalza wurden ebenfalls gestürmt und geräumt. Auffallend, daß an vielen Orten die Bauern kein Blutvergießen und nur Gottes Gerechtigkeit erfüllt sehen wollten. Deshalb verlangten sie nach einem Bauernparlament, das mit dem Reichsregiment verhandeln sollte, – nichts geschah.

Warum muß der gemeine Mann im Dulden erprobt sein?

Als der Bischof von Augsburg in ein Bauernlager ging, um vermittelnd einzugreifen, traf er auf „etliche abtrünnige Priester mit Wehr und Waffen". Auf Erasmus von Rotterdam machten die „aufrührerischen Leute" keinen guten Eindruck. In einem Brief an Luther nannte er sie „Bankrottierer, unreife Kreaturen, charakterloses Volk und Abenteurer". Daß ein Raufbold wie Götz von Berlichingen die neue Glaubensbewegung anerkannte, belastete diese, da er in seiner Art dem verstorbenen Sickingen nicht nachstand. Luther unterschied zwar zwischen den frommen Leuten unter den Bauern und den „räuberischen und mörderischen Rotten der Bauern", wie eine Schrift von ihm hieß, „doch ihrer sollte sich niemand erbarmen". Wie ein militanter Reichsbischof und unerbittlicher Ketzerverfolger reizte er die Fürstenseite auf: „Steche, schlage, würge sie, wer da kann." Luther wollte in seiner Schrift, die Aufsehen und Ablehnung fand, zwar „die wütigen Tyrannen nicht gestärkt haben", aber er setzte auf die Obrigkeit. Er verlangte Gehorsam, immer wieder Gehorsam. Er fand hilflose Worte wie ein salbadernder Kommunalvertreter: „Der gemeine Mann muß im Dulden erprobt sein, sonst wird er mutwillig."

Die Reaktion erhob in Gestalt von sechs, sieben weltlichen und geistlichen Fürsten ihr geharnischtes Haupt, es mobilisierte sich starke Gegenwehr. Unter den Deutschen kam es zu Schlachten, die im Abschlachten endeten. Ein blutiger Sommer 1525 in Süddeutschland! Nach geistlichen Quellen wurden über 50 000 Bauern getötet, nach anderen Quellen sogar mehr als 100 000. Verwundete blieben ohne Hilfe. Fünfzig Kitzinger Bürgern wurden die Augen ausgestochen. Ein lutherisch gesinnter Fürst wie der Markgraf von Ansbach-Bayreuth ließ stechen, weil die Bürger der Beihilfe am Bauernaufstand für schuldig befunden wurden. Tortur vor den Hinrichtungen, Massaker unter den Gefangenen, Stand- und Strafgerichte. Berlichingen bekam zwei Jahre Haft. Der ehemalige gräfliche Kanzler Wendel Hippeler an der Spitze der hohenlohischen Bauern starb im Gefängnis. Der Heilbronner Anführer Jäcklein Rohrbach wurde an einen Baum gebunden und lebendig gebraten, der religiös-soziale Bauernrevolutionär Thomas Münzer gefoltert, damit er seinen Glauben widerriefe, was er aber nicht tat, und dann hingerichtet. Den Würzburger ersten Bürgermeister, Bildschnitzer und Bildhauer Tilman Riemenschneider ließ der Bischof wegen Begünstigung des Bauernkrieges foltern und ihm die Handgelenke anbrechen ... Ungehemmte Rache des Mannes unter der Mitra, der sein fränkisches Land zusammen mit dem Henker nach Schuldigen inspizierte. Wegen Brandschatzung mußten die Würzburger 220 000 Gulden für den Herrn mit dem Krummstab aufbringen.

So endete die erste große revolutionäre Erhebung in Deutschland, – der Bauernkrieg, „das größte Naturereignis des deutschen Staates", wie es Ranke bezeichnet hat.

Konspiriert der höchste kaiserliche Offizier mit der Gegenseite?

Im gleichen Sommer des deutschen Bauernkrieges von 1525 las Kaiser Karl V. in der Alhambra von Granada einen Brief, der zu einem Querschläger ersten Ranges für seine Italienpolitik werden konnte. Der Absender, sein oberster Befehlshaber Ferrante Pescara, der Sieger von Pavia, teilte ihm mit, daß er von italienischen Nationalisten den Antrag erhalten habe, sich an die Spitze der Befreiungsbewegung zu stellen und alle militärischen Machtmittel Italiens und seiner Alliierten in seine Hand zu nehmen. Der Marchese war zwar von vornehmem spanischen Geschlecht, aber in Neapel geboren und mit Vittoria Colonna, der ersten Dame Italiens und späteren Freundin Michelangelos, verheiratet. Auch die Herrschaft über Neapel hatte ihm der Mailändische Staatssekretär Morone als Sprecher der Geheimverbündeten zugesagt.

„Ich zweifelte einen Augenblick, ob ich ihn nicht auf der Stelle züchtigen sollte", las der Kaiser und weiter, „daß er es wagte, mir derartige Dinge zu sagen. Dann überwog der Gedanke, daß es nützlicher sei, mehr zu erfahren. So antwortete ich ihm: Ja, ich habe Grund zur Unzufriedenheit; es sind große Dinge, die Ihr mir bietet; aber wenn ich mich vom Kaiser löse, so soll es in einer Form geschehen, die kein Edelmann würdiger finden könnte; ich würde das schon tun, um dem Kaiser zu zeigen, daß ich mehr wert bin, als jene, die er höher schätzt."

Die Nachricht von Pescara bekam eine merkwürdige Bestätigung durch Mitteilungen römischer Agenten. Danach war es dem regierenden Papst Clemens VII. aus dem Hause Medici gelungen, ein Schutz- und Trutzbündnis gegen den Kaiser als Schirmherrn der Kirche zu schließen. Ihm gehörten als sogenannte Freunde Karls V. an: König Franz I. von Frankreich, König Heinrich VIII. von England, der Herzog von Mailand und die Städte Venedig und Florenz. Diese Verbindung nannte sich die „Heilige Liga von Cognac".

Immer wieder Verkauf von Kardinalshüten

Sein Erzkanzler versuchte den Kaiser dahingehend zu beeinflussen, daß er sich die Situation in Italien persönlich ansehen und sie bereinigen sollte. Karl V. ließ das Problem nicht los, zumal er sich seines Generals sicher wähnte. „Wie schwer ist es, alles zu entscheiden", seufzte er. Er wandte sich an Clemens VII. Diesen Papst mochte er nicht. Clemens VII. war unehelicher Herkunft, – für einen Papst wie für einen Kardinal unmöglich. Trotzdem hatte er sich mit viel Geld die Tiara erkauft. Daran zweifelte niemand, weder im Vatikan, noch in Rom, noch an den Königshöfen. Während der Reformation ließ Clemens VII. nicht von den heiligen Geschäften und verkaufte Kardinalshüte, genauso wie es der Renaissance-Papst Leo X. und vorher der Borgia-Papst Alexander VI. getan hatten.

Karl V. schrieb an den Heiligen Vater: „Es gibt manche, die sagen, daß Eure Heiligkeit den König von Frankreich von dem Schwur absolviert hat, mit dem er Uns versprach, das Vereinbarte zu halten; was Wir nicht glauben wollen, denn es ist nicht etwas, das der Vikar Christi tun würde."

Als sich daraufhin zwei Botschafter der Heiligen Liga, einer davon war Nuntius Castiglione, in der Alhambra melden ließen und die Freigabe der beiden Söhne Franz' I. gegen ein Lösegeld versuchten, da staunte Karl V. Welch ein Übermut! Keine einzige Vereinbarung hatte der französische König gehalten, jetzt stellte er Ultimaten.

Der Kaiser erhob sich und redete den päpstlichen Nuntius zuerst an: „Ich habe von Seiner Heiligkeit, Papst Clemens VII., nicht verdient, daß er mit allen Fürsten eine allgemeine Liga gegen mich geschlossen hat, was nicht im Einklang mit der Freundschaft steht, die Uns verband, noch entspricht es seiner Würde, in solch eine schmähliche Sache einzuwilligen ...

Und Euch, Botschafter des Königs von Frankreich, sage ich, daß Euer Herr, als ich ihm die Freiheit gab, mir sein Wort gegeben hat, alles zu erfüllen, was wir vereinbarten, widrigenfalls er wieder mein Gefangener sein würde ... Und da Ihr und Euer Herr nun sagt, daß ich mir seine Söhne mit Gewalt genommen habe, darauf ist nur zu denken und zu antworten, daß, wenn ich mächtig genug war, den Vater gefangenzunehmen, ich es auch sein werde, um die Söhne zu behalten."

Als im Juni 1526 ein ziemlich energisches, schroffes Breve des Papstes eintraf, worin der Kaiser als Friedensstörer der Christenheit hingestellt wurde, da antwortete Karl V. als Verteidiger der Kirche und Erhalter des Friedens, wie er sich eingeschätzt sehen wollte, er bemühe sich „aus ganzem Herzen" um den Frieden in Italien. Nur dann könnten die Türken besiegt und die Lutheraner unterdrückt werden. Wenn der Heilige Vater dagegen zum Feind, aus dem Hirten ein Wolf würde, dann müsse er, der Kaiser, sich um das Zustandekommen eines General-Konziliums bemühen. Damit erinnerte Karl V. an die dringende Aufgabe der Kirchenleitung, in einer öffentlichen Diskussion auf höchster Plattform die reformfreundlichen Bischöfe und Kleriker dem „tollen Christen" Luther und seinem Anhang gegenüberzustellen und vielleicht eine Überbrückung der Gegensätze herbeizuführen. Es war also der Kaiser, der daran dachte, nicht der Papst.

Päpstliche Verschwörung gegen den „maskierten Lutheraner"

Clemens VII. fürchtete solche Kirchenversammlungen, die ihn persönlich bedrängen könnten. Karl V. erinnerte in einem weiteren Schreiben daran, daß es höchste Zeit sei, „über den Zustand der christlichen Religion und das Heil ihrer Republik" zu beraten.

Daraufhin nannten vatikanische Kreise den Kaiser einen „maskierten Lutheraner". Man schmähte ihn als „Führer der Ketzer" und als „Anti-Christen". Pamphletistische Äußerungen, die in den Korridoren des Vatikans wie diplomatische Bonmots von Mund zu Mund gingen, obwohl Kaiser und Prälaten genau wußten, daß der Heilige Vater der Mittelpunkt der kaiserfeindlichen Verschwörung war, die einen Krieg vorbereitete.

In diesen Monaten steigerten sich die Vorbereitungen der Heiligen Liga zusehends, so daß der Mailändische Staatssekretär Morone den kaiserlichen General Pescara immer mehr um die endgültige Zusage drängte.

Pescara wagte noch einen Schritt weiter, so daß die andere Seite ihn als ersten Führer in ihren Kreis aufnahm. Man nannte ihm strategische Einzelheiten, wichtige Plätze, von denen aus Vorstöße gegen die Kaiserlichen geplant waren. Das war für den Generalissimus zuviel. Er wollte nicht in den Ruf kommen, ein Doppelspieler zu sein.

Im richtigen Augenblick, Oktober 1526, traf er sich mit Morone in Pavia, verhaftete ihn, besetzte das mailändische Herzogtum und meldete es seinem Kaiser. Dieser schwieg. Kein Wort der Anerkennung, nicht einmal eine Bestätigung darüber, daß auf diese Weise ein Hauptraädelsführer der Gegenseite unschädlich gemacht worden war.

Erstmals Auflehnung der Landsknechte gegen Frundsberg

„Lanz, Lanz, Geld, Geld!" brüllten die spanischen zusammen mit den deutschen Landsknechten in Italien, etwa 20 000 Mann, die gegen Rom zogen. Seit acht Monaten ohne Sold und mit geringer Beute. Der Oberbefehlshaber Georg Frundsberg hatte ihnen Wein geben lassen, um ihren Mut zu stärken. Trotzdem gingen die kaiserlichen Landsknechte keinen Schritt mehr weiter. Lanzen und Schwerter steckten in der Erde.

Frundsberg ließ die Trommel schlagen und einen Kreis bilden, in den er und die besten Hauptleute traten, furchtlos mitten unter die Aufrührer. Frundsberg sah in die hungernden Gesichter seiner Soldaten und sprach sie auf seine feste, gewinnende Art an. Die Landsknechte wußten, daß er in guten und bösen Tagen bei ihnen geblieben war. Das versprach er erneut. Er würde beim Kaiser schnellstens den Sold durchsetzen.

„Geld, Geld!" rasten die Landsknechte, ohne mehr auf Frundsbergs Worte zu achten. Sie überschrien ihn: „Geld, Geld!" Zum ersten Male wandten sie sich gegen ihren Anführer, den Sieger in fünfzig Schlachten. Die Spieße gesenkt, drängten sie auf ihn zu. Frundsberg stand wie eine Bildsäule, ohne Sprache, plötzlich fiel er um. Ein Schlaganfall hatte ihn getroffen.

„Sacco di Roma" – Schrecken ohne Ende in der Ewigen Stadt

Die hungernden, beutegierigen Soldaten zogen zur Ewigen Stadt. Sie lockte mit ihrem Reichtum und ihrer Pracht. Dieser militärische Aufmarsch im Mai 1527 sollte den Führer der Heiligen Liga von Cognac,

Clemens VII., veranlassen, die Allianz aufzugeben. Der Papst kapitulierte nicht vor dem Druck der Waffen und ließ Roms Tore schließen. Eine Forderung von 300 000 Dukaten beantwortete der Papst mit einem Gegenangebot von 150 000 Dukaten. Zu wenig!

Sturm auf die Mauern, Sturm auf die heilige Stadt! Kein Wall hielt stand. Kein Entsatz von Verbündeten des Papstes traf ein. Das führerlose Heer Seiner katholischen Majestät des Kaisers des Heiligen Römischen Reiches Deutscher Nation brach in die Straßen, in die Paläste und Kirchen ein. Als erste Opfer zählte man 6000 bis 8000 Römer.

Kein Landsknechtsführer hatte Gewalt über die ausgemergelten Truppen, die ohne Unterschied zuschlugen und raubten, was ihnen unter die Hände kam. Den Verlust hat man auf 200 bis 250 Millionen geschätzt. Tagelang, wochenlang war Rom eine Hölle. Feuer und Blut, Plünderung, Vergewaltigung und Seuchen.

Kaiserliche Diplomaten schützten sich selbst, aber griffen nicht ein. Sie waren dankbar, wenn ihre Häuser bewacht und für ein Lösegeld von 2000 Dukaten nicht ausgeplündert wurden.

Der gefangene Papst, dem Frundsberg einst geschworen, „ein Leides zu tun, wenn er ihn in seine Hand bekäme", saß sieben Monate lang in der Engelsburg. Die kaiserlichen Truppen beherrschten Rom neun Monate lang auf entsetzliche Weise.

In den Straßen veranstalteten die Landsknechte Paraden mit den Trophäen vom „Sacco di Roma", der „Plünderung Roms". Ein mit der Tiara geschmückter Landsknecht zog mit seiner Rotte vor die Engelsburg. Soldaten trugen Gold und Diademe wie geschmückte Moloche. Landsknechte als Kardinäle, Landsknechte als Beichtväter verkleidet, vor denen die Kameraden knieten und „um Erlösung von allem Übel baten". Landsknechte als Karikaturen von Prälaten und Monsignori.

Nach dem Sturm der Vandalen auf Rom 452, dem der Sarazenen von 846 und dem der Normannen von 1084 war dies die vierte, größte barbarische Plünderung der Ewigen Stadt, mit Hungersnot und Pest im Gefolge. Die Schuld an allem trugen Papst und Kaiser.

*Zur gleichen Zeit ist Karl V. vergnügt, die Kaiserin
wohlauf und auch der Prinz ...*

Karl V. hielt zur gleichen Zeit des „Sacco di Roma" ein großes glanzvolles Fest in Valladolid ab. Es galt der Taufe des erstgeborenen Sohnes Philipp. „Die Kaiserin Isabella ist wohlauf und auch der Prinz; und der Kaiser ist so froh und glücklich und entzückt über seinen Sohn, daß er nichts anderes im Sinn hat, als Feste anzuordnen", berichtete der Gesandte dem Bruder des Kaisers, Ferdinand I.

Diesen Statthalter von Deutschland hatte der Kaiser gebeten, 10 000 bis 15 000 Söldner im Kernland des Reiches auszuheben, um mit ihrer Hilfe den Auswirkungen der Heiligen Liga von Cognac entgegentreten zu können. Dabei hatte der „Vater der Landsknechte", Frundsberg, einen besonderen kaiserlichen Auftrag gehabt. Soldaten gegen Italien, gegen Rom und den Papst, das war für ihn ein rechtes Handwerk. Von Frundsberg ging das Wort in Deutschland um: „Wenn ich nach Rom komme, will ich den Papst henken!" So wie Frundsberg waren alle seine Landsknechte lutherisch gesinnt. Das mußte Karl V. wissen.

Er war nie ein Feind des Papsttums. Er stritt sich mit einigen Päpsten, wenn diese ihre Stellung in der Welt machtpolitisch erhöhten und Intrigen anzettelten, die zu kriegerischen Verwicklungen führten. Was dachte sich dieser Kaiser aber dabei, wenn er antipäpstliche Truppen aus Deutschland einsetzte?

Karl V. sah sich gerade ein Turnier in Valladolid an, als die Nachricht von der Plünderung Roms eintraf. Er erschrak, brach das Fest für seinen Erstgeborenen ab und ordnete Hoftrauer an. Leere Gesten zu dem entfesselten Treiben seines Heeres in Rom. In den Kirchen ließ er um die Freilassung des Papstes beten, aber an den Vizekönig schrieb er: „Der päpstliche Gefangene würde nicht eher seine Freiheit genießen, bis es die Möglichkeiten zuließen." Ein Entschuldigungsschreiben erreichte den Papst, der trotz seiner Gefangenschaft einen Glückwunsch zur Taufe des Kronprinzen geschickt hatte. Innerlich sah Karl V. die römischen Vorgänge als „Gottesurteil" an. Nach ihm hatte sich „Christus selbst, auf den wir alle Hoffnung setzen, der Verteidigung unserer Sache angenommen". Der Kaiser kassierte den Sieg und übersah die fürchterlichen Umstände.

Letzte Kaiserkrönung in Bologna – nicht in Rom

Nach neunjähriger Abwesenheit war es eine erregte und spannungsvolle Heimkehr für Karl V., als er im Juni 1530 endlich in Deutschland eintraf. Der Versöhnung mit Papst Clemens VII. war die offizielle Kaiserkrönung in Bologna gefolgt, nicht in Rom, – die letzte Krönung eines deutschen Kaisers in Italien, an der die deutschen Kurfürsten nicht teilgenommen hatten! Während die italienischen Wirren beseitigt schienen, hatten die Türken Wien belagert. Die Gefahr war abgeklungen, doch keineswegs beseitigt. Erzkanzler Gattinara, der stets ein Gegner der päpstlichen Politik gewesen war, konnte seine zum Ausgleich zwischen Katholiken und Protestanten drängenden Ansichten nicht mehr vortragen. Er war auf der Anreise zum Augsburger Reichstag in Innsbruck verstorben.

Kardinal Campeggio: ein halbes Volk Ketzer ja, ein Heer von Ketzern nein

Als wenn der leergewordene Sitz an der Seite des Kaisers in der Staatskutsche schnellstens neu besetzt werden mußte, hatte der päpstliche Legat Campeggio Platz genommen. Es war jener Kardinal, der sich im Vatikan und im Konklave immer kaiserlicher als alle anderen geäußert hatte. Campeggio erläuterte seine ausgeprägten Vorstellungen vom Auftritt des Kaisers in Augsburg. Aus dem einen Ketzer war ein halbes Volk von Ketzern geworden. Ein Heer der Ketzer dürfte nicht entstehen. Das bedeutete Bürgerkrieg in Deutschland.

Wie erfolgte eine „Reduktion der Ketzer"? Jedenfalls schienen Campeggio die parlamentarischen Vorbereitungen der Verhandlungen zunächst das Wichtigste. Danach mußten die Beschlüsse aus dem Wormser Edikt erneuert werden. Aufsicht über Prediger, Geistlichkeit und Mönchsorden schien dringend nötig, ebenso Zensur über Bücherdruck und Einführung der Inquisition in Deutschland. Alles unnachsichtige Verschärfungen der deutschen Situation. Schließlich könnte der Kaiser mit Geld und Waffen eingreifen, meinte Campeggio, wenn es nicht anders ginge.

Ob das alles nötig sein würde, fragte Karl V. nervös, zum Zweifel neigend. Ob nicht allein schon sein Erscheinen nach so langer Zeit Größe und Glanz ausstrahlen würde? Über das Programm des Reichstages hatte er an seine Gemahlin geschrieben: „Der erste und wichtigste Punkt betrifft den Glauben; der zweite die Türkennot und Ungarn; der dritte die Regierung von Deutschland. Ich hoffe zu Gott, daß alles in seinem Sinne vollbracht wird."

Luther war nicht geladen worden, denn er stand unter Reichsacht. Um so besser, denn Karl V. erwartete demütige Protestanten, womit er diese wiederum unterschätzte.

Der deutsche Kaiser tritt in Augsburg
wie ein Spanier auf

Karl V. sollte enttäuscht werden, so wie die Augsburger enttäuscht waren, als sie den deutschen Kaiser unter dem dreifarbigen Baldachin in spanischer Tracht erkannten. Ein fremder Herr, der ihnen etwas zunickte. Als die Protestanten um ihre Teilnahme an der Fronleichnamsprozession ersucht wurden, lehnten sie ab: „Gott habe das Sakrament nicht eingesetzt, daß man es anbete."

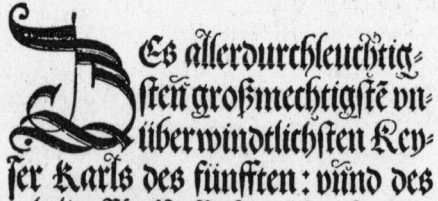

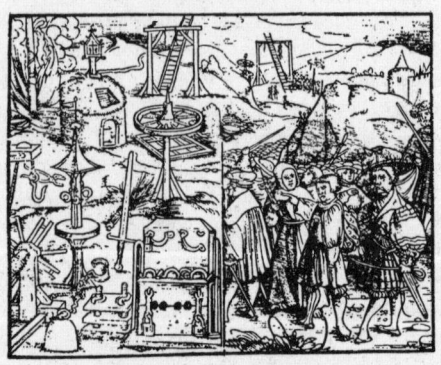

Karls V. Peinliche Gerichtsordnung von 1530/32

Das erste Zeichen für die große Konfessionsaussprache gab der Kaiser kurz nach seiner Einholung und nach der Begrüßung durch die Fürsten. Der Kurfürst von Sachsen, der Markgraf von Brandenburg, der Herzog von Lüneburg und der Landgraf Philipp von Hessen wurden in ein besonderes Zimmer gebeten. Dort übermittelte ihnen der Bruder des Kaisers in Anwesenheit Karls V. die Weisung, die freie Predigt innerhalb des Gottesdienstes, besonders in Augsburg, abzuschaffen.

Die Predigt abschaffen ... bedeutete das nicht, Gottes Wort abzuschaffen, denn nichts anderes enthielt die Predigt? Schon Augustinus hatte so gesprochen.

Mit hochrotem Kopf wiederholte der Kaiser die Forderung. Keine Aussprache, sondern Gebot.

Die Fürsten lehnten durch Schweigen ab. Für den hessischen Landgrafen war das Gewissen der kaiserlichen Majestät nicht Herr und Meister über ihr Gewissen.

„Herr", sagte der greise Markgraf Georg von Brandenburg als Sprecher der anderen Seite, „ehe ich von Gottes Wort abstünde, wollte ich lieber auf der Stelle niederknien und mir den Kopf abhauen lassen ..."

Auf diese Worte, die nichts an Deutlichkeit und Konsequenz übrig ließen, zeigte der Kaiser Geduld und Liebenswürdigkeit. In gebrochenem Niederdeutsch setzte er hinzu: „Lieber Fürst, nit Kopp ab, nit Kopp ab!"

Also eine Schranke für den Kaiser, gleich in der ersten Stunde. Nicht seine Siege, nicht die Kaiserkrönung in Bologna überzeugten, – die Protestanten nannten als Höchstes das Gewissen, für das sie ihr Leben zu opfern bereit waren. An ihrer Entschlossenheit war nicht zu zweifeln.

Letzte große religionspolemische Stunde in Augsburg

In der Kapitelstube des Augsburger bischöflichen Palastes trafen sich im Juni 1530 der Kaiser, höchste weltliche und geistliche Würdenträger, die katholische und die protestantische Seite. Der Raum war fast zu klein, so daß die Anwesenden gedrängt saßen. Vor dem Kaiser schlug der kursächsische Kanzler Gregor Brück die Confessio Augustana der Evangelischen auf.

Eine große Stunde, beinahe so groß wie Luthers Rechtfertigung auf dem Wormser Reichstag vor neun Jahren. Die Protestanten durften zum zweiten Male vor Kaiser und Reich ihren Glauben bekennen und jeden einzelnen der 28 Artikel erläutern, die zur Grundlage ihrer Lehrmeinung geworden sind. Ein schweres, inhaltsvolles Gespräch, bei dem vorerst beide Seiten taktische Zurückhaltung wahrten.

Professor Philipp Melanchthon, Verfasser der evangelischen Bekenntnisschrift, als Wissenschaftler selbst ein Beispiel für korrektes Verhalten, staunte über die Selbstbeherrschung der Majestät. „Wir haben kein Dogma, das von der Kirche abweicht", versuchte Melanchthon den Kardinallegaten Campeggio zu beruhigen, der, wie bei seinem Gespräch mit dem Kaiser, eigentlich die Ansicht vertrat, daß Luthers Lehre eine diabolische Gefahr von seuchenartigem Charakter sei.

Über zwei Stunden hörte der Kaiser zu. Manche Artikel der Augsburger Konfession gehörten für ihn in ein ernsthaftes Reformprogramm der Kirche. Wenn Luther in seinem Auftreten nur so maßvoll wäre wie Melanchthon! Aber war dessen Art nicht noch gefährlicher für die Sache der Kirche? meinte der Humanist Johann Cochläus, der Luther zum theologischen Zweikampf herausgefordert hatte.

In der Priesterehe, dem Laienkelch und der Änderung des Meßsakramentes konnte man sich in Augsburg vergleichen. Wäre es nicht noch besser, wenn die Katholiken auf die Augsburger Konfession der Evangelischen schriftlich antworten würden? Der Kaiser nahm den Vorschlag einer „Confutation" (Widerlegung) an. Er forderte Kardinal Campeggio auf, im Sinn der Zugeständnisse bereits beim Papst zu intervenieren. Eile war durch die Türkengefahr geboten.

Plötzlich standen politische und wirtschaftliche Interessen zwischen den Parteien. Nicht die evangelischen Theologen sprachen, sondern die Fürsten und Reichsstände. Sie sprachen nicht vom Gewissen, sondern vom Besitz. Über die Rückerstattung der Kirchengüter wurde mit „arger Hartnäckigkeit" von protestantischer Seite aus polemisiert. Den kaiserlichen Vorschlag, die Güter in kaiserliche Verwahrung zu nehmen, lehnte man ebenfalls ab.

Der Augsburger Reichstag brachte keine Annäherung, trotz der gemeinsamen Verwurzelung beider Parteien im Christentum. Man trennte sich uneinig und unversöhnt. Karls V. Versuch war gescheitert. Er tat noch einen Brückenschlag, indem er eine Bedenkzeit auf zwölf Monate einräumte. Doch er äußerte selbst: „Die Gewalt wird jetzt am meisten nützen."

Die drei höchsten Repräsentanten der Welt
treffen sich bei Fugger

Mitten in den unberechenbaren Augsburger Verhandlungen ging von drei höchsten Repräsentanten der Reichsversammlung eine sonderbare Initiative aus. Der eine Repräsentant war natürlich die weltliche Majestät, Karl V., der andere die geistliche Majestät, Clemens VII., der dritte Ferdinand I., der Bruder des Kaisers und zukünftige deutsche König. Alle drei trafen sich in ihren Kreditbemühungen im Hause Fugger.

Karl V. mußte erneut den Darlehensweg seines Großvaters gehen. Schon Anfang des Jahres 1529 wußte er keinen anderen Ausweg, als daß er nach einem Kaufpreis für eine Stadt suchte. Er erklärte, wenn niemand mehr hülfe, dann würde er nicht davor zurückschrecken, seine Stadt Toledo zu verkaufen... Das war der mächtige Kaiser, „Ahnherr des Abendlandes", wie man ihn betitelt hat, in dessen Reich die Sonne nicht unterging. Zweifellos besaß er kostbare Werte, Gold und Silber in Indien, über die er jedoch erst später verfügen sollte.

Der Kaiser hatte schon bei seiner Anreise nach Augsburg in Innsbruck länger rasten müssen, weil ihm das Geld ausging. Mit Hilfe französischen Lösegeldes, das in Wechsel umgetauscht wurde, halfen oberrheinische Kaufleute. Aus Spanien flossen heimlich 200 000 Kronen und 150 000 Dukaten, die die Fugger und Welser an Karl V. vorauszahlten.

Zur Wahl Ferdinands I. zum deutschen König bedurfte man wiederum stattlicher Schmiergelder. Im ganzen sollen es nach den Belegen im Fugger-Archiv 275 333 Goldgulden gewesen sein. Diese verteilten sich hauptsächlich auf die großen Posten von 16 000 Golddukaten für den Kurfürsten von Brandenburg, 20 000 Golddukaten für den Erzbischof von Mainz und 100 000 Golddukaten an den Pfalzgrafen in zwei Jahresraten. Diese Zahlungen erhöhten das Schuldkonto König Ferdinands auf insgesamt 1 Million Gulden.

Die unaufhörlichen Bemühungen der Fugger, bei denen nach Jakobs Tod die Neffen Raimund und Anton die Leitung innehatten, brachte dieser Generation November 1530 die Erhebung in den Adelsstand. Anheimgestellt wurde ihnen, ob sie den Titel eines Grafen oder den eines Freiherrn anzunehmen gedachten. Respektvoller kann man nicht dekorieren.

Der nächste Darlehenssucher war Papst Clemens VII. Er ließ seine Legaten ebenfalls an die Tür des Fuggerschen Palastes klopfen. Die Geldsorgen des Vatikans hörten nicht auf. In seinem Pontifikat erschloß sich Clemens VII. viele Geldquellen, wozu ihn politische und kriegerische

Handlungen, die eigentlich nicht zur Regentschaft des Heiligen Vaters gehörten, nötigten. In Augsburg ließ er um 50 000 Dukaten bitten ...

Zinskauf – das größte Unglück der Nation

Während Melanchthon äußerte: „Augsburg ist ein deutsches Florenz, und die Fugger sind den Medici an die Seite zu stellen", nannte Luther den Zinskauf das größte Unglück der deutschen Nation. Das „Käufen, Vorkäufen, Wechseln, Tauschen, Rauschen, Lügen, Trügen, Rauben" war nichts für ihn. Ulrich von Hutten hatte von „verruchten Krämern" gesprochen. Er empfand es als Raub der Fugger, „wenn sie sich nahezu das gleiche Monopol über die Ablässe, Pfründen, Dispense und andere päpstliche Privilegien verschafft haben wie über indische Waren..." Er sprach es offen aus: „Die Stadt Augsburg vermag in drei Wochen 30 Tonnen Goldes aufzubringen, das vermag der Kaiser nicht."

Weltgeschichtliche Wende: endlich freie Religionsübung

Die Lutheraner zogen die Konsequenzen aus dem gescheiterten Augsburger Reichstag und sicherten sich in einer „Liga von Schmalkalden" ab. Ein politisch-militärisches Schutz- und Trutzbündnis der protestantischen Fürsten. War das keine Aufkündigung des obrigkeitlichen Gehorsams gegenüber dem Kaiser? Durfte sich solch ein Widerstandsbündnis innerhalb des Reiches bilden? Nach juristischen Überlegungen fanden sich trotzdem zusammen: drei Kurfürsten, vier Herzöge, sieben norddeutsche und acht süddeutsche Städte. Diese nannte der Kaiser eine Versammlung von Aufrührern und Reichsfeinden.

Ein türkischer Eroberungsangriff an der Ostgrenze des Reiches gab den Protestanten eine Chance. Der dringende Ruf nach Einigkeit der Nation wiederholte sich und fand zunächst eine „eilende Hilfe" in 2000 Reitern, 10 000 Landsknechten und Artillerie der Reichsstädte. In Rom wie beim Kaiser erschienen die Protestanten plötzlich in anderer Sicht. Man las das Gemeinsame in der Augsburger Konfession heraus, so wie man gemeinsam zum Kreuzzug gegen die Türken antrat. Da die Osmanen näherkamen, umwarb man die Protestanten.

Bevor man sich religiös einigte, vorher schnell noch ein politisches Zugeständnis für die katholische Seite: Wahl Ferdinands I. zum deutschen König durch fünf Kurfürsten. Dann Einigung der streitenden

Christen auf dem Nürnberger Reichstag 1532, veranlaßt durch den Kaiser. Die päpstlichen Legaten und die katholische Majorität wehrten sich zwar, doch Karl V. wußte um die Deutschen als gute Soldaten, die er jetzt genauso brauchte wie bei dem Marsch auf Rom, dem Sacco di Roma, wie eigentlich immer bei seinen Kriegen.

Wir befinden uns hier an einer weltgeschichtlichen Wende. Das Christentum teilte sich in katholische, evangelische und Sekten-Gläubige, wenn es in dem kaiserlichen Vertrag zwischen Karl V. und dem Schmalkaldischen Bund für Deutschland hieß: Niemand dürfe wegen seiner Religion gerichtlich belangt oder mit Waffen verfolgt werden! Die Zusage freier Religionsausübung durch Anerkennung des evangelischen Glaubens war für diesen Zeitabschnitt der Reformation durchgesetzt.

Aufhebung der geistlichen Universalherrschaft der alleinseligmachenden Kirche – und wie eigentümlich schillernd: Der erste Religionsfriede in Deutschland wurde zum Auftakt eines Krieges geschlossen, auch wenn es ein Abwehrkrieg war.

Sonderfriede mit den Türken

Von Zeitgenossen sind unglaubwürdige Zahlen über den Türkenkrieg vom Jahre 1532 genannt worden. Sie sollten die eine oder andere Front schrecken oder den Triumph erhöhen. Es kam gar nicht zu einer Schlacht und zu einem Sieg.

Aus dem Gefolge der päpstlichen Legaten schätzte ein Augenzeuge die kaiserliche Armee auf 120 000 Mann, davon 30 000 Reiter und 20 000 Schützen. Auf der türkischen Seite sollen es 300 000 Reiter gewesen sein. Übertreibung ohne jegliche militärische Bedeutung.

Sultan Soliman beunruhigte die christlichen Truppen. Ein Teil seines Heeres soll im Wiener Wald aufgerieben worden sein. Aber der Sultan wich einer Schlacht aus, und die Deutschen verzichteten darauf, für das Kaiserreich Gebiete außerhalb der Reichsgrenzen zu erobern. Das alte Leiden bei Karls Kriegen brach durch: Schlechte Verpflegung und fehlender Sold veranlaßten die Auflösung der Armee. Fremde Hilfsvölker, besonders Italiener, wüteten schlimmer in dem christlichen Österreich als die Türken.

Karl V. verließ seine Armee und reiste Anfang Oktober von Wien nach Italien. Sein Bruder Ferdinand einigte sich im nächsten Jahr mit den Osmanen in einem Sonderfrieden. Er mußte auf den größten Teil seines Königsreiches Ungarn verzichten, bis der dann gültige Besitzstand gegenseitige Anerkennung fand.

Zehn Jahre später kam es zu einem zweiten Reichsfeldzug gegen die Türken, der genauso ergebnislos verlief wie der erste. Neue Kredite bei den Fuggern, neue nutzlose Opfer auf dem Schlachtfeld.

Ein besonders menschlicher Zug ist von diesem undurchsichtigen, verschwiegenen und rätselhaften Kaiser, den selten jemand näher kannte, übermittelt worden. Die Ehe Isabellas von Portugal mit ihrem Vetter Karl V., 1520 in Sevilla geschlossen, entwickelte sich innerhalb von dreizehn Jahren zu einem vorbildlichen Bund. Beide versprachen sich gegenseitig, im Alter Klöster aufzusuchen, um den inneren und äußeren Frieden zu gewinnen. Als die Kaiserin nach der Totgeburt eines Sohnes 1539 starb, zog sich Karl V. vorübergehend in ein Kloster zurück. Vielleicht ist Isabella seine einzige Vertraute gewesen.

Universalkonzil zur Aussöhnung der Protestanten

„Alles schreit: Konzil, Konzil!" hatte der päpstliche Nuntius Aleander vom Reichstag zu Worms 1521 nach Rom mitgeteilt. Beinahe 25 Jahre danach forderte Kaiser Karl V. unentwegt eine allgemeine Kirchenreformation und damit die Aussöhnung mit den Protestanten durch ein Universalkonzil. Dazu ließ sich Papst Paul III. schwer herbei. „Der Heilige Vater sieht das Konzil an wie ein Abführmittel, das man ungern einnimmt", beobachtete der Gesandte Karls V., während Luther sich selbst emphatisch ankündigte: „Ich will auf dem Concilio erscheinen, und man soll mir den Kopf abschlagen, wenn ich nicht meinen Glauben gegen die ganze Welt verfechte." Dazu sollte es nicht mehr kommen, da die „Wittenbergische Nachtigall" ein Jahr nach Konzilbeginn endgültig verstummte.

Der Papst fügte sich dem Wunsch Karls V. und wählte 1545 Trient zum Tagungsort. Dort fiel dem kaiserlichen Gesandten die Tyrannei der päpstlichen Legaten über die nicht mehr als 112 erschienenen Konzilväter auf. Von protestantischer Seite war niemand erschienen, denn sie verlangte ein „freies" Konzil.

Wer kennt eigentlich eine Zeile des Reformators?

Es fiel noch etwas anderes auf. Nach dreißig Jahren lutherischer Reformation kannten die wenigsten Kardinäle und Konzilväter, auch nicht die Politiker unter den Anwesenden nur eine Zeile des Reformators! Selbst die theologischen Schulen behalfen sich mit Zitaten und Ausschnitten aus den Glaubensartikeln der Reformierten, so daß weder ein echter Austausch von Gedanken, noch eine wirkliche Aussprache zustandekam.

Lauerte hinter dem Konzil von Trient die römische Inquisition? Der Augustiner-General Hieronymus Seripando wurde als heimlicher Anhänger von Luthers Lehre verdächtigt. Man denunzierte sich gegenseitig in Trient. Es kam zu Tätlichkeiten, Pamphlete überschütteten die Kirchenversammlung. Keine Reformfrage kam vor das Konzil, die nicht der Papst zugelassen hatte.

Zudem befürchtete Paul III. kaiserliche, überhaupt politische und sogar militärische Übergriffe. So wies er seine Vertreter an, mit den wenigen Tagungsmitgliedern von Trient in eine italienische Stadt, nach Bologna, umzuziehen, wo Aprilende 1548 nur zwei Sitzungen mit 36 Bischöfen stattfanden. Es sah wie eine Spaltung des Ersten Tridentiner Konzils aus.

Sechs Jahre nach dem eigentlichen Beginn setzte Papst Julius III. das Tridentinum mit einigen Sitzungen fort. Er fürchtete nationale Spaltungskonzilien in Frankreich und Deutschland, wenn er nicht weitermachte. Wiederum war die Angst der Kardinäle und Konzilväter größer als ihr Mut zur Ordnung der christlichen Dinge. Zweiter Abbruch der Kirchenversammlung.

Ein kriegerischer, reformwilliger, aber inquisitorischer Papst, Paul IV., folgte. „Der Kaiser hat den Verstand verloren!" rief er aus. Er meinte damit Karls V. fortdauerndes Verlangen nach einem Konzil. Trotzdem hörte man häufig von diesem Papst das Wort: „Reformation! Reformation!" – „Jawohl, Heiliger Vater", entgegnete dem greisen Papst darauf Kardinal Pacheco, „Reformation! Aber mit uns selbst müssen wir anfangen." Vor Anberaumung einer dritten Tridentiner Konzilfolge fanden in Spanien und Frankreich die Vernichtungsfeldzüge der Inquisition statt, und die religiöse Umschichtung und Spaltung Europas griff um sich.

Kaiserliche Romanze mit Barbara Blomberg
in Regensburg

Der sechsundvierzigjährige kaiserliche Witwer vergnügte sich 1546 in Regensburg, als wäre er einer der Jüngsten des Hofes. An der Stätte der Religionsgespräche von 1541 war nun eine Stätte der Bankette entstanden. Feierlichkeiten über Feierlichkeiten, eine Hochzeit nach der anderen, da zwei Nichten des Kaisers heirateten.

Der Witwer Karl, wieder gesund und frisch, frei von Gichtanfällen, erlebte seine berühmt gewordene Romanze. Das Bürgermädchen Barbara Blomberg wurde seine Geliebte, wie er überhaupt um Töchter aus gutem Hause für seine Passionen warb, ohne daß sie aus der Anonymität heraustraten. Barbara in Regensburg wurde Mutter des Don Juan von Austria, des späteren österreichischen Feldherrn und Admirals, der 1571 endlich die Türken in der Seeschlacht bei Lepanto besiegen sollte.

Diese kaiserlichen Festwochen in Regensburg verdeckten den endgültigen Kriegsplan Karls V. gegen die Lutheraner aus dem Schmalkaldischen Bündnis. Während „der Kaiser und seine Pfaffen fröhlich sind", lief die Militärmaschine in ganz Europa an. Deutsche und spanische Landsknechte sollten verpflichtet werden. Päpstliche Truppen waren bereits auf dem Anmarsch. Regensburg wurde geheimer Sammelplatz all derer, die zum gemeinsamen Angriff auf die deutschen Fürsten lutherischer Gesinnung entschlossen waren. Diese wollten sich auf jede mögliche Weise den Beschlüssen des Tridentiner Konzils widersetzen. Sie drohten mit Waffen, so daß Karl sie als Aufständische und „Störer des gemeinen Friedens und der Gerechtigkeit" anprangerte. Aus den religiösen Widersachern waren für Karl politische Gegner geworden, deren Ungehorsamkeit gestraft werden mußte. Er wolle keinen Religionskrieg führen, sondern eine Strafexpedition, hieß es in Regensburg. Daß dadurch ein Bürgerkrieg in Deutschland begann, mit überwiegend fremden Truppen auf deutschem Boden, mißachtete Karl V., obwohl er in seiner Wahlkapitulation den Kurfürsten durch Eid versprochen hatte, keine ausländische Armee in Deutschland zu stationieren.

Ist Karl V. ein „Unglück für Deutschland"?

Als Anstifter dieses Krieges gegen die Schmalkaldische Liga hat man den Kaiser selbst angesehen. Zweifellos lauerte er auf die günstigste Stunde zur Abrechnung mit den rebellierenden Fürsten. Immer wieder hat er in der Öffentlichkeit sein Streben nach politischer und religiöser Einheit demonstriert. Das war real und eigennützig gedacht, um freie Hand in der Außenpolitik zu haben.

Wie häufig, ist es müßig, *einen* Schuldigen zu suchen, wo sich zwei Parteien gegenüberstehen. Auf beiden Seiten fanden getarnte finanz- und militärpolitische Vorplanungen statt.

„Ein Unglück für Deutschland" war es, daß die für Bestechungsgelder von allen Seiten empfänglichen deutschen Kurfürsten keinen Thronanwärter aus ihrer Mitte zum deutschen König erhoben hatten, sondern einen Spanier, der in der zweiten Hälfte seines Lebens überhaupt erst Deutsch zu sprechen anfing. Unter sieben Ahnenreihen besaß er eine einzige deutsche Ahnenreihe, hat man festgestellt.

Während der ersten, unauffällig betriebenen Kriegsvorbereitungen gab der Kaiser den Befehl, 150 000 bis 200 000 Dukaten von den Fuggern oder Welsern zu besorgen. Es durften nicht die wahren Gründe dafür genannt werden. Die kaiserlichen Verhandlungspartner sollten von Aufwendungen für den Hof sprechen. Gleichzeitig schickte der Kaiser in diesen fröhlichen Tagen seines Umganges mit der Regensburger Geliebten zwei Eilboten, einen nach Genua, den anderen nach Antwerpen, um die dortigen kaiserlichen Gesandten als Finanzagenten einzusetzen.

An den Sohn Philipp richtete der kaiserliche Vater ebenfalls Aufforderungen zur Geldbeschaffung. Es ging nicht so rasch. Da ermunterte Karl V. seinen Sohn, um nicht durch päpstliche Absagen, die möglich waren und später tatsächlich eintreten sollten, plötzlich wieder den Sold schuldig bleiben zu müssen. Das konnte im Krieg mit den protestantischen Fürsten lebensgefährlich werden.

Moritz von Sachsens erster Auftritt auf der Weltbühne

Das war also der fünfundzwanzigjährige Herzog Moritz von Sachsen, der sich in einer Regensburger Audienz vor Karl V. tief verbeugte. Ein mittelgroßer Besucher, fast schmalgliedrig, hohe Stirn und rotblondes Haar, ein gepflegter Spitzbart, mehr ein Salon- als ein Kriegsheld. Durch seine Räte hatte der Kaiser Vorverhandlungen führen lassen, die den gesamten Fragenkomplex des von Hause aus protestantischen jungen Fürsten, der zum Übertritt auf die katholische Seite geneigt war, betrafen. Eigentlich war ihm schon durch den Bruder des Kaisers die Kurwürde grundsätzlich zugesprochen worden. So handelte es sich nur noch um eine offizielle Bestätigung.

Bei dieser Unterredung wechselten wie immer religiöse und politische Ziele bei beiden Gesprächspartnern. Wie Karl V. war auch der junge Fürst aus dem Kernland der Reformation für ein Universalkonzil, zu dem er gelehrte Männer der protestantischen Seite, wie Melanchthon, zu schicken beabsichtigte. Von einer breiten Religionserneuerung war nicht die Rede. Moritz solle sich zurückhalten und neutral bleiben, um die ganze Reformation dem Konzil zu überlassen, meinte der Kaiser. Von einer gewissen Schirmherrschaft des sächsischen Fürsten über die als Lehen übergebenen Bistümer Magdeburg und Halberstadt, die Geld einbrachten, war die Rede, aber nur solange, wie es der Kaiser terminierte. Zwielichtig war die Versicherung Karls V.: Wenn die Religionsfragen durch Konzil und Papst beigelegt sein würden, wollte der Kaiser die schutzherrliche Gewalt über die Lehen verlängern.

Nach der ununterbrochenen Regensburger Festfolge mit ihren politischen Einlagen begannen unruhige Zeiten an der Donau. Als die päpstlichen Truppen eintrafen, kam es sogleich zu Verpflegungsschwierigkeiten. Die deutschen Landsknechte bekamen ebenfalls schlechte Laune und tobten gegen Kleriker. Sie und ihre Oberen in Rom hätten den Kaiser in den Krieg gehetzt und die fremde Soldateska nach Deutschland gerufen. Die Pfaffen seien die wahren Rebellen und Feinde Christi.

Der Kaiser zittert vor dem großen Feldritt

Mitte August 1546 erschienen zwei Reiter mit dem Fehdebrief der protestantischen Seite. Karl ließ ihn ungeöffnet zurückgehen und fügte Ächtungsbriefe gegen die Fürsten bei.

Zu Beginn des Schmalkaldischen Krieges versuchten die Protestantischen die Zufahrtsstraßen von Italien und Österreich zu sperren, um den Anmarsch der spanischen Truppen zu hemmen. Sperren auch gegen die Truppen aus den Niederlanden und Ungarn, anstatt den Kaiser in Regensburg anzugreifen.

Als sich Karl V. zum großen Feldritt gegen die Protestanten die Rüstung anschnallen ließ, bemerkten die Helfer, wie er „über und über zitterte". Es kam nicht von Gichtschmerzen, an denen er litt. Das war immer der Fall, wenn er in die Schlacht zog. Erst, wenn er gerüstet war, wurde er ruhig. In diesem Jahr 1547 blieb er doppelt ruhig: Zwei Fürsten starben, der eine, der unentwegte Widersacher Franz von Frankreich, der andere, Pendler zwischen den Chancen, Heinrich von England.

Tagelang Eilritte durch protestantische Dörfer und Städte, die allein durch Karls Anwesenheit umfielen und ihm huldigten. Im Artilleriefeuer der Schmalkaldener blieb er selbst dort standhaft, wo die Geschosse einschlugen und redete seine Soldaten als „seine Söhne" an. Aus dem Diplomaten wurde hier für eine entscheidende Schlacht ein Feldherr.

Eine Bombe mit Zeitzünder schlug ein: Mitten im Krieg trat der Papst von dem 1546 geschlossenen Bündnis mit dem Kaiser zurück, die päpstlichen Truppen wurden heimbeordert. Paul III. fürchtete den Sieger

Karl mit seinen kriegserfahrenen Generalen und wollte ihn schwächen. Schwächen auch dadurch, daß Kritiker Karls V. sofort vom Heiligen Vater als Bundesgenossen verpflichtet wurden. Der mächtigste Partner der Allianz gegen die Protestanten fiel aus.

„Sankt Georg fürs Reich!" – „Spanien, Spanien!"

Vor der letzten Runde – der Schmalkaldische Krieg sollte schon nach fünf Monaten beendet sein – befand man sich im Winterquartier in Ulm. Durch Schonkost sollte Karls gichtleidender Zustand widerstandsfähiger gemacht werden. Er wollte memorieren, denn seine schwerblütige Natur zog nicht leicht ins Feld, so tapfer er sich unter seinen Soldaten benahm. Das enthält auch der Ausdruck des Porträts von Lucas Cranach: ein krankes, geplagtes, bleiches Antlitz, beinahe tragische Züge in einem knochigen Gesicht, mit Augen, die über Abgründe in die Ferne schweifen. Trotzdem war er bereit, „tot oder lebendig Kaiser in Deutschland zu bleiben".

Anton Fugger kam in eigener Sache nach Ulm. Er bat für Augsburg, das protestantisch gesinnt war. Ein persönliches Bittgesuch übermittelte Herzog Ulrich von Württemberg. „Wo der Kaiser hinzieht, ergibt sich alles", beobachtete der Humanist Zasius.

Ein neuer Gichtanfall ließ den Kaiser ein paar Tage in Nördlingen rasten. Der schwerbewegliche Kranke raffte sich auf und schaffte es in einer Sänfte bis Eger, um sich mit den Truppen seines Bruders und denen des Herzogs Moritz von Sachsen zu vereinigen. Karl V. übernahm den Oberbefehl. April 1547 erreichte man die Elbe.

Dem Kriegsrat seiner Feldherrn entgegen, besonders gegen den Rat Herzog Albas, der den Feind woanders wähnte, ließ Karl wenige Spanier, das Schwert zwischen den Zähnen, an der Furt die Elbe durchqueren, um die am andern Ufer liegenden Boote als Brücke zu benutzen und die Protestanten weiter zu verfolgen. Der Hauptteil der Kaiserlichen, aus Spaniern und Italienern bestehend, drang nach. Mit dem Schlachtruf „Sankt Georg fürs Reich!" oder „Spanien, Spanien!" stürmten sie in dreifacher Überlegenheit gegen die völlig überraschten Protestanten und schlugen sie bei Mühlberg. Angeblich fielen auf der kaiserlichen Seite kaum zehn Mann. Der Schmalkaldische Bund war aufgerieben, die Truppen waren auseinandergesprengt, Karls V. Autorität in Deutschland bestätigt, der Angriff auf das heilige Reich abgeschlagen, seine Spanier – nach den Deutschen – die besten Soldaten.

Als Karl V. das Schlachtfeld von Mühlberg verlassen hatte, kam er nach Wittenberg, die Hauptstadt des Reformators. Wie immer drängten die Feldherrn auf eine radikale Endlösung. So schlug der Generalissimus und politische Berater, der spanische Herzog Alba, vor, in die Wittenberger Schloßkirche einzudringen und den Sarg des vor einem Jahr verstorbenen Martin Luther gewaltsam zu öffnen und seine Gebeine fortzuschleppen, irgendwohin, wo man es nicht vermutete.

Der Kaiser wehrte ab: „Ich führe gegen die Lebendigen Krieg, nicht gegen die Toten."

Was stand auf Hochverrat? Todesstrafe durch den Henker. Sollte Karl V. auf diese Weise unter den deutschen Kurfürsten aufräumen? Aus seiner Sicht waren es Rebellen: dieser Kurfürst Johann Friedrich von Sachsen, der nun seine Kurwürde an Moritz von Sachsen verlor, der gefangene Herzog Ernst von Braunschweig und der sich freiwillig unterwerfende Landgraf von Hessen. Der Oberbefehlshaber Alba präsidierte dem Kriegsgericht. Er sprach die Todesurteile aus. Alba drängte auf Vollzug. Der Kaiser korrigierte den Schuldspruch über die Kurfürsten und ließ den Besiegten gegenüber Gnade walten.

Der Sieger von Mühlberg auf dem geharnischten, trotzdem tanzenden Reichstag

Dann sah Karl V. die deutschen Fürsten 1548 auf dem Reichstag zu Augsburg wieder. Schandbar, wie sie sich benahmen. Genauso schandbar war es, daß Karls spanische und italienische Truppen auf dem Anmarsch um Augsburg wie die Vandalen hausten. Deshalb nannte man das Treffen in der alten Reichsstadt an der Wertach den „geharnischten Reichstag".

Waren das dieselben Fürsten, die sich gegen ihn verbündet hatten? Sie tanzten, tranken und hurten, auch der sechsundzwanzigjährige Moritz von Sachsen mit der neuen Kurwürde. Freuten sie sich so über das Ende des Krieges?

Vor den sieben Kurfürsten, den weltlichen und geistlichen Repräsentanten, hielt der Kaiser die Eröffnungsrede. Kein Wort über Krieg oder Niederlage der Schmalkaldener. Karl V. beabsichtigte, die „hochnachteilige, schädliche und sorgliche Zweiung und Spaltung der deutschen Nation durch christliche, friedliche Mittel beizulegen". Ähnlich Luther, der bis zuletzt nicht daran gedacht hatte, die Einheit der christlich-katholischen Kirche anzutasten. Von dem Plan einer Reichsliga mit stehendem Heer sprach der Kaiser jedoch nur im vertrauten Kreis.

Sein Bruder Ferdinand tanzte, die Kurfürsten und der ganze Reichstag tanzten. Karl V. gab nicht ein einziges Bankett. Nach dem Kirchgang und den Reichstagssitzungen verabschiedete er sich von seinen Mitarbeitern, seinen Verwandten und tafelte ganz allein im Fuggerhaus, wo er wohnte. Er war grau geworden und gab sich nicht mehr menschenfreundlich. Der französische Gesandte fand, daß der Kaiser wie ein Wunder weiterlebe.

Karl V. hoffte, die besiegten Protestanten zur Annahme eines „Interims" zu bewegen. Diese in 26 Artikeln zusammengefaßte kirchenpolitische Vereinbarung sollte die Rückkehr zur alten Kirche einleiten und in einigen Konzessionen — Laienkelch und Priesterehe — die Evangelischen zu beschwichtigen versuchen. Es wurde ein völliger Fehlschlag. Die katholischen Reichsstände lehnten Zugeständnisse ab, die evangelischen mißachteten die entworfenen Reichsgesetze. Es kam zur Verfolgung und Tötung von Geistlichen, die sich dem „Interim" widersetzten. Spanische Besetzung von standhaften Städten wie Konstanz war die Folge. Magdeburg wurde zur „Kanzel Gottes", weil dort die Zentrale der Gegenschriften war. „Sphinx Augustana" oder „des Papstes Unterhemd" nannten die Protestanten das „Interim" und sangen Spottlieder. Haß gegen den Kaiser wurde dort daraus, wo die spanische Soldateska Männer mordete, Frauen vergewaltigte und Kinder aufspießte.

Atelierbesuch bei Tizian in Augsburg

In Augsburg fand auch diesmal eine historische Begegnung zwischen Kaiser und Maler statt. Wie sich hier Maximilian I. von Dürer malen ließ, so Karl V. von Tizian. Anläßlich der Kaiserkrönung in Bologna, vor zehn Jahren, war ihm der italienische Künstler als bester Maler, der gegenwärtig lebte, genannt worden. Drei Jahre später begegneten sich der siebenundfünfzigjährige Tizian und der dreiunddreißigjährige Kaiser. Das erste Bildnis entstand: der Kaiser mit der Dogge. Drei Monate später bereits erreichte den Künstler die Ehrenernennung zum Pfalzgrafen und Reichsritter vom Goldenen Sporn. Auch eine Rente wurde diesem Hauptmaler der Renaissance zugesprochen. Die Zahlungen erfolgten jedoch unregelmäßig und fielen manchmal aus.

Der zweiundsiebzigjährige Tizian malte nun in Augsburg den achtundvierzigjährigen Regenten. Der kaiserliche Auftraggeber wünschte sich selbst, in Rüstung und zu Pferde dargestellt zu sehen. Er fühlte sich stets als großer Feldherr, der er nicht war. So entstand „Kaiser Karl V. in der

Schlacht bei Mühlberg". Ein Reiterdenkmal in Farben, für einen, der den Krieg liebte und von dem der venezianische Gesandte in Augsburg sagte: „... der Kaiser wird ganz heiter, wenn er mit der Armee ist, aber sonst ist er tief ernst."

Während der Kaiser den Fortgang der Arbeiten an diesem Bild in häufigen Atelierbesuchen beobachtete, zeichnete ihn Tizian. Er malte ihn auch: im Lehnstuhl sitzend, als wollte er sich von einer Reichstagssitzung erholen. Ein nachdenklicher Mensch, vielleicht Tizian oder den Unterhaltungen seines Gefolges zuhörend. Das Modell erscheint im Bild ganz nahe. „Karl sprach in einem ganzen Jahr soviel, wie Luther an einem Tage", und das spürt man an dem Porträt. Mißtrauen wie Heimlichkeit stehen in dem Gesicht.

Ketzeredikt des allerchristlichsten Kaisers

Um diese Zeit erließ Karl V. ein Ketzeredikt! Mitten in der Reformation ein furchtbarer Gegenstoß. Es betraf die Niederlande und sollte nach Deutschland hinüberdrohen. Ein Ketzeredikt, das die Männer mit dem Feuertod und Enthauptung, die Frauen mit Lebendigbegrabenwerden bestrafte. Die beteiligten Familien traf die Beschlagnahme des Vermögens, wovon die Hälfte an die Denunzianten fiel. Wer einen Ketzer begünstigte, ihn aufnahm und schützte oder ketzerische Bücher besaß und versteckte, den erwartete ebenfalls der Henker. Hier wurde also der katholischen Bevölkerung blutig gedroht.

Unter dem „allerchristlichsten Kaiser", wie Karl V. zu seiner Zeit und in den Nachrufen hieß, vollstreckte man um 1550 über 2000 Hinrichtungen. Niemand konnte sich wehren. Proteste drangen nicht durch. Karl V. ordnete die Verfolgung in den Niederlanden fast zur gleichen Zeit an, da Kardinal Carafa, der spätere Papst Paul IV., die Inquisition neu organisierte und einen Index herausgab.

Sind die Spanier wirklich die Herren von Deutschland?

Die Kurfürsten waren bloße Instrumente in des Kaisers Hand. Keinem vertraute er die Macht an, nicht einmal seinen Generalen, von denen er abhängig war. Überall, im Staatsrat, in den ersten Stellungen, saßen Ausländer. Deutschland war zum Raub- und Tummelplatz spanischer

Truppen geworden. Vom Kaiser wurde der Ausspruch überliefert: Das Deutsche sei eine Sprache, die man nur mit Pferden reden könne. Wie lange sollte das weitergehen? Waren die Spanier wirklich die Herren in Deutschland? Wann und wodurch würde sich die Lage bessern?

Moritz von Sachsen: Reichsfeind oder Patriot?

Der sächsische Kurfürst Moritz arrangierte nach mehreren heimlichen Vorverhandlungen ein gut getarntes Treffen in dem Jagdschloß Friedewald bei Torgau, um die protestantische Seite aufzurütteln. Er hatte die religiös-nationale Opposition zusammengerufen, um gegebenenfalls eine gemeinsame Entscheidung zu treffen. Durch zwei, drei Querverbindungen erreichte er die Anwesenheit der Gesandten Heinrichs II. von Frankreich, dem Sohn Franz' I., der sich als „allerchristlichster König" eine Zeitlang mit dem damaligen Weltfeind Nummer eins, den Türken, verbunden hatte. Mit französischer Hilfe wollte nun der deutsche Kurfürst den Inhaber der königlichen und kaiserlichen Macht in Deutschland stürzen oder mindestens diese Macht einschränken.

Im Herzen bewegte dieser maskenreiche Fürst mit den halsbrecherischen Kombinationen jetzt wahrscheinlich die Erinnerung an die Wahl des deutschen Königs vor achtundzwanzig Jahren, als sich ein Spanier und ein Franzose um den deutschen Thron bewarben. Wenn die Sachsen nun die Franzosen gegen den Spanier ausspielten, um Freiheit und Selbstbestimmung für Deutschland durchzusetzen, – war das kein dramatisches Spiel, wie es große Politiker wagen?

Was konnte Deutschland im Zustand seiner Auflösung helfen? Es gab kein zuverlässiges Kurkollegium, keine Reichseinheit, keine Reichsgewalt, keine Verfassung, keine stehenden Heere. Man war von innenpolitischen Gefälligkeiten abhängig. Zur Außenpolitik brauchte man fremde Hilfe. Das versuchte Moritz von Sachsen, indem er, je nach dem Wandel der politischen Ereignisse, von einer Partei zur andern überwechselte.

Hochverrat? Der Kaiser hatte längst alle Versprechungen aus seinen Wahlkapitulationen gebrochen! Er gab sich wohl manchmal deutsch in Tracht und Frisur und sprach von seinem „edlen deutschen Blut". Aber er blieb ein Fremder. Diesen Fremden mit einem Stoß zu erschrecken und seine Macht zu begrenzen, war das Ziel der Opposition, es sollte Deutschland von der spanischen Vorherrschaft befreien und den Neugläubigen die rechtlich anerkannte Heimstatt bringen. Doch den Vorteil erkannten nicht viele der Fürsten. Man empörte sich gegen Moritz' Plan, mit Hilfe Frankreichs die Türken ins Mittelmeer zu rufen, um die kaiserliche Armee zu beunruhigen.

Auf jeden Fall erhielt der gefährlichste Gegner Karls V. im Vertrag von Chambord das Reichsvikariat über die lothringischen Städte und Bistümer Metz, Cambray, Toul und Verdun zugesprochen. Das bedeutete für die französische Politik einen Griff auf Reichsgebiet. Dafür zahlten die Franzosen 100 000 Kronen Subsidien an die deutschen Landesfürsten. Dieses Geld war nicht so verwerflich wie die Abtretung der Gebiete. Nach dem Einfall auf Reichsgebiet behielten die Franzosen drei Bistümer, aber noch nicht das Elsaß. Für den Augenblick blendete Moritz die Gegnerschaft zum Kaiser. Oder war es Karriereeifer, da französische Agenten ihn mit der deutschen Königskrone lockten?

Als die Franzosen marschierten, drangen sie bis zum Rhein vor. Moritz beobachtete es und duldete es. Er besetzte im April 1552 Augsburg, bereits im nächsten Monat Innsbruck, so daß der Kaiser im letzten Augenblick nach Italien fliehen mußte.

Flucht des Kaisers mit geheimnisvollem Gepäck

Er floh, nicht ohne ein mysteriöses Gepäck in Sicherheit zu bringen. Wenige Vertraute wußten um den Inhalt. Es waren Karls V. Memoiren, deren Urschrift er 1550 auf einer Rheinreise von Köln nach Mainz begonnen und im Fuggerpalais in Augsburg abgeschlossen hatte. Hier diktierte er täglich ununterbrochen vier Stunden seinem Privatsekretär. Das Manuskript des kaiserlichen Selbstbiographen behandelte den Zeitraum von 1515 bis 1548. Es ist eine historische Aufzählung der politischen Handlungen und militärischen Taten, zumal Karl von der Geschichte als Heerführer eingeschätzt werden wollte. „Nicht aus Eitelkeit verfaßt", wie er in der Vorrede seinem Sohn Philipp, dem Prinzen von Spanien, bedeutete.

Am Vorabend der Flucht aus seiner Innsbrucker Residenz, die so absonderlich, fernab der großen Heerstraße und völlig unstrategisch gewählt war, schrieb er an seinen Bruder Ferdinand die resignierenden Zeilen:

„Gott weiß, was noch aus mir werden soll in meinen alten Tagen! In Deutschland ist kein Halt mehr, meine Feinde haben das Heft in der Hand, und niemand tritt für mich auf; da sitze ich nun hier ohne Macht und Ansehen."

Überlegungen im letzten Augenblick vor der notgedrungenen Flucht, nachdem er schon lange zuvor Testament auf Testament verfaßt hatte, mit dem Auftrag, seinem Sohn Philipp durch einen zuverlässigen Diener seine Denkwürdigkeiten nach Spanien zu schicken. Der Kaiser verschwand als Vertriebener nach Villach in Kärnten.

Als Moritz einzog, besetzte er Karls Residenz und ließ sie genauestens durchsuchen und plündern, auch das Quartier des Sekretärs. Der Rebell muß also um die Papiere des Kaisers gewußt haben und ihnen wahrscheinlich mehr politische Bedeutung beigemessen haben, als sie wirklich enthielten.

Entfremdung zwischen den gekrönten Brüdern

Im nächsten Augenblick begann Moritz Verhandlungen mit König Ferdinand I. Wie ein Vermittler trat er auf, der weitere Kriegshandlungen zu verhindern suchte. Im letzten Jahr war Moritz geistig gewachsen, auch der spanisch-habsburgischen Diplomatie gegenüber. Mit Ferdinand I. verband ihn in letzter Zeit manches. Aus dem Nationalspanier, der dieser in seiner Jugend gewesen war, war ein den deutschen Ideen zugänglicher und deutschen Bedürfnissen nachspürender Fürst geworden, wie der sächsische Kurfürst beobachtete. Von Anfang an hatte der König seinen kaiserlichen Bruder gebeten, ihn nicht „die Öfen in Deutschland hüten zu lassen". Der König unternahm viele Versuche zur Versöhnung der beiden Konfessionen. Sein Sohn, der spätere Maximilian II., wandte sich gegen jede kriegerische Auseinandersetzung mit den Evangelischen und sagte: „Das Schwert der Apostel waren die Zunge, die Lehre und der christliche Wandel."

Im Sinne der königlichen Majestät tendierte Moritz zu einem Kompromiß. Wenn der Kaiser mit seinen spanischen Truppen aus Deutschland abzog, gewährleistete Moritz einen „unbedingten, für und für währenden Frieden". Das war die Hauptsache und entsprach allseitigen Wünschen, auch denen König Ferdinands. Kein Konzil oder Reichstag sollte über die Religion entscheiden. Moritz suchte nach einer neuen Repräsentation für Volk, Stände und Fürsten, die einen ähnlichen Charakter wie eine Nationalversammlung haben sollte.

Trotz der nach außen hin zur Schau gestellten Brüderlichkeit zwischen Karl V. und seinem Bruder Ferdinand – „der Cäsar ist das Herz und der König der Lebensodem, der da atmet, wie das Herz will", hieß es – handelten beide nach unterschiedlichen Perspektiven. Ferdinand, früher reaktionär und unentfaltet, war aufgeschlossen geworden. Er regierte schon fünfundzwanzig Jahre in Deutschland und stand eigentlich immer im Schatten seines Bruders. Zeitgenossen beobachteten eine Entfremdung der Brüder, die sich wie heimliche, doch gefährliche Gegner benahmen. Ferdinand als zukünftiger Kaiser mußte doppelt auf die Befriedung des Reiches achten.

Moritz ging mit Ferdinand den ganzen Katalog der aktuellen Deutschlandfragen durch. Zunächst freie Religionsausübung, – sie wurde zugestanden. Niemand sollte seines Glaubens wegen „vergewaltigt, beschwert oder verachtet werden". Die Lutherischen sollten das eingezogene Kirchengut behalten. Der jetzige Besitzstand beider Bekenntnisse wurde anerkannt. Sollten Bischöfe, Äbte und andere Kleriker zum Protestantismus übertreten, dann mußten sie auf ihre Ämter verzichten. Das war allerdings ein Versuch, den katholischen Bestand zu erhalten. Jeder Landesherr, nicht das Reich als Zentralgewalt, erhielt das Recht, die Religion selbst zu bestimmen. Mißfiel der offizielle Glaube den Bürgern und Bauern, dann konnten sie auswandern ohne Verlust an Hab und Gut.

Endlich Religionsfriede 1555

Auf dem Augsburger Reichstag 1555 kam es durch den Kompromiß endlich zum Religionsfrieden. Kein Papst und kein Kaiser oder ihre Bevollmächtigten waren anwesend. Es sah wie ein Rückzug der obersten Mächte aus. Zum ersten Mal waren die deutschen Christen beider Konfessionen unter sich und mit ihren Fürsten zusammen. König Ferdinand, der von seinem Bruder die Vollmacht erhalten hatte, die Religionssache unbedingt zum Abschluß zu bringen, und Kursachsen unterschrieben.

Abrechnung und Rücktritt des Imperators – letztes Refugium

Ein erschütterter Kaiser dankte unter Verzicht auf alle Titel ab, ein erschüttertes Kurkollegium und Landesfürstentum blieben zurück. Karl V. teilte sein Großreich in zwei Hälften. Sein Bruder Ferdinand I. wurde deutscher Kaiser, sein Sohn Philipp König von Spanien.

Im Ständesaal des Brüsseler Schlosses, das ohne feierliche Dekoration, ohne Schmuck war, da das Geld fehlte, zog der Imperator im Oktober

1555 noch einmal den Bogen seines Lebens nach. Der Höchste des Reiches erinnerte an neun Züge nach Deutschland, sechs Züge nach Italien, vier Züge nach Frankreich. Vierzig große Züge, Feldzüge, keine Reisen etwa, wie er es nannte. Dabei ging es um die Hauptgegner seiner Regierung: um die sieben Päpste von Leo X. bis Paul IV., um Luther und die Reformation, um Franz I. von Frankreich, den Nebenbuhler bei der Kaiserkrönung, um den türkischen Sultan Soliman II., auch um Moritz von Sachsen, den er verkannt und der ihn zur Strecke gebracht hatte. Reisen machte er zu Reichstagen und Religionsgesprächen, bereit, die kirchlichen Zustände zu bereinigen, und doch nicht genial und real genug, um beide Konfessionen zusammenzuführen.

Von diesen weltgeschichtlichen Enttäuschungen sagte er nichts in seiner Abschiedsrede, auch nichts über sein beinahe zwanzigjähriges schweres Gichtleiden. Achtmal hatte er das Mittelmeer befahren, dreimal den Ozean: „... jetzt wird's das vierte Mal sein, daß ich ihn durchsegeln werde auf meiner letzten Fahrt nach Spanien."

Nach weiteren Worten hielt er vor Rührung an. „Verzeiht, wenn mir altem Mann die Tränen kommen ..." Von Rom aus vernahm man einen schrillen Ruf über diese Abdankung. „Er hat den Verstand verloren", sagte Paul IV.

Ein Kaiser a. D., der wegen Geldmangels vier Monate auf die Abfahrt nach Spanien warten mußte, baute sich ein reich ausgestattetes Refugium zur Seite des Klosters San Yuste in der spanischen Provinz. Es war ein villenartiger Anbau, von dessen Zweck zunächst nur der Prior wußte.

Der erste tägliche Besucher war ein Uhrenmeister, der die Uhren aufzog. Dann erschien der Beichtvater. Briefe aus Yuste klingen wie Bulletins: Seine Majestät fühlt sich wohl ... Seine Majestät ist verstimmt, daß die Sardellen noch nicht eingetroffen sind ... Wie ein gewöhnlicher Kranker sündigte er gegen die Arztverordnungen. Als schwer Gichtkranker an Händen und Füßen ließ er nicht vom Fleisch und verlangte scharf gewürzte Speisen. Es war die letzte kaiserliche Abwehr, wenn er ausrief: „Ich will kein Mönch sein!" Eine Vielzahl von Talismanen sollte vor Krämpfen, Blutungen, Gicht, Hämorrhoiden schützen, — eine strenge Diät hätte es zuverlässiger getan.

Weiter in den Bulletins: ... Der Kaiser ist sehr zufrieden, daß er um 20 000 Dukaten im Jahr für seine Ausgaben erhält ... Bis zu diesem Alter hörten die Geldsorgen nicht auf, denn „das Leben hier ist rar und teuer".

Die pensionierte Majestät nahm von dieser Welt nicht völligen Abschied. Aus der Ferne beriet Karl seinen Sohn Philipp in politischen

Fragen wie auch seine Tochter Joana. Zuweilen erschien ein elf- bis zwölfjähriger Knabe. Es war Don Juan von Austria, der Sohn seiner Regensburger Liebe. Karl V. betrachtete ihn lange und öffnete etwas sein Herz.

In Inschriften, auf Münzen und Wappen wird Karl V. mit dem Titel „Allerchristlicher" Herrscher bedacht, der eigentlich seinem Feind, Franz I., vom Papst verliehen worden war. Daß man ihn „unbesiegter Kaiser" nannte, gehört zu dem falschen Jubel, dem sich jeder Herrschende gern aussetzt. Auf jeden Fall kämpfte Karl V. als letzter um ein mittelalterliches Großreich und dessen christlich-katholische Ordnung.

Was blieb übrig von der Verteidigung seines Weltreichs und von seinen Anstrengungen? Der allererste Gegner seiner Regentschaft, die Franzosen, besaßen Toul, Metz und Verdun. Deutschland hatte er nicht fest in die Hand bekommen. Die Kurfürsten waren die Sieger im Augsburger Religionsfrieden. Die Türken als Weltfeind Nummer eins waren nicht zu vertreiben, sie saßen in Ofen fest. Das Konzil von Trient blieb aufgelöst. Papst Paul IV. und sein Nepoten-Kardinal Carlo Carafa haßten Spanien und warben lutherische Landsknechte und hofierten immer wieder den französischen König, der die Protestanten förderte und es mit den Türken hielt ...

Die Kaiserkrone trug der Habsburger, die Niederlande gingen seinem Sohn Philipp verloren. Wie Karls des Großen Reich zerfiel Karls V. Reich unter seinen Nachfolgern.

Von seinen Völkern in Europa hat Karl V. keinen Abschied genommen. Er trat beiseite und vergaß sie. Wir finden keine Selbstbezichtigung, daß er versäumt habe, das Los seiner Untertanen genügend zu verbessern. Macht und Freiheit waren ihm unversöhnliche Gegensätze. Der von Gottes Willen erleuchtete Kaiser, wie Karl V. sich selbst sah, mißbrauchte das Evangelium, das die sozialen Unterschiede aufhob: „Hier ist kein Knecht noch Freier ..., denn Ihr seid allzumal einer in Jesu Christo." Er sprach höchstens die Willfährigkeit der Städter und Bauern an. Innerhalb des Reiches ist von Institutionen wie der Inquisition und von Gesetzen wie den Ketzeredikten die Rede, die allein vom Kaiser, nicht vom Papst ausgingen, höchstens von diesem protegiert wurden. Aus Karls V. letzten Lebenstagen wird ein schreckliches Wort überliefert, vielleicht durch Fieberanfälle ausgelöst. Er soll gesagt haben: „Für Ketzer gibt es nur zwei Sentenzen: für die im Irrtum Beharrenden den Scheiterhaufen, für die Bußfertigen das Beil des Henkers."

„Die Grausamen unter den Grausamen" nannte man das Augsburger Finanzhaus der Welser, die mit den Fuggern zusammen das doppelköpfige

Kreditinstitut der Kaiser vorstellten und dafür Werte in aller Welt kassierten. Während Paul III. die Versklavung der Indios im neuentdeckten Südamerika und ihre Ausbeutung nur verbot, was kaum half, kämpfte ein Dominikaner wie Las Casas um die einfachsten Menschenrechte. Er sprach darüber mit dem damals jungen König Karl V., der von nun an Missionare und Priester den Expeditionen beiordnete. Es half ebenfalls wenig. Der Majestät waren zudem Gold, Silber und Edelsteine wichtiger als die Seelen im fernen Mexiko.

Totenamt zu Lebzeiten

Dieser Kaiser, der seine Briefe mit „Ich, der Kaiser" unterschrieb, probte in seinem klösterlichen Reich sein eigenes Totenamt. Eine erhöhte Andacht oder extravagante Ausstattung seiner Monologe und Langeweile?

„Glaubt Ihr, daß es mir nützlich sein würde?" soll er seinen Beichtvater gefragt und dabei von seinem Lager zum Hochaltar der Klosterkirche hinübergeblickt haben.

„Ja, Herr", antwortete Juan de Regla, „denn die frommen Werke, die man zu seinen Lebzeiten macht, sind verdienstvoller und wirksamer als die, welche nach dem Tode für einen getan werden."

Karl V. wünschte, sein eigenes Totenamt am Augusttag 1558 in der Klosterkirche gerichtet zu sehen, wie er auch Bittmessen für Lebende lesen ließ, so für seinen Sohn Philipp. Dazu ließ er einige Tizian-Bilder, auch das eigene Bild, aufstellen.

Dann schritt er mit einer Kerze zu dem Priester, überreichte sie, als ob er seinen Körper und Geist in dessen Obhut übergebe. Er sprach: „Ich flehe Dich an, Schiedsrichter über Leben und Tod, daß Du so wie der Priester, der diese Kerze annimmt, auch meine Seele annehmen mögest."

Wie bei der Krönung in Aachen vor achtunddreißig Jahren legte er sich mit ausgebreiteten Armen nieder, ein leibhaftiges Kreuz, Symbol für Tod und Auferstehung.

Von einem plötzlichen Unwohlsein des erst Achtundfünfzigjährigen berichten andere Quellen, so daß er die heilige Handlung nicht weiter miterleben konnte. Es war etwa vier Wochen vor seinem Tod. Karl V. wurde in der spanischen Königsgruft im Escorial, nicht als deutscher Kaiser in einem deutschen Dom, beigesetzt.

XV.
Wallenstein erfüllt den Traum Ferdinands II. und fällt

62 Jahre Frieden in Deutschland

Die längste Friedenszeit von 1556 bis 1618, die jemals unser Land erlebt hat! Unter vier Kaisern ruhte das Schwert. Kein Krieg verwüstete Besitz, Städte und Landschaften. Keine Plünderungszüge der Armeen, — bis auf ein spanisches Zwischenspiel vom niederländischen Kriegsschauplatz hinüberführend auf niederrheinisches Gebiet. Keine Brandschatzungen oder Beschlagnahmen von Vieh und Getreide, keine Vertreibung der Menschen. Ruhe in Deutschland durch friedliche Regierungen.

Ferdinand I. (1556–1564), der Bruder und Nachfolger Karls V., sorgte weiterhin für Ausgleich unter den Konfessionen und vermied so den Bürgerkrieg. Zeitgenossen nannten ihn einen „gerechten Regenten". Sein Sohn Maximilian II. (1564–1576) neigte von Jugend an zum Protestantismus, ohne sich zur Gründung einer deutschen Nationalkirche entschließen zu können. Der Kaiser galt ja immer noch als Schirmherr der römisch-katholischen Kirche. Ein Sammler, Alchimist und Astrologe, Stifter der glänzendsten Sammlungen seiner Zeit war der grüblerische Rudolf II. (1576–1612). Er lebte beinahe versteckt, schien politisch hilflos und erließ trotzdem den berühmten Majestätsbrief von 1609. Dieser sicherte den böhmischen Protestanten Bekenntnisfreiheit zu.

Während derselben Zeit gruppierte man sich auf beiden Glaubensseiten. Die protestantischen Stände gründeten eine Union, die süddeutschen Kirchenfürsten eine Liga, Zusammenschlüsse mit vorerst kirchlichem, später politischem Charakter. Auf jeden Fall Anzeichen drohender Auseinandersetzungen.

Unter Rudolf II. empörte sich der eigene Bruder, der spätere Kaiser Matthias (1612–1619), und griff nach Österreich, Ungarn, Böhmen und Mähren. Dieser bekannte Bruderzwist im Hause Habsburg erfaßte noch nicht die Völker. An einigen Orten flackerten Unruhen auf. Protest und Gewalt gegen den Bau protestantischer Kirchen. So begrenzt diese Auseinandersetzungen waren, so bedeuteten sie doch Signale für einen Krieg. Um von den kleinen Gemetzeln und größeren Spannungen abzulenken, veranstaltete der Kaiser festliche Aufzüge mit Tausenden von Reitern und Hunderten von Kutschen.

Blütezeit der Städte durch Wirtschaftsaufschwung, Luxus und Fortschritt

Tiefer Friede in den österreichischen Erblanden Tirol, Vorarlberg und Salzburg. Zunahme der Bevölkerung im Berchtesgadener Land. Keine Volkskrankheit, keine Epidemie in Schleswig-Holstein, Niedersachsen, Westfalen und im Rheinland. Die Ritterburgen verwandelten sich in pompöse Fürstenhöfe und Paläste des Adels, Schloßbauten nach französischen oder italienischen Vorbildern, mit Rennbahnen, Tiergärten, Springbrunnen, einer stattlicher als der andere. Monumentaler Ausbau des Heidelberger Schlosses, Aufbau der Münchner Residenz. Die Städte verschönerten sich und bekamen neues Aussehen.

In diesen Friedenszeiten sollte sich die Bevölkerung Hamburgs um 1600 von 40 000 auf 60 000 Einwohner erhöhen. Lübeck blühte ebenfalls auf. Diesen Städten vermochte später der Dreißigjährige Krieg wenig anzuhaben, sie wuchsen weiter. Als schönste Stadt Deutschlands rühmten Fremde die Reichsstadt Augsburg am Lech. Man hat sie als das deutsche Pompeji der Renaissance gefeiert, nachdem eine geniale baumeisterliche Begabung wie Elias Holl fast die ganze Stadt umgebaut und seine Pläne 1615 mit der Grundsteinlegung des Augsburger Rathauses gekrönt hatte. Im Ruhrgebiet stieg die Kohlegewinnung an, ähnlich den Erträgen der Erzbergwerke im Harz und im Erzgebirge.

Überall verbanden sich Luxus, Ertrag und Fortschritt, auch wenn die Kassen überanstrengt wurden. Ein dreitägiger Staatsbesuch in Dresden kostete an 12 000 Taler. Man leistete sich fürstliche Bankette. Sie bestanden aus Herrenbrot, Pasteten, Vögeln, Fisch, Wein, Laubertrank, Met, Malvasier, englischen und anderen fremden Bieren. Teller und Schüsseln waren aus Silber. Zu allen Festen gehörten Illuminationen und Feuerwerk, an den Höfen wie in den Städten. Halle lud 1601 zum Vogelschießen 156 Orte ein. Der Überfluß an Gastereien kannte kaum Grenzen. Leipzig eröffnete 1580 den ersten botanischen Garten. In Darmstadt brachte man um die Jahrhundertwende „Opern oder singende Ballette" mit Dialogen, Chören und Liedern.

Aus Standesrepräsentation veranstalteten fürstliche Herrschaften Jag-

Kaiser Ferdinand I. belehnt 1560 in Augsburg den Reichsmarschall

den über zwanzig Tage, in Sachsen sogar für die Dauer eines Monats. Zehn Jahre nach der Jahrhundertwende luden Augsburger Weber zu einer großen Schau von 475 000 Stück Barchent ins Weberhaus. Welcher Reichtum an Gewerbefleiß! Um hinter dem Adel nicht an Vornehmheit nachzustehen, richteten sich Patrizierfamilien nach dessen Vorbild in den Reichsstädten Museen ein. Die erste, also älteste, Wochenzeitung erschien 1609 in Straßburg und Augsburg. Zunehmende Sicherheit in Verkehr und das Aufblühen des Handels ließen die Deutschen an einen Frieden ohne Ende denken.

Heiraten zwischen Katholiken und Protestanten

Viel Geld gab man für Mode aus: Staatskleider aus gold- und silberdurchwirktem Samt mit Zobel und Hermelin. Unter der bürgerlichen Kleidung herrschten Pluderhosen vor, die sechzig bis hundertdreißig Ellen Stoff brauchten. Die spanische Mode beeinflußte die deutsche Tracht, wie auch maurisch-spanische Bräuche ins Reich kamen.

Die Schürze trugen die Patrizierinnen als Schmuck. Die ersten langen Mäntel fielen bei älteren Frauen auf. Wie in jeder sorglosen und prächtigen Zeit mußte auch der Kopfputz verschönt werden: Um 1600 setzte man Perücken auf. Schon 1575 kamen Taschenuhren in den Handel, die man „Nürnberger Eier" nannte.

Aus den feindlichen Brüdern unter den Christen waren Bürger geworden, die sich aneinander gewöhnten. Sie unterschieden sich häufig durch die Kleidung. Dem französischen Reisenden Michel de Montaigne, Philosoph und Schriftsteller, fiel 1580 in Augsburg auf: „Heiraten zwischen Katholiken und Protestanten finden täglich statt, und der Teil, der am meisten Verlangen hat, nimmt den Glauben des andern an; solche Ehen bestehen zu Tausenden."

Vorspiele des großen Krieges

In diese friedlich anmutende Zeit, da Städte wie Nürnberg und Braunschweig an Prachtbauten mit den Schlössern konkurrierten, schrillte ein Signal, das zum Aufhorchen nötigte. Es kam aus Süddeutschland und sollte zweifache Bedeutung bekommen. Kurz vor Friedensende, eigentlich in den Anfängen des Krieges, gab die Reichsstadt Ulm von ihrem Geldüberfluß zwei Millionen Gulden aus. Nicht für künstlerische Architektur, sondern für militärische Bauten. Für hohe Summen baute Ulm seine Befestigung aus. Ein weitschauendes Unternehmen für die Sicherheit der Bürger. Ulm sollte eine der wenigen deutschen Großstädte unter den fünfzig reichsfreien Städten sein, die im Dreißigjährigen Krieg keinen Feind in ihren Mauern sah.

Ein weiteres Signal, das den Geist der Zeit bedrohte. Im Jahre 1615, drei Jahre bevor der Krieg begann, stand der italienische Physiker und Astronom Galileo Galilei wegen kopernikanischer „Irrlehren" vor der Inquisition! Ein Forscher und Entdecker vor einem römischen geistlichen Tribunal, das über kein Fachwissen verfügte und ihn trotzdem verurteilen sollte. Der freie wissenschaftliche Geist unter Zensur, inhaftiert und bedroht von Folterwerkzeugen, ohne daß ihn jemand befreien konnte. Beleuchtete ein solcher Vorgang nicht schlagartig den kirchenpolitischen Hintergrund des Weltgeschehens, die schwebende Auseinandersetzung von Reformation und Gegenreformation?

Im Frühling 1618 zogen die evangelisch gesinnten böhmischen Stände zum Prager Schloß, um Resolutionen persönlich vorzutragen. Darin griffen sie nicht den Kaiser an, sondern seine beiden Vertreter, in diesem Fall die Statthalter. Volk drängte nach und demonstrierte mit. Man griff nach den kaiserlichen Räten Martinitz und Slawata und stieß sie zum Fenster hinaus in den Schloßgarten. Nach dem ersten Fenstersturz in Prag von 1419 als Auftakt der Hussitenkriege nun der zweite Fenstersturz als Auftakt des Dreißigjährigen Krieges. Ein Zeichen zum offenen Aufstand der Tschechen.

Nochmals versuchte Kardinal Melchior Khlesl als Berater des kranken alten Königs zu vermitteln. Er kam nicht zum Zuge. Die Hofpartei war gegen jeden friedlichen Ausgleich mit den Protestanten. Verhaftung des Kardinals ohne Wissen des Monarchen, Einmarsch des Heeres in Böhmen ohne kaiserlichen Befehl, Schutzhaft des Herrschers in der Hofburg, — ein neuer Regent betrat die Weltbühne. Der Habsburger Erzherzog Ferdinand als Kaiser Ferdinand II., den man — je nach Standpunkt – den „Retter des Katholizismus" oder den „Dämon der katholischen Reaktion" nannte.

Geistliche Mobilmachung der Gegenreformation

Unterdessen hatte sich eine Bewegung formiert, unmilitärisch, aber kämpferisch, ohne Helm und ohne Schwert, aber militant im Geist, ohne Fahnen und ohne Trompeten, dafür mit Exerzitien unter den Deutschen.

Ihnen ist „beinahe all das Gute zu verdanken, das später in Deutschland geschehen ist", hieß es in einem tendenziösen Bericht nach Rom. Es waren die Jesuiten, die 1540 ihren ersten Abgesandten ins Reich schickten. Vierzehn Jahre später wurde die erste Niederlassung gegründet. Im Jahre 1567 bestanden dreizehn Niederlassungen, sieben davon in Universitätsstädten.

Überall, mit reichen Mitteln ausgestattet, entstanden Niederlassungen und Kollegs, die schon 1585 ganz Westfalen zum katholischen Glauben zurückzwangen. Aus den Jesuitenschulen gingen geistliche und weltliche Fürsten hervor. So zog man sich die Träger der neuen Bewegung heran, die dann in Österreich und Bayern, in fränkischen und rheinischen Bistümern die Protestanten zurückwiesen.

Zunächst traten die Jesuiten nicht gegen die Protestanten auf, sondern warben für eine Reformation des Klerus. „Die größte Schuld trifft unsere Geistlichkeit selbst", hieß es in ihren ersten Verlautbarungen. Der Gründer der Jesuiten, ein ehemaliger Offizier und fast ein Krüppel, Ignatius von Loyola, gab die Weisung an seine Beauftragten in Deutschland: „Versuchen Sie, sich mit den gegnerischen Führern und mit jenen, die unter den Häretikern oder zweifelhaften Katholiken den meisten Einfluß haben, anzufreunden und sie mit Klugheit und Liebe von ihrem Irrtum loszulösen."

Die Jesuiten waren keine Mönchsbewegung aus der bisherigen Tradition der Orden. Sie traten aus der Zelle in die Welt. Nicht das beschauliche, sondern das tätige Leben bevorzugten sie. Deshalb trugen sie kein Ordenshabit und keine Tonsur. Sie kannten zwei höchste Autoritäten: den Ordensgeist ihres Oberen und den Papst.

Als Beichtväter übernahmen die Angehörigen der Gesellschaft Jesu den höchsten Dienst an der Seite des Regenten, mochten es Kaiser oder Prinzen, Fürsten oder Generale sein. Mit dieser Aufgabe, ebenso unheimlich wie von ungeahntem Einfluß, drangen die Jesuiten sozusagen mit dem Beichtstuhl in die Europapolitik — und damit Rom in die Weltpolitik — vor.

Pater Lamormain als zweiter Mann des Reiches

Die Gefahr erkannten ebenfalls die böhmischen Stände und ordneten an, daß die Jesuiten das Land innerhalb von acht Tagen zu verlassen hätten. Die Protestanten in Mähren, Schlesien und auch in Ungarn schlossen sich mit gleichen Landesverweisungen an. In einer Aufklärungsschrift hieß es, daß die „scheinandächtige Jesuitensekte" sich der „unerlaubtesten Mittel bediene; die Regenten gegeneinander verhetze; unter den Ständen eines jeden Landes, sonderlich in solchen, deren Religion verschieden ist, Aufruhr und Empörung anspinne; Obrigkeiten gegen Untertanen, Untertanen gegen Obrigkeiten aufhetze".

Wie ein Echo klang es aus Kaiser Ferdinands II. Kreis: Er wolle keine wichtige Entscheidung treffen, ohne zuvor das Urteil seines Beichtvaters gehört zu haben. Diese Hauptrolle als „Gewissensrat des Kaisers" übernahm auf Vorschlag des Ordensgenerals der aus Luxemburg stammende Pater Wilhelm Lamormain. Der päpstliche Nuntius in Wien berichtete darüber nach Rom: „Es ist gewiß, daß die Jesuiten durch die Gunst des Kaisers, die man sich nicht groß genug denken kann, eine überragende Machtstellung erlangt haben." An Kaiser Ferdinands Reaktion auf die jesuitenfeindliche Haltung der Böhmen konnte somit kaum ein Zweifel bestehen: Krieg war die einzige Antwort, die hier in Frage kam.

Kleine Völkerschlacht zum Anfang

Die erste Schlacht verlief kläglich und war in den Folgen infam. Unter Leitung des von den Katholiken zu den Protestanten übergelaufenen Generals Ernst von Mansfeld beabsichtigten die Böhmen, ein Heer von 20 000 Mann aufzustellen. Anfangs wurden es nur 4 000 Mann, da das Geld fehlte. Mit diesem kleinen Heer begann auf evangelischer Seite der große Krieg. Mansfeld füllte als Söldnerführer durch eigene Werbung das Truppenkontingent auf, so daß er auf 15 000 Mann kam. Ihm standen 30 000 Mann der Kaiserlichen gegenüber. Es wurde eine kleine Völkerschlacht mit Böhmen, Österreichern, Ungarn, Niederländern auf der protestantischen Seite und Deutschen, Spaniern, Italienern, Wallonen und Polen auf der kaiserlichen Seite. Die Schlacht dauerte nur eine Stunde. Ein General, dessen Name von Napoleon I. unter den acht großen Feldherrn der Weltgeschichte genannt wurde, Johann Tilly, Schüler und Anhänger der Jesuiten, wurde im November 1620 der Sieger am Weißen Berge vor den Toren Prags.

Massenhinrichtungen unter den Aufständischen in der ehemaligen Residenz deutscher Kaiser an der Moldau! Vierundzwanzig Blutgerüste für vierundzwanzig böhmische Edelleute im März 1621 auf dem Altstädter Ring. Die Güter der Verurteilten, darunter zwölf Kreise, allein fünfhundert Herrschaften, die dreiviertel des Königreichs Böhmen ausmachten, wurden eingezogen. So wanderte ein großer Teil der ehemaligen Besitzer aus. Ein bedeutender Teil des Erlöses von 5 Millionen Gulden ging an die Jesuiten, die nach diesem ersten Sieg gleich ins Land zurückgekommen waren.

Der christliche Kaiser Ferdinand II. soll die Todesurteile zögernd unterschrieben, aber den bekannten Majestätsbrief mit der Duldung der evangelischen Konfession in Böhmen sofort zerrissen haben. Die einzige Milderung bestand darin, die Verurteilten nicht vierteilen zu lassen.

Kaiserliche Sonderkommandos greifen ein

Unter Aufsicht spanischer Soldaten, die mühsam daran gehindert wurden, das ketzerische Böhmenvolk auszurotten, vollzog sich die Rekatholisierung. Verbannungsdekrete für die lutherischen und calvinistischen Prediger. Hausdurchsuchungen und Konfiskationen sowie Verhaftung führender Protestanten. In den Ortschaften des Landkreises Prag, die nicht zum alten Glauben zurückkehren wollten, setzte man die sogenannten „Seligmacher" ein, eine schonungslose Sonderabteilung des kaiserlichen Heeres. Quälereien und Tötungen ohne Unterlaß.

Der Aufruhr war beseitigt, Anstifter und Führer der Gegenseite erledigt, die Beute verteilt, – eigentlich hätte die kriegerische Auseinandersetzung ein Ende haben können. Habsburg und Rom waren die Sieger.

Die versprengten Besiegten unter den Evangelischen gaben keine Ruhe. Die Oberpfalz, das Elsaß, Hessen, Heidelberg, Wimpfen am Neckar, Höchst am Main wurden vorübergehend Kriegsschauplätze, bis das spanische Expeditionskorps aus den Niederlanden in Deutschland einfiel. Als König Christian IV. von Dänemark, deutscher Reichsfürst als Herzog von Holstein, sich der Vorherrschaft der Kaiserlichen zu erwehren suchte, fand er in Frankreich, England und Holland Bündnispartner. Ihnen allen ging es jetzt schon um Politik, Vergrößerung und Sicherung ihrer Herrschaft und Aufteilung des deutschen Reiches, – nicht um Kirche und Glauben, nicht um die Einheit des christlichen Bekenntnisses.

Der Kaiser ohne Wehretat, ohne Armee, ohne Marschälle

Ferdinand II. besaß kein Heer, keine Marschälle, keinen Militäretat. Von dem Borghese-Papst Paul V. waren Hilfsgelder angekündigt worden, die monatlich 10 000 Gulden, später das Doppelte betrugen. Und Soldaten? Ferdinand II. durfte nicht weiter nur beobachten, wie andere siegten, vor allem sein einstiger Schulkamerad vom Jesuitenkolleg, der Bayernherzog Maximilian, Beherrscher eines Gebietes, das damals wenig mehr als die heutigen Bezirke Ober- und Niederbayern umfaßte. Auf ihn konnte sich der Kaiser zwar verlassen, aber er mußte gleichzeitig an Geschenke denken, an die Verleihung der Kurwürde und an ein beträchtliches Gebiet in der Pfalz. Als Ferdinand II. von der Frankfurter Kaiserwahl nach Wien zurückkehrte, begleitete ihn kein Heer. Schon damals half ihm sein Studiengefährte Maximilian von Bayern durch militärische Repräsentation in den Erblanden.

Wie viele seiner Vorgänger besaß auch Ferdinand II. wenig oder gar keinen Kredit. Er ließ durch seine Finanzkommissare vielerorts anfragen. So sprach man auch bei der in Frankfurt ansässigen Patrizierfamilie Johann von Bodeck vor, die Geld- und Wechselgeschäfte betrieb, Anleihen an Städte vergab. Der Kaiser wünschte 50 000 Taler, und der Bankier „entsetzte sich darob nicht wenig". Als er Verluste eines großen Teils seines Barkapitals zur Ablehnung vorschützte, drohte der kaiserliche Kommissar. Er würde die Außenstände des Geldgeschäfts bei Fürsten und Städten des Reiches beschlagnahmen, falls die Weigerung der Kredithilfe länger bestehen sollte.

Da keine Geldmächte vom Typ der Fugger oder Welser, dazu kaisertreuer und katholischer Gesinnung, existierten, wurden bald Kontributionen erhoben, gleichgültig ob bei katholisch oder protestantisch gesinnten Städten oder Fürsten. Die Stadt Minden zahlte 1625/26 die Summe von 504 569 Gulden. Die Altmark zahlte für zwei Jahre, 1626 und 1627, die Summe von 1 033 000 Talern. Von den schwäbischen Kreisständen verlangte man 1626 den Betrag von 300 000 Talern. Für fünf Jahre, von 1632 bis 1637, zahlte Graf Pückler 61 880 Gulden. Die Stadt Eisenach brachte in einem einzigen Jahr, 1638, die Summe von 64 000 Talern auf. Im gleichen Jahr leistete das Fürstentum Weimar 70 245 Taler, von 1641 bis 1642 monatlich 16 436 Taler in bar und dazu die Verpflegung von 800 Pferden. In Rottweil erbeuteten die Kaiserlichen 1643 eine ganze Million an Geld und Geldeswert. Von Georg Wilhelm von Brandenburg erpreßte man 48 Tonnen Gold als Zuschuß für die kaiserliche Kriegskasse.

Wallenstein erfüllt den Traum der Majestät

„Ich für meine Person habe nichts begehrt und begehre auch nichts anderes, als Seiner Majestät Dienst zu befördern und gutes Regiment zu halten..." Das stand in einem Brief an Kardinal Dietrichstein, Ferdinands Statthalter in Mähren. Der Absender war ein böhmischer Konvertit mit einem bis heute bekannten Namen: Albrecht Wenzel Eusebius von Wallenstein.

Er entstammte einem bescheidenen Edelmannsgeschlecht und hatte sich durch die Heirat mit einer reichen Witwe, vermittelt durch Jesuiten, die Gelder zur Anwerbung von Soldaten verschafft. Selbst ein kühner Soldat, der mit zweiundzwanzig Jahren das erste Offizierspatent erhalten hatte, so daß man ihn den „tollen" Wallenstein nannte. Außerdem war er ein geschickter Waffen- und Munitionshändler, Kriegsspekulant und vor allem Organisator, der mit vierzig Jahren als der reichste Gutsherr Böhmens galt. Er trug den Titel eines Fürsten „von Gottes Gnaden, Regierer des Hauses Waldstein und Friedland". Ein Jahr vorher, 1622, hatte er den Jesuiten ein Seminar in der Nähe seines Hauptsitzes Gitschin geschenkt.

Die Deutschen bevorzugte er nicht nur als Soldaten, sondern auch als Mitbürger in Böhmen. So gab er Anweisungen an seinen Landeshauptmann: „Auch müßt Ihr zu der Kanzelei einen deutschen Secretari haben, dieweil ich nicht will, daß bei der Kanzelei was böhmisch traktiert werde." Vorschläge, Stellungnahmen, Berichte und Abrechnungen von und über Gitschin, alles sollte in deutscher Sprache abgefaßt sein.

Der Sechsundzwanzigjährige ließ sich von dem international bekannten Naturforscher und kaiserlichen Hofastronomen Johannes Kepler das Horoskop stellen. Es hieß darin u. a.: er habe ein unruhiges Gemüt, trachte nach Neuerungen durch außergewöhnliche Mittel und sei zu hohen Dingen berufen. Viele und große Feinde werde er sich zuziehen, aber ihnen meistens obsiegen. Diesen verlockenden Deutungen fügte sich ein schärfer klingender Text an: „Unbarmherzig, ohne brüderliche oder eheliche Liebe, nur sich selbst ergeben, hart gegen seine Untertanen, geizig, betrügerisch, ungleich im Verhalten, meist stillschweigend."

Als der große, hagere, bleiche, zweiundvierzigjährige Wallenstein, mit Schnurrbart und Kinnbärtchen nach spanischer Mode, auf Wunsch des kleinen beleibten, siebenundvierzigjährigen Ferdinand II. in Wien empfangen wurde, sprach der Kaiser sein Anliegen sofort offen aus. Er wünschte sich eine Armee von 20 000 Mann. Das war der Traum der bedrängten Majestät. „Majestät, zwanzigtausend nicht, aber fünfzigtausend", lautete die Antwort des erfahrenen Kondottiere, der von der imposanten Macht der Zahlen wußte.

Bis wann konnten diese Armeen bereitstehen? In wenigen Monaten. Gut, – das Wichtigste: die Kosten? Der Kaiser befand sich wieder in einer Situation, wo er kaum ein kleines Privatheer hätte bezahlen können. Wallenstein steigerte sich in die Position eines Grandseigneurs: Seine ganze Armee in feldmarschmäßiger Aufstellung würde das kaiserliche Schatzamt nicht einen Kreuzer kosten. Unter welchen Bedingungen? Nur zwei. Nämlich: alleiniger Oberbefehl für Wallenstein und das Recht zur Requirierung für Heereszwecke.

Der Krieg ernährt den Krieg

War das ein Angebot! Höchst gefährlich, meinten die kaiserlichen Räte. Am Hof bildeten sich eine pro- und eine contra-Wallenstein-Partei, und es ging um die Armeestärke. Nicht 50 000, sondern 120 000 Mann sollte man anwerben. Nicht zuviel Truppen, meinte die andere Seite, da sie sonst staatsgefährdend eingreifen könnten. Wallenstein blieb bei 50 000 Mann. Nur mit solcher Heeresstärke waren auch die Fürsten in Schach zu halten. Und wie würde er diese Truppen ernähren?

Zunächst vollständige Ausrüstung auf Kosten des Fürsten von Friedland. Keine auf kurzfristige Zeit angetretene Armee. Solange man sie brauchte, würde sie unter den Fahnen zusammenbleiben. Regelmäßige Löhnung, um Desertionen und Plünderungen zu vermeiden. Sodann sein berüchtigter Ausspruch über die Verpflegung der Soldaten: „Der Krieg ernährt den Krieg." Bedeutete das nicht doch Räuberei und Plünderei der Soldaten? Krieg war für Wallenstein kein Kinderspiel, sondern das alleinige Mittel, sich erfolgreich durchzusetzen. Als die katholischen Fürsten nach geistlichen Reformen verlangten, da sagte er: „Der Kaiser braucht keine Reformen, sondern Rekruten." Trotz aller Widerstände der verschiedenen Richtungen am kaiserlichen Hof und an befreundeten Höfen, besonders von seiten des Bayernherzogs Maximilian, wurde Wallenstein zum Chef über alle kaiserlichen Truppen im Heiligen Römischen Reich ernannt.

Generalissimus und unaufhörlich Titelempfänger

Kein Armeeführer aus seiner Zeit ist mit so vielen Titeln und Standeserhöhungen ausgezeichnet worden wie Wallenstein. Er wurde Herzog von Friedland – ein Besitztum von 64 vormals selbständigen Herrschaften –, um damit dem konkurrierenden Bayernherzog gegenüber gleichberechtigt zu sein. Sechs Wochen nach der ersten Ernennung erweiterte der Kaiser Wallensteins Befugnisse als „selbständiger General über diese Unsere in das Heilige Römische Reich entsandte Expedition". Nach ersten Erfolgen in Norddeutschland empfing er den zweiten Territorialtitel eines Herzogs von Mecklenburg und das Land zum Unterpfand für ausgelegte Kriegskosten. Von Mecklenburg aus gedachte er ein nordisches Fürstentum zu errichten. „In Pommern gibt es achtundzwanzig Häfen", erklärte er, „wir müssen sie alle befestigen."

Einen „Impresario des Krieges" nennt ihn Ranke. Als erster erkannte er die Bedeutung der Seeküste und die Schaffung einer Ozeanischen und kaiserlichen Flotte; dies führte zu seiner Ernennung zum „kaiserlichen General des Baltischen Meeres". Sein Ehrgeiz, seine politische Karriere von Böhmen bis zur Ostsee durch eine Hausmacht zu sichern, entsprach den dynastischen Methoden der Habsburger und der Reichsfürsten.

Wallenstein König von Böhmen?

Der Generalissimus sah sich bereits als König von Böhmen, da er ja dort seine fürstlichen Liegenschaften und in Prag als Kommandant einen von italienischen Architekten neuerbauten Palast besaß. Nach seinen landesherrlichen Erfolgen, die er auf Mecklenburg übertrug, hätte seine Wahl gegenüber den ahnungs- und phantasielosen, eigensüchtigen, schlappen Vorgängern auf dem Hradschin einen neuen Anfang bedeuten können. Mit einer der höchsten Auszeichnungen, dem spanischen Orden vom Goldenen Vlies, wurde Wallenstein auf Veranlassung seines Kaisers dekoriert. Was die engsten Mitarbeiter Ferdinands II. von Anfang an befürchtet hatten, das tauchte in Träumereien, astrologischen Deutungen und realpolitischen Gesprächen zwischen und hinter den Kulissen der großen Welt auf: die deutsche Kaiserkrone auf dem Haupt Wallensteins!

Sein Spiel um die Macht wurde stets vom Massenaufmarsch seines Heeres getragen. Man nennt einen Werbungsetat von 600 000 Gulden für Handgeld und Löhnung. Damit schreckte er Partner, Konkurrenten und Feinde. In seinen Siegen durchlief er die Bahn vom Süden nach dem Norden Deutschlands, wie es umgekehrt sein baldiger großer Gegenspieler, der schwedische „Schneekönig" Gustav Adolf, tun sollte. Während Wallenstein mit 70 000 Mann antrat, befehligte sein Waffengefährte Tilly nur 30 000 Mann. Der Generalissimus steigerte seine Rekrutierung um weitere 30 000, dann um 50 000 Mann, so daß er 150 000 Mann kommandierte. Eine imponierende Heeresmacht unter einem Feldherrn mit „fast fürchterlicher Energie" (von Clausewitz), der das Gewöhnliche zum Wunderbaren zu steigern vermochte und dessen Strenge bekannt war. Er ahndete Vergehen seiner Soldaten an Geld, Gut und Menschenleben unnachsichtig. Trotzdem genoß er eine „fürchterliche Verehrung, die sein ganzes Heer für ihn hatte". Mit dieser Verehrung operierte er in den Feldzügen, obgleich er als Heeresorganisator und Landesfürst viel erfolgreicher war.

Während seines ersten Generalats, ab 1625, bezahlte Wallenstein einem Reiter- oder Infanterie-Obersten 500 Gulden wöchentlich, einem Rittmeister oder Hauptmann hundert Gulden wöchentlich, einem Leutnant 40 bis 50 Gulden, einem Auditeur in der Befugnis eines Kriegsgerichtsrates 50 Gulden, einem Kaplan 8 Gulden, einem Feldscher 6 Gulden wöchentlich. Der gemeine Soldat erhielt seinen Sold in Form von Verpflegung, am Tag zwei Brote, anderthalb Pfund Fleisch und zwei Maß Bier.

Wallenstein verteilte seine Armee in Schlüsselstellungen über ganz Deutschland, um auf Überraschungen von allen Seiten gefaßt zu sein und über einen eigenen sicheren Nachrichtendienst zu verfügen. Als General Tilly schwer verwundet wurde, übernahm Wallenstein den Befehl über die gesamte kaiserliche Heeresmacht.

Durch seinen Generalissimus sah sich Ferdinand II. häufig vor ungewöhnliche Kombinationen und Entscheidungen gestellt. Nach dem Sieg über den Dänenkönig witterte Wallenstein Chancen für den Kaiser, im Norden als König erwählt zu werden. Ein Bündnis mit Schweden wäre die Folge, meinte er und erkannte damit das Hauptproblem des Dreißigjährigen Krieges im Konflikt mit den fremden Mächten im Norden, Süden und Westen. Nicht Krieg mit Schrecken wollte Wallenstein haben, sondern Bündnis, Ausgleich und Zusammenschluß der beiden christlichen Konfessionen. Immer wieder tauchte das Problem Schweden auf, mit dem sich Wallenstein vergleichen wollte. Seien dort nicht alle ketzerische Protestanten? gab Ferdinand II. unentschlossen zu bedenken.

Der Kaiser, den man einen Bonvivant genannt hat, unselbständig und unenergisch, gutmütig und trotzdem plötzlich ekstatisch, von den Jesuiten als Heiliger, von seinen politischen Gegnern als Despot eingeschätzt, wußte um seine stabile, durch Wallenstein vergrößerte Macht. Als er diesem von dem für 1629 vorbereiteten Restitutionsedikt sprach, das den vor achtzig Jahren erlassenen Augsburger Religionsfrieden aufheben sollte, lehnte Wallenstein ab. Der General wünschte keine gewaltsame Katholisierung in Deutschland. Er wußte, von wem dieser Plan stammte. Der päpstliche Nuntius Carafa hatte ihn vorgeschlagen. Die Jesuiten nahmen ihn sogleich auf. Die geistlichen Fürsten stimmten ebenfalls zu, von den deutschen Kurfürsten war nicht die Rede. Hinter den Kulissen spukten bereits französische und römische Gegenkräfte ... nach einigen Quellen glauben Historiker bereits hier den Geist des französischen Kardinals und Ministers Richelieu zu entdecken.

Mit dem kaiserlichen Restitutionsedikt sollte der Protestantismus endgültig zerschlagen, sein Besitz vom Reich eingezogen und von der katholischen Kirche zu ihrer Wiederherstellung verwandt werden. Ferdinand II. erließ das Restitutionsedikt trotzdem. Ohne Reichstag, ohne Befragung und ohne Abstimmung im Kurfürstenkollegium. Vor allem ohne Widerspruch der Evangelischen, bis auf den Kurfürsten von Sachsen, der allein blieb und sich deshalb nicht durchsetzte.

Erste Warnung an den allmächtigen Generalissimus und Erfolg der katholischen Reichsstände

„Ich sehe mich gezwungen, Euer fürstlichen Gnaden bekannt zu machen, daß ich hier von mehreren Leuten von Bedeutung, die von der tillyschen Armee ankamen, vernommen, daß Tilly den Befehl habe, Euer fürstlichen Gnaden beim Kopf zu nehmen und ins Gefängnis zu werfen; im Fall es ihm aber nicht gelänge, höchst Dieselben auf eine andere Art aus der Welt zu schaffen."

Auf diese Warnung von besonderer Seite im Juni 1629 antwortete Wallenstein ganz offiziell: „Ich muß mich wundern, wie Ihr Euch mit so kindlichen Sachen zu befassen Belieben tragen könnt. Mein Herr, der Römische Kaiser, ist ein gerechter und erkenntlicher Herr, der die treuen Dienste auf eine andere Art belohnt, als Ihr mir schreibt. Herr Tilly ist auch ein Kavalier, der es versteht, die Aufwiegler zu Paaren zu treiben, aber nicht mit Meuchelmord umzugehen."

Der Generalissimus erfuhr davon, daß er kaum ein Jahr nach diesem Briefwechsel unsichtbar auf der Anklagebank des Regensburger Reichstages saß. Er war der katholischen Liga zu mächtig geworden und in seinem Vorgehen gegen die Protestanten, in der milden Durchführung des Restitutionsediktes, in Magdeburg zum Beispiel, zu lasch und im Grunde unberechenbar. Das waren die heimlichen Gründe. Offen sprach man von dem zuchtlosen Treiben seiner Soldateska, für das sich Wallenstein persönlich verantworten sollte.

Wallenstein suchte von seinem Feldlager Memmingen aus die Verbindung zum Kaiser in Regensburg. Ferdinand II. dürfe sich nicht das widerspenstige Treiben der Reichsfürsten und der Fürsten der Liga gefallen lassen. Es gehe um das Ansehen des Kaisers, der seine Majestät nur durch einen Staatsstreich retten könne. Staatsstreich bedeute absolute Alleinherrschaft. Dafür ständen Wallensteins Truppen bereit. Was hatte der Kaiser früher selbst gesagt: Es bedürfe keiner Kurhüte, denn man brauche auch keine Wahl. Jetzt sei die dafür günstigste Stunde gekommen.

Ferdinand II. zögerte. Er dachte nicht an Staatsstreich. Er wollte lieber seinen Sohn als Nachfolger eingesetzt sehen. Das überhörten die Fürsten. Wallenstein hieß ihr Thema. Seine Armee mußte wesentlich verkleinert werden. Man drängte auf einen Prozeß gegen den Generalissimus. Ferdinand blieb nichts anderes übrig: Er versprach eine Untersuchung.

Absetzung Wallensteins

Die Bedingungen hörten sich wie Verlautbarungen von Reichsfeinden an. Hinter den Parteien des Reichstages im Rittersaal des bischöflichen Schlosses wirkten tatsächlich ausländische Mächte. Die rechte Hand des Kardinals Richelieu, Pater Joseph, hielt sich bereits in Regensburg auf und agierte, zusammen mit dem französischen Gesandten, in heimlicher und offener Diplomatie. Die alte Forderung erklang: kein Krieg des Kaisers ohne Wissen der Stände und vor allem keine Steuererhebung durch den obersten Kriegsherrn.

Er habe es in den Sternen gelesen, was ihm drohe, antwortete Wallenstein gelassen, als ihm zwei Abgesandte die Absetzungsurkunde in Memmingen überreichten. Die Kaiserlichen staunten über die 600 Mann starke Leibwache, „deren Kleider dick mit Goldfäden bestickt sind, ihre Bandeliere sind mit gehämmertem Silber besetzt, und die eisernen Spitzen ihrer Piken sind versilbert, daß kein Kaiser jemals eine ähnliche Leibwache hatte". Sie staunten weiter über die stattliche Anzahl von über 1 000 Pferden, von 46 Wagen und einem Material, mit dem 80 Zelte aufgeschlagen werden konnten. Eingeweihte nennen einen Etat von 200 000 Talern im Jahr für Tafelausgaben und Bewirtungen, Summen, die einer fürstlichen Hofhaltung entsprachen.

Der Geist des Kurfürsten von Bayern beherrsche den des Kaisers, sagte Wallenstein mit strengen Brauen. Es schmerze ihn allerdings, daß sich der Kaiser seiner so wenig angenommen.

Sonst kein Wort von ihm, auch kein Gedanke an einen Staatsstreich von seiner Seite. Kein Befehl an die Armee, den Kurfürstentag zu sprengen. Resignierte Wallenstein oder wartete er auf seine Schicksalsstunde? Er wußte längst, daß er sich „mit gewissen Ministern härter herumschlagen mußte, als mit dem Feinde". Sein Nachfolger im Oberbefehl, Tilly, nicht Maximilian von Bayern, der es erwartet hatte, würde schon sein Möglichstes tun. Darüber konnten allerdings Landschaft und Menschen verbluten, konnte ganz Deutschland aufgerissen werden.

Schwedenlandung auf dem Kontinent: „So haben wir halt a Feindl mehr"

Wallensteins Entlassung und Landung der Schweden auf dem Kontinent unter Gustav Adolf lösten sich förmlich ab. Der höchste General ging, und ein mächtiger Gegner erschien. „So haben wir halt a Feindl mehr", kommentierte Ferdinand II. die Nachricht ahnungslos.

Wie ein Kartenhaus fiel Deutschland zusammen unter den Streichen des sechsunddreißigjährigen Gustav Adolf, seit neunzehn Jahren auf dem schwedischen Thron. Nach der Landung mit 13 000 Mann eines Eliteheeres der erste Stoß gegen Pommern. Als der brandenburgische Gesandte in Stettin die Neutralität seines Landes vertreten wollte, unterbrach Gustav Adolf: „Was ist das für ein Ding, Neutralität? Ich verstehe es nicht. Freund oder Feind – ein Drittes gibt es nicht."

Dann der zweite Stoß auf Mecklenburg und die Mark. Sachsen schloß sich dem Schwedenkönig an, er drang in Böhmen ein, um eine zweite Front gegen den Kaiser aufzubauen. Es folgte 1631 der erste Schwedensieg bei Breitenfeld, durch den Tillys Heer vernichtet wurde. Neunzig Fahnen verloren, die gesamte Artillerie ebenfalls. Der zweiundsiebzigjährige Feldherr geflohen. Die Gebete des ehemaligen Jesuitenzöglings vor der Schlacht hatten nicht geholfen, auch nicht der um den Schwertknauf gewundene Rosenkranz des Generals. 40 000 Schweden hatten mit 30 000 Kaiserlichen gekämpft.

Auf schwedischer Seite eine Volksarmee, nach einer Art von allgemeiner Wehrpflicht ausgehoben, der Kern waren schwedische Bauernsöhne. Auf der kaiserlichen Seite Söldner, „die oft wie eine Herde Rinder oder Schweine dahintrotteten", heißt es bei einem im damaligen Kriegswesen bewanderten Zeitgenossen.

Schlag auf Schlag ging es weiter: Frankfurt am Main, Würzburg, Mainz, Bamberg, Donauwörth, alles Stationen des Kriegssturms, Scharmützel und Schlachten, Kämpfe und Eroberungen.

In Rain am Lech fiel der greise Generalfeldmarschall Tilly, Herzog Maximilian von Bayern floh. Der sagenhafte König aus dem Norden zog in Augsburg, dann in München ein. Von der Ostsee bis zum Alpenvorland – eine Riesenstrecke für die Invasionsarmee, die auch eine Befreiungsarmee sein wollte.

In der bayerischen Hauptstadt konnten sich die Schweden nicht halten und zogen sich unter hinhaltendem Widerstand nach Augsburg zurück. Rückzugskämpfe und Verheerungen, Siege und Verwüstungen, Tote, Verwundete, Flüchtlinge unter der Bevölkerung.

Ein Ausländer bemächtigte sich der Partei der deutschen Protestanten und wollte sie von allem Druck befreien, zumal er selbst von Jugend auf protestantisch war und fließend deutsch sprach.

Gustav Adolfs Manifest an die Deutschen

In seinem berühmten Manifest an die Deutschen betonte Gustav Adolf zuerst die politischen, später die religiösen Motive, als wenn diese die taktischen Fragen tarnen helfen sollten. Wallensteins Vorstoß in den „baltischen Raum" wurde als Beleidigung angeprangert. Der Schwede verlangte die Ostsee als sein Handelsgebiet, Pommern und die Seeküste als Schild gegen den Kaiser. Das waren ebenfalls Motive für einen Krieg in Deutschland. Darüber sprach Kanzler Oxenstierna als unumschränkter Leiter der schwedischen Politik ganz offen im Reichstag.

Langwierige Geheimverhandlungen mit dem französischen Ministerpräsidenten Richelieu hatten zu einem Geheimvertrag „zur Wiederherstellung der Freiheit des deutschen Volkes", wie es im Vertragstext hieß, geführt. Der katholische Christ und römische Kardinal Richelieu bot als erster Minister Frankreichs dem ketzerischen König von Schweden jährlich 300 000 Taler, – derselbe Kardinal, der in seiner Heimat die Evangelischen hart behandelte. Damit befand sich Schweden im Solde Frankreichs.

Die Formulierung von der „Wiederherstellung der deutschen Freiheit" tarnte Richelieus Absicht, das Reich der Habsburger vom Norden und Westen aus zu umklammern. Für den überlegenen Kardinal-Minister in Paris war Gustav Adolf ein Mittel zum Zweck im Spiel der französischen Politik. Der Schwede hoffte tatsächlich, ein evangelisches Deutschland einzurichten, ohne daß jemand mitredete. Daher rührten auch Kombinationen, Gustav Adolf als Kaiser des deutschen Reiches einzusetzen. Er wäre nicht der erste Ausländer auf deutschem Thron gewesen; immerhin war er von mütterlicher Seite deutscher Abstammung. Oder beabsichtigte er, ein schwedisches Großreich in Mitteleuropa zu gründen? Der Schwede wollte auf seine Art die Franzosen benutzen, denen es lediglich um die Schwächung Deutschlands zu tun war. Der Religionskrieg in Deutschland erweiterte sich hierdurch endgültig zum politisch-nationalen Krieg.

Wallenstein beobachtet und lernt in der Verbannung von Gustav Adolf

In der Zurückgezogenheit seiner friedländischen Residenz Gitschin beobachtete Wallenstein das Auftreten Gustav Adolfs. Er lernte förmlich von der Taktik und Strategie des Schweden. Dieser setzte als erster in Europa eine starke Artillerie ein. Keine Standgeschütze, keine schweren Batterien, von zwanzig Pferden gezogen, wie bei Tilly, sondern fliegende Artillerie aus Vierpfündern statt aus Vierundzwanzigpfündern, deshalb leicht und beweglich, dreihundert an der Zahl. Wallenstein verfügte später über achtzig Geschütze. Zur Ergänzung der großen Artillerie teilte der Schwede jedem Infanterieregiment, mit leichten Musketen ausgerüstet, zwei leichte, sogenannte Lederkanonen zu. Ein Pferd oder zwei Mann brachten sie in Stellung. Lederkanonen hießen sie, weil das Kupferblech der Rohre mit Leder überzogen war. Jeder Musketier des Schwedenheeres war artilleristisch ausgebildet, damit kein Mangel in der Bedienung entstand und die Feuerkraft erhalten blieb. Die Aufstellung ganzer Musketenregimenter in drei Gliedern vergrößerte ebenfalls die Feuerfront, wie im Schwedenheer auch die Handgranate zum ersten Mal verwandt wurde.

Auf schnelle bewegliche Truppen kam es Gustav Adolf an, merkte Wallenstein. Die einzelnen Waffengattungen mußten nach allen Seiten hin leicht die Plätze wechseln können. Nach der fliegenden Artillerie fiel ein Heeresverband der leichten Kavallerie auf. Kürassiere und Dragoner, die nicht mehr in schweren Rüstungen steckten. Deshalb konnten sie Attacke, also wuchtigen Angriff reiten. Waren sie in der Minderzahl, dann führten sie, wie die Infanterie, die leichtbeweglichen Lederkanonen mit sich.

Was Wallenstein in seinen jahrelangen Beobachtungen auffiel, das war der starke Einsatz von Pionieren. Schon Gustav Adolfs Reiterei war fähig, Brücken zu schlagen, wie der Schwedenkönig überhaupt seine Soldaten auf vielseitige militärische Verwendung exerzierte. Minierer, Schanzsoldaten, Brückenbauer gab es mehr als in andern Heeresverbänden Europas.

Die Kaiserlichen waren zwar tüchtig, aber plump. Immer noch schwere Reiterei, Dragoner, die nur auf den Pferden saßen, um voranzukommen, dann aber als leichtes Fußvolk eingesetzt wurden. Die kaiserliche Artillerie führte noch Kanonen aus dem 16. Jahrhundert mit sich. Da man Patronen noch nicht kannte, stand neben dem Geschütz die geöffnete Pulverkanne, aus der man die Ladung mit der Schaufel entnahm.

Wallenstein bleibt unersetzlich

Der Generalissimus befand sich auf nachdrückliche Werbung des Kaisers hin, nach eigenem längerem Zögern, unter strengen Bedingungen und bedeutenden Zuwendungen – der Kaiser zahlte ihm persönlich 400 000 Taler, obwohl der Generalissimus für sich kein Gehalt verlangte – seit April 1632 wieder an der Spitze der kaiserlichen Heere. Unter seinen harten Bedingungen befanden sich: ungeteilte Befehlsgewalt über das Heer, auch über die spanischen Hilfstruppen auf deutschem Boden. Damit schob er einen Riegel vor Fremdeinbrüche. Ausschaltung des kaiserlichen Sohnes Ferdinand als Mitglied des Generalstabs. Wallenstein brauchte keinen Aufpasser. Übernahme kaiserlicher Rechte, wie Beschlagnahmen und Begnadigungen, innerhalb des besetzten Landes. Dem Generalissimus wurde jede Verhandlungsmöglichkeit mit anderen Mächten zugestanden. Aus unumschränkter Vollmacht konnte er Friedensverträge für das Reich abschließen. Als eine der schwersten Bedingungen hatte er durchgesetzt: Wo es ihm angängig erschien, wie in Sachsen, konnte er das Restitutionsedikt aufheben, natürlich gegen entsprechende politische Zugeständnisse, wie Waffenstillstand, Neutralität oder besser noch Frieden. Diese Zugeständnisse ließen den General in politische Bezirke vorstoßen, die er wie ein Kanzler oder Außenminister verantwortete.

Was hat der Generalissimus vor?

Innerhalb von drei Monaten hatte er 70 000 Mann unter Waffen. Trotzdem brach er nicht gegen die Schweden auf. Neue Rätsel um diesen Generalissimus. Hatte er Besonderes im Sinn? Jesuiten wie Kapuziner, die, ähnlich wie der Orden der Gesellschaft Jesu, als Abgesandte oder Agenten im Geheimdienst der Fürsten tätig waren, versuchten dahinterzukommen. Wenn sie Wallenstein empfing, dann kargte er nicht mit sarkastischen Bemerkungen. Er staunte über die Kriegstreiber in den Kutten, während er keinen Krieg bis zum Äußersten zu führen gewillt war. Ein seherisches Wallenstein-Wort aus dieser Vorbereitungszeit: „Wenn erst die verschiedenen Länder in Asche liegen, werden wir gezwungen sein, Frieden zu machen."

Noch einmal Aufstellung einer riesigen, glanzvollen Armee. Scharlachrot die Offiziere, genau wie die Farbe des Mantels des Generalissimus; die Soldaten in bunter Kleidung. Wallenstein führte keine Uniform ein, wie es Gustav Adolf getan hatte, auch sparte er an Winterkleidung. Zum ersten Mal erließ der General eine Befähigungsregelung. Den Sanitätsdienst beließ er bei den Troßweibern in Nürnberg, während Gustav Adolf die Heeresverpflegung wie das Sanitätswesen organisierte.

Mit Blitzfeldzügen nach schwedischer Art begann Wallenstein, um sich dann an den Gegner heranzutasten. Geplänkel unter leichten Truppen von beiden Seiten. Bei Nürnberg traten sich die Heere gegenüber. Wallenstein mit 12 000 Mann, Gustav Adolf mit 16 000 Mann, beide in befestigten Stellungen. Sie lagen sich zwei Monate gegenüber. Es kam zu Verpflegungsschwierigkeiten in diesem ungewöhnlich trockenen Sommer, und vor allem fehlte das Futter für die Pferde. „Da man sich um Lorbeer zu schlagen, keine Gelegenheit hatte, schlug man sich um Heu."

Wallenstein nahm den Kampf nicht an. War es sein Alter, das ihn zurückhielt, oder wartete er klug ab? Der um zehn Jahre jüngere Schwede ließ sich zum Sturm verlocken und erreichte in zwölfstündigem Kampf nichts. Dreimal stürmten die Schweden Wallensteins Lager, dreimal wurden sie zurückgeworfen.

November 1632 war es geworden, die Winterquartiere wurden fällig, sonst fingen die Soldaten an, wegzulaufen. Wallensteins Haupttheer lagerte zwischen Merseburg und Lützen. Diese rückgängigen Bewegungen beobachtete Gustav Adolf und hing sich an die Kaiserlichen. Dem Schweden war bekanntgeworden, daß Wallenstein den Grafen Pappenheim mit seinem Truppenteil abziehen ließ. In diesem Augenblick wurde

Gustav Adolf offensiv. Er rechnete nicht mit Wallensteins Gegenzug, der Pappenheim zurückrief. Im Schutz des Nebels vervollständigte sich das kaiserliche Heer. So standen 15 000 Wallensteiner dem schwedischen Heer mit über 16 000 Mann gegenüber.

Tod, Ruhm, Opfer und Unentschieden auf dem Schlachtfeld

Gustav Adolf an der Spitze seiner Kavalleriereserven. Wo war Ferdinand II.? Was war aus den deutschen Kaisern geworden? Sie mobilisierten wohl zum Krieg, doch selten nahmen sie persönlich teil. Im Handgemenge wurde der achtunddreißigjährige „Löwe aus Mitternacht" angeschossen, stürzte vom Pferd und erhielt die Todeskugel in den Rükken. Sein weißes Schlachtroß, aus Nüstern und Hals blutend, raste wie ein Gespenst über das Schlachtfeld bei Lützen.

Die Panik unter den Schweden benutzten die Kaiserlichen zum Gegenangriff. Wallenstein führte seine Infanterie ins Zentrum. Seine Begleiter sollen ihn nie draufgängerischer gesehen haben. Er achtete weder auf die Musketenkugeln, die seine Rockfalten trafen, noch auf die Kanonenkugeln, die um ihn herum einschlugen. Während er unverwundbar schien, war der Heldenmythos um das „Licht aus dem Norden" bereits erloschen. Schwedens Truppen blieben dennoch elf Stunden hindurch offensiv. Sie drängten die Kaiserlichen zurück, so daß Wallenstein bei Anbruch der Nacht den Rückzugsbefehl auf Leipzig gab.

Tod, Ruhm und Opfer hatte diese Schlacht gebracht, doch sie war unentschieden. Die Schweden schlugen sich nicht mehr so wie früher. Man hat dafür den Fremden innerhalb der schwedischen Truppenkontingente die Schuld gegeben. Wallensteins Einsatz war beweglicher geworden, doch der Erfolg war nicht vollständig. Er verlor 6 000, die Schweden 4 000 Mann.

Schon überlegte der französische Premier Richelieu die Folgen der Schlacht von Lützen. Sein königlicher Bundesgenosse war zusammen mit der Elite der Schweden gefallen. Es ging Richelieu um den Erfolg. Er war nicht der erste in Rom ernannte Kardinal, dem es um die Verwirklichung eines weltlichen Programms ging. Bisher hatte jeder der geistlichen Männer mit dem roten Hut nur den Vatikan, Rom und den Kirchenstaat politisch wie militärisch verteidigt. Richelieu demaskierte sich erstmals als Typ des nationalpolitischen Kirchenfürsten. Ihm folgten der Reihe nach hochbedeutende Kardinäle und Bischöfe, die alle französische Politik vertraten: Mazarin, Fleury und Talleyrand.

Vor Jahren schon hatte Kardinal Richelieu seine Pläne aufgedeckt. In seinem Programm von 1629 hieß es visionär und beinahe schon real: Zuerst müsse man daran denken, sich in Metz stark zu machen und dann möglichst bis Straßburg vorzudringen, um ein Einfallstor nach Deutschland zu gewinnen; und zwar müsse das langsam geschehen, mit viel Umsicht und in vorsichtiger, verdeckter Weise ...

Richelieus rechte Hand, der Kapuzinerpater Joseph, auch die „graue Eminenz" genannt, der für die damalige Zeit den zahlenmäßig größten Spionageapparat unterhielt, begann einen heimlichen Briefwechsel mit dem kaiserlichen Beichtvater Lamormain, dem politischen Gewissensrat des Kaisers. Französische Christen konspirierten und polemisierten mit deutschen Christen, der eine mit Wissen und der andere ohne Wissen seines Chefs. Frankreichs Ziel war Kampf gegen Habsburg. Dieses mußte als vermeintliche Schutzmacht Deutschlands aus der Mitte Europas abgedrängt und beseitigt werden, um Deutschland ohne universale Regierung, ohne Zentrale und vor allem ohne Militärmacht zu lassen. Das alles plante und bereitete der kleine Pater Joseph bis in Einzelheiten vor.

Als er einmal einem deutschen Offizier aus Tillys Armee begegnete, da rief dieser aus: „Seid Ihr der Pater Joseph? Ihr seid also Kapuziner, das heißt, Ihr seid dadurch verpflichtet, den Christen den Frieden zu geben; und Ihr grade entfacht einen blutigen Krieg unter den katholischen Herrschern, zwischen dem Kaiser, dem König von Spanien und dem König von Frankreich? Geht – Ihr solltet rot werden vor Scham!" Pater Joseph wurde nicht rot und blieb der Gehilfe des Kardinals.

Trägt Wallenstein ein Doppelgesicht? –
Er vergibt Lorbeer wie ein Herrscher

Im Juli 1630 meldete sich Pater Joseph beim Generalissimus in dessen Memminger Hauptquartier. Ein Gespräch unter vier Augen, um das gesamteuropäische Problem wie das deutsch-französische Verhältnis genau zu untersuchen. Der eigentliche Außenpolitiker der Pariser Regierung schwärmte gemeinsam mit dem Feldherrn und Staatsmann, als man über Türkenkreuzzüge redete. In Wallensteins Biographie finden sich ehrgeizige Pläne von einem byzantinischen Kaisertum, das Wallenstein zu übernehmen gewillt war. Mußten nicht unter seiner Leitung die vereinigten deutschen und französischen Heere siegen, konnten sie nicht die türkische Gefahr endgültig beseitigen?

In dieser Unterredung tauchte zum ersten Mal die Frage Böhmen auf. Ein Land, das unter dem kaiserlichen Druck auf die Konfessionen seufzte, Prag — eine von den Jesuiten beherrschte Stadt. Ferdinands II. Anlehnung an die Jesuiten hatte ihn um seinen populären Ruf gebracht. Was lag näher, als in Böhmen einen Böhmen an die Spitze zu stellen, nämlich Wallenstein? Das war die Lunte des französischen Kapuziners und staatsmännischen Assistenten des Kardinal-Ministers Richelieu. Eine Lunte, die so lange zündete, bis der Kaiser davon erfuhr und erschrak.

Belobigungs- und Gerichtstag in Prag über die Schlacht von Lützen im Februar 1633! Wie ein Herrscher vergab Wallenstein Lorbeer an die Armee. Er bestand aus einem Feldmarschallstab und ranghöheren Offizierspatenten, aus Geldgeschenken, Adelsernennungen, Besitz- und Schmuckwerten. Die Kaiserlichen hielten den Atem an, als sie von dieser glanzvollen Heerschau des Generalissimus erfuhren. Zehntausend Taler für die persönliche Tapferkeit eines Generals, siebentausend Gulden für dessen Offiziere. Korporale empfingen je fünfhundert Gulden und jeder eine Ehrengoldkette zur Erinnerung an Lützen.

Nach einer Woche fiel das Fallbeil über vierzehn Hälse auf dem öffentlichen Schafott in Prag. Es waren vierzehn Offiziere adliger Herkunft. Ihre Verurteilung erfolgte nach zweimonatigem Gericht. Es sprach das „Schuldig" wegen Feigheit vor dem Feind, Fahnenflucht, Plünderung der eigenen Bagage. Sieben Degen wurden vor dem Blutgerüst zerbrochen. Geflüchtete Offiziere wurden auf Lebenszeit für ehrlos erklärt. Für Wallenstein trugen die Offiziere die Hauptschuld, weniger die Reiter, weniger die Mannschaften. Die Führung hatte versagt. In diesen Vorgängen beim Prager Blutgericht liegt *ein* Ursprung für die spätere Sprengung des Offizierskorps.

Plötzliches Angebot Richelieus

Als der Generalissimus den außerordentlichen Botschafter des französischen Königs, Marquis de Feuquières, im Sommer 1633 empfing, wußte er, daß dieser kurze Zeit vorher mit den Schweden einen neuen Vertrag ausgehandelt hatte. Die Franzosen wollten auf die Anwesenheit der Nordländer in Deutschland nicht verzichten.

Nun bekam Wallenstein plötzlich von Richelieu ein Angebot. Der zweite Zug Frankreichs innerhalb des deutschen Gebietes und seiner Mächtegruppierung. Der König von Frankreich, Ludwig XIII., war bereit, Wallenstein „bewaffnete Unterstützung" zur Erlangung der böhmischen Krone zuzusichern! Der alte Gedanke Wallensteins, durch Pater Joseph seinerzeit zum ersten Mal angesprochen, vielleicht jetzt aktueller denn je. Frankreich bot zwei Armeen und eine jährliche Subvention von 1 Million Livres. Nach der Apanage für den evangelischen Ketzerkönig Gustav Adolf nun die Kehrtwendung zu dem obersten Heereschef des christ-katholischen deutschen Reiches.

Sollten Wallensteins Wünsche durch ausländische Anerbieten gestützt und erfüllt werden? Sollte Wallenstein gemeinsam mit den Franzosen das Drama der deutschen Zersplitterung vorführen? Wallenstein schwieg zu dem merkwürdigen Anerbieten, wie auch Richelieu zunächst schwieg, um später den Verhandlungspartner bloßzustellen, als es ihm in seine Politik paßte.

Wallenstein beabsichtigte, die Kurfürsten, die katholischen wie die evangelischen, an einen Tisch zu bringen. Resignierte der Feldherr, weil er müde und gichtkrank war? Oder sah er sich von Feinden im eigenen Lager erneut umstellt? Der Kaiser sandte ihm Briefe in einem neuen Ton: „Ich befehle." Nun, wenn Ferdinand II. keinen Frieden wollte, dann würde ihn Wallenstein „ohne Respekt einiger Personen" erzwingen! Die kaiserliche Armee war für ihn immer ein Instrument der Politik gewesen, – im äußersten Fall sogar gegen das Oberhaupt des Staates.

Als Wallenstein erfuhr, daß Gustav Adolfs engster und bester Berater, der Kanzler Oxenstierna, deutsche Gebiete an verdiente schwedische Offiziere verteilte, da brach es noch einmal in ihm auf. Der Politiker in ihm wurde hellwach. Wer handelte sonst? Zusammen mit den Sachsen wollte er die Schweden aus Deutschland vertreiben. Dann Friedensschluß mit allen Parteiungen, mit den politischen und den religiösen.

Immer noch geheime Ziele Wallensteins?

Im Frühjahr 1634 war Wallenstein gewillt, einen Vertrag abzuschließen. Nicht nur mit den Kurfürsten von Sachsen und Brandenburg, sondern auch mit Schweden und Frankreich. Der Generalissimus litt an schwerer Gicht, war unbeweglich und schrie: „O Fried! O Fried, Fried." Der Leibarzt sprach von einer nur noch kurzen Lebensspanne. Trotzdem gab der Kranke seinen Beauftragten genaue Instruktionen. Frankreich dürfe nicht den Rhein überschreiten, über die Ostseehäfen müsse eine Vereinbarung getroffen werden. Die Verhandlungen darüber entsprachen seinen kaiserlichen Vollmachten, die bis jetzt nicht eingeschränkt worden waren. „Es wäre besser, die Schweden mit Geld abzufinden, als sie einen Fußtritt Land im Reich behalten zu lassen", sagte Wallenstein.

Alte Vertraute des Generalissimus entlarvten sich jetzt als Gegner. Sie legten Material vor, aus dem ersichtlich war, daß Wallenstein wöchentlich mit Richelieu korrespondierte. Agenten spürten einem Kavalier nach, der als Abgesandter des Friedländers sieben Stunden lang mit Richelieu und dem König in Paris gesprochen haben sollte. Es hieß: In nächster Zeit erwarte Wallenstein den Besuch des französischen Marschalls Toires in Pilsen... Der König von Frankreich als deutscher Kaiser und König, Wallenstein als König von Böhmen, das ganze Reich neuverteilt. Namen von Kurfürstenkandidaten wurden bekanntgegeben. ... Eine Flugschrift enthielt diese genauen Angaben über einen Staatsstreich, über Vernichtung des habsburgischen Reiches.

Der Kaiser als Anstifter und Komplize der Attentäter

Ende Januar 1634 machte der Kaiser seinen Beichtvater, den Jesuiten Lamormain, mit seinem Entschluß bekannt, den General-Oberst-Feldhauptmann Wallenstein seines Kommandos zu entheben. In schlaflosen Nächten und bei Gebeten soll er sich dazu durchgerungen haben. Der militärische Nachfolger sollte sofort alle Offiziere und Soldaten neu vereidigen. Wichtig war die Amnestie für die 45 Kriegsobersten und Offiziere, die sich in Pilsen für den Generalissimus als Obersten Kriegsherrn erklärt hatten.

Unter dem Siegel des vom Kaiser beanspruchten Beichtgeheimnisses erfuhr der Jesuit Lamormain Einzelheiten, über die er seine Meinung abgeben sollte. Bestand ein Notwehrakt, wenn Wallenstein bei der Gefangennahme Widerstand leistete? Ferdinand II. wollte für seine Entscheidung von seinem „Gewissensrat" eine Bestätigung haben, die Lamormain auch gab.

Da die Mitteilung des Kaisers in der Beichte erfolgte, war es ein schwerer Vertrauensbruch, als Lamormain seinen Generaloberen schnellstens davon unterrichtete. In der Mitteilung nach Rom stand der eigentlich schwerste Passus, der einem kaiserlichen Geheimbefehl an vier zuverlässige Offiziere entstammte:

„Das Haupt und die vornehmsten Mitverschworenen, wenn irgend möglich, gefangen zu nehmen und nach Wien zu bringen oder als überführte Schuldige zu töten."

Der Kaiser als Anstifter und Komplize von Attentätern, die einen politischen Mord ausführen sollten. Der Absolutismus der christlich-katholischen Habsburger führte zum politischen Blutakt, – ohne Gerichtsverfahren, ohne Urteil, somit ohne Rechtsprechung. Diesen Fall hat man mit dem „Mordrecht des Staates nach Habsburger Anschauung" erklärt (Heinrich von Srbik). Deshalb gebrauchte man einen Begriff der Selbstverteidigung des Monarchen, der das Todesurteil gegen Wallenstein rechtfertigte: Hochverrat.

Am Morgen des 22. Februar 1634 klebten in Wien Plakate an den Toren, wichtigen Plätzen und Hauptstraßen. In einem kaiserlichen Patent wurde Wallenstein Hochverrat, eine „ganz gefährliche Konspiration wider den Kaiser und sein hochlöbliches Haus", Verschwörung zur Ausrottung der Religion und schließlich Undank vorgeworfen. Befehl an alle Offiziere, dem Herzog von Friedland den Gehorsam zu verweigern ... Die habsburgische Gegenpartei holte zum öffentlichen Schlage aus. Der Bruch mit dem Generalissimus schien endgültig.

Alarm für Wallensteins Truppen!

Fünf Tage danach, am 27. Februar, erhoben sich wallensteinsche Armeeeinheiten in Schlesien. Sie proklamierten tatsächlich den König von Frankreich zum deutschen Kaiser und riefen den Friedländer zum böhmischen König aus. Sie huldigten den protestantischen Kurfürsten von Sachsen und Brandenburg und auch den Schweden. Diese Aktion kaiserlicher Truppen mit der Proklamation eines Reiches im Norden, war ganz in Wallensteins Sinne.

Eine aufsehenerregende Demonstration, die einer Meuterei gleichkam, wenn sie nicht von Wallenstein selbst inszeniert war, um die Wiener Regierung zu warnen. Diese Erhebung griff nicht auf andere Truppenteile über, sie kam zu spät.

Warum gab Wallenstein keine Befehle an seine Truppen? Verteidigte er nicht höhere Ziele als der Kaiser, den angeblich der entfesselte Egoismus seines ersten Generals beunruhigte?

Alarm der Truppen für eine gemeinsame Friedenspolitik. Verhandlungen mit dem Kaiser unter vier Augen, wenn es sein mußte: unter dem Druck der Armee, dann Verhandlungen mit den Freunden und Feinden an einem Tisch zur Klärung der Lage in Europa, – warum ergriff Wallenstein nicht mehr diese Initiative? Wie ein Mensch ohne Atem erscheint er, der sich weidwund in ein Versteck flüchtet, das keines ist. Er ließ die Dinge an sich herankommen. War er so schwer krank? Der Generalissimus konnte nicht mehr reiten.

Vor mehreren Jahren hatte der von Wallenstein in seinen Dienst genommene, großzügig honorierte Astronom, der Protestant Johannes Kepler, vor dem März 1634 gewarnt. Die Zeit würde voller Leid und Gefahr sein. Vier Tage waren noch bis Anfang März, wo Gift, Dolch oder Würgehände drohten, mit denen Wallenstein beseitigt werden sollte. Von den tatsächlichen Vorgängen in Wien und bei der Armee, vor allem von dem Armeebefehl, der Wallensteins Entlassung aussprach, berichteten dem Generalissimus weder treuergebene Hauptleute noch Agenten. Die Truppe in ihrer Gesamtheit verhielt, da ihr Generalissimus ebenfalls ohne Initiative war.

Fastnachtsschmaus als Todesmahl

Der Fastnachtsschmaus in Eger wurde zum Todesmahl wallensteinscher Offiziere, die von den kaisertreuen Verschworenen umgebracht wurden. Als Wallenstein sich zur Ruhe begeben wollte, drangen die Attentäter,

Die Schlacht bei Breitenfeld, 1631

ohne Widerstand zu finden, in sein Gemach. Eine pathetische Anrede des Mörders ist überliefert. Im Anblick des Feldherrn rief er: „Du Schlimmer, meineidiger, alter rebellischer Schelm!"

Der bisher unersetzliche, unverwundbare Wallenstein griff weder zum Schwert, noch zog er sich zurück oder sprang an das Fenster, um Zeit zu gewinnen oder zu alarmieren. Keine Notwehr, keine letzte Verteidigung. Er rief nicht nach Wachen und widersetzte sich nicht. Stattdessen flehte der zum Tode Verurteilte, bleich und schmal im Gesicht, nur: „Quartier." Der allmächtige General bat um Schonung — vergeblich. Er empfing den Todesstoß in der Mitte der Brust.

Der Kaiser soll geweint haben, als er die Nachricht erhielt. „Sie haben ihn schwärzer gemalt, als er war", bedauerte plötzlich Ferdinand II. „Ach, mein Wallenstein", stieß er angeblich aus, als man ihm am 2. März die Ordenskette des Goldenen Vlieses übergab, jene hohe Auszeichnung, die er persönlich für Wallenstein bei den Spaniern erwirkt hatte.

Abfindung der Verschwörer

Wie immer regnete es Geld auf die Verschwörer, die sich zunächst der wallensteinschen Habe, seiner Privatkasse und der Feldkriegskasse als Beute bemächtigten. Der General hinterließ ein Vermögen von neun Millionen Gulden. Davon empfingen die Mörder 40 000 Reichstaler. Einfache Dragoner aus dem Begleitkommando erhielten 100 Reichstaler je Mann. Der Oberwachtmeister, der sie geführt, 2 000 Reichstaler, zwei Hauptleute je 1 000 Reichstaler, die Soldaten in Bereitschaft je einen Monatssold.

Es kam nicht zur Unruhe innerhalb der Armee, keine rächende Hand rührte sich unter den Truppenkommandeuren, obwohl es nicht an Proteststimmen fehlte. Die ersten Anschuldigungen gegen den Kaiser als Urheber „der meuchelmörderischen jämmerlichen Hinrichtung zu Eger" erschienen in Flugschriften, die in Eger oder Augsburg auftauchten. Die protestantische Seite stellte den Friedenswillen Wallensteins „der Pfaffen Art und Weise" oder der „spanischen Rott und jesuitischen Zucht" gegenüber. Zwei Monate nach der blutigen Beseitigung des Friedländers kam es zu einem Staatsakt mit offiziellen Belohnungen durch den Kaiser. Wieder waren es Geld, Titel und Ehren, Regimenter, Besitztümer, mit denen jeder bedacht wurde, der als Offizier oder Handlanger an der Exekution beteiligt gewesen war.

Die Tragödie von Eger bringt keine Lösung

Noch vierzehn Jahre dauerte der große Krieg in Europa. Dem Sohn des Kaisers gelang es, mit den der kaiserlichen Sache treu ergebenen wallensteinschen Regimentern Süd- und Mitteldeutschland zu befreien. Es kam zu Zwischenlösungen, die aber jetzt erst, nach den Runden der ersten Halbzeit, die eigentlich verwüstenden Feldzüge brachten. Jede Nation verlangte nach einem Beutestück aus dem Körper Deutschlands.

Vom Kaiser ist nicht die Rede. Er besaß keinen überragenden Feldmarschall und keine starke Armee zur Verteidigung. Die deutschen Kurfürsten standen beiseite. Die protestantischen Fürsten einigten sich nicht.

Frankreich und Schweden blieben Verbündete. Spanien wollte die Stellung am Rhein nicht aufgeben. So erklärte Kardinal Richelieu dem König von Spanien den Krieg. Ferdinand II. sorgte sich nun erst recht nicht um Deutschland, sondern mußte mit seinem Heer den Spaniern zu Hilfe eilen. Deutschland wurde Schlachtfeld, gleichgültig, ob es katholisch oder evangelisch war.

Die Bevölkerung ging von 16 auf 7 Millionen zurück. Eine zeitgenössische Schätzung spricht von 325 000 bis 338 000 Gefallenen. Das unaufhörliche Kriegstreiben brachte Hungersnot, Seuchen und Pest, obgleich es Provinzen gab, die völlig unberührt blieben.

Westfälischer Friede – Totenschein des deutschen Reiches

Als Verlustgebiete nennt man die Mark Brandenburg, Mecklenburg und Schlesien, das Erzstift Magdeburg, Thüringen und Hessen, Franken, Bayern und Württemberg, die Pfalz, das Elsaß und das Kurfürstentum Trier. Durch diese Gebiete führte der Hin- und Rückweg der eisernen Scharen aller Seiten.

Darmstadt hatte nach der Schlacht bei Nördlingen mehr Flüchtlinge als Einwohner, die Hälfte von beiden raffte noch die Pest hinweg. Die Pfalz wurde verwüstet, so daß sich Zahlen finden, wonach die Bevölkerung von 100 000 auf 2 000 sank. In Böhmen wohnten eine Zeitlang mehr als 3 Millionen, die Bevölkerung soll während des Dreißigjährigen Krieges auf 800 000 zusammengeschmolzen sein. In Augsburg bestand 1612 allein die Weberzunft, einschließlich der Frauen und Dienstboten, aus 16 932 Köpfen. Nach Belagerung und Pest nannte die Volkszählung von 1637 nur noch 12 017 Protestanten und 4 415 Katholiken.

Wenig oder nicht berührt vom Krieg blieben die Schweiz, die österreichischen Erblande, Tirol, Vorarlberg, Salzburg und das Berchtesgadener Land, ebenfalls ziemlich große Bereiche der norddeutschen Rheinlande, Westfalen und Teile Niederdeutschlands.

Den Westfälischen Frieden von 1648 in Münster und Osnabrück hat man den Totenschein des deutschen Reiches genannt. Die Gebietsverluste machten 40 000 Quadratmeilen aus. Frankreich und Schweden galten als Sieger und sicherten als Schutzmächte die „teutsche Libertät". Ihnen war Deutschland ausgeliefert.

Frankreich behielt die habsburgischen Besitzungen im Elsaß, dazu die bald hundertjährige Hoheit über die drei Bistümer Metz, Toul und Verdun. Schweden nahm sich die Ostseeküste, Vorpommern mit Rügen und Teile von Hinterpommern mit Stettin und Wismar, sodann die Bistümer Bremen und Verden als weltliche Herzogtümer. Damit wurde Schweden Mitglied des deutschen Reichstags mit Sitz und Stimme! Fünf Millionen Taler Kriegsentschädigung mußten gezahlt werden, womit gleichzeitig die Zurückziehung der Truppen quittiert wurde. Was Schweden zugesprochen erhielt, gehörte zu dem Gebiet, in dem Wallenstein einst sein nordisches Herzogtum errichten wollte. Die Absperrung von der See mußte hingenommen werden, so daß Deutschland Binnenland wurde. Der Schweiz und den Niederlanden wurde offiziell und letztgültig die Unabhängigkeit zuerkannt, die sie bereits besaßen.

Nach dreißig Jahren brachte der Westfälische Frieden nichts von dem, was sich die Anstifter des Krieges erträumt hatten. In Ferdinands II. achtzehnjähriger Regierung war kein Jahr friedlich gewesen. Trotzdem hatte er mitten im Kriegsgetümmel noch Zeit gefunden, die Wahl seines Sohnes Ferdinand III. zum Römischen König zu betreiben. „Der Ehrgeiz dieses Einzigen", heißt es in Schillers „Geschichte des Dreißigjährigen Krieges" mußte „unglücklicherweise gerade mit einem solchen Jahrhundert, mit solchen Vorbereitungen, mit solchen Keimen der Zwietracht zusammentreffen, wenn er von so verderblichen Folgen begleitet sein sollte." Dieser neunte habsburgisch-deutsche Kaiser seit Rudolf I. (1273–1291) hatte zur Mutter Gottes, die er sonderbarerweise als „Generalissima" anredete, gefleht. Hatte sie ihn nicht erhört? Seine Jesuiten, unter ihnen der kaiserliche Beichtvater Pater Lamormain, gehörten zu den weniger sichtbaren Siegern.

Alles, was vorher bestand, wurde erneut bestätigt: Gleichberechtigung der drei Bekenntnisse, katholisch, evangelisch und calvinistisch, Anerkennung des Besitzstandes für alle Seiten mit dem Stichjahr 1624. Deutschland wurde das erste Land Europas mit Religionstoleranz. In

Frankreich sprach man sie erst 150 Jahre danach aus, in England noch später (1828). Ferner bestätigte man die Freiheit der Reichsstände, Selbständigkeit in der Außenpolitik und Bündnisrecht. Wie Staaten konnten die Stände schalten. Ein Monstrum nannte deshalb der bedeutende Staatsrechtler der Zeit, Samuel Pufendorf, unser Deutschland. Es war der Untergang des Reiches durch die Stärkung der Fürsten. Die beinahe unvorstellbare Zahl von über 350 Territorien bekam Länderhoheit, von denen sich einige nur über ein paar Quadratmeilen erstreckten. Von einem universalen Kaisertum war nicht mehr die Rede.

Die kaiserliche Autorität wurde entmachtet, obwohl sich der 29jährige Herrscher Ferdinand III. bei seiner Erwählung in die Gewänder Karls des Großen kleidete. Er bekam den Jahresbetrag von 8 000 Talern zugeteilt und behielt das Recht über Verleihung von Adelstiteln. Die allgemeine Not hielt den stolzen Ferdinand III. nicht davon ab, sich in prächtigen Staatskostümen nach spanischer oder burgundischer Tracht zu zeigen, sein großartig gestochener Harnisch war von Brüsseler Spitzengeweben überdeckt. Dieser Sohn Ferdinands II. besaß weder eine große Armee noch große Feldherren. Reste des kaiserlichen Heeres vereinigte er mit spanischen Truppen. So kam es auf deutschem Boden weiterhin zu spanisch-französischen Auseinandersetzungen. Deutschland blieb das Aufmarschgebiet fremder Mächte, fremder Heerhaufen. Zu ihrem Gefolge gehörten Plünderung, Raub, Hunger und Pest.

Im November 1648 erhob Papst Innozenz X. durch eine Bulle Protest, weil der Augsburger Religionsfriede erneuert, den Reformierten freie Religionsausübung und ungehinderter Zugang zu öffentlichen Ämtern gestattet wurde. Der Protest blieb wirkungslos, der Schaden der Kirche wurde offensichtlich. Die Sieger der ersten Runde, Rom und Habsburg, waren zu Verlierern geworden.

Was in Wallensteins letztem Jahr an politischen Kombinationen und Gerüchten gespukt hatte, sollte sich beinahe verwirklichen. Mazarin, der Nachfolger Richelieus, wieder ein Kardinal, sammelte Stimmen für die Kaiserwahl eines französischen Königs. Fünf deutsche Kurfürsten ließen sich blenden und engagieren, nach Jahren sollten sich noch zwei dazufinden. Die Chance, Kaiser von Deutschland zu werden, war für den französischen König gegeben. Es hatten ja schon mehrere Ausländer den deutschen Thron besetzt. In der „Goldenen Bulle" Karls IV. von 1356 stand nichts von einer ausschließlich deutschen Abkunft des zu wählenden Kaisers.

Auf dieses Ordnungsrecht der Kaiserwahl, seit 300 Jahren gültig, machte der königliche Rat am Pariser Parlament, Anton Aubery, aufmerksam, indem er in seinem Buch „Über die gerechten Ansprüche des Königs auf das Deutsche Reich" handelte. Danach war der größte Teil Deutschlands als altes Erbteil der französischen Monarchie aus der Frankenzeit anzusehen ... In dieser uneingeschränkten Besitzforderung lassen sich die Gründe der historischen „Erbfeindschaft" zwischen Frankreich und Deutschland aufdecken. Im gleichen Jahrhundert des Dreißigjährigen Krieges faßte der Marquis de Louvois als Kriegsminister seines Königs Ludwigs XIV. die Befürchtungen zusammen: „Die Deutschen, welche in Zukunft als unsere eigentlichen Feinde angesehen werden dürfen, sind allein imstande, uns zu schaden, vorausgesetzt, daß sie einmal einen Kaiser hätten, der zu Pferde steigen wollte, uns anzugreifen." Einen modernen Epilog gab der französische Historiker Jacques Bainville nach knapp 300 Jahren, als er den Westfälischen Frieden „das köstlichste Kleinod Frankreichs" nannte.

Die Parade der Unverbesserlichen beim Friedensbankett in Nürnberg

Als wenn der Krieg und alles, was mit ihm zusammenhing, vergessen wäre, tafelten die überlebenden Großen, September 1649, in Pracht und Glanz in der alten reichsfreien Stadt Nürnberg. Ausländer und deutsche Generale, Heimkehrer von allen Fronten prosteten sich zu. Als der Wein in die Köpfe gestiegen war, wollten die anwesenden Fürsten und Generale zum Abschied noch einmal Krieg spielen. Ein ungeheuerliches Verlangen nach soviel Opfern, Toten und Unheil. Sie ließen sich Waffen in den Saal bringen und erwählten die anwesenden beiden Gesandten zu Hauptleuten. Diese waren nach einem zeitgenössischen Bericht „Seine hochfürstliche Durchlaucht der schwedische Generalissimus Herr Karl Gustav Pfalzgraf vom Rhein", der nachher König von Schweden wurde, und „Seine Exzellenz der General von Piccolomini"; zum Korporal aber machte man den Feldmarschall von Wrangel. Alle Generale, Obersten und Oberstleutnants wurden zu Musketieren „degradiert".

Die Herren marschierten um die Tafel, schossen eine Salve, zogen in guter Ordnung auf die Burg Nürnberg aus Friedrich Barbarossas Zeit und brannten dort vielmals die Stücke ab. „Bei ihrem Rückmarsch aber wurden sie von dem Herrn Oberst Kraft scherzweis abgedankt und des Dienstes entlassen, weil nunmehr Friede sei."

Diese grausam entfesselte Schau als Epilog des Dreißigjährigen Krieges, der nicht durch Diplomatie, nicht durch Waffen, sondern durch allgemeine Erschöpfung beendet worden war, spottete allen Gräbern der Völker und der Soldaten in Europa.

Aus tiefster Sorge um Deutschland meldete sich der zum Reichsfeldmarschall erhobene Georg Friedrich Graf Waldeck, vornehmster Berater Friedrich Wilhelms von Brandenburg, zum Wort. Er erinnerte an die Berufung der kaiserlichen Majestät als eines der Besten unter der Elite seiner Zeit. Deshalb rief er zehn Jahre nach dem Dreißigjährigen Krieg aus: „Der künftige Kaiser soll ein Vermehrer und Vorsteher des Reiches sein oder das hohe Amt des Staatsdieners bei übler Administration wieder quittieren müssen."

XVI.
Deutschland zwischen Habsburg und Hohenzollern

Ein Zwerg als Oberbefehlshaber?

„Ich weiß niemanden zu nennen, der mehr Verstand, Erfahrung, Fleiß und Eifer für den kaiserlichen Dienst, der eine großmütigere und uneigennützigere Gesinnung, der die Liebe des Soldaten im höheren Grade besitzt als der Prinz", sagte der Hofkriegsratspräsident Graf Starhemberg, der ehemalige Stadtkommandant von Wien und heldenmütige Verteidiger der Stadt bei der Belagerung durch die Türken, zu seinem Kaiser Leopold I.

Mit dem Prinzen war kein anderer als der junge General Eugen von Savoyen gemeint. Für den Monarchen ein bekannter Name. Als Siegeskurier der Schlacht am Berge Harsány war er 1687 nach Wien beordert worden, um die gute Botschaft dem Kaiser persönlich zu überbringen. Damals empfing Eugen das erste kaiserliche Geschenk, das Bild Leopolds I., in Diamanten gefaßt. Ohne Zweifel, ein verheißungsvoller Offizier, problematisch für den Kaiser allerdings wegen seiner Herkunft. Prinz Eugen hatte einen französischen Vater und eine italienische Mutter, die eine der verwegenen Nichten des Kardinals Mazarin war. Wohin würde er mit dieser Abstammung tendieren? Nach Deutschland, wo er kein Deutscher war? Das vergaß der Kaiser nicht. So mochte er den Befehlshaber wenig. Das änderte sich zeit seiner Regierung nicht.

Unfaßbar, daß mangelnde Menschenkenntnis den Monarchen dem größten Feldherrn des Jahrhunderts mit Mißtrauen begegnen ließ. Der Prinz jedoch gab offen zu verstehen, daß er drei Völkern entstamme. Er unterzeichnete in ihren drei Sprachen mit „Eugenio von Savoy". Dieses Feldherrngenie auf deutscher Seite redete niemals richtig deutsch. Darin ähnlich dem Preußenkönig Friedrich II., obwohl dieser ein gebürtiger Brandenburger war. Prinz Eugen betonte den Wert der deutschen Sprache am Wiener Hof, als er später einem lothringischen Prinzen, der als Gesandter an die Donau kam, riet: Wenn er dem Kaiser gefallen wolle, dann müsse er deutsch, nur deutsch reden.

Starhemberg wußte, woher die Abneigung des Kaisers kam, wenn er es auch nicht direkt aussprach. Ein Zwerg als Oberbefehlshaber, verwachsen, ein schmales, längliches Gesicht in gelblich-brauner Hautfarbe, aufgeworfene Lippen und eine große Nase, ein unschöner Mund mit der zu kurzen Oberlippe, die starke Zähne sehen ließ, kleine, aber strahlende Augen und eine mächtige Stirn, – konnte eine solche Erscheinung zum Idol des Heeres werden? Innerhalb von zehn Jahren war Prinz Eugen schon einem Führungsideal nahegekommen, da er stets persönliche Beispiele von Tapferkeit gab, selbst wenn sein Küraß für einen Knaben geschmiedet schien. Seine Angehörigen hatten ihn anfangs in eine Soutane gesteckt, um ihm die Laufbahn eines kleinen Abbés zu ermöglichen. Der Prinz dagegen zog eine Uniform an und überraschte bald durch seine Kühnheit.

Der Aufstieg des 34jährigen zum Armeeführer

Knapp sechs Wochen nach dieser Audienz erfolgte die förmliche Ernennung des Prinzen Eugen zum Kommandanten der kaiserlichen Truppen in Ungarn. Welch eine Karriere! Mit zwanzig Jahren an der Front als Oberstleutnant, mit fünfundzwanzig Jahren Feldmarschalleutnant. Mit dreißig Jahren Feldmarschall. Politische Historiker und Militärhistoriker stellen seine Begabung neben Gustav Adolf und Friedrich II. von Preußen.

Über den Sprung dieser ungewöhnlichen Begabung vom niederen Jung-Weltgeistlichen zum Armeeführer hätte sich der deutsche Kaiser Leopold I. eigentlich nicht zu wundern brauchen. Als zweiter Sohn Ferdinands III. sollte er ebenfalls ursprünglich Geistlicher werden. Leopold entsprach nicht dem Traumbild eines Regenten, weder an Aussehen, noch an Geisteskraft und Energie. Er war unansehnlich. Die weit herabhängende habsburgische Unterlippe entstellte sein Gesicht. Wie ein düsterer Traumwandler ging er durchs Leben. Bei Verhandlungen fielen eine gewisse Abwesenheit und Zurückhaltung an ihm auf, die seiner Langsamkeit und Unsicherheit entsprachen. Was ihm an Hoheit und Würde abging, borgte er sich bei der steifen spanischen Etikette, die er ausgerechnet als deutscher Kaiser bevorzugte.

Leopold I. war es mehr um den Kaisertitel zu tun als um die Regierung des deutschen Reiches. Dessen Verfassung bestand lediglich aus einem Vertrag zwischen dem Kaiser und den Reichsständen, als wenn Deutschland nur als juristische Dependance existierte. Die drei Kollegien im Reichstag wurden aus den 8 Kurfürsten (5 Katholiken und 3 Protestanten), den 165 weltlichen Fürsten und den 61 Reichsstädten gebildet. Nach dem Dreißigjährigen Krieg waren Frankreich und Schweden durch ihre im Frieden von Osnabrück erfolgten deutschen Annexionen zu Reichsständen geworden. Sie besaßen Sitz und Stimme im Reichstag: eine Art Aufsichts- und Besatzungsregime. Diese Regelung war der Grund für politische Einmischungen, die ebenso innen- wie außenpolitisch gefährliche Bedeutung bekommen konnten.

Gleich im ersten Jahr von Leopolds I. Regierung, 1658, war es unter französischem und schwedischem Einfluß und durch Verteilung von Subsidien zur Gründung eines Rheinbundes gekommen. Ihm gehörten die deutschen Reichsfürsten von Mainz, Köln, Neuburg, Münster, Braunschweig, Hessen-Kassel an. Dieses Bündnis sollte die Flanke Frankreichs durch ein Bundesheer schützen. Eine offene Opposition gegen den Kaiser. Vielerorts im Reich waren die goldenen Hände Ludwigs XIV. spürbar, der sich als Gönner aufspielte, um politische Ziele durchzusetzen.

Eine weitere, immer noch politisch sich auswirkende Kraft waren die Jesuiten, die um die Rekatholisierung Deutschlands, vor allem der deutschen Fürsten, bemüht blieben, um Urteile und Entscheidungen im Fürstenkollegium auf ihre Weise zu beeinflussen. Die Übertritte begannen 1651 mit dem Braunschweiger, Anfang der sechziger Jahre folgten der Herzog von Mecklenburg-Schwerin, die Herzöge von Württemberg, Lüneburg und der Herzog von Sachsen-Zeitz, bisher alle evangelisch. Zehn Jahre danach waren es Friedrich Wilhelm von Pfalz-Neuburg und schließlich August der Starke von Sachsen, der als König von Polen katholisch werden mußte.

Westen und Norden drücken auf den Rest von Deutschland

Beide Alliierte im Westen und Norden, Frankreich und Schweden, drückten auf den Restkörper Deutschlands. Als Ludwig XIV. nach dem Elsaß und dem Bistum Trier gegriffen hatte, begann ein Reichskrieg gegen ihn. Verwüstung der Pfalz, Verwüstung der Landschaften an Mosel und Saar durch die Franzosen, um den Kaiserlichen den Weg zu versperren. Mitten im Frieden der Raubüberfall auf Straßburg, Brandschatzung und Sprengung des Heidelberger Schlosses, Feuer an den Domen von Worms und Speyer, wo die Gräber deutscher Kaiser erbrochen, nach Schätzen durchwühlt und die Gebeine als grausiges Spielzeug benutzt wurden.

Der deutsche Kaiser ließ es zu. Es bedeutete ihm nichts, denn seine Gedanken waren östlich, auf das bedrängte Ungarn, nicht westlich, nicht auf Straßburg gerichtet. Die Kurfürsten waren entweder offene oder heimliche Bundesgenossen, abhängig oder gleichgültig. Die Reichsfürsten genauso. Kein Heerführer machte dem Reichstag Vorschläge zur Verteidigung.

Die Schweden, von Frankreich aufgehetzt, verheerten die Marken, bis sie durch brandenburgische Reiterei und Artillerie bei Fehrbellin im Juni 1675 geschlagen wurden und Brandenburg verließen. Auch die junge brandenburgische Flotte besiegte die Eindringlinge. Feldmarschall Derfflinger eroberte 1678 Rügen, Stralsund und Greifswald im gleichen Jahr. Die ersten Taten des neuen deutschen Staates an der Ostsee, mit denen die Hohenzollern in die Weltgeschichte eintraten. Durch dieses Eingreifen war die Magie der unschlagbaren Schweden dahin.

Habsburgische Hausmacht- statt Reichspolitik

Leopold I. kümmerte sich besonders um die Erblande in Österreich, um die Sicherung und Erweiterung der Hausmacht. Er entschloß sich nicht zu einer Politik der Reichsidee. Als er erfuhr, daß die Türken durch Mähren und Schlesien zogen, alarmierte er das Abendland, sprach vom Untergang und meinte vor allem den Verlust seines Besitztums. Gewiß ging sämtliche europäischen Völker die Abwehr der Türken etwas an, aber hauptsächlich Österreich und Ungarn, das man eine „Schutzmauer gegen die damals noch furchtbaren Türken" genannt hat (K. Th. Heigel). Bis 1696 war die österreichische Kriegsleitung in Ungarn nicht in der Lage gewesen, gegen den sogenannten Erbfeind, die Türken, planvoll vorzugehen. Es fehlte an überdurchschnittlichen Generalen.

Um diese Situation zu klären, war ja der neue Oberbefehlshaber ernannt worden. Prinz Eugen fand die kaiserliche Ostarmee in Ungarn in einem fürchterlichen Zustand. Kaum einsatzfähige Regimenter, da sich diese teilweise aufgelöst hatten. Aufruhr einzelner Truppenverbände, weil es an Sold, Kleidung und Waffen fehlte. Da niemand eingriff, der ehemalige Oberkommandierende August der Starke von Sachsen mehr lässig und schlecht improvisiert, als umsichtig geführt hatte, fand Eugen ein katastrophales Durcheinander vor. Er mußte erst die Soldaten aus allen Gegenden zusammenrufen. Als es sich herumsprach, daß er den Oberbefehl übernommen hatte, legte sich das Mißtrauen. Von den beinahe 50 000 Mann Gesamtstärke des damaligen österreichischen Heeres – für mehr reichte die Kriegskasse nicht – kamen nur 30 000 Mann auf Ungarn. In der kurzen Zeit, von April bis September 1697, konnte noch kein Eliteheer entstehen, wie es sich Eugen vorstellte.

Der Oberbefehlshaber nimmt Darlehen für seine Soldaten auf

Da Eugen die Kriegskasse leer fand, was man ihm in Wien verheimlicht hatte, nahm der General ein persönliches Darlehen auf – es betrug 12 000 Gulden –, um Vorschüsse auf den Sold zu bezahlen und notwendige technische Ausrüstungen anzuschaffen. Wenige Jahre später, beim Alpenübergang von 1701, war es dasselbe. Eugen stellte seinen Leibarzt und seinen Leibchirurgen auf eigene Rechnung in den Dienst der Armee, sonst wäre sie bei dem wagehalsigen Anmarsch ohne sanitäre Betreuung geblieben. Hier zeigte sich zum ersten Mal die beste Eigenschaft dieses Truppenführers: Jeder Soldat war davon überzeugt, daß hinter und neben ihm sein neuer Oberkommandant stand. Wenige belächelten das Aussehen des kleinen Generals, denn er fehlte selten an der Spitze seiner Reiter oder der Infanterie. Er imponierte durch sein suggestives Beispiel.

Die erste große Schlacht des Prinzen Eugen bei Zenta

Welch eine zahlenmäßige Überlegenheit des Feindes! 40 000 Deutsche würden 120 000 und mehr Türken gegenüberstehen. Wie würde die Schlacht ausgehen, da die Türken rabiat kämpften, auch wenn sie vielfach nur mit Pfeil und Bogen bewaffnet waren? Als man in Wien die Zahlen erfuhr, schickte man Eilkuriere zu Prinz Eugen. Die dringende Nachricht stammte von den Hofkriegsräten, einer Versammlung beamteter Kriegstheoretiker und subalterner Praktiker, die in der Form dem späteren Generalstab entsprach. Diese Hofkriegsräte entwarfen hauptsächlich Feldzüge, die dann der Kaiser als seine Pläne herausgab. Jeder General wurde vor ein Kriegsgericht gestellt, der eigene Entscheidungen traf, die den kaiserlichen Befehlen zuwiderliefen. Siegte er dabei, dann schwieg die Militärbürokratie.

Eugen ahnte, was das versiegelte Schreiben aus Wien enthielt. Sicherlich den Vorschlag einer passiven Kampfesweise. Den zahlenmäßig überlegenen Türken sollte ausgewichen werden. Der Prinz soll den Brief ungeöffnet in die Tasche gesteckt haben. Nach Rücksprache mit seinen Generalen gab er das Signal zum Angriff.

Am 11. September 1697 wurde das türkische Heer bei Zenta am rechten Theisufer gestellt. Es schien die Hauptmacht des Gegners in Ungarn zu sein, von der Teile über den Fluß zu setzen begannen. Den Brückenkopf ließ Eugen angreifen, gleichzeitig ordnete er eine Umgehung an, um die übergesetzten Heeresteile von den Zurückgebliebenen zu trennen. Ein einfacher, kühner Plan.

Überall waren die Kaiserlichen nun im Angriff, an der Seite, als rechter und linker Flügel, als Keil zwischen der türkischen Armeemasse, sogar auf den von den Janitscharen verteidigten Rückzugswegen! Überall das Feldgeschrei: „Vivat Eugenius!" Wut und Haß trieb die Deutschen gegen die Türken, die seit tausend Jahren den Halbmond als Siegeszeichen in den Städten und an den Plätzen des Reiches aufpflanzen wollten. Deshalb keine Gefangenen, weder an Offizieren noch an Mannschaften, eine Abrechnung ohne Gnade.

Der Oberkommandierende immer im Zentrum seines Heeres, um sofort jeden gefährdeten Punkt erreichen zu können. Eugen stürmte an der Spitze des Corps de bataille gegen den Lagerwall, mitten hinein in die dichteste Türkenmassierung, obgleich Artillerie und Infanterie weiterschossen. Sturm auf das Türkenlager, das von einem Theisarm umgeben war! Zu Tausenden ertranken die Osmanen. In wenigen Stunden war die Schlacht entschieden.

In zeitgenössischen Quellen nennt man 20 000 Tote auf der Türkenseite, während Eugens Verluste 1866 Tote und Verwundete betrugen. Die türkische Kriegskasse mit 3 Millionen Piaster fiel dem Sieger in die Hände. Die Beute war riesengroß. Allein 87 Geschütze, 423 Fahnen, 8000 Wagen, 62 Pontons und eine ungeheure Menge Pferde, allein 6000 Kamele und Rinder. 10 000 Türken waren in den Fluten der Theis umgekommen. Eugens Standarten beherrschten das befreite Ungarn. Der Oberkommandierende, zum Generalfeldmarschall ernannt, berichtete seinem kaiserlichen Herrn von dem großartigen Einsatz seiner Soldaten, über sich selbst kaum ein Wort.

Der Sieg brachte eindrucks- und machtvolle Ergebnisse. Ungarn, das anderthalb Jahrhunderte in türkischen Händen gewesen, und Siebenbürgen gehörten endgültig zu Habsburg, mit Grenzen, die sich bis 1919 erhielten. Die Großmachtstellung der österreich-ungarischen Monarchie war erreicht. Und wie sicherte sich Deutschland, das im Westen ständig bedroht war?

Prinz Eugen gegen den Zweifrontenkrieg

Prinz Eugen, der Schrecken der Türken, mit höchsten Siegeranteilen an wertvollen Gütern, auch mit einem juwelengeschmückten Degen von Leopold I. bedacht, erkannte bereits seit Jahren die todesgefährliche Situation eines möglichen Zweifrontenkrieges für Deutschland und das Reich. Diese Situation hat sich bis zum Ersten und Zweiten Weltkrieg erhalten. Der deutsche Kaiser ließ damals auch nicht von den beiden Kriegsschauplätzen in West und Ost, obwohl er den Westen vernachlässigte, Eugen dagegen wollte zuerst Frankreich im Süden und Westen zurückdrängen und dann die Ostpolitik Wiens aufnehmen. Politische Ansichten eines Generals, der planmäßiger und konzentrierter dachte als sein Monarch. Leopold I. verfing sich im Spintisieren, wie er überhaupt bei entscheidenden Gelegenheiten inaktiv blieb, sich wie ein gekrönter Klausner zurückzog und mit geistlichen Übungen und wissenschaftlichen Studien beschäftigte. Oder er saß in seiner Loge in der Hofkapelle und taktierte als Musikkenner einen feierlichen Kirchengesang, während draußen der Krieg tobte.

Das „würdigste und schönste Ziel" Ludwigs XIV.: Vergrößerung!

Kaum hatte der Sonnenkönig Ludwig XIV. seinem Enkel den Thron des letzten Habsburgers in Spanien vermittelt, da besetzte er die Reichslehen in den Niederlanden, in Mailand und Neapel. Als selbst daraufhin die kaiserliche Umgebung zögerte, diesen Raubzügen entgegenzutreten, weil sich Österreich allein zu schwach fühlte, da erklärte Eugen: „Man will Mailand und Brüssel ohne Schwertstreich überlassen? Nun, so erkenne Deutschland nur sofort die französische Oberherrschaft an, denn ein Schlimmeres kann auch nach dem unglücklichsten Kampf nicht eintreten." Er setzte hinzu: „Marschieren wir erst, dann werden wir schon Verbündete finden."

War das im Sinne des Kaisers? Leopold I. wäre lieber mit dem allerchristlichsten König von Frankreich zusammengegangen. Die Union aller christlichen Staaten Europas stand ihm als Ziel vor Augen. Doch wer mäßigte Ludwig XIV., der die Vergrößerung als „das würdigste und schönste Ziel eines Fürsten" pries? War er es nicht, der gegen das Heilige Römische Reich Deutscher Nation vorging und ein Stück nach dem anderen besetzte, wobei er von den Jesuiten unterstützt wurde? „Man hat die französische Nation ihrem Nachbarn unerträglich gemacht", warnte der Erzbischof Fénelon von Cambrai seinen König und fuhr fort: „Es konnte kein Bundesgenosse aushalten, weil man nur Sklaverei wollte." Dann in direkter Anrede: „Das Bedürfnis, die Grenzen zu sichern, gibt Ihnen noch keinen Rechtsgrund, Ihrem Nachbarn sein Land zu nehmen."

Als Eugen in einem dramatisch-kühnen Gebirgsmarsch über die Tridentinischen Alpen das französische Etschtal umging und nach Oberitalien vorstieß, konnte er die überraschten Franzosen bei Carpi und Chieri 1701 schlagen. Als erstes Land war Brandenburg zu einem Bündnis bereit und stellte ein Hilfskorps von 10 000 Mann, Dänemark folgte mit 6000 Mann. Als Gegenleistung versprach der Kaiser in einem geheimen Kronvertrag dem bisherigen Kurfürsten Friedrich III. von Brandenburg den Titel eines Königs von Preußen. Er nannte sich dann Friedrich I. Hiermit wurde nach der Begründung des preußischen Staates durch Friedrich Wilhelm, den „Großen Kurfürsten", Preußen eine repräsentative Erhöhung durch das Reich zugesichert, die am 18. Januar 1701 mit großem Krönungs-Zeremoniell in Königsberg stattfand.

Als Folge der italienischen Siege des Prinzen Eugen trat die Große Allianz mit England und Holland auf der Seite Österreichs zusammen, später mit Portugal und Savoyen. Die Reichsfürsten in Bamberg, Mainz und Bayreuth erkannten gleichfalls die Chance der gemeinsamen Abwehr. Sie widersetzten sich der von Frankreich verlangten Neutralität. Die Folge war ein zweiter Reichskrieg gegen Frankreich. Daß diese dem Kaiser entfremdeten Fürsten sich ihm anschlossen, läßt auf den Ernst der Lage schließen. Vier Kriegsschauplätze: in Deutschland, in den Niederlanden, in Italien und Spanien.

Prinz Eugen warnte plötzlich aus tiefer Sorge. Er tat es nach materiellen Ausfällen und der dadurch bedingten empfindlichen Schwächung seiner militärischen Kräfte. Es quälte ihn Tag und Nacht, schrieb er an den Kaiser, „nicht nur den Ruhm seiner Waffen, sondern Krone, Zepter, Land und Leute zu verlieren."

Frankreich verstärkte unaufhörlich seine Streitkräfte. 28 000 Mann der kaiserlichen Armee standen 80 000 Franzosen, Spaniern und Piemontesern gegenüber, die sich in ausgezeichnetem Zustand befanden. Den Kaiserlichen fehlte es am Notdürftigsten. Eilbriefe nach Wien blieben unbeantwortet, weil man dort die Kuriere nicht bezahlen konnte. Ein unterbrochener Kontakt durch Monate, ein trostloser Zustand des Heeres. Die Kriegskasse leer. Keine Ärzte, um das Sumpffieber unter den Soldaten zu behandeln. Eine Epidemie unter den Pferden. Keine Munition. Zum ersten Mal beobachtete Eugen die Desertion von halben Kompagnien, wodurch er sich fast persönlich getroffen fühlte.

In Ungarn unterstützte Frankreich Aufständische gegen Habsburg. Französische Truppen aus Italien befanden sich auf dem Marsch nach Bayern, verbanden sich mit dessen Truppen, um Österreich anzugreifen. Deutschland konnte also wieder zum Kriegsschauplatz werden. Durch sehr starke französische Heere in Italien wie in den Niederlanden wurde Eugen in der Bewegung und militärischen Initiative völlig behindert.

Der Sieger von Zenta sah „die Dinge in einem so verzweifelten Zustand, wie sie vielleicht noch nie gewesen, so lange das Erzhaus regiert".

Wiener Staatsaktion: Reform in der Politik und beim Heer

Diesem heftigen Ausfall folgte eine besondere Staatsaktion. Da Eugen keinen andern Ausweg sah, fuhr er 1703 nach Wien und trug dem Kaiser ein politisches und militärisches Reformprogramm vor, mit dem Ersuchen, es zu prüfen und gutzuheißen oder mit der Aufkündigung seines Dienstes einverstanden zu sein. Anders vermochte Eugen weder zu schrecken, noch etwas zu erreichen. Bei diesen Verhandlungen in letzter Minute fand der Generalfeldmarschall großartige Unterstützung durch den kaiserlichen Sohn, Joseph I., der schon mit dreizehn Jahren die römische Königskrone getragen hatte.

Ganz das Gegenbild seines Vaters, war Joseph hochgewachsen, ernst, doch freundlich, aufgeschlossen, energisch und leidenschaftlich. Ein Feuergeist, dessen Regierungsantritt viele beunruhigte. Joseph I. besaß programmatische Vorstellungen von dem, was ihm Österreich und deutsche Politik bedeuteten. Vom Prinzen Eugen übernahm er die Ablehnung aller Heimlichkeiten, Kniffe und Doppelbödigkeiten in staatlichen Angelegenheiten, um jedes Mißtrauen im innerpolitischen Leben zu vermeiden. Der Toleranz in religiösen Fragen sollte die Distanzierung der Jesuiten vom Wiener Hof folgen. Der fünfundzwanzigjährige König verabscheute die Ketzerjagd in Ungarn, – ein Fanal der Duldsamkeit, durchdringender und nachwirkender als militärische oder polizeiliche Expeditionen gegen aufsässige Gemüter.

Dem Generalfeldmarschall ging es selbstverständlich nicht allein um Geld und Nachschub. Darum würde er sich schon von nun an selbst kümmern, um nicht Niederlagen auf Kosten Wiens einstecken zu müssen. Für eine Neubesetzung des gesamten Kabinetts trat er ein, für einen neuen Geist in der Militärverwaltung, damit sich nicht die skandalösen Vorfälle wiederholten. Die von Eugen am allerdringendsten angeforderten Ingenieuroffiziere hatten nämlich im Gefängnis gesessen, weil sie ihre Feldausrüstungen auf Kredit kauften und dann nicht bezahlen konnten. Als diese Offiziere zur Auslösung ihre anderthalbjährigen Soldrückstände anmahnten, wurden sie angezeigt. Ihr Generalfeldmarschall löste sie aus — nicht eine Dienststelle in Wien.

Leopold I. sollte wissen: „Eure Majestät haben weder gehörig ausgerüstete Armeen, noch sind die Geldmittel vorhanden, sie instand zu setzen, den Gegnern die Spitze bieten zu können." Wo gab es in dem vom Prinzen Eugen befreiten Ungarn einen Platz, der mit Proviant, Munition, Gewehren und ausreichender Garnison versehen war? In keiner Festung existierte ein Verteidigungsvorrat, nicht einmal für einige Tage. So hielt es der vierzigjährige General für unerläßlich, die Summe von 150 000 Gulden bereitzustellen, um die dringendsten Erfordernisse in Ungarn zu bestreiten. Der junge König Joseph erklärte sich bereit, die nötigen Heeresgüter zu beschaffen, wobei er auf die Mitwirkung des Adels, der höheren Beamten und vermögenden Bürger rechnete. Vor allem sollten sie Pferde zur Verfügung stellen.

Der spanische Erbfolgekrieg tobte schon seit 1701, er sollte dreizehn Jahre dauern. Immer wieder die gegenseitigen Ansprüche auf die Nachfolge des letzten spanischen Habsburgers. Kaiser Leopold I. warb für seinen zweiten Sohn Karl und Ludwig XIV. für seinen zweiten Enkel Philipp von Anjou. Es sollte zu einer Folge von Schlachten kommen: in Südfrankreich, in Tirol, am Niederrhein, in Süddeutschland. Wie konnte der Krieg weiter durchgestanden werden, wenn man keine Mittel bereitstellte?

Nicht der Kaiser, nicht seine bisherigen ministeriellen Berater, sondern ein General, der um die größeren Zusammenhänge wußte, verlangte nach dem Einsatz der Besten. Warum machte sich sonst niemand darüber Gedanken? Für den Prinzen als Militär bestanden „in gefährlichen Zeiten Rat und Tat in nichts anderem als in der Armee und in Geld".

Präsident des Hofkriegsrates, Kriegsminister und Generalstabschef Prinz Eugen

So war es beinahe selbstverständlich, daß der Prinz zum Präsidenten des Hofkriegsrates und damit zum Kriegsminister und Generalstabschef ernannt wurde. Er sollte es bis zu seinem Tode bleiben. Er war nicht länger der hilflosen Militärbürokratie ausgeliefert und mußte nicht mehr unter ihren Fehlern leiden. Außer neuen hervorragenden Ministern befand sich an seiner Seite der verhältnismäßig junge König Joseph I., der die politische Leitung übernahm, – beste Vorbereitung für seine spätere kaiserliche Regentschaft.

Aus tiefster Überzeugung schrieb der neue Präsident zusammenfassend an den Kaiser: „Unser Krieg ist ja weltkundlich eine gerechte Sache. Er wird nur geführt, um das Recht zu verteidigen, das Gott selbst in die Welt gebracht hat."

Schicksalsbegegnung zweier Heerführer in Mindelheim

Am 10. Juni 1704 fand in Mindelheim ein Gespräch zwischen zwei sehr verschiedenen Partnern statt, die sich zu einer Waffenbrüderschaft zusammenschließen sollten. Dem kleinen häßlichen Prinzen Eugen mit den stechenden Augen gegenüber befand sich ein schöner stattlicher Mann von vierundfünfzig Jahren. Der Engländer John Churchill Herzog von Marlborough, ein ausgesprochener Günstling der britischen Königin Anna, die ihm vor zwei Jahren den Hosenbandorden und die entscheidende Position eines Generalquartiermeisters des Heeres verliehen hatte. Damit stand er in London genauso an der Spitze des Militärwesens wie sein Gesprächspartner in Wien. Es hieß, daß Marlborough der eigentliche Beherrscher des Inselreiches sei, wie es sein Nachfahre Winston Churchill in modernen Umrissen während des Zweiten Weltkrieges werden sollte. Der Vorfahre: ein politischer Karrieregeneral mit abenteuerlichen Einfällen, sich stets der offiziell gültigen und günstigen Lage mit allen Mitteln des Wechsels, der Lüge und des Verrates anpassend. Trotzdem konnte ihm niemand seine hervorragende Begabung absprechen.

Die beiden Heerführer aus London und Wien verstanden ihr blutiges Gewerbe, ohne viel Aufhebens davon zu machen. Prinz Eugen betonte stets, daß sich für ihn der Krieg als ein Mittel für den Frieden darstelle. Für Marlborough war der Krieg ein Mittel zur persönlichen Erhöhung, so daß er sich zwischen militärischen Siegen, politischen Kombinationen und Intrigen in eine beneidenswerte Machtstellung innerhalb des Inselreiches emporsteigerte. Was Marlborough mit ungewöhnlichem Temperament durchsetzte, das erzwang Eugen durch seine Neigung zu diplomatischen Kompromissen.

Obwohl Marlborough die englisch-protestantische Einstellung repräsentierte, gab es für den Katholiken Eugen keine Einschränkungen oder Distanzierung. Die Zeitgenossen haben es nicht für möglich gehalten, daß sich die Generale befreundeten.

Zunächst ging es um das gemeinsame Vorgehen gegen Frankreich und Bayern. Marlborough führte bestens ausgerüstete Truppen, Deutsche in der Überzahl. „Ich habe viel von der englischen Reiterei gehört", sagte der Prinz verbindlich und anerkennend, „nun finde ich, daß sie die schönste und bestabgerichtete ist, die ich je gesehen habe. Mit Geld, woran in England kein Mangel ist, kann man leichter tüchtigen Stoff für Kleider und sonstiges Rüstzeug herbeischaffen."

Marlborough antwortete ebenso locker, gewandt und etwas geziert: „Meine Truppen haben sich stets als beseelt für die gemeinsame Sache bewiesen, allein Euer Durchlaucht Gegenwart haucht ihnen jenen Feuergeist ein, den Sie mit Wohlgefallen in ihren Augen lesen."

Das Kaiserliche Heer mit neuem Kampfstil

Unter beträchtlichen Anstrengungen führte Eugen das kaiserliche Heer zu einem neuen Kampfstil. Was mußte er alles erneuern, durch Jahre und Jahrzehnte, eigentlich solange er lebte. „Lieber möchte ich auf der Galeere dienen als hier; weder als Hofkriegsratspräsident noch als General", schrieb er an seinen Nachfolger im Kommando der kaiserlichen Armee in Italien. „Ich kann Sie versichern, daß, wenn ich nicht selbst gegenwärtig wäre und alles mit Augen sähe, kein Mensch es mich glauben machen könnte." Was Eugen durchsetzen wollte: weg von den Privatheeren ehrgeiziger Kondottiere, wie Wallenstein, hin zu den Armeen des Reiches. Keine Abhängigkeit der Offiziere von einem General, der sie privat verpflichtete und privat dekorierte und ihnen Beute zuschob. Oberster Kriegsherr sollte der Kaiser oder dessen Stellvertreter als Oberkommandierender der Armee sein. Der Soldat durfte nicht mehr als Marodeur angesehen werden, sondern als Verteidiger von Reich, Land und Leuten.

„Messieurs", redete er seine Offiziere an, „Sie haben nur dann eine Lebensberechtigung, wenn Sie stets auch in der größten Gefahr als Beispiel wirken, aber in so *leicht*er und *heiterer* Art, daß es Ihnen niemand zum Vorwurf machen kann." Oder sein persönliches Bekenntnis, nachdem ihn eine Kugel getroffen hatte: „Wenn es mir bestimmt ist, hier zu fallen, wozu dann der Verband? Wenn aber nicht, dann ist abends immer noch Zeit dazu."

Bei dem ersten und einem bald nachfolgenden zweiten Gespräch stimmte Marlborough dem strategischen Entwurf des Prinzen Eugen zu, die Bayern zuerst zu schlagen und dann die Franzosen über den Rhein zurückzutreiben. Beide brauchten kaum darüber zu reden. Eugen würde den rechten Flügel, Marlborough den linken Flügel führen, die Kavallerie das Zentrum halten, um durch die Mitte der bayerisch-französischen Schlachtfront zu preschen.

Bis dahin war es aber ein blutiger Weg, auf dem es zahllose Opfer unter der Zivilbevölkerung gab. Die alliierten Franzosen und Bayern verhielten vor Augsburg solange und waren so stark, daß die Verbündeten statt anzugreifen durch das bayerische Land zogen und es verwüsteten. Ermattungsstrategie auf Kosten der Städter und Bauern.

Es kam zu einer Entscheidungsschlacht bei Höchstädt an der Donau und Blindheim an der schwäbisch-bayerischen Grenze im August 1704. Eugen mußte lange 36 Stunden Wartezeit durchstehen, bis er sich mit Marlborough vereinigen konnte, um gemeinsam mit ihm zu operieren.

Der entscheidende Durchstoß zwischen den beiden Ortschaften gelang durch Marlborough. Panik an dieser Stelle und an vielen Stellen. Das Zentrum wurde erschüttert und im Rücken bedroht, so daß die Blindheimer Besatzung kapitulierte. Von 60 000 Mann waren 40 000 gefallen, bei den Verbündeten 13 000 Mann. Den Siegern gehörten 12 000 Gefangene, 135 Fahnen und „34 Kutschen mit französischen Frauenzimmern". Der Bann von Frankreichs Unüberwindlichkeit war gebrochen.

Die französischen Truppen, von fünf Kolonnen beider Feldherrn verfolgt, gingen über den Rhein zurück, Kurbayern befand sich als Siegesbeute in Leopolds I. Hand. Die Reichsstände in Schwaben und Franken fühlten sich erlöst, das Reich war frei geworden.

Wie Eugen als Sieger über die Türken gefeiert worden war, so huldigte der Kaiser dem Britenherzog. Er ernannte den englischen Feldherrn Malborough — mit Sitz und Stimme im Reichstag — zum Reichsfürsten von Mindelheim in Schwaben, der Stätte der ersten Begegnung zwischen den beiden Heerführern. Die Königin von England verwöhnte ihren ersten General mit der Schenkung des königlichen Parks von Woodstock bei Oxford.

An Eugen appellierte der Kaiser in gewählten Worten, für „seine persönliche Sicherheit und Erhaltung mehr Obsorge zu tragen, da er wohl wisse, wieviel dem Kaiserhause und der ganzen Allianz an seinem Wohle gelegen sei."

Wien — erste Stadt des deutschen Reiches durch den neuen Kaiser

Es war wie ein Abschiedswort der alten Majestät. Nach 47jähriger Regierung starb Leopold I. noch im Jahre 1705. Eine der ersten Ernennungen seines ältesten Sohnes, Kaiser Josephs I., mit dem sich Eugen besonders gut verstand, war seine Berufung zum kaiserlichen Generalleutnant. Eine doppelte Positionserhöhung, denn es war in Österreich sehr selten, daß die beiden höchsten Ämter im Heerwesen, das des Generalleutnants und das des Präsidenten des Hofkriegsrates, in einer Person vereinigt waren. Eine dritte Ernennung erfolgte auf kaiserlichen Antrag: die Verleihung des Reichsfeldmarschalltitels an Eugen durch einstimmigen Beschluß des Regensburger Reichstages. Der erste General des Reiches erhielt den zweiten Galadegen aus habsburgischer Hand, diesmal von Joseph I.

Das kaiserliche Wien bekam durch seinen neuen Monarchen und den österreichischen Adel ein neues Gesicht, ebenso fröhlich wie stattlich in den Neubauten, ein Zentrum von allmählich sich entwickelnder Kultur und Kunst. „Nie zuvor war der kaiserliche Hof so riesenhaft und glanzvoll", liest man in einer zeitgenössischen Schilderung, die aber völlig vergaß aufzuzeichnen, daß dadurch die Staatskasse für dringende Angelegenheiten leer war.

Für Oper, Konzerte und Ausstattungsstücke gab man in Wien viel Geld aus, weil Joseph I. das Theater liebte. In der Politik dagegen mußte ihn sein prinzlicher Berater daran erinnern, aktiv zu werden und entschieden bei der Sache zu bleiben. Wie seine beiden Vorgänger auf dem Thron brachte er nie Reichs- und Deutschlandprobleme vor den Reichstag, allerdings halfen ihm dabei auch nicht die deutschen Fürsten durch Vorschläge. „Alle Habsburger Monarchen haben in der Einbildung gelebt, in ihren Ländern schalte die Gerechtigkeit." (v. Kahler)

Prinz Eugen – König von Polen?

War das eine Bombe oder ein Bluff? Eine Kombination mit bedeutungsvollen Absichten oder Lüge, um die Welt in West und Ost durcheinanderzubringen? Es hieß: Zar Peter der Große von Rußland habe dem deutschen Kaiser den Vorschlag gemacht, Prinz Eugen als König von Polen freizugeben. August der Starke war im großen nordischen Krieg durch Karl XII. besiegt und zum Thronverzicht gezwungen worden. Sein Nachfolger sollte Prinz Eugen werden. Eine Königskrone für den ersten

General Europas? Wiederholte das Schicksal die Legende Wallensteins, der bis zuletzt danach getrachtet, König zu werden, und es nicht geschafft hatte?

Die polnische Thronchance war kein Bluff und keine Lüge. Joseph I. unterstützte sogar den Vorschlag des Zaren, den Prinzen in Warschau regieren zu sehen, – aber nur nach außen, verbindlich und ausweichend. Der Kaiser wollte natürlich nicht auf seinen ersten General verzichten.

Eugen entschied die spannungsvolle, zuerst undurchsichtige, dann um so klarere Situation, indem er seinem Kaiser schrieb: „Was die polnische Krone anbelangt, so sage ich Euer Majestät untertänigsten Dank, daß Sie mich deswegen eines eigenhändigen Schreibens würdigen. Ich meinerseits habe nur getan, wozu mich die Schuldigkeit gegenüber Eurer Majestät verpflichtete. Diese aber forderte von mir, aus Dankbarkeit für die empfangenen allerhöchsten Gnaden, lieber alles in der Welt zu lassen, als das Geringste ohne Dero Wissen oder gegen Dero Dienst zu unternehmen. Etwas Derartiges wäre mir auch nie von selber eingefallen, da ich mich nicht durch eitle Ambitionen verlocken lasse."

Marlborough in Ungnade, Tod Josephs I. und des Dauphins von Frankreich, Englands Austritt aus der Allianz

Drei schwere Ereignisse überschatteten die Friedensverhandlungen, die den Krieg um das spanische Erbe endlich zum Abschluß bringen sollten. In London konnte jeden Tag der Sturz Marlboroughs erfolgen. Das bedeutete: Abzug der verbündeten Armee. Die Kriegsschulden wuchsen, die Steuern stiegen in England um das Dreifache – die öffentliche Meinung war gegen Marlborough. Als Eugen 1712 London zu politischen Verhandlungen besuchte, staunte man, daß sich die beiden Waffengefährten so herzlich begrüßten. Sie sahen sich fast jeden Tag und wurden politischer Umtriebe verdächtigt. Eugen bekannte sich uneingeschränkt zu dem gestürzten Marlborough. Auf eine diesbezügliche Frage antwortete der Prinz: „Sie sehen wohl ein, daß ich einen Freund, dem ich zur Zeit seines Glanzes und Glückes Hochschätzung bezeigte, nun in seinem Mißgeschick, in Trübsal und Widerwärtigkeiten nicht vernachlässigen kann. So etwas ist mit meiner Denkweise und mit meinem Begriff von Ehre unverträglich."

Die andern Ereignisse bedurften des Trauerflors. Innerhalb von drei Tagen zwei Tote: Der deutsche Kaiser Joseph I. starb im April 1711, fast gleichzeitig der Dauphin von Frankreich, beide an den Blattern. Da Joseph I. ohne männliche Erben geblieben war, folgte auf ihn – nicht ohne Eugens Einfluß – der Bruder des Kaisers als Karl VI. in den habsburgisch-deutschen Landen. Durch seinen Namen schon auf die Nachfolge Karls V. hingewiesen, träumte er für kurze Zeit vom alten Universalreich. Er erkannte bald die gewittrigen Zustände im Abendland, in dem die katholischen Franzosen den protestantischen König von Preußen als kaiserlichen Gegenkandidaten zu küren gedachten. Französische Truppen unter Marschall Villars drohten am Niederrhein, um die deutschen Kurfürsten gefügig zu machen. Es nutzte nichts. Trotzdem schlossen Frankreich und England – unter Ausschluß des Reiches – 1712 den Frieden von Utrecht.

Als der Sonderbotschafter Prinz Eugen aus London zurückkehrte, wo er versucht hatte, Englands Austritt aus der Allianz zu verhindern, brachte er höchste Auszeichnungen der Königin und stürmische Achtungsbeweise der Bevölkerung mit, vor allem jedoch schlechte Nachrichten. Er hatte die Engländer „ziemlich verlegen und kaltsinnig" angetroffen. So war es ihm mißlungen, die britische Regierung umzustimmen. Nach dem Waffengefährten war die ganze bisherige Regierung gestürzt worden, und das nachfolgende Kabinett drängte auf einen Vergleich. Da der Utrechter Sonderfriede das Reich ausschloß, protestierten die kaiserlichen Vertreter. Mit Frankreich fanden sich dann Großbritannien, Holland, Portugal und Preußen an einem Tisch.

Dreieinhalb Monate Friedensdiplomatie unter Marschällen in Rastatt

Immer wieder stellte Frankreich neue Armeen auf. 125 000 Mann des Marschalls Villars standen Eugen gegenüber, der zusehen mußte, wie Speyer, Worms, Landau und Freiburg besetzt wurden. Eugen sicherte wenigstens, daß sich der Krieg nicht in Bayern und Schwaben fortsetzte; denn stark war der Elan des französischen Marschalls. Trotzdem lenkte Ludwig XIV. ein. Sein Nachrichtendienst kündigte aus London ein kriegsentschlossenes Kabinett an, das Marlboroughs Rückkehr vorbereitete. Der deutsche Kaiser beabsichtigte weiterzukämpfen. Eugen lehnte ab. Der französische König hatte bereits seinen ersten Marschall Villars mit Friedensverhandlungen beauftragt.

Vor dem schönen markgräflichen Schloß zu Rastatt empfing November 1713 der französische Oberkommandierende den Prinzen Eugen. In einem Brief hatte der Franzose gebeten, eine Menge Bewunderer mitbringen zu dürfen, die alle einen so großen Feldherrn wie Eugen von Angesicht sehen wollten. Aber beiden ehemaligen Gegnern schloß sich nur je ein Sekretär an, denn es fanden geheime Besprechungen statt.

„Wer uns gehört hätte, der hätte geglaubt, daß wir keine zwei Tage beieinander bleiben würden", erinnerte sich der kräftige, beleibte sechzigjährige Villars, lebhaft, eitel und gesprächig. Ihm gegenüber ein fünfzigjähriger Partner aus ganz anderem Holz und mit anderem Verhandlungsstil, ruhig, überlegen, jedes Wort bedenkend, trotzdem freundlich, unmittelbar und ernst. Zwei Soldaten, die beinahe mit rücksichtsloser Offenheit und Sachlichkeit verhandelten, ohne die abgezirkelte, verlogene Etikette oder Doppelbödigkeit der Diplomatie zu benutzen. Alle Welt glaubte, ihre wochenlangen Verhandlungen dienten nur dazu, den Krieg zu verlängern.

Eugen übersah, daß die Position des Franzosen durch die letzten Erfolge auf dem Schlachtfeld sehr günstig war, vielleicht drohte er deswegen zweimal, die Verhandlungen abzubrechen.

Villars hatte nämlich vergessen, wem er gegenübersaß. Und so übertrieb er seine Forderungen. Er schlug ein Tauschgeschäft vor: Freiburg für Breisach, Kehl und Philippsburg Frankreich zu überlassen. Mantua wollte er dem Herzog von Guastalla zugesprochen wissen. An der toskanischen Küste sollten die festen Plätze geschleift werden. Villars machte sich sehr stark für den Kurfürsten von Bayern. Für ihn verlangte er nicht nur bedingungslose Wiedereinsetzung und Kriegsentschädigung, sondern schlug sogar eine Heirat des bayerischen Kronprinzen mit einer der beiden Töchter des verstorbenen Kaisers Joseph I. vor, — alles unmöglich. Prinz Eugen zweifelte an dem Ernst der Verhandlungen, wurde ultimativ und drohte mit Abbruch. Der Franzose nahm auf ausdrücklichen Wunsch seines greisen Königs die Verhandlungen schnell wieder auf, besorgt, daß sonst Ludwig XIV. einem andern die Aufgabe übertragen könnte.

Nach dreieinhalb Monaten, am 6. März 1714, fand das Gespräch der beiden Feldherren – ohne persönliche Mitwirkung ihrer Herrscher, ohne Anwesenheit der Minister und Referenten – einen glücklichen Abschluß. Dem deutschen Kaiser wurden die spanischen Niederlande, Neapel, Mailand, Sardinien, Mantua und die toskanischen Seehäfen an der westlichen Küste zugesprochen, aber er verzichtete auf die spanischen Kolonien. Der französische König verzichtete auf seine Eroberungen am Rhein, allein die Stadt Landau blieb ihm vorbehalten. Auch anerkannte er die hannoversche Kurwürde. Karl VI. dagegen versprach die Wiedereinsetzung der Kurfürsten von Bayern und Köln. Für das Reich kam die Wiederherstellung seines Zustandes nach den Friedensschlüssen von Münster, Nymwegen und Ryswick in Frage: Die Franzosen erhielten mehr als sie ehemals besetzt hatten, für Deutschland blieb weniger als es vor dem Friedensschluß von Münster besessen hatte.

Prinz Eugens Absicht war, eine Union der beiden Völker einzuleiten. Eine großartige Verheißung für die freundnachbarlichen Beziehungen, nachdem seit 858 bis jetzt 23 deutsch-französische Kriege geführt worden waren. Hätte sich Eugens Friedenskonzept erfüllt, dann wären Europa 10 weitere deutsch-französische Kriege in den kommenden Jahrhunderten erspart geblieben...

Eugens Wunsch und Plan vom Frieden zwischen Deutschland und Frankreich hatte sich erfüllt. Sein Traum vom ewigen Frieden, ebenfalls in Rastatt besprochen, blieb unerfüllt.

Zwiesprache mit Europas bedeutendstem Geist

„Als das Reich zu sinken begann, hat Gott an Österreich eine neue Macht erweckt. Ich halte es für gerecht, diesem Österreich beizumessen, daß Deutschland noch aufrecht steht, daß der Name des Reiches noch nicht untergegangen ist."

Diese Worte sagte ein berühmter Gast des Prinzen Eugen, der mit ihm durch die edel-prächtigen Räume seines Traumschlosses Belvedere schlenderte. Hier fanden Eugens Feierstunden mit Künstlern, Gestaltern wie Interpreten, und mit den bedeutendsten Geistern der Zeit statt. Trotz der Siege auf dem Schlachtfeld und der Erfolge um den Frieden in Rastatt zeigte sich der Prinz stets im einfachen braunen Rock, mit einfachen Messingknöpfen — und mit Resten von Schnupftabak auf dem Tuch. An seiner Seite der universalste Geist der Zeit, der Historiker, Philosoph, Mathematiker und Jurist Gottfried Wilhelm von Leibniz. Sie waren sich einig in politischen Realitäten wie im Wunschdenken, wenn Eugen erklärte: „Eine gute Regierung muß jedem sein Recht gewähren."

Zu aktuellen politischen Fragen nahm Leibniz genauso Stellung, wie er dem Prinzen Eugen die Weltzusammenhänge erklärte. Verschiedene Zeitstimmen sprechen davon, daß Leibniz' Hauptwerk „Monadologie", die Lehre von den Monaden als einfacher, unteilbarer Einheit, vom Prinzen angeregt worden sei. Die Widmung des Buches für ihn hilft die

Vermutung stützen. Der lutherisch gesinnte Philosoph verlangte nach der Einheit der christlichen Bekenntnisse, die auch dem Prinzen nötig erschien. Der Philosoph forderte eine Volksbewaffnung, die sich jedoch unter Eugen noch nicht verwirklichte.

Leibniz hatte sich bereits 1680 um die Stellung eines kaiserlichen Bibliothekars in Wien beworben. Es mißlang, diesen universalen Geist an die Donaustadt zu binden, da wie so häufig bürokratischer Durchschnitt die Oberhand in der Verwaltung behielt. Als der Kaiser das Angebot elf Jahre darauf wiederholte, mußte Leibniz zu seinem Bedauern verzichten. Er gedachte erst, seine Welfengeschichte zu schreiben.

Der Prinz war sehr beeindruckt von Leibniz' Idee und Denkschrift über die Einrichtung einer Wiener Akademie der Wissenschaften als Zentralbibliothek für Europa. Der Gelehrte hatte bereits 1703 den sächsischen Kurfürsten August den Starken veranlaßt, eine Akademie in Dresden zu gründen, nachdem drei Jahre zuvor auf seine Anregung hin in Berlin die Akademie der Wissenschaften entstanden war. Kaiser Karl VI. wurde ebenfalls von dem Gedanken gepackt, zumal Wien mit Moskau Verbindung halten sollte, da Peter der Große gleichfalls Leibniz die Errichtung einer Akademie zugesagt hatte.

Statt der Verwirklichung, die wegen des chronischen Geldmangels Österreichs nicht durchgeführt werden konnte, erhob der Monarch Leibniz in den Freiherrnstand und ernannte ihn zum Reichshofrat — die übliche Abfindung durch Titel. Warum schuf Eugen berückende Barockpaläste, die heute noch Sehenswürdigkeiten sind, während der Kaiser sich in zeremoniellen Anlagen verfing? Lag es nur am Geld oder an der prinzlichen Phantasie und dem Willen, Leben und Kunst in einer Einheit zusammenzuführen und daraus die schönste Repräsentation an Kunst und Kultur vor aller Welt entstehen zu lassen? Durch ihn wurde Wien ein europäischer Mittelpunkt. Der „gelehrte Prinz", wie man ihn nannte, schuf einen wirklichen Hof, an dem die besten Geister Europas Gäste waren.

Das schwere Ungarnproblem Karls VI.

Dem Großreich zwischen dem östlichen Ungarn und dem westlichen Antwerpen, zwischen der Ostsee im Norden und Sizilien im Süden drohte durch den Kaiser schwere Gefahr! Karl VI. hegte immer noch den Gedanken an ein karolingisches Imperium oder an ein Weltreich, wie es sein Vorfahr Karl V. repräsentiert hatte. Deshalb schied er damals sehr schwer von Spanien, als er 1711 nach Deutschland hinüberwechseln mußte, um nach Joseph I. den deutschen Kaiserthron zu besetzen. Die Erinnerungsbilder des Kaisers waren stärker als die Wirklichkeit. Deshalb schien seine politische Konzeption unklar und vorgestrig.

Eines Tages — es war in der kurzen Friedenszeit nach dem Rastatter Vertrag von 1714 — besprach sich der neunundzwanzigjährige Monarch in der Wiener Hofburg mit dem einundfünfzigjährigen Prinzen Eugen, der sich bis vor kurzem auf „geheimen Befehl in Ungarn" aufgehalten hatte. Es ging um die Fragen: War Ungarn ein Anhängsel des Reiches? War es ein Kernland und Bollwerk oder vergessenes Land und deshalb ohne Bedeutung?

Für den Prinzen war dies schon längst ein hochpolitisches und militärisches Problem. Er sah die offene Grenze Ungarns, er sah die Türken immer noch in Europa. Das Reich mußte sich im Osten sichern, nachdem der Westen, besonders da Frankreich wirtschaftlich und militärisch erschöpft war, beruhigt schien. Eugen umriß das Problem des mitteleuropäischen Ostens und sah Ungarns Sicherung als deutsche Aufgabe. Solche Einstellung würde den letzten unschlüssigen Ungarn für den Kaiser begeistern, anderenfalls würden sie ihn hassen. Welch eine Chance: Seit 160 Jahren beherrschte ein türkischer Pascha von der Festung Ofen aus zwei Drittel des ungarischen Landes, — wenn man diese Eindringlinge hinaustreiben würde!

Karl VI. vertraute der Weitsicht des Prinzen. Aber wollte Eugen den Krieg, ein zweites Zenta? Für sich wolle und brauche er ihn nicht, war des Prinzen Antwort. Es ginge um Grenzschutz, nicht um Ruhm. Also doch ein zweiter Türkenkrieg? Krieg als Verteidigung, nur für den Ernstfall, daß die Türken das Verlorene zurückzugewinnen trachteten. Und wenn die Türken auf sich warten ließen? Man mußte die besseren Nerven haben, wenn man etwas vorhatte. Und in der Zwischenzeit? Aufbauen, reorganisieren, rüsten. Gelder herbeischaffen, neue Waffen, Vergrößerung des Pferdebestandes, Vermehrung der Artillerie. Nach außen neutral sein, jede Aufrüstung tarnen. Nach innen mußte man für Ruhe sorgen, besonders in Ungarn. Seine Bewohner, seinen Adel pfleglich behandeln und die Truppenentsendungen nach Südungarn unauffällig vornehmen, verteilen, abdecken oder bagatellisieren. Hauptsache: eine Elite an Offizieren und Mannschaften zusammenzubringen.

Weiter galt es, Vorsorge für die Zeit nach dem Krieg treffen, wenn deutsche Bauern in Ungarn angesiedelt werden sollten. Ostpolitik hieß vor allem, den Ausgleich zwischen Deutschen und Ungarn und die Wirtschafts- und Handelspolitik fördern. Damit gab es endlich für Österreich und Ungarn ein gemeinsames Ziel: Freiheit und Volkstum,

damit aus der „herrlichen und weitläufigen Monarchie ein Totum"
werde.

Die letzte große Türkenschlacht um Belgrad

Die Geschichte lief so ab, wie es Prinz Eugen entworfen hatte. Die Türken griffen nach Venedig, und Österreich als Schutzmacht verlangte Abzug. Daraufhin erfolgte die Kriegserklärung des Großwesirs, wie sie Eugen erwartet hatte. Freiwillige aus allen Schichten und aus ganz Europa stellten sich zu diesem „heiligen" Krieg ein. Die Jesuiten warben, die Kirche predigte, der Papst sandte seinen Segen. Prinz Eugen empfing von seinem Kaiser ein mit Diamanten besetztes Kruzifix: Dies sei der oberste Generalissimus, mit dem er siegen könne. Wie er die Verteidigung vorbereitet hatte, so lief sie 1716 an.

Schon im August der erste Sieg bei Peterwardein! 200 000 Türken gegen 70 000 Kaiserliche in der ersten Schlacht. Kaum ein Drittel des türkischen Heeres rettete sich nach Belgrad. Eugen wieder an der Spitze der Kürassiere, die die Entscheidung brachten. Eugen sprach nicht von sich, sondern von „deutscher Bravour und Standhaftigkeit". Das letzte türkisch gebliebene Stück von Ungarn, das Banat mit Temesvar, wurde befreit.

Erste Friedensfühler der Türken, auf die einzugehen Prinz Eugen seinem Kaiser abriet. Die angeschlagenen Osmanen mußten endgültig vertrieben werden. Ein Jahr darauf der große Sieg durch die Belagerung Belgrads. Es sah so aus, als setzte Eugen alles auf eine Karte, auf seinen glücklichen Stern.

Wieder Kampf der Kaiserlichen wie bei Lille zwischen zwei Fronten. Die stark besetzte Festung im Rücken, griff Prinz Eugen das aus 150 000 Mann Infanterie und 70 000 Reitern bestehende Entsatzheer des Großwesirs an und schlug es völlig, obwohl er nur 70 000 Mann kaiserliche Truppen befehligte. Zwei Tage später ergab sich Belgrad. Ein Sieg der überlegenen Strategie, kein Sieg allein durch Massenmaterial. Das kaiserliche Heer hatte das Reich und Europa verteidigt.

Im Frieden von Passarowitz 1718 erhielt Kaiser Karl VI. das Banat, Nordserbien und die kleine Walachei zugesprochen. Der europäische Osten war frei und gehörte dem Reich. Der Ruhm des Prinzen wurde im Abendland zur Legende. Ein unbekannter Soldat dichtete im Lager von Belgrad das Prinz-Eugen-Lied vom „Edlen Ritter".

Kesseltreiben um den „edlen Ritter" – der Kaiser als Mitwisser

In diesem Augenblick seines größten und letzten Türkensieges beharrte Eugen wie bisher auf seinem Verteidigungsstil und ließ sich nicht zu Eroberungen locken. Seine Armee stieß nicht weiter den Türken nach, etwa bis nach Konstantinopel, um den alten Traum vom Ostkaisertum wiederaufleben zu lassen. Der Reichsmarschall verteidigte Österreich und das Reich im Westen und im Osten, aber er ließ sich nicht von Eitelkeit, Machtgier oder Illusionen vorwärtstreiben, um dafür von seinen Soldaten ungeheure Opfer zu fordern.

Eine seltsame Nachricht ging von Wien in die Hauptstädte der Welt: „Der Einfluß des Prinzen Eugen sinkt von Tag zu Tag!" Zwischen den politischen Kulissen der Donauresidenz hörte man Genaueres: „Der Kaiser sagt sehr oft zu dem Prinzen Eugen, er würde sehr gern seinen Ratschlägen folgen, wenn er sicher wäre, daß sie seinem Kopf entsprungen seien..." Nicht hinter vorgehaltener Hand, sondern ganz offen nannte man den Namen des Kopfes. Es war kein Mann, sondern eine Frau: Gräfin Eleonore Batthyany, Eugens langjährige Freundin, Tochter des Hofkanzlers, von der der große Barockheld zwei Kinder haben sollte, obwohl es, nach Maria Theresia als Hauptquelle, von ihm auch geheißen hat, er sei Mars ohne Venus. Natürlich erfuhr der Prinz von den politischen Gerüchten. Er schwieg und beobachtete.

Die Verschwörerclique bezichtigte die Gräfin der Bestechung durch fremde Regierungen und den Prinzen des Hochverrats. Man benutzte auch eine Fama: Eugen sollte den Wittelsbachern das Reich und Österreich in die Hände spielen, indem die Kaisertochter Maria Theresia den bayerischen Thronerben heiratete. Den Verschwörern ging es um Eugen als „heimlichen Kaiser", dann darum, die Macht des Reiches zu brechen.

Wie in einem historischen Kostüm- und Kriminalfilm lief es ab: Eines Nachts erschien beim Prinzen der Kammerdiener eines gräflichen Verschwörers. Eugen zögerte zunächst, den Diener länger anzuhören. Dann nannte der nächtliche Besucher die Namen der Komplotteure, legte Dokumente auf den Tisch und versprach weiteres belastendes Material der Gegner.

Am nächsten Morgen bereits sprach Prinz Eugen beim Kaiser vor. Nicht Kaiser und Reichsfeldmarschall, nicht Jugend und Alter begegneten sich, sondern Mann und Mann. Eine rückhaltlose Aussprache, nicht laut, sondern leise und intensiv von Eugens Seite geführt, der seinen persönlichen Fall in hohe Politik steigerte. Der Prinz wußte, wer hinter den Verschwörern stand: die spanische Partei, die ihn schon aus seinem Amt als Statthalter in Mailand herausgedrängt hatte. Dieselbe Partei, die den Konfessionskrieg unter den Christen aller Bekenntnisse erneut entfesseln wollte. Die spanische Partei, die es nicht länger dulden wollte, daß Eugen als Vertreter der deutschen Partei bisher das Ohr seines Kaisers gehabt hatte.

Karl VI., mißtrauisch durch die Folge der geheimen Anschuldigungen, wurde unsicher. Er glaubte nicht an eine Verschwörung gegen Eugen, jedenfalls drückte er sich so aus. Wie sollte es jemand wagen, den Heros der Nation zu beleidigen! Was hieß das bei solchen Verdächtigungen... Als Prinz Eugen seinen Rücktritt anbot, erschrak Karl VI. Kaiser und Feldherr umarmten sich zwar zum Abschied, aber Eugen verließ die Hofburg in distanzierter Haltung.

Verschwörer am Hof wurden verhaftet, eine Untersuchungskommission eingesetzt. Der Prinz verlangte rücksichtslose Feststellung des Tatbestandes und völlige Abrechnung mit den letzten Widersachern, so lange blieb er seinen Ämtern fern. Die Gegenspieler wichen Schritt für Schritt zurück. Dem Kaiser wurde sozusagen Arm für Arm abgeschlagen, denn er verlor die bisherigen Vertrauten. Das Urteil vom Dezember 1719 bestätigte die völlige Unschuld des Prinzen.

Langsam erkannte Karl VI. Wahn und Irrtum in seinem Verhalten. Eugen überließ seinen gedemütigten und vereinsamten Kaiser nicht den Depressionen und der Resignation, beinahe den besten Kopf des Reiches verlorengegeben zu haben. Karl brauchte dringend einen Vertrauten, der sein Freund und Meister war. Der Konflikt hatte den Kaiser sehend gemacht, so daß er nun vertrauensvoll auf den Prinzen setzte. Während Eugen den Kaiser Leopold als seinen Vater, Joseph als seinen Bruder bezeichnet hatte, nannte er den dritten Kaiser, dem er diente, Karl VI., seinen kaiserlichen Herrn.

XVII.
Der Zweikampf Maria Theresias mit König Friedrich II.

Aufbruch zum Rendezvous des Ruhms

„Bei dem Einmarsch seiner Truppen in Schlesien hat der preußische König sich nicht durch eine böse Absicht gegen den Wiener Hof leiten lassen, und noch weniger will er die Ruhe des Reiches stören. Seine Majestät hat geglaubt, unter allen Umständen verpflichtet zu sein, ohne Verzögerungen zu diesem Mittel greifen zu müssen, um seine unbestreitbaren Rechte auf dieses Herzogtum zu beanspruchen."

Diese Erklärung erhielt der dänische Gesandte in Berlin wenige Stunden nachdem sich König Friedrich II. von den Gästen eines Maskenballs verabschiedet hatte. Er war, trotz fiebrigen Unwohlseins, in der Frühe des 13. Dezember 1740 an der Spitze von 30 000 Mann nach Schlesien aufgebrochen.

Gleich nach dem Tode Kaiser Karls VI. hatte Friedrich II. an seinen Minister des Auswärtigen, den Grafen von Podewils, ganz offen geschrieben: „Ich gebe Ihnen ein Problem zu lösen. Wenn man im Vorteil ist, soll man ihn ausnutzen oder nicht?" Das betraf nichts anderes als Österreichs unaufgerüstete Situation und Schlesien. Wenige Zeit später schrieb er an den gleichen Chef des Auswärtigen: „Die Rechtsfrage ist Sache der Minister, also die Ihre. Es ist Zeit, daß Sie insgeheim daran arbeiten, denn die Befehle an die Truppen sind schon heraus."

Ganz kurz vor der Abreise des preußischen Königs suchte ihn noch der österreichische Gesandte Marquis Botte auf. „Sire", rief er aus, „Sie werden das Haus Österreich zugrunderichten und stürzen sich selbst zugleich in den Abgrund."

Friedrich II. erwiderte: „Es hängt bloß von der Königin ab, die ihr gemachten Vorschläge anzunehmen."

Nach einer kleinen Pause der Marquis: „Ihre Truppen sind schön, Sire. Die Unsrigen haben nicht das Äußere; aber sie haben den Wolf gesehen. Ich beschwöre Sie, bedenken Sie, was Sie tun wollen."

Der König wurde ungeduldig: „Sie finden, daß meine Truppen schön sind. Bald sollen Sie sehen, daß sie auch gut sind."

In einer begeisternden Rede Friedrichs II. an seine Offiziere hieß es: „Ich habe keine anderen Verbündeten als Euch", und abschließend: „Leben Sie wohl, meine Herren, dem Rendezvous des Ruhms entgegen, wohin ich Ihnen ungesäumt folgen werde." Als ihm das Gutachten seines Ministers über Schlesiens Annexion vorlag, dankte er mit: „Bravo, das ist mir die Arbeit eines tüchtigen Schwindlers."

Am 6. Dezember 1740 hatte Friedrich einen eigenhändigen Brief an Maria Theresia und ihren Gatten geschrieben. Beide versicherte er der „Pureté de ses bonnes intentions". Zehn Tage darauf überschritt die preußische Armee mit fliegenden Fahnen und Trommelwirbeln die schlesische Grenze, während der Berliner Gesandte in Wien um eine Audienz bei der Königin Maria Theresia bat. Dabei bestätigte er den Einmarsch, der in der Hofburg einen Tag früher als Gerücht kursiert war. Es fehlten allerdings genaue Nachrichten! Eigentlich hatte der österreichische Vertreter in der preußischen Residenz vor acht Tagen bereits Truppenzusammenziehungen gemeldet. Und das mitten im Winter, – wohin sollte das zielen? Der preußische Gesandte teilte das bevorstehende Eintreffen eines Sonderbotschafters mit.

Nicht die Königin, sondern ihr Gatte und Mitregent, Franz Stephan von Lothringen, ehemals Großherzog von Toskana, empfing den außerordentlichen preußischen Gesandten Graf Gotter. Sein zur Schau getragenes Selbstbewußtsein fiel in Wien auf. Waren preußische Truppen tatsächlich in Schlesien eingedrungen? Dieser ersten direkten Frage wich der Graf aus Berlin aus und erinnerte an die von seinem König ausgesprochene Garantie der Pragmatischen Sanktion für Maria Theresia.

Habsburgisches Hausgesetz über die Unteilbarkeit der Länder und das Recht auf weibliche Thronfolge

Die „Pragmatische Sanktion" war ein von Kaiser Karl VI. in den Jahren 1713 bis 1723 proklamiertes Hausgesetz über die Unteilbarkeit der habsburgischen Länder und das Recht der weiblichen Thronfolge durch seine älteste Tochter Maria Theresia. Eine Übereinkunft, die der Kaiser sich mangels männlicher Erben von den deutschen Fürsten und den hauptsächlichen europäischen Staaten bestätigen ließ. Er kassierte Formel-Eide ohne jeden Wert. Überall rüstete man, als ob man sich auf eine große Abrechnung vorbereitete.

Es war der preußische König Friedrich Wilhelm I. gewesen, der als

Kurfürst 1728 im Reichstag für die Anerkennung der Pragmatischen Sanktion geworben und sie durchgesetzt hatte. Dafür versprach Karl VI., den brandenburgischen Ansprüchen von 1614 und 1660 auf Gebiete von Jülich und Berg zuzustimmen. Wenige Jahre später brach Habsburg das Versprechen, um Preußens Ausdehnung am Rhein zu verhindern, so daß der enttäuschte und von oben herab behandelte Friedrich Wilhelm seinen Sohn als künftigen „Rächer" dieser Demütigung bezeichnete.

„Dann kehren Sie zu Ihrem Herrn zurück", erwiderte der königliche Ehgemahl Franz dem preußischen Sonderbevollmächtigten, „und sagen Sie ihm, daß wir, solange er auch nur einen Mann in Schlesien stehen hat, eher zugrunde gehen wollen, als mit ihm zu verhandeln. Ist er aber noch nicht eingerückt und will sich des Einmarsches enthalten oder, wenn derselbe bereits erfolgt sein sollte, seine Truppen nach Preußen zurückführen, dann wollen wir mit ihm verhandeln."

Erster Blitzkrieg in Schlesien

Während in Wien noch geredet wurde, überrannte Friedrich II. Schlesien, das ein Drittel der Größe des bisherigen Preußen ausmachte. Er handelte, als er noch diplomatisch verhandeln ließ. „Mein Herz sagt mir alles Beste der Welt voraus, ein gewisser Instinkt ... verheißt mir Glück", schrieb er vom ersten Standquartier. Ein Blitzkrieg ohnegleichen, trotz der schlechten Straßen und Wege. Kaum Gegenwehr, da im Land fast keine österreichischen Truppen lagerten. Merkwürdig, daß Maria Theresia ihr schlesisches Kleinod so ungeschützt ließ. Zwei Festungen, Breslau und Neiße, hielten länger stand, während andere, wie Glogau und Glatz, halb verfallen waren.

Überall Jubel, besonders unter der protestantischen Bevölkerung, die von evangelischen Geistlichen aufgemuntert wurde und sich vom Glaubensdiktat der Habsburger befreit fühlte. Für sie war Maria Theresia die Repräsentantin des größten katholischen Reiches in Europa und die Vertreterin der Gegenreformation. Die Panik unter den Katholiken, aus denen die Hälfte der Bevölkerung bestand, legte sich, als sich die Truppen diszipliniert verhielten. In einem Manifest beteuerte König Friedrich II. den Schlesiern, er handle im Einverständnis mit Königin Maria Theresia. Er komme als Bundesgenosse... Kriegspropaganda mit umgekehrten Wahrheitszeichen.

Anfang des neuen Jahres marschierte Friedrich II. in Breslau ein. Erster Triumph, den der König dazu benutzte, den Sonderbevollmächtigten Graf Gotter mit einem Friedensangebot nach Wien zu schicken. Erneute preußische Garantie zugunsten aller österreichischen Besitzungen auf deutschem Reichsboden und deren Verteidigung gegen alle Angreifer. Sodann der Vorschlag einer Allianz mit Österreich, Rußland, England und Holland. Friedrich II. war zudem bereit, für die Kaiserwahl des österreichischen Königs Franz Stephan zu stimmen. Schließlich verlangte Friedrich II. einen Beitrag von 2 Millionen Gulden für Rüstungen. Und das alles für Schlesien!

Das Haupt des preußischen Königs auf der Stange! Wiener hielten es der Königin Maria Theresia, die gerade vom Dankgottesdienst nach der Geburt des Sohnes Joseph kam, vor die Augen in den Wagen. Kampf dem Räuber, Kampf für das Erbe des soeben geborenen ersten Sohnes! Endlich besaßen die Habsburger die Erbfolge in männlicher Linie. Für die Zukunft des Prinzen wollte man kämpfen.

Zwei junge deutsche Throninhaber begegnen sich im Krieg – ist das kein Bürgerkrieg?

Eine junge Königin befand sich im Krieg mit einem jungen König. Beide hatten im gleichen Jahr 1740 den Thron bestiegen. Maria Theresia: mit dreiundzwanzig Jahren, durch Jesuiten und adlige Betreuerinnen zu einer gewissen Allgemeinbildung erzogen, zuerst vom Pöbel angegriffen, vom Wiener Volk, das nach einem Mann als Regenten verlangte, nur zaudernd begrüßt. Friedrich II.: kränklich von Kindheit an, nach einer aufregenden Zeit als abenteuerlich gesinnter Halberwachsener im Konflikt mit seinem Vater, der ihm wegen Hochverrats den Degen in den Leib stoßen wollte. Durch den achtundzwanzigjährigen König hoffte man, das gewalttätige Regiment seines Vaters loszuwerden. Friedrich II. ließ sich huldigen „ohne das heilige Ölfläschchen und ohne die unnützen und nichtigen Förmlichkeiten". Daß er ein aufgeklärter Geist, ein philosophischer Fürst, ähnlich dem Prinzen Eugen, war, stand schon seit den vier beschwingten Rheinsberger Jahren fest.

Die Habsburgerin, schön, von fraulichem Zauber erfüllt, heftig und leidenschaftlich, gewandt und sportlich, schloß, völlig überraschend für Europa, eine Liebesheirat mit dem Sohn des Herzogs von Lothringen, Franz Stephan, den das Volk den „Fürsten ohne Land" oder den „schönen Franzos" nannte. Dieser nahm in Berlin an der Verlobung des preußischen Kronprinzen teil. Den zukünftigen österreichischen König taxierte der Preuße mit „liebenswürdig und unbedeutend". Das sollte er bleiben.

Friedrich II. selbst ließ sich plötzlich vom „Feuer meiner Leidenschaft", der „Sucht nach Ruhm, Neugier selbst... aus der angenehmen Ruhe" reißen. Es kam noch etwas hinzu: „Die Genugtuung, meinen Namen in den Zeitungen und dann im Buch der Geschichte zu lesen, hat mich verführt." Hier versteckt sich der eigentliche Grund der Invasion hinter einem Zynismus, der die Opfer unter den Soldaten wie unter der Zivilbevölkerung auf allen Seiten nicht beachtete und verschleiern half.

Zweifellos besaß Friedrich II. vom Vater her ein wohlaufgebautes Heer. Mehr als 1000 Werbeoffiziere hatte Friedrich Wilhelm I. durch das Heilige Römische Reich Deutscher Nation geschickt, über 80 000 Soldaten und ein wohlgefüllter Staatsschatz standen zur Verfügung. (Im Jahre 1713 waren es 38 000 Soldaten gewesen, sechs Jahre vor Friedrichs II. Tod, 1780, sollten es 200 000 Soldaten sein.) Zudem einige Generale mit überdurchschnittlichem Talent, auf die sich der junge König verlassen konnte. Aber er besaß keine militärischen Erfahrungen. So war er selbstbewußt, tollkühn und unberechenbar. Dazu vertrat er eine außenpolitische Konzeption, die Dynamit für Europa enthielt. Er wollte ganz Schlesien seinem Staat einverleiben.

Dieses Land, für Maria Theresia ein „Juwel der Krone", galt es wieder zuerobern. Brandenburgs Ansprüche lagen 200 Jahre zurück. Seit 1537 existierte eine Erbverbrüderung, die der Brandenburgische Kurfürst Joachim II. und der Herzog Friedrich von Liegnitz bei einer Doppelvermählung ihrer Kinder geschlossen hatten. In den Tagen der Schlacht von Fehrbellin starb der letzte Fürst aus dem alten piastischen Herrscherhaus, und so meldete der Große Kurfürst acht Tage nach dem Sieg seine Ansprüche auf schlesische Gebiete bei der Wiener Regierung an. Habsburg reagierte, als wenn es keine Ansprüche gäbe, indem es das „heimgestorbene Lehen" für die eigene Krone Böhmens einzog!

Die hohenzollernschen Erbrechte auf die vier Fürstentümer in Schlesien mit Jägerndorf, Liegnitz, Brieg und Wohlau und der Anspruch auf Jülich-Berg waren beides Vorwände für die gewaltsame preußische Eingliederung von Gesamtschlesien, dafür nahm Friedrich II. den Landfriedensbruch auf sich. Er brach das Reichsrecht und die Reichsverfassung. Ein hemmungsloser Rebell, der vor Blutvergießen nicht zurückscheute.

Maria Theresia ohne Geld, Truppen und Rat

Ihm gegenüber eine Frau auf dem österreichischen Thron, aus jenem habsburgischen Geschlecht, das schon zwölfmal die Kaiserkrone getragen hatte. Die Dreiundzwanzigjährige gestand, daß es ihrem „Herrn Vater niemals gefällig wäre, mich zur Erledigung weder der auswärtigen noch inneren Geschäfte beizuziehen noch zu informieren, so sah ich mich auf einmal zusammen von Geld, Truppen und Rat entblößt".

Ihre Minister, in ziemlich hohem Alter, waren uneinig und zögernd. Ihre politische Bürokratie kam nur langsam vorwärts. Einzelplanungen wirbelten viel Staub auf. Ein Vorschlag hieß: Durch Gefangennahme des preußischen Königs wäre vielleicht dieser Krieg zu beenden. Mit 60 Husaren und 20 verwegenen Offizieren wäre das zu machen. Später hieß es: Der Gemahl Maria Theresias befände sich an der Spitze eines Komplotts, das den Auftrag habe, Friedrich II. zu ermorden. Das schien so ungeheuerlich, daß der preußische König diesen Attentatsplan an den europäischen Höfen verbreiten ließ, bis österreichische Gesandte dementierten: Man bedürfe nicht der Verteidigung gegen eine Anschuldigung, die nur Verachtung verdiene.

Mollwitz — Niederlage für Maria Theresia

In Dresden trafen sich im April 1741 Österreich, Rußland und Sachsen. Sie beschlossen eine Aufteilung Preußens als Erwiderung der schlesischen Invasion. Am gleichen Tag fand der Sieg von Mollwitz statt. 18 000 Preußen standen dem einzigen Feldheer der Österreicher mit 9600 Mann gegenüber. 53 Geschütze gegen 19 Geschütze. Hier, zu Anfang des Schlesischen Krieges, besaß Friedrich II. teilweise numerisch die Übermacht. Jedoch die 6800 österreichischen Reiter waren nicht nur zahlenmäßig überlegen, sondern auch besser als die preußische Kavallerie mit ihren 4600 Reitern.

Der König kam in höchste Gefahr durch feindliche Patrouillen, die ihm seit Tagen auflauerten. Sein Gefolge wurde zersprengt, so daß er von Feldmarschall von Schwerin gebeten wurde, das Schlachtfeld zu verlassen. Friedrich II. befürchtete, die Schlacht sei verloren. Ihm war jede Schlacht ein „Brechmittel". Er flüchtete aus der kritischen Situation und überließ sie seinem ersten Feldherrn.

Der preußische Marschall war entschlossen, die Bataille zu gewinnen. An der Spitze der Infanterie attackierte er die Österreicher so massiv und ausdauernd, daß die österreichische Front zu schwanken anfing. Während der Sieg den Preußen sicher war, meldete die erste übertriebene Nachricht in Wien eine Verwundung des jungen Preußenkönigs und den Tod seines Feldmarschalls.

Diesen Triumph in Mollwitz benutzte Friedrich II. zu einem zweiten Vermittlungsangebot in den bisherigen Umrissen. Maria Theresia lehnte ab. Ihr fester Entschluß war, niemals etwas von Schlesien abzutreten. Die Hoffnung auf Frieden sei verschwunden, meldeten Wiener Zeitungen.

Mollwitz wurde zur großen Weichenstellung der europäischen Politik. Österreich sah sich überall Feinden gegenüber. Schlesien fiel in preußische Hände. Oberösterreich besetzten die Bayern und verbanden sich mit dem Siegerkönig in Berlin. Frankreich, mit beiden verbündet, stellte „Hilfsheere" gegen Habsburg.

Der greise Kardinal Fleury, Leiter der französischen Außenpolitik, hatte die Pragmatische Sanktion nur „unbeschadet der Rechte eines Dritten" bestätigt und redete von Maria Theresia als „Königin Böhmens und Ungarns". Von demselben achtzigjährigen Außenminister, Machiavelli in der Mitra genannt, existierte bereits seit 1714 ein Geheimvertrag mit dem Kurfürsten von Bayern – mit dem Ziel, diesen zur Kaiserwürde zu erheben. Später unterzeichnete Fleury trotzdem die Pragmatische Sanktion, für die Frankreich ein teures Angebinde bekam: Habsburg verzichtete auf das alte Reichsvorland Lothringen – das politische Geschenk eines nicht an das Reich denkenden Kaisers. Karl VI. verzichtete auf deutsches Gebiet – nicht etwa auf Gebiete seiner Erblande – als Tausch für die Unterschrift unter die Pragmatische Sanktion. In Berlin wußte man von einem Plan Fleurys, das Reich in fünf bis sechs Gebiete aufzuteilen, um es schwach zu halten. Welch ein Dickicht der Politik, wo alle untereinander die Plätze und damit die Richtungen wechselten.

Während sich die Völker zu neuen Allianzen gruppierten, war aus ihrer Mitte ein kaiserlicher Kandidat aufgestiegen. Es war der populäre Bayernfürst Karl Albrecht, der mit einer jüngeren Tochter Josephs I. verheiratet war. Er hob seine erste Anerkennung der Pragmatischen Sanktion auf und lehnte Maria Theresia als Thronfolgerin ab.

Der Reichsadler verbindet sich mit dem blau-weißen
Rautenschild: ein Bayer wird deutscher Kaiser

Als sich der Reichsadler mit dem blau-weißen Rautenschild anläßlich der Kaiserkrönung in Frankfurt verband, als der Bayernkurfürst Januarende 1742 zum deutschen Kaiser unter Glockengeläute, Kanonendonner und sehr viel Feuerwerk gekrönt wurde, am gleichen Tag, da ungarische Husaren München im Handstreich besetzten, da schrieb der neue Kaiser Karl VII. einen ersten armen Brief:

„... Krank, ohne Land, ohne Geld, kann ich mich wahrlich mit Job, dem Mann der Schmerzen, vergleichen." Über ihn äußerte die Schwester des preußischen Königs, Wilhelmine: Auf einer zweiten Rangstufe würde er geglänzt haben, während er auf der ersten im Dunkel blieb. Sein Ehrgeiz war kühner als sein Genius...

Dieser Kaiser, wie sein Nachfolger Franz I., der Gemahl Maria Theresias, war wiederum ein Beispiel dafür, daß sich die Wahlstimmen geistlicher und weltlicher Kurfürsten mit Pensionen und reichen Geschenken beeinflussen ließen. Es ging nicht um den besten und geeignetsten deutschen Fürsten, sondern um den, der am meisten zahlte und willfährig erschien, wie im Mittelalter eine Reihe gefälliger Kaiser. Karl VII. war der Protegé des französischen Ministerkardinals Fleury, der ihm allerdings nur soviel Geld zubilligte, um Österreich anzugreifen und es langsam auszuschalten, nicht aber den Kaiser oder Deutschland zu stärken vermochte. Der Preußenkönig setzte auf Karl VII., der ihm sanft und harmlos erschien. Vermutlich paßte er ihm gerade deshalb ins Konzept – nicht anders als den Franzosen.

Die Habsburger bekämpfen den deutschen Kaiser

Maria Theresia, absolute Regentin, brachte Glanz, natürliche Intelligenz, Ansehen und echte Volkstümlichkeit auf den Thron, während der königliche Gatte, der erste und einzige deutsche Kaiser ohne eigenen Reichsbesitz, politisch völlig unergiebig, militärisch eine Null war. Das alles reichte doch eigentlich nicht für einen Kaiser. Trotzdem sollte an ihn der Titel vergeben werden! Maria Theresia erfüllte sich selbst und dem Gatten einen Lieblingswunsch. Das klingt so familiär und bürgerlich und ist so aufzufassen, selbst wenn es um das höchste Reichsamt ging und um die Fortsetzung der habsburgischen Monarchie auf dem deutschen Kaiserthron.

Nachdem die Königin sich gegen Europa verteidigt hatte, brauchte sie vor aller Welt die Kaiserwürde für ihren Mann, obwohl er nach seiner Einheirat in Österreich-Ungarn wenig Einfluß und Bedeutung gewann.

Das Heilige Römische Reich Deutscher Nation büßte seine universale, mystische und zusammenfassende staatliche und repräsentative Bedeutung ein, als sich das mächtigste Haus im Verband des Reiches, das Haus Habsburg, gegen den augenblicklichen höchsten Vertreter erhob.

Schließlich verteidigte sich Kaiser Karl VII. als Wittelsbacher gegen eine Dynastie, die er mit ihrem Völkergemisch von Deutschland zu trennen beabsichtigte. Der Preuße dagegen betonte, daß er hauptsächlich gegen Österreichs Königin und nicht gegen die zukünftige Kaiserin Maria Theresia angetreten sei.

Durch die gewalttätige Durchsetzung der preußischen Sonderinteressen in Schlesien kam es zur preußisch-deutschen Gegnerschaft, wie Prinz Eugen vorausgesehen hatte. Nicht nur zwei interne Gegner des Reiches standen sich gegenüber, sondern auch viele in- und ausländische Feinde. Frankreich und England begegneten sich auf deutschem Boden. So zerfiel das Reich, spaltete sich und gab seine überragende Bedeutung preis; alles Auflösungserscheinungen, die nur etwas über fünfzig Jahre brauchten, um das Imperium endgültig auszulöschen.

Maria Theresia selbst dachte bei ihrer andauernden Bewerbung um Franz' Kaiserkrönung an die Erfüllung eines Lieblingswunsches, nicht an eine deutsche Aufgabe. Das Reich war für sie ihr Reich im Süden, – nicht Deutschland, nicht das Reich mit seinen nordischen Stammländern. Ihrem Gemahl ging es gleichfalls nicht um die deutsche Einheit, sondern um die Vorherrschaft Habsburgs.

Wenn jetzt Deutsche gegen Deutsche kämpften, – hieß das nicht Bürgerkrieg, der diesmal aus epochemachenden Gegensätzen und Rivalitäten erwuchs? Warum verhandelte der Kaiser nicht mit der anderen Seite? Oder ging es Karl VII. auch wieder nur um seine dynastischen Herrschaftsansprüche, nicht um das Reich?

Der preußische König als Generalissimus des Reichsheeres?

Im Winter 1742/43 schlug Friedrich II. vor, eine „Neutralitätsarmee" zu begründen. Dadurch wollte er Verhandlungen zwischen Kaiser Karl VII. und Königin Maria Theresia stützen helfen. Man solle die Bemühungen des Reiches um Frieden ernst nehmen. Monatelange Beratungen und keine Ergebnisse. Friedrich wandte sich im Sommer 1743 an einzelne Fürsten, mit deren Hilfe er unter seiner Leitung als Generalleutnant Reichstruppen für eine „Assoziationsarmee" aufstellen wollte. Ein kühner Gegenzug zu Maria Theresias unaufhörlichen Bestrebungen, ihrem Franz die Kaiserwürde zu vermitteln. Diesem Kaiser gegenüber ein kaiserlicher Generalissimus vom Format Friedrichs II. – das würde eine fast gleichberechtigte Position schaffen. Das Problem Wallenstein von vor

100 Jahren tauchte wieder auf, allerdings mit anderem Hintergrund. Aber woher nahm das Reich die Truppen? Kein deutscher Fürst, kein deutscher Reichsstand rief ohne Subsidien zur Mobilmachung auf. Besaß der Kaiser überhaupt einen Militäretat? Frankreich und England hätten gezahlt. Doch diese Länder hatten kein Interesse an einem geordneten, starken Deutschland. Was tat der Kaiser sonst? Karl VII. war durch Österreich aus seinem Herzogtum Bayern vertrieben worden. Er residierte als Kaiser ohne Stammesland am Krönungsort in Frankfurt am Main. Das wechselnde Kriegsglück brachte dem Wittelsbacher einen kurzen Aufenthalt in seiner Residenzstadt München, wo er ein viertel Jahr vor dem Friedensschluß starb.

Friedrich II. erfuhr von sogenannten Verteidigungsverträgen zwischen Österreich und Sachsen und dachte sofort an neue Komplikationen mit Schlesien. Als in Warschau Vertreter von Österreich, Sachsen, England und Holland eine Allianz schlossen, deren Ziel die Annexion wichtiger preußischer Gebietsteile war – Sachsen sollte Magdeburg, Krossen, Zülichau, Schwiebus bekommen, Österreich natürlich Schlesien mit Glatz zurückerhalten –, da erkannte Friedrich, daß er den Berliner Frieden überschätzt hatte. Planvoll und ausdauernd verfolgte Maria Theresia ihr Ziel: Schlesien retten und dafür Preußen unter den Nachbarn aufteilen ...

Friedrichs II. Gegengründung einer Frankfurter Union mit dem Kaiser, der Pfalz und Hessen-Kassel „zur Erhaltung der Reichsverfassung, Herstellung des Kaisertums und Beilegung des österreichischen Erbfolgestreites" sollte eine bewaffnete Vermittlung darstellen. Dieses mehr politisch-theoretische Gegenspiel gab Friedrich jedoch auf, indem er sich für präventive militärische Aktionen entschied.

Maria Theresia, „eine Frau, die man unter die großen Männer rechnen muß"

Als Friedrich II., „Beschützer des Kaisers und der deutschen Freiheit", im August 1744 Sachsen überrannte und in Böhmen einfiel – er wollte das eigene Land decken und Einfälle nach Österreich vorbereiten –, kam es zu ersten kläglichen Episoden, obwohl er 140 000 Mann und 5 Millionen Taler zur Verfügung hatte. Der „ketzerische Brandenburger" vermochte sich nicht zu verproviantieren, da die Bauern nichts hergaben. Die Österreicher wichen mehrmals dem Kampf aus, beunruhigten im Kleinkrieg, sperrten die Zufahrtswege und fingen Lebensmitteltransporte ab. Da der Siegeslorbeer nicht mehr sproß, litt die junge preußische Armee unter Gewaltmärschen, Desertionen, Krankheit und Seuchen. Auch die Generalität riß die Truppe nicht mit sich.

Aber auch Maria Theresia mußte ihre Generale anfeuern, weil sie erkannte, daß niemand auf ihrer Seite das erwachende militärische Genie Friedrichs II. zu stellen wagte. Ihr Entschluß war gefaßt, alles aufs Spiel zu setzen, um Böhmen zu retten. Sie beklagte das Schicksal „von Euch allen, die ich unglücklich mache, und dies ist vielleicht mein größter Schmerz". Solchen Offensivgeist der Königin hatten ihr Kanzler, die Generale und Minister nicht erwartet. Spürte sie eine gewisse Unsicherheit an ihrem Gegner, daß sie so den Angriffsgeist schürte?

„Unsere Reputation ist ebenso schnell dahin, wie wir sie gewonnen haben", schrieb Friedrich II. an den alten Dessauer. Von der bedrückenden Passivität wurde der dreiunddreißigjährige König ebenfalls erfaßt. „Ich habe den Rubikon überschritten", befürchtete er schon, „und entweder will ich meine Macht behaupten oder alles soll untergehen und alles, was preußisch heißt, mit mir begraben werden." Das klang entschlossen, aber enthielt auch Untergangsstimmung. Er beließ es jedoch nicht bei dieser Schwermut, sondern zeigte im nächsten Augenblick auf ein Vorbild der gegnerischen Seite: „Denkt an die Königin von Ungarn, an diese Frau, die nicht verzweifelte, als die Feinde vor Wien standen und ihre blühendsten Provinzen überschwemmten: wollt Ihr nicht den Mut dieser Frau haben?" Friedrich sprach über Maria Theresia als von „einer Frau, die man unter die großen Männer rechnen muß".

Der preußische König ließ die Truppen drillen und Ersatz einstellen. Dafür gingen in aller Heimlichkeit die kostbaren Silbergeräte des Berliner Schlosses in die Münze. Sein Ziel waren 100 000 Mann Kampfstärke, um 70 000 Mann in Schlesien bereit zu haben. Mit der gleichen Truppenstärke zogen die Österreicher und Sachsen Ende Mai 1745 übers Riesengebirge nach Schweidnitz, um Niederschlesien zurückzuerobern. Im Frühjahr übernahm Friedrich II. den Oberbefehl der Armee, da unter den Generalen Schwerin und Anhalt-Dessau — trotz der äußerst angespannten Lage — Querelen stattfanden.

Sieg bei Hohenfriedberg, Sieg bei Soor, Sieg bei Kesselsdorf. Sieg durch den alten Dessauer. Scharfsinn und Todesmut triumphierten. Das letzte Gefecht war nach dreistündigem Ringen gewonnen. Auf dem Schlachtfeld dankte Friedrich II. dem greisen Sieger, dem alten Dessauer, der drei preußischen Königen ein halbes Jahrhundert gedient und als erster Organisator der Armee zu gelten hat.

„Immerwährende Knechtschaft unserer erhabenen Kaiserin?"

Die Augen wollte sich der Österreicher Graf Harrach ausreißen, weil er dazu ausersehen war, mit dem preußischen König in Dresden zu verhandeln und „mit eigener Hand die Ketten zu schmieden zur immerwährenden Knechtschaft unserer erhabenen Kaiserin und ihrer ganzen Nachkommenschaft". Während seiner Gespräche beobachtete er Geist und Feuer an Friedrich II. Aber hatte dieser ein schlechtes Gewissen? Er wagte den Österreicher nicht anzusehen...

Zuerst nannte man Friedrich II. einen Helden, da er im Zweiten Schlesischen Krieg sein Feldherrntalent wirklich erwiesen hatte. Nun war er ein Friedensbringer geworden, so sah es der Sekretär des französischen Gesandten, der einen Tag vor Friedensschluß ebenfalls in Dresden verhandelte. Der König ließ sich nicht von den Schmeicheleien beeindrukken. Er fand seine Rolle gefährlich. Ein einziger Rückschlag konnte ihn vernichten. Hätte er Unglück gehabt, wäre er nun ein Herrscher ohne Thron. Friedrich II. wollte jetzt seine Ruhe haben. Der Franzose glaubte nicht, daß das Haus Österreich lange mitansehen würde, wie Schlesien in des Königs Hand blieb. Beide Seiten, Preußen wie Österreich, wußten, daß dieser beschlossene Friede nur ein Waffenstillstand sein konnte.

Kaiserkrönung Franz' I. in Frankfurt am Main

Maria Theresia hatte gehofft, Friedrich II. endlich zu besiegen und Schlesien zu befreien. Durch Hohenfriedberg allein waren 1745 düstere Wolken aufgezogen. „Gott ist gegen uns", schrieb Maria Theresia, „ich fühle mich deshalb mehr ergriffen als bei der ersten Schlacht." Ähnlich wie Friedrich II. hatte sie sich am nächsten Tag wieder gefaßt. Sie gab ihre Zustimmung für einen Plan, der einen Stoß in altpreußische Gebiete vorsah. Kurze Zeit darauf war diese Absicht in Preußen schon bekannt.

Wie wirkten sich die verlorenen Schlachten und geopferten Angriffe auf die Kaiserwahl aus? Der Wahlakt in Frankfurt brachte nur zwei Stimmen gegen Franz I.: Preußen natürlich und die Pfalz. Niemand hatte wegen der Kriegsverhältnisse die Anwesenheit der österreichischen Königin in Frankfurt erwartet. Doch sie kam zur Krönung, hochschwanger, deshalb in der großen Öffentlichkeit nicht zu sehen, sondern nur auf dem Balkon des Hotels „Zum Römischen Kaiser". Vielleicht auch deshalb unauffällig, um dem Gemahl in der höchsten Stunde der Kaiserkrönung allen Glanz zu lassen.

In „Dichtung und Wahrheit" schildert Goethe den Einzug Maria Theresias unter Pracht, Jubel und Böllerschüssen: „Als nun ihr Gemahl in der seltsamen Verkleidung aus dem Dom zurückgekommen und sich ihr sozusagen als ein Gespenst Karls des Großen dargestellt, habe er, wie zum Scherz, beide Hände erhoben und ihr den Reichsapfel, das Zepter und die wundersamen Handschuhe gewiesen, worüber sie in ein unendliches Lachen ausgebrochen, welches dem ganzen Volk zur größten Freude und Erbauung gedieh, indem es daran das gute und natürliche Ehegattenverhältnis des allerhöchsten Paares der Christenheit mit Augen zu sehen gewürdigt worden. Als aber die Kaiserin, ihren Gemahl zu begrüßen, das Schnupftuch geschwungen und ihm selbst ein lautes Vivat zugerufen, sei der Enthusiasmus und der Jubel des Volkes aufs höchste gestiegen, so daß das Freudengeschrei gar kein Ende finden konnte."

War es „zum Heile des Ganzen", wie der neue Kaiser auftrat? Kaiserin-Königin Maria Theresia – so nannte sie sich jetzt offiziell – versuchte, die Regierungspraxis in den kommenden Friedensjahren immer wieder zu erneuern. Ihr Gatte repräsentierte als leutseliger Fürst und wollte wenig mit der Politik zu tun haben. Statt dessen beschäftigte er sich mit Münzen und Edelsteinen wie ein privater Sammler, ohne international bekannte Stücke zusammenzubringen. Seine amtlichen Befugnisse in Österreich gingen nicht über Erstattung von Adelsbriefen, Bewahrung von Schuldnern vor ihren Gläubigern, Legitimationen unehelicher Kinder hinaus. Als Kaiser hätte er selbstverständlich aktiv und ausgleichend wirken können.

Wo Maria Theresia auf Empfängen oder Bällen erschien, fanden die Gäste sie „sehr gut konserviert", trotz ihrer Nachtwachen und Wochenbette. Stets blieb sie heiter. Nur wenn der Kaiser sie sehr eifersüchtig stimmte, indem er einigen Damen den Hof machte, wurde sie böse. Diese Kaiserin-Königin empfing wenig Hilfe von ihrem Gatten und erwartete sie wohl auch nicht. Mit ihm wollte sie eine bürgerliche Ehe führen, was sie als „das einzige wirkliche Glück" bezeichnete.

Die erste Person des Staates — eine Frau

Zeitgenossen rechneten es dieser Selbstregentin als Ruhm an, „ihre Finanzen auf besten Fuß gebracht zu haben". Man bezahlte die Schulden ab und machte keine neuen. Verstärkungen der Armee auf ungefähr 110 000 Mann, einschließlich der Ungarn und Kroaten, brachten keine Schwierigkeiten mit dem Sold. In Friedenszeiten sollte Maria Theresia

14 Millionen Gulden für die Reorganisation des Heeres zu einer stehenden Einheit ausgeben. Auffällig war die Einführung des preußischen Reglements. Dem Grafen Haugwitz ging es darum, ein gebildetes Offizierskorps heranzuschulen und ein diszipliniertes Heer aufzustellen.

Nach preußischem Vorbild übernahm auch Österreich die einheitliche Zentralverwaltung aller Länder in Wien, die Maria Theresias „wirklicher Freund", Graf Daun, einrichtete. Man verstand es, den ungarischen Adel zur Mitarbeit heranzuziehen und die Zentralstelle sich durch deutsche Kolonisation auch in Ungarn, im Banat und in Siebenbürgen auswirken zu lassen.

„Als erste Person des Staates" wünschte Maria Theresia, überall gute Christen und wahre Deutsche um sich zu haben, die „mir rund heraus die Wahrheit sagen und denen ich ohne Scheu mein Herz öffnen könnte". Es war ein starrer katholischer Glaube, den sie vertrat, reaktionär und unduldsam, was sie selbst zugab, auch wenn sie über sich äußerte, die Menschen lieber mehr überzeugen als zwingen zu wollen. Sie lehnte den Geist der Verfolgung ab, erklärte jedoch beim nächsten Gedanken: „... noch weniger sollen Gleichgültigkeit und Toleranz mich leiten, solange ich lebe." Von dem Toleranzgeist des Prinzen Eugen entfernte sie sich weit. Die „zwanglose Freiheit" war für die Kaiserin „das Wort, das von unserm aufgeklärten Jahrhundert, in dem jeder selbst begreifen und aus Überzeugung oder Berechnung handeln will, an die Stelle der Religion gesetzt wird". So sprach Maria Theresia von einer „eingebildeten Freiheit, die nie bestehen kann".

Sie entband den Klerus nicht von Abgaben, aber die hohe Geistlichkeit blieb reich. Das Einkommen des Erzbischofs von Prag betrug 50 000 Gulden. Ihre Religionspolitik war hart, selbst wenn sie öffentliche Geißelungen und das Kreuztragen auf der Straße zur Fastenzeit untersagte.

Als Maria Theresia die Keuschheitskommission begründete, um Moral und Sitte zu heben, da wandte sie sich an die Bevölkerung, – nahm aber ihren Hof aus. Den Offizieren befahl sie, keine „schlechten Häuser" zu besuchen, sonst würden die, die dort gefunden, nicht befördert. Darauf antwortete der General Graf von Königsegg: Er sei froh, daß dieser Befehl nicht immer bestanden, denn sonst würde er bestimmt noch Fähnrich sein. Während sie warnte, „in Lustbarkeit, Hoheit und Magnifizenz nicht zuviel Geld zu verschenken", stattete sie sich selbst mit Vorrechten aus, bedeutende Summen zwischen 200 000 und 300 000 Gulden zu vergeben. „Wenn die Kaiserin so fortfährt, wird sie wahrscheinlich keine Schätze sammeln", berichtete der preußische Gesandte von Wien nach Berlin.

Das „mirakulöse Glück" — die kaiserliche Familie bleibt in Wien

Am 28. August 1756, morgens zwischen vier und fünf Uhr, verabschiedete sich der englische Gesandte vom König von Preußen. Es war wie beim Ersten Schlesischen Krieg ein beinahe unauffälliger, schneller Aufbruch. Friedrich II. ging zur Parade und ließ sich einige Übungen vorführen. Dann marschierte er an der Spitze des Hauptheeres von 70 000 Mann nach Belitz, von wo er am nächsten Tag in das mit Maria Theresia verbündete Sachsen einfiel, – mitten in einem sogenannten Frieden und ohne Kriegserklärung.

Die dritte Auseinandersetzung zwischen Preußen und Österreich hatte begonnen – es sollte die härteste, längste und blutigste werden.

Die Kaiserin-Königin Maria Theresia weinte, als sie die ersten Nachrichten vom Einbruch in Sachsen erfuhr. Sie ahnte nicht, daß dem König von Preußen in Dresden das gesamte Material an Geheimverträgen in die Hände fiel. Das waren keine Friedens-, sondern Angriffsverträge. „Ein Gewebe von Lug und Trug" nannte es Friedrich. Dem Zugriff seiner Gegner war der Preußenkönig wieder einmal zuvorgekommen.

Endlich eine Siegesbotschaft für Wien: Kollin. Eine Eskorte unter dem Generalfeldmarschall-Leutnant Graf Daun – einem Bruder des Siegers von Kollin, dessen Waffen der Papst gesegnet hatte – brachte die Nachricht und 23 erbeutete preußische Fahnen und Standarten. An diesem Tag, dem „Geburtstag der Monarchie", wie ihn Maria Theresia später nannte, stiftete sie das Großkreuz des Maria-Theresia-Ordens, schrieb einen Dankesbrief an Feldmarschall Daun und signierte ihrem „ersten Chevalier" die Verleihungsurkunde: „Ihr habt Eure Ordensprobe vor den Augen der ganzen Armee abgelegt".

Das „mirakulöse Glück Österreichs" verblaßte eher, als Maria Theresia und ihr Hof erwartet hatten. Die Preußen entwischten, wenn man sie schon fest in der Hand zu haben glaubte. Als die Österreicher die Stadt Zittau einnahmen, war niemand dort. Nicht ein einziger Soldat von der 24 000köpfigen Besatzung, keine Kanone, keine Munition war zurückgelassen worden. Nicht einen einzigen Wagen mit Proviant hatten sie stehen lassen. „Wir mit 80 000 Mann vermögen nicht, an ihn heranzukommen", staunte und klagte die Kaiserin.

Sie behielt in Wien das persönliche Regiment, mochten die politischen Geschäfte außenpolitisch oder militärisch von Bedeutung sein. Aber nicht ein einziges Mal verabschiedete sie ihre zum Ausmarsch angetretenen Truppen oder begab sie sich im Laufe des Krieges an die Front. Sie befahl, aber sie ließ sich persönlich nicht sehen.

Oder waren die letzte schwere Entbindung und die nachfolgende Krankheit Ende 1756 die Ursache, daß sie stets die Familie um sich haben wollte? Auch die späteren Schicksalsschläge veranlaßten sie nie, Wien oder Schönbrunn zu verlassen. Wollte sich die Frau nicht als Schlachtenbummlerin unter den harten Kriegsmännern zeigen? Besuchte sie Lazarette? Sie sorgte für vertriebene Königsfamilien, sie sorgte für Sachsen, als es von Österreich zurückerobert wurde, und verbot Plünderungen. Sie schränkte die Feste in Wien ein. Alles Selbstverständlichkeiten für eine Landesmutter, die ihr Volk in den Krieg ziehen läßt.

Ihr Gatte, der Kaiser, verhielt sich genauso. In den Quellen wird nicht ein einziges Mal von seiner Anwesenheit an der Front berichtet. Er bekam formell den Oberbefehl über die Armee Khevenhüllers, an dessen Erfolgen er teilhaben sollte. Die Generale durften schlagen, nach Maria Theresias Weisung jedoch nur, wenn den Truppen nichts Unmögliches zugemutet würde ... der Kaiser hielt Wacht zu Hause.

Dem Thronfolger Joseph II., am Ende des Siebenjährigen Krieges zweiundzwanzig Jahre alt, lehnte die Kaiserinmutter den Wunsch ab, an die Front zu gehen.

Niemand steht Maria Theresia zur Seite

Österreichs Allianz mit Frankreich – war diese Entscheidung Maria Theresias nicht nur ein schlimmer Notgriff nach einem Verbündeten gewesen, sondern auch eine posthume Herausforderung an den Prinzen Eugen, der bis in seine letzten Tage den Kampf gegen die reichsfeindlichen Franzosen führte? Hieß es nicht, sein Vermächtnis entwerten, sprachen nicht selbst nachdenkliche Österreicher von einem Verrat an Eugen? Ein zu krasses Wort, denn Maria Theresia fürchtete sich vor Preußen, deshalb die Allianz mit Frankreich. Sie konnte Schlesien nicht vergessen, für dessen Rückgewinnung sie alles mobilisierte, für das sie selbst die Niederlande oder italienische Besitzungen als Tauschobjekte bereithielt.

Leuthen – zum ersten Mal wurde die Kaiserin-Königin unsicher über diesen Mißerfolg. Unsicher über die vertanen Leistungen, unsicher über die erfolglosen Kriegsführer. Niemand stand ihr zur Seite, um eine gesamtmilitärische Konzeption der Verbündeten auszuarbeiten. Keine Befehlseinheit existierte wie seinerzeit zwischen dem Prinzen Eugen und dem englischen Feldherrn Marlborough. Keine Koordination der Armeen zu einem militärischen Zusammenspiel. Als sich Österreich und Rußland endlich vereinigten, wagte man keinen Doppelangriff, sondern trennte sich. Schließlich gab es Zeiten, da sich vierzehn Fürsten gegen den einen Friedrich von Preußen im Krieg befanden.

Maria Theresia verurteilte die Armee statt den Oberbefehlshaber. Prinz Karl von Lothringen, der Bruder von Kaiser Franz I., befand sich schon lange bei der Generalität und beim Volk auf der „Abschußliste". Maria Theresia überhörte und übersah es immer wieder. Und nun Leuthen, Friedrichs II. schwerster Entschluß und kühnster Sieg.

Prinz Karl war wie immer zögernd und unentschlossen gewesen, darunter litten seine Truppen, was die Monarchin in Wien nicht genau überblicken konnte. Es war nicht des Lothringers erster großer Mißerfolg. Leuthen stand an der letzten Stelle einer Kette von Mißerfolgen, nach Schlesien, nach Sachsen, Mißerfolgen sogar in den Niederlanden. Das mußte die Armee mit ansehen. Dafür starben Österreicher, deshalb fing das Volk an zu murren. Selbst der Kaiser hatte seinen Bruder verschiedentlich aufgefordert, zurückzutreten. Es nutzte nichts. Endlich ließ sich die Kaiserin einen Entwurf der Entlassung von ihrem engsten Mitarbeiter, dem Fürsten von Kaunitz, vorlegen. Es war keine leichte Sache. Ging es um den Feldherrn oder um den Schwager? Sie fand den Ton in der Erwähnung ihrer vielfachen Verantwortung „vor meinen Alliierten, vor meinen Untertanen und vor meinen Nachfolgern". Es hieß geschmeidig weiter und doch entschlossen: „Sie sind belastet mit der ungerechten Feindseligkeit der öffentlichen Meinung ... Ich befreie Sie deshalb aus der unglücklichsten Situation ... Ich ersuche Sie deshalb, daß Sie den Kaiser und mich bitten, daß wir Sie als Zeichen unserer Freundschaft in Zukunft vom Kommando unserer Armee entheben ..." Unter zwei Möglichkeiten des Rücktritts entschloß sich der Prinz von Lothringen, weiterhin militärischer Berater seines Bruders zu bleiben, der ja, wie erwähnt, auf diesem Gebiet auch nichts leistete. Feldmarschall Graf von Daun, ebenfalls an der Niederlage bei Leuthen beteiligt, aber der erfolgreichste und volkstümlichste General der österreichischen Armee, wurde Nachfolger.

Österreichischer Volkssturm 1758

Maria Theresia stürzte in Panik. Der preußische König wurde ihr zum unheimlichen Gespenst, das überall auftauchte und siegte. Als man ihr riet, Wien zu verlassen und nach Graz zu fliehen, lehnte sie ab. Der Hof müßte „bis auf die letzte Extremität verbleiben und die Retirade nicht eher, als bis der Feind wirklich auf der Nähe sei, unternehmen".

Sie beriet sich April/Mai 1758 im engsten Kreise und faßte den Entschluß, einen Volkssturm einzurichten. Wenn keine Armee zugegen sein sollte, „werden wir uns mit Hacken und Pfählen bewaffnen, alle Frauen wie Männer, um sie zu verjagen".

Dauns Sieg über Friedrich II. von Preußen

Der Theresientag, 15. Oktober 1758, ging in Schönbrunn langsam zu Ende. Ein stiller Namenstag der einundvierzigjährigen Kaiserin-Königin, die sich schon zurückgezogen hatte. Gerade sollten die Kinder zu Bett gebracht werden, als blasende Postillione in Schönbrunn einritten. Eine Botschaft des großen Sieges bei Hochkirch vom Vortage: Dauns Sieg über Friedrich von Preußen meldete der Generalflügeladjutant der Kaiserin. Sie ließ sofort nach den Kindern rufen, damit sie die gute, die beste Nachricht empfingen. Schneller, als sie verschwunden, erschienen sie nun wieder auf dem höfischen Parkett: „Wunderlich geputzt, jene Erzherzogin mit dem Edelstein im Haar, aber im Nachtkleid, diese im Reifrock und im Galakleid, aber mit zerstörter Frisur, Prinzen halb in Uniform, halb im Hausrock, um im Zimmer ihrer erlauchten Mutter ihr nach der Feier des Namenstages noch zur Feier des Sieges Glück zu wünschen", wie es in Karoline Pichlers Memoiren beschrieben wird.

Der ganze Hof versammelte sich, die Minister und der ganze Adel. Das Kaiserpaar zog mit allen Anwesenden in die Schloßkapelle, wo der Erzbischof von Wien ein stilles Tedeum zelebrierte.

Reichskrieg gegen Preußen

Getrennt, gespalten, zersplittert waren die Deutschen im Reich wie in den europäischen Armeen. Sie kämpften in der Reichsarmee, sie kämpften als Österreicher und unter Friedrich, sie kämpften innerhalb der französischen Armee, auch in der hannoveranisch-englischen Truppe befanden sich Deutsche. Durch Friedrichs II. Sieg bei Roßbach über die Franzosen entwickelte sich ein allgemeines Nationalgefühl unter den Deutschen der Stammländer. Endlich waren die Franzosen geschlagen, die Straßburg annektiert und die Pfalz verwüstet hatten. Zahlreiche Bewohner des Reiches waren begeistert „fritzisch" gesinnt, Goethe ebenfalls in seiner Jugend; später sprach er von Friedrich II. als dem „Polarstern, um den Deutschland zu drehen schien". Noch später distanzierte er sich von des Königs „eigensinniger, voreingenommener, unrektifizierlicher Vorstellungsart". Man feierte den Preußenkönig als Vorkämpfer der deutschen Nation — nicht etwa des Reiches — und vergaß darüber, daß er Bruderkriege führte.

Als Kaiser war Franz I. Partei. Er sorgte für die Kaiserin-Königin in Wien. Im Januar 1757 wurde in Regensburg der Reichskrieg gegen Preußen wegen Landfriedensbruch mit 60 zu 39 Stimmen beschlossen. Die deutschen Fürsten, die gegen Preußen stimmten, ließen sich von Frankreich bezahlen. Die Gegenseite der norddeutschen Fürsten, die den Reichskrieg wie die Reichsacht ablehnten — Hannover, Hessen-Kassel, Braunschweig-Wolfenbüttel, Coburg-Gotha und Schaumburg-Lippe —, ließen sich von England Geld anweisen. Wie häufig in der Politik täuschte man nach außen hin Gesinnungen vor, die durch hintergründige Interessen selten oder gar nicht zur Wirkung kamen. Für den Fall, daß die Reichsacht gegen Friedrich II. ausgesprochen werden würde, plante der König, zusammen mit Hannover, seinen Austritt aus Reich und Bund.

Wer ist der eigentliche Empörer gegen das Reich?

Ja, wer war der eigentliche Empörer gegen das Reich? Maria Theresia, die drei Jahre lang gegen Karl VII. Krieg geführt hatte, ohne nur einen Augenblick zu Verhandlungen bereit zu sein, weil sie das Kaisertum mit Österreichs Übergewicht erhalten wollte? Diese stolze starre Erbin stand König Friedrich II. gegenüber, der gegen Österreich, das Reich und später gegen die Reichsarmee antreten mußte, da Franz I. Habsburg und Reich in Personalunion vertrat. „Der Reichsfeind" verbot alle Gebete auf den Kanzeln für den Kaiser und das Reich. Wer sah von beiden Seiten noch das Reich?

In Friedrichs II. außenpolitischer Taktik gab es verschiedene Momente. Eines davon war, daß er für Österreich wiederum die Türkengefahr heraufbeschwor. Der preußische König, der sich „Exjesuit von Sanssouci" nannte, brauchte Ablenkung von sich und benutzte dazu jede Gelegenheit. So erzählte er dem englischen Gesandten im August 1757 von seinem Agenten, der mit 50 000 Pfund nach Konstantinopel unterwegs war. Dieser sollte das Terrain sondieren, inwieweit die Türken zu einem neuerlichen Einfall nach Europa, nach Österreich bereit wären. Im Jahre 1762 wiederholte er den Wunsch nach türkischer Unterstützung. Zwanzig Jahre später hat noch der Alte Fritz die Türken gegen den Kaiser zu Hilfe rufen wollen.

Diese Anstrengung beobachtete Staatskanzler Kaunitz und schrieb darüber einem österreichischen Diplomaten: „ ... auf die fortwährende Friedfertigkeit der Pforte kann man sich nicht gänzlich verlassen."

Nach den vorliegenden Akten hegte Friedrich ein Leben lang, nicht nur während der drei Schlesischen Kriege, die Absicht, die Türken zu einem Gegenstoß zu gebrauchen. Unfaßbar, daß Fridricus Rex, im geistig-militärischen Gefolge des großen Prinzen Eugen, nichts Besseres für seine Abwehrkämpfe wußte als die Invasion der Osmanen.

Auch Maria Theresia konspiriert mit den Türken

Die Kaiserin-Königin verhandelte ebenfalls heimlich mit dem Erbfeind der Habsburger und des Reiches. Die Türken fühlten sich im Krieg mit Kaiserin Elisabeth von Rußland so bedrängt, daß sie am liebsten eine österreichische Kriegserklärung an Petersburg provoziert hätte. Staatskanzler Kaunitz lehnte das ab. Wie wäre es dann mit einem Aufmarsch von österreichischen Heeresgruppen an den Grenzen, um die Russen zu beunruhigen und für die Türken einen baldigen Friedensschluß zu erreichen? Längere Verhandlungen, um die Echtheit und die Hintergründe der türkischen Motive festzustellen. Dann eine geheime Konvention zwischen Österreich und der Türkei. Die Osmanen vom Bosporus waren bereit, eine ziemlich hohe Summe an Habsburg zu zahlen, falls man in Wien einige Armeekorps an die Moldau schicken würde. Die Türken boten 20 000 Beutel Gold und schickten davon 4000 Beutel vor Abschluß der Konvention.

Es schien Maria Theresia unbehaglich zu werden, Gold vom ehemaligen Feind zu nehmen, den Prinz Eugen entscheidend schlagen mußte, um die türkische Vorherrschaft in Osteuropa zu beenden. „Ich nehme nicht gerne Geld von diesen Leuten", schrieb sie ein Billett an Kaunitz. Zumal: Wenn bei dem Aufmarsch der Österreicher Rußland mit einem Angriff antworten würde, wenn beide Fronten unruhig wurden und Schüsse losgingen ... Diese Gefahr erkannte Maria Theresia, die Frau und Kaiserin, eher als ihr Staatskanzler und auch ihr Sohn. So ließ Österreich das türkische Angebot fallen, obwohl man eine Konvention vorbereitet hatte.

Beide Pläne mit den Türken, der Friedrichs II. und der Maria Theresias, verletzten die Tradition des Reiches.

„Eine gewisse Vettel" dahingerafft —
mit Folgen für Europa

An einem der ersten Abende des Jahres 1762 teilte der preußische König seinem Schweizer Vorleser de Catt den gefährlichen Krankheitszustand der russischen Kaiserin mit. „Sie werden sehen, mein Lieber, daß sie nicht stirbt", fügte er hinzu, „und daß ich gegen dieses Unwetter werde kämpfen müssen. Ich gehe eine Wette ein, daß sie wieder gesund wird." Ihn beherrschte die pessimistischste Stimmung seines Lebens. Alles erschien ihm schwarz, als befände er sich auf dem Boden seines Grabes.

„Und ich gehe eine Wette ein, Sire, daß sie in Frieden ins Grab steigen wird", sagte Catt zu dem um dreizehn Jahre älteren König.

Diese Krankheit konnte Schicksal und Geschichte werden. Wenn die Russen die Front der Gegner verließen ... Der Nachfolger, Peter III., schwärmte für Preußen. So sprachen die beiden täglich vom Tod der Kaiserin Elisabeth, die Friedrich eine „gewisse Vettel" nannte.

Eines Tages ließ der König seinen Vorleser zeitig rufen und begrüßte ihn mit tiefer Verbeugung. „Mein Herr, hier haben Sie meine Gabe. Die Kaiserin ist tot", sagte der König. Nach einer Weile äußerte Friedrich Befürchtungen: „Wer weiß, was dieser Fürst tun wird, den ich geliebt habe, und ob er es mir vergelten wird. Der Thron verändert häufig die Ansichten." Nun müsse er noch auf ein paar Glücksfälle hoffen, die zu einem guten Frieden benutzt werden könnten.

Schlesien für Österreich verloren

Die Österreicher versuchten, ihren stärksten Bundesgenossen, den russischen Kaiser, durch finanzielle Beihilfen für sich zu gewinnen und das Bündnis zu erhalten. Über 40 Millionen im Jahr kostete Maria Theresia der Krieg. Wenn man 20 und mehr Millionen dem Zaren überwies, über dessen Geldschwierigkeiten man seit langem unterrichtet war ... Statt darauf einzugehen, entschied sich der Zar für den Waffenstillstand zwischen Rußland und Preußen und zu einem Bündnis mit russischen Zusagen über die Entsendung von Hilfskorps.

Friedrich II. konnte sich vor Glück kaum fassen, obwohl er früher „von den Russen als den asiatischen Barbaren" gesprochen hatte. Jetzt erschien ihm der Zar als „Schutzgeist Preußens". 26 000 Tartaren waren gen Ungarn unterwegs, 100 000 Mann angekündigt. Wieder geisterten die Türken in seinen Plänen. Der Kaiser müsse ihnen 60 000 Mann entgegenschicken, meinte Friedrich II., aber sein Bruder Heinrich zweifelte zu Recht.

Hundertfünfzig Kanonen feuerten März 1762 in Petersburg, als ein Sonderkurier des preußischen Königs den Schwarzen Adlerorden für den russischen Kaiser überbrachte. Der österreichische Gesandte traute seinen Augen nicht, als bald darauf Peter III. die „schimärische Würde eines preußischen Generalleutnants" annahm und in dieser Uniform im Kreml herumspazierte. Einen Monat später Friedensschluß zwischen Preußen, Rußland und Schweden. Eine Revolte in Petersburg, die den Kaiser absetzte und umbrachte und Katharina II. den Thron besteigen ließ, erhöhte die Spannung dieser Tage. Maria Theresia atmete auf „über die glückliche Thronbesteigung der russischen Kaiserin". Es änderte aber nichts an dem Ergebnis, daß die Russen aus dem Krieg ausschieden.

Hoffnung auf einen vernünftigen Frieden

Auch in diesem Krieg kam es zur letzten Schlacht, zumal bisher kein Sieg und keine Schlacht entscheidende Folgen gehabt hatten. Alle Seiten waren erschöpft, das Menschen-, Tier- und Waffenreservoir, die Kassen, die Gehirne und die Kräfte. Eine große Müdigkeit befiel die Völker. Die militärischen Aktionen wurden seltener. Friedrich kam es lediglich auf sogenannte Manövererfolge an. Die politische Fühlungnahme verstärkte sich. „Gott gebe mir den Frieden", bat Maria Theresia. Der Bruder des preußischen Königs, Prinz Heinrich, siegte noch über den Prinzen Stolberg bei Freiberg – Friedrich erhoffte einen vernünftigen Frieden.

Maria Theresia zitterte vor den Konsequenzen. Schlesien restlos und für immer dahin. Wie ein Mann in seiner größten und auch qualvollsten Stunde phantasierte sie über Stellungen, die man halten mußte. Sie wußte, 70 000 bis 80 000 Mann waren dazu nötig, und kein Geld, nichts vorhanden als „der Ruin der Armee ... die nicht einmal den Winter hindurch erhalten sein wird".

Während Friedrich II. seinen Vertrauensmann in Konstantinopel über den Frieden von Hubertusburg vom Februar 1763 – eine Bestätigung des Berliner Friedens – unterrichtete, daß nämlich „alles wieder auf den Fuß wie vor diesem letzteren Kriege kommt", bedauerte er in einem der folgenden Privatbriefe, „daß der Friede geschlossen ist". Er hätte gern noch einige Provinzen mehr erworben. Doch der Sieger in zwölf Schlachten, dem noch dreiundzwanzig Regierungsjahre bevorstanden, fing sich in seinen Betrachtungen: „Wenn ich das Unglück des Krieges wieder gutmache, werde ich zu etwas gut gewesen sein, und damit begnügt sich mein Ehrgeiz."

Auch bei diesem Friedensschluß verteidigte die Kaiserin-Königin in Wien ihr Habsburger Haus und das Haus Lothringen, dem der Kaiser entstammte, bis sie die Stimme des Königs von Preußen — in einem Geheimen Artikel des Friedensvertrages — für die Wahl ihres ältesten Sohnes, des Erzherzogs Joseph, zum deutschen Kaiser gewann. Dieser Österreicher sollte Friedrich II. ebenso bewundern wie der russische Kaiser Peter III.

Wie ein Epilog zu diesem unersättlichen, grausamen Kampf- und Wechselspiel unter den Deutschen klingen einige Worte Maria Theresias, die noch siebzehn Jahre regieren sollte. Sie sagte: „Man muß sich zu opfern wissen und nicht wegen eines mageren Gewissens seinen guten Ruf und ehrliche Gradheit vor Gott und den Menschen verlieren."

XVIII.
Reformkaiser Joseph II.

> Große Dinge müssen mit einem Schlag verwirklicht werden

Zweiundzwanzig Millionen in bar und in Schuldverschreibungen! Diese Summe fand der vierundzwanzigjährige Kaiser Joseph II. in einer rotledernen Brieftasche seines Vaters Franz I. Den gesamten Betrag schenkte der junge Kaiser dem österreichischen Staat. In der Geschichte der deutschen Kaiser gibt es kein anderes Beispiel solcher Selbstlosigkeit, das ganze väterliche Erbe dem Vaterland zu vermachen. Nicht von der Monarchie als Ansammlung verschiedener Vaterländer sprach der junge Kaiser, sondern von einem „kaiserlichen Patriotismus", den er mit den Worten auslegte: „Wenn das Wohl des Vaterlandes es erheischt, muß jede andere Rücksicht schweigen."

Seit seines Vaters Tod im August 1765 war der schon zu Lebzeiten Franz' I. in Frankfurt gekrönte Joseph II. Kaiser und nun, September 1765, von seiner Mutter zum Mitregenten ernannt worden. Dieselbe passive Position also, wie sie sein Vater eingenommen hatte, dem er äußerlich – gut gewachsen und mit stolzem Blick – sehr ähnelte? Damit gab sich der junge Monarch mit den klaren blauen Augen seiner Mutter nicht zufrieden. In seinem allerersten Erlaß verbot er das Kniebeugen vor ihm und das Handküssen. Fort mit dem orientalischen Untertanenritus!

Seit Joseph II. deutscher Kaiser geworden war, wobei seine politische Wirksamkeit in Österreich bei Lebzeiten seiner Mutter begrenzt blieb, versuchte er, über die Repräsentationspflichten hinaus Einfluß auf die Reichspolitik zu nehmen. Dieser Habsburger sprach von Reichsreform und meinte die Erhöhung der eigenen kaiserlichen Position. Er sprach von notwendigen Neuordnungen am Reichskammergericht Wetzlar, aber Preußen befürchtete dabei immer wieder, daß juristische Veränderungen nur der österreichischen Vorherrschaft dienen würden, die lästig werden konnte, – Joseph II. stieß auf Gummiwände. Überall Quertreibereien, die seine Bestrebungen lahmlegten.

Während seiner Mitregentschaft sollte der Kaiser eine Fülle von Denkschriften herausgeben, – es gibt nicht eine einzige, die der römische König bzw. deutsche Kaiser für die Gesamtpolitik des Reiches entwarf. Er sei der Reichspolitik müde geworden, sagte man.

„Große Dinge müssen mit einem Schlage verwirklicht werden", meinte er. Zu den großen Dingen gehörte für ihn die Sparsamkeit im Staatshaushalt. Zuerst Sparsamkeit im eigenen Hofstaat, den er mit dem Maria Theresias zusammenlegte, so daß sie eine gemeinsame Tafel abhielten. Verkleinerung des Marstalles von 1200 auf 820 und dann auf 750 Pferde. Sparmaßnahmen im Forst- und Jagdwesen; z. B. wurden die Wildschweine im Gebirge um Wien abgeschossen. Man erzählte sich, daß ausgerechnet die Damen des Hofes mehr als 1400 Tiere erlegt hatten. Der „Kammerbeutel", ein Hilfsfond der Kaiserin-Witwe für Unterstützungen und Gnadenerweise, wurde beschnitten, ebenso die Galatage im Hofkalender, auch die spanische Manteltracht wurde abgeschafft.

Ein „Abbild der Demokratie in einem absolutistisch regierten Staate" nannte es der venezianische Botschafter, als Joseph II. das große Wiesen- und Waldgebiet des Hofes nahe Wien, genannt der Prater, als Volkspark freigab. Befehl des Kaisers: Niemand dürfe bei seinem Erscheinen oder dem der kaiserlichen Familie besondere Ehrerbietung bezeugen.

Die Kaiserinmutter korrigiert den Sohn

Die neunundvierzigjährige Maria Theresia, als Witwe ganz in Schwarz mit langem Schleier – nicht mehr in der Pracht ihres schönen langen Haares, überall Trauerfarben in ihrer Umgebung, selbst das Schlafgemach in dunkelgrauer Seide –, fing wieder an zu regieren. Ihr Sohn, der Kaiser, mußte sich fünfzehn Jahre lang ihrer Alleinregierung anpassen. Ganz deutlich hieß es in der Urkunde über seine Mitregentschaft, daß Maria Theresia nichts „von der eigentümlichen Beherrschung unserer beständig beisammen zu verbleiben habenden Staaten ganz oder zum Teil etwas zu vergeben" entschlossen war.

Die Kaiserin beobachtete die Reformen des Sohnes und hielt sie für übertrieben. Wo Hofbeamte sich über ihre Versetzung beschwerten und über Gehaltseinbußen klagten, korrigierte sie manche Maßnahmen. Nach solchen Entscheidungen sah sie in ihr Gebetbuch, wo auf einem Zettel zu lesen stand: „Mein glicklicher Ehestand war neunundzwanzig Jahre sechs Monte, sechs Tage. Umb die nämliche Stunde, als ihme die Hand gegeben, auch an einem Sonntag, ist er mir plötzlich entrissen worden, macht also Jahre 29, Monate 334, Wochen 1540, Tage 10781, Stunden 258 744." Als wenn sie den Geist ihres Mannes und das „entschwundene Glück" durch solche kalendarischen Hinweise beschwören könnte, feierte sie den Jahrestag ihrer Vermählung, indem sie ihre Garderobe verteilte. „Was mir übrig bleibt und ich mit Ungeduld erwarte, das ist meine Bahre und das Sterbekleid."

Solche Trauerstimmung wurde aufgehoben, wenn sie Denkschriften ihres Sohnes las. Er gebrauchte Redewendungen wie die über die „altertümlichen" Ansichten der Räte seiner Mutter. Oder sie fand so kühne Hinweise wie: „Der Staat besitzt mit Ausnahme des Fürsten Kaunitz gar keine Minister, die sich rühmen könnten, seit einigen Jahren irgendwelche Dienste geleistet zu haben." Oder noch drastischer: „Bei den Hottentotten und Irokesen könnten nicht schauerlichere und lächerlichere Dinge sich ereignen als in der österreichischen Staatsverwaltung, besonders in den Hofstellen und in der Staatskanzlei."

Obwohl Staatskanzler Kaunitz die Denkschrift des jungen Kaisers in vielen Punkten annehmbar fand, hielt es Maria Theresia als „gute alte Mutter" für richtig, den Reformeifer des Sohnes zu begrenzen: „Hüte dich, dir in Böswilligkeiten zu gefallen." Sie nannte ihn „eine Kokette des Geistes": „ . . . und wie du diesen zu finden glaubst, läufst du ganz urteilslos hinterher." Das betraf seine Wortspiele, die geistreichen Redensarten, die „nur darauf zielen, die anderen zu demütigen und sie lächerlich zu machen". Der Sohn nannte es „sehr sanfte Rutenstreiche", mit denen die Mutter ihn bedachte.

Joseph II. und der Schöpfer des ersten österreichischen Generalstabs

Der Kaiser besprach sich mit seinem engsten Berater, dem Grafen Moritz Lacy, der schon mit einundvierzig Jahren die Position eines Hofkriegsratspräsidenten einnahm, wie sie Prinz Eugen innegehabt hatte. Ein Organisator ersten Ranges, mit einem Blick gleichermaßen für die Führung wie für die Truppe. Immer wieder das Alte: Sie mußte besser eingekleidet und ausgerüstet werden. Nicht Paradeexerzieren war wichtig, sondern Manöver abzuhalten, um die Tüchtigkeit der Armee zu schulen. Keine improvisierten Feldzüge, sondern Operationspläne – Sandkastenspiele sagen wir heute –, um auf jeden Angriff mit sofortigem Aufmarsch reagieren zu können. Graf Lacy gilt als Schöpfer des österreichischen Generalstabs.

Joseph II. wünschte, daß in der Armee mehr einheimische Rekruten dienten. Bei Manövern unterhielt er sich mit Offizieren und Soldaten wie ein alter Militär. Fast täglich erschien er bei den Paraden. Die anwesenden Diplomaten waren sich einig: Der Kaiser meinte offenbar, das ganze Leben einer Monarchie konzentriere sich darin, Soldaten heranzuziehen. Imitierte der junge Herr damit den König von Preußen?

Wieder spielen die Österreicher mit den Türken zusammen

Obwohl Kaunitz dem Monarchen in Berlin wiederholt versichern ließ, daß Österreich ein für allemal auf Schlesien verzichtet habe, kam es doch zu einem merkwürdig zusammengesetzten Plan der Rückgewinnung Schlesiens, wenn nicht des ganzen ehemaligen Besitzes, so doch größerer Teile. Nicht durch Krieg, sondern durch Verhandlungen. Das sollte durch eine Vereinbarung des „Durchlauchtigsten Erzhauses, der Türken und des König von Preußen" geschehen. Wieder spielten die alten Gegner des Prinzen Eugen, die Osmanen, mit Österreich zusammen! Für Friedrich dachte sich Kaunitz ein Angebot aus, das Schlesien an Größe und Wert übertraf: das Herzogtum Kurland und der größte Teil von Polnisch-Preußen, Westpreußen, — in bezug auf Kurland kein ungefährliches Angebot, da sich wechselseitig Rußland und Polen den Besitz Kurlands streitig machten. Die Türken spielten bei dem diplomatischen Unternehmen eine Hauptrolle. Sie sollten Friedrich II. zuerst ansprechen und den Plan „schmackhaft" machen, um Österreich „aufs kräftigste" zu unterstützen. Mit hohen Summen von 20 und mehr Millionen, früher für Österreich bestimmt, wollte die Pforte von Konstantinopel außerdem dem König von Preußen „beihelfen". Zu allem Überfluß standen 50 000 Türken und 5 Millionen Gulden jährlich zur Verfügung, falls es trotzdem zu kriegerischen Verwicklungen kommen sollte. Für Wien und Konstantinopel war am wichtigsten, in Berlin etwas über die Russen zu erfahren. Deshalb waren die beiden seltsamen Zusammenspieler bemüht, an Preußen näher heranzukommen. Ein tolles Dreigespann mit hoher Politik: Das Reich umwarb zusammen mit dem ehemaligen Reichsfeind, den Türken, den ersten Rebellen gegen die habsburgisch-deutsche Kaisermacht.

Was sagte der Kaiser zu dem „großgedachten" Projekt des Fürsten Kaunitz? In einem ausführlichen Gutachten untersuchte er den Plan und erinnerte an die Unbeständigkeit der Pforte, wo Bestechung und Intrigen die Mittel der Politik seien. Punkt für Punkt meldete er seine Zweifel an. Sie gingen weit über den Tausch mit Preußen hinaus. Joseph II. unterdrückte nicht die kriegerischen Schlußfolgerungen aus dem Plan. Er schlug vor, zunächst den österreichischen Gesandten bei der Pforte den gesamten Gedankengang als seinen eigenen vortragen zu lassen, – nicht leicht, aber möglich, vielleicht sogar wirksam.

Diesmal schloß sich Maria Theresia ganz der Meinung ihres Sohnes an. Um zu sehen, ob die Türken es wirklich ernst meinten, sollte der Gesandte zunächst allein vorgehen. Für die Kaiserin-Witwe bestanden vor allem Besorgnis und Furcht vor einem neuen Krieg.

Zwei historische Begegnungen: Kaiser Joseph II. und Friedrich II. treffen sich in Neiße und Mährisch-Neustadt

Während Maria Theresia und Friedrich II. sich in ihrem ganzen Leben nicht sehen sollten, machte sich der Sohn der Kaiserin zu einer spontanen Reise auf, um endlich den umjubelten und verdammten Friedrich den Großen von Angesicht zu Angesicht kennenzulernen und dabei hohe Politik zu betreiben. Würde er dem gewachsen sein? Er besaß viele Notizen in seinem Gepäck, um den Faden des Gesprächs nicht zu verlieren, – Instruktionen von Kaunitz, die dieser tagelang dem Kaiser vorgetragen hatte.

Unter dem Decknamen eines Grafen von Falkenstein besuchte Joseph II. die Manöver bei Olmütz, um am 25. August 1769 in der alten Festungsstadt Neiße den preußischen König zu treffen. Als die kaiserlichen Wagen vor dem bischöflichen Palais, der Residenz des Königs, vorfuhren, ging Friedrich II. seinem Gast mit den Worten entgegen: „Das ist der schönste Tag meines Lebens." Gut gemeint für den Augenblick, trotzdem etwas zu pathetisch. Sie umarmten sich, der alte König und der junge Kaiser. Die berühmten Generale von Tauentzien und von Seydlitz befanden sich gleichfalls in der königlichen Delegation, ihnen wurden von seiten des Kaisers sein Vertrauter, Feldmarschall Graf Lacy, die Generale Laudon, Althaus und Nostiz vorgestellt.

Kaum hatte man die Mittagstafel aufgehoben und Joseph II. sich in sein Hotel zurückgezogen, da klopfte es. An der Zimmertür stand Friedrich II., der von der Notwendigkeit sprach, das begonnene Gespräch zügig, ohne Pause, wider das Zeremoniell, weiterzuführen, was er sich als „der ungeschickteste Zeremonienmeister von Europa", wie er sich selbst vorstellte, leisten dürfe. Die Unterhaltung dauerte drei Stunden.

Zwischen dem 25. und 28. August sollten es an jedem Tag mindestens 16 Stunden werden.

Eine Fülle von Stoff war zu bewältigen. Allein auf der unsichtbaren Liste des österreichischen Kaisers, die er als Instruktionen von Kaunitz bei sich trug, befanden sich drei Hauptpunkte und mindestens neun ergänzende Punkte. Friedrich bevorzugte aktuelle Fragen, Joseph wünschte Einzelheiten aus den Kriegsmemoiren zu erfahren. Es war ein gegenseitiges Abtasten in Gesprächen über Voltaire, über die Jesuiten, die Friedrich II. verteidigte, über religiöse Toleranz, über die Kaiserin Maria Theresia, mit allem Respekt, und über Kaunitz, den der König zu achten schien.

War der Preuße alt und müde geworden, schonte er sich und sein Volk vor Gefahren, war er weise oder nur vorsichtig? Kaiser Joseph staunte über die betonte Höflichkeit und kam nicht dahinter, ob sie etwas mehr bedeutete. So begann er, den Unruhigen zu spielen. Er überhörte absichtlich vieles, doch er horchte genau hin, wenn Friedrich II. von Rußland, seinem Verbündeten, sprach. Ihm schien er sehr zu mißtrauen. Katharina nannte er eine gefährliche Frau auf dem russischen Thron, ihre Ansprüche wüchsen sich aus.

An dieser Stelle stellte der Kaiser ein gegenseitiges Neutralitätsversprechen für alle kommenden Kriege zur Debatte, was aber Friedrich in Hinblick auf das verbündete Rußland ablehnen mußte.

Friedrich entwarf ein Bild, in dem Österreich zwischen den Kriegsgegnern Rußland und Türkei vermitteln sollte, was nicht gerade leicht war, da die Petersburger Forderungen gedämpft werden mußten. Die Türken durften nicht zusammenbrechen ... sie mußten erhalten bleiben ... Was beabsichtigte Friedrich mit solchen Hinweisen? Die Pforte konnte von Habsburg wie von Preußen gebraucht werden. Beide Staaten ließen sich diese Chance nicht entgehen. Es kam dem Preußenkönig darauf an, Rußland durch Österreich und die Türkei zu irritieren, aber diese beiden ebenfalls in Habachtstellung zu bringen, um selbst seiner Grenzpolitik in östlicher Richtung nachgehen zu können.

Joseph benutzte Komplimente, um sich nicht zur Stellungnahme verleiten zu lassen: „Sire, im Falle eines allgemeinen Brandes sind Sie die Vorhut, also können wir ruhig schlafen, weil wir wissen, daß Sie mit den Russen machen können, was Sie wollen."

Der „alte Fritz" war viel zu listig, um sich von dem jungen Herrn auf die Schulter klopfen zu lassen und darauf zu reagieren. Er redete von seinem notwendigen Bündnis mit den Russen, obwohl es dabei nicht ohne Spannung abginge. Er zahle eine halbe Million Kronen nach Petersburg, weil er sonst vertraglich festgesetzte Truppenkontingente zu stellen habe. Den Russen gegenüber habe er von der Möglichkeit eines österreichischen Einfalls gesprochen, falls er seine Truppen nicht beisammen hielte. Das war ein Blinkzeichen: Die Katze läßt das Mausen nicht, womit er Absichten auf die Rückgewinnung Schlesiens durch Österreich beantwortete.

Wie zwei Partner, die vom tagelangen Verhandeln müde geworden sind und nach Pointen suchen, erzählten sich die beiden Herren zum Schluß zwar keine Witze, aber Gerüchte, die bei aller sachlichen Beziehung nicht der Lustigkeit entbehrten. Friedrich II. tischte welche auf, Joseph wollte nicht zurückstehen. Dabei ging er ganz nahe an das zwischen beiden stehende, von Österreich immer wieder geschürte Problem heran. Das Gerücht hieß: Der König von Preußen würde Schlesien für Danzig geben ...

Friedrich lachte schallend: „Ja, um König von Polen zu werden."

Aus Josephs Sicht schien Friedrich II. von Preußen verlegen. War er's? Oder spürte er der Herkunft und dem Sinn des Gerüchtes nach? Jedenfalls ging er nicht weiter darauf ein.

Als Joseph II. am Abend vor der Abreise ein ihre Zusammenkunft bestätigendes und das Ergebnis der Neutralität und der Freundschaft enthaltendes Kommuniqué empfing, steckte er es ungelesen ein. Wollten sie nicht solche Briefe mit Neutralitätsformeln austauschen? Joseph beobachtete einen Unmutsanfall bei Friedrich, spielte den Abwesenden, versäumte jedoch nicht, seine kaiserliche Erklärung während des Manövers abzugeben, drückte dem König die Hand und verabschiedete sich.

Ein Jahr danach die zweite Begegnung im mährischen Neustadt, diesmal vier Tage lang. Der Kaiser auffällig von seinem Staatskanzler Kaunitz begleitet. Von ihrem Sohn allein schien Maria Theresia sich keine erfolgreichen Verhandlungen mit dem „Bösewicht" aus Berlin zu versprechen. Das Hauptgespräch zwischen Friedrich II. und dem österreichischen Kanzler gipfelte geradezu in einer politischen Vorlesung von Kaunitz über den russisch-türkischen Krieg und seine Folgen. Er sprach über ein Bündnis Preußens mit Österreich und nannte es den „einzigen Damm gegen Rußland, den man diesem ausgetretenen Strom entgegenstellen könne, der ganz Europa zu überschwemmen drohe".

Da der Kaiser militärische Präventivmaßnahmen gegen Rußland ablehnte und sich mit ihm zu verständigen beabsichtigte — auf ihn machte die militärische Schlagkraft der Russen nachhaltigen Eindruck —, sollte er sich bei diesen Verhandlungen in Neustadt zurückhalten. Damit entsprach er seiner Mutter Geheiß, die auf ihres Sohnes Vorhaltungen, die

Russen seien Christen und die Türken Mohammedaner oder Heiden, wie man zu sagen pflegte, nicht reagiert hatte.

Einen Tag nach dem Vortrag des Staatskanzlers Kaunitz in Neustadt traf ein Eilkurier aus Konstantinopel ein. Er brachte die Nachricht, daß die Türken durch Vermittlung der beiden Mächte Österreich und Preußen Frieden mit Rußland schließen wollten.

Als Friedrich davon sprach, daß dieser Schritt der Pforte den Wiener Hof zum Schiedsrichter mache, da beobachtete der König, wie der Minister Kaunitz das Kompliment mit dem „ganzen österreichischen Hochmut einsteckte".

Rücktritt Maria Theresias?

Fünfunddreißig Jahre hindurch hatte Maria Theresia der Allgemeinheit gedient, sie sagte sogar „geopfert". Sie fühlte sich im Frühling 1775 „so abgespannt, so niedergeschlagen, daß ich mehr Übles als Gutes vollbringe". Sie sah sich etwas hilflos gegenüber den Tumulten des Landvolkes in Böhmen, Mähren und Steiermark und sprach von „Frechheiten", die das Landvolk äußerte. Ihr Ton klang wie der einer Gouvernante, wenn sie sagte: „Die Kecksten und Schlechtesten haben jetzt ein leichtes Spiel." Warum konnte sie keine Ordnung schaffen? Die Kontakte waren ihr verlorengegangen. Sie vermochte den Leuten nichts über „Freiheit in Religionssachen" oder „Freiheit gegenüber ihren Grundherren" zu sagen, wie es ihr Sohn tat. Er erschien mitten in den unruhigen Bezirken und sprach mit den Leuten. Sie konnte das nicht. Zwei Jahre hindurch war sie passiv und ohne Gleichgewicht. Als Gründe nannte die Kaiserin ihr Alter, „Krankheit, Abspannung nach dem Tode meines angebeteten Herrn und Meisters". Dazu ein schön formuliertes, aber nicht leichtes Eingeständnis: „Die Zärtlichkeit und die Schwäche einer alten Frau haben das Übrige getan."

Der Staat litt darunter. Konnte Maria Theresia diese ungeklärte Situation noch länger bestehen lassen? Sie wollte die Regierungslast nicht mehr tragen. Die Schwierigkeiten wuchsen, wie jeder in der Regierung sah, auch für den Sohn. Dann ein böses Wort gegen Joseph II.: Er würde auch die Schwierigkeiten sehen „und sich nicht mehr hinter mir zu verstecken vermögen", wenn sie zurückträte. Das hatte er eigentlich nie getan. Wo der Kaiser auswich, da wollte er seine Mutter schonen.

Polen wird zum Spielball der Mächte.
Drei Monarchen verhandeln über die Aufteilung eines vierten Landes

Kaiser Joseph wehrte immer wieder und deutlicher einem all zu starken Überschwenken auf die türkische Seite. Er behielt seine Position gegenüber Rußland, zumal die polnische Dauerkrise baldige Entschlüsse verlangte.

Polen, im 13. bis 14. Jahrhundert durch Union mit Litauen der größte Staat Osteuropas, der, obwohl christlich, aus nationalen Gründen den christlichen Deutschen Ritterorden in der Schlacht bei Tannenberg siegreich zurückgedrängt hatte, befand sich seit dem Siebenjährigen Krieg in ohnmächtigem Zustand. Es hatte seine Neutralität nicht verteidigen können, obwohl es anderthalb mal so groß wie Frankreich war. Seit 1764 stand es unter russischer Oberhoheit, da ein Günstling der Kaiserin Katharina den Thron innehatte. Es kam zum Einmarsch von 40 000 Russen, als im polnischen Reichstag der Abzug fremder Truppen verlangt wurde. Die Abgeordneten wurden nach Sibirien verbannt. Als sich die polnische Untergrundbewegung militärisch formierte, rief der polnische Senat verabredungsgemäß die Russen zu Hilfe, die mit starken Truppenverbänden erneut Polen besetzten. Diesen polnischen Bürgerkrieg galt es zu beenden, um auch die Vorherrschaft der Russen in ihrem Nachbarland zu brechen.

Krieg oder Frieden? Maria Theresia fühlte sich durch die Polenfrage erneut zwischen beide Extreme gestellt. Friede bedeutete Befriedigung aller drei Anrainer-Staaten durch Teilung Polens. Staatskanzler Kaunitz gebrauchte diesen Ausdruck, den die Kaiserin-Witwe mißbilligte. Was sollte sie mit polnischem Gebiet? Ihr widerstrebte die Teilnahme an diesem Handel. Statt dessen tauchte in ihr der Plan auf, die Situation zur Rückgewinnung wenigstens von Teilen Schlesiens auf diplomatischem Wege zu nutzen.

Als sich der österreichische Gesandte in Berlin beim König anmeldete, staunte dieser über die schnelle Reaktion seiner alten Feindin und verpaßten Freundin Maria Theresia. In Wien wäre man bereit, Preußen bei der Einverleibung Westpolens zu unterstützen und so gegen Entschädigungen mitzumischen. Bisher wäre von Galizien die Rede gewesen, erinnerte der Österreicher, das aber sei durch unzugängliche Bergmassen von Ungarn getrennt und daher für Österreich militärisch wertlos. Und was verlangte Wien statt dessen?

Der Gesandte wagte vom König einen Verzicht auf die Grafschaft Glatz und „einen angemessenen Teil von Schlesien" zu verlangen.

Was? Der König erstarrte vor der Deutlichkeit dieses Ansinnens. Der Österreicher verlor die Haltung nicht, sondern wiederholte das Angebot. Davon konnte für Friedrich nicht die Rede sein. „Nehmen Sie Ihren Anteil", sagte er nicht ohne Erregung, „doch nicht auf meine Kosten. Die Gicht habe ich nur in den Beinen, noch nicht im Kopf."

Der Gesandte versuchte vergeblich zu erklären, daß Wien die Grafschaft Glatz brauchte, um Böhmen verteidigen zu können. Was ging das Friedrich an? Schlesien, sein Schlesien stand erneut zur Diskussion? Unmöglich.

„Sie haben darauf endgültig verzichtet", rief der König aus und beendete damit das Gespräch und jegliche weitere Unterhaltung über das Problem.

So blieb für Maria Theresia nur der Weg, sich an dem Spiel um Polen zu beteiligen, das nun anhob. Jeder Herrscher schnitt für sich die besten Stücke heraus, ohne das Volk zu befragen, ob es damit einverstanden war. Für Rußland sollte es das Riesengebiet Weißrußland zwischen Düna und Dnjepr mit 550 000 Bewohnern sein, für Österreich Galizien und seine reichen Salzbergwerke mit 60 000 Bewohnern und für Preußen das sogenannte Westpreußen und der Netzedistrikt (ohne Danzig und Thorn) mit 380 000 Bewohnern.

„Durch wie lange Zeit habe ich mich dagegen gewehrt!" gestand Maria Theresia ihrem Sohn im September 1772. Nachdem sie trotzdem ihr Plazet sehr schweren Herzens gegeben hatte, weil „so viele große und gelehrte Männer es wollten", mußte sie noch eine Anmerkung machen. Sie konnte das „Raubstück" nicht so ohne weiteres kassieren und ihre Stimme unterdrücken. Die einzige Stimme in dem Trio, die in aller Form protestierte: „Wenn ich aber schon längst tot bin, wird man erfahren, was aus dieser Verletzung von allem, was bisher heilig und gerecht, hervorgehen wird." Sie nannte die Teilung Polens einen „Schandfleck auf meiner ganzen Regierung".

August 1772 bestätigten die drei Nachbarländer den Vertrag über die Teilung Polens, ihre Vertreter hatten unterschrieben. Als Staatskanzler Kaunitz den Abschluß des Paktes der Kaiserin mitteilte, reagierte sie nur mit: „Habe unterschrieben." Ihr Sohn, der Kaiser, sprach von einer „vergnüglichen Nachricht" – er teilte nicht die Bedenken und Skrupel seiner Mutter.

Friedrich II. von Preußen beobachtete die schmerzliche Entschlußkraft Maria Theresias und ihren ungehemmten Tränenfluß und sagte: „Sie weinte, aber sie nahm." Für sich selbst nannte er Westpreußen eine „ausgezeichnete und sehr vorteilhafte Erwerbung" in jeder Hinsicht.

War Friedrich II. nicht der erste Anreger der Teilung Polens gewesen? Schon 1759 schlug er Rußland vor, sich durch polnische Gebiete schadlos zu halten. Im Juni 1771 schrieb er seinem Gesandten in Petersburg: Die ganze Angelegenheit der Teilung Polens erfordere nur verwegenes Auftreten und Festigkeit, und er werde für den Erfolg bürgen. Ganz rückhaltlos: „So brauchen wir nichts zu fürchten betreffs des Planes, in Polen Erwerbungen zu machen."

Auch Kaiser Joseph II. war beteiligt, als er – unterstützt von dem Preußenkönig – seine Truppen in die Grafschaft Zips einmarschieren ließ und das von Ungarn an Polen verpfändete Gebiet mit deutschstämmigen Einwohnern annektierte. Es war der Anfang von eigenen Landzuweisungen, obwohl Maria Theresia später sogar bereit war, Zips zurückzugeben, falls dadurch die Teilung Polens verhindert würde.

Zum ersten Mal fanden sich die beiden deutschen Staaten Österreich und Preußen, dazu das Reich, zusammen, um einen Vertrag zu schließen und ein drittes Land ohne Ansprüche und wider Natur und Recht zu zerlegen. Polen, mit starken deutschen Minderheiten, früher deutsches Ordensgebiet, mit unbeeinträchtigter deutscher Kultur in den Städten, sah sich in seiner Geschichte dem unglücklichen Schicksal einer andauernden Teilung ausgesetzt. Allein bis 1793 waren es drei Teilungen. Auf dem Wiener Kongreß von 1815 schuf man Kongreß-Polen als russisches Protektorat. Die nach dem Ersten Weltkrieg begründete unabhängige Republik Polen wurde durch Hitler und Stalin in einen West- und Ostteil zerschlagen. Die polnische Republik gedieh nach dem Zweiten Weltkrieg mit russischer Hilfe, Schlesien wurde gewonnen und die Westgrenze bis zur Oder vorgeschoben.

Kaiser Joseph II. wollte so bald wie möglich die neue Provinz Galizien besuchen. Maria Theresia war dagegen, wie vor einigen Jahren, als der Sohn sofort nach Böhmen reisen wollte, um an Ort und Stelle Mittel gegen die Hungersnöte einzusetzen. Der Sohn machte auf die notwendige Verwaltungsarbeit aufmerksam. Maria Theresia warnte nochmals, da bisher weder die Zarin noch der König von Preußen Besichtigungsreisen in die ihnen zugeteilten polnischen Gebiete gemacht hatten. Mußte Österreich dort schon gegenwärtig sein, zumal der Treueid von den Bewohnern noch nicht geleistet worden war? Für Maria Theresia war diese Zeremonie so wie alles, was mit Polen zusammenhing, höchst problematisch: Der Eid war „immer nur gezwungen und diesen armen Leuten abgenötigt".

Als Joseph II. doch als erster der drei Herrscher im folgenden Jahr die neue Provinz Galizien auf sechswöchentlicher Inspektionsreise besuchte, da erschrak er über die Kluft zwischen der Masse und der Oberschicht und auch über die hohe Zahl jüdischer Einwohner. Doch ging seine Absicht dahin, „die jüdische Nation in den Erblanden sich nicht ausbreiten zu lassen, aber da, wo sie ist, und in der Masse, wo sie als toleriert besteht, dem Staate nützlich zu machen". Die Juden bekamen Menschen- und Bürgerrechte. Die Anweisung über jüdische Tracht (Vorschrift des Bartes, des gelben Abzeichens und der gelben Ärmel) wurde völlig aufgehoben, die Juden durften sogar Degen tragen. Vor- und Zuname mußten deutsch sein. Die doppelten Kanzleitaxen wurden herabgesetzt. Ihre Kinder konnten christliche Schulen und Hochschulen besuchen und durften nicht mehr gewaltsam getauft werden. Sie betrieben alle Gewerbe „auf freie Hand". Ihre Mitarbeit bei Fabriken und Manufakturen begünstigte man durch Befreiung von der Toleranzsteuer. Vor allem wurde den Juden erlaubt, Haus- und Grundbesitz, sogar Ackerland zu erwerben, unter der Voraussetzung, es selbst oder durch jüdische Hände bearbeiten zu lassen. Anfangs waren die Juden vom Heeresdienst und Dienst bei der Feuerwehr ausgeschlossen. Erst im Türkenkrieg (1789) wurden sie zum Heeresfuhrwesen einberufen. Die Judensteuer hob der Kaiser im September 1789 auf.

Darf man dem Gewissen befehlen?

Sechzig böhmische Gemeinden beabsichtigten, zur protestantischen Religion überzutreten, was abgelehnt wurde... 20 000 böhmische Bauern erhoben sich und verlangten Glaubensfreiheit. Als sie zurechtgewiesen wurden, daß es „außerhalb der Kirche kein Seelenheil" gäbe, wanderten sie aus. Bauern, Bürger und Handwerker verließen die Heimat und siedelten sich in Preußisch-Schlesien an, um Zwangsmaßnahmen zu entgehen. Sie wünschten unter „Tränen und Gebeten", daß „der Herr das ganze Königreich Böhmen unter Dein Zepter stellt". Gemeint war Friedrich II.

Der Kaiser erschrak. Seine Mutter würde die Hälfte ihrer Untertanen preisgegeben haben, wenn sie dadurch ihr Land vor der „satanischen Ansteckung" der Evangelischen hätte befreien können. Abfall vom Glauben bedeutete für Maria Theresia das ärgste Verbrechen. Keine Strafe schien ihr dafür hart genug. Die sonst als milde gerühmte Herrscherin bestimmte zunächst die Umsiedlung der Protestanten von Mähren nach Siebenbürgen. Als Gemeindevorsteher, trotz kaiserlichen Verbotes, sich zu Luthers Glauben bekannten, verhaftete man sie und warf sie ins Gefängnis. Wer an geheimen Zusammenkünften der evangelischen Glaubens-

Friedrichs I. Barbarossa Bestandsaufnahme des Reiches durch Niederschrift der Regalien für Herzöge, Markgrafen und Städte.

Staatsmann, Finanzgenie und Mäzen: Karl IV.
aus dem Hause Luxemburg.

So sah das Reich in seinen territorialen Gliederungen aus.

Links: Feuersturm auf eine Stadt. Rechts: Friedrich von Hohenzollern wird durch Sigismund mit der Mark Brandenburg belehnt.

Der Kreditsucher Europas: Maximilian I. träumte davon, Kaiser- und Papstkrone zugleich zu tragen.

Die letzte Majestät Europas: Karl V. War der Spanier ein Unglück für Deutschland?

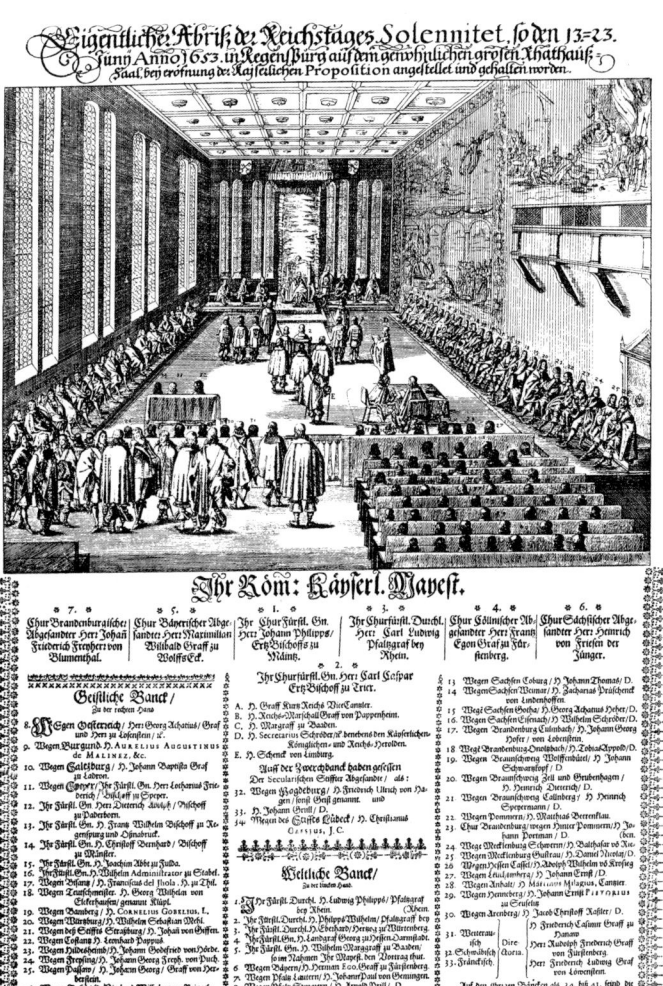

Reichstagssaal zu Regensburg mit Sitzordnung für die immerwährenden Tagungen.

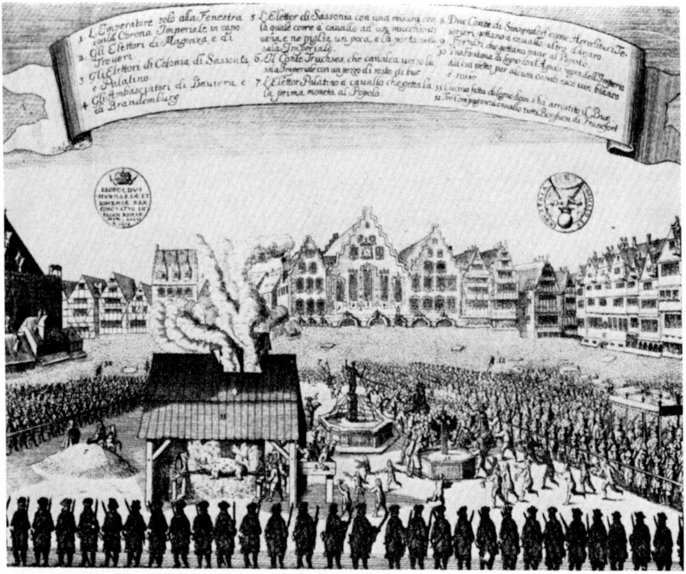

Oben: Krönungsfeier Leopolds I. in Frankfurt a. M.
Unten: Prinz Eugen rettete Kaiser und Reich vor den Türken.

Rechte Seite:

Unten links: Im österreichischen Kaiserornat: Franz II. mußte auf Napoleons Befehl die deutsche Kaiserwürde ablegen.
Unten rechts: Reformkaiser Joseph II. hatte die Auflösung des Reiches nicht verhindern können.

Oben: Die erste Person des Staates eine Frau: Maria Theresia verschaffte ihrem Gatten Franz I. den Kaisertitel.

Oben: Kleindeutsches Kaisertum von Bismarcks Gnaden: Familienbild Wilhelms I.

Unten: Ende des Zweiten Reiches: Wilhelm II., glorifiziert als Protektor der deutschen Kriegsflotte.

gemeinschaft teilnahm, wurde ebenfalls festgenommen, entweder ins Heer gesteckt – als ob die Armee eine religiöse Besserungsanstalt wäre –, zur Arbeit in den Bergwerken verurteilt oder zu Schanzarbeiten nach Olmütz geschickt. Frauen, die nicht schwere Arbeit leisten konnten, kamen ins Zuchthaus. Von Haus und Hof wurden die verjagt, die trotz verbüßter Strafen Protestanten blieben. Sie verfielen der Deportation nach Ungarn, in die Bergstädte oder in entlegenste Dörfer. Kinder durften den Eltern nicht folgen!

Welche Macht maßte man sich an? Diese Frage stellte der Kaiser seiner Mutter. Konnte diese Macht so weit gehen, sich ein Urteil über göttliche Barmherzigkeit anzumaßen? Durfte man überhaupt dem Gewissen befehlen? Was hatten sich die weltlichen Herrscher darein einzumischen? Für Joseph mußte der Heilige Geist die Herzen erleuchten, – die Gesetze würden stets nur seine Wirkung vereiteln.

Maria Theresia vertrat die herrschende Religion. Welchen Zügel gäbe es sonst „für diese Art von Leuten"? fragte sie zurück. Man hörte den Ton absoluten Monarchentums, das weder Widerrede noch andere geistige oder religiöse Anschauungen duldet. Für dieses Österreich waren über 200 Jahre Reformation umsonst vergangen. Nicht der Galgen, nicht das Rad schüchterten die Menschen ein, sondern nur die Religion, verwies Maria Theresia.

Die Mutter ließ den Sohn beobachten. Wie oft verließ er die Messe! Tat das ein andächtiger Christ? Wie selten ging er zur Beichte! Innerhalb von sechs Wochen einmal. Wenn er das wenigstens regelmäßig täte... Als der dreißigjährige Sohn eines Tages anfing, seine Sünden aufzuzeichnen, wie es die Jesuiten verlangten, da benahm sich die Mutter, als wenn sie das schönste Geschenk ihres Lebens empfangen hätte. In den Andachten zur Osterzeit begrüßte sie seine Anwesenheit. Verlangte sie das alles aus innerster Nötigung oder weil sie vermieden sehen wollte, daß der Ruf des Sohnes litt?

Die Kaiserin benahm sich wie ein schlechter Vormund des Mitregenten. Sie wich Begegnungen aus und verkehrte vor allem schriftlich mit ihm, als wenn sie fürchtete, daß er ihre Gewaltmaßnahmen gegenüber den Protestanten mit noch schärferen Worten tadeln könnte als bisher. Joseph II. antwortete ebenfalls schriftlich.

„Kann man sich etwas Abgeschmackteres denken, als diese Befehle enthalten?" fragte Joseph sehr ernst seine Mutter. Wer immer diese Verfügungen gegen die Protestanten ersann, war für den Kaiser der unwürdigste Diener Ihrer Majestät, er verachtete ihn. Der Sohn konnte seine Mutter nur auffordern, das Edikt gegen die böhmischen Protestanten rasch zu widerrufen. Seit der ersten Verfolgungszeit zu Beginn des Lutheranismus hatte man nicht mehr dergleichen von höchster Stelle angeordnet. Sollte jedoch Maria Theresia die erlassenen Befehle nicht aufheben, dann müsse sich der Kaiser „lossagen von allen Geschäften und der ganzen Welt kundgeben, daß ich in nichts und für nichts mich an ihnen beteilige". Ein aufsehenerregender Entschluß, da es bereits das zweite Rücktrittsgesuch während seiner Mitregentschaft war.

Die Kaiserin erschrak, daß der Sohn bei derartigem Widerspruch oder bei anderen geringen Meinungsverschiedenheiten den ihr verhaßten Vorschlag zur Aufkündigung der Mitregentschaft machte. „Du bist ein wenig zu rasch in Deinen Gedanken", urteilte sie. „Wer befiehlt, muß reiflicher nachdenken."

So stand Joseph nichts anderes mehr zu, als zu schweigen. Die von ihm vorgeschlagene Entfernung von seinen Pflichten war kein Vorwand, kein Strohfeuer, keine exaltierte Drohung. Er nannte es den teuersten, ja den einzigen seiner Wünsche, denn so konnte es nicht weitergehen. Das Schreiben darüber fand Maria Theresia nicht tröstlich und erwiderte: „Es ist grausam, sich zu lieben und sich gegenseitig zu quälen, ohne Gutes damit zu tun."

Dann ein plötzlicher Umschwung, wesentlich beeinflußt durch Kanzler Kaunitz und natürlich durch den Kaiser. In einem Handbillett Maria Theresias hieß es: Die Erkenntnis des wahren Glaubens sei eine Gabe Gottes und die ursprüngliche Wirkung einer göttlichen Erleuchtung. Diese Erkenntnis könnte nur durch geistliche Überzeugungsgründe gefördert, keinesfalls durch äußerliche Gewalt erzwungen werden. Unterschieden wurde zwischen Irrgläubigen, die sich ruhig verhielten und für sich in ihren Häusern Gottesdienst abhielten, und öffentlichen Ruhestörern, die die Katholiken verlästerten. Kein Zwang mehr gegen die Protestanten! In den nächsten Jahren, besonders 1778 und 1779, beruhigte sich allmählich die religiöse Situation in Mähren. Kaiser Joseph sah sich bestätigt.

„Zwetschgenrummel" 1778/79

Fünfzehn Jahre nach dem Dritten Schlesischen Krieg drohte erneut eine Auseinandersetzung mit Waffen! Die alte Gegnerschaft zwischen Österreich und Preußen konnte sich neu entfachen. Es ging um die Erbfolge in Bayern, die jahrelang vorher von Joseph II. und dem nächstberechtigten Erben vorbereitet worden war. Der Kaiser war sogar inkognito in München gewesen, um eine Konvention vorzubereiten, die nun beim Erbfall in Kraft treten sollte: Bayern – seit Maria Theresias Regierungsantritt im Mittelpunkt ihrer Außenpolitik – sollte als Gebiets- und Machtzuwachs an Habsburg fallen. Friedrich II. freilich würde dem nicht untätig zusehen, das war von vornherein klar.

Österreichische Truppen rückten in Niederbayern ein, – es war wie beim Preußenkönig, den ja der Kaiser nachahmte, auch wenn er jetzt von ihm als „grausamem Feind", als „unmenschlichem Wesen" sprach, dem man nicht trauen könne.

„Was für ein häßliches Handwerk ist der Krieg, gegen jede Menschlichkeit und gegen jedes Glück!" Die einundsechzigjährige Maria Theresia befürchtete neue Erschütterungen für die Monarchie. Die Frau auf dem Thron sah wiederum klarer als der Kaiser und der Kanzler. Die österreichische Armee war um mindestens 30 000 bis 40 000 Mann den Preußen unterlegen. Allein Sachsen, diesmal auf Friedrichs II. Seite, sollte 20 000 Mann stellen. Die Österreicher mußten doppelt so weit laufen. Friedrich II. besaß Festungen, Österreich keine einzige. Man hatte ausgedehnte Länder zu schützen, mußte sie aber alle von Truppen räumen. Fünf Länder waren gleichsam preiszugeben, um den Besitz in Bayern zu sichern. Ungarn blieb vollständig ohne Schutz, Galizien, kaum erworben, lag offen. Dort blieben 7 Bataillone alter Invaliden zurück, kaum 200 Pferde. Wo konnte man Geldmittel auftreiben, um diesen scheußlichen Krieg zu führen?

„Woher soll aus unseren eigenen Ländern das Vertrauen kommen", so fragte Maria Theresia ihren Sohn, „wenn sie sehen, daß sie zwar in Friedenszeiten für ihre Verteidigung mit hohen Steuern belastet, aber bei der ersten Gefahr eines Krieges aufgegeben werden?" Sollte sich ein Krieg um Bayern entfesseln, dann sah sie nur „unseren völligen Ruin". Die Kaiserin war für Verhandlungen, nicht für den Einsatz von Waffen oder den der Gewalt und nannte den Kampf um Bayern ein „absurdes Projekt". Nach einem solchen ersten Schritt sah sie die ganze Welt wider Österreich. Waren ähnliche Unternehmungen gelungen? Sie fragte sich, die Staatsführung und alle, die die Politik Habsburgs bestimmten, und stellte fest: „Niemals sah ich ähnliche Unternehmen gelingen, außer der gegen mich im Jahre 1741, als ich Schlesien verlor. Der Einbruch in Sachsen, der in Portugal, unserer im Jahre 1756 – keiner gelang. Alle haben diejenigen zugrunde gerichtet, die sie unternahmen."

Trotzdem: Der Krieg zwischen Wien und Berlin begann um Bayern, dessen Übereignung an Habsburg Friedrich II. nicht wünschte, zumal dies nicht nur einen Machtzuwachs, sondern auch die Aufhebung eines Reichslandes bedeutete. Es kam zu keiner Aussprache, trotz der zweimaligen

Begegnung. Kaiser Joseph redete so wenig mit dem König von Preußen wie seine Mutter zu Anfang der Schlesischen Kriege. In den ersten Juliwochen 1778 wurden die diplomatischen Beziehungen abgebrochen.

Wollte sich der Kaiser als Oberbefehlshaber des Heeres die ersten Sporen verdienen? Er war kein Kriegstreiber, nicht mal ein soldatisches Temperament, auch keine militärische Begabung für Feldzüge. Auf ihm lastete eine Entscheidung, der er fast unterlag, wie er gestand. Trotzdem marschierte man auf. Sollte wirklich der Krieg ausbrechen, dann „zählt in nichts mehr auf mich", teilte Maria Theresia dem Kaiser und dem Kanzler mit. Sie wollte sich nach Tirol zurückziehen und dort ihre Tage „in größter Einsamkeit" verbringen.

Als der Kaiser sich zur Grenze begab und an einem Ausbruch des Krieges nicht mehr zu zweifeln war, äußerte Maria Theresia kein kritisches Wort mehr. Nur die Mutter sprach aus ihr, wenn sie ihn ermahnte, sich nicht zu sehr zu exponieren und mit seinen Kräften hauszuhalten. Die Militärmaschinerie war angelaufen und mächtiger als letzte Einsichten zur Verhinderung des Krieges. Wußte sie denn keinen Weg mehr? „... was mich betrifft, bin ich mit meinem Latein am Ende."

Friedrich II. fiel mit 160 000 Mann in Böhmen ein. Vergessen Josephs II. Bemühen, sich mit dem Preußenkönig anzufreunden. Alle Höflichkeit, alle Verbindlichkeiten und Erklärungen aus den zwei persönlichen Begegnungen lösten sich in Opfern an Menschen, Pferden und Geld auf. Es wurde ein kurzer, kleiner Krieg mit militärischen Plänkeleien, Erkundungen, vielen Märschen, so daß ihn Friedrich einen „albernen Krieg", seine Preußen „Kartoffelkrieg" nannten, die Österreicher „Zwetschgenrummel". Der gefürchtete Preußenkönig zögerte, zeigte hinhaltenden Widerstand, griff nicht zu, zog sich zurück und tarnte Umgehungsmanöver. Joseph II. berichtete seiner Mutter: „Wie die Tartaren haben die Preußen gehaust." Sie beschwor daraufhin ihren Sohn, Plünderungen seiner Truppen strengstens zu verbieten.

Plötzlich ein förmliches Ultimatum an den Staatskanzler: Maria Theresia war entschlossen, etwas Unmögliches zu versuchen, und forderte dafür Mittel und Ideen, wie der Krieg sogleich und ohne Aufschub beendet werden könnte.

Die alte Kaiserin überspielt ihren Sohn

In der Frühe des 16. Juli 1779 mußte der König von Preußen in seinem Hauptquartier in Welsdorf zeitig geweckt werden. Draußen verlangte der österreichische Gesandte Freiherr von Thugutt mit geheimer Botschaft nach einer sofortigen Audienz. Er brachte ein Handschreiben der Kaiserin Maria Theresia, das der „barbarische Feind" Friedrich II. sichtlich erfreut las, auch wenn es darin hieß, sie täte „diesen Schritt, ohne meinen Sohn, den Kaiser, davon in Kenntnis zu setzen". Deshalb bat Maria Theresia darum, „gegen alle Welt dieses Geheimnis zu wahren".

Der Text enthielt Vorschläge für den Frieden. Warum waren sie nicht schon vor Monaten übermittelt worden? Mußte man erst das Äußerste wagen? Gewiß teilte der Preußenkönig die Besorgnisse der Kaiserin, daß in jedem Augenblick die beiden Heere zusammenstoßen konnten. Aber welche Voraussetzung für einen Friedensschluß wünschte die Kaiserin zu schaffen?

Am Nachmittag sah der Sonderbeauftragte den König zum zweiten Mal. Friedrich verlor die anfangs konventionelle Freundlichkeit und besprach die Situation nun auf seine Weise. Maria Theresias Sorge für das Beste der Menschheit beeindruckte ihn nicht mehr, er bewies ganz einfach seine günstigere militärische Situation. Zu den Punkten der Kaiserin brachte er eigene vor, in Form von Fragen an die Kaiserin, zunächst an den österreichischen Beauftragten:

Wird die Kaiserin nicht ihre Rechte auf einige Lehen in Sachsen aufgeben, auf welche sie die Souveränität als Königin von Böhmen in Anspruch nimmt? Könnte man nicht den Herzog von Mecklenburg mit irgendeinem kleinen Reichslehen abfinden? Wird man sich über die Regelung der Erbfolge in Ansbach und Bayreuth nach Maßgabe der Vertragsbestimmungen vereinigen und zugeben, daß der Kurfürst von Sachsen sich eventuell in den beiden Markgrafschaften, der König von Preußen aber in der Lausitz huldigen lasse? Wird man die Blockade der Stadt Regensburg aufgeben, wo der Reichstag versammelt ist?

Das waren für Friedrich II. ungefähr die Punkte, über die man sich verständigen mußte, um die Präliminarien unterzeichnen zu können.

Kein Waffenstillstand wurde verabredet. Man kam sich nicht näher. Friedrich schien militärisch gewinnen zu wollen. Wenigstens eine Geste des Königs nahm der Österreicher mit: Friedrich II. versprach Maria Theresia, das Leben ihres Sohnes im österreichischen Feldlager zu schonen. Mitten im Krieg und während der offiziellen diplomatischen Verhandlungen eine fast private, menschliche Zusicherung, die die Schonung der Führung, nicht der Soldaten betraf!

Soll Kaiser Joseph II. alles im Stich lassen?

Nach einem Wutanfall drückte Kaiser Joseph seine Ansicht über die ganze Sache mit dem gezähmten Wort „erstaunlich" aus, als er am Tage der Rückkehr des Sonderbeauftragten davon erfuhr. Den Friedensbrief seiner Mutter hinter seinem Rücken nannte er eine unglaubliche Handlung. Was sollte er noch sagen? Die Kaiserin hatte ihm geschrieben, daß sie alle Hemmnisse und Beschwernisse bei der Absendung des Briefes nur deshalb überwunden habe, weil es um ihn, den Sohn und Kaiser, ging „und daher um alles, was mir wert ist. Mein graues Haupt kann auch das Ärgste ertragen, und allen Tadel soll man auf mich wälzen."

Für Joseph II. war das Übel unheilbar. Der Kaiser konnte an nichts anderes mehr denken, „als die Trümmer des Staates und meine eigenen zu retten". Sollte er alles im Stich lassen und nach Italien gehen?

Thugutt berichtete Maria Theresia von seinem Eindruck, daß dem preußischen König die Beendigung des kaum erst begonnenen Krieges willkommen wäre. Nicht zu vergessen das Alter des Königs, die Verfassung und Verpflegung seines Heeres, wo nach seiner Ansicht Subsistenzmittel fehlten und täglich Desertionen stattfanden. Krankheit und Hunger stifteten Unruhe. Dies hätten Gespräche mit preußischen Offizieren bestätigt. Doch der Botschafter erkannte auch sehr große Hindernisse für einen Friedensschluß, die im Starrsinn und im Mißtrauen des Königs begründet lagen.

Die Preußen kamen gefährlich nahe

In diese Berichterstattung platzten ungünstige Nachrichten aus Böhmen. Ein preußisches Korps bedrohte Prag. Als die österreichische Artillerie abzog, flüchtete die Bevölkerung nach, da sie sich schutzlos preisgegeben sah. Während des ganzen Siebenjährigen Krieges war die Donaumonarchie nicht Schlachtfeld gewesen, und jetzt näherte sich der Feind so gefährlich. Maria Theresia befahl: Niemand von der Einwohnerschaft darf Prag verlassen. „Wenn wir Böhmen verlieren", gab sie dem Kaiser zu verstehen, „dann werden unsere Hilfsquellen an Menschen und an Geld gar sehr verringert, für den Feind aber vermehrt, denn das Land ist an beidem reich."

Und wo blieb die Aktivität des Sohnes mit seinen vier Marschällen? Der Kaiser beschwerte sich über sie, auch über mangelnde Disziplin im Heer. Er verlangte im nächsten Augenblick neue Aushebungen von Rekruten, weil der Gegner überall stärker war. Zweifellos führte Österreich einen „verderblichen, höchst gefährlichen Krieg". Es war für den „Menschen und Staatsbürger Joseph schrecklich mitanzusehen, was die Leute seit acht Tagen erdulden mußten und was sie noch zu erdulden haben werden".

Neuer Vorstoß der Kaiserin-Mutter

Die Kaiserin-Mutter ließ sich vom Staatskanzler einen neuen Brief an Friedrich II. entwerfen, arbeitete ihn völlig um und schickte ihn diesmal dem Sohn zur Kenntnis, mit dem Anerbieten, er solle ihn abschicken oder noch zurückhalten. Joseph sandte ihn der Kaiserin zurück. „Aber Du denkst als Staatsmann", unterschied sie, „und ich als Mutter und als Frau." Sie wollte und mußte diesen ihren letzten Krieg zu Ende bringen. Doch da drohten plötzlich die Russen mit einer bewaffneten Vermittlung für Preußen gegen Österreich, – Frankreich konnte nicht einmal genötigt werden, wenigstens symbolisch einzugreifen.

Unterdessen zogen sich die preußischen Truppen nach Trautenau zurück, dann weiter nach Schatzlar, dicht an der schlesischen Grenze. Was war mit dem siebenundsechzig Jahre alten König? 7000 Deserteure und beinahe die Hälfte aller Pferde in fünf Wochen verloren! Sein Bruder Heinrich war ebenfalls durch den Verlust von 3000 Pferden in seinen Aktionen völlig geschwächt. Ein panikartiges Absetzen der Preußen vom Gegner begann. Leere Straßen, leere Dörfer, zahllose Tierkadaver, Gestank wie von Abdeckereien, zertrümmerte Wagen, unbrauchbare Kanonen, weggeworfene Gewehre. Kein Mensch zu sehen. Sibirien nannte es der König und atmete auf, als er nach Schlesien zurückkam. Im Hause eines Kaufmanns nahm er Quartier und glaubte sich im Palast eines Großmoguls, wenn er es mit den Hütten von Böhmisch-Lauterwasser verglich.

Maria Theresias Friede von Teschen

„Gott seye gedankt, vom Herzen placet, und erkenne mehr als nie, daß ihme disglickliche ende allein zu danken", schrieb Maria Theresia an Kaunitz, als ausgerechnet an ihrem zweiundsechzigsten Geburtstag, am 13. Mai 1779, der Friede in der kleinen Stadt Teschen unterzeichnet worden war. Vermittelt hatten Frankreich und Rußland, sie garantierten die Vereinbarung. Aber dieser Friede war Maria Theresias Werk.

Nach diesem überflüssigen Krieg, einer bewaffneten Verhandlung, wie man ihn genannt hat, der trotz Waffenstillstand Österreich Tag für Tag 15 000 Gulden kostete, verzichtete die Kaiserin auf Bayern und erhielt einen Trostpreis in Gestalt des Innviertels mit Ried, Braunau und Schärding, ein Gebiet von 40 Quadratmeilen, mit etwa 60000 Einwohnern. Das war von Josephs II. stolzem Bayernplan übriggeblieben. Als er den Streifen Land besichtigte, da klagte er: „Wenn man daran denkt, was uns hätte gelingen können, dann ist die Sache freilich nur gering."

Wenn je die Schwerter Österreichs und Preußens nochmals aufeinander schlügen, dann würden sie nicht eher wieder in die Scheide fahren, als bis die Entscheidung offenbar, vollkommen und unwiderruflich gefallen sei ... So hielt Staatskanzler Kaunitz seinen Epilog über den Bayerischen Erbfolgekrieg. Kaiser Joseph äußerte, er werde weder Bayern noch Schlesien vergessen ... Friedrich II. dagegen warf seiner Generalität vor, daß die sächsische Armee es an Nerv und Tatkraft habe fehlen lassen; denn sie versäumte eine ganz einzige Gelegenheit. Ein Marsch über die Isar hätte genügt, um den Kaiser zum Abzug zu zwingen. Der Verlust von halb Böhmen wäre der Preis gewesen. Der eigentliche Preis bestand für Preußen in der Anerkennung seiner Ansprüche auf Ansbach und Bayreuth durch Österreich. Tatsache blieb: Bayern war durch Preußen gerettet worden.

Nach dem letzten Krieg nun der letzte Friede für Maria Theresia in doppelter Gestalt. Auf den Knien dankte sie bei dem Tedeum im Stephansdom für die Ruhe in ihren Landen und auch in Europa. Sie feierte diesen Tag als das gloriose Ende ihrer Karriere.

Über ein Jahr später kehrte sie in den letzten Frieden ein. Joseph, schwer erschüttert, hörte nach fünfzehnjähriger Mitregentschaft auf, Sohn zu sein. Bei der Nachricht von ihrem Tode rief der König von Preußen aus: „Maria Theresia ist nicht mehr – eine neue Ordnung der Dinge beginnt."

Die deutsche Sprache wird Amtssprache der Habsburgischen Monarchie

Aus dem „fünften Rad des Wagens", wie sich Joseph II. im Schatten Maria Theresias und ihrer „Weiberrepublik" gesehen hatte, wurde er zum „sozialen Kaiser" der Hauptstadt Deutschlands. Durch ihn ist Wien eine deutsche Stadt geworden. Für sein Reich wie für das deutsche Reich ordnete dieser Kaiser an: „Die deutsche Sprache ist die Amtssprache." Nicht leicht in diesen vielsprachigen Ländern mit Ungarn, Tschechen, Kroaten, Wallachen, wo bisher das Lateinische die Verwaltungssprache gewesen war. Daß der Kaiser das Theater nächst der Burg zum „Hof- und Nationaltheater" erhob, beeindruckte die Öffentlichkeit so stark, daß man ihn als Stifter eines goldenen Zeitalters pries. Klopstock und Herder jubelten dem Regenten an der Donau zu, „daß Deutschlands Söhne sich wie Brüder lieben, und deutsche Sitt' und Wissenschaft".

Lessing Burgtheaterdirektor?

Vor dem Kaiser hatte bereits Maria Theresia den Dramatiker, Dramaturgen und Kritiker Lessing in Audienz empfangen. Noch niemals war ein deutscher Gelehrter mit solcher Auszeichnung aufgenommen worden, „von unserm Souverän bis auf das allgemeine Publikum herab", beobachtete Staatsrat von Gebler. Die Kaiserin wollte von dem Besucher aus Sachsen wissen, was er über die wissenschaftliche und musische Bildung in Wien und Österreich denke. Wie gefiel ihm überhaupt die Residenz an der Donau? Sie sprach sehr vorsichtig mit dem sechsundvierzigjährigen Lessing. Sie wußte wohl, daß es „mit dem guten Geschmack nicht recht vorwärts will".

Für Lessing mochte Wien sein, wie es wollte. Hier versprach er sich für die deutsche Literatur „doch immer mehr Glück als in einem französierten Berlin". In der ganzen Stadt erscholl: „Vivat Lessing!"

Nun saß Lessing dem „großen Mann der aufgeklärten Zeit", wie er Joseph II. titulierte, gegenüber. Überall war der kaiserliche Entschluß bekannt, „die besten Köpfe aus Deutschland hierherzuziehen". Noch ein anderer Ausspruch war dem Besucher zu Ohren gekommen: Lessing könnte dem Theater „besonders nützlich werden".

Dieser Monarch, schon als Nebenregent mit der Herausgabe eines Dekrets über die Pressefreiheit beschäftigt, wollte den Dichter persönlich kennenlernen und seine Stücke spielen lassen. „Minna von Barnhelm", das mutigste, treffendste und heiterste Versöhnungslustspiel zwischen Sachsen und Preußen, hatte in Berlin unter ernsten Zensurschwierigkeiten gelitten und wurde zuerst auf französisch gespielt. Und in Wien? Natürlich auf deutsch. Der Kaiser erschrak fast vor dieser Frage des Besuchers. Während seine Mutter ihren Untertanen anbefohlen hatte, nur philosophische und fromme Bücher zu lesen, die von der Geistlichkeit mit dem Siegel der Unbedenklichkeit versehen worden waren, lehnte es Joseph II. ab, „in den Taschen und Truhen der Leute nach verbotener

Lektüre zu fahnden". So entzog der Kaiser den kirchlichen Amtsstellen die Zensur.

Wollte Lessing der erste künstlerische Leiter des Wiener Burgtheaters werden? Zu diesem eigentlichen Zweck hatte ihn der „junge Hof" sprechen wollen. Der ehemalige Dramaturg des Hamburger Schauspielhauses als Direktor einer Staatsbühne? Welche Aussichten! Lessing war begeistert.

Der Besucher verstand jetzt Klopstocks Huldigungsruf, der Joseph II. als „Karl den Großen der Wissenschaft" ansprach. Als sozialer Kaiser baute er vor allem neue Schulen, neue Kirchen, besonders Krankenhäuser, an der Spitze das Allgemeine Krankenhaus in Wien mit seiner berühmten Medizinischen Wiener Schule, der Gottfried van Swieten, Leibarzt Maria Theresias, Leopold Auenbrugger, Erfinder der Perkussionsmethode, der Kliniker Johann Peter Frank als hervorragender Neuordner der öffentlichen Gesundsheitspflege angehörten. Joseph baute Waisen-, Armen-, Arbeitshäuser und Obdachlosenheime, – mehr als jemals Maria Theresia in ihrer fraulichen Barmherzigkeit verwirklicht hatte.

Nach den Staats- und Sozialreformen für das ganze Land nun die Reform des Theaters in der Hauptstadt. Bei der Wahl der Stücke wurde empfohlen, auf die Güte, nicht auf die Menge zu achten. Gemäß der kaiserlichen Botschaft für das „teutsche Nationaltheater" sollten von „nun an nichts als gute, regelmäßige, originale und wohlgeratene Übersetzungen aus anderen Sprachen darin aufgeführt werden".

Den bekannten Autor Lessing kennenzulernen, war Joseph neugierig gewesen. Auf literarischem wie auf militärischem Gebiet erschien er jedoch unentschlossen und daher leicht zu beeinflussen, seine Personalpolitik anders als vorgenommen zu vertreten. Es mangelte ihm an Menschenkenntnis. Als er sich mit dem Schriftsteller, Kritiker und ehemaligen Theaterzensor, Professor und Wirklichen Hofrat Joseph von Sonnenfels über Lessings Berufung zum Künstlerischen Leiter des Burgtheaters besprach, ahnte er nicht, daß dieser Wiener Theaterpapst hier um seine eigene Stellung bangte. Sonnenfels war eine recht wirksame Lokalgröße, die jahrelang gegen den Spielplan der Wiener Bühnen mit ihren Hanswurstiaden gekämpft hatte. Nun sollte Lessing den Primat über das Theater erhalten, – ein Protestant im katholischen Österreich, ein Norddeutscher mitten unter den Süddeutschen, ein Dramatiker und Bühnenpraktiker auf eigenen Füßen, niemandem anderen verantwortlich als dem Monarchen? Mit seinen Argumenten irritierte Sonnenfels den Kaiser. Lessings Chance in Wien wurde zur Enttäuschung. Trotzdem änderte die Absage nichts an seiner Verehrung für den Kaiser.

„Auf die Länge wirst Du es nicht aushalten können"

Als Dreißigjähriger war Joseph II. der sechsundzwanzigjährigen verheirateten Prinzessin Eleonore von Liechtenstein begegnet, der er seine Leidenschaft bekannte. Sie blieb ohne Erwiderung. Der Kaiser werde niemals glücklich sein und werde nie jemanden glücklich machen, faßte Eleonore von Liechtenstein die Episode zusammen. Sein kühles Herz ließ sich kaum erwärmen. Wie ein Hagestolz konnte er gehemmt und ungeschickt erscheinen. Er war befriedigt, einige junge Hofdamen zum Lachen gebracht zu haben. Der stattliche Vierzigjährige stand im Ruf, ein Fürst zu sein, der weder eine Frau noch ein Kind, noch eine Mätresse, noch einen Günstling habe.

Lag es an seinem geheimnisvollen Wesen? fragte man sich in Hofkreisen, oder war es kaiserliche Art, auf Distanz zu halten und reserviert zu bleiben, das Mißtrauen nicht loszuwerden? In Oper oder Schauspiel gab er weder Beifall noch Mißfallen kund. Diese gewisse Strenge paßte nicht zum Wiener Volk der Tänze, Maskenbälle und Belustigungen. Da der Kaiser so ernst sei, wage niemand zu zeigen, daß ihm Zeit bleibe, sich zu amüsieren, beobachtete der preußische Gesandte.

Joseph II. suchte weder vertrauenswürdige Mitarbeiter, noch fand er Freunde. Kaunitz blieb unentbehrlich, sonst fehlte es an Köpfen. Mit einem Kammerlakai plauderte er über Klatsch und Neuigkeiten. Er wurde hastig und ungeduldig, aus der Sorge, während seiner Regierungszeit nicht alles zu schaffen, was er für nötig hielt. Sein Programm terrorisierte ihn, und er terrorisierte die Menschen, sein Land, die Völker, wenn sie seine Ideen nicht schnell genug aufnahmen und verstanden. Ein Monarch, der das Beste wollte und häufig in Gefahr kam, den zweiten Schritt vor dem ersten zu tun, kritisierte Friedrich II.

Lag es an seinem Pflichtpensum, das er schon zu Lebzeiten seiner Mutter so gründlich und ausführlich nahm, daß sie ihn besorgt darauf aufmerksam machte: „Auf die Länge wirst Du es nicht aushalten können." Das Herz schien angegriffen, ein Brustleiden machte sich bemerkbar. Er magerte sichtlich ab, er verlor die Haare. Es machte ihm Mühe, sich auf dem Pferd zu halten, er wurde kurzatmig. Er sprach wenig. Ein heftiger, trockner Husten plagte ihn. Alles Vorboten einer Lungenkrankheit, gegen die er acht Monate lang Medikamente einnahm, ohne daß sie halfen. Am Wiener Hof tuschelte man, daß das Blut des Kaisers durch eine nicht genügend ausgeheilte Geschlechtskrankheit verdorben sei.

Welches ist der josephinische Reformstil?

Den Regierungsstil dieses kaiserlichen Sohnes der Aufklärung hat man den „josephinischen Stil" genannt. Dieser bestand schon zu Maria Theresias Zeit in einer aufgeklärten konstitutionellen Monarchie.

Auf den verschiedensten Gebieten brachte Joseph II. seinen Untertanen wirkliche Freiheiten. So durch die Einführung der Rechtsgleichheit und Gleichheit im Personenrecht, durch das Toleranzedikt mit der Gleichberechtigung der Konfessionen, wobei allerdings die Sekten ausgeschlossen blieben, durch das Zensuredikt mit der Entfesselung des Geistes von staatlicher oder klerikaler Bevormundung, das Novalis als dichterischer Botschafter eines erneuerten Katholizismus begrüßte: „Ja, Du Kaiser, gründetest sie, des Denkens Freiheit!" Ferner beseitigte Joseph II. die Adelsprivilegien und hob die Standesschulen auf. Er führte die Zivilehe ein, hob die Folter und die Todesstrafe auf. Alles gesetzliche Regelungen, die Hauptbestandteile der Französischen Revolution von 1789 sein sollten. Hier spürte ein Monarch, was in der Luft lag. Er trug dazu bei, daß in Österreich das Volk in den Genuß von Freiheiten kam, wie nie zuvor in seiner Geschichte. Diese Freiheiten auch im Deutschen Reich durchzusetzen, dazu reichte die kaiserliche Macht freilich schon lange nicht mehr.

Eine seiner ersten Regierungshandlungen war die Aufhebung der Leibeigenschaft der Bauern, 1781 für Böhmen und Mähren, 1782 für die deutschen Erblande. Eine Tat, die Joseph II. in die erste Reihe der Reformer der Weltgeschichte stellt und ihm den Ehrentitel „Bauernkaiser" einbrachte. Erst 25 Jahre später folgte durch das Freiherr-vom-Steinsche Edikt die vollständige Bauernbefreiung für zwei Drittel aller Bewohner in Preußen, dann, 35 Jahre nach Joseph II., in Württemberg und Bayern.

Protest gegen die kirchlichen Reformen
Josephs II.

Als „Oberste Schutzfrau der Kirche" hatte Maria Theresia ihrem Sohn zugerufen: „Beim besten Willen – wir verstehen uns nicht." Es war in den ersten Zeiten, als ihr Sohn die Glaubensfreiheit postulierte. Er entschloß sich, die wahre Religion von dem Aberglauben und den Mißbräuchen zu reinigen. Als aufgeklärter Katholik verlangte er Priester, die über Evangelium und Moral predigen sollten, und keine Mönche, die Heiligengeschichten erzählten. Bessere Bildung erhielten die Kleriker. Visitationen in den Häusern, Ausfragen der Kinder und Dienstboten durch Missionsprediger waren verboten. Abschaffung der von Rom privilegierten Altäre! Die kirchlichen Feiertage wurden vermindert, Prozessionen und Wallfahrten ebenfalls eingeschränkt oder untersagt, „Andachtsordnungen" erlassen und der „kirchliche Flitterstaat" abgeschafft.

Joseph II. verteidigte das seit Karl dem Großen gültige, so oft in der Kaisergeschichte willkürlich eingeschränkte Recht des Landesfürsten, den Staat vom Einfluß geistlicher Würdenträger freizuhalten. Die Macht des Kaisers „umfasse alles, was in der Kirche nicht von göttlicher, sondern von menschlicher Einrichtung ist". So richteten sich Josephs Maßnahmen nicht gegen den Glauben, sondern gegen die Kirche. Staatskanzler Kaunitz erklärte dem päpstlichen Nuntius: „Seine Majestät werde niemals fremde Einmischungen in Angelegenheiten dulden, die in den Bereich der weltlichen Macht gehören."

Der „Zorn Gottes" gegen die Auflösung der Orden

Gegen den kaiserlichen Erlaß, die Orden der Karthäuser, Kamaldulenser, Eremiten, Barmherzigen Brüder, Piaristen und der Karmeliterinnen, Klarissinnen, Kapuzinerinnen aufzulösen, weil „die Betteleien der Mönche ... eine Schande sowohl für die Religion als für die Mönche selbst und eine große Last für die Bauernschaft" waren, protestierte der Wiener Kardinalerzbischof Graf Migazzi. Er drohte Joseph mit dem „Zorn Gottes" und mit „fürchterlichen Strafen". Er vergaß, daß der Papst selbst den Jesuitenorden aufgehoben hatte. Der Besitz der Kirche und der Klöster, durch Kommissionen untersucht, bestand in Österreich aus drei Achtel des gesamten Bodens, in Böhmen aus einem Siebentel und in Ungarn aus mehr als einem Viertel des Bodens. Man zählte 1781 in Österreich 2163 Klöster. Nur wenige Erzbischöfe, wie der von Salzburg, nur wenige Bischöfe, wie die von Laibach und Gurk, erklärten sich einverstanden. Seinen Anhängern setzte Joseph auseinander: „Wenn ich den Schleier vom Mönchstum weggerissen habe, wenn ich den Spinnweb der asketischen Doktrin beseitigen kann, wenn ich die Mönche in nützliche Bürger verwandelt habe, dann werden vielleicht einige Parteizeloten anders über meine Reformen urteilen."

Durch Pensionen von 150 bis 300 Gulden für die Mönche, durch Freifahrt, wenn sie ausländischen Klöstern beizutreten wünschten, und einmalige Abfindungen von 150 Gulden wurde die aufsehenerregende Neuordnung unter den Beteiligten staatlich abgegolten.

Die Schließung von vierhundert Klöstern – nach einer anderen Quelle siebenhundert Klöster – und die Beschlagnahme ihres Besitzes brachte allein dem Erzherzogtum Österreich eine Einnahme von 12½ Millionen Gulden. Dieser Betrag war in dem Staatshaushalt von 92 Millionen enthalten, der unter der haushälterischen Regierung des Kaisers von anfänglich 57 Millionen stetig angestiegen war.

Papst-Reise nach Wien

Ein ungewöhnliches Ereignis: Der fünfundsechzigjährige Pius VI. verließ den Vatikan und Rom, verließ Italien. Im März 1782 reiste der Papst in die österreichische Hauptstadt, er wollte die Beziehungen zwischen dem Vatikan und Wien verbessern. Die Römer spotteten: Pius VI. halte den Kaiser wohl für ein Mädchen, das man verliebt machen könnte.

Bis zum letzten Augenblick versuchte Kaiser Joseph II., den Papst von seiner Reise abzubringen. Zum spanischen Gesandten äußerte er seine grundsätzliche Meinung: „Ich will meine Untertanen lehren, daß sie katholisch sein können, ohne römisch zu sein."

Erste Unterredung in der Hofburg zwischen Kaiser und Papst in der Frühe des 23. März. Sie dauerte zwei Stunden. Mittelpunkt des Gesprächs war das Toleranzedikt, das den Protestanten seit 1781 in den Ländern der österreichischen Monarchie Religionsfreiheit gewährte. Am folgenden Tag besuchte der Kaiser den Papst, der die ehemaligen Gemächer Maria Theresias in der Hofburg bewohnte. Wiederum eine zweistündige Unterredung unter vier Augen.

Ob es die Auffahrt zur Messe in der Kapuzinerkirche am Tage Mariä Verkündigung, ein kaiserlicher Abendempfang oder am Ostersonntag das Hochamt im Stephansdom waren, stets bemühten sich der kaiserliche Gastgeber und sein päpstlicher Besucher, ihr freundschaftliches Verhältnis nach außen zu betonen.

Bei der Erteilung des Ablasses trug Pius VI. weiße Pontifikalgewänder und die dreifach gekrönte Tiara. Ihn begleiteten zwei Kardinäle, jeder mit einer brennenden Kerze. Unter dem goldgestickten Baldachin sang der Papst mit weithallender Stimme die Absolution, die vom Hofchor beantwortet wurde. Pius erhob sich und breitete seine Arme aus, um mit himmelwärts gerichteten, weitgeöffneten Augen Gottes Segen herabzuflehen. Da dem Ablaß bis zum 7. April stattgegeben wurde, strömte die Bevölkerung Österreichs nach Wien. Endlich wieder Wallfahrt, Prozessionen, Segensspenden, was unter Joseph eingeschränkt oder verboten worden war.

Der Kaiser saß mit einer Binde über den heftig entzündeten Augen und durfte auf Anraten seiner Ärzte die Gemächer nicht verlassen. So ließ er sich von seinen Ministern Vortrag halten. Sie wiederholten mit ihm jene Fragen, die schon bei einer ziemlich lebhaften Aussprache zwischen Kaiser und Papst angeschnitten worden waren. Josephs II. Traum: eine Kirche nach anglikanischer oder gallikanischer Art. Die Folge: In seinen Ländern sollten die Geistlichen Staatsbeamte sein. Die Praxis: Obwohl er gut katholisch war, kränkte er die Gläubigen, die Priester wie das Volk.

Nachdem sich das Augenleiden Josephs II. etwas gebessert hatte, konnten die Verhandlungen am 7. April fortgesetzt werden. Folgende Hauptpunkte brachte die päpstliche Seite zur Sprache: das Toleranzedikt, die Zensur, den bischöflichen Eid, Ehedispens und Kosten, Besitzrecht der Orden, Ordensgeistlichkeit, Vergebung der Benefizien im Lombardischen ... Schwierige Fragen, die Joseph bei seinen kirchenfeindlichen Schritten verlangsamen, zum Einhalten bringen oder sogar zur Zurücknahme veranlassen sollten.

Wenige Tage später, am 13. April, erfolgte bereits die kaiserliche Antwort, in einigem entgegenkommend, im allgemeinen ablehnend. Joseph forderte: Ende der bischöflichen Zensur, Recht auf Bischofsernennung, Gottesdienst in der Landessprache, kaiserliche Staatsseminare statt bischöflicher Seminare, um die Weltgeistlichen zu „guten Christen und Bürgern", zu „getreuen Dienern der Religion und des Staates" zu erziehen. Über das Schicksal der Ordensgeistlichen in den von Joseph aufgehobenen Klöstern befragt, wies der Kaiser darauf hin, daß er jedem Individuum, das sich weiterhin beschaulicher Regel hinzugeben beabsichtige, „leicht die Erlaubnis zur Auswanderung" geben wolle.

Pius VI. tat den ersten Gegenzug. Er wagte die Bemerkung, Joseph II. sei nicht mehr als „Sohn der Kirche" anzusprechen. Hörte der Gastgeber recht? Der österreichische Kaiser als Ketzer? Ein seltsamer Weg von Karl V. bis zu Joseph II.! Und eine der üblichen Drohungen des Pontifex: „Wenn Sie fortfahren mit den zerstörenden Projekten, so wird die Hand Gottes schwer auf Ihnen lasten. Sie wird unter Ihnen den Abgrund eröffnen. Und Sie werden in der Blüte Ihres Lebens darin versinken." Das wagte der Stellvertreter Christi dem kränkelnden Kaiser ins Gesicht zu sagen.

Am 15. April hieß es, der Papst würde abreisen. Es sei ihm ein Bedürfnis gewesen, den Kaiser auf die schweren Irrtümer seiner Gesetze aufmerksam zu machen. Da es vergeblich erscheine, wolle der Besuch nicht länger stören. Da erschien Joseph II. in den Gemächern des Gastes, versprach ein Einlenken, um Zeit zu gewinnen, vor allem, um die Öffentlichkeit sich beruhigen zu lassen.

Verschleierung des Mißerfolges

Kein Kardinalstaatssekretär befand sich an Pius' Seite. Niemand seiner Begleitung verhandelte in Sondergesprächen, um das gesamte Terrain zu untersuchen. Es war nicht richtig, beim Staatsbesuch den Kaiser wie einen schlechten Schüler im Religionsunterricht zu tadeln. England, Deutschland, auch Frankreich waren der Kirche bereits verloren. Alle katholischen Länder Europas wehrten sich gegen die Vermischung weltlicher und geistlicher Gewalt. Mit den Fürsten wehrten sich die Kardinäle und die Landesbischöfe. Daher die Parole der Lostrennung von Rom.

Am nächsten Tag kündigte Papst Pius VI. seine endgültige Abreise für den 22. April an und übersandte dem Kaiser eine schriftliche Erklärung, in der noch einmal die Themen der gemeinsamen Gespräche aufgeführt wurden. Joseph verwahrte sich gegen jede wie immer geartete Auslegung seiner Gesetze.

Im großen Kaisersaal hielt Papst Pius VI. am 19. April das öffentliche Konsistorium ab. Auf kaiserlichen Wunsch wurden zwei Kardinäle ernannt und eine Rede gehalten. Den Text hatte der Papst vorher dem Monarchen zur Kenntnis gegeben und sogar Änderungswünsche berücksichtigt. Der Kaiser fand seinen Glaubenseifer nicht genügend erwähnt. Aber in ganz Europa wurde der Urtext der päpstlichen Rede verbreitet. Mit einer Geste beabsichtigte der Kaiser, seinen hohen Gast zu ehren. Er übersandte ihm die Ernennung eines päpstlichen Neffen zum Fürsten des Heiligen Römischen Reiches. Der Papst bedauerte, das Diplom nicht annehmen zu können. Er wäre gekommen, um auf gewisse Verletzungen des Kirchenrechtes aufmerksam zu machen, nicht um Standeserhöhungen seiner Familie zu empfangen.

Letzter gemeinsamer Besuch der kaiserlichen Kapelle, letzte Ausfahrt unter Bedeckung durch adlige Garden nach Kloster Mariabrunn. Stilles Gebet und Abschied. Der Papst hob den vor ihm knieenden Kaiser auf, umarmte ihn und erteilte den Segen.

Aus dem Pius-Gefolge kam die erste Nachricht über den Mißerfolg des Wiener Besuches nach Rom. In Venedig lüftete der Papst selber sein geheimnisvolles Schweigen und übertrieb das Resultat der Verhandlungen. Er brauchte den Eindruck eines erträglichen Ergebnisses vor aller Welt, auch vor der Kirche.

Joseph II. – König von Rom?

Joseph II., König von Österreich-Ungarn, Kaiser des Deutschen Reiches – nun König von Rom? War dieser Einfall ein Nachklang des Wiener Papstbesuches? Fühlte sich der Monarch so stark? Die Botschafter Frankreichs und Spaniens staunten, als sie, anläßlich des Gegenbesuches des Regenten in Rom, von diesem vertrauliche Hinweise bekamen. Joseph dachte daran, König von Rom zu werden und den Kirchenstaat aufzulösen, – welch eine ungestüme Idee! Die Kaiser begriff nicht, wie die Römer sich die Priesterherrschaft und die Mißwirtschaft im Kirchenstaat gefallen lassen konnten.

Wie ernst es ihm damit war, geht aus einer Korrespondenz mit seinem Botschafter Josef Kardinal Graf Herzan, einem Kuriendiplomaten und Alleswisser ersten Ranges, ein Jahr später hervor. „Das Kürzeste wäre", schrieb der Kaiser aus Wien nach Rom, „wenn die Römer dem römischen König sich untergeben und Ich nehme auf mich den Papst samt seiner ganzen Klerisei als Pächter der jetzigen Einkünfte." Der Absender kündigte seinem Kardinal eine Vollmacht an. Um die Residenz der österreichischen Botschaft in der Vatikanstadt zu sichern und der politischen Entscheidung des Kaisers den nötigen militärischen Nachdruck zu verleihen, versprach Joseph, „sechs Infanterie- und zwei Kavallerieregimenter zu schicken". Der kaiserliche Gedanke verlor sich jedoch unter dem verdüsterten Himmel neuer Spannungen mit dem alten gefährlichen Mann in Sanssouci.

Letzte Runde zwischen Joseph II. und Friedrich II. – Bayern das zweite Mal durch Preußen gerettet

Zur letzten Runde zwischen Joseph II. und Friedrich II. wurde getrommelt. Schlesien war nicht aus dem Kopf des Kaisers zu bringen, Bayern erst recht nicht. Konnte das Problem umgeschmolzen und damit erträglich werden? Der Kaiser schlug dem Kurfürsten Karl Theodor von Bayern einen Tausch vor: Dieser sollte Teile der österreichischen Niederlande bekommen und auf Bayern endgültig verzichten, das an Österreich fiel. Joseph brauchte Bayern zum Übergewicht gegen seine „fremdstämmigen" Landesteile. Das wäre die beste Kompensation für den Verlust Schlesiens gewesen, sagte sich der Kaiser. Ein Tausch von Land und Volk wie am Ladentisch eines Briefmarkengeschäftes. Keine Abstimmung, keine Frage an die Bevölkerung. Die Fürsten entschieden über alle Köpfe hinweg.

Über den „verteufelten" Joseph und den „verfluchten Wiener Tyrannen" polterte Friedrich II. und baute etwas auf, was ihn für die Abschiedsmomente seiner Herrschaft zum Mittelpunkt des Reiches und Europas erhob. Er drängte aus dem Schatten seiner Alterspolitik und der Isolation heraus. Während ihm früher die deutschen Fürsten wenig bedeutet hatten, umwarb er sie jetzt, indem er ihnen die Gefahr eines das Reich umfassenden, ungemein starken Österreichs vorhielt, falls es auch noch Bayern besaß. Bereits 1780 hatte er gewarnt: „Das Haus Österreich möchte aus den Fürsten des Reiches das machen, was Frankreich aus den Fürsten gemacht hat, die in seinen verschiedenen Provinzen herrschen." Politisches Begehren wie Neid setzte sie alle unter Druck.

Friedrich II. gab März 1785 den Plan einer „reichsverfassungsmäßigen Verbindung der deutschen Reichsfürsten" bekannt. Lebhafte Zustimmung in Kurhessen, Baden, Ansbach, Anhalt, Gotha, Weimar, Braunschweig, Mecklenburg. Sachsen und Hannover zögerten zunächst, schlossen sich aber später an. Die geistlichen Kurfürsten von Mainz und Trier gaben ihre Zurückhaltung ebenfalls auf. Damit vereinigten sich protestantische und katholische Reichsländer zur Abwehr überterritorialer Ansprüche des Kaisers. Drei Monate später vollzog sich die Gründung des Fürstenbundes, obwohl Österreich vielfach versuchte, die Gemüter zu besänftigen.

Die deutschen Fürsten mißachteten das Bemühen Josephs II., das Kaisertum zur gemeinsamen Spitze, zum wirklichen Oberhaupt des deutschen Reiches zu erheben. Es war schon zu spät, weil Gegenkräfte wie Preußen zu groß geworden waren. Die Fürsten wurden mißtrauisch, weil sie erlebten, wie der Kaiser österreichische Besitzungen reichsunmittelbarer Kirchenfürsten nach deren Tode an zuverlässige Bewerber aus dem habsburgischen Kreis vergab. Durch geschicktes Taktieren machte Joseph II. den Reichstag beschlußunfähig. Wollte er ihn auflösen? Es waren nicht nur Gerüchte, die das besagten.

Friedrich II. und seine deutschen Fürsten sprachen vom defensiven Charakter ihres Bündnisses. Einige Mitglieder, wie Karl August von Sachsen-Weimar, benutzten die Gründung zu Reichsreformplänen. Sollte es Joseph wagen, die durch Jahrhunderte entwickelten Rechte der Kurfürsten und Fürsten einzuschränken, so dachte man an „militärische Aktionen". Für den Ernstfall stand auch die Absetzung des Kaisers zur Diskussion, die Einsetzung eines Gegenkönigs und die Einrichtung einer weiteren Kurwürde. Ziemlich offensive Bedingungen, um das Reich intakt zu halten und vor dynastischen Übergriffen zu bewahren.

Der Preußenkönig kannte die kleinen Fürsten. Sie folgten ihm, solange die Angst vor Österreich größer war als die Furcht vor Preußen. Joseph II. gab sein geplantes Tauschgeschäft auf, auch als der „verdammte" Friedrich 1786 starb. Bayern war zum zweiten Mal von Preußen gerettet worden!

Verschwört sich die Welt gegen den Kaiser in Wien?

Überall Verluste, überall Gegner. Überall Vetos gegen seine Pläne, sogar durch Kaunitz, als sich Joseph zusammen mit Rußland an der Teilung der Türkei (1787—92) beteiligen wollte. Zuerst die Teilung Polens, nun die Teilung der Türkei durch die Habsburger! Der Kaiser sah sich in der Traumrolle eines Obersten Kriegsherrn, doch er war es nicht. Sein Leben lang hatte er Aufmarsch- und Einsatzpläne angefertigt. Nur sein Vorbild, der König von Preußen, war zum Feldherrn berufen gewesen. Der österreichische Kaiser brauchte Generale, die für ihn entschieden. Er mußte in Wien zusehen, wie er sein Volk besänftigte. Aufstände in der Residenzstadt wegen der Erhöhung des Brotpreises! Auspeitschung von 25 Plünderern! Ungarn konnte oder wollte nicht für sicheren Nachschub an die Front sorgen, da es selbst unter Ernährungsschwierigkeiten litt. Notstand auch hier.

„Es ist eine Revolution in meinem Organismus", klagte der Kaiser über Anfälligkeiten, die sumpffieberähnlichen Charakter trugen. Fieber, das alle vier Tage eintrat und zurückging, Delirien, Atmungsschwierigkeiten, Herzschwäche. Die Arbeit fiel ihm schwer, bedrückt durch die schlechten Nachrichten und den fehlenden guten Willen und Eifer seiner Mitarbeiter. Der alte türkische Erbfeind war siegreich und drohte näher zu kommen. Waffengewalt gegen das belgische Erbland, Unruhen in Ungarn, die Franzosen, Engländer, Preußen formierten sich gegen ihn, dazu Rückzug und Auflösung seiner Armee wie beim alten preußischen König in seinem letzten Krieg. Das Schicksal trieb den gutwilligen, weichen, wenig nervenstarken Mann in die Enge. Selbst Kanzler Kaunitz hoffte auf das bei solchen geschichtlichen Katastrophen benötigte Wunder, das nicht eintraf. 185 Millionen Gulden und an 60 000 Mann mußten in diesem Türkenkrieg geopfert werden. Der gekrönte Idealist wurde hilflos.

Frieden, nur Frieden! Preußen drohte zu intervenieren, falls Österreich nicht einlenkte. Endlich doch ein Sieg und auch ein Trumpf für die Verhandlung mit den Türken: Einnahme von Belgrad im Oktober 1789 durch den dreiundsiebzigjährigen Laudon! Fahnen und Jubel in Wien. Vivat Laudon! brüllten die Studenten während eines Fackelzuges, der auch dem Regenten galt.

Auf dem Schreibtisch des Kaisers lagen hilferufende Briefe aus dem revolutionären Frankreich: Seine Schwester Marie Antoinette und ihr Gatte, der König von Frankreich, waren als Gefangene nach Paris zurückgebracht worden. „Der Sieg der Straße über die souveräne Gewalt" für Joseph, auch wenn er das französische Königsdrama vorausgesehen hatte. Auf dem Tisch lagen Berichte über Rebellion in Belgien, wo sich die Studenten gegen die österreichische Zwingherrschaft erhoben und die österreichischen Farben mit Füßen getreten hatten und sich mit roten oder blau-weiß-roten Kokarden dekorierten. „Schießt auf das Gesindel!" brach es aus ihm heraus, „straft die Missetäter!" Doch dann lenkte er ein und wollte sich mit den Ständen einigen.

Am 30. Januar 1790 lag ein kaiserlicher Erlaß auf dem Schreibtisch. Er betraf die Rückgabe der Stephanskrone und sämtlicher Reichskleinodien an die ungarische Nation, um nach dem Verlust der Niederlande „das nämliche Unglück" nicht auch mit Ungarn zu erfahren. Das große Habsburger Reich im Zustand der Auflösung. Sodann eine Verordnung, die der Monarch mit zitternden Händen unterschrieb. Ein letzter Gruß an sein Volk durch das Dekret, die bisherigen „revolutionären" Verordnungen aufzuheben:

„Da wir jetzt davon vergewissert sind, daß Ihr die alten Verwaltungsformen lieber wollet und in ihnen Eure Glückseligkeit sucht und findet, so wollen wir nicht zögern, darin Euren Wünschen zu entsprechen." Ein Wille brach zusammen, eine Flamme erlosch. Für seine Verbesserungen hatte Joseph II. ein knappes Jahrzehnt zur Verfügung gehabt. Daher sein Drängen, die Verordnungen umgehend durchzuführen, und sein Versäumnis, die Staatsbürger auf die Neuordnungen vorzubereiten, die Methoden genau zu überlegen und sie dann den Völkern wirksam anzubieten. Der „Sozialist auf dem Thron" resignierte endgültig.

Wer begehrt Einlaß: weiland Römischer
Kaiser Joseph II.

In der Kapuzinerkirche erteilte am 22. Februar 1790 der Fürstbischof Migazzi dem toten Kaiser die Absolution. Jener hohe Geistliche, der stets Josephs II. Widerpart und schließlich der Sieger und Überlebende geblieben war.

An der eisernen Pforte der Kaisergruft hielten die Kammerherrn mit dem einfachen Metallsarg, als der Wächter fragte: „Wer begehrt Einlaß?"

„Weiland Römischer Kaiser Joseph II.", antwortete der Kämmerer Starhemberg.

„Wer begehrt Einlaß?" fragte der Wächter noch einmal nach zeremonieller Art.

„Weiland Römischer Kaiser Joseph II.", antwortete Starhemberg, „wir übergeben ihn Eurer Hut." Der Sarg wurde geöffnet, das Leichentuch hochgehoben. Der Kammerherr fragte: „Erkennt Ihr ihn?"

„Wir erkennen ihn und nehmen ihn in unsere Hut."

Den geschlossenen Sarg trug man hinunter in das Grabgewölbe der Kapuzinergruft und setzte ihn neben den Sarkophagen Maria Theresias und Franz' I. ab. In einer Sage heißt es, Joseph II. lebe weiter und erscheine eines Tages.

XIX.
Der letzte Kaiser des Heiligen Römischen Reiches Deutscher Nation: Franz II.

Todesurteil gegen die Könige durch die
französische Revolution?

„Wenn alles verloren ist, geh ich nach Amerika." Das sagte kein politisch Verfolgter, kein in hohe Schulden verstrickter Baron oder Offizier oder Hochstapler. Das sagte auch kein Auswanderer, der ins gelobte Gold- und Diamantenland der unabhängig gewordenen Vereinigten Staaten von Amerika ausweichen wollte, weil er vom alten Abendland mitten in Revolution und Krieg nichts mehr erwartete. Das sagte vor 180 Jahren ein Kaiser, der letzte des Heiligen Römischen Reiches Deutscher Nation aus dem Hause Habsburg. Diesem Enkel Maria Theresias entwich ein angstvoller Seufzer und beinahe ein Notruf, als wenn sein Thron wankte und er zum Rücktritt und zur Flucht genötigt würde, wie sein Onkel, der König Ludwig XVI. von Frankreich, oder 127 Jahre später der Hohenzollernkaiser Wilhelm II.

Seit 1789 Revolution in Frankreich mit der Proklamation der „Freiheit, Gleichheit und Brüderlichkeit"! Aufruhr in Paris, in den Städten und auf dem Lande! Abschaffung des Königtums und Begründung der Republik für 30 Millionen Franzosen. Es war die erste Republik eines europäischen Großstaates nach der Schweiz als erster Republik eines Kleinstaates. Die Auseinandersetzung mit den bisher herrschenden Mächten war in vollem Gange. Zerstörung der überlebten Positionen... Todesurteil gegen die Könige in Europa durch eine „revolutionäre Seuche", wie man die französische Revolution nannte.

In einer Schmähschrift drohte man dem Wiener Kaiser Franz II.: „... wirf nur einen Blick auf die ganze Geschichte Frankreichs, Du wirst sehen, was Dir einst bevorsteht!" In Paris richtete man für das Königspaar die Guillotine auf.

Seit 1792 gab es nach dem Bürgerkrieg den Krieg des revolutionären Frankreich gegen die Nachbarn unter der Parole: Befreiung vom Fürstenjoch, Befreiung vom Absolutismus und den privilegierten Adelsständen. Über ganz Europa erscholl das berühmte Revolutionssignal: „Krieg den Palästen und Friede den Hütten!"

Preußen und Österreicher hatten sich 1792 verbündet, ein Jahr darauf schlossen sich England, Holland, Spanien, Portugal, Toskana, Neapel und das Deutsche Reich an. Waren das echte Alliierte oder Verbündete, die sich nur unter gleichem Druck befanden?

In Wien fehlte es an Geld und damit an Soldaten. Sogar das Bundeskontingent von 50 000 Mann war nicht verfügbar, weil keine Mittel, kein Etat vorhanden waren. Wozu trug Franz II. die höchste Krone in Europa? Mit vierundzwanzig Jahren war er Kaiser geworden und seinem Vater, dem nachgiebigen Leopold II., schon nach dessen zweijähriger Regierung gefolgt. Über dem Kanonendonner und dem Glockengeläute in Frankfurt zur Krönung des Sohnes überhörte man die Kriegstrompeten in Europa, das Schreien der Opfer des französischen Terrorismus, der „unregelhaften und höllischen Volksmacht" der Franzosen. Die Massen der Revolution drängten auf die Schlachtfelder. Sie verloren, aber die Alliierten siegten nicht.

Der gute Franz II. arbeitet wenig und vergnügt sich wie seine Gemahlin

Der Kaiser des Römischen Reiches Deutscher Nation in Wien vergnügte sich. Er mußte von seinem ersten Minister, dem Fürsten Colloredo, seinem ehemaligen Erzieher, dazu angehalten werden, mehr Mut und Entschlossenheit zur Arbeit aufzubringen. Ein einzigartiger Fall, daß ein Herrscher von dem nächsten Mitarbeiter und Günstling an seine Pflichten erinnert werden mußte, — und das mitten in gefährlichen, umstürzlerischen Zeiten.

Täglich Feste im Laxenburger Sommerschloß, vom Anfang der Regierung an. Die junge hübsche Kaiserin Maria Therese, eine nahe Verwandte der Habsburger, war Mittelpunkt und Hauptdarstellerin kleiner Burlesken und chinesischer Schattenspiele. Kein Gedanke an Revolution und Krieg, nur Einfälle zur ausgelassenen Unterhaltung. Die Kaiserin wechselte bei manchen Faschingsredouten drei-, viermal am Abend das Kostüm. Während Franz II. nicht wußte, wie er seinen Onkel vor dem Schafott in Paris retten oder wie er eine Armee aufbauen sollte, führte er den Violinbogen in Hauskonzerten oder spielte die große Baßgeige. Die Gattin, in den Masken der Königin der Nacht oder einer Pastetenbäckerin, trat am selben Abend auch als Linzerin auf. Fischfeste am

Karpfenteich mit Brücken und unsichtbarer Glockenmusik nach japanischer Art gehörten zu den Erlebnissen ahnungsloser Kavaliere und müder Hofleute. Der Kaiser vertrieb sich die Zeit mit Blindekuh- oder Versteckspiel in den Parks und benutzte dafür Kammerzofen, während seine Kabinettsminister die benötigten Lebensmittel für die Untertanen anmahnen mußten. Äußerte sich darin nicht die gleiche Ahnungslosigkeit wie am Hofe Ludwigs XVI.?

Colloredo drohte, vom Posten des ersten Kabinettsministers und Vizekanzlers zurückzutreten, falls Franz II. nicht von diesem Zeitvertreib lassen würde, der seinen Jahren, seinem Stand und seiner Geburt nicht angemessen sei. Alle Augen waren auf den Kaiser von Gottes Gnaden gerichtet, auf den „guten Kaiser Franz", wie man ihn sich wünschte, oder auf den „Nero im Schlafrock", wie ihn die Italiener nannten. Oder war er tatsächlich eine feierliche Null, wie ihn manche Historiker einschätzen? „Alles, was man hier sieht und hört", faßte der Vertraute des Kaisers, Minister Colloredo, zusammen, „macht einen zittern, und wenn uns nicht ein Wunder rettet, verstehe ich nicht, wie man für alles so ruhig, indifferent und nonchalant sein kann."

Geheimnis des „kleinen Tigers" und seiner „großen Armee"

Durch den „kleinen Tiger" — gedrungener Körper auf kurzen Beinen, fast unansehnlich, aber mit schön geschnittenem interessantem Gesicht und flackerndem Blick, jähzornig, blitzschnell, herrschsüchtig, mit „geistigen Funken", wie er es selbst nannte —, der mit dreißig Jahren schon als erster Konsul auf Lebenszeit alle militärische und politische Gewalt in Frankreich auf sich vereinigte, kam Österreich in höchste Gefahr. General Bonaparte wurde zum Politiker, der Herrscher zum Feldherrn. Nur zwei Jahre war er ohne Krieg innerhalb von 16 Regierungsjahren. Was ihm so viele Siege verschaffte, war nicht nur seine Frühreife, die Angriffslust seiner Generale und die Jugend seiner Soldaten (ein Viertel davon waren Mitglieder des Volksheeres der Revolution, ein weiteres Viertel stammte aus den Feldzügen von 1800).

Für Bonaparte bestand das Wesen der Strategie darin, „mit einer schwächeren Armee stets mehr Kräfte auf den Angriffspunkt oder auf dem Punkt zu haben, auf dem man angegriffen wird, als der Gegner". Sein System bestand darin: Am Tage vor der Schlacht zog er seine Divisionen, anstatt sie zu verteilen, alle auf den Punkt zusammen, den er überwältigen wollte.

Bonaparte schlug die kaiserliche Armee bei Marengo im Juni 1800. Nur 20 000 Franzosen gegen 30 000 Österreicher. Junge Generale aus Paris gegenüber dem greisen General Melas aus Wien, der schon den Siegeslorbeer zu fassen glaubte, als auf Bonapartes Befehl 6000 Mann des Generals Defaix Unterstützung brachten. Ein Kavallerieangriff unter General Kellermann schreckte die schon abrückenden Österreicher mit einem Gegenstoß und brachte Bonaparte den Sieg. Er diktierte einen Waffenstillstand, den der Bruder des österreichischen Kaisers, der verdienstvolle Heerführer Erzherzog Karl, den Umständen nach als Glück bezeichnete.

Kaiserin Maria Therese: Ich wollte gern mitraufen gehen

Als ein neuer Waffengang bevorstand, sandte die Kaiserin ihrem zweiunddreißigjährigen Gatten, der ins Heerlager nach Bayern eingerückt war, einige Zeilen: „Der heutige Tag ist für mich des Todes, weil ich denke, daß der Waffenstillstand aus ist und vermutlich morgen oder übermorgen angegriffen wird; ich bin heute wie unwohl, mein Herz vertraut auf Gott, allein zu wissen, zu denken, daß gerauft wird und daß Du dabei bist, alles Dir zugeschrieben und Gott weiß wie ausgelegt wird... Ich wollte gern mitraufen gehen, könnte ich mit meinem Blut Dich glücklich machen."

Diese Kaiserin Maria Therese, Mutter von dreizehn Kindern, die Frau mit den entfesselten Neigungen zu Spiel und Spaß, äußerte sich überraschend in einem gefestigten Ton. Sie wurde herzlich und gewissenhaft in ihren Briefen. Als sie gewahr wurde, daß man am Hofe und bei den Ministern glaubte, sie sei in Opposition zur Neuberufung ihres Schwagers, des Erzherzogs Karl, zum Oberkommandanten, der sich den Einsatz von Intriganten und Besserwissern verbeten hatte und nach Wien zurückgekehrt war, da erklärte sie dem Kaiser, daß sie nur das Gute wünsche, sich „in nichts mische und ich rede vielleicht zuviel aus Liebe zu Dir".

Die getreueste kaiserliche Opposition: Erzherzog Karl

„Österreich hat unter allen seinen Feinden keinen gefährlicheren als seine eigene Regierung."

Das sprach kein von dem Pariser Revolutionsbazillus angesteckter österreichischer Rebell aus, sondern der schon in jungen Jahren zum Militär befähigte, in fast zwanzig Schlachten erfolgreiche Feldherr Erzherzog Karl, der Bruder des Kaisers, 1796 mit 25 Jahren Reichsfeldmarschall. Einer müsse diese „vertrauliche Eröffnung an Seine Majestät über die Lage der Monarchie" übernehmen, was nämlich alles in der Elite der Donaumonarchie an Ideen zur Verbesserung umginge, aber niemand hören wolle. Für den Erzherzog war Österreich „um mehr als ein Jahrhundert zurück. Höchste Zeit, denn das Land steht auf der letzten Stufe des gänzlichen Verderbens". Es fehlte am Zusammenhang des Ganzen, an Konzentrierung der wichtigen Abteilungen. Deshalb völlige Desorganisation und – der Erzherzog wagte das Wort – Chaos. Deutlicher konnte es nicht ausgesprochen werden: „Alle jene Anstalten, welche im verflossenen Jahr von Seiner Majestät getroffen worden... verfehlten ganz ihren Zweck." Dazu gehörte der Friede von Lunéville aus dem Jahre 1801, durch den Franz II. das linke Rheinufer einbüßte. Die benachteiligten Fürsten sollten geistliche Gebiete als Entschädigung erhalten. Für Deutschland war es ein Gebietsverlust von 62 000 Quadratkilometern mit dreieinhalb Millionen Bewohnern. Die Alleinentscheidung seines kaiserlichen Bruders wünschte der Erzherzog eingeschränkt, alle Beschlüsse sollten selbstverantwortlichen Ministern übertragen und im Staatsrat beraten werden. Franz übersah das neugegründete „Staatsministerium mit drei Abteilungen" und verhielt sich wie früher.

Prinz Karl sprach es damals für Österreich, aber auch für Deutschland, für alle Zeiten aus: „Was kann man von den Beamten verlangen, wenn Männer zu Ministern ernannt werden, welche sich öffentlich rühmen, in dreißig Jahren weder ein Buch noch eine Zeitung gelesen zu haben."

Im November 1802 kritisierte der Erzherzog in einem persönlichen Schreiben an seinen kaiserlichen Bruder die „Unentschlossenheit, das Schwankende, die Schwäche, welche aus so manchen inneren und äußeren Operationen hervorleuchtet". Kein Zweifel, daß diese Lage „größtenteils der Person des Kaisers selbst zuzuschreiben und daß Allerhöchst dieselbe, wenn nicht bald Besserungen folgen werden, noch immer mehr verlieren werden".

Durch Übernahme des Präsidiums des Hofkriegsrates, jenes Amtes, das einst Prinz Eugen benutzt hatte, um die Armee zu reformieren, wurde Erzherzog Karl der Kopf der Innen- und Militärpolitik. Keine lebenslängliche Dienstzeit unter den Soldaten, sondern Allgemeine Wehrpflicht auf zehn bis vierzehn Jahre. Den Offizieren brachte er Ehre und Ausbildung nahe. Es ging nicht mehr mit alten Haudegen und unbedenklichen Beutefassern. Als Militärschriftsteller weckte Erzherzog Karl den Geist der Truppenführer. Seine Fachbücher wurden in ganz Europa verbreitet, — einer der prominentesten Leser war sein Gegner Napoleon. In der Praxis hielt Karl an dem bereits vom Prinzen Eugen eingesetzten „Generalquartiermeisterstab", dem späteren Generalstab, fest.

Macht und Ohnmacht der Finanzen entschieden überall Reformpläne. Von 1801 bis 1804 stiegen die Staatsschulden von 613 auf 645 Millionen Gulden. Die Preise stiegen, Inflation in Österreich. Solderhöhung wurde nötig. Allein 83 000 Mann fehlten an der Sollstärke des Heeres. 37 000 Mann waren ohne Pferde. 97 000 Mann besaßen einen Urlaubsschein. Die Versorgung klappte nicht. Wenn unter dem französischen Kriegsminister Carnot in den ersten Jahren der Revolution von militärischen Improvisationen gesprochen wurde, — in Österreich improvisierte man noch schlimmer, ohne daß es zu einer politischen Änderung gekommen wäre.

Plötzlich ein kaiserlicher Bittbrief an den Erzherzog, das Oberkommando der Armee wieder zu übernehmen. Es war zu spät, um die Situation militärisch zugunsten Österreichs zu klären.

Ein weiterer Griff Bonapartes nach dem Reich durch den Reichsdeputationshauptschluß von 1803: 112 deutsche Staaten verschwanden, ohne daß das Deutsche Reich oder der Reichstag in Regensburg gefragt wurden. Franz II. schwieg, um sein eigenes Land nicht aufteilen zu lassen. Auflösung aller geistlichen Herrschaften, deren Besitz zum Ausgleich und zur Entschädigung benutzt wurde. Bayern wurde von Napoleon mächtig gemacht, dehnte sich über Würzburg, Bamberg, Freising, Augsburg, Passau und eine Anzahl freier Reichsstädte und Abteien, Teile von Franken, aus. Preußen erhielt fünffachen Ersatz für die verlorenen 48 Quadratmeilen, Österreich fand man mit den Bistümern Trient und Brixen ab. Von 52 freien Reichsstädten blieben 6 bestehen: die 3 Hansestädte, sodann Frankfurt, Augsburg, Nürnberg. Ein Ausverkauf des Landes an die napoleonhörigen Fürsten oder an die, um die er warb.

Aus dem Konsul der Revolution wird der Kaiser der Franzosen

„Ich habe die Krone Frankreichs am Boden gefunden und aufgelesen", sagte Napoleon. In Wien und Berlin hieß es, er würde sich zum „Kaiser der Gallier" ernennen. Der Pariser Senat hatte es ihm nach einem mißglückten Attentat angetragen. Bonaparte wollte „Imperator der Gallischen Republik" werden, während Außenminister Talleyrand für den Königstitel plädierte. Eine erbliche Würde, damit „durch die Befestigung der Zentralgewalt die teuer erkauften Güter: Freiheit, Gleichheit, Ruhm sichergestellt werden", kommentierte der zukünftige Kaiser. Er ließ über die Vererbung der höchsten Würde Frankreichs abstimmen: viereinhalb Millionen Franzosen stimmten dafür, dreieinhalbtausend dagegen. Mit der Kaiserwürde versuchte der Emporkömmling Bonaparte, dem Haß der Könige zu begegnen, vor allem die Scheinexistenz des alten Deutschen Reiches zu erledigen und sich selbst an die Spitze Europas zu setzen.

Es war am 2. Dezember 1804, fünf Jahre und 23 Tage nach der Übernahme des Konsulats, daß sich Napoleon in der Pariser Kathedrale Notre Dame zum Kaiser der Franzosen krönte. Papst Pius VII. war wie ein Kaplan anwesend und übernahm das geistliche Zeremoniell. Keine Krönung durch ihn, nicht einmal die Übergabe der Krone wie vor 1004 Jahren in Rom, als Karl der Große durch Leo III. überraschenderweise die höchste abendländische Würde empfing, obwohl das karolingische Beispiel in Denkschriften zwischen Rom und Paris zitiert worden war. Diesmal war der Papst Zuschauer einer Kaiserkrönung, trotzdem übertrug er die Schutzherrschaft über die Kirche „seinem geliebten Sohn Bonaparte".

Der kleine Kaiser Napoleon I., mit einem Lorbeerkranz um sein Haupt, verschwand fast unter dem gewaltigen Hermelinmantel. Er war äußerst blaß, wahrhaft bewegt, der Ausdruck seiner Züge war streng und ein wenig unruhig, beobachtete eine Augenzeugin des napoleonischen Hofes. Nur wenige sahen, daß Kaiser Napoleons I. Krönungsring das Wappen des Heiligen Römischen Reiches Deutscher Nation enthielt!

Josephine Beauharnais, die Frau mit dem problematischen Ruf, Gattin Napoleons, zog alle Blicke auf sich. Wie sie zum Altar schritt, die Art, wie sie niederkniete, war schön und dabei einfach. Als sie den Altar verließ und zum Thron ging, fiel das ungebärdige Verhalten ihrer Schwägerinnen auf, die ihr die Schleppe ihres Mantels trugen. Wollten sie die Kaiserin zu Fall bringen? Napoleon bemerkte es und rief durch ein paar schneidende Worte seine Schwestern zur Ordnung . . . Staunen, Aufsehen unter den Großwürdenträgern und den Galagästen der Krönungsfeier, daß solch ein Zwischenfall überhaupt passieren konnte.

Napoleons Ultimatum an Franz II.:
die deutsche Kaiserkrone niederzulegen

Ende Juli 1804 ersuchte Napoleon den österreichischen Bevollmächtigten, zu ihm zu kommen. Er eröffnete ihm, daß er seinen Kaiser Franz II. bewegen solle, die Kaiserkrone des tausendjährigen Reiches niederzulegen. Eine unerhörte Forderung mit dem Recht und Unrecht des Siegers, der von der Gestaltung Europas seine eigene Vorstellung zu haben schien. Franz II. wurde vor ein Ultimatum gestellt, das seine Abdankung nahelegte. Konnte er diesem Druck entgehen? Protest oder Anpassung?

Napoleonische Wallfahrt nach Aachen

Im Herbst reiste Kaiser Napoleon durch Deutschland. Überall Triumphbögen mit anbiedernden Inschriften, Illuminationen, Hoffestlichkeiten, Parade des deutschen Satellitenvolkes. Dann Napoleon an der Grabstätte Karls des Großen und Ottos des Großen. Er fühlte sich als Nachfolger. „Ich bin ein römischer Kaiser", sollte er später sagen. Hier befand er sich an dem historischen Platz der „Auferstehung des Kaisers" — ein „wunderbares Ereignis" nannten es die Zeitgenossen. Die Neugeburt des karolingischen Imperiums durch Napoleons Oberherrschaft über Europa.

Trotzdem täuschte sich Napoleon. Er trug nicht die Kaiserkrone Karls des Großen. Zwar löste er das Reich auf, doch kam es nicht zu einer Neuschöpfung durch den Kaiser der Franzosen. Die Spaltung Deutschlands begann. Ausgerechnet in der alten Krönungsstadt Frankfurt am Main gründeten sechzehn süd- und westdeutsche Staaten und an siebzig Reichsstände 1806 den Rheinbund unter dem Protektorat des französischen Kaisers. Man nannte diese separatistische Fürstengesellschaft mit der geretteten, in Paris zustandegekommenen landesherrlichen Souveränität eine „große französische Provinz" innerhalb der „Löwengesellschaft". Letzte dem Reich verbundene Fürsten wandten die Formulierung von einem „Schandfleck Europas" auf den Rheinbund an. Noch ein Fußtritt auf das allerdings wertlos gewordene Papier der deutschen Reichsverfassung, indem die Rheinbundstaaten ihren Austritt aus dem Reichstag und aus dem Reich erklärten. Sie bemerkten, sie hätten „vergeblich Deutschland mitten im deutschen Reich" gesucht. Das Schlimmste erkannten Zeitgenossen in der Anwesenheit der französischen Armee auf deutschem Boden.

Die Welt starrte auf Napoleon und unterlag seinen Handlungen. In

Wien, wo der Träger der römisch-deutschen Kaiserkrone residierte, kolportierte man eine Äußerung des Ministers Cobenzl, die ahnungslos und anbiedernd klang. Sie lautete: „Napoleon sei ein Kollege für die Monarchen Europas, dessen sie sich nicht zu schämen brauchten." Nur ein Kollege? Oder der erste, höchste Kaiser in Europa? Was war dann mit Franz II., dem von den deutschen Kurfürsten erwählten Monarchen als einzigem Regenten des alten Reiches? Frankreich drängte nach Anerkennung des napoleonischen Kaisertums, Österreich zögerte aus eigensten Interessen.

Wieder war es Erzherzog Karl, der die zurückhaltende Politik der Wiener Minister mißbilligte. Er vertrat die sofortige Anerkennung Napoleons, um Österreich aus seiner isolierten Lage herauszuführen. Was halfen England, Rußland und Preußen? Nicht nur Annäherung, sondern Bündnis mit Frankreich, verlangte Karl.

Und nach der Auflösung des Reiches?

Der Kaiser, das 42. römisch-deutsche Oberhaupt des Reiches, tagte mit seinen engsten Mitarbeitern in der Wiener Hofburg. Aus der tiefsten Bedrängnis kam er zur Aktivität. Die französische Kaiserwürde bedeutete zwar die Überwindung der Revolution, aber auch die Zurücksetzung, ja Auflösung des Deutschen Reiches. Außenminister Cobenzl, wie der Kaiser mißtrauisch und weich, legte eine Denkschrift vor, die einen Gegenzug zu Frankreich enthielt: die Schaffung einer erblichen Kaiserwürde für das Haus Habsburg. Kein römisch-deutsches Kaisertum für Mittel- und Südosteuropa, sondern ein Kaisertum für die gesamten österreichischen Erblande als Großmacht. Wurde dabei nicht das Reichsrecht außer acht gelassen? warnte Österreichs großer Feldherr, Erzherzog Karl. Vermittelte das „Kaisertum Österreich" den habsburgischen Gebieten wirklich eine staatliche Einheit?

Das „heilige" Reich wurde sich selbst überlassen. Für den Papst gab es nur noch einen „deutschen Kaiser". Unter den nun zehn Mitgliedern des Kurfürstenrates befanden sich sechs protestantische. Im Reichsfürstenrat ergab sich ebenfalls ein Übergewicht von dreiundfünfzig evangelischen Ständen gegenüber nur neunundzwanzig katholischen. Wie sollte in Zukunft ein katholischer Habsburger die Kaiserwahl in Frankfurt gewinnen?

Niemals mehr eine erbliche Kaiserwürde! Welch stattliche Revue der Habsburger seit Kaiser Friedrich III., dem durch mehr als 300 Jahre fünfzehn Kaiser des gleichen Hauses folgten: als bedeutendste Regenten Maximilian I. und Karl V., dann die drei Ferdinande, Rudolf II., die beiden Leopolds, die beiden Josephs und schließlich zweimal Franz. Obwohl sie Habsburger waren, repräsentierten sie mindestens das Deutsche Reich mit. Die Einheit des Römischen Reiches Deutscher Nation war bisher unteilbar gewesen, wenn auch nicht in allen Teilen gleichwertig. Die habsburgische Hausmacht herrschte vor und benutzte die deutsche Kaiserkrone. Sie war so viel wert, daß Wien dafür manches unter den Wählern „anstellte". Habsburg ließ sich bisher vierfach krönen, im Stammland Österreich, in Ungarn und in Böhmen wie in Deutschland. Es war ständig auf Gebietsvergrößerung bedacht und erreichte damit das politische Hauptgewicht innerhalb des Reiches.

Deutschland, das eigentliche Reich, wurde jetzt ausgeschlossen und aufgegeben, um Österreich zu retten und zu erhalten. Der Egoismus Franz' II. war stärker als die Gesamtverantwortung für die Einheit des Reiches, beschworen in Frankfurt bei der Kaiserkrönung, als historische Schicksalsverbindung Österreichs mit Deutschland, selbst mit Preußen zur Zeit des Prinzen Eugen. Nach der preußischen Aktion unter Friedrich II. nun auch die österreichische Aktion unter Franz II. gegen das Reich.

Nur durch ein Edikt, ohne Krönung,
ernennt sich Franz II. zum österrei-
chischen Kaiser

Napoleon I. staunte über den Übermut der Österreicher. Sie beabsichtigten, ihrer Pariser Botschaft erst dann das Beglaubigungsschreiben für den Kaiser der Franzosen auszuhändigen, wenn die Garantie bestünde, daß auch das Beglaubigungsschreiben des französischen Botschafters für Wien die Anerkennung des österreichischen Kaisers enthielte. Napoleon drohte mit dem Eingreifen des Regensburger Reichstages und der deutschen Fürsten, falls Wien sich nicht umgehend entschlösse. Der Begriff Präventivkrieg fiel! Er drohte mit dem Abbruch der diplomatischen Beziehungen und stellte dem zukünftigen Schwiegervater in Wien ein Ultimatum, das eigentlich überflüssig war. In Wien war man längst entschlossen, den Kaiser der Franzosen anzuerkennen, — man wollte nur sicher gehen, selbst anerkannt zu werden.

Am 10. August 1804 verkündete Franz II. ein Patent vor den Ministern und im Großen Rat der Monarchie, daß er beschlossen habe, „für

Uns und Unsere Thronfolger in dem ungetrennten Besitz Unserer unabhängigen Königreiche und Staaten den Titel und die Würde eines erblichen Kaisers von Österreich (als den Namen unseres Erzhauses) feierlichst anzunehmen und dabei festzusetzen, daß Unsere sämtlichen Königreiche, Fürstentümer und Provinzen ihre bisherigen Titel, Verfassung und Vorrechte fernerhin unverändert beibehalten sollen."

Zur Erinnerung an seine Herkunft, an die Vorfahren und Vorgänger in Frankfurt und Aachen wählt Franz II. das römisch-deutsche Kaiserbanner, den doppelköpfigen schwarzen Adler auf Gold aus dem Wappen des Reiches und in den Farben des Reiches und dazu die Hauskrone des Habsburgers Rudolf I., die dieser vor 530 Jahren hatte anfertigen lassen.

Am 11. August erfolgte die Veröffentlichung, am 15. August wurde das diplomatische Korps unterrichtet. Am 16. August verbrannte Minister Cobenzl feierlich die Protestnote des Bourbonen Ludwig gegen den Kaisertitel Napoleons vor den Augen des französischen Botschafters. Keine feierliche Krönung des österreichischen Herrschers zum Kaiser, kein Staatsakt, nur ein Edikt, ein Erlaß.

Den Titel eines Kaisers erhielt sich Franz II. auf diese Art, — freilich der des „Heiligen Römischen Reiches Deutscher Nation" sollte es nicht mehr lange sein.

Vom Scherbenfeld der durch Napoleon aufgesprengten deutschen Staaten setzte er seinen Fuß zurück auf dynastischen Besitz. Die niedergelegte deutsche Kaiserkrone verglich man in Österreich mit dem Verlust eines „Theaterschmucks", — etwas wenig für die jahrhundertelange habsburgische Repräsentation. Ähnlich distanzierende Worte wählte ein österreichischer Zeitbeobachter: „Napoleons Marotte, als zweite Inkarnation eines Universalkaisers aufzutreten, hat Habsburg die Dornenkrone vom Scheitel genommen und Österreich selig gesprochen." Was aber haben die Habsburger, Maria Theresia nicht zu vergessen, alles getan, um die Dornenkrone zu behalten! Der Kronenwechsel fand weder Bedauern noch schmerzliche Erregung. Oder sicherte die Niederlegung der deutschen Krone Franz' II. unter napoleonischem Druck den Frieden in Europa? Wir werden sehen, daß es nicht der Fall war.

Was wurde aus dem Deutschen Reich?

Kein Widerspruch der deutschen Fürsten, sondern Ergebenheitsadressen an Napoleon, kein Protest im Regensburger Reichstag, dem von Franz II. weder die Vorbereitungen noch sein endgültiger Entschluß zur Stellungnahme zugeleitet worden waren. Deutschland ließ alles mit sich geschehen. Es hieß, nur König Georg IV. von Schweden habe sich als Vertreter Vorpommerns im Reich gewehrt. Mit der letzten Stunde des alten Reiches verschwanden seine Idee, seine tausendjährige Vergangenheit und seine Symbole wie Requisiten, die man für das neue politische Drama nicht mehr benötigte.

Trotzdem war der Traum vom alten Reich nicht ausgeträumt. Nach der Völkerschlacht bei Leipzig 1813 und dem Sturz Napoleons war ganz Europa bereit, Deutschlands Einheit als Reich neu zu bekräftigen! Man diskutierte sogar Franz' II. Rückkehr auf den deutschen Kaiserthron, zumal kurz nach seinem Rücktritt England bereits darauf aufmerksam machte, daß das alte Reich mit vakantem Thron eigentlich weiterbestehe. Rußland, Schweden waren dafür. Preußen konnte man nötigen zuzustimmen.

Der eigentliche Widerstand gegen ein neues Reich kam aus Wien. Staatskanzler Metternich sprach sich völlig dagegen aus. Er war für die Teilung: Österreich leitete den Süden, Preußen den Norden. Die Preisgabe der großen Reichseinheit blieb ein nicht wiedergutzumachender Verlust! Nur die Herrschenden entschieden, nicht die Völker und Volksgruppen, in deren Namen die Schriftsteller ihre Stimmen zugunsten des Reiches erhoben. Für Franz II. hatte „deutsches Vaterland, Kaiser und Reich" revolutionären Klang. Man wich in Wien sogar dem Begriff „deutsch" aus. Und der österreichische Kaiser strich in einem Handschreiben das Wort „Vaterland" aus und ersetzte es durch „meine Völker" oder „mein Staat" ...

Eine „namenlose Erbärmlichkeit"

Eine „namenlose Erbärmlichkeit" nannte der aus Deutschland gebürtige, in Wien als kaiserlicher Rat zum Österreicher gewordene, trotzdem unabhängig gesinnte Friedrich von Gentz die Erhebung des österreichischen Kaisers. Für ihn war Österreich „eine dem Reich durch Lebensnexus untergebene Provinz, und man könnte ebensogut Kaiser von Salzburg, von Frankfurt oder von Passau als Kaiser von Österreich sein". Für Gentz war und blieb ein Kaiser von Österreich „ewiglich ein dem deutschen Kaiser untergeordneter Kaiser, mithin weder diesem noch dem französischen Kaiser gleich". Auch dieser Staatsmann nannte die habsburgische Titelerhebung ein „Gegenstück zu Bonapartes Kaisertum" und damit eine Rechtfertigung von „dieses mörderischen Theaterkönigs frechster Unternehmung".

Der nächste Zug Napoleons gegen das alte Europa, vor allem gegen den Römischen Kaiser Deutscher Nation, personifiziert durch Franz II., folgte Ende Mai 1805. Wie einst Karl der Große und seine Nachfolger ließ sich der Kaiser der Franzosen im Mailänder Dom mit der Eisernen Krone der Lombarden huldigen. Der Ring hatte sich für ihn geschlossen: Vom „karolingischen" Kaiser eines neuen Mitteleuropas — süddeutsche Staaten, ehemalige Mitglieder des alten Deutschen Reiches wie Bayern, Baden und Württemberg hatten sich ihm angeschlossen — mit der historischen „Wurzel" in Aachen, bis zum Griff nach Italien, wo Parma und Piacenza dem „neuen" Königreich Italien und die Ligurische Republik Frankreich zufielen.

Kaiser Franz II. auf der Flucht – Wien besetzt!

Die Kriegspartei in Wien machte auffällig von sich reden. Ein General Mack erträumte Siege über Napoleon. Seine fixe Idee brachte die Kapitulation bei Ulm im Oktober 1805.

Plötzlicher Aufbruch des Hofes aus Wien. Alle Welt sah es, die Kaleschen, das Gepäck, die Kaiserin Maria Therese und ihre Kinder, die Verwandten, die Dienerschaft. Die Familie floh nach der mährischen Stadt Olmütz, wo der Kaiser sein Hauptquartier hatte.

Politische Intrigen mitten im Krieg, Sturz des überlebten alten Vertrauten, des Ministers Colloredo, der Franz völlig einseitig unterrichtet und andere Ratgeber von ihm ferngehalten hatte.

Welch ein Unglück, welche Schmach: Besetzung Wiens durch die Franzosen! Dreihundert Jahre war Österreichs Hauptstadt unbesetzt geblieben, auch wenn Maria Theresia zeitweilig böse Träume von einer Okkupation gehabt hatte. Jetzt war sie Wirklichkeit geworden. Dann noch der für Österreich und Rußland unglückliche Verlauf der Dreikaiserschlacht bei Austerlitz, der höchste Triumph Bonapartes.

Neuer Aufbruch der Kaiserin von Olmütz nach Teschen, weiter in siebzehnstündiger Fahrt nach Friebeck. „Ach Gott, das Opfer ist vollbracht und für Dich mit Freuden", schrieb Maria Therese sogleich nach ihrer Ankunft. Die kleine Frau auf dem gefährdeten Wiener Thron sah immer mehr Bedrängnisse auf sich zukommen. Die Masern nahm sie nicht ernst, obwohl sie fieberte. Doch Todesgedanken vermochte sie nicht abzuwehren, so bat sie Franz um Vergebung: „ ... wenn ich Dich je beleidigt habe, es geschah nicht aus bösem Willen und bitte Dich, mich nicht zu vergessen."

Im Falle ihrer Gefangennahme erbat sie vom Kaiser lediglich eine Hilfestellung, damit sie nicht nach Frankreich deportiert würde, — sonst nichts. Sie ahnte nicht, daß gerade in diesen Stunden, da sie den Brief schrieb, Kaiser Franz II. selbst sich in Gefahr befand, gefangengenommen zu werden.

In dieser höchsten Not für seinen Thron und sein Land entschloß er sich allerdings, das Äußerste abzuwenden. Er traf sich zwei Tage nach der verlorenen Dreikaiserschlacht mit Napoleon.

Das berühmte Biwak mit dem schlimmen Frieden von Preßburg

Napoleon erwartete am 4. Dezember 1805 in der Nähe der Waffenstillstandslinie bei Sarnihitz den Kaiser von Österreich an einem Biwakfeuer. Als Franz II. der Kalesche entstieg, nahm ihn Napoleon bei der Hand und führte ihn zum Biwak. Augenzeugen beobachteten eine herzliche Spontaneität an dem Sieger. Wollte er den Unterlegenen umarmen?

Die beiden Gesprächspartner unterhielten sich mehr als eine Stunde. Sie standen und redeten. Plötzlich hörte die Begleitung einen Ausruf Franz' II.: „So ist es also eine abgemachte Sache! Erst seit heute früh bin ich frei! Ich sagte dem Kaiser von Rußland, daß ich Sie aufsuchen wolle, und er antwortete mir, es stünde mir frei, das zu tun."

Die französischen und österreichischen Offiziere hörten wiederholtes Lachen des Kaisers aus Wien. Mitten im Unglück und bei der letzten Abrechnung? Mitten in einem Gespräch, in dem es um Sein oder Nichtsein Österreichs ging? Oder war es Flucht aus dieser Szene? Wollte Franz durch sein Lachen den Anschein erwecken, über den Dingen zu stehen?

Plötzlich die Stimme des Siegers, sehr klar und deutlich, fast schneidend: „So versprechen mir Eure Majestät, nicht mehr mit mir Krieg führen zu wollen?"

Franz II. antwortete: „Ich schwöre es und halte Wort." Darauf sahen die wartenden Offiziere, daß sich beide Monarchen küßten und verabschiedeten. Napoleon begleitete Franz II. zum Wagen. Auf der Rückfahrt soll der österreichische Kaiser zu seinem Begleiter Fürst Liechtenstein gesagt haben: „Jetzt, seit ich ihn gesehen, kann ich ihn gar nicht mehr leiden."

An seine Frau schrieb Franz: „Mit Bonaparte selbst bin ich ganz zufrieden gewesen, in soweit man es mit einem Sieger sein kann, der einen großen Teil meiner Monarchie im Besitz hat; an Achtung gegen mich und die Meinigen hat er es nicht fehlen lassen und man sieht, daß er kein Franzose ist."

Der österreichische Kaiser spürte die Faust des Kaisers der Franzosen. Am 26. Dezember 1805 kam es zum Frieden von Preßburg: Ein Fünftel österreichischen Landes ging verloren. Verteilung an Napoleon hörige süddeutsche Fürsten, die sich seine Gunst zunächst schmecken lassen sollten, um endgültig gefügig zu werden. Das Reich war in drei Teile geteilt: die österreichische Monarchie, die Rheinbundstaaten und Preußen mit den norddeutschen Staaten.

„Europa brennt nun ab", äußerte der zweiunddreißigjährige Diplomat Clemens Metternich, der spätere eigentliche Regent der Donaumonarchie. Er fuhr fort: „Wer nicht erobern will, wird erobert. Zu dieser ewigen Wahrheit hat uns der einzige Mensch in Europa einen schrecklichen Beitrag geliefert."

Mitsommer 1806 erschien ein Galaaufgebot von vier Kurfürsten und zwölf Fürsten in Paris, an der Spitze die Repräsentanten von Napoleons Gnaden, die Könige von Bayern, Württemberg und der Kurfürst von Baden. Eigentlich mußte es ein schwerer Gang für die höchsten Vertreter der deutschen Mittel- und Kleinstaaten sein. Sie beabsichtigten, sich förmlich vom Reich zu trennen, nachdem sie durch Napoleon ansehnliche Gebiete aus den annektierten Teilen Österreichs erhalten hatten. Es wurde ein feierlich drapierter Auftritt mit ungewissen Folgen. Die deutschen Fürsten bekannten in einer Akte, daß „die deutsche Reichsverfassung keine Bürgschaft für den inneren und äußeren Frieden zu bieten vermöge". Sie sagten sich deshalb vom Reiche los.

Nach dem letzten habsburgischen Kaiser wurden nun auch diese sechzehn Fürsten abtrünnig. Sie schlossen mit dem Kaiser der Franzosen einen Rheinbund, dem Napoleon als Protektor vorstand. Es war ein politischer und vor allem militärischer Zusammenschluß. Die Deutschen hatten insgesamt 59 000 Soldaten zu stellen. Frankreich hielt 200 000 Mann bereit. Der Kaiser der Franzosen baute also mit den Staaten des Rheinbundes eine westeuropäische Heeresmacht auf und zerschlug dabei das Heilige Römische Reich Deutscher Nation. Die deutschen Fürsten unterschrieben am 1. August 1806. Dieses Ende des Deutschen Reiches quittierte der kaiserliche Gesandte in Regensburg mit der offiziellen Bemerkung seines Kaisers Franz II.: Das Band, das ihn bisher mit dem Deutschen Reich verbunden habe, sei gelöst und die Kaiserkrone niedergelegt.

Bei dem Umsturz und der Neuformung der abendländischen Welt und dem Untergang des Heiligen Römischen Reiches Deutscher Nation mit dem Rücktritt seines letzten Kaisers durfte trotzdem eines nicht vergessen werden. Daran erinnerte einer der bedeutendsten Vertreter des Widerstandes gegen die napoleonische Tyrannei, die für ihn eine „vorübergehende Sache" war. Man hat diesen alarmierenden politischen Geist später den „Sekretär Europas" genannt. Er erhielt sogar den Ehrentitel eines „europäischen Demosthenes", der einen neuen Weltkrieg verhinderte. Es ist wiederum Friedrich Gentz, der Publizist und Staatsmann. Für ihn existierte in Europa ein einziger wahrer politisch-militärischer Schwerpunkt, von dem ein mögliches Gleichgewicht der Macht abhing. Mitten in diesen Zeiten der Irrtümer, Fehler, Verluste und Opfer fand er die gültigen Worte:

„Die Unabhängigkeit Deutschlands ist das erste politische Bedürfnis, das höchste Gemeininteresse Europas. Wenn diese Unabhängigkeit durch eine kraftvolle und glückliche Verfassung . . . garantiert ist, so kehrt alles zur Ruhe, zur Ordnung, zum Gleichgewicht zurück . . . Wenn Europa durch Deutschland gefallen ist, – durch Deutschland muß es wieder emporsteigen."

XX.
Das kleindeutsche Kaisertum mit dem unvollendeten Zweiten Reich

Napoleon III. begibt sich in Gefangenschaft

Als am späten Nachmittag des 1. Septembers 1870 die weiße Fahne auf den Wällen der Zitadelle von Sedan aufgezogen worden war, erschien zwei Stunden später ein Parlamentär und Adjutant des französischen Kaisers Napoleon III. im königlichen Standquartier auf der Höhe von Fresnois. Er brachte einen Brief für den preußischen König Wilhelm I., in dem es hieß:

„Mein Herr Bruder! Nachdem mir nicht vergönnt war, in der Mitte meiner Truppen zu sterben, bleibt mir nur noch übrig, meinen Degen in die Hände Eurer Majestät niederzulegen. Ich bin Euer Majestät Vetter Napoleon."

Diesen Brief las auch Ministerpräsident Otto von Bismarck im Kreise des Kronprinzen Friedrich Wilhelm, des Generalstabschefs Moltke und des Kriegsministers Roon vor. Dann diktierte Bismarck seinem Legationsrat Graf von Hatzfeld die Antwort:

„Mein Herr Bruder! Mit Bedauern nehme ich den Degen Euer Majestät an und bitte Sie, einen Ihrer Offiziere ernennen zu wollen, der bevollmächtigt wird, über die Ergebung der Armee zu unterhandeln, die sich unter Ihrem Befehl so tapfer geschlagen hat. Meinerseits habe ich den General Moltke dazu bestimmt. Euer Majestät Vetter Wilhelm."

Am gleichen Tag begannen Verhandlungen zwischen den siegreichen Preußen und den Franzosen. Die Unterhaltungen fanden in dem kleinen Schloß Donchéry, ungefähr fünf Kilometer von Sedan entfernt, statt und dauerten bis nach Mitternacht. Kritisch wurde es, als der französische Unterhändler General Wimpffen die Moltkesche Forderung – „die ganze französische Armee ergiebt sich in Kriegsgefangenschaft" – zu hart fand.

Zu hart, nachdem Frankreich die Gründung eines deutschen Reiches unter Vorherrschaft Preußens um jeden Preis hatte verhindern wollen. Als

Kriegsanlaß diente das Madrider Angebot an den Prinzen Leopold von Hohenzollern, den spanischen Thron zu besteigen. Napoleon III. erklärte rücksichtslos und herausfordernd: Niemals dürfe ein Hohenzollern die spanische Chance benutzen. Man munkelte vom Einverständnis der Kurie und der Jesuiten mit den Tuilerien, zumal die französische Kaiserin Eugénie, Spanierin von Herkunft, unter jesuitischem Einfluß stand. Sie titulierte später den französisch-deutschen Krieg vielsagend mit „ma guerre".

Als Frankreich Juli 1870 den Krieg erklärte, erwartete Napoleon III. die Spaltung Deutschlands in Süddeutschland und Norddeutschland, mindestens die Neutralität des Südens. Stattdessen einigte sich ganz Deutschland in der Abwehr unter dem Oberbefehl König Wilhelms I. Der Sieg bei Sedan ließ in Paris die Revolution ausbrechen.

Nach umständlicher Mobilmachung hatten sich 240 000 Franzosen in zwei Flügelgruppen zusammengefunden, eine davon unter Oberbefehl Napoleons III. Ihnen standen nach Moltkes Neuorganisation der Mobilmachung schnellstens drei Armeen mit bayerischen Korps, sächsischen, württembergischen und badischen Divisionen in der doppelten Stärke von beinahe 400 000 Mann gegenüber. — Wirklichkeit einer deutschen Einheit, wie einst unter Kaiser Otto I. vor 915 Jahren, als zum ersten Mal alle deutschen Stämme die Invasion der Ungarn auf dem Lechfeld bei Augsburg abwehrten. Nun Siege über Siege in den Schlachten mit den berühmten Namen: bei Weißenburg, Wörth, Spichern, Vionville — Marslatour, Gravelotte — Saint Privat, Beaumont, Noisseville und schließlich bei Sedan. Nach ersten Berichten ergaben sich in Sedan auf dem Schlachtfeld 25 000 Franzosen, nach der Kapitulation mehr als 40 000 Franzosen. Fast zwölf Stunden war Bismarck über die Walstatt geritten. „Wir haben nur Siege zu verzeichnen gehabt", äußerte der siebzigjährige Generalstabschef Moltke und setzte hinzu, „Gneisenau hat aber die geschlagene Armee zum Siege geführt. Diese höchste Probe haben wir noch nicht bestanden."

Wessen Degen ist das?

Napoleon III. rechnete wegen der Tapferkeit seiner Armee mit einer ehrenvollen Kapitulation. Deshalb hatte er auch seinen Degen an König Wilhelm geschickt.

„Wessen Degen war das, der Degen Frankreichs oder des Kaisers?" fragte Bismarck im Gespräch den Unterhändler.

Der französische General erwiderte: „Nur des Kaisers."

Moltke fiel rasch ein: „Nun, dann kann von andern Bedingungen nicht die Rede sein."

„Wohlan, dann werden wir uns noch einmal schlagen", erklärte General Wimpffen.

„Um vier Uhr werde ich das Feuer wieder beginnen lassen", entgegnete Moltke.

Die Franzosen wollten das Gespräch abbrechen und aufbrechen. Bismarck beschwichtigte die Abordnung. Sie sollte sich die Sache noch einmal überlegen. Man einigte sich auf eine Verlängerung des Waffenstillstandes von ein Uhr nachts bis morgens sechs Uhr.

In der Frühe des nächsten Tages erschien der französische Parlamentär in Bismarcks Quartier im Schlößchen Donchéry und teilte mit, Kaiser Napoleon III. wünsche ihn zu sprechen. Bismarck zog sich sofort an, die beschmutzte staubige Uniform, die großen Schmierstiefel, die alte Mütze – und hinauf aufs Pferd. Der breite Hühne traf den kleinen, zierlichen Kaiser schon nach drei Kilometern. Der Monarch mit drei Offizieren in einer zweispännigen Kutsche, drei andere Offiziere zu Pferde als Begleitung.

Der geschlagene Kaiser wünschte den König zu sprechen. Bismarck bedauerte, da Wilhelm I. sein Quartier zwei Meilen von hier hätte. In Wirklichkeit wollte der Kanzler die Begegnung zwischen den beiden Monarchen vermeiden, bevor die Kapitulation abgeschlossen war.

Wo könnte Napoleon III. bleiben? war die nächste Frage. Er wollte also nicht nach Sedan zurückkehren. Bismarck schlug ihm sein eigenes Quartier in Donchéry vor, das er sofort räumen lassen würde. Ein paar hundert Schritte vor dem Ort ließ Napoleon halten und wies auf ein Häuschen. Ob er dort nicht unterkommen könne? Nach kurzer Besichtigung hieß es, dieses Häuschen eines Webers sei leer, doch sehr ärmlich. Das schade nichts, meinte Napoleon.

Der Kaiser und Bismarck stiegen die steile, knarrende Treppe zum ersten Stock hinauf und betraten ein kleines einfenstriges Zimmer mit zwei Binsenstühlen und einem fichtenen Tisch.

Über zwei Stunden dauerte die Unterhaltung. Von allgemeinen Gesichtspunkten, die zum Krieg geführt hatten, kam der Kaiser auf die gegenwärtige Lage zu sprechen. Er sorgte sich um eine günstige Kapitulation, auf die Bismarck nicht einging, da sie militärische Fragen enthielt, für die Moltke zuständig war. Als Bismarck von einem etwaigen Friedensschluß sprach, zögerte nun seinerseits der französische Kaiser: Er sei Gefangener und nicht in der Lage, hier zu entscheiden. Wen hielt der Kaiser für zuständig? Die Pariser Regierung, antwortete Napoleon.

Der Ministerpräsident bedauerte, daß sich die Dinge seit gestern nicht geändert hätten.

Wollte man auf der französischen Seite einem Gespräch über Siegespreise ausweichen? Für Bismarck war Frankreich kein „Erbfeind", wie später der schlechte Slogan lautete. In keinem Brief, bei keinem Tischgespräch, bei keiner offiziellen Verhandlung und Rede fiel der Begriff. Bismarck trug kein Verlangen nach der Annexion von Elsaß und Lothringen. „Die Politik hat nicht zu rächen, was geschehen ist, sondern zu sorgen, daß es nicht wieder geschehe." Er nannte „das deutsch gewesene Elsaß" eine Professorenidee: „Was wir brauchen, sind Festungen." Die Generalität hatte ihn überzeugt, daß die Erwerbung von Metz unerläßlich wäre. Es repräsentierte den Wert einer Armee von 120 000 Soldaten ... Armes Elsaß-Schicksal: Seit der Teilung des Reiches 870 bei Deutschland, durch den Westfälischen Frieden 1648 bei Frankreich, ab 1870 wieder deutsch, nach 50 Jahren bei Frankreich, durch das nationalsozialistische Regime für das Deutsche Reich annektiert. Schließlich nach dem Zweiten Weltkrieg wieder bei Frankreich.

Die preußische Seite mußte ferner auf der Forderung nach Gefangenschaft der französischen Armee in Sedan bestehen. Moltke, hinzugekommen, war der gleichen Meinung.

Bismarck, in sauberer Uniform, mit einer Ehreneskorte der Schwadron des Ersten Kürassierregimentes, begleitete Kaiser Napoleon III. zu einer besseren Unterkunft, die man im Schlößchen Bellevue bei Fresnois gefunden hatte. Nachdem Moltke und der französische General Wimpffen die Kapitulation endgültig festgelegt hatten, besuchte König Wilhelm I. den gefangenen Kaiser. Ein Gespräch über die gleichen Themen wie bei der Begegnung mit Bismarck. Den Vorschlag, Wilhelmshöhe bei Kassel als Exilquartier zu beziehen, nahm der Kaiser an.

Die Majestäten „schieden beide tief bewegt". Als der Kaiser nach der Unterredung heraustrat, „standen ihm dicke Tränen in den Augen", wie Bismarck beobachtete. Auf der Fahrt durch Donchéry erkannte der geschlagene Kaiser Bismarck und Moltke an den Fenstern ihres Quartiers. „Jetzt grüßt er seine Totengräber", sagte Moltke.

Vor dem Friedensschluß mit Frankreich
Bismarcks Verhandlungen über die
Begründung des Zweiten Deutschen Reiches

Bismarck lachte, als er seinen ständigen Begleiter, den Vortragenden Rat Lothar Bucher, in Versailles aufsuchte. Dieser war in einer Villa in der

Avenue Saint Cloud untergebracht, ganz in der Nähe des Kanzlers, um diesem jederzeit zur Verfügung zu stehen. Bismarck lachte schallend, als er im Schlafzimmer ein prächtiges großes Venusbild über dem Ehebett entdeckte, in dem sich nun sein vertrautester Rat nächtlichen Träumen hingab. Er durfte in diesen Wochen allerdings nicht zu lange träumen, denn die Arbeit wuchs von Tag zu Tag. Ein bedeutungsvolles Zukunftsprogramm lief an, ehe Frankreich endgültig besiegt und der Frieden geschlossen war.

Der einstige Störenfried des Reiches, Preußen unter Friedrich II., stieß jetzt in die Mitte der Deutschland- und Europapolitik vor. Seit Jahrzehnten war Berlin von verschiedenen Seiten, auch außerhalb Preußens, aufgefordert worden, an die Spitze des Reiches zu treten und die „wahrhafte Idee des Kaisertums" zu erneuern. Die gesamtdeutsche Mobilmachung und der Einsatz gegen Frankreich hatten die Einigkeit der Stämme und Länder erwiesen.

Es durften nicht länger, wie zu Anfang des 19. Jahrhunderts, 15 Millionen Deutsche der Willkür von 36 kleinen Tyrannenfürsten preisgegeben sein. Man brauchte nur die Geschichte der Staatsverwaltung in Bayern, Württemberg und Westfalen zu verfolgen, um sich, mit den Worten des Reichsfreiherrn vom Stein (1757 bis 1831), zu überzeugen, „wie es einer Neuerungssucht, einer tollen Aufgeblasenheit und einer grenzenlosen Verschwendung und tierischen Wollust gelungen ist, jede Art des Glückes der beklagenswerten Einwohner dieser einst blühenden Länder zu zerstören." Unser so lang getrenntes Volk bedurfte der Vereinigung. Aber schon dieser Staatsdenker Stein besaß ein großdeutsches, kein kleindeutsches Programm: „Setzen Sie an die Stelle Preußens was Sie wollen, lösen Sie es auf . . . es ist gut, wenn es ausführbar ist." Über Preußens Auflösung wollte Stein zur deutschen Einheit kommen.

Der zunächst spontane Zusammenschluß im Kriege brauchte jetzt eine verfassungsmäßige Festigung, Glanz und Dauer. Zur Erhöhung gehörte für die Mehrzahl der Deutschen trotz 48er Revolution noch immer die Kaiserkrone als Symbol eines neuen Deutschen Reiches. Österreich, mit seiner Hauskrone, entstanden aus der durch Napoleon I. abgeforderten Krone des alten Heiligen Römischen Reiches Deutscher Nation, war 1863 gewarnt worden, daß es nicht unbedingt auf Freundschaft mit Preußen rechnen dürfte. Durch den nur wenige Wochen dauernden fatalen Bruderkrieg mit Preußen und die verlorene Schlacht bei Königgrätz 1866 war Österreich an den Rand seines politischen Schicksals gedrängt worden. Der historische Reichsgedanke lebte nicht mehr bei Österreich, sondern erneuerte sich durch Preußen.

Warnung der Opposition

Im Augenblick, da Bismarck die deutsche Frage im großpreußischen Sinne zu lösen entschlossen war, ging ein früherer Mitarbeiter des Kanzlers, der Publizist und Staatsdenker Constantin Frantz, zur Opposition über. Er wagte es, mit einer geradezu prophetischen Sicherheit von einer unvermeidlichen Katastrophe nach fünfzig Jahren zu sprechen! Das neue Reich würde eine von parlamentarischen Formen umhüllte Militärherrschaft sein und bedeute ein Torso des alten Reiches. „Man regiert keinen Staat, wie man eine Armee kommandiert", gab Frantz zu bedenken. Der staatspolitische müßte den militärischen Charakter überwiegen, sonst existiere „Machtideelosigkeit". „Die Armee hat ihr eigenes Lebensprinzip, und vermöge dieses Prinzips läßt sie sich nicht von legislativen Körperschaften kommandieren", sagte Frantz. Mit „Blut und Eisen" – nach dem oft zitierten Bismarckwort von 1862 – war der deutschen Nation auf die Dauer nicht zu helfen. Frantz, den der Schweizer Kulturhistoriker und Kulturkritiker Jacob Burckhardt einen „Kopf über dem Nebel" nannte, warnte vor dem Ereignis der Reichsgründung: „Scheinbar emporsteigend, geht Deutschland vielmehr seinem Sturz entgegen".

Trotz dieser Warnung wollte Bismarck die Stunde nutzen, aus norddeutschen und süddeutschen Staaten die deutsche Einheit zu schaffen. Gehörte die Vorstellung von einem neuen deutschen Kaisertum, von dem bei einem Besuch des Kronprinzen in den Augusttagen die Rede gewesen sein sollte, auch hierher?

Der Kanzler entwarf seine Ideen, Bucher führte die Texte aus. Man hat diesen Mitarbeiter federführend bei den Verhandlungen genannt, die der Gründung des Zweiten Deutschen Reiches vorausgingen.

Der Fall von Metz und damit die Kapitulation der französischen Armee erfolgten am 28. Oktober 1870, genau auf den Tag 64 Jahre nach Kaiser Napoleons I. siegreichem Einzug in Berlin. In einer melancholischen Stimmung kommentierte Bismarck: „Ohne mich wären drei große Kriege nicht geführt worden und 80 000 Menschen wären nicht umgekommen." Dazu ein ergänzendes Geständnis aus diesen siebziger Entscheidungstagen: „Ich betrachte auch einen *siegreichen* Krieg an sich immer als ein Übel, das die Staatskunst den Völkern zu ersparen bemüht sein muß."

Immer wieder Reservatrechte für die Einzeldynastien

Wie bei den Kurfürsten des Heiligen Römischen Reiches Deutscher Nation ging es auch jetzt um Privilegien, Reservatsrechte, die Jahrzehnte gültig blieben. Darüber verhandelte Bismarck im November 1870 mit Sachsen, Baden, Hessen, Württemberg und Bayern. Der Süden sollte dem Norden nicht einfach angeschlossen, sondern ein verfassungsrechtlicher Kompromiß zwischen beiden Hälften gefunden werden, der die dynastischen und Stammes-Sonderinteressen beachtete. In der Stellung zur Krone Preußens, in der Stellung des Kaisers als Bundespräsident und durch die Zustimmung zu seinen Sonderrechten empfing der Süden hofierende Zugeständnisse. Die Entscheidungen darüber nannte Bismarck: „Versailles! Viel Verdruß." Die Verhandlungen mit Baden und Darmstadt brachten gute Ergebnisse. Ihre Minister erschienen umgehend, „um das neue tausendjährige Reich zu beraten", schrieb Bismarck an seine Frau. Mit Bayern dagegen wurde es umständlich. Deshalb umwarb der Kanzler das deutsche Alpenland, zumal nach außen hin kein Druck auffällig werden durfte.

Gefährliches Streitgespräch zwischen Kronprinz und Kanzler über Reich und Krone

Sollte Bismarck den Süddeutschen drohen? Er fragte den Kronprinzen Friedrich Wilhelm danach, Novembermitte 1870, in einem Gespräch, das dieser gewünscht und weshalb er Bismarck in seinem Quartier aufgesucht hatte. „Jawohl", meinte der Kronprinz, „es ist keine Gefahr im Spiele, treten wir fest und gebietend auf, so werden Sie sehen, daß ich recht hatte, zu behaupten, Sie seien sich Ihrer Macht noch gar nicht genügend bewußt."

Nein, nicht drohen. Drohen war nicht im Sinne des Kanzlers. Gleich zu Anfang der Unterredung im herbstlichen Garten zeigte sich eine gewisse Gereiztheit auf beiden Seiten. Beide unruhig und schlechter Laune. Würde man zu äußersten Maßregeln greifen müssen, durfte man am wenigsten schon vorher drohen. „Wir stehen mit unseren Bundesgenossen gemeinsam im Felde", sagte Bismarck. Drohungen würden die Süddeutschen in Österreichs Arme treiben . . .

Nicht daß Bismarck Österreich überschätzte, im Gegenteil, für ihn war Preußen überlegen. Österreichs Finanzen waren zerrüttet, der Hader der

Nationalitäten hörte nicht auf. Deshalb bedurfte Österreich der Verstärkung durch deutsche Elemente. Hierdurch erhob es sich immer wieder zum Rivalen von Preußen. Oder dachte Österreich an einen erneuten Vorstoß in der Kaiserfrage? Hatte nicht der preußische König Friedrich Wilhelm IV. die ihm selbst von der Frankfurter Nationalversammlung 1849 angebotene Kaiserkrone seinem neunzehnjährigen Neffen Franz Joseph, der gerade ein Jahr als Kaiser in Österreich regierte, weiterangeboten? Wie merkwürdig! Der letzte deutsche Kaiser Franz II. legte auf Napoleons Druck die Kaiserkrone des Heiligen Römischen Reiches Deutscher Nation nieder, — 43 Jahre später sollte sie durch einen Preußenkönig, den dritten Nachfolger Friedrichs II., nach Österreich zurückgegeben werden. Aber der junge Franz Joseph lehnte ab: „Meine Erfahrung in Staatsgeschäften ist zu neu und das Mißtrauen zu gerecht, als daß ich in Fragen so ernster und gewaltiger Art selbständig auftreten könnte." Der jetzt neoabsolutistisch regierende vierzigjährige Franz Joseph konnte kaum vergessen machen, daß ein Geheimvertrag zwischen Österreich und dem Frankreich Napoleons III. bestanden hatte, den man den „unglaublichsten Vertrag der Geschichte" genannt hatte. Der Donaumonarchie Franz Josephs I. wurde von Frankreich zugestanden, im Falle eines Sieges über Preußen endlich wieder Schlesien in Besitz zu nehmen. Als Gegenstück wollte Napoleon III. Frankreich das Rheinland einverleiben ...

Das Wiener Kabinett suchte jetzt bei dem von Bismarck 1866/67 als Vorläufer des Deutschen Reiches gegründeten Norddeutschen Bund und an jedem anderen deutschen Hof Unterstützung, da es weder auf Rußland noch auf Preußen sicher rechnen konnte. Deshalb auch Österreichs Werben um die deutschen Südstaaten...

Zur aktuellen Frage meinte Bismarck in seiner Unterhaltung mit dem Kronprinzen: Die deutsche Frage müsse man sich entwickeln lassen.

Diesem Zaudern konnte der neununddreißigjährige Kronprinz, der, wie er sagte, die Zukunft repräsentierte, nicht gleichgültig zusehen. Der Drang zur Einheit erfüllte ihn und seine Altersgenossen. Deshalb bekannte er: Es sei nichts einfacher, als von der in Versailles versammelten Mehrheit der deutschen Fürsten nicht bloß den Kaiser proklamieren, sondern auch eine den berechtigten Forderungen des deutschen Volkes entsprechende Verfassung genehmigen zu lassen. Das würde zwar eine Pression sein, ihr könnten jedoch die Könige nicht widerstehen.

Bismarck reagierte auf diese Vorwürfe mit dem Hinweis auf die große Selbständigkeit Wilhelms I. in politischen Fragen, der jede wichtige Depesche selbst durchsehe, ja korrigiere. Zwischen dem bedenkenvollen König und seinem offensiven Sohn befand sich Bismarck. Der Kronprinz dürfe dergleichen Ansichten nicht äußern, sagte der Kanzler.

Friedrich Wilhelm verwahrte sich dagegen. Welche plötzliche Spannung in dem Gespräch! Er lasse sich nicht den Mund verbieten, meinte der Kronprinz und erklärte: „Überdies steht es nur bei Seiner Majestät, mir über Dinge, welche ich besprechen darf oder nicht, Weisungen zu geben, wenn man überhaupt annimmt, daß ich noch nicht alt genug bin, um selbst ein Urteil zu haben."

Der fünfundfünfzigjährige Gesprächspartner setzte den Weg im Garten fort und zündelte an gefährlichen Problemen. Er sagte, wenn der Kronprinz befehle, so werde er nach diesen Ansichten handeln.

Widerspruch: Der Kronprinz habe dem Kanzler gar keine Befehle zu erteilen.

Bismarck zündelte noch stärker: Er werde seinerseits jeder anderen Persönlichkeit Platz machen, die der Kronprinz zur Leitung der Geschäfte für geeigneter als ihn halte. Bis dahin allerdings müsse der Kanzler an seinen Prinzipien nach bestem Wissen und nach der ihm innewohnenden Kenntnis aller Verhältnisse festhalten.

Der Kronprinz war vielleicht lebhafter als üblich geworden, wofür er sich entschuldigte. Er mochte allerdings keinesfalls einen weltgeschichtlichen Moment durch Gleichgültigkeit versäumen. Aus der Erregung dieser Stunde und durch einen nachfolgenden Gallenanfall ein bitteres Wort Bismarcks zu einem Mitarbeiter: „Der Kronprinz ist der dümmste und eitelste Mensch und stirbt noch einmal am Kaiserwahnsinn."

Wenn sich die Bayern überhaupt anschließen ...

Als zweitgrößter Bundesstaat wurde Bayern ein Sonderfall. Das bayerische Heer bildete unter seinem König einen geschlossenen Bestandteil des Bundesheeres mit selbständiger Militärverwaltung. Die Militärhoheit des bayerischen Königs blieb unangetastet, so daß er nur im Kriege den Oberbefehl an den Kaiser als Bundesfeldherrn abgab. Bei den Friedensverhandlungen sollte ein bayerischer Vertreter mitwirken. Hinzu kam der Vorschlag, daß Bayern und Preußen gemeinsam die Außenpolitik im zukünftigen Bundesrat übernehmen sollten.

Aus Bayerns „Ehrenrechten", wie sie Bismarck gönnerhaft nannte, wurden Ansprüche zur „Sicherung des Partikularismus". Im Post-, Telegraphen- und Eisenbahnwesen erhielt Bayern starke Sonderrechte eingeräumt. Bier- und Branntweinsteuer kamen als Reservate hinzu, in der

Heimat- und Niederlassungsgesetzgebung war es ähnlich. Also ein Bündel von Privilegien, damit die bayerischen Abgesandten in München, wo sie sich neue Instruktionen holten, sogleich positiv auftreten konnten. An Franken und Pfälzern war eine Neigung zur Einheit zu spüren, die altbayerischen Bauern dagegen grantelten. Freiwillig täten sie kaum etwas in diesem großen Augenblick, meinte König Wilhelm und hoffte: „Wenn sie nur überhaupt wiederkommen." Sein Kanzler meinte später: „Vor allem erst rin ins Haus", wofür er den Isardeutschen zwei weitere Stimmen im Parlament zusprach.

Die Besetzung des bisherigen Bundesrates mit 43 Stimmen erhöhte sich insgesamt um weitere 15 süddeutsche Stimmen. Diese verteilten sich auf 6 bayerische, 4 württembergische, 3 badische, 2 hessische Stimmen. Im Reichstag waren die neuen Mitglieder aufgeschlüsselt in 48 Bayern, 17 Württemberger, 14 Badenser, 6 Hessen. Vor Schluß des Jahres stimmten endgültig die badischen, württembergischen und hessischen Landtage zu. In Bayern kam es zu beträchtlichen Schwierigkeiten. Erst am 21. Januar, drei Tage nach der Kaiserproklamation, stimmte der bayerische Landtag zu, am 1. Februar vereinigte sich Bayern mit dem deutschen Reichsgefüge.

Der Raupenhelm als Problem

Raupenhelm oder nicht? Das war eine der letzten Fragen zwischen Bayern und Preußen auf dem Weg zum deutschen Reich. Nach langwierigen, endlich sich klärenden Verhandlungen verteidigten die Bayern ihren Raupenhelm, den sehr hohe preußische Generale in der deutschen Armee ablehnten. Wegen eines Helmes kam es zur offiziellen Krise, bis Bismarck eingriff. „Nun, dann bleiben Sie bei Ihrem Widerspruch", herrschte er die Offiziere an und fuhr fort: „Dann wird man aber einmal in der Weltgeschichte lesen: das deutsche Reich konnte 1871 nicht gegründet werden, weil die Generale . . . den bayerischen Raupenhelm nicht leiden konnten."

Durch Monate litt Bismarck unter dieser Umgebung, da „der kalte Sumpf von Mißgunst und Haß einem allmählich höher und höher bis ans Herz steigt." Wenn Lothar Bucher sich an diesen Abschnitt der preußisch-deutschen Geschichte erinnerte, dann seufzte er: „Ich will nicht wünschen, daß noch einmal ein deutscher Kanzler mit den Schwierigkeiten zu kämpfen hat, die Bismarck überwinden mußte." Als Bayern Ende November mit den Preußen abgeschlossen hatte, rief er freudig aus:

„Die deutsche Einheit ist gemacht und der Kaiser auch!" Etwas vorschnell, denn wer von den deutschen Fürsten würde den Kaiserwerber „für das kunstvoll gefertigte Chaos" übernehmen? Und war das erbliche Kaisertum nicht ursprünglich eine Idee jenes wohlhabenden Spiessertums gewesen, das 1848 über die revolutionären Kräfte siegte?

Der bayerische Kaiserwerber Ludwig II.

Seine Majestät König Ludwig II., Sohn Maximilians II. von Bayern, lag im Bett und war für niemanden zu sprechen. Zahnweh, Migräne, Depression, Unruhe, Unlust. Ludwig verlangte wagnerische Musik auf Schloß Hohenschwangau zu hören und keine Staatsgeschäfte aus München, Wien, Berlin oder sonstwoher. Seinem Oberstallmeister, Graf Max von Holnstein, dem Vertrauensmann in Versailles, gelang es, bis zum König vorzudringen. Der Graf übernahm die Mittlerrolle zwischen seinem König und Bismarck. Für die geleisteten Dienste soll ihm dieser eine Pension angeboten haben. Holnstein war soeben aus Versailles zurückgekehrt. Er brachte nicht die vom König erwarteten 5 Millionen Gulden mit, dafür aber die Zusage über 300 000 Gulden jährlich, von denen Holnstein 10 Prozent für seine Vermittlung erhielt. Später bezog Bismarck, um sich erkenntlich zu zeigen, für seine parlamentarischen Bierabende den Gerstensaft hauptsächlich von Holnsteins Brauereien.

Vier Tage nach Unterzeichnung des Vertrages mit Bayern empfing der König drei Briefe. Da alle drei Briefe von Bismarck stammten, las er sie, obwohl er sonst kein amtliches Papier, sondern Opernszenen sehen und Musik hören wollte.

Zuerst ein politischer Brief des Ministerpräsidenten, – wenn's sein mußte, später. Ein privater Brief im gleichen Umschlag, – schon besser. Er enthielt den Dank Bismarcks „für das besondere Wohlwollen, welches die bayerische Dynastie zu der Zeit, wo sie in der Mark Brandenburg regierte, während mehr als einer Generation meinen Vorfahren bestätigt hat". Nach diesem Schmeichelbrief ein dritter Brief, beinahe ein Advokatenbrief, eigentlich das Konzept eines Briefes. Hier lag gewissermaßen schon das Echo auf den ersten, den politischen Brief vor. Darin wurde König Ludwig gebeten, an den preußischen König Wilhelm I. folgendes zu schreiben:

Bayern möge den preußischen König auffordern, die deutsche Kaiserwürde anzunehmen. Hatte es nicht einmal eine Diskussion darüber gegeben, daß der Träger der deutschen Kaiserkrone zwischen Bayern und

Hohenzollern wechseln sollte? Die Wittelsbacher trugen im alten Reich bereits die Kaiserkrone, – die Hohenzollern bis jetzt noch nicht. Nun sollte der fünfundzwanzigjährige Bayer den dreiundsiebzigjährigen Hohenzollern bitten. Von Stamm zu Stamm, von Thron zu Thron, von München nach Berlin. Der mächtigste deutsche König an den zukünftigen Kronenträger des Reiches. Ludwig II. las den Text mehrere Male.

Im Bett sitzend, ohne Rücksprache, ohne Ministerrat, schrieb der junge bayerische König nach Versailles. Er schrieb Bismarcks Entwurf ab. Ludwig wurde zum Kaiserwerber. Der bayerische König ließ sich preussisch diktieren. In vollen Zügen flog die Schrift über das Papier. Diesen Brief nahm der Oberstallmeister Graf Holnstein als Zusteller zunächst nach München, dann weiter nach Versailles mit. Am 30. November beantragte Ludwig II. den Kaisertitel für den „Präsidenten des Deutschen Bundes" bei den Bundesfürsten.

Majestät „wie geknickt"

„Seine Majestät war über den Inhalt dieses Briefes außer sich vor Unwillen und wie geknickt", notierte der Sohn, der Kronprinz. „Er scheint demnach nicht zu ahnen, daß das Konzept von hier aus nach München gegangen ist." Zudem traf der Brief in einer militärisch verdunkelten Lage während der schweren Loire-Kämpfe ein. König Wilhelm sah die Lage sehr schwarz. Das wollte Bismarck für die Kaiserwahl, die er als Folge der bisherigen Siege der gesamtdeutschen Waffenbrüderschaft einschätzte, nicht wahr haben. Der König verharrte bei seiner Meinung. „In ‚Kaiser und Reich' sah er nur ein Kreuz für sich selbst wie für das preußische Königtum überhaupt", notierte sein Sohn im Tagebuch, gab aber Bismarck plötzlich die Hand, als sie das Zimmer Wilhelms I. verließen. Für einen Augenblick fanden sie sich wieder, da diesmal beide Männer drängten. „Mit dem heutigen Tage sind Kaiser und Reich unwiderruflich wiederhergestellt", vertraute der Kronprinz seinem Tagebuch an, „jetzt ist ... die kaiserlose, die schreckliche Zeit vorüber ..." Die Frage des Kaisertitels sollte den preußischen König bis kurz vor der Kaiserkrönung belasten, während es für Bismarck „Wurst" war.

Soll es heißen: deutscher Kaiser oder Kaiser von Deutschland?

„In der Verfassung heißt es: Der König von Preußen führt das Bundespräsidium mit dem Titel Kaiser und der Deutsche Bund den Namen Reich. Damit steht meiner Auffassung nach der Kaisertitel unter dem des Königs", schrieb König Wilhelm an seinen Kanzler. Er fuhr fort: „Es müßte also künftig heißen in allen Reichsangelegenheiten: Wir, Wilhelm von Gottes Gnaden, König von Preußen, erwählter Kaiser von Deutschland. Sollte aber angenommen werden, daß der Kaisertitel zuerst genannt werden müsse, so würde es heißen: Wir, Wilhelm von Gottes Gnaden, erwählter Kaiser von Deutschland, König von Preußen."

Zwei Tage darauf teilte Bismarck Seiner Majestät mit, der bayerische Bevollmächtigte habe sich gegen den Titel „Kaiser der Deutschen" gewandt. „Deutscher Kaiser" befände sich in der Verfassung und entspräche mehr den staatsrechtlichen Verhältnissen als der „Kaiser von Deutschland" mit der Bezeichnung des Gebietes. „Erwählter", der Verfassung fremd, könne das Mißverständnis hervorrufen, der neue Kaiser sei wie der des alten Reiches ein Wahlkaiser, indes doch „zu den wesentlichsten Vorzügen der wiederhergestellten alten Kaiserwürde die Erblichkeit derselben von der Krone Preußens gehört."

Kaiserwahl ohne Volksvertretung, trotzdem „30 Kerle" vom Reichstag unterwegs

In diesen Tagen hieß es, eine Abordnung von dreißig Parlamentariern des Reichstages beabsichtige, nach Versailles zu kommen. Sie wollten dem König zur Einigung Deutschlands und zur Wiederherstellung des Kaisertums ihre Glückwünsche darbringen. Mit überwiegender Mehrheit hatte der Reichstag in zweitägiger Debatte sich für die Einigung ausgesprochen. Warum meldeten sich nur dreißig Abgeordnete an? Hieß es nicht, daß der ganze deutsche Reichstag in Versailles zusammentreffen sollte? Im Hauptquartier sprach man von alten und kränklichen Herren, denen man die weite Reise nicht zumuten wollte. Fade Ausreden, um den Reichstag auszuschließen. Für Bismarcks Mitarbeiter Lothar Bucher galt die parlamentarische Regierungsform zur Zeit für Deutschland nur im Theoretischen.

„Eine Deputation von dreißig Kerlen, das ist doch schrecklich", meinte der Wirkliche Geheime Legationsrat Abeken. Dreißig weise Bonzen mit Geheimratstiteln wären Abeken vermutlich nicht schrecklich gewesen, dreißig Hofmarschälle erquicklich, polemisierte der Publizist Moritz Busch, der zur Presseabteilung des Auswärtigen Amtes gehörte und Bismarck in den Krieg begleitete.

König Wilhelm I. lehnte es ab, den Reichstag zu empfangen, bis ihm der König von Bayern offiziell die Zustimmung aller regierenden deutschen Fürstenhäuser übermittelt habe. Es sollte nicht nach außen so aussehen, als ob der Antrag auf Wiederherstellung von Kaiser und Reich früher vom Reichstag ausgegangen wäre als von den Fürsten. Was dachte Bismarck darüber? Ihm ging es nach anfänglicher Besserung wieder schlechter. Er lag die ganzen Tage über zu Bett. Protestkrankheit oder Zufall?

„Was haben diese Kerls eigentlich im Hauptquartier zu suchen?" fragten im reaktionären Tone Herren des Hofes, als die Deputierten am 16. Dezember in Versailles eintrafen. Der König weigerte sich immer noch, sie zu empfangen. Doch als König Ludwig von Bayern depeschierte, alle fürstlichen Unterschriften beisammen zu haben, da war Wilhelm I. so gnädig, die Abgeordneten nach zwei Tagen bei sich zu sehen. Mit den dreißig Parlamentariern zugleich anwesend waren der Großherzog von Baden, Fürsten, Erbprinzen und Prinzen. Was würde der Kaiser den Volksvertretern sagen?

Empfang um zwei Uhr nachmittags im großen Saal der Präfektur in Versailles. Niemand in großer Uniform oder mit großen Ordensbändern. Nur Ehrenposten aller Waffengattungen machten Dienst. Unter den Abgeordneten einige in Zivil, die einzigen an diesem Tag. Die erste Rede vom Sprecher der Abgeordneten, dem Präsidenten des Reichstages Martin Eduard Simson, einem jüdischen Mitbürger, Politiker und Rechtsgelehrten, der schon einmal als Präsident der Nationalversammlung 1849 dem damaligen preußischen König Friedrich Wilhelm IV. die Nachricht von seiner Wahl zum deutschen Kaiser (vergeblich) überbracht hatte. Der sechzigjährige Weißkopf kam diesmal nicht umsonst. Das lag schon im Ton und im Ausdruck seiner Ansprache an den „Allergnädigsten König und Herrn", dem die Adresse des Reichstags nach Zustimmung zu den Verträgen mit den deutschen Südstaaten und zu zwei Verfassungsänderungen übergeben wurde.

„Vereint mit den Fürsten Deutschlands naht der norddeutsche Reichstag mit der Bitte, daß es Euer Majestät gefallen möge, durch Annahme der deutschen Kaiserkrone das Einigungswerk zu weihen." Eine Adresse, in Folio gebunden, keine Wahl und Huldigung. Das Volk ohne Stimme, nur die Fürsten stimmten zu: beim Staats- und Krönungsakt vier Wochen später. Trotzdem ein würdiger Auftakt vor der Kaiserkrönung.

Dann des Königs Antwort, die Bismarck aufgesetzt hatte. Wilhelm I. war gerührt, so daß er kaum sprechen konnte. Die Worte gehörten mehr in eine Audienz als in einen Staatsakt, der es hätte sein können, wenn der König Volksvertreter und Fürsten gemeinsam als repräsentative Einheit angesprochen hätte. Stattdessen ein floskelhafter Text mit dem Hinweis auf den „Ruf der Vorsehung", dem der König „im Vertrauen auf Gottes Segen" folgen dürfe. Trotzdem war es die erste öffentliche Erklärung, der die amtliche Kundgebung folgte.

So weihevoll, daß „mir, der ich sonst nicht weine, die hellen Tränen flossen", notierte Kronprinz Friedrich, der spätere Kaiser Friedrich III. Wenn er sich umsah, dann „ist eigentlich in jenem Augenblick kein Auge trocken geblieben, was doch, namentlich für die Generale, viel sagen will". Nach diesem Empfang dekorierte Wilhelm I. seinen Kanzler mit dem Eisernen Kreuz Erster Klasse. Indessen hatte die Hauptstadt Frankreichs immer noch nicht kapituliert.

Der Pfarrer in der Schloßkapelle hätte in seinem Gottesdienst vor dem Empfang zuviel aus den Reichstagsdeputierten gemacht, meinte Abeken am Abend, worauf Bismarck antwortete: „Dieser Meinung bin ich doch nicht. Die Leute haben uns eben wieder hundert Millionen gebilligt und den Verträgen von Versailles zugestimmt." Leutselig und real gemeint. Abends ein Essen mit achtzig Gedecken, sonst nichts. Keine Einladung der Abgeordneten zur eigentlichen Kaiserkrönung. Auch von Bismarck kein Hinweis, die Abgeordneten einzuladen.

Ein einsames Silvester für Wilhelm I. Gedanken an die schweren Verluste ließen ihn am Altjahrsabend nicht zur Ruhe kommen. Es drückte ihn sehr: „Was müssen meine armen Truppen bei dieser Kälte leiden! und nach so außerordentlichen Taten! – und dazu noch in Deutschland so schiefe Vorstellungen der hiesigen Situation."

Acht Tage vor der auf den 18. Januar 1871 angesetzten Kaiserkrönung – nach dem historischen Datum 170 Jahre zuvor anläßlich der Krönung Friedrichs I. zum ersten König von Preußen in Königsberg – überraschte der bayerische Prinz Luitpold mit einem letzten Antrag. Bei der Überreichung eines Briefes seines Königs in Versailles verlangte der Prinz, daß Bayern der Fahneneid vor dem Bundesbefehlshaber erlassen werden müsse. Das möge die Preußische Majestät in einem Geheimdokument feststellen. Nach den sehr weitgegangenen „mannighaften Zugeständnissen" Bismarcks dürfe doch wohl nun „aus Billigkeit für die Armee eines so bedeutenden Staates die Zumutung einer Eidesleistung nicht gestellt werden". Prinz Luitpold machte erneut den Vorschlag, daß die Kaiserkrone abwechselnd von den Hohenzollern und von den Wittelsbachern getragen werden sollte. Wieder einige Schwellen, die zu überschreiten waren.

„Wieder dreitausend Gefangene", seufzte Bismarck, als er am 10. Januar 1871 die Nachricht las. „Wenn man sie doch in der Seine ersäufen könnte", brummte er sarkastisch. Dann aber offenbar ernst gemeint: „Oder wenn man den Kaiser von Rußland bestimmen könnte, sie in den Ländern jenseits des Kaukasus in Militärkolonien anzusiedeln. Das sollen ja schöne Länder sein. Für uns werden die Massen von Gefangenen wirklich eine Verlegenheit sein nach dem Frieden ..." Anschließend: „Es wird wirklich nichts übrig bleiben, als sie Napoleon zu geben. Der braucht zweimal hunderttausend Prätorianer, wenn er sich halten will."

„Denkt der denn wirklich, wieder an die Regierung zu kommen?" fragte einer aus der Teerunde.

„O sehr", erwiderte Bismarck, „außerordentlich sehr, ganz ungeheuer, denkt Tag und Nacht daran ..."

Es war ein letztes Flügelschlagen des blessierten Kaisers der Franzosen, bis er durch die Pariser Nationalversammlung abgesetzt wurde, nach England ging und an den Folgen einer Steinoperation starb.

Rücktrittsabsichten Wilhelms I.
mitten in der letzten Krise

Höchste und zugleich letzte Krise am Nachmittag vor der Kaiserkrönung. Eine mehrstündige Sitzung Wilhelms I. mit dem Kronprinzen, mit Bismarck und Schleinitz, dem Minister des königlichen Hofes. Ein innen- und außenpolitisches Gespräch der preußischen Majestät über den Titel. In vierundzwanzig Stunden sollte der Monarch zum Kaiser ausgerufen werden und trotzdem zögerte er noch immer.

Wilhelm I. war grämlicher Stimmung, aus der heraus es zu Ausbrüchen kam. Bismarck beichtete, er habe den Bayern den Titel „Deutscher Kaiser" zugestanden, allerdings ohne Seine Majestät vorher zu fragen. „Also gewissermaßen nur das Patent als charakterisierter Oberstleutnant? Was soll mir das?" fragte der erschütterte König. Bismarck antwortete: „Majestät wollen doch nicht ewig ein Neutrum bleiben, das Präsidium? In dem Ausdruck Präsidium liegt eine Abstraktion, in dem Wort Kaiser eine große Schwungkraft." Der Kronprinz fand „Kaiser von Deutschland" wirkungsvoller.

Der Zar nenne sich nicht Kaiser von Rußland, gab Bismarck zu bedenken, sondern „Russischer Kaiser". Ihm stünden die Ahnen unsichtbar zur Seite, meinte der König. Friedrich I., Friedrich Wilhelm I., Friedrich Wilhelm III., – sollte der Kaiser Abschied nehmen von dem alten Preußen? Der Königstitel und der neue Kaisertitel – das waren für Wilhelm I. Gegensätze. Gegensätze, die sich durch das ganze deutsche Volk zogen: Altpreußen und Reichsanhänger. Kleindeutsche, die Bismarcks Lösung des Reichsproblems unter Preußens Führung zustimmten, und Großdeutsche, die alle deutschen Staaten, auch Österreich, unter der Kaiserkrone vereint sehen wollten.

Wilhelm I. drückten die Ahnen und die hohe Verantwortung von morgen. Die Gesprächsrunde hörte ihn schluchzen, trotzdem tat er dabei seinem Paladin weh: „Morgen ist der unglücklichste Tag meines Lebens. Da tragen wir das preußische Königstum zu Grabe. Und daran sind Sie, Graf Bismarck, schuld." Das war ganz aus der „traditionellen militaristischsten Staatsraison Preußens" gesprochen. (Dehio)

Als der Kronprinz von der über 450 Jahre währenden Geschichte des Hauses und dem Aufstieg vom Mark- und Burggrafen über den Kurfürsten zum König sprach ... Preußen war doch mit seinen 9879 Quadratmeilen und seinen 46 Millionen Einwohnern mächtig geworden. Den Hohenzollern falle jetzt die Kaiserkrone zu ... Da erwiderte Wilhelm I.: „Mein Sohn ist mit ganzer Seele bei dem neuen Stand der Dinge, während ich mir nicht ein Haar breit daraus mache und nur zu Preußen halte." Seine eigenen Worte erschütterten ihn. Er sprang auf und trat zum Fenster. Noch einmal stieß der Kronprinz nach: Seine Majestät wie seine Nachkommen seien berufen, das gegenwärtig hergestellte Reich zur Wahrheit zu machen. Klangen jetzt in dem greisen König die Worte seines badischen Schwiegersohns, des unentbehrlichen Helfers in jeder Situation, nach? Er hatte gesagt: Der heute scheinbar leere Kaisertitel werde bald genug zur vollen Bedeutung gelangen.

Die Reichsfarben wollte Wilhelm I. annehmen, da sie nicht – wie die 1848er – aus dem „Straßenschmutz" entstiegen seien. Die schwarz-weißrote Kokarde des Reiches duldete er nur neben der schwarz-weißen Kokarde Preußens. Er verbat sich die Zumutung, von einem kaiserlichen Heer zu sprechen, – die Marine möge kaiserlich genannt werden. Und das alles sollte morgen wahr werden und neu beginnen?

Mitten in dieser letzten Konferenz war König Wilhelm I. drauf und dran zurückzutreten und seinem Fritz alles zu übertragen. So schrieb er rückblickend am nächsten Tage an die Königin. Er wollte nicht mehr an das denken, was ihm bevorstand. Es quälte ihn so, daß er schluchzte und weinte. Er schrieb von „inbrünstigem Gebet".

Plötzlich brach es aus ihm heraus. Er befahl, wie es sein sollte: Sein

Titel und kein anderer. Kein Wort mehr über die morgige Feier. Abgesagt wurde sie allerdings auch nicht.

Ehrenkompagnien mit
sechzig Fahnen – Bismarcks letztes
Gespräch über die „Titelei"

Die Ehrenkompagnien mit sechzig Fahnen und Standarten und mit Musik marschierten auf Veranlassung des Kronprinzen am 18. Januar 1871 unter dem Fenster Wilhelms I. im Hauptquartier vorbei. Der König erfreute sich des Anblicks. Günstige Nachrichten von der Front trafen ein, – noch besser. Um das Arrangement der Feier hatte sich der König nicht gekümmert, nur einen in Vorschlag gebrachten Thron verbat er sich.

In diesen Morgenstunden suchte Bismarck den Großherzog Friedrich I. von Baden, den Schwiegersohn Wilhelms I., auf. Er sollte für alle Fürsten das erste Hoch auf den Kaiser ausbringen. Die alte Titelsache stand für Bismarck immer noch zur Diskussion. Deshalb teilte er dem Badener mit, daß der König den Titel „Deutscher Kaiser" sanktioniert habe. Ein regloses Antlitz beim fünfundvierzigjährigen Großherzog, nur für einen Augenblick, dann holte er tief Luft und sah dem Ministerpräsidenten in die Augen. Der Großherzog habe vor wenigen Augenblicken vom König den schriftlichen Befehl bekommen, allein den Titel „Kaiser von Deutschland" zu benutzen.

An Bismarck wurde eine tiefe innere Erregung spürbar, sein Gesicht blieb unbeweglich. Dann sagte er langsam: Er müsse es dem Großherzog überlassen, zu tun, was dieser schwierigen Lage entspräche. Der Badener fand sich bereit, noch einmal zu vermitteln. Ging es nicht um mehr als um den Titel? Deutsche Politik, durchgesetzt mit Preußens Machtmitteln, stand auf dem Spiel. Bismarck später: „ ... wenn auch nur *eine* Lippe gefehlt hätte, so wäre aus Kaiser und Reich nichts geworden."

Der hohe badische Parlamentär fand einen König, der den Eindruck machte, tief gebeugt zu sein. Der Großherzog wagte es, Wilhelm I. zu raten, mit dem Ausdruck einverstanden zu sein, der in der Verfassung festgelegt worden sei. Ein letztes, beinahe unhörbares Klingenkreuzen um den Titel unter diesen beiden Männern. Wilhelm I. erwiderte: „Du kannst es machen, wie Du willst. Ich werde mich später doch so nennen, wie ich es will und es für recht halte, nicht wie Bismarck es bestimmen will ..."

„Kaiser Wilhelm lebe hoch!"

„Seine kaiserliche und königliche Majestät, Kaiser Wilhelm, lebe hoch!"
Diese geschickte Proklamation zur Beendigung der Titel-Farce gebrauchte der Großherzog Friedrich von Baden mit erhobener Hand als Huldigung der deutschen Fürsten im Spiegelsaale des alten Bourbonenschlosses von Versailles. Ein sechsfaches Hurra der 2000 Fürstlichkeiten, Prinzen, Beamten, alle in Uniform, ein Talar, kein Zivil.
Da stand Wilhelm I., der Fürstenkaiser, nicht der Volkskaiser – das wurde er später durch seine patriarchalische Repräsentation – in der Uniform des Ersten Garderegimentes zu Fuß auf einem podiumartigen Hochtritt. Er hielt ernsten Gesichtes eine kurze Ansprache. Dicht neben ihm die zerschossene Fahne des Ersten Bataillons des Ersten Garderegimentes. Dahinter Fahnen seines Grenadierregimentes, preußische und bayerische Fahnen, wie es das bekannte patriotische Gemälde des damals erst siebenundzwanzigjährigen Anton von Werner zeigt.
Dann trat Bismarck vor, nicht im weißen Überrock, wie auf dem Staatsgemälde, sondern im tiefdunklen Überrock der Kürassiere, hoch gestiefelt. Er sah grimmig und verstimmt aus — er litt körperlich und geistig – und verlas in tonloser, ja geschäftlicher Art und ohne jegliche Spur von Wärme oder feierlicher Stimmung, wie der Kronprinz empfand – die Ansprache „an das deutsche Volk", mit der der Kanzler nicht einverstanden war. Bei den Worten „Mehrer des Reiches" bemerkte Friedrich Wilhelm „eine zuckende Bewegung in der Versammlung, die sonst lautlos blieb".
Ein militärpolitischer Akt im Kanonendonner vor den Toren von Paris, auf fremdem, feindlichem Boden, mit der deutlichen Geste des Siegers, wozu Constantin Frantz feststellte: „Aus den Berliner Kasernen ging das neue Reich hervor."
Während in Versailles die Kapelle „Heil Dir im Siegerkranz" spielte, kniete der Thronfolger auf mittelalterliche Art wie ein Vasall vor seinem Vater nieder und küßte ihm die Hand.
Unter den Klängen des „Hohenfriedbergers" grüßte Wilhelm I. seine Fahnen, umarmte seinen Sohn und die ihm anverwandten Fürsten unter Tränen. Er schüttelte viele Hände. Nur eine Hand nicht: die seines Kanzlers. Bismarck stand mitten im Saal vor dem Kaiser, und dieser tat, als sehe er ihn nicht, als kenne er ihn nicht. Wilhelm I. ging dicht an ihm vorüber. Mit allen redete er, mit Bismarck nicht. Wie ein Chef, der seinem ersten Mitarbeiter am Geburtstag ihrer gemeinsamen Schöpfung noch einen Denkzettel vor aller Welt verabreichen möchte, weil dieser

zu oft eigenen Willen bewiesen hat. Hier verlor der alte Herr die Fassung, bis er sich am Abend beim Galadiner wieder gefangen hatte, zum Kanzler das Glas erhob und ihn in einem Trinkspruch feierte.

An des Kronprinzen Seite ritt sechs Monate später, im Juni 1871, beim großen Einzug des ersten preußisch-deutschen Kaisers in die Reichshauptstadt sein Sohn. Es war der zwölfjährige Prinz Wilhelm, der spätere dritte und letzte Kaiser der Hohenzollern.

Der Knabe saß in Uniform auf einem Tigerpony. Als Kaiser Wilhelm I. vor dem Prinzen hielt, legte der Großvater seine Hand auf die Schulter des Enkels und sagte: „Diesen Tag wird Er nicht vergessen."

Preußen erzwang 1871 durch das Schwert die Einigung zum Deutschen Reich. Damit entsprach es der tiefen Sehnsucht des Volkes nach Vereinigung der deutschen Stämme. Das Zweite Kaiserreich, nachgebildet dem mittelalterlichen Imperium, unter Ausschluß Österreichs, in der Form eines Bundesstaates der Fürsten und freien Städte, – dieses Reich mit seinen Fahnen, seinem Ruhm und seinen Opfern war von einem viel größeren Horizont umgeben: dem Weltreich deutschen Geistes mit seinen Denkern, Wissenschaftlern, Forschern, Erfindern und Künstlern. Es ist deutsche Tragik und Verblendung, das stets zu vergessen. Waffen bringen uns nicht die Erfüllung unserer politischen und nationalen Wirklichkeit. Bismarck äußerte sich gleichsam als Spiegel unseres Schicksals: „Es ist uns schon empfindlich, wenn wir nicht renommieren können, und einer Regierung, die uns nach außen hin Bedeutung gibt, halten wir vieles zugute und lassen uns vieles gefallen dafür . . ."

XXI.
Der letzte deutsche Kaiser Wilhelm II.

Professor Schweninger: Bismarck ist kein unheilbarer Morphinist

Schweninger, der Leibarzt Bismarcks, zum jungen Kaiser! Eigentlich war es ein überfälliger Entschluß nach einer Unterredung mit dem Fürsten. Intrigen, Gerüchte aus den politischen Salons, extreme Falschmeldungen der Presse hörten nicht auf, Bismarck als unheilbaren Morphinisten zu verdächtigen. Es lag daran, daß man wenig oder nichts Genaues von der neuen ärztlichen Behandlung wußte. Da man den Reichskanzler selten sah, mutmaßten die Gegenspieler einen nur mühsam aufgehaltenen Zusammenbruch, ein Nachlassen der geistigen Fähigkeiten. Man sprach vom toten Mann in den Händen eines Kurpfuschers. Oder ging es um einen verabschiedeten, gestürzten Mann, dessen sich der Kaiser entledigen wollte? Namen von Nachfolgern schwirrten durch die politische und diplomatische Welt. Ausländische Zeitungen füllten ihre Spalten mit Klatschereien. Der Kaiser brauche Bismarck noch, um die Militärvorlage durchzubringen, hieß es. In Ungarn erschienen Sonderberichte über das bevorstehende Ableben des Reichskanzlers.

Um Bismarck eine Selbstrechtfertigung vor dem jungen Kaiser zu ersparen und gleichzeitig als authentischer Zeuge zu erscheinen, reiste Professor Ernst Schweninger mit dem Kurierzug von Friedrichsruh nach Berlin. In der Frühe um sechs Uhr kam er auf dem Lehrter Bahnhof an und begab sich sofort zu Herbert v. Bismarck, der seinen Vater in den aktuellen politischen Geschäften des Auswärtigen Amtes vertrat. Der Sohn erschrak, als er geweckt wurde, weil er schlimme Nachrichten befürchtete. Stattdessen beruhigte ihn der Arzt, nahm am Bett Platz und berichtete von seinem Anliegen. Audienz bei Kaiser Wilhelm II.! Nur ein klärendes Wort von höchster Stelle konnte allen Verleumdungen ein Ende setzen.

Kaum hatte das Gespräch begonnen, da meldete der Diener die Vorfahrt des Kaisers! Was hatte das zu bedeuten? Wußte der als neugierig bekannte Monarch um die Ankunft Schweningers? Hatte man ihn über den Frühbesuch bei Herbert v. Bismarck schon benachrichtigt? Oder drohte ein staatspolitisches Komplott, nachdem die anfängliche Neigung des jungen Kaisers zu Bismarck, diese „Flitterwochen der Verehrung und des Verständnisses", durch Zwischenträger und Karrieremacher wachsendem Mißtrauen gewichen war?

Während Herbert sich ankleidete, sollte Schweninger den Kaiser empfangen und ihm die Zeit vertreiben. Der neunundzwanzigjährige Monarch, im Glanz der Morgenstunde, geschickt den von Geburt an verkümmerten Arm verbergend, stand am Fenster und blickte in die Wilhelmstraße hinunter. Er schien erfreut, den Arzt im Reiseanzug hier zu treffen.

Schweninger kam sogleich, zunächst mit „gebührender Bescheidenheit und Entschiedenheit", auf sein Thema zu sprechen. Der Reichskanzler, nicht nur des Säuferwahnsinns angeklagt, sondern auch als Morphinist verdächtigt, – was sagte das Volk, was das Ausland, was die Fürstenhöfe und Staatsmänner? Wer waren die Drahtzieher, die am Sturz des Kanzlers Interesse hatten und so das Unheil propagierten?

„Majestät, das ist eine elende Verleumdung, und ich kenne die, von denen sie ausgeht", rief Schweninger. Der Leibarzt des Fürsten kam in „begreifliche Erregung". Besaß er mit seiner physikalisch-diätetischen Therapie nicht schon viele, vielleicht alle Triumphe? Er konnte dem jungen Kaiser die günstigsten Gesundheitsaussichten für den Alten aus dem Sachsenwald versprechen.

Wilhelm von Hohenzollern schien dankbar für die „wohltätigen und beruhigenden Mitteilungen". Er hörte sich den Bericht aufmerksam an. War er echt oder bot er eine Maske? Schweninger wußte um die „Politik der Nadelstiche", die der Kaiser anwandte. Er ließ verbreiten: „Ich habe keine Minister, es sind ja alles die Minister des Fürsten Bismarck." Schweninger hörte vieles von hohen und höchsten Würdenträgern und deshalb drängte er oft: Bismarck sei schon umstellt und müsse handeln. In schlaflosen Nächten beschäftigte sich der Kanzler mit der Frage, wie lange er es unter der jungen Majestät aushalten konnte. Deshalb auch Schweningers Besuch in Berlin, um gewisse Voraussetzungen zu klären. Sein Patient wäre kein abgetakeltes, lebensmattes Monstrum, das ins Museum der Weltgeschichte gehöre. Ein gesundgewordener Herold des Reiches stände bald wieder im Dienst für König und Vaterland.

Der Regent hörte sich den ärztlichen Bericht genau an. Wie gut, daß Bismarck bald nach Berlin zurückkehrte. Ja, in alter Frische. Erstaunlich die Gewichtsabnahme von 247 Pfund im Jahre 1881 auf nunmehr 202 Pfund. Was, Bismarck ritt wieder? Dankenswert von dem Arzt, sich

so um das Wohlergehen und das Ansehen seines Patienten zu kümmern.
Klang das überzeugend oder konventionell? Spielte Wilhelm II. Leutseligkeit? War das, was man mit Bismarck trieb, nicht Infamie, oder wollte man einfach das Joch des Alten abschütteln, vor dem alle in Regierung und Amt zitterten, weil er keinen Widerspruch duldete? Ein Nahestehender gab zu bedenken: Bismarcks „titanischer Kampf gegen das Ausland, Kampf gegen alle Parteien, Kampf gegen alle Ressorts, Kampf gegen die nächsten Freunde, Kampf gegen die Mitglieder des Herrenhauses, auch gegen seinen König und den jungen Kaiser" – Bismarck konnte seine Kampfeslust nicht dämpfen. Trotzdem sagte er mit seiner weichen, hohen Stimme im Oktober 1887: „Ich schieße nicht gern mein Wild."

Um taktisch „richtig liegen zu können", brach der Arzt seine Rede ab. Hatte er den Kaiser überzeugt? Es ging ihm darum, die Form zu wahren und nicht die gelindeste Spannung zu erregen. Er wollte sich nicht zur Ordnung rufen lassen, weil er vielleicht übers Ziel hinausgeschossen war. Deshalb: Entschuldigung, Majestät, für die Hitze des Gefechtes.

Wilhelm II. zeigte sich angetan von der Schilderung der Vorder- und Hintergründe der Schwätzerpolitik. Nein, kein Versteckspiel, sondern Aufrichtigkeit. Er fand Schwenings Besuch angebracht und versprach, daß solche Zwischenrufer „bekämpft werden sollten".

Graf Herbert von Bismarck ergänzte das Beweismaterial vor allem durch den Hinweis auf den Großherzog von Baden als Quelle mancher Übertreibungen. Der Kaiser versprach, ihm notwendige Belehrungen zukommen zu lassen, und dankte noch einmal für Schwenings beruhigende Mitteilungen.

Ganz Berlin, Deutschland, die Welt staunten über Bismarck, als er 1889 wieder in die Reichshauptstadt zurückkehrte. Das bekannte Gesicht, die aufrechte Erscheinung, ein blendendes Aussehen. Er disponierte wie in vergangenen Tagen. Kein grämlicher Greis mit gestörten geistigen Fähigkeiten erschien in der Wilhelmstraße. Der alte Riese trat seinem jungen Kaiser gegenüber als Wächter der deutschen Einheit und Größe.

Der Zweikampf zwischen Kaiser und Kanzler beginnt

Des großen Friedrichs Geburtstag im Jahre 1890 hatte der Kaiser dazu ausgesucht, um dem Kronrat „einen hochbedeutenden historischen Ausgangspunkt" zu geben. Wilhelm II. präsidierte an einem ovalen, grünen

Tisch, er wie Bismarck in Uniform, die acht Minister in bestickten Fracks. Dem Monarchen ging es um das Allerdringendste seiner Regierung, um die Sozialgesetzgebung, nachdem er sogleich in seiner Thronrede bei Eröffnung des Reichstages 1888 die Umrisse eines Alters- und Invaliditätsgesetzes gegeben hatte. Kurz vor der dritten Lesung war damals in Rheinland-Westfalen ein Bergarbeiterstreik ausgebrochen, weitere Unruhen an der Saar, in Schlesien und Sachsen. Die Streikenden verlangten den Achtstundentag und Abschaffung der Überschichten. Arbeiterausschüsse sollten mit den Arbeitgebern verhandeln.

Bismarck verhielt sich zur ganzen Frage zurückhaltend. Der Junker in ihm meldete sich. Er sprach vom Humanitätsdusel, der „die vaterländische Wirtschaft schädigen könnte". Dann kurze, erste Blitze aus dem Sachsenwald: „Falls Seine Majestät solche Gesetze wünsche, müsse sie sich einen anderen Ministerpräsidenten suchen."

Nachdem im Kronrat 1890 zwei persönlich ausgearbeitete Vorlagen des Kaisers über Arbeiterschutz, Sonntagsruhe, Einschränkung der Frauenarbeit, Verbot der Kinderarbeit verlesen worden waren, kommentierte Wilhelm II. selbst. Er rief zum kollegialen Verhältnis zwischen Arbeiter und Arbeitgeber auf. Die Streiks bewiesen, daß beide Seiten ohne Fühlung waren. Alles richtige und vernünftige Gedanken. Aber welchen Kontakt besaß der Kaiser? Er habe den Arbeitgebern befohlen, Lohnkonzessionen zu machen, nachdem sie die Arbeiter „ausgepreßt wie Zitronen und dann auf dem Mist verfaulen lassen". Weitere drastische Worte fielen: Er werde seine Truppen nicht dazu hergeben, die Villen und Rosengärten der Fabrikanten zu schützen, welche womöglich Doppelposten vor ihren Betten verlangten. „Meine Untertanen müssen wissen, daß sich ihr König um ihr Wohl kümmert!"

Das Tragische: Trotz seiner Bemühungen fand Wilhelm II. keine Gegenliebe bei den Arbeitern, so wie er auch den Naturalismus von Gerhart Hauptmanns Dramen völlig mißverstand. Polizeiverbot traf „Die Weber", weil man beunruhigende Parallelen zur Zeit fürchtete, bis das Schauspiel für das Deutsche Theater in Berlin 1894 freigegeben wurde ...

Sehr langsam erwiderte Bismarck: „Nachgiebigkeit wird die Begehrlichkeit der Massen ins Unendliche steigern. Überhaupt ist der Arbeiter nie zufrieden zu stellen ... Denken wir aber zunächst an die jetzigen Wahlen: die Besitzenden werden verärgert, die Sozialisten ermuntert."

Die Spannung dieser gegensätzlichen Auffassungen milderte sich etwas durch die zuvorkommende Antwort des Kaisers: „Ich bin ja weit davon entfernt, meine geringe Erfahrung gegen die reiche Euer Durchlaucht in die Waagschale zu werfen."

Bismarck hielt es für einen schweren Fehler, „nur den Schein von Nachgiebigkeit im Reichstag zu zeigen". Das hieß für ihn, den ersten verhängnisvollen Schritt tun. Ob solches Verhalten des Kaisers verhängnisvoll werden würde, könne er nicht beweisen, aber er glaube es aus langer Erfahrung ...

Als sich Wilhelm II. dagegen wehrte, seine ersten Regierungsjahre mit dem Blute seiner Untertanen zu färben, da sprach es Bismarck unverhohlen aus: „Ohne Blut wird es schwerlich abgehen ... Je später der Widerstand einsetzt, um so gewaltsamer wird er sein müssen." Dem Reichstag entgegenzukommen, nannte er kapitulieren. Der Kanzler streckte sich förmlich in Haltung und Wort, als er erklärte: „Seit meinem Eintritt in die Regierung ist die Königsmacht ständig gewachsen. Ein solcher Rückzug aber wäre der erste Schritt vom Wege, und zwar in der Richtung einer augenblicklich bequemen, aber gefährlichen Parlamentsmacht." Dann sehr deutliche Worte: „Wenn Euer Majestät kein Gewicht auf meinen Rat legen, so weiß ich nicht, ob ich auf meinem Platz bleiben kann."

Wilhelm II. und Bismarck schüttelten sich zwar die Hände nach dieser ersten Runde. Für alle Anwesenden des Kronrates war jedoch ein „irreparabler Bruch zwischen Kanzler und Souverän" erfolgt. Nicht mehr die Sozialgesetzgebung, nicht das Wohlergehen einer Bevölkerungsschicht war die Hauptsache, sondern der Zusammenprall zweier Köpfe, von denen jeder sein Eigengewicht nicht schmälern wollte. Allerdings wird von Wilhelm II. ein Wort kurz nach seiner Thronbesteigung überliefert: „Zwei Jahre will ich den Alten verschnaufen lassen; dann regiere ich selber." Dazwischen in einem Brief an Kaiser Franz Joseph von Österreich: Er habe Bismarck „vergöttert". Und vierzig Jahre nach diesen Vorgängen gestand der Ex-Kaiser in seinem holländischen Exil Doorn: „Es war *furchtbar*, unter Bismarck zu arbeiten! Jede Gelegenheit benutzte er, um mich zu kränken und fast zu demütigen."

Der preußische König als Urheber des Betriebsrates

In der übernächsten Kabinettssitzung, am 31. Januar, erschien der Kaiser plötzlich und unangemeldet. Suchte er den Kanzler? Wollte er sich in die Diskussion seiner zwei Erlasse, die Bismarck umarbeiten wollte, erneut einschalten? Verlangte er eine Veröffentlichung, um die Arbeiter zu beruhigen, damit sie erfuhren, „daß Ich für sie denke"?

Nach der Sitzung Bismarck unter vier Augen mit Wilhelm: „Nur aus

Gehorsam gegen Ihren Befehl habe ich diese Erlasse entworfen, aus dem Pflichtgefühl eines noch im Dienste stehenden Beamten. Ich widerrate entschieden diesem Schritt und möchte bitten, die Papiere gleich hier ins Kaminfeuer zu werfen."

„Nein, nein!" erregte sich der Kaiser und unterzeichnete schnell. Der Kanzler lehnte die Gegenzeichnung ab. Er verpaßte die historische Stunde, die Preußen, vor allem den preußischen König, zum Urheber des Betriebsrates erhob. In dem zweiten Erlaß war nämlich von eigenen Arbeitervertretungen die Rede, die „ihre Interessen bei Verhandlungen mit den Arbeitgebern und den Organen der Regierung" wahrnehmen sollten. Dreißig Jahre vor dem Betriebsratsgesetz 1920 gab der preußische König einen solchen Erlaß heraus. Es war der Sieg des dreißigjährigen Mannes auf dem Thron gegenüber dem fünfundsiebzigjährigen politischen Berater der angestammten Dynastie, der königlichen Familie, des Vaters wie vor allem des Großvaters.

Spannungen und Gegensätze gibt es in der Politik wie überall, sie sind nur in den Folgen dramatischer, unberechenbarer und nachwirkender. Selten treten Vermittler auf, um beiden Seiten zu dienen, eher Widersacher der einen wie der anderen Seite. In unserem Fall explodierten der Junge wie der Alte. Wilhelm II. zu Vertrauten: „Der Alte kriecht zu Kreuze." Bismarck zu den sächsischen und bayerischen Gesandten in Berlin: Er werde seinen Abschied nehmen, wenn die beiden Fürsten ebenfalls Arbeiterschutzentwürfe einbrächten. Das klang reaktionär und brauchte nicht so ernst genommen zu werden, wie es sich anhörte. Bismarck äußerte später selbst: Die kaiserlichen Gesetze für die Arbeiter wären ihm kein Grund gewesen, seinen Abschied zu nehmen.

Bismarck in offener Kampfbahn vor dem Kaiser: „Ich fürchte, daß ich Euer Majestät im Wege bin."

In der folgenden Staatsministerratssitzung teilte Bismarck sein Ausscheiden aus dem preußischen Ministerpräsidium mit, aus den Ministerien ebenfalls. Seine Majestät habe seinem Bleiben als Kanzler „ohne weiteres Besinnen" zugestimmt. Für die Anwesenden machte der Fürst „einen gedrückten Eindruck, als fühle er sich plötzlich abgetakelt".

Nach kaum einer Woche sprach Bismarck von Schwierigkeiten, wenn das preußische Ministerpräsidium und die deutsche Außenpolitik nicht mehr in *einer* Hand wären. Blieb damit nicht alles beim alten? Diese Schwenkungen des Fürsten wurden allmählich ein Rätsel.

Die Reichstagswahlen vom Februar 1890 belasteten Bismarcks Position. Von zehn Millionen Wählern gingen nur sieben Millionen zur Urne, und davon wählten anderthalb Millionen die Sozialdemokratie. Im ganzen standen viereinhalb Millionen Wähler gegen Bismarck. „Der Zusammenbruch der bismarckschen Politik ist besiegelt", stand in der Berliner Zeitung des Zentrums, „Germania".

Wilhelm II. zu Bismarck: „Und wenn Ihr Souverän befiehlt?"

Um neun Uhr morgens erschien der Kaiser in der Amtswohnung Bismarcks und wünschte, ihn zu sprechen. Ein ungewöhnlicher Besuch zu ungewöhnlicher Zeit, da Bismarck bekanntlich spät einschlief. Es handelte sich um die Begegnung Windthorsts, des Führers der Zentrumspartei, mit Bismarck. Er hätte ihn natürlich hinauswerfen lassen sollen, war die kaiserliche Ansicht, abgesehen davon, daß Bismarck im Falle dieses exemplarischen parlamentarischen Gegenspielers vorher beim Kaiser hätte anfragen müssen. Das ging dem Kanzler zu weit.

„Solcher Kontrolle der Einzelheiten und meiner persönlichen Bewegung im eigenen Hause kann ich mich keineswegs unterwerfen", protestierte Bismarck.

„Auch dann nicht, wenn Ihr Souverän es befiehlt?"

„Auch dann nicht, Majestät."

Wilhelm lenkte ein und sprach von Wünschen, nicht von Befehlen. Zudem hatten Majestät zur Vermeidung eines Konfliktes mit dem Reichstag in Sachen der Militärvorlage den General Falkenstein beauftragt, das Höchstmaß des Erreichbaren herauszuholen. Nicht Bismarck sollte also verhandeln, sondern ein General.

Als Antwort auf diesen Vorfall erneuerte der Reichskanzler seine Bereitschaft auszuscheiden: „Ich bin in Ihren Diensten nur geblieben, Majestät, weil ich das meinem alten Herrn versprochen habe. Wenn Majestät es wünschen, ich gehe gern."

Auch diesmal kein letzter Entschluß des Kaisers. Schien das Maß noch nicht voll?

Wilhelm II. beschwerte sich darüber, daß Bismarck den Ministern verboten habe, ohne seine Gegenwart und ohne seine Zustimmung dem Kaiser Vortrag zu halten. Als Rechtsunterlage diente eine „alte, vergilbte" Order, es handelte sich um die Kabinettsorder König Friedrich Wilhelms IV. von 1852. Wilhelm bat darum, sie unverzüglich aufzuheben.

„Kein Premier kann verantwortlich bleiben, wenn der Monarch mit jedem Ressort allein Beschlüsse faßt", erklärte Bismarck.

Dieses Thema der Order gab den letzten Ausschlag für Bismarcks Entlassung. Am Morgen des 17. März erschien Generalleutnant v. Hahnke mit einem Ultimatum: Seine Majestät bestünden auf der Rücknahme der bekannten Order oder auf sofortigem Abschied. Durchlaucht solle um zwei Uhr aufs Schloß kommen, um ihn dort entgegenzunehmen.

Bismarck nach einer sehr langen Weile: „Ich bin nicht wohl genug, um aufs Schloß zu kommen. Ich werde schreiben."

Am gleichen Abend trafen sich die Kommandierenden Generäle auf dem Schloß. Wilhelm II. wollte sich mit ihnen über die Militärvorlage unterhalten. Stattdessen sprach er über Bismarcks Entlassung. Kein General äußerte sich dazu. Draußen auf der Treppe sagte Moltke: „Das ist eine sehr bedauerliche Geschichte: der junge Herr wird uns noch manches zu raten aufgeben."

Es hagelt Abschiedsgeschenke.

Nach achtundzwanzig Jahren Regierungsführung Rücktritt des Ministerpräsidenten Bismarck. Genau achtundzwanzig Jahre später sollte auch Kaiser Wilhelm II. zurücktreten.

In seinem Brief vom 18. März an Bismarck übertrieb der um vierundvierzig Jahre jüngere Monarch, um nicht zu sagen: entstellte er die Tatsachen, indem er „betrübten Herzens" an seine Hoffnung erinnerte, „dem Gedanken, mich von Ihnen zu trennen, bei unseren Lebzeiten nicht näher zu treten." Dann hagelte es Abschiedsgeschenke im Text und in Titeln: Bismarck empfing ein „lebensgroßes Bildnis" des Kaisers, er wurde Herzog von Lauenburg. In einem zweiten Brief ernannte ihn der „Kriegsherr" zum „General-Obersten der Kavallerie mit dem Range eines Feldmarschalls". Auf den Hinweis, daß Bismarcks Rat und Tatkraft „auch in Zukunft Mir und dem Vaterlande nicht fehlen werden", bemerkte der Alte später: „Mein Rat ist seitdem weder direkt noch durch Mittelspersonen jemals erfordert, im Gegenteil scheint meinen Nachfolgern untersagt zu sein, über Politik mit mir zu sprechen."

Trotzdem ein letzter Rat. Bismarck schlug als seinen Nachfolger General Leo v. Caprivi vor, der vom Kaiser angenommen wurde. Man hat ihn den einzigen Staatsmann unter den sechs Nachfolgern, dieser „fast wunderlichen Garnitur von Würdenträgern", genannt. Doch Caprivi erneuerte den Rückversicherungsvertrag mit Rußland nicht, so daß das bisher gebannte Gespenst des Zweifrontenkrieges auftauchte.

In den aktuellen Stellungnahmen der Weltpresse nannte man Wilhelm II. einen „leichtsinnigen und unbedacht handelnden Cäsar des deutschen Volkes", der auf den „größten Staatsmann Europas" verzichten zu können glaubte. In England sah man „Europa einem Hitzkopf überliefert". Den Kontinent ohne Bismarck konnte man sich überhaupt nicht mehr vorstellen.

Keiner konnte wie Bismarck mit fünf Bällen gleichzeitig spielen. Jetzt tat man es mit einem, höchstens mit zwei Bällen. Epigonenschicksal ...

Wilhelms II. persönliches Regiment

„Ich kenne nur zwei politische Parteien: die für Mich und die gegen Mich", erklärte der Kaiser und hielt es so sein Leben lang. Er brauchte keinen Begleiter im Ja *und* Nein, den trutzigen Hagen des Reiches hatte er entlassen. Die Paladine seines Großvaters und Vaters wechselten mit Hofschranzen, ob im Familienkreise, am Hof, in der Politik oder beim Militär. Das offene Wort zum Besten der Nation wurde abgelöst durch schmeichelhafte Huldigungen und fatale Liebedienerei. Des Kaisers spätere zweite Gemahlin Hermine beobachtete als Frau des Prinzen Schönaich-Carolath „Speichellecker und Verleumder". Verwöhnung und Kritiklosigkeit duldete der Kaiser von Anfang an. Deshalb mußte er oft das Maß verlieren, die Einsicht, die Menschenkenntnis und die Überlegenheit. Daraus sollte sein Unglück entstehen.

„Jeder fürchtete für seine Stellung", sagte Graf Waldersee als Vertreter Moltkes im Großen Generalstab, „wir haben darüber geklagt, daß Bismarck die Charaktere unterdrücke, hier sehen wir aber dasselbe, nur in stärkerer, gefährlicher Form." Bei demselben Waldersee tauchen medizinische Bemerkungen auf, ob bei Majestät „vielleicht im Zusammenhang mit dem Ohrenleiden sich längst eine geistige Störung entwickelte". Am Siebenunddreißigjährigen fielen „sehr deprimierte" Stimmungen auf, die die Nerven versagen ließen. Man befürchtete einen Zusammbruch bei großen politischen Enttäuschungen.

„Macht Wilhelm II. Tollheiten? Vollführt er Regierungshandlungen, die über den Rahmen seiner Rechte hinausgehen? Von allem ist keine Rede, – sondern Deutschland und Preußen ertragen nicht mehr die Betätigung eigenen kaiserlichen Willens ... Es ist hart zu sagen: die Aufrichtung des Deutschen Reiches, das heißt die Verschmelzung liberalen süddeutschen Blutes mit Preußen, die Kombination des regierenden Staatsmanns und des schlafenden Heldenkaisers, haben das altpreußische Königtum ruiniert ... Tritt nun der Kaiser als Selbstregierer auf, so ist das sein gutes Recht. Es fragt sich nur, ... wer die Partie gewinnt. Ich fürchte, daß nur ein glücklicher Krieg dem Kaiser das nötige Prestige für diesen Kampf verleiht."

Diese Stellungnahme zu den verschiedenen Problemen und Perspektiven der kommenden Zeit umriß genau das persönliche Regiment Wilhelms II., der das wiederherzustellen beabsichtigte, was die Kombination der Reichsgründung zerstört hatte. Die Auslegung stammt von dem ihm sehr nahestehenden Philipp Graf zu Eulenburg, einem der wenigen, die dem Kaiser die Wahrheit sagen durften. Seine differenzierte Diagnose, selten so sicher formuliert, teilte er aber dem Monarchen nicht mit. Darin wird selbst in diesem Fall die Doppelbödigkeit des Umgangs mit dem Kaiser sichtbar. Eulenburg sah zweifellos in die Zukunft. Sein Freund, der Kaiser, wollte jedoch alle Tage Geburtstag haben, wie Bismarck es sah. Keinen Ärger, keine Angriffe, keine Komplikationen, nur gute

Bezeichnend für den Kaiser-Wilhelm-Kult:
Inserat für Kaiserbüsten etc. zur Geburtstagsfeier
Wilhelms II.

Nachrichten, Huldigungen, Hurras der Massen, Glanz und Feste. Vor allem Kostümparaden, so daß Wilhelm II. bis zu sechsmal am Tag den Anzug wechselte und die Oper „Der fliegende Holländer" in Admiralsuniform besuchte! Immer noch mangelnde Reife und Unerfahrenheit, ein Hang zur Überhebung und Überschätzung, wie sein Vater den sechsundzwanzigjährigen Sohn charakterisiert hatte?

Lag es an der unheilbaren Schwäche des linken Armes seit Geburt an? Als Kind schmerzten ihn das linke Bein, das linke Ohr und die linke Kopfseite. Es überwand die Schäden durch körperliches Training. Dennoch belasteten sie Wilhelm zeitlebens. Sein Lehrer Hinzpeter kommentierte: „Nie ist in die preußische Armee ein junger Mann eingetreten, der physisch so wenig geeignet erschien, ein brillanter und schneidiger Reiteroffizier zu werden." Kam aus der Schwäche seine Angst vor Krankheiten? Hinzpeter sprach es noch deutlicher aus: „Es ist gar nicht nötig, daß der Kaiser die Sache zu Ende führt. Die Hauptsache ist, ihn nur immer in Atem zu halten. Wenn nichts Neues kommt, so fällt er in Apathie." Erst demonstrative, jähzornige, harte Einfälle, dann Zurücknahme der Entschlüsse, weil sie zu extrem erschienen und ihm wegen ihrer Gefährlichkeit ausgeredet wurden. Deshalb war der Kaiser „dankbar wie ein gutes Kind", wenn man ihm alles bequem machte und so tat, als kämen die Gedanken von ihm.

Der Regent auf dem Thron proklamierte 1891: „Einer nur ist Herr im Reich, und das bin Ich, keinen anderen dulde Ich." Im folgenden Jahr fiel der später zum berüchtigten geflügelten Wort gewordene Satz: „Zu Großem sind Wir noch bestimmt und herrlichen Zeiten führe Ich euch noch entgegen." Dazu die Selbstverherrlichung: „Mein Kurs ist der richtige, und er wird weiter gesteuert."

War er ein germanischer Cäsar, ein „Bezauberer" mit aufgeblasenem Ich oder ein Traumkönig innerhalb von sechsundzwanzig Friedensjahren, in denen allerdings zwanzigmal Krieg ausgebrochen wäre, wenn alles, „was mir Ihr Allerhöchster Herr gesagt hat", vom englischen Botschafter nach London berichtet worden wäre?

Welche Gegensätze verbanden sich in dem schwer erklärbaren kaiserlichen Charakter! „Natürliche Schlichtheit neben theatralischem Pomp, gesunder Menschenverstand neben politischer Phantasterei, herzgewinnende Aufrichtigkeit und Sichhinwegsetzen über die Wahrheit, zartsinnige Rücksichtnahme und grobe Taktlosigkeit, souveräne Großzügigkeit und kleinliche Empfindlichkeit, Wärme und Kälte, Kleinmut und Hybris, und über allem der Fluch grenzenloser Eitelkeit!" (Friedrich Naumann)

Und das Volk? Genossen die Deutschen die wilhelminische Zeit, weil es sich in ihr leben ließ? Für 2 Mark konnte man sich zu zweit einen vergnügten Abend machen. Entsprachen die kaiserlichen Frühjahrs- und Herbstparaden mit dem Einzug durchs Brandenburger Tor und die Linden entlang ihrem Gemütspatriotismus nach Schau und „schimmernder Wehr"?

Stimmt es, wenn Egon Friedell die Kulturgeschichte der Neuzeit untersucht und dabei vergleicht: Im Berlin Wilhelms II. von Hohenzollern regieren nicht mehr Fichte und Hegel, sondern Siemens und Halske und statt der Brüder Humboldt die Brüder Bleichröder, in Jena gelangt als Nachfolger Schillers Zeiß zu Weltruf, in Nürnberg werden Dürers Werke von Schuckerts Werken abgelöst, Frankfurt am Main muß vor Hoechst am Main weichen, und an die Stelle der Farbenlehre tritt die Farben-AG ...? Aus der Gartenstadt wurde allmählich die Reichshauptstadt Berlin, aus der Residenz die industrielle Großstadt. In den Gründerjahren 1870/71 entstanden in Preußen 780 Aktiengesellschaften, davon allein in Berlin 174 Aktiengesellschaften. Aber nach dem großen Krach von 1873 beruhigte sich das merkantile Tempo, doch ein politischer „Zickzackkurs" der kaiserlichen Regierung blieb bestehen.

Man soll von einer Hohenzollern-Weltherrschaft in der Geschichte reden

Wilhelm II. erträumte sich in seinen vielen Reden ein Weltreich, das „von allen Seiten das absoluteste Vertrauen eines ruhigen, ehrlichen, friedlichen Nachbarn genießen soll". Man würde von „einem deutschen Weltreich oder von einer Hohenzollern-Weltherrschaft in der Geschichte reden". Nicht durch das Schwert, nicht durch Eroberungen, „sondern durch gegenseitiges Vertrauen der nach gleichen Zielen strebenden Nationen".

Im nächsten Augenblick beschwor der Kaiser in der gleichen Rede die Flotte, die er bauen wollte, sprach von den siegreichen Schlachten bei Hohenfriedberg und Königgrätz, hielt symbolisch und real die „Hand am Schwertknopf, den Schild vor Uns auf die Erde gestellt", und rief: „Das Pulver trocken, die Säbel geschliffen."

Solcher Leichtsinn wäre für Bismarck unmöglich gewesen. Er warnte: „Hütet euch vor allem davor, daß eure Politiker selber anfangen, militärisch zu denken ... Hütet euch vor der Todsünde, zwei Ziele gleichzeitig zu erstreben, die einander ausschließen."

Beim Kaisermanöver fiel die außerordentliche Unruhe an Wilhelm II. auf. Er jagte hin und her und griff mit zahllosen, oft widersprechenden Befehlen in die Führung der Generalität ein. Waldersee, als Chef des Generalstabes, beobachtete: „Er wünscht immer zu siegen ... Wollte er im Kriege das Kommando führen, nicht bloß formell wie sein Vater und Großvater, es gäbe ein Unglück."

Wie der friderizianische Vorgänger in Sanssouci entwarf Wilhelm II. Aufmarschpläne. Seine Kriegsspiele enthielten gerade das, was Bismarck die Todsünde genannt hatte: Aufmarsch nach zwei Fronten. Diesmal mußte Graf Schlieffen als neuer Chef des Generalstabes seine Stellung dafür einsetzen, den Kaiser „von seinen unreifen Ideen abzuhalten". Aber im Frühling 1900 legte dieser den Rang des Feldmarschalls an und forderte die beiden ältesten Generäle auf, ihn darum extra zu bitten. Nun glaubte er, keinen Generalstab mehr zu brauchen: „Ich mache alles allein mit meinem Flügeladjutanten." Sollten ihm dabei die brandenburgisch-preußischen Herrscher in den 1898–1901 errichteten 32 Marmorgruppen der „Siegesallee" Pate stehen? Die Berliner nannten sie „Puppenallee", während Wilhelm II. für sie schwärmte und sie mit den größten Leistungen der italienischen Renaissance verglich.

Auf der Nordlandreise kurz vor der Jahrhundertwende ein sehr offenes Wort des kaiserlichen Freundes Eulenburg. Er übermittelte dem Kaiser eine ernste Warnung des preußischen Kardinals v. Hohenlohe aus Rom, die dieser auf dem Sterbebette gegeben hatte. Wilhelm II. möge auf der Hut sein! Sehr viele, auch hohe Persönlichkeiten würden dazu neigen, den Kaiser für unzurechnungsfähig zu halten und gern die Hand dazu leihen, ein Verfahren gegen ihn einzuleiten.

Wilhelm II., Ministerialdirektor Althoff und das Weltreich deutschen Geistes

Mitten in dieser ungewissen Gärung der preußischen Politik und des deutschen Schicksals, ohne hervorragende oder selbständige Politiker, ohne hervorragende Generäle, wie wir sehen werden, kam es in Potsdam zu einer Begegnung, die das Schicksal deutschen Geistes auf Jahrzehnte bestimmte. Sie fand anläßlich der Schulkonferenz statt, über deren Probleme sich der Kaiser persönlich zu unterrichten wünschte. Im Juni 1900 hielt der preußische Kultusminister Studt den einleitenden Vortrag, um die allerhöchste Entscheidung über die Reform und Gleichwertigkeit der Höheren Schulen herbeizuführen. Als sich sein Vortrag in Einzelheiten verlor, meinte Wilhelm II., das alles wäre sehr interessant, aber er könne sich darum nicht kümmern.

„Majestät wollen allergnädigst verzeihen, das ist ganz unser Fall", sagte unerschrocken der Begleiter des Ministers, Friedrich Althoff, Ministerialdirektor im preußischen Kultusministerium. Mit dieser Bemerkung fing er alles ab, was einem positiven Ergebnis des Besuches hinderlich sein konnte. Althoff setzte die Ausführungen seines Ministers fort, knapp und klar in den Grundzügen. Er erläuterte seine Forderung nach größerer Bewegungsfreiheit auf der Oberstufe. Für ihn bedeutete das Wesen der Bildung keine Anhäufung von Kenntnissen, sondern sie bestand in einer bestimmten Richtung wissenschaftlicher, künstlerischer oder technischer Arbeit. Diese Impulse für das gesamte Höhere Schulwesen fanden die Zustimmung des Kaisers.

In Althoff begegnen wir dem ersten schöpferischen Universitätsgewaltigen in Preußen, der als Entdecker, Begleiter und Manager von Weltnamen unter den Wissenschaftlern, Forschern und Denkern tätig war. Ein beinahe beispielloses Ereignis, doch ähnlich der Zeit vor 160 Jahren mit der Gründung der Berliner Universität und der Sammlung der damaligen Auslese in Geistes-, Naturwissenschaft und Medizin.

Althoff war der Mann, der Adolf v. Harnack und Wilhelm v. Bode berief, der dem Geheimrat August Bier die große Klinik am Bahnhof Friedrichstraße in Berlin baute. Er half Ernst v. Leyden, das erste Sanatorium für Lungenkranke zu schaffen, und bereitete die Begründung der Kaiser-Wilhelm-Gesellschaft vor. Schließlich hatte Althoff die Entwicklung einer Weltuniversität vor Augen.

Ein Ministerialdirektor, der eine große Sache entwarf und sie gegen alle Widerstände durchsetzte: das Weltreich deutschen Geistes in Wissenschaft und Kultur. Er besaß ein Büro, das förmlich hundert Türen hatte, in denen Hunderte von hervorragenden Wissenschaftlern mit hundert Aufgaben und Zielen aus- und eingingen. Durch ihn wurden der Kaiser, Großindustrielle, Börsenfürsten, Städte und gemeinnützige Vereinigungen zu Mäzenen. Er freute sich, von sich sagen zu können, daß er in Preußen, in Deutschland nie eine Hetze mitgemacht hätte, weder gegen Katholiken noch gegen Juden.

Althoff weckte in Wilhelm II. den Mäzen. Sie verstanden sich, ohne daß Majestät nur den leisesten Versuch machte vorzuherrschen. Trotz bürokratischer Tradition bedachte Wilhelm II. seinen „Lotsen", wie er Althoff nannte, mit höchsten Titeln. Althoff benutzte die kaiserliche Gunst bei allen Gelegenheiten zu persönlicher Aussprache, mochten es Einladungen zum Abendessen im Familienkreise, Gespräche mit der Kaiserin Viktoria, Teilnahme an Mittelmeerfahrten sein. Diese persönlichen Begegnungen mit der Macht bedeuteten für Althoff Mittel, seine Vision von der Größe der deutschen Wissenschaft zu verwirklichen.

Es war dieselbe Zeit, in der die Chemie der Nukleine, der Protamine, der Histone begann. Ein Anatom wie Wilhelm v. Waldeyer, ein Arzt, Physiologe und Physiker wie Helmholtz erlangten Weltruhm, natürlich Werner von Siemens, Professor Gaffky, der das erste Institut für Infektionskrankheiten leitete ... Ein Riesenpanorama der Welt und Wissenschaft: von Virchow, Koch, Bergmann, Behring über Heinrich Hertz, Emil Fischer und Ostwald, Du Bois-Reymond zu Alexander Tschirch und Karl Ludwig Schleich ... Deutschland sammelte durch Althoff seine Geister, und die Welt strömte nach Berlin, lernte bei ihnen und lehrte mit ihnen.

Beginn des Ersten Weltkrieges:
Marschieren wir einfach mit der ganzen Armee im Osten auf

„Ich kenne keine Parteien mehr, ich kenne nur noch Deutsche!" Ein gutes Wort Wilhelms II. im Weißen Saal des Berliner Schlosses, förmlich in letzter Minute, während der allgemeinen Mobilmachung und des Abmarsches feldgrauer Soldaten mit Blumensträußen an den Helmen und Gewehrläufen und dem ahnungslosen Jubel der Bevölkerung. Männer aus allen Jahrgängen, allen Berufen, allen Parteien waren durch den Alarm eines Fürstenmordes zusammengerufen worden. Der Schuß auf den österreichischen Thronfolger am 28. Juni 1914 in Sarajewo löste einen Weltkrieg aus. Zehn Millionen Soldaten starben und ungefähr zwanzig Millionen Soldaten wurden innerhalb von vier Jahren verwundet. Die gesamten Kriegskosten aller beteiligten Nationen betrugen 750 Milliarden, für die Mittelmächte 251 Milliarden, davon für Deutschland 100 Milliarden Mark. Nach einer anderen Statistik kostete der erste Weltkrieg bei 50 Monaten pro Tag 758 Millionen Mark für alle Seiten. Wilhelm II. wollte jeden Krieg vermeiden, hier aber schlitterte er hinein ... aus Nibelungentreue zum Bundesgenossen Österreich? Aus falsch verstandenem Ehrgefühl? Der sozialdemokratische Parteivorstand sprach von „namenlosem Unglück" und warnte in nationaler Solidarität vor Unbesonnenheit.

Auf den Straßen ungeheure Begeisterung. „Deutschlands ganze Tugend und Schönheit entfaltet sich erst im Krieg", so schien es dem 39jährigen Dichter Thomas Mann. Im Auswärtigen Amt dagegen hörten ausländische Botschafter: „Dies ist der tragischste Tag seit vierzig Jahren." Am Kaiser, der sich auf seinem Grabstein als der „Friedenskaiser" verewigt sehen wollte, fiel tiefe Niedergeschlagenheit auf. Man hat an ihm „nie ein so tragisches und zerstörtes Gesicht gesehen". Für den badischen Sozialdemokraten Anton Fenrich war der stärkste Eindruck an Wilhelm II. „die völlige Aufrichtigkeit seines Friedenswillens".

In Deutschland glaubte man an einen kurzen Krieg und beabsichtigte, Weihnachten 1914 zu Hause zu feiern. Vergessen der Ausspruch des greisen Moltke, der bereits vor 25 Jahren vor einem drohenden siebenjährigen oder sogar dreißigjährigen Krieg gewarnt hatte, – „wehe dem, der Europa in Brand steckt!" Wenige Jahre später verwies Graf Waldersee auf den numerisch weit überlegenen Feind in Ost und West und setzte einen unglücklichen Krieg „unserem völligen Niederbruch" gleich.

„Also wir marschieren einfach mit der ganzen Armee im Osten auf", sagte Wilhelm II. am 1. August 1914, weil er einer irrigen Meldung der französischen Neutralität unter englischer Garantie glaubte.

„Das ist unmöglich, Majestät", antwortete Generalstabschef Moltke, der Neffe des alten Moltke und Nachfolger Schlieffens, „ein Millionenheer läßt sich nicht improvisieren, das würde nur ein wüster Haufen ungeordneter, bewaffneter Menschen ohne Verpflegung sein."

„Ihr Onkel hätte mir eine andere Antwort gegeben", entgegnete der Kaiser.

Für den sechsundsechzigjährigen Generalstabschef – einen erfahrenen Truppenführer, allerdings ohne letzte Größe und durchgreifende Energie, von einem Leberleiden geschwächt – war es unmöglich, anders als planmäßig aufzumarschieren: stark gegen Westen, schwach gegen Osten. Nach diesem Gespräch vergoß der Generalstabschef Tränen der Verzweiflung ...

Salpeter für die Munition fehlt!

Schon mitten im Anfang des Krieges ein erstes schrilles Signal: Niemand in Deutschland, das einer belagerten Festung glich, hatte daran gedacht, rechtzeitig Rohstoff- und Lebensmittellager anzulegen. Es existierte kein Generalstab für die Wirtschaft! Deutschland wäre in wenigen Monaten am Ende gewesen, wenn nicht sogleich am 9. August der Präsident der AEG Walther Rathenau, der Wirtschaftspolitiker, bei Kriegsminister v. Falkenhayn vorgesprochen hätte. Rathenaus Frage: „Was ist geschehen, was kann geschehen, um die Gefahr der Erwürgung abzuwenden?" Es war sehr wenig geschehen. Sein Programm lautete: Einrichtung einer

Kriegsrohstoffabteilung mit angeschlossenen Organisationen, die die Kriegswirtschaft zentral in den Griff bekommen sollten.

Die Militärs sahen die vier Zivilisten in der Rathenau-Abteilung wie Bazillen an, die man abschütteln sollte, obgleich man sie dringend brauchte. Zu Anfang gab es nicht einmal Schreibkräfte. Nach kurzer Zeit besaß man eine Liste von über hundert Rohstoffen, von Metall und Chemikalien bis Wolle, Kautschuk, Leder und Leim, die unzulänglich vorhanden waren. Beschlagnahme und Fabrikation wurden nötig. Vor allem suchte Rathenau nach neuen Erzeugungsmethoden, wo die bisherige Technik nicht ausreichte.

Kaum drei Monate nach Kriegsausbruch hielten Generalstabsoffiziere an der Front die Fortführung des Krieges nur bis zum nächsten Frühjahr für möglich, weil Salpeter für die Herstellung des Sprengstoffes fehlte! Das Kriegsministerium besaß keine Vorräte. Rathenau ließ sofort Salpeter in Deutschland, im besetzten Belgien, im Antwerpener Hafen beschlagnahmen, sogar den Vorrat bei der Landwirtschaft. Gleichzeitig gelang es, den bisherigen Einfuhrartikel Salpeter im Inland selbst zu produzieren, indem nach einem besonderen Verfahren der Grundstoff Stickstoff freigesetzt wurde, aus dem man Salpeter gewinnen konnte.

Durch Kriegswirtschaftsgesellschaften gelang es Rathenau, „die ganze deutsche Wirtschaft nach ihren verschiedenen Produktionsgebieten in Selbstverwaltungskörper zu überführen, die unter Aufsicht staatlicher Zentralbehörden die gesamte Produktion und Verteilung in Händen hatten". Ein einziger Mann und Zivilist, ohne Regierungsamt, half dem deutschen Heer in letzter Minute.

War dieser Rathenau nicht ein Freund des Kaisers? Nein, das war übertrieben. Sie waren sich im ersten Jahrzehnt des neuen Jahrhunderts ziemlich häufig begegnet. Rathenau nannte den Kaiser einen „Bezauberer" und einen „Gezeichneten", ohne die positiven Züge zu verschweigen. Insgesamt: „Eine zerrissene Natur, die den Riß nicht spürt. Er geht dem Verhängnis entgegen."

Dieser Walther Rathenau trug als Jude eine *deutsche* Verantwortung, wie er selbst betonte, anders durfte und konnte es nicht sein. Deshalb auch seine Bereitschaft bei Kriegsausbruch, sich uneingeschränkt in den Dienst seines Landes zu stellen, dort wo es ihn am dringendsten benötigte. Sein Organisationstalent war so umfassend wie sein Weitblick. Für ihn mußte die alte Generation aus der Diplomatie weichen, um die richtige, zeitgemäße Politik machen zu können. Vor allem sein beschwörendes Motto: Ein Volk von 65 Millionen sollte eine *Auslese* von Talenten für den Staatsdienst verlangen!

Die Realität des Zweifrontenkrieges

Das Gespenst des Zweifrontenkrieges war Realität geworden. Deutschland befand sich im Ring, umgeben von Rußland, Frankreich, England. Ehemalige Bündnisse und neue Bündnisabsichten mit Berlin hatten sich zerschlagen. Später stand eine Welt-Koalition gegen den „Kaiserismus". Die andern wollten die Vorherrschaft des Reiches in Mitteleuropa verhindern. Mit seiner Politik gingen Wilhelm II. und seine engsten Mitarbeiter in ihre Fallen, sie verloren die letzten Freunde. An deutscher Seite waren nur der Dreibund mit Österreich-Ungarn und Italien, später die Türkei und Bulgarien. Im Felde standen 3,8 Millionen Deutsche und Österreicher gegenüber 5,8 Millionen der Entente mit Reserven von 6 100 000 gegenüber 10 000 000. Fakten, deren Verhältnis an Friedrichs Aufbruch in den Siebenjährigen Krieg erinnert. Damals die Invasion in Sachsen, diesmal die Invasion in Belgien, ein Neutralitätsbruch, der die deutsche Position in der Welt schwer belastete und nicht den erwarteten Blitzerfolg brachte.

Diesmal plakatierte Deutschland zunächst keine Gebietserweiterungen. Von Annexionen war auf der „alldeutschen" Seite die Rede. Belgien, Teile von Nordfrankreich, französische Grubengebiete von Longwy und Briey, die flandrische Küste standen auf der inoffiziellen Wunschliste. Erinnerungen an den Umfang des Ersten Reiches unter Karl dem Großen mischten sich mit dem Begehren der Wirtschaft, auch den deutschen Kolonialbesitz erweitert zu sehen. Der Platz an der Sonne konnte nicht groß genug gedacht werden. Phantastereien, die im Schatten des Thrones geisterten, aber nicht dazu ausreichten, Deutschland die alleinige Kriegsschuld zuzuweisen.

Friedrichs II. Überraschungstempo und militärische Schlagfertigkeit sollte durch den Schlieffenplan übernommen werden. Es ging darum, den nächsten Gegner, Frankreich, schnell niederzuschlagen und zu vernichten. Hier im Westen wollte man sogleich die Entscheidung suchen, während man den Osten abwehrte.

Der Schlieffenplan und seine verhängnisvollen Folgen

Seit 1905 existierte dieser Schlieffenplan, der für die deutsche Armee einen starken rechten Flügel vorsah, um Schlachten zu gewinnen und den Feind unaufhörlich zu verfolgen. Die Gefahr der Umfassung mußte nach

Schlieffens Meinung die Franzosen zwingen, wesentliche Kräfte aus ihrem lothringischen Aufmarschgebiet nach Norden heranzuführen... Dieses Ansaugen der feindlichen Kräfte gegen ihren ursprünglichen Willen hat man das Gesetz der *inneren Dynamik* des Schlieffenplans genannt, das dem der *äußeren Dynamik* durch die Umfassung entsprach. Beide zusammen ergaben den Sinn dieser Operationen, die der durch den alten Moltke zu seinem Nachfolger bestimmte Schlieffen als Chef des Generalstabes entworfen hatte.

Beinahe zehn Jahre war dieser Plan dem Kaiser und seinen Kanzlern bekannt. Bülow, von dem der Kaiser als seinem Bismarck sprach, wie Bethmann Hollweg kannten den Preis: Durchmarsch durch das neutrale Belgien! Es war politisch nicht zu verantworten. Aber keiner wehrte sich gegen diese Konzeption. Alle wußten darum und schwiegen.

Als die ersten Siege im Westen – Lüttich, Namur – gemeldet wurden, beobachteten die höchsten Offiziere an dem Kaiser eine „gewisse Hurrastimmung". Ein märkisches Regiment belobigte er und setzte jargonhaft hinzu: „Ich bitte Mir aber nun aus, daß ihr nicht eher nachlaßt, als bis die da drüben erledigt sind." Eine falsche und schlechte Herausforderung in wilhelminischer Emphase: „Politik hat im Kriege das Maul zu halten."

Im ersten Orkan zwischen Siegen und Opfern erstarrten die Gesichter der Deutschen in der Heimat, als sie erfuhren: Kompagnien von siebzehnjährigen Freiwilligen, meist Studenten, stürmten November 1914 im Rausch der Jugend, ungenügend ausgebildet und ahnungslos, auf die englische Linie bei Langemarck in Flandern. Die Deutschen wurden niedergemäht, ohne den Gegner zu sehen. Diese tödliche Bravour halberwachsener Soldaten nannte der englische Heeresbericht „die Frucht eines Jahrhunderts nationaler Disziplin". Die eigene Artillerie schoß zudem zu kurz und traf Überlebende. Diese Besten der zukünftigen Generation wurden durch General v. Falkenhayn – „Mit Gott für König und Vaterland", wie auf dem Koppelschloß stand – in den Tod gejagt. Es war derselbe Falkenhayn, der als Generalfeldmarschall durch seine Ermattungsstrategie das Feldheer vor Verdun 1916 durch ein halbes Jahr verbluten ließ...

Wilhelm II. blieb im Hauptquartier, 200 Kilometer hinter der Front, anstatt mit den Truppen nach Frankreich hineinzuziehen, um näher bei der Armee zu sein. Er solle sich nicht in den Ruf eines Etappenfeldherrn bringen, meinten die Militärs, trotzdem kam er nicht davon los. Auch nicht, als an der Westfront aus dem Bewegungskrieg ein Stellungskrieg und Verdun zur Hölle für die Deutschen und die Franzosen wurde. Verdun, die „Blutmühle", dauerte sieben Monate, die Sommeschlacht vier Monate. Massenschlächtereien, die nach einem Wort des englischen Historikers H.A.L. Fisher das Ende der „alten deutschen Armee, der besten, die die Welt jemals gesehen hatte", brachten. In Verdun wurde Grünkreuzmunition (Giftgas) zum ersten Mal auf deutscher Seite, in der Sommeschlacht der britische Tank eingesetzt. Nach diesem Mißerfolg der Deutschen trat Hindenburg mit Ludendorff als Erstem Generalquartiermeister an die Spitze des Heeres.

Und das war der Oberste Kriegsherr nach dreißig Manövern, der wie ein Patriot am Stammtisch vor seiner nächsten Umgebung übertrieb, was er angeblich gesehen hatte: „Zwei Meter hohe Leichenhaufen – ein Unteroffizier hat mit 45 Patronen 27 Franzosen umgelegt ...". Als er in den ersten Monaten im Westen ein von Toten und Verwundeten bedecktes Schlachtfeld besichtigte, soll er niedergekniet sein und zu seiner Umgebung „mit einer theatralisch anmutenden Geste" gesagt haben: „Mein Gott, das habe ich nicht gewollt!"

War das derselbe Herrscher, der sich König von Gottes Gnaden nannte, von gottgewollten Aufgaben sprach und mit Kniefall sich die Hand küssen ließ? Wilhelm II. proklamierte von seinem Ahn, dem ersten preußischen König Friedrich I., daß dieser schwächliche, unbedeutende, verschwenderische Regent 1701 in Königsberg die Krone einzig und allein von Gott empfangen, nicht vom Volk, nicht vom Parlament oder einer Standesvertretung. Allerdings mit einem Aufwand, der nahezu die Einkünfte zweier Jahre verschlungen hatte! Dagegen Wilhelms II. Großvater, der sich demütig von der Gnade Gottes abhängig fühlte, um den Titel Dei Gratia Imperator Karls des Großen in der modernen Zeit mit altem und neuem Geist zu erfüllen. Der Enkel als „geheiligte Majestät" fühlte sich als Auserwählter: „Wir Hohenzollern nehmen Unsere Krone nur vom Himmel." War damit der Kaiser nicht unfehlbar wie der Papst in Rom? Das Reich ein Gottesstaat? – Gab es darauf nicht schon ein Echo von Bismarck: „Ich glaube, Gott zu gehorchen, wenn ich meinem König diene." Das Gottesgnadentum repräsentierte Wilhelm II. stets in Uniform. Kriegsmann und Bischof in einer Person? Aus dem Autoritätsglauben sprach der Kaiser die Deutschen als Untertanen, nicht als Volk an. Diese Abfertigung schluckte der Staatsbürger noch zu Beginn des 20. Jahrhunderts.

Das erste Kriegsjahr war noch nicht vorbei und die nächste militärische Umgebung wünschte, daß Wilhelm II. von Hohenzollern seine Autorität als „Oberster Kriegsherr" auf einige Zeit „detachieren" müsse, zum Beispiel auf Paul von Hindenburg, dessen Siege bei Tannenberg und an den Masurischen Seen über die Russen Ostpreußen befreit hatten. Tannenberg wurde geradezu zum Symbol des Sieges, der sich in dieser Größe nicht mehr wiederholte. Der Kaiser solle sich krank melden und zur Genesung nach Bayern fahren, riet man. Der 67jährige Hindenburg galt als Hoffnung.

Im Juli 1915 saß Wilhelm II. von Hohenzollern, wie ein beflissener Bürger, vor den Landkarten und steckte Fähnchen nach den Truppenbewegungen. Das war zur gleichen Zeit, zu der im Westen an der Lorettohöhe nördlich Arras 1 800 000 Deutsche 2 830 000 Mann der Entente gegenüberstanden. Der Kaiser markierte vor allem die Erfolge. Er war voller Siegesnachrichten, heißt es bei Admiral v. Tirpitz. Wie schon im Frieden, so wurden ihm erst recht im Kriege nur gute Nachrichten gebracht. England nannte er seinen Hauptfeind, obwohl Britannien dreimal den Versuch eines Bündnisses gemacht und Deutschland dreimal nein gesagt hatte, womit seine Isolierung fortschritt. War nicht noch ein Jahr vor dem Weltkrieg in englischen Zeitungen von einem Kaiser die Rede gewesen, „auf dessen Freundschaft man bauen kann, unfähig zum Verrat und warm in seiner Empfindung"? Von seinen englischen Verwandten sei er verraten worden, meinte Wilhelm. Darum Vorstöße auf England. Trotzdem blieb die deutsche Flotte, seine eigenste Schöpfung, wie er selbst es einschätzte, in den Häfen.

Der geistige Vater des Stahlhelms

Dem Obergeneralarzt Professor Dr. August Bier fiel an der Westfront auf, daß die Wunden durch Granaten viel häufiger als in früheren Kriegen waren. Zackige Splitter brachten oft tödliche Wirkung. Trafen die Granatsplitter den Kopf des Soldaten, so genügten schon kleine Stücke, um den Tod herbeizuführen. Was schützte den Kopf des Landsers? Nicht mehr das Stoff- und Sturmkäppi von früher. Das war vorbei.

Professor Bier, der bekannte deutsche Chirurg, erkannte das zu lösende Problem so schnell und sicher, wie es vorher kein Militär oder Techniker getan hatte. Im Generalstab hatte man sich über den Schutz des Frontkämpfers noch keine praktischen Gedanken gemacht. Der Arzt hatte den klugen Einfall, den Kopf mit einer Metallkappe zu bedecken, damit das Geschoß abglitt. So wurde Professor Bier zum geistigen Vater des Stahlhelms, den dann Professor Schwerd von der Technischen Hochschule Hannover konstruierte.

Ende Januar 1916 wurden an die schwer in Verdun kämpfenden Truppen 30 000 Stahlhelme verteilt. Sie bestanden ihre Erprobung glänzend, schützten Kopf, Stirn und Auge, dazu Hals und Schlagadern. April 1916 wurde der Stahlhelm allgemein im deutschen Heer eingeführt.

Uneingeschränkter U-Bootkrieg als letzte Waffe – die Generale beherrschen den Kaiser

„Wird der neue U-Bootkrieg uneingeschränkt, das heißt mit der Maßgabe geführt, daß im Kriegsgebiet jeder Schiffsverkehr vernichtet werden darf, dann steht in sicherer Aussicht, daß England sich infolge unerträglicher Beengung des Frachtraumes und damit der Zu- und Ausfuhr und folgeweise gesteigerten Teuerung, unterstützt durch schwerste finanzielle Bedrohung, in absehbarer Zeit, längstens in zehn Monaten, zum Friedensschluß gezwungen sehen wird."

Gegen diesen Vorschlag eines verschärften U-Bootkrieges, enthalten in einer Denkschrift des Chefs des Admiralstabes vom Februar 1916, erhob Reichskanzler Bethmann Hollweg ersten Widerspruch. Dachte er an die nur sieben einsatzbereiten U-Boote, die das britische Imperium wohl bedrängen, aber niemals entscheidend schlagen konnten? Der Kanzler dachte daran, aber er sprach es nicht aus. Durch den unbeschränkten Einsatz der U-Boote, so sahen er wie der Vizekanzler Helfferich voraus, würde Amerikas Eintritt in den Krieg provoziert! Der Reichskanzler versprach zwar, die USA „draußen zu halten". Es sollte mißlingen. Der von ihm vertretenen „Politik der Stärke" entsprach dieses letzte Waffenarsenal der Marine.

Einen scheinbaren Triumph gab es für die Marineleitung bei der einzigen großen Seeschlacht des Ersten Weltkrieges. Am Skagerrak stieß Mai/Juni 1916 die deutsche Flotte mit 21 Großkampfschiffen auf 40 englische Großkampfschiffe. Als der britische Befehlshaber die Schlacht abbrach, hatten seine Einheiten doppelt so hohe Verluste erlitten wie die deutsche Seite. Bis heute schwanken die Meinungen darüber, ob ein deutscher Sieg oder eine „strategisch unentschiedene Situation" das Ergebnis war.

Wenige Wochen danach, im August, bezeichneten auch Hindenburg und sein erster Generalquartiermeister Ludendorff im Großen Hauptquartier, in Gegenwart des Kaisers, während einer neuerlichen Debatte, den U-Bootkrieg als „das letzte Mittel, den Krieg in absehbarer Zeit siegreich zu beenden". Die Admirale sprachen schon immer von ihrer letzten Karte, nachdem Tirpitz zu Anfang des Krieges die U-Boote als fast unfehlbares Kriegsmittel verheißen hatte.

Der Reichskanzler gab nach, wider besseres Wissen. „Wenn der Erfolg winkt, müssen wir auch handeln". Von dem Entschluß des Reichstages zum unbehinderten U-Bootkrieg Oktober 1916 distanzierte sich allein die Sozialdemokratie. Bethmann Hollweg blieb an der politischen Spitze, doch nur für ein halbes Jahr. Dann erzwang die Oberste Heeresleitung den Rücktritt dieses „Flaumachers". Ein Beispiel für die immer wieder auftauchende schlechte Zusammenarbeit zwischen der Staatsführung und der Obersten Heeresleitung. „Dieses Verhalten der Generäle erschütterte die Staatsdisziplin und versetzte dem Träger der Krone einen harten Stoß", kommentierte Bethmann Hollweg später und vergaß, sich selbst einzubeziehen.

Der Kaiser entwarf eine Liste von Nachfolgern für die Reichskanzlerschaft und schickte sie an die Oberste Heeresleitung. Nicht Wilhelm II. entschied, sondern Ludendorff. Er tippte auf den bisher völlig unerfahrenen Dr. Michaelis, Leiter der Reichsgetreidestelle: ein guter Verwaltungsfachmann, kein Außenpolitiker. Ihm folgte bald der fünfundsiebzigjährige bayerische Graf Hertling, den schon Bismarck als „Totengräber seiner Schöpfung" charakterisiert hatte. Auch jetzt waren weder im kaiserlichen Lager noch auf seiten der Generalität geeignete Persönlichkeiten vorhanden.

Trotzdem war es der Anfang der Herrschaft der Generale in Preußen wie in Deutschland. Der Kaiser konnte nicht mehr allein entscheiden. Wilhelm II. ließ sich entmachten. Sein persönliches Regiment war zu Ende. Es begann, als der deutsche Generalstab die Verletzung der belgischen Neutralität und damit den Eintritt Englands in den Weltkrieg veranlaßte. Dann die Bedenkenlosigkeit der Obersten Heeresleitung gegenüber den anrückenden unverbrauchten amerikanischen Streitkräften und dem Zersetzungsprozeß in der Heimat. Schließlich die Unzugänglichkeit Ludendorffs, den man den „wirklichen Herrn über Deutschland" genannt hat, gegenüber einem Vernunftfrieden. Woraus bestand die Suggestion dieses Generals? War er wirklich ein „deutscher Cromwell", wie ihn Gustav Stresemann charakterisierte? Der Historiker Delbrück dagegen sprach von einer „Meuterei des Generals".

Ludendorff, der dämonische Spezialist oder der wahnsinnig gewordene Kadett

Hinter und neben dem Denkmal des legendären Retters von Ostpreußen, dem siebzigjährigen Generalfeldmarschall von Hindenburg, den das dankbare Volk in Erz und Holz schlagen ließ, befand sich sein zweiundfünfzigjähriger Generalquartiermeister Ludendorff. Eine der kompliziertesten Figuren unter den großen Soldaten, da seine Begabung wohl die Hindernisse und Abgründe sah, aber sie nicht überwand, sondern gewalttätig noch mehr aufriß. Sein Eigensinn traf auf diplomatisches Mittelmaß, das er natürlich überrannte. Mit seiner Aktivität und seinen fast unermeßlichen Dispositionen auf allen Gebieten bezwang er die andern rasch und unbedenklich.

Man hat ihn einen dämonischen Spezialisten oder einen „wahnsinnig gewordenen Kadetten" geheißen. Zweifellos war er der Kopf Hindenburgs (wie Gneisenau der Kopf Blüchers), mit Blitzen, die sehr oft ins Ungewisse trafen, wenn er in der Not aus der Lüge eine Tugend machte und durch günstig gefärbte Heeresberichte die „kleinmütige Menge emporreißen und zuversichtlich" stimmen wollte. Er wußte genau: „In der Heimat gärte und brodelte es wie ein Hexenkessel." Dem Streik von 200 000 Arbeitern in Berlin 1917 begegnete er mit dem Standrecht, denn er fand keine politische Lösung, ließ nicht zu, daß die von jedem Kanzler angekündigten inneren Reformen, besonders das gleiche geheime und direkte Wahlrecht, durchgeführt wurden. Er besaß kein Organ für den Parlamentarismus und die Parteien. Massenstreiks, spartakistische Propaganda, Arbeiterunruhen als die Folge. Es waren ja nicht nur Soldaten zu befehlen, sondern ein ganzes Volk zu regieren. „Noch besser wäre es gewesen, wenn ich schon im Krieg die Diktatur an mich gerissen hätte", bekannte der General zurückblickend.

Wurde Ludendorff zum Kriegsverlängerer, als er sich gegen Friedensbemühungen des Papstes Benedikt XV. im Sommer 1917 wandte? Ludendorff wollte Belgien nicht wieder herstellen, sondern als Faustpfand für zukünftige Verhandlungen behalten, Lüttich und die Maaslinie nicht herausgeben. Das gehörte für ihn zur Absicherung des Ruhrgebietes, – aber als Zukunftsvision eines neuen Krieges, wo der augenblickliche noch nicht beendet war!

Mit neunundzwanzig Jahren schon Hauptmann im Generalstab, noch beim Sturm auf die Festung Lüttich 1914 als Generalmajor „wie der Soldat in Reih und Glied", war Ludendorff nun der zweithöchste Offizier. Ein grüblerischer Feldherr mit überspannten Zielen, ohne rechtzeitig den Rieseneinsatz amerikanischer Streitkräfte und die Bedeutung der Panzer zu erkennen, die zu spät auf deutscher Seite, erst 1918, eingesetzt wurden. Man sah Ludendorff die Furchtbarkeit nicht an, wenn er einsame Entschlüsse traf. Seine Gedanken wirkten wie Axiome, mit denen er angreifen und im nächsten Augenblick zerstören konnte. Von einem „Feldwebelgesicht", wie es Wilhelm II. charakterisierte, kann nicht die Rede sein. Ludendorff war schroff. Lag es daran, daß „alle großen Entscheidungen nach wie vor kaiserlicher Zustimmung bedurften"? Seine Aura mit dem „Siegeswillen dieser Prometheusnatur" fanden manche unheimlich. Lag es daran, daß er das Letzte für sich behielt und man nicht wußte, wohin es ging, wenn seine Entschlüsse zu Befehlen wurden?

Über Deutschland lastete die Hungerblockade Englands. Churchill kommentierte: „Die britische Blockade behandelte ganz Deutschland als wäre es eine belagerte Festung, und versuchte eingestandenermaßen die gesamte Bevölkerung, Männer, Frauen, Kinder, Alte und Junge, Kranke und Gesunde auf die Knie zu zwingen." Der Massenkrieg im Felde wurde zum Massenkrieg der Bevölkerung. Als Todesopfer durch den Hunger hat man in Deutschland 260 000 für das Jahr 1917, fast 300 000 für das Jahr 1918, insgesamt 763 000 zwischen 1915 und 1918 errechnet. Die Sterbezahl unter den Kindern zwischen dem sechsten und fünfzehnten Jahr betrug 55 Prozent.

Siegeszug Mackensens durch die Dobrudscha, Siegeszug Falkenhayns durch Siebenbürgen – nach Belgien, Serbien, Montenegro nun auch Rumänien besetzt. Als Kornkammer Mitteleuropas mit seinen Ölquellen und Bodenschätzen half das zu zwei Dritteln eroberte Königreich die wirtschaftliche Situation zu verbessern. Trotzdem sprach der Generalstabschef Mackensens, der spätere Schöpfer der Reichswehr, General v. Seeckt, von 1917 als einem Jahr der „operativen Stagnation".

Der Kriegserklärung Amerikas im April 1917 folgte nach vier Wochen ein weltpolitisches Ereignis, das bis heute nachwirkt. Im zaristischen Rußland war im März 1917 die Revolution ausgebrochen, die liberale Nachfolgeregierung wollte hinhaltend weiterkämpfen. In diesen Augenblicken fuhr – auf Veranlassung der Obersten Heeresleitung – der berühmt gewordene plombierte Waggon mit einem berühmten Reisenden, Wladimir I. Lenin, Führer der Bolschewiki, von der Schweiz durch Deutschland bis zur russischen Grenze. Ein abenteuerliches Zusammenspiel zwischen dem kaiserlichen Deutschland und dem Rußland von morgen, was nichts am Ausgang des Krieges ändern sollte, auch wenn Anfang des nächsten Jahres der Friede von Brest-Litowsk geschlossen wurde.

Bei seiner Ankunft bedankte sich Lenin mit einem revolutionären Propagandawort: „Die Stunde ist nicht fern, wenn auf das Geheiß unseres Genossen Karl Liebknecht das deutsche Volk seine Waffen gegen seine kapitalistischen Ausbeuter erhebt."

Entsetzen der Abgeordneten über die Kriegsziele des Kaisers

Im Juli 1917 entwickelte Wilhelm II. vor Parteiführern seine Kriegsziele, ebenso ahnungslos und töricht wie unverbesserlich, obwohl es eine der wenigen Begegnungen mit den parlamentarischen Vertretern des Volkes war. Der Kaiser sagte:

„In zwei bis drei Monaten ist England erledigt... Meine Offiziere melden mir, daß sie überhaupt kein feindliches Schiff auf hoher See mehr antreffen... Die untere Donau muß später abgeleitet werden, dann sitzt die Donaukommission auf dem Trockenen. Das ist die verdiente Strafe für Rumäniens Treubruch... Am Schluß des Krieges wird eine große Verständigung mit Frankreich kommen, dann wird Europa unter Meiner Führung den eigentlichen Krieg gegen England beginnen. Den zweiten Punischen."

Entsetzen unter den Abgeordneten. Wurde der Kaiser von der politischen wie der militärischen Seite ignoriert? Befand er sich deshalb in solch „mißorientierter" Situation? Niemand durfte ihn „zu pessimistisch" machen, hieß es in der nächsten Umgebung, gleichgültig ob der Kabinettschef, sein Adjutant, Generale oder Minister seine Gesprächspartner waren. „Alles wird dem armen Monarchen so serviert, daß er das Katastrophale gar nicht merkt." Deshalb auch die Paraden hinter der Front, wo zurückgezogene Regimenter die blanken Knobelbecher zeigen mußten.

Oder spürte er doch die Katastrophe? Im Winter 1917 traf der österreich-ungarische Außenminister Graf Ottokar v. Czernin wiederholt mit ihm zusammen. Er beschwor den Kaiser, gerade aus österreichischer Sicht, kein Opfer zu scheuen, um den Krieg zu beenden. Wilhelm II. unterbrach Czernin: „Aber was wollen Sie denn? Niemand will den Frieden heißer als ich. Aber wir hören es doch alle Tage, die andern wollen keinen Frieden, bevor Deutschland nicht zerschmettert ist."

Wenn der Kaiser so klar sah, warum sprengte er nicht den Ring der vermeintlichen Besserwisser und Kriegsverlängerer in den höchsten Stellen? Das kaiserliche Hauptquartier glich mehr einem Hoflager mit Landpartien, Jagdausflügen, Anwesenheit der Kaiserin, mit Besuchern und Besichtigungen. Sah so das Arbeitsprogramm des Kaisers im Kriege aus, dessen Mitarbeiter bereits nach einstündigem Vortrag beobachteten, daß Majestät nicht mehr zuhörten? Wie einst der Lehrer, so sprachen jetzt die Nächsten von der „Arbeitsunlust des Monarchen".

Um die Jahreswende 1917/18 wurde eine Fronde gegen die Politik und den Krieg entdeckt. Das Zentrum der Auflehnung lag in der Operationsabteilung des Generalstabes. Der Kaiser sollte verhaftet und Ludendorff mindestens gestürzt, wenn nicht beiseitegeräumt werden. Diese Zivilisten und Militärs wollten endlich Hindenburgs und Ludendorffs „stille Diktatur" von 1916 bis jetzt abschütteln.

Die Tatsachen einer Opposition brachte Ludendorffs verdienter „Abteilungschef für Kriegsgeräte", Oberst Max Hermann Bauer, erster Fachmann für die Entwicklung der Artillerie, in Erfahrung. Obwohl Bauer dem Kronprinzen Februar 1918 offen erklärte, „daß der Kaiser unser Verhängnis sei, weil er weder selbst zugriffe, noch fähige Leute an die entscheidende Stelle setze", fing er die verschwörerischen Vorbereitungen ab und isolierte sie.

Hinzu kam, daß der einundsiebzigjährige Feldmarschall zur letzten Ordnung aufrief. Er stellte die Kabinettsfrage. Anlaß dazu gab eine Eigenmächtigkeit Wilhelms II., der sich von einem Hindenburg unterstellten Offizier Vortrag über zukünftige Grenzziehungen im Osten hatte halten lassen. Der Kaiser war davon so angetan, daß er die Vorschläge als seine eigenen der Obersten Heeresleitung vorlegte.

Hindenburg protestierte in letzter Stunde. Er unterschied zwischen dem Recht des Kaisers, zu entscheiden, und Befehlen, nach denen „aufrichtige Männer, die Euer Majestät und dem Vaterlande treu gedient haben, sich mit Ihrer Autorität und Ihrem Namen an Handlungen beteiligen, die sie aus innerster Überzeugung als schädlich für Krone und Reich erkannt haben". Es waren Zuckungen des endgültigen Zusammenbruchs, der auch dadurch nicht übertüncht wurde, daß der Kaiser dem Generalfeldmarschall das Eiserne Kreuz mit goldenen Strahlen verlieh, mit dem bisher nur Blücher nach dem Sieg von Belle-Alliance dekoriert worden war.

Dreißigjähriges Kaiserjubiläum mitten in der
letzten Großoffensive

In dieser gefährlichsten Endrunde des deutschen Schicksals beging der Kaiser am 15. Juni 1918 sein dreißigstes Regierungsjubiläum im Großen Hauptquartier. Erst Hindenburgs Ansprache, dann Wilhelms II. Rede. Er hätte gewußt, daß es sich nicht um einen strategischen Feldzug handelte, sondern „um den Kampf von zwei Weltanschauungen. Entweder soll die preußisch-germanische Weltanschauung – Recht, Freiheit, Ehre und Sitte – in Ehren bleiben oder die angelsächsische, das bedeutet: dem

Götzendienst des Geldes verfallen. Dank dem Himmel, daß er „Eure Exzellenz (Hindenburg) und Sie, mein lieber General (Ludendorff), Mir als Berater zur Seite gestellt hat... Ein jeder draußen weiß, wofür er kämpft... und infolgedessen werden wir den Sieg erringen."

Draußen im Westen die größte Offensive Ludendorffs, der alles zur letzten Offensive Deutschlands einsetzte, und hier beim Kaiser schlechte und falsche Hymnen, Austausch von Grußadressen, verlogen und ahnungslos bis zum äußersten. Und die gesamte deutsche Führung machte mit, nachdem alles mißlungen war, Luftschiffangriffe, der U-Boot-Krieg, selbst Giftgasangriffe bei Ypern. Während seit März 1918 bereits an 330 000, im Juni 90 000, einen Monat später 1 000 000 frische amerikanische Soldaten zum Einsatz kamen. Am 14. August tröstete sich Hindenburg im Großen Hauptquartier in Spa über die ernste Lage: „... daß aber nicht vergessen werden dürfe, daß wir noch immer tief im Feindesland stünden."

Für die letzte deutsche Großoffensive im März 1918 hatte Ludendorff die „Lötstelle" bei Arras – St. Quentin der Entente-Front ausgesucht, wo Franzosen und Engländer zusammenstießen. Hier sollte ein Keil getrieben werden. Im Westen standen 193 Divisionen (von insgesamt 231 deutschen Divisionen) den zunächst 168 alliierten Divisionen gegenüber. Trommelfeuer aus 4000 Geschützen über eine 50 Kilometer breite Front. Durch einen kraftvollen Großangriff wurden die Franzosen bis zur Marne zurückgeworfen. Schon überlegten die Engländer, ob es Sinn habe weiterzukämpfen, nachdem zwei ihrer Armeen zerschlagen waren. Die Deutschen kamen Paris auf 75 Kilometer nahe. Aber beim zweiten, dritten und vierten deutschen Offensivschlag kam man nicht über Teilerfolge hinaus... Große taktische Erfolge, kein strategischer Gewinn. Die Überlegenheit der alliierten Luftwaffe wurde deutlich. Hunderte von leicht beweglichen Tanks durchbrachen die deutschen Verteidigungsstellungen.

„Fünfmal habe ich während des ganzen Weltkrieges bisher die Truppen zurücknehmen müssen, um am Ende den Feind doch zu schlagen. Warum sollte mir das nicht noch ein sechstes Mal gelingen?" hoffte Ludendorff. In großen Stunden war ihm immer „das Soldatenglück hold geblieben", stellte Kronprinz Wilhelm fest. Aber besaß die Truppe noch Vertrauen zur Obersten Heeresleitung? Zweifel an Ludendorff äußerten sich nicht, „wohl aber an Männern seiner Umgebung, die keine genügende praktische Erfahrung haben", meinte Generaloberst v. Einem ganz offen.

Wie sah Hindenburg die Chancen der letzten großen Offensive? Er schwieg. „Aber ich mußte Ludendorff wohl den Gefallen tun", heißt ein später gefallenes, erschütterndes Wort des Feldmarschalls, der damit die Aussichtslosigkeit der Lage erkannt haben wollte, aber dies nicht rechtzeitig zu bekennen wagte.

Als dem Gegner an der Marne die deutsche Offensive verraten war, empfand Ludendorff dies geradezu wie eine Art Trost in einer sehr gedrückten Stimmung. Das Moment der Überraschung, mit dem der General gerechnet, war gescheitert. Es fiel an Ludendorff auf, daß er für Fehlschläge immer Sündenböcke ausfindig machte.

In diesen Julitagen bekam der Kaiser durch Hindenburg endlich „reinen Wein" eingeschenkt. Was sollte Majestät nun machen? Zu den schwer kämpfenden Truppen, wenigstens zu den Armeeoberkommandos fahren. Dieser Vorschlag lag dem Generaloberaten v. Plessen auf der Zunge, aber er fand nicht den Entschluß, ihn auszusprechen. Beim Abendessen nannte sich Wilhelm II. einen „geschlagenen Feldherrn", der um Nachsicht bat.

Im August, als deutsche Granaten in Paris einschlugen, fuhr der Kaiser nach Avesnes zur Front. Dort sprach Ludendorff von „schweren Schlappen" und von einer „besorgniserregenden" Lage. Hier fiel zum ersten Mal von seiten des Generalquartiermeisters der Hinweis, daß „die Truppe nicht mehr als zuverlässig gelten" könne. Durch „Streikparolen werde den Soldaten der Glaube an den Sieg genommen".

In diesen Sommermonaten wird von Ludendorffs Adjutanten ein Wort übermittelt: „Wir regieren nicht, sondern werden regiert." Er meinte damit politische Einsprüche sozialdemokratischer Herkunft. In ihrer „Fränkischen Tagespost" konnte man lesen: „In Wilhelm II. sehen wir den letzten deutschen Militärmonarchen. Er ist der Träger des größten Krieges der Welt, der damit endet, daß das Militärsystem zusammenbricht."

Von Juli bis November 1918 setzte die amerikanische, englische und französische Gegenoffensive mit riesigen Materialverstärkungen ein. Es kam zum schwarzen Tag des deutschen Heeres, als die Siegfriedstellung durchbrochen wurde. Von Mitte Juli bis Mitte Oktober neun Abwehrschlachten von deutscher Seite, mit schweren Verlusten, hohen Gefangenenzahlen, Hunderten verlorener Geschütze. Der alliierte Vernichtungskampf befand sich auf dem Höhepunkt mit der kriegsentscheidenden Panzerwaffe und den Millionenheeren aus USA. Die Oberste Heeresleitung sah sich genötigt, sämtliche Verteidigungslinien zurückzunehmen. Erste Zerfallserscheinungen: Ersatztruppen beschimpften Feldtruppen als Kriegsverlängerer.

Der schwärzeste Tag für Hindenburg
und Ludendorff

Ludendorff sprach jetzt selbst aus, was Historiker, Politiker und Publizisten ihm als Vabanque-Spiel seiner Operationen vorgeworfen haben. Am 1. Juni hatte er noch „auf die rettende Hilfe eines Deus ex machina", nämlich auf den inneren Zusammenbruch einer der Westmächte nach Art des Zusammenbruchs des russischen Reiches, gehofft. Seit Anfang August nahm für ihn „das Kriegführen... den Charakter eines unverantwortlichen Hazardspieles an... Das Schicksal des deutschen Volkes war mir für ein Glücksspiel zu hoch. Der Krieg war zu beendigen". Ludendorffs Rücktrittsgesuch nahmen weder Wilhelm II. noch Hindenburg an.

Als den schwärzesten Tag ihrer Feldherrnlaufbahn hat man den 28. September 1918 bezeichnet. Für Hindenburg und Ludendorff gab es nun auch nichts anderes, als Schluß zu machen. Sie waren sich einig über die Bedingungen des Waffenstillstandes mit einer „geregelten und ordnungsmäßigen Räumung des besetzten Gebietes". An ein Aufgeben des Ostens dachten sie nicht. Ludendorff glaubte, die Entente habe die Gefahr erkannt, die vom Bolschewismus auch ihr drohte. Aber Ludendorff selbst war es gewesen, der der russischen Revolution ihren Führer gab, der dann die Weltrevolution proklamierte.

In einem Brief vom 3. Oktober 1918 verlangte Hindenburg, „den Kampf abzubrechen..." Jeder versäumte Tag kostete Tausenden von tapferen Soldaten das Leben. Das Gesuch war an den letzten Reichskanzler der deutschen Monarchie, Prinz Max v. Baden, gerichtet, der schon einer schwarz-rot-goldenen Koalitionsregierung vorstand. Er richtete ein Waffenstillstandsangebot an den amerikanischen Präsidenten Wilson.

War das der neue demokratische Stil des Reichskanzlers Prinz Max von Baden, als er Anfang Oktober 1918 nicht nur Ludendorff, sondern auch einige bedeutende Vertreter der Wirtschaft und des öffentlichen Lebens zur Teilnahme an der Kabinettssitzung aufforderte? Es ging um die ernste Frage, was man tun sollte, falls die Verhandlungen mit dem amerikanischen Präsidenten Wilson scheiterten. Dieser hatte als Vorbedingung des Waffenstillstandes die Räumung der besetzten Gebiete verlangt.

Einen Tag vor Eintreffen der Nachricht aus Washington veröffentlichte die Berliner Vossische Zeitung „den Herzensschrei eines großen Patrioten", wie der Reichskanzler den Artikel Walther Rathenaus aufgenommen hatte. Darin forderte der Verfasser eine Massenerhebung, um dem Ausland zu demonstrieren, daß sich die Deutschen noch in der letzten Stunde ihres Wesens und Wertes bewußt waren.

Ludendorff, sehr ernst und mitgenommen, keineswegs von seinem nervlich bedrängten Zustand genesen, zweifelte an solchem „Levée en masse", das seinerzeit der Kriegsminister Gambetta bei den Franzosen der siebziger Jahre durchgesetzt hatte, indem er nach der Niederlage von Sedan drei neue Armeen gegen den Sieger aufzustellen vermochte. Die Deutschen würden sich dazu nicht eignen... Wichtig war für Ludendorff zu erfahren, welchen Kurs die politische Führung einzuschlagen beabsichtigte und wie weit der Kaiser davon unterrichtet war. Es ging ebenso um die Zusammensetzung der Waffenstillstandskommission wie um die Einsetzung ihres Leiters. Wer sollte es sein? Ein Militär oder ein Zivilist? Welchen Militär schlug Hindenburg vor?

Über diese Frage hinaus legte der Reichskanzler dem General Ludendorff eine Frageliste über die militärische Lage vor. Ihre Beantwortung war sehr schwierig, weil sich die Situation ständig wandelte. Auch wollte er den Zivilisten nicht sogleich „reinen Wein" einschenken.

Zunächst versuchte Ludendorff, dem Prinzen Max von Baden und seinem Kabinett klar zu machen, daß die Deutschen ja genügend Faustpfänder besaßen, die es auszuspielen galt. Auch in einer so zwangvollen Lage wie jetzt? Die Räumung der besetzten Gebiete konnte langfristig ausgehandelt werden. Währenddessen ergaben sich neue Konstellationen, wobei man die Verhandlungen unterbrechen oder sogar abbrechen konnte.

Ludendorff meinte: Über den Winter würde die Armee noch standhalten. War sich die Oberste Heeresleitung dessen so sicher? Ludendorff zeigte sein verschlossenstes Gesicht, nur eine Ader an der rechten Kopfseite trat deutlich hervor.

In diesem Augenblick meldete sich der Bankier Max M. Warburg zum Wort, dessen Vorfahren über drei Jahrhunderte in Hamburg und Altona lebten. Durch neutrale Auslandsverbindungen wußte er genauestens über die ebenfalls mißliche Lage der Entente Bescheid. Es ging darum, wer die Schlußminuten des Krieges noch durchhielt. Warburg sah auf versteinerte Gesichter in der Konferenz. Auch Ludendorff blieb starr. Wußte er mehr, da er schwieg? Oder befürchtete er die Rebellion seiner Nerven, wenn er aus seinem Herzen keine Mördergrube machte und die eigene schlimme Situation als hoffnungslos bezeichnen würde?

Warburg beschwor förmlich die Oberste Heeresleitung, nicht die Waffen zu strecken. „Es kommt mir seltsam vor" sagte er, „daß ich als Zivilist den Militärs heute zurufen muß: Kämpfen Sie weiter! Ich weiß, daß mein einziger Sohn, der jetzt ausgebildet wird, in vier Wochen im Schützengraben sein wird, aber ich beschwöre Sie, machen Sie nicht jetzt Schluß!"

Ein Vater sprach, ohne seinen Sohn zu vergessen, die anderen Väter vergaß er ebenfalls nicht, deren Söhne sich kurz vor dem Eintritt in das grausige Terrain von Feuer und Blut befanden. Aber dieser Staatsbürger war stolz darauf, als Jude, im Sinne des Philosophen Hermann Cohn, ein Deutscher zu sein und „in dem Bewußtsein, eine zentrale Kulturkraft zu fühlen". Warburg wollte nicht, daß Deutschland unterging, gerade weil auch die letzten Minuten der letzten Runde im Krieg entscheiden. Sollten die ungeheuren Opfer der vier Jahre vergeblich gewesen sein?

Zehn Tage später empfing der Reichskanzler Max von Baden ein Telegramm von Hindenburg und Ludendorff. Darin verlangten die beiden höchsten Offiziere der deutschen Wehrmacht einen ehrenvollen Frieden oder den Kampf bis zum letzten Mann und bis zur letzten Patrone. Tatsächliche Entschlossenheit oder nichtssagende Parolen? Beides sollte nicht mehr möglich sein.

Drei Wochen später trat Ludendorff noch einmal dem Kaiser gegenüber. Merkwürdig phantastisch klangen seine Worte. Er sprach von einer Volkserhebung, mit der man den Krieg noch einige Monate weiterführen könne. Völlig ungefühlte und ungefüllte Worte zum Abschied: „Eine Festung, die sich vor dem letzten Kraftaufwand aufgibt, steht unter dem Fluch der Unehre." Ludendorff bot nochmals seinen Rücktritt an. Der Kaiser antwortete: „Bitte. Es würde meine Stellung nur erleichtern." Hindenburg blieb, was sein Generalquartiermeister nicht begriffen hat. Deutschland brauchte einen letzten lebenden Mythos über den Zusammenbruch hinaus...

Der zweite General des Deutschen Reiches, Ludendorff, unter falschem Namen, maskiert mit blauer Brille und falschem Bart, sollte vier Wochen später über die Grenze nach Dänemark flüchten. Fluch der Unehre. Einer seiner Gegner, der französische General und Armeeführer Buat, nannte Ludendorff „den Größten unter uns" und *den* Feldherrn des Ersten Weltkrieges.

Es gibt keine treuen Truppen mehr. Abdankung und Flucht des Kaisers — das Ende des Zweiten Reiches

„Der Krieg muß beendet werden", sagte der Kaiser, zumal Österreich-Ungarn und die Türkei um Sonderfrieden baten, völlig im Hintergrund der Schlachten und politischen Entscheidungen. Die Entente lehnte es ab, mit ihm zu verhandeln. Ihre Hetze stellte Wilhelm II. als „blutrünstigen Autokraten" hin. Hätte er rechtzeitig abgedankt, wäre innenpolitisch vieles zu retten gewesen.

Wilhelm II. durfte nicht mehr die Kanonen hören, er konnte nicht mehr den Ablauf der Schlachten durchs Fernrohr beobachten, nicht Soldaten kämpfen und Feinde fliehen sehen... Mit seinen Nerven war es so schlimm, daß die Umgebung „seinen seelischen und körperlichen Zusammenbruch" befürchtete. Er erholte sich drei Wochen in Wilhelmshöhe. Und dann begann der Untergang des Zweiten Reiches.

Plötzlich bedeutete jede Stunde Gefahr. Der fast sechzigjährige Kaiser wußte sich nach dreißigjähriger Regierung nicht zu helfen: „Ich habe doch sonst immer gewußt, was Ich tun soll..." Wie er in den letzten Kriegsjahren nicht mehr regierte, sondern zusah, so auch jetzt. Seine Generäle drängten ihn zur Abdankung, den Kronprinzen zum Thronverzicht. Es waren nicht die Gegner, keine Opposition, keine meuternden Truppen, nicht die Sozialdemokraten, die seinen Kopf und seine Krone verlangten. Es gab kaum Barrikaden, da ja nirgends Verteidiger der Monarchie und des Reiches auftraten. Es gab weder Garde noch Generale, auch kein Offizierskorps wie zu des alten Kaisers Zeiten, die die Ordnung sichern wollten, nur Heimkehrer, die des Krieges überdrüssig waren. Höchstens einige Kadetten im Berliner Schloß, die im idealistischen Rausch ein wenig das Sinnbild und die Wirklichkeit der Hohenzollern in der Reichshauptstadt verteidigten. Von dem Ende dieses Zweiten Reiches ist nur zu berichten, daß die Truppen geordnet in die Heimat zurückmarschierten, nicht unter dem Kaiser als „Oberstem Kriegsherrn", nicht unter Hindenburg als Repräsentanten der Obersten Heeresleitung. Unbekannte Truppenoffiziere führten allein aus dem Westen 168 Divisionen nach Deutschland zurück.

Seit Menschengedenken hatte man keinen solchen Kraftausbruch erlebt wie „den des deutschen Volkes", stellte Winston Churchill fest. „Vier Jahre lang kämpfte Deutschland, trotzte es fünf Kontinenten zu Land, zu Wasser, in der Luft. Vier Jahre hielt Deutschland die fünf Kontinente der Erde in Schach . . . Das genügt, Deutsche, für die Geschichte."

In diesen letzten Tagen tauchte kein Fürst von den 22 deutschen Regenten an der Seite des Kaisers auf, kein Freund und Ratgeber. Der Generalfeldmarschall mußte es ihm sagen: „Es gibt keine treuen Truppen mehr." Der letzte Reichskanzler, Prinz Max v. Baden, ein Vetter Wilhelms II., erklärte: „Wenn der Kaiser nicht abdankt, dann ist die Revolution unvermeidlich. Ich aber will sie nicht, ja, ich hasse sie wie die Sünde." Später in einem Brief die letzte Aufforderung: „Eine rettende Tat des Kaisers, selbst wenn sie den Reichstag verblüfft, würde verstanden werden." Am 6. November noch waren die Sozialdemokraten

2. Extraausgabe. Sonnabend, den 9. November 1918.

Vorwärts
Berliner Volksblatt.
Zentralorgan der sozialdemokratischen Partei Deutschlands.

Der Kaiser hat abgedankt!

Der Reichskanzler hat folgenden Erlaß herausgegeben:

Seine Majestät der Kaiser und König haben sich entschlossen, dem Throne zu entsagen.

Der Reichskanzler bleibt noch so lange im Amte, bis die mit der Abdankung Seiner Majestät, dem Thronverzichte Seiner Kaiserlichen und Königlichen Hoheit des Kronprinzen des Deutschen Reichs und von Preußen und der Einsetzung der Regentschaft verbundenen Fragen geregelt sind. Er beabsichtigt, dem Regenten die Ernennung des Abgeordneten Ebert zum Reichskanzler und die Vorlage eines Gesetzentwurfs wegen der Ausschreibung allgemeiner Wahlen für eine verfassunggebende deutsche Nationalversammlung vorzuschlagen, der es obliegen würde, die künftige Staatsform des deutschen Volks einschließlich der Volksteile, die ihren Eintritt in die Reichsgrenzen wünschen sollten, endgültig festzustellen.

Berlin, den 9. November 1918. **Der Reichskanzler.**
Prinz Max von Baden.

Es wird nicht geschossen!

Der Reichskanzler hat angeordnet, daß seitens des Militärs von der Waffe kein Gebrauch gemacht werde.

Parteigenossen! Arbeiter! Soldaten!

Soeben sind das Alexanderregiment und die vierten Jäger geschlossen zum Volke übergegangen. Sozialdemokratische Reichstagsabgeordnete Wels u. a. haben zu den Truppen gesprochen. Offiziere haben sich den Soldaten angeschlossen.

Der sozialdemokratische Arbeiter- und Soldatenrat.

Der „Vorwärts" gibt in einer zweiten Extraausgabe
am 9. November 1918 die Abdankung Wilhelms II. bekannt.

mit einer Regentschaft des Prinzen Max v. Baden für den ältesten Kaiserenkel einverstanden.

„Ein Nachfolger Friedrichs des Großen dankt nicht ab", widersprach Wilhelm II. Er dachte an einen historischen Notausgang und wollte König von Preußen bleiben. Seine Abdankung war aber schon veröffentlicht worden durch die Eigenmächtigkeit des Kanzlers, der im letzten Augenblick durch den Thronverzicht Wilhelms II. und seines Sohnes die Dynastie zu retten versuchte, was mißlang.

Wilhelm II. wollte noch etwas anderes retten: die Tradition, das Erbe, die Krone. Das Wetterleuchten der Revolution verbreitete sich und drang bis in die Etappe. Worauf kam es schließlich an? Um jeden Preis den Bürgerkrieg vermeiden! In einer ähnlichen Stunde der Entscheidung hatte der Eiserne Kanzler seinem König Wilhelm I. gesagt: „Majestät, der schlechteste Abgang vor der Weltgeschichte wäre es nicht, wenn wir auf dem Schafott endeten."

Von nun an privatisierte Wilhelm als Emigrant in Doorn, noch 23 Jahre lang, ein abgedankter, entflohener Monarch, der bis in die letzten Erdentage damit rechnete, daß „sein Volk ihn zurückrufen würde". Nach 500jähriger Hohenzollerngeschichte bestand der Thronverzicht für Wilhelm II. nur äußerlich. Er sah sich weder als „Übeltäter" noch als Hauptperson eines schuldvollen Schicksals. Wie der überrumpelte, enttäuschte Chef eines Großunternehmens gestand er drei Monate nach dem Zusammenbruch: Er sei von Anfang seiner Regierung an belogen und betrogen worden. Seine Minister hätten ihm niemals die Wahrheit gesagt, seine militärischen Obrigkeiten hätten ihn niemals wissen lassen, wie die Dinge wirklich standen. Trotzdem sein hysterischer Ausruf zehn Jahre nach der Abdankung: „Kommen müssen sie, kommen, von allein... und auf den Knien!"

Traum und Wirklichkeit der deutschen Kaiser waren nach 1118 Jahren zu Ende.

Zeittafel

25. 12. 800 Karls des Großen Kaiserkrönung durch Papst Leo III. in Rom. Neuordnung des Reiches.
804 Ende der 32jährigen Sachsenkriege.
812 Ostrom erkennt Karls Kaisertum an.
843 Vertrag von Verdun: Dreiteilung des Karolingerreiches.
933 Heinrich I. besiegt die Ungarn an der Unstrut.
936 Otto I. in Aachen zum König gewählt.
951 Otto I. der Große heiratet die Königinwitwe Adelheid und wird König der Lombardei.
955 Otto I. an der Spitze aller deutschen Stämme besiegt die Ungarn auf dem Lechfeld.
962 Otto I. wird in Rom zum Kaiser gekrönt.
968 Magdeburg wird Erzbistum und Zentrum der Slawenmission.
973 Tod Ottos I.
982 Otto II. bei Cotrone in Kalabrien von Sarazenen geschlagen.
1000 Otto III. residiert in Rom und gründet das Erzbistum Gnesen.
1014 Kaiserkrönung Heinrichs II., des „Heiligen".
1027 Der erste Salier Konrad II. zum Kaiser gekrönt.
1033 Burgund vereinigt mit dem Reich durch Konrad II.
1046 Synode zu Sutri: Heinrich III., „König der Römer", setzt drei Päpste ab.
Verkündung des Königs- und Landfriedens.
1059 Nikolaus' II. Papstwahldekret: Nur Kardinäle wählen. Kaiser verliert Einspruchsrecht. Normannenreich in Sizilien päpstliches Lehen.
1075 Gregor VII. verbietet Laieninvestitur, Simonie, Priesterehe.
1076 Deutsche Synode zu Worms setzt Gregor VII. ab. Gregor bannt und setzt Heinrich IV. ab.
1077 Heinrich IV. geht nach Canossa und erhält Absolution.
1084 Gegenpapst Clemens II. krönt Heinrich IV. zum Kaiser.
1085 Verkündung des Gottesfriedens durch Heinrich IV.
1122 Ende des 50jährigen Investiturstreites. Wormser Konkordat Heinrichs V. mit dem Papst.
1146 Der erste Hohenstaufe Konrad III. nimmt das Kreuz.

1155	Friedrich I. Barbarossa wird König der Lombarden und Kaiser.
1158	Reichstag auf den Ronkalischen Feldern: Friedrich I. beansprucht die Hoheitsrechte als römischer Kaiser. Aufruhr in der Lombardei.
1162	Vernichtung Mailands und Aussiedlung der Bewohner durch Barbarossa.
1167	Friedrichs I. Niederlage in Mittelitalien.
1176	Heinrich der Löwe verweigert Waffenhilfe gegen die Lombarden. Niederlage Friedrichs I. bei Legnano.
1180	Heinrich der Löwe geächtet.
1184	Mainzer Reichsfest: Höhepunkt der Kaiserherrlichkeit
1190	Friedrich I. stirbt auf dem dritten Kreuzzug.
1196	Größte Ausdehnung des Reiches unter Heinrich VI. Erbreichsplan wird abgelehnt.
1215	Lateransynode: „Allgewalt" des Papstes Innozenz III.
1220	Friedrich II. zum Kaiser gekrönt, sein 9jähriger Sohn Heinrich VII. zum deutschen König erwählt.
1226	Hermann von Salza, Hochmeister des Deutschen Ordens, wird mit dem zu erobernden Kulmer Land und Preußen belehnt.
1228/1229	Der vom Papst gebannte Friedrich II. wird auf eigenem Kreuzzug durch Vertrag mit Saladin König von Jerusalem.
1231	Verfassung von Melfi: Gleichheit aller vor dem Gesetz. König Heinrich VIII. verkündet das „Wormser Privileg zugunsten der Fürsten".
1235	Mainzer Reichslandfrieden, erstes Reichsfriedensgesetz in deutscher Sprache.
1237	Friedrichs II. Kampf mit dem lombardischen Städtebund und Sieg bei Cortenuova.
1239	Zweiter Bann Gregors IX. über Friedrich II.
1241	Friedrichs II. Beamtenregiment von Sizilien bis zur Lombardei.
1245	Konzil zu Lyon setzt Friedrich II. ab. Aufruhr im Reich. Gegenkönige (seit 1246), Verrat des Petrus von Vinea.
1250	Tod Kaiser Friedrichs II.
1256/1273	Interregnum in Deutschland.
1273	Rudolf I., Graf von Habsburg, in Frankfurt a. M. zum König gewählt, begründet Vormachtstellung seines Hauses.
1275	Anerkennung päpstlicher Privilegien durch Rudolf von Habsburg. Ende der Kaiserherrschaft in Italien.
1278	Rudolf besiegt Ottokar II. von Böhmen auf dem Marchfeld.
1309/1377	Päpste in Avignon: „Babylonische Gefangenschaft" der Kirche.
1348	Karl IV. gründet in Prag die erste deutsche Universität.
1356	Karl IV. erläßt „Goldene Bulle".
1378/1417	Schisma der Päpste in Rom und in Avignon mit 7 Gegenpäpsten.
1410	3 Kaiser und 3 Päpste regieren. Niederlage des Deutschen Ordens bei Tannenberg.

1414/1418 Kaiser Sigismund protegiert Konzil zu Konstanz: 3 Päpste abgesetzt. Hus verbrannt. Friedrich von Hohenzollern mit Brandenburg belehnt.
1420/1436 Hussitenkriege.
1452 Letzte Kaiserkrönung in Rom: Friedrich III.
1473 Bankhaus Fugger kreditiert den Habsburgern.
1478 Organisation der Inquisition.
1493 Maximilian I. „erwählter römischer Kaiser".
1495 Reichstag zu Worms: Ewiger Landfriede, Reichssteuer.
1507 Reichskammergericht. Beginn der Reichsreform. Papst Julius II. verordnet Ablaß zum Neubau der Peterskirche.
1517 Luthers 95 Thesen gegen Mißbrauch des Ablasses.
1519 Karl von Spanien, Enkel Maximilians, wird Kaiser.
1521 Wormser Reichstag: Luther vor Karl V. widerruft nicht. Wormser Edikt.
1524/1525 Bauernkrieg in Deutschland. Stärkung der Landesfürsten.
1525 Karl V. siegt bei Pavia über die Franzosen. Franz I. gefangen.
1526 1. Reichstag zu Speyer: Landesherr bestimmt Konfession.
1527 Sacco di Roma.
1529 2. Reichstag zu Speyer: „Protestanten" gegen Wormser Edikt.
1530 Karls V. Kaiserkrönung in Bologna. Augsburger Reichstag erklärt Gleichberechtigung der Augsburger Konfession neben der Katholischen Kirche.
1546/1547 Schmalkaldischer Krieg: Niederlage der Protestanten.
1548 Augsburger „Interim".
1552 Bündnis Moritz von Sachsens mit Frankreich.
1555 Augsburger Religionsfriede.
1556 Karl V. dankt ab. Aufteilung des Weltreiches. Ferdinand I. wird deutscher Kaiser. Philipp II. erbt spanisches Weltreich.
1556/1576 Gegenreformation in Deutschland.
1608/1609 Protestantische Union und katholische Liga.
1618 Prager Fenstersturz: Auftakt zum 30jährigen Krieg.
1620 Schlacht am Weißen Berg bei Prag.
1630 Regensburger Kurfürstentag: Kaiser setzt Wallenstein ab. Gustav Adolf von Schweden erobert Pommern.
1632 Gustav Adolf in München. Wallenstein zurückberufen. Gustav Adolf fällt bei Lützen.
1634 Wallenstein wird in Eger ermordet.
1648 Westfälischer Friede in Münster und Osnabrück beendet 30jährigen Krieg. Schweiz und Niederlande selbständig.
1683 Türken vor Wien.
1688/1697 3. Raubkrieg Ludwigs XIV.: Verwüstung der Pfalz und Heidelbergs.
1697 Friede von Ryswijk: Straßburg fällt an Frankreich. Sieg Eugens von Savoyen über die Türken bei Zenta.
1701 Krönung Friedrichs I. als König von Preußen in Königsberg.

1701/1714	Spanischer Erbfolgekrieg. Siege Eugens und Marlboroughs. Friedensverträge von Utrecht und Rastatt.
1713	Pragmatische Sanktion: Weibliche Erbfolge in Österreich.
1713/1740	Friedrich Wilhelm I. begründet Preußens Machtstellung.
1717	Prinz Eugen erobert Belgrad.
1740/1748	Österreichischer Erbfolgekrieg. Friede zu Aachen.
1740/1742	Beginn der Regierungen Maria Theresias und Friedrichs II. von Preußen. Erster Schlesischer Krieg. Friede von Breslau zwischen Habsburg und Preußen.
1742	Ein Bayer wird deutscher Kaiser: Karl VII.
1744/1745	Zweiter Schlesischer Krieg Friedrichs II. gegen Maria Theresia. Friede zu Breslau und Dresden: Schlesien an Preußen.
1745	Franz von Lothringen, Gemahl Maria Theresias, als Kaiser in Frankfurt a.M. gekrönt.
1756/1763	Friedrichs II. Siebenjähriger Krieg gegen Maria Theresia und die Große Koalition. Hubertusburger Friede: Preußen behält Schlesien.
1765	Beginn des josephinischen Reformstiles. Joseph II. Mitregent seiner Mutter Maria Theresias.
1769	Begegnung zwischen Friedrich II. und Joseph II. in Neiße und Mährisch-Neustadt.
1781	Toleranzedikt Josephs II. Aufhebung der Leibeigenschaft für Böhmen und Mähren, 1782 für die deutschen Kernlande.
1782	Papstreise nach Wien.
1789	Ausbruch der Französischen Revolution. Erklärung der Menschen- und Bürgerrechte.
1792	Letzte Kaiserkrönung in Frankfurt a. M.: Franz II.
1795	Sonderfriede zu Basel: Preußen stimmt der Abtretung des linken Rheinufers an Frankreich zu.
1796/1797	Bonapartes Siege in Italien, Friede zu Campo Formio. Österreich willigt in die Abtretung des linken Rheinufers.
1799	Napoleon Bonaparte wird Erster Konsul auf Lebenszeit.
1803	Reichsdeputationshauptschluß in Regensburg.
1804	Napoleon krönt sich zum Kaiser der Franzosen in Gegenwart des Papstes. Franz II. nimmt den Titel „Kaiser von Österreich" an und vereinigt alle habsburgischen Länder unter dem „Kaisertum Österreich".
1805	Sieg Napoleons in der Dreikaiserschlacht von Austerlitz.
1806	Rheinbund unter Napoleons Protektorat gegründet. Franz II. legt offiziell die deutsche Kaiserkrone nieder. Auflösung des Heiligen Römischen Reiches Deutscher Nation (800—1806 abendländisches Kaisertum).
1862/1890	Bismarck preußischer Ministerpräsident und Außenminister.
1870	Frankreich erklärt Preußen den Krieg. Kapitulation von Sedan. Napoleon III.

in Gefangenschaft. Krieg gegen die Dritte Republik.
1871 Kaiserproklamation Wilhelms I. in Versailles für ein kleindeutsches Reich.
1871 Friede zu Frankfurt a. M. Elsaß-Lothringen an Deutschland.
1871 Deutscher Reichstag eröffnet mit Bismarck als erstem Reichskanzler.
1888 Dreikaiserjahr: Tod Wilhelms I., Nachfolger Friedrich III., Regierungsantritt Wilhelms II.
1890 Bismarcks Entlassung.
1908 Tirpitz' Flottengesetz: Deutschland wird zur stärksten Seemacht nach Großbritannien.
1914 Attentat auf das österreichische Thronfolgerpaar. Ausbruch des 1.Weltkrieges.
1918 Wilhelms II. Abdankung und Flucht nach Holland. — Ende des deutschen Kaisertums.

Regierungszeit der deutschen Kaiser

(Kursivdruck bezeichnet die Herrscher, die ausführlich dargestellt werden)

Karolingisches Haus:
800—814 Karl I. der Große
813—840 Ludwig I. der Fromme
843—855 Lothar I.
855—875 Ludwig II.
875—877 Karl II. der Kahle
881—887 Karl III. der Dicke
896—899 Arnulf
915—924 Berengar I.

Sächsisches Haus:
962— 973 *Otto I. der Große*
973— 983 *Otto II.*
996—1002 *Otto III.*
1014—1024 *Heinrich II.*

Fränkisch-Salisches Haus:
1027—1039 Konrad II.
1046—1056 *Heinrich III.*
1084—1106 *Heinrich IV.*
1111—1125 *Heinrich V.*
1133—1137 Lothar III. (von Sachsen-Supplinburg)

Hohenstaufen oder Staufer:
1155—1190 *Friedrich I.*
1191—1197 *Heinrich VI.*
1209—1215 Otto IV. (von Braunschweig)
1220—1250 *Friedrich II.*

Haus Luxemburg:
1312—1313 Heinrich VII.
1314—1347 Ludwig IV. (der Bayer)
1355—1378 *Karl IV.*
1433—1437 *Sigismund*

Haus Habsburg:
1452—1493 Friedrich III.
1493—1519 *Maximilian I.*
1519—1556 *Karl V.*
1556—1564 Ferdinand I.
1564—1576 Maximilian II.
1576—1612 Rudolf II.
1612—1619 Matthias
1619—1637 *Ferdinand II.*
1637—1657 Ferdinand III.
1658—1705 *Leopold I.*
1705—1711 *Joseph I.*
1711—1740 *Karl VI.*

Haus Wittelsbach:
1742—1745 *Karl VII.*

Haus Habsburg:
1745—1765 *Franz I.*
1765—1790 *Joseph II.*
1790—1792 Leopold II.
1792—1806 *Franz II.*

Haus Hohenzollern:
1871—1888 *Wilhelm I.*
1888 *Friedrich III.*
1888—1918 *Wilhelm II.*

Personenregister

Abeken 466, 468
Abraham 180
Acerbus Morene 149
Adalbert von Bremen-Hamburg 97—99, 108 f
Adalbert von Metz 92
Adalbert von Prag 76 f
Adelbert, Mönch 54
Adelbert von Ivrea 47
Adelbert von Magdeburg 61
Adelbert von Würzburg 92
Adelheid, Tochter Ottos II. 64
Adelheid von Burgund 46—48, 52, 62, 71—73
Agapet II., Papst 47
Agnes von Aquitanien 89, 91, 106 f
Agnes von Brandenburg 214
Agnes von Österreich 201
Alba 315 f
Alberich II. 47 f, 51, 59
Albornoz, Kardinal 230
Albrecht von Brandenburg und Mainz, Kardinal 266, 286
Albrecht I. von Österreich 198, 211
Albrecht II. Kurfürst von Sachsen 194
Albrecht, Herzog von Sachsen 253
Albrecht von Österreich, Schwiegersohn Sigismunds 248
Aleander, Kardinal 284 f, 310
Alexander der Große 160
Alexander II., Papst 107, 110
Alexander III, Papst (Roland) 26, 141, 146, 150 f, 154, 156 f, 171
Alexander VI., Papst 258, 298
Alfons von Kastilien 191
Alkuin 15, 20, 28 f, 33 f
Altdorfer 268
Althaus 409

Althoff 486—488
Amadeus VIII. von Savoyen (Felix V.) 265
Amalar von Trier 27
Anhalt-Dessau, von (der alte Dessauer) 392
Anna von der Pfalz 215
Anna von England 369
Anna von Schweidnitz-Jauer 223
Anno von Köln 106—109, 111
Ansfried 66
Anton von Lothringen 295
Aribert II. von Mailand 88
Aribert von Narbonne 35
Arnfried 52
Arnold von Brescia 138
Arnold von Lübeck 158
Arnold von Selnhofen 149
Arnulf, Markgraf 66
Arnulf von Bayern 41
Aubery 356
Auenbrugger 426
August der Starke von Sachsen und Polen 361 f, 372, 377
Augustinus 20 f, 28, 208, 305
Augustus 17, 23, 172 f
Azolin 66
Azzo 51

Bainville 357
Balduin, Kurfürst 211
Baldung Grien 268
Bangulf 27
Barbara von Cilli 235, 247 f
Bartolus 221 f
Batthyany 380
Bauer 500
Beatrix von Burgund 150 f, 154 f

515

Beauharnais, Josephine 444
Beck 269
Behring 488
Benedikt VIII., Papst 81, 86 f
Benedikt IX., Papst 98 f
Benedikt XII., Papst 205, 230
Benedikt XV., Papst 497
Benn 7
Berard von Palermo 163, 188
Berengar II. von Ivrea 47, 51 f, 57—59
Bergmann 488
Berlichingen, von 259, 296 f
Bernhard von Clairvaux 136 f, 210
Bernward von Hildesheim 73, 78
Bertha von Turin 109—111
Berthold von Henneberg 254 f, 258, 261
Bethmann-Hollweg 495 f
Bier 487, 494
Bismarck, Herbert von 447 f, 476
Bismarck, Otto von 6, 121, 454—483, 485 f, 492 f, 496
Blanca Lancia 180, 189
Blanca von Valois 203 f
Bleichröder 485
Blomberg, Barbara 311 f
Blücher 497, 500
Boccaccio 218
Bode, von 487
Bodeck, von 334
Boleslaw der Kühne 82
Bonaparte (Napoleon I.) 440, 441, 443, 444, 449—451
Bonifazius VII. Gegenpapst 74
Bonifazius 13, 22
Botte 382
Braciolini 240
Brant 254
Breu 268
Bretislav I. 89
Brück 305
Bruno, Vetter Ottos III. (Gregor V.) 74
Bruno von Köln 60
Bruno von Toul (Leo IX.) 95, 99 f
Buat 505
Bucher 457, 459, 463, 466
Buczko von Wilharticz 202

Bülow, von 492
Burchard, Chronist 148
Burchard von Basel 125
Burckhardt 459
Burgkmair 268—271
Busch 467

Cajetan, Kardinal 280, 285
Campeggio, Kardinal 303, 306
Caprivi, von 481
Carafa, Carlo, Kardinal 324
Carafa, Gian Petro (Paul IV.) 318
Carafa, Nuntius 339
Carnot 443
Cäsar 66, 220
Castiglione 298
Catt, de 402
Celtis 268
Childerich III. 118
Christian IV. von Dänemark 333
Churchill 369, 498, 506
Cicero 226
Clausewitz, von 338
Clemens II., Papst 99
Clemens III., Gegenpapst (Wibert von Ravenna) 126, 129
Clemens V., Papst 205
Clemens VI., Papst (Peter Roger) 205, 207, 212, 219, 230
Clemens VII., Papst 298 f, 301 f, 307
Clementia von Österreich 197, 199
Cobenzl 446, 448
Cochläus 306
Cohn, Hermann 505
Colestin III., Papst 159
Colloredo 439 f, 450
Colonna, Vittoria 297
Coluccio Salutati 231
Cranach 268, 315
Cromwell 496
Czernin, v. 499

Damasus II., Papst 99
Dambach, von 207
Dante 218, 226
Daun, Generalfeldmarschall 395 f, 398 f
Daun, Generalfeldmarschall-Leutnant 396

Dedi, Markgraf 107
Defaix 441
Dehio 470
Delbrück 249, 496
Demosthenes 453
Derfflinger 362
Dietrich von Kugelweit 216
Dietrich von Trier 179
Dietrichstein, Kardinal 335
Donatello 270
Don Juan von Austria 312, 324
Du Bois-Reymond 488
Dürer, Albrecht 267—270, 317, 485
Dürer, Hans 268

Eberhard von Franken 40 f, 43
Ebo von Reims 34
Edgitha von England 39
Einem, v. 501
Einhard 18, 27, 36, 61
Ekbert von Meißen 106 f, 125
Ekkehard von Auro 123, 135
Ekkehart, Meister 7, 207, 212
Eleonore von Liechtenstein 427
Elias 176
Elisabeth von Pommern 230, 233
Elisabeth von Rußland 401 f
Elisabeth von Thüringen 178 f
Enea Silvio (Pius II.) 246
Engelbert I. von Köln 177, 180
Erasmus von Rotterdam 7, 281, 296
Ernst von Braunschweig 316
Eugen III., Papst 137
Eugen IV., Papst 245 f, 265
Eugen von Savoyen 359 f, 362—381, 385, 390, 395, 397, 401, 407 f, 442 f, 447
Eugénie von Montijo 455
Eulenburg 483, 486

Falkenhayn, v. 489, 492, 498
Falkenstein 480
Felix III., Papst 96
Felix V., Gegenpapst 265
Fénélon von Cambrai 366
Fenrich 489
Ferdinand I., Kaiser 280, 295, 307—309, 317, 320—322, 326, 328, 447

Ferdinand II. der Katholische von Spanien 264
Ferdinand II., Kaiser 326, 330, 332—335, 337—341, 346, 348—350, 353—356, 447
Ferdinand III., Kaiser 344, 355 f, 360, 447
Feuquières, de 348
Fichte 485
Fischer 488
Fisher, H.A.L. 493
Fleury, Kardinal 346, 388 f
Frank, Johann Peter 426
Frantz 459, 472
Franz I., Kaiser (Franz Stephan von Lothringen) 389 f, 393 f, 398, 400, 405, 437
Franz I. von Frankreich 274—277, 287, 289 f, 298, 314, 319, 323 f, 447
Franz II., Kaiser 438—440, 442 f, 445—452, 461
Franziskus (der heilige Franz von Assisi) 7
Franz Joseph I., Kaiser von Österreich 461, 478
Franz Stephan von Lothringen (Franz I.) 383—385
Frastrada 23
Friedell 485
Friedrich I. Barbarossa, Kaiser 26, 38, 57, 77, 102, 136—156, 158—160, 162, 171, 173, 182 f, 186, 199, 210, 357
Friedrich I. von Baden 471 f
Friedrich I. von Preußen (Friedrich III. von Brandenburg) 366, 468, 470, 493
Friedrich II., Kaiser 161—193, 195, 197, 207, 282
Friedrich II. der Große von Preußen 359 f, 382—388, 390—393, 396—404, 408—416, 419—421, 423 f, 427, 433—435, 447, 458, 476, 491, 508
Friedrich III., Kaiser 246, 250, 252, 254, 446
Friedrich III., Kaiser und König von Preußen 454, 468
Friedrich VI. von Hohenzollern 229, 238, 241

Friedrich der Weise 278 f, 281
Friedrich, Pfalzgraf 279
Friedrich von Brandenburg 251
Friedrich von Hohenstaufen,
  Bruder Heinrichs VI. 158
Friedrich von Liegnitz 386
Friedrich von Mainz 42
Friedrich von Schwaben 151
Friedrich von Zollern 249
Friedrich Wilhelm I. von Preußen
  383 f, 386, 470
Friedrich Wilhelm III. von Preußen
  470
Friedrich Wilhelm IV. von Preußen
  461, 467, 480
Friedrich Wilhelm der große Kurfürst
  von Brandenburg 358, 366, 386
Friedrich Wilhelm von Preußen
  (Friedrich III.) 454, 460, 462, 468,
  470, 472
Frundsberg 300—302
Fugger, Anton 307 f, 310, 313, 315,
  324, 334
Fugger, Jakob 262—266, 276—279,
  289, 292, 307
Fugger, Raimund 307 f, 310, 313, 324,
  334
Fugger, Ulrich 252
Fulrad 31

Gaffky 488
Galilei 330
Gambetta 504
Gattinara 287, 303
Gebhard von Eichstädt (Viktor II.) 104
Gebhard von Speyer 131
Gebler, von 425
Gentz, von 449, 453
Georg IV. von Schweden 448
Georg von Brandenburg 305
Georg Wilhelm von Brandenburg 334
Gerberg 60
Gerbert von Aurillac (Sylvester II.)
  74 f
Gerho von Reichenberg 134
Gero, Markgraf 45
Gerold von Jerusalem, Patriarch 170
Gertrud von Österreich 186
Geyer 295

Giselbert von Lothringen 41, 43
Glapion 282—284
Gneisenau 455, 497
Godl 271
Goethe 394, 399
Gossembrot 259
Gotter 383, 385
Gottfried, Markgraf 66
Gottfried von Lothringen 102, 107
Gottschalk 22
Gregor I. der Große, Papst 96
Gregor V., Papst 55, 74
Gregor VI., Papst 98
Gregor VII., Papst (Hildebrand) 26,
  97, 99, 112—127, 129, 131, 134 f,
  153, 156
Gregor IX., Papst 169—171, 179, 183 f
Gregor X., Papst 191 f, 196 f
Gregor XI., Papst 231
Grimaldi 275
Grünpack 250
Gualterotti 275 f
Guiskard 127
Günther von Schwarzburg-Blanken-
  burg 214 f
Gustav II. Adolf von Schweden 338,
  341—346, 349, 360

Hadrian I., Papst 27
Hadrian II., Papst 96
Hadrian IV., Papst 137 f, 140 f
Hadrian V., Papst 192
Hahnke, von 480
Halinard von Lyon 94, 99, 101
Haller 273 f
Halske 485
Harnack, von 487
Harrach 393
Harun-al-Raschid 11, 35
Hatto 51
Hatzfeld, von 454
Haugwitz 395
Hauptmann 477
Hedwig von Österreich 199
Hegel 485
Heigel 362
Heinrich I. der Vogler 39—41, 46, 80,
  88, 93
Heinrich I. von Frankreich 91

Heinrich II., Kaiser 71, 80—87, 128
Heinrich II. von Frankreich 319
Heinrich III., Kaiser 88—91, 93—95, 97—100, 102—105, 107, 113, 128
Heinrich IV., Kaiser 26, 57, 99, 102—133, 135, 152, 178, 183
Heinrich V., Kaiser 106, 129 f, 132—135
Heinrich VI., Kaiser 158—161
Heinrich VII., Sohn Friedrichs II. 177—180
Heinrich VIII. von England 275, 298, 314
Heinrich, Halbbruder Ottos I. 41—43
Heinrich, Sohn Ottos I. 48
Heinrich der Löwe 140, 152—155, 159, 183
Heinrich der Stolze 136
Heinrich der Zänker 70 f
Heinrich Raspe 188
Heinrich von Lüttich 127
Heinrich von Plauen 234
Heinrich von Preußen 403, 423
Helfferich 495
Heliodor 261
Helmholtz 488
Herder 425
Heribert, Graf 66
Heribert von Köln 80
Hermann von Luxemburg 125
Hermann von Reichenau 76, 103
Hermann von Salza 165—167, 182, 185
Hermann von Schwaben 41 f
Hertling 496
Hertz 488
Herzan, Kardinal 433
Hezel 66
Hezilo von Hildesheim 108
Hieronymus 28
Hildebert von Mainz 39 f
Hildebrand (Gregor VII.) 98, 101, 104, 107, 112
Hildegard 23
Hindenburg, von 493—497, 500—507
Hinzpeter 484
Hippeler 297
Hitler 415
Hoechst 485

Holl 327
Holnstein, von 464 f
Honorius III., Papst 165, 167, 169
Honorius IV., Papst 192
Horaz 268
Hormayr, von 261
Hugo Candidus, Kardinal 115
Hugo von Cluny 92
Humbert, Kardinal 105, 112
Humboldt, von 485
Hus 235, 237—241, 281
Hutten, von 292, 295, 308

Ignatius von Loyola 331
Innozenz II., Papst 97, 156
Innozenz III., Papst (Graf di Segni) 160, 162—165, 168, 171, 183, 185, 191 f
Innozenz IV., Papst 185—188
Innozenz V., Papst 192
Innozenz VI., Papst 219 f, 230
Innozenz X., Papst 356
Irene von Byzanz 18, 22—24
Isaak 35
Isabella von England 180
Isabella von Jerusalem 167, 169
Isabella von Portugal 301, 310

Jakob von Aragonien 191
Jakob von Capua 171
Jaspers 9
Jedin 240
Joachim II. von Brandenburg 272, 278, 386
Joana von Spanien 324
Joas 231
Johann Friedrich von Sachsen 316
Johann von Luxemburg 203—205
Johann von Neumarkt 222
Johann von Salisbury 151
Johann von Vicenza 182
Johannes XII., Papst (Oktavian) 51—54, 58—60, 96, 98
Johannes XIII., Papst 61 f
Johannes XIV., Papst 74
Johannes XV., Papst 74
Johannes XXI., Papst 192
Johannes XXIII., Gegenpapst 235—238, 241

519

Johannes, Kardinaldiakon 51
Johannes Tzimiskes 62
Joseph I., Kaiser 367—369, 372—375, 378, 381, 447
Joseph II., Kaiser 385, 397, 404—413, 415, 417 f, 420, 422—437, 447
Joseph, Pater 340, 347, 349
Juan de Regla 325
Julius II. Papst 264—266
Julius III., Papst 311
Justinian 23

Kahler, von 372
Kalixtus II., Papst 97, 134 f
Kaloymus 68
Kannengießer 271
Karl I. der Große, Kaiser 11—39, 42, 45—47, 52 f, 57 f, 61 f, 68, 75—77, 88, 98 f, 103, 114, 119, 128, 138, 149 f, 164, 190, 210, 228, 230, 246, 259, 270, 279, 282, 287, 324, 356, 394, 426, 429, 444 f, 450, 491, 493
Karl IV., Kaiser 175, 202—208, 210—234, 282, 356
Karl (I.) V., Kaiser 272—285, 287—293, 295, 297—299, 301—307, 309—326, 374, 377, 431, 447
Karl VI., Kaiser 374 f, 377—379, 381—384, 388
Karl VII., Kaiser (Karl Albrecht von Bayern) 388—391, 400
Karl XII. von Schweden 372
Karl, Sohn Karls I. 36
Karl, Sohn Leopolds I. 368
Karl Albrecht von Bayern (Karl VII.) 388
Karl-August von Sachsen-Weimar 434
Karl Gustav, Pfalzgraf vom Rhein 357
Karl Martell, Großvater Karls I. 12, 20
Karl Martell, Enkel Karls von Anjou 197
Karl Theodor von Bayern 433
Karl von Anjou 197
Karl von Lothringen 398
Karl von Österreich 441—443, 446
Katharina II. von Rußland 403, 410, 413
Katharina von Österreich 198

Kaunitz, von 398, 401, 407—414, 418, 423 f, 427, 429, 435
Kellermann 441
Kepler 335, 352
Khevenhüller 397
Khlesl, Kardinal 330
Klopstock 425 f
Koch 488
Kolderer, Jörg 268
Kolumbus 267
Königsegg, von 395
Konrad II., Kaiser 88, 98
Konrad III. 136 f
Konrad, Sohn Heinrichs IV. 111, 129
Konrad der Rote 48—50
Konrad von Bayern 103
Konrad von Hildesheim 179
Konrad von Jungingen 234
Konrad von Marburg 178 f
Konstantin I. der Große 13, 16 f, 23, 25, 33, 53, 66, 75, 165
Konstantin VI. 18
Konstanze von Sizilien 159 f
Konstanze, Tochter Friedrichs II. 180
Kraft 357
Kugelweit, von 216
Kunigunde von Luxemburg 86

Lacy 407, 409
Ladislaus IV. von Ungarn 199
Lambert von Ostia, Kardinal 135
Lamormain 331 f, 347, 350, 355
Lang, Kardinal 275, 295
Las Casas 325
Laudon 409, 436
Leibniz 7, 376 f
Lenin 498
Leo III., Papst 11—18, 25, 27, 444
Leo VIII., Papst 59
Leo IX., Papst (Bruno von Toul) 55, 97, 100—102, 104 f, 112
Leo X., Papst 261, 266, 276 f, 279, 285, 287, 298, 323
Leonhard von Passau 247
Leopold I., Kaiser 359—362, 365, 368, 371 f, 381, 447
Leopold II., Kaiser 439, 447
Leopold von Hohenzollern 455
Lessing 425 f

Leyden, von 487
Lichtenstein, von 265
Liechtenstein, Fürst 451
Liebknecht, Karl 498
Liudolf 39, 48
Löffler 271
Lothar III. von Sachsen-Supplinburg, Kaiser 136, 138
Lothar von Frankreich 64 f, 70
Lothar von Italien 46
Louvois, de 357
Ludendorff, erster Generalquartiermeister 493, 495—498, 500—505
Ludolf von Sachsen 212
Ludwig I. der Fromme, Kaiser 16, 37
Ludwig II. von Bayern 464 f, 467
Ludwig XII. von Frankreich 264
Ludwig XIII. von Frankreich 348
Ludwig XIV. von Frankreich 357, 361, 365, 368, 374 f
Ludwig XVI. von Frankreich 438, 440
Ludwig, Pfalzgraf 240
Ludwig, Pfalzgraf vom Rhein 194 f, 201
Ludwig von Bayern 178, 193
Ludwig von Bourbon 448
Ludwig von Helfenstein 295
Luitbrand von Cremona 61
Luitpold von Bayern 468
Lupold von Bebenburg 222
Luther 272, 278—287, 292—296, 299, 303, 305 f, 308, 310 f, 316, 318, 323

Machiavelli 261, 291, 293, 388
Machir 35
Mack 450
Mackensen 498
Malik-el-Kamil 169, 188
Manegold 117
Manfred 180
Mann, Thomas 488
Mansfeld, von 332
Margarete von Babenberg 177
Maria Bianca Sforza 7, 270
Maria Therese 439, 441, 450
Maria Theresia von Österreich 72, 380, 382—404, 406 f, 409—426, 428, 430, 437 f, 448, 450

Maria von Burgund 250, 252, 269
Maria von Ungarn 233
Maria Antoinette 436
Marlborough 369—371, 373 f, 397
Martin IV., Papst 192
Martin V., Papst 238
Martinitz 330
Mathilde, Mutter Ottos I. 44
Mathilde von Canossa 116, 120, 126, 129, 156
Mathilde von Quedlinburg 71 f, 74
Mathias von Arras 216 f
Matthias, Kaiser 326
Matthias von Neuenburg 196
Max von Baden 503—505, 508
Maximilian I., Kaiser 249—255, 257—274, 276, 292, 317, 447
Maximilian I. von Bayern 334, 336, 341 f
Maximilian II., Kaiser 321, 326
Maximilian II. von Bayern 464
Mazarin, Kardinal 346, 356, 359
Megenberg, von 208
Melanchthon 306, 308, 313
Melas 441
Metternich 449, 452
Michael, der Heilige 49
Michaelis 496
Michelangelo 297
Migazzi, Kardinal 429, 436
Moltke, der Ältere 454—457, 481 f, 489, 492
Moltke, der Jüngere 489
Montaigne, de 329
Moritz von Sachsen 313, 315 f, 319—323
Morone 297, 299 f
Mügeln, von 208
Münzer 297

Napoleon I. Bonaparte 332, 440 f, 443—452, 458 f
Napoleon III. 454—457, 461, 469
Naumann 484
Neumarkt, von 208
Nietzsche 8
Nikolaus II., Papst 112, 157
Nikolaus III., Papst 192
Nikolaus IV., Papst 192

Nikolaus von Kremsier 222
Nikolaus von Kues 7
Nithard 23
Nostiz 409
Notker der Stammler 23
Novalis 428

Odilo von Cluny 73
Oktavian (Johannes XII.) 47, 51, 59 f
Ostwald 488
Otbert von Lüttich 132
Otto I. der Große, Kaiser 38—55, 57—63, 68, 76, 79, 93, 98, 103, 105, 114, 224, 445, 455
Otto II., Kaiser 52, 57 f, 61, 64—71, 88, 103, 105
Otto III., Kaiser 68—82, 88, 90, 103, 105, 160
Otto IV. von Braunschweig, Kaiser 162 f, 192
Otto, Kanzler 192
Otto von Brandenburg 198
Otto von Freising 137, 140, 146
Otto von Lomello 77
Otto von Lüneburg 183
Otto von Magdeburg 211
Otto von Niederbayern 198
Otto von Northeim 107, 109, 111, 119, 125
Otto von Savoyen 109
Otto von Wittelsbach 141, 144, 149, 229
Ottokar von Böhmen 191, 194—198
Oxenstierna 342, 349

Pacheco, Kardinal 311
Pardubitz, von 206 f, 211
Pappenheim, Graf 345 f
Pappenheim, Reichsmarschall von 240
Parler 217 f
Paschalis II., Papst 129, 134
Paschalis III., Gegenpapst 38, 150 f
Paul III., Papst 310 f, 314, 325
Paul IV., Papst 311, 318, 323 f
Paul V., Papst 333
Paulus, Apostel 209
Pelagius, Kardinal 171
Peraudi, Kardinal 176, 261
Persephone 77

Pescara 291, 297—300
Peter I. der Große von Rußland 372, 377
Peter III. von Rußland 402—404
Peter von Ostia, Kardinal 221
Peter von Pisa 36
Petrarca 208, 218—220, 227
Petrus Crassus 118
Petrus Damiani, Kardinal 99, 101 f, 110
Petrus von Vinea 168, 171 f, 180, 188 f
Peutinger 269, 271
Pfinzing 269
Philipp II. von Spanien 301, 313, 320—325
Philipp III. von Frankreich 191
Philipp von Anjou 368
Philipp von Hessen 305
Philipp von Schwaben 162
Piccolomini, von 357
Pichler, Karoline 399
Pilgrim von Köln 87
Pippin, Vater Karls I. 13
Pippin, Sohn Karls I. 36
Pirckheimer 268 f
Pirenne 190
Pius II., Papst (Enea Silvio) 246
Pius VI., Papst 430—432
Pius VII. 444
Plessen, v. 502
Podewils, von 382
Prczeslaw von Breslau 222
Pückler 334
Pufendorf 356

Rainald von Dassel 140—142, 144, 146, 149—151
Rainer von Viterbo, Kardinal 186
Ranke 229, 297, 337
Rathenau 489 f, 503
Rehbock, Jakob (Jakob Meinicke alias der falsche Waldemar) 214
Reuchlin 268
Richard Löwenherz 159 f
Richard von Albano, Kardinal 131
Richard von Verdun 92, 95, 134
Richelieu, Kardinal 339 f, 342 f, 346—350, 354, 356
Riemenschneider 297

Rienzi, Cola di 219
Roger, Kardinal (Clemens VI.) 205
Rohrbach 297
Roland, Kardinal (Alexander III.) 141
Romanos II. 62
Roon 454
Roswitha von Gandersheim 60
Rotrud 36
Rudolf I. von Habsburg 191—200,
    203, 249, 355, 448
Rudolf II., Kaiser 326, 447
Rudolf IV. von Österreich 224
Rudolf, Pfalzgraf 215
Rudolf von Wittenberg 214
Rudolph von Schwaben 109, 119, 123 f
Rüdiger von Speyer 128
Rüdtger 60
Rühl von Friedeberg 222
Ruotger von Köln 61
Ruperg 103
Ruprecht I., Rheinpfalzgraf 211
Ruprecht, König 234
Ruthard von Mainz 128, 130

Sachs, Hans 199
Saladin 169
Salimbene von Parma 174 f, 182
Salomon 231
Sarentheim 275
Sarter 271
Schele, Johannes 246
Scheufelin 270
Schiller 355, 485
Schleich 488
Schleinitz 469
Schlick, Kaspar 246, 248
Schlieffen 486, 489, 491 f
Schönaich-Carolath, Hermine von 482
Schuckert 485
Schwarzburg, Graf von 224
Schweninger 474—476
Schwerd 494
Schwerin, von 387, 392
Scotus 174
Seeckt, v. 498
Segni, di, Kardinal (Innozenz III.) 160
Sergius II., Papst 21, 94
Sergius III., Papst 96
Seripando 311

Sesselschreiber 271
Seuse 212
Seydlitz, von 409
Sickingen, von 278, 291 f, 295 f
Siegfried von Augsburg 80
Siegfried von Mainz 107, 109 f
Siemens, von 485, 488
Sigewin von Köln 127
Sigibod von Speyer 95
Sigismund, Kaiser 229, 233—248
Silvio, Enea (Pius II.) 246
Simson 467
Siricius, Papst 97
Slawata 330
Soliman 309, 323
Sonnenfels, von 426
Spießheim 268
Springinklee 270
Srbik, von 351
Stabius 269
Stalin 415
Starhemberg, Hofkriegsratspräsident
    359 f
Starhemberg, Kämmerer 437
Stein, vom 294, 428, 458
Stephan II., Papst 13
Stephan III., Papst 13, 35
Stephan, Kardinal 113
Stitny, von 208
Stolberg, Prinz 403
Stoß 271
Strabo 34
Stresemann 496
Studt 486
Sturini 17
Suidger von Bamberg (Clemens II.) 99
Swieten, van 426
Sylvester I., Papst 75
Sylvester II., Papst (Gerbert von
    Aurillac) 55, 75 f, 78
Sylvester III., Papst 98
Sylvester von Schaumburg 295

Tagino von Magdeburg 85
Talleyrand 346, 444
Tauler 207, 211—213
Tauentzien, von 409
Tetzel 266
Thaddäus von Suessa 168, 187 f

Thankmar 41 f
Theoderich der Große 19
Theoderich, Graf 66
Theoderich von Metz 95
Theodosius 23
Theodulf von Orleans 36
Theophano 61 f, 64 f, 67, 70—72
Thietmar von Merseburg 61, 83
Thomas von Straßburg 212
Thugutt, von 421 f
Tilly 332, 338 f, 341—343, 347
Tirpitz, v. 494 f
Tizian 317 f, 325
Toires 350
Treitzsauerwein 269
Tschirch 488

Ulrich von Augsburg 49 f
Ulrich von Reichenthal (Richenthal) 236
Ulrich von Württemberg 315
Urban II., Papst 129
Urban III., Papst 159
Urban IV., Papst 193
Urban V., Papst 227, 230 f

Verrocchio 270
Vesalius 175
Viktor II., Papst (Gebhard von Eichstädt) 104 f
Viktor III., Papst 129
Viktoria von England 488
Villars 374 f
Villinger 275, 277
Vischer 271
Virchow 488
Visconti, Bernabo, Herzog von Mailand 230
Visconti, Erzbischof von Mailand 219, 221
Voltaire 410

Waldeck 358
Waldemar der Große, Markgraf von Brandenburg 213—215

Waldersee 482, 486, 489
Waldeyer, von 488
Wallenstein 326, 335—353, 355 f, 370, 373, 390 f
Warburg 504
Warnfried 34
Wazo von Lüttich 91 f, 95
Welser 275, 277 f, 289, 307, 313, 324, 334
Wenzel 224, 231—234, 240, 242
Werner, von 472
Weyersheim 268
Wibert von Ravenna (Clemens III.) 124, 127, 131
Wiclif 238
Widerad 108
Widgar von Ravenna 95
Widukind 26, 32
Widukind von Corvey 40, 43, 45, 49, 61
Wilhelm I., Kaiser 454—457, 461—473, 508
Wilhelm II., Kaiser 438, 473—489, 491—494, 496, 498—503, 506—508
Wilhelm, Kronprinz von Preußen 501
Wilhelm von Holland 188
Wilhelm von Pfalz-Neuburg 361
Wilhelmine von Preußen 389
Williges von Mainz 68, 70—72, 84 f
Wilson 503
Wimpffen 454, 456 f
Windecke 242
Windhorst 480
Wipo 91
Wladislaw II. Jagiello 234
Wladislaw von Polen 248
Wrangel, von 357

Zacharias, Papst 118
Zarathustra 176
Zeiss 485
Ziegler 275, 277
Žižka 243 f

Die Abbildungen:
Erläuterungen und Quellennachweise

Seite I:
Die Reichskrone (2. Hälfte 10. Jh.), mit der Otto I. 962 gekrönt wurde. Aufbewahrungsort: Kunsthistorisches Museum, Wien (Archiv für Kunst und Geschichte, Berlin)
Die heilige Lanze (8./9. Jh.) war Herrschaftssymbol und Reliquie zugleich. Aufbewahrungsort und Foto: Kunsthistorisches Museum, Wien
Der Reichsapfel (Ende 12. Jh.) diente nach antiken Vorbildern als Zeichen einer universellen Herrschaft. Aufbewahrungsort: Kunsthistorisches Museum, Wien (Archiv für Kunst und Geschichte, Berlin)
Der Reichsadler in einem Kaiser-Baldachin im Alten Rathaus zu Regensburg. Der Baldachin wurde im 16. Jh. gefertigt und diente im 17. Jh. den Einzügen der Kaiser Rudolf II., Matthias und Ferdinand II. in die Stadt der Reichstage. (G. Herbrich, Regensburg)
Seite II:
Kaiser Karl I. der Große (links) und Papst Leo III. auf dem Thron (Staatsbibliothek Berlin, ms. germ. fol. 129, 68 v Hs.-Abt.)
Kaiser Otto I. der Große. Standbild auf dem Marktplatz zu Magdeburg (Archiv für Kunst und Geschichte, Berlin)
Seite III:
Kaiser Heinrich II. Rupertus-Altar (1340) im Regensburger Dom (G. Herbrich, Regensburg)
Seite IV:
Romfahrt und Kaiserkrönung. Zeichnungen aus der Dresdener Handschrift des Sachsenspiegels (2. Hälfte 14. Jh.). Der Papst weiht und krönt den knienden König, die Kurfürsten bezeugen die Wahl. (Foto nach der Faksimile-Ausgabe der Dresdener Handschrift, Bieling, Göttingen)

Seite V:
Kaiser Heinrich VII. überquert 1310 die Alpen. Miniatur 1. Hälfte 14. Jh. Aufbewahrungsort und Foto: Staatsarchiv Koblenz
Investitur eines Bischofs: Kaiser Otto II. übergibt dem heiligen Adalbert den Bischofsstab. Bronzerelief des 12. Jh., Domtür zu Gnesen (Foto Marburg)

Seite VI:
Büste Kaiser Friedrichs I. Barbarossa (zwischen 1150 und 1171). Aufbewahrungsort: Schloßkirche Kappenberg (Archiv für Kunst und Geschichte, Berlin)
Kaiser Friedrich II. Marmorbüste eines unbekannten italienischen Künstlers im Kaiser-Friedrich-Museum (Staatsbibliothek Berlin)
Der Kyffhäuser. Oberburg mit Bergfried der Burg Kyffhausen im Bezirk Halle aus der 2. Hälfte des 12. Jh. (K. G. Beyer, Weimar)
Seite VII:
Burg Karlstein bei Prag diente Kaiser Karl IV. Anonymer Stahlstich, 1. Hälfte 19. Jh. (Archiv für Kunst und Geschichte, Berlin)
Außenansicht des Doms zu Speyer. Anonymer Stahlstich 1. Hälfte 19. Jh. (Archiv für Kunst und Geschichte, Berlin)
Seite VIII:
Grabmal König Rudolfs von Habsburg im Dom zu Speyer (Archiv für Kunst und Geschichte, Berlin)

Seite IX:
Regaliendefinition Kaiser Friedrichs I. Barbarossa in einer italienischen Rechtshandschrift aus dem 13./14. Jh. Aufbewahrungsort und Foto: Niedersächsische Staats- und Universitätsbibliothek, Göttingen
Seite X:
Kaiser Karl IV. Triforiumsbüste im Veits-Dom zu Prag (Foto Marburg)
Seite XI:
Die territorialen Mächte des Heiligen Römischen Reiches. Holzschnitt von Hans Burgkmair 1511 (Germanisches Nationalmuseum, Nürnberg)
Feuersturm auf eine Stadt. Illustration von Albrecht Dürer zum ungarischen Krieg Kaiser Maximilians I. (Archiv des Autors)
Friedrich von Hohenzollern, Burggraf von Nürnberg, wird auf dem Konstanzer Konzil durch Kaiser Sigismund mit der Mark Brandenburg belehnt. Aus der Chronik des Ulrich von Richenstahl (Archiv für Kunst und Geschichte, Berlin)
Seite XII:
Kaiser Maximilian I. diktiert seinem Schreiber Treitzsaurwein 1512. Aufbewahrungsort und Foto: Österreichische Nationalbibliothek, Wien
Kaiser Karl V. Holzschnitt aus dem Jahre 1519, fälschlich Dürer zugeschrieben (Archiv für Kunst und Geschichte, Berlin)

Seite XIII:
Sitzung des Reichstages im Rathaus zu Regensburg unter dem Vorsitz Kaiser Ferdinands III. im Juni 1653. Flugblatt von Paul Fürst (Archiv für Kunst und Geschichte, Berlin)
Seite XIV:
Feier zur Krönung Leopolds I. 1658 in Frankfurt am Main (Historisches Museum, Frankfurt a. M.)
Prinz Eugen von Savoyen. Reiterbildnis von J. van Schuppen 1736 (Archiv für Kunst und Geschichte, Berlin)

Seite XV:
Maria Theresia und Kaiser Franz I. Ölgemälde aus der Werkstatt des Martin van Maytens (Österreichische Nationalbibliothek, Wien)
Kaiser Franz II., als Kaiser von Österreich Franz I., im österreichischen Kaiserornat um 1831. Ölgemälde von Leopold Kupelwieser. Aufbewahrungsort: Heeresgeschichtliches Museum, Wien (Staatsbibliothek Berlin)
Kaiser Joseph II. Kupferstich von W. Hecht nach dem Gemälde eines unbekannten zeitgenössischen Malers (Archiv für Kunst und Geschichte, Berlin)
Seite XVI:
Kaiser Wilhelm I. im Kreis seiner Familie. Ganz links der spätere Kaiser Friedrich III., ganz rechts der spätere Kaiser Wilhelm II. Gemälde von H. Haritzsch, um 1887 (Archiv für Kunst und Geschichte, Berlin)
Kaiser Wilhelm II. bei einem Flottenmanöver. Ausschnitt aus einem Gemälde von Willy Stoewer (Archiv Gerstenberg)

Abbildungen im Text

S. 19: Pfalzkapelle Karls des Großen in Aachen. Rekonstruktion (Archiv für Kunst und Geschichte, Berlin)
S. 132: Heinrich IV. und sein Sohn Heinrich (V.) stoßen am Regen aufeinander. Jenenser Handschrift der Chronik Ottos von Freising aus dem Jahr 1144 (Staatsbibliothek Berlin)
S. 157: Geistliches und weltliches Gericht. Zur Seite Vasallen in sog. geteilter Tracht. Heidelberger Sachsenspiegel, 12./13. Jh. (Archiv des Autors)
S. 225: Goldene Siegelkapsel der „Goldenen Bulle" Karls IV. (Staatsbibliothek Berlin)
S. 255: Kaiserlicher Herold aus dem 16. Jh. Holzschnitt von Michael Ostendorfer (Österreichische Nationalbibliothek, Wien)
S. 288: Wappenbuch des Heiligen Römischen Reiches Deutscher Nation. 16. Jh. (Archiv des Autors)
S. 304: Kaiser Karls V. Peinliche Gerichtsordnung „Constitutio Criminalis Carolina" von 1532, Titelseite. Aufbewahrungsort und Foto: Niedersächsische Staats- und Universitätsbibliothek, Göttingen
S. 328: Kaiser Ferdinand I. belehnt 1560 in Augsburg den Reichsmarschall. Zeitgenössischer Stich (Archiv des Autors)
S. 352: Gustav Adolf und seine Generale in der Schlacht von Breitenfeld (17. 5. 1631). Zeitgenössischer Kupferstich (Archiv für Kunst und Geschichte, Berlin)
S. 483: Zeitungsinserat, das Fahnen, Kaiserbilder etc. aus Anlaß der Geburtstagsfeier Kaiser Wilhelms II. anbietet (Archiv Gerstenberg)
S. 507: Der „Vorwärts" meldet am 9. 11. 1918 die Abdankung Kaiser Wilhelms II. (Staatsbibliothek Berlin)

Inhalt

Das Vergangene liegt nicht da als toter Rest 5
I. Der Vater Europas: Karl der Große 11
II. Beherrscher des Abendlandes: Otto I. der Große 39
III. Ottos II. Wunschbild: zwischen Cäsar und Konstantin 64
IV. Weltherrschaftsträume Ottos III. in Rom 70
V. Der letzte Sachsenkaiser: Heinrich II. 80
VI. Wieder Frankenkaiser: Konrad II. und Heinrich III. 88
VII. Bannflüche auf Heinrich IV. und Heinrich V. 106
VIII. Sieger in der Politik, Verlierer auf dem Schlachtfeld: Friedrich I. Barbarossa 136
IX. Kaiser zwischen Morgen- und Abendland: Friedrich II. 162
X. Von der Hausmacht zur Reichsmacht ohne Kaiserkrone: Rudolf von Habsburg 191
XI. Der Staatsmann als Finanzgenie und Kulturmäzen: Karl IV. 202
XII. Der arme zweideutige Kaiser Sigismund 233
XIII. Glück und Versagen des letzten Ritters: Maximilian I. 249
XIV. Die letzte Majestät Europas: Karl V. 273
XV. Wallenstein erfüllt den Traum Ferdinands II. und fällt 326
XVI. Deutschland zwischen Habsburg und Hohenzollern 359
XVII. Der Zweikampf Maria Theresias mit König Friedrich II. 382
XVIII. Reformkaiser Joseph II. 405
XIX. Der letzte Kaiser des Heiligen Römischen Reiches Deutscher Nation: Franz II. 438
XX. Das kleindeutsche Kaisertum mit dem unvollendeten Zweiten Reich 454
XXI. Der letzte deutsche Kaiser Wilhelm II. 474
Anhang: Zeittafel 509
Regierungszeit der deutschen Kaiser 514
Personenregister 515
Die Abbildungen:
Erläuterungen und Quellennachweise 525